KB145297

리액트 16

리액트 16
리액트를 사용한 고급 웹앱 클라이언트 제작

애덤 프리먼 지음 이태상 옮김

i!i
에이콘

 에이콘출판의 기틀을 마련하신 故 정완재 선생님 (1935-2004)

나의 사랑스런 아내 재키 그리피스에게 이 책을 바칩니다.

(그리고 우리 아이에게도...)

애덤 프리먼^{Adam Freeman}

오랫동안 여러 기업에서 중책을 맡았던 IT 전문가다. 가장 최근에는 한 글로벌 은행에서 최고기술책임자^{CTO, chief technology officer}와 최고운영책임자^{COO, chief operating officer}를 역임했다. 은퇴한 후 지금은 IT 저술과 장거리 달리기에 전념하고 있다.

파비오 클라우디오 페라치아티^{Fabio Claudio Ferracchiati}

마이크로소프트^{Microsoft} 관련 기술을 전문으로 하는 수석 컨설턴트이자 분석가이고 개발자이며, 현재는 블루아란시오^{BluArancio}(www.bluarancio.com)에 소속돼 있다. MCSD, MCAD, MCP 자격을 갖고 있고, 활발한 저술 활동과 기술 감수를 하고 있다. 이탈리아뿐만 아니라 여러 국제적인 잡지에 글을 기고해왔으며, 다양한 컴퓨터 주제를 다루는 다수의 책을 공동 집필했다.

옮긴이 소개

이태상(taesang@gmail.com)

자바와 웹 전문가로서 주로 교육과 컨설팅을 했으며, 소켓동인 잔지금8 임무를 담당했다. 현재 한 금융기관의 전사 시스템 재구축을 위한 연구를 진행 중이다. 『톰캣 최종분석』(에이콘, 2005)부터 『리액트 웹앱 제작 총론 2/e』(에이콘, 2019)까지 다수의 IT 서적을 번역했다.

스택 오버플로^{Stack Overflow}의 2019년 조사에 의하면, 가장 많이 사용되는 웹 프레임워크는 제이쿼리^{jQuery}, 리액트^{React}, 앵귤러^{Angular} 순이었습니다. 범용 자바스크립트 라이브러리인 제이쿼리를 제외한다면, 자바스크립트 UI 프레임워크로는 여전히 리액트가 선두에 있습니다. 또한 가장 사랑하는, 가장 배우고 싶은 웹 프레임워크 부문에서도 리액트가 1위였습니다.

그런 인기만큼이나 리액트 관련 서적도 많습니다만, 그중에서도 이 책은 리덕스^{Redux}, URL 라우팅, 그래프QL^{GraphQL} 등 리액트로 웹앱을 개발할 때 필요한 거의 모든 사항을 다루고 있습니다. 이 책의 또 하나의 장점은 모든 버전을 고정해 예제를 제시하고 있다는 점입니다. 많은 경우에 각 패키지들의 버전이 집필 시점과 달라짐에 따라 독자가 실습을 할 때 오류가 발생하거나 책의 설명이 맞지 않기도 합니다. 이 책은 그런 문제를 방지하기 위해 모든 패키지의 버전을 명시해 실습하게 했습니다. 예컨대 리액트의 경우 이 책에서는 16.7을 사용하며, 이 책을 보는 시점의 최신 버전은 16.13이나 16.14 정도로 예상됩니다. 그러나 이 정도의 마이너 버전 차이는 리액트를 공부하는 데 거의 지장을 주지 않습니다. 오히려 리액트와 그에 맞는 각 패키지들의 버전을 고정함으로써 완벽한 실습이 가능해집니다.

이 책은 리액트를 처음 접하는 독자, 이미 리액트를 기초 수준에서 알고 있는 독자 모두에게 적합합니다. 이 책으로 리액트를 마스터하고 실제 프로젝트에서도 충분히 활용할 수 있다고 감히 말씀드립니다. 신종 바이러스 사태 등 여러 가지 힘든 상황에서도 고군분투하는 모든 웹 개발자 분들의 건승과 성공을 빕니다.

차례

1부

리액트
시작하기

1장

첫 리액트
애플리케이션

리액트^{React}를 시작하는 가장 좋은 방법은 리액트 애플리케이션을 직접 만들어보는 것이다. 1장에선 할 일 목록^{To Do List}을 관리하는 애플리케이션을 제작함으로써 간단한 개발 절차를 알아볼 것이다. 나중에 좀 더 복잡하고 현실적인 애플리케이션 제작 방법을 알아 보겠지만, 지금은 간단한 예제만으로도 리액트 애플리케이션의 개발 방법과 리액트 기본 기능의 작동 원리를 보여주기에 충분하다. 1장의 내용을 모두 이해하지 못해도 걱정할 필요 없다. 리액트 작동 원리의 전반적인 감을 잡는 게 목적이니 말이다. 자세한 내용은 1장 이후부터 지속적으로 설명할 것이다.

> 📎 **참고**
>
> 통상적인 방식의 리액트 기능 설명을 원한다면 곧바로 2부로 이동해도 좋다. 2부부터 리액트의 개별 기능을 심도 있게 논의하기 때문이다. 다만 1장에서 설명하는 개발 도구와 패키지는 미리 설치해놓 기 바란다.

개발 환경 준비

리액트 개발을 위해 준비해야 할 사항들이 있다. 다음 절부터 첫 프로젝트를 만들기 위한 준비 작업을 설명한다.

Node.js 설치

리액트 개발을 위한 도구들을 사용하려면 Node.js(또는 노드^{Node})가 있어야 한다. 2009년에 출시된 Node.js는 서버 측 애플리케이션을 위해 자바스크립트^{JavaScript}로 작성된 단순하고 효율적인 런타임이다. Node.js는 크롬^{Chrome} 브라우저의 자바스크립트 엔진을 기반으로 하며, 브라우저의 외부에서 자바스크립트 코드를 실행할 수 있게 하는 API를 제공한다.

Node.js는 그 자체로 성공한 애플리케이션 서버이지만, 우리의 관심은 Node.js가 최신 크로스 플랫폼 개발 도구와 빌드 도구의 토대를 제공한다는 점에 있다.

중요한 건 이 책에서 사용한 Node.js와 동일한 버전을 사용해야 한다는 점이다. Node.js는 비교적 안정적임에도 때때로 대대적인 API 변경이 있어, 예제가 작동하지 않을 수 있기 때문이다. 이 책을 쓸 당시의 장기 지원 버전^{LTS, Long Term Support}은 10.14.1이다. 여러분이 이 책을 읽는 시점엔 더 높은 버전이 출시됐겠지만, 그럼에도 10.14.1을 고수하기 바란다. 윈도우^{Windows}나 맥OS^{MacOS}용 설치 프로그램, 또는 다른 플랫폼용 바이너리 패키지 등 10.14.1 버전을 받을 수 있는 페이지는 https://nodejs.org/dist/v10.14.1 이다.

Node.js를 설치할 땐 실행 경로에 Node.js를 추가해야 한다. 설치가 끝나면 리스트 1-1 과 같은 명령을 실행하자.

리스트 1-1 Node.js의 버전 확인

```
node -v
```

제대로 설치됐다면 다음과 같은 버전 번호를 볼 수 있다.

```
v10.14.1
```

Node.js 설치 프로그램엔 노드 패키지 매니저^{NPM, Node Package Manager}가 포함돼 있다. NPM은 프로젝트 내부의 패키지를 관리하는 역할을 한다. 리스트 1-2의 명령을 실행해 NPM의 작동 여부를 확인하자.

리스트 1-2 NPM 확인

```
npm -v
```

아무런 문제가 없다면 다음과 같은 버전 번호를 볼 수 있을 것이다.

```
6.4.1
```

Create React App 설치

Create React App은 복잡한 리액트 패키지를 생성하고 관리하는 표준 방식이다. 또한 개발자를 위한 완전한 툴체인^{toolchain}, 즉 연쇄적으로 사용되는 도구들의 집합을 제공한다. 리액트를 사용하는 다른 여러 방법도 있지만, Create React App이 대부분의 프로젝트에 적합하며 이 책에서도 그렇게 했다.

Create React App을 설치하려면 리스트 1-3과 같은 명령을 실행하면 된다. 만약 리눅스^{Linux}나 맥OS라면 sudo를 앞에 붙여야 할 수도 있다.

리스트 1-3 Create React App 설치

```
npm install --global create-react-app@2.1.2
```

깃 설치

리액트 개발에 필요한 패키지 관리를 위해선 버전 관리 도구인 깃^{Git}이 필요하다. 윈도우
나 맥OS 사용자라면 https://git-scm.com/downloads를 통해 깃을 내려받아 설치하
면 된다. 단, 맥OS의 경우 '확인되지 않은 개발자가 배포했기 때문'이라는 이유로 '시스템
환경설정'의 '보안 및 개인 정보 보호'에서 깃 설치에 대한 차단을 해제해야 할 수 있다.

대부분의 리눅스 배포판엔 깃이 이미 포함돼 있다. 최신 버전의 깃을 설치하고 싶다면
https://git-scm.com/download/linux를 방문하기 바란다. 예컨대, 나와 같은 우분투
^{Ubuntu} 사용자라면 리스트 1-4와 같이 실행하면 된다

리스트 1-4 깃 설치

```
sudo apt-get install git
```

설치를 마쳤다면 리스트 1-5와 같이 깃의 버전을 확인해보자.

리스트 1-5 깃 버전 확인

```
git --version
```

이렇게 명령하면 설치된 깃의 버전을 볼 수 있다. 참고로 이 책을 쓰는 시점에 깃의 최신
버전은 윈도우와 리눅스용은 2.20.1, 맥OS용은 2.19.2였다.

에디터 설치

세상에는 수많은 에디터들이 있으며, 리액트 개발엔 어떤 에디터를 사용해도 된다. 어떤
에디터들은 키워드와 구문 강조 기능을 통해 리액트를 더 잘 지원하기도 한다. 혹시 아직
마음에 드는 에디터가 없다면 표 1-1에 있는 유명한 에디터 중에서 골라보기 바란다. 이
책에선 특별히 권장하는 에디터가 없으므로, 자신이 편하게 사용할 수 있는 에디터를 사
용하면 된다.

표 1-1 유명한 프로그래밍 에디터

에디터	설명
서브라임 텍스트(Sublime Text)	대부분의 프로그래밍 언어, 프레임워크, 플랫폼을 지원하는 상업용 크로스 플랫폼 에디터다. 자세한 내용은 https://www.sublimetext.com에 있다.
아톰(Atom)	특히 커스터마이징과 확장성에 중점을 둔 오픈소스 크로스 플랫폼 에디터다. https://atom.io를 방문해보기 바란다.
브라켓(Brackets)	어도비(Adobe)가 만든 무료 오픈소스 에디터다. http://brackets.io에서 자세한 내용을 확인하기 바란다.
비주얼 스튜디오 코드 (Visual Studio Code)	확장성을 강조한 마이크로소프트(MS, Microsoft)의 오픈소스 크로스 플랫폼 에디터다. https://code.visualstudio.com을 참고하기 바란다.
비주얼 스튜디오(Visual Studio)	MS의 주력 개발 도구다. 무료와 유료 제품이 있으며, MS 생태계와 통합될 수 있는 다양한 기재가 포함돼 있다.

브라우저 설치

마지막으로 결정해야 할 사항은 개발하는 동안 사용할 브라우저다. 최신 브라우저들은 모두 개발자 지원 기능이 뛰어나며, 따라서 리액트 개발에도 많은 도움이 된다. 게다가 크롬이나 파이어폭스^{Firefox} 같은 일부 브라우저엔 리액트 애플리케이션의 상태를 조사하거나 복잡한 프로젝트용 기능을 갖춘 React Developer Tools 같은 확장 프로그램이 있다. 자세한 내용은 https://reactjs.org/tutorial/tutorial.html#developer-tools를 참고하기 바란다. 참고로 이 책에서 권장하는 브라우저는 구글 크롬이다.

프로젝트 생성

프로젝트는 명령행으로 생성하고 관리할 수 있다. 명령 프롬프트(또는 터미널)를 열고 원하는 위치로 이동해 리스트 1-6과 같은 명령을 실행하면 1장에서 사용할 프로젝트가 생성된다.

리스트 1-6 프로젝트 생성

```
npx create-react-app todo
```

npx는 Node.js의 일부로서 이미 설치됐으며, Node.js 패키지를 실행할 때 사용된다. create-react-app이라는 인자는 npx가 리스트 1-3에서 설치했던 Create React App을 실행하라는 뜻이며, 이로써 새로운 리액트 프로젝트가 생성된다. 마지막의 todo 인자는 생성될 프로젝트의 이름이다. 결과적으로 이 명령을 실행하면 todo라는 새로운 프로젝트가 생성되며 이 프로젝트에 필요한 모든 패키지가 추가로 설치된다. 다수의 패키지들이 다운로드되므로 시간이 다소 걸릴 수 있다.

> **🏃 참고**
>
> 새 프로젝트를 만들 때 보안 취약점(security vulnerability)과 관련된 경고를 보게 될 수 있다. 리액트 개발은 많은 패키지에 의존하며 각 패키지엔 각자의 의존성이 있으므로, 필연적으로 보안 이슈가 발생할 수 있다. 예컨대, 이 책에서 보여주는 결과를 얻으려면 이 책과 동일한 버전의 패키지를 설치해야 한다. 여러분만의 프로젝트에선 경고 메시지를 확인하고 해당 패키지 버전을 업데이트함으로써 문제를 해결해야 할 것이다.

프로젝트 구조

에디터로 todo 폴더를 열면 그림 1-1과 같은 프로젝트 구조가 보일 것이다. 나는 비주얼 스튜디오 코드^Visual Studio Code를 사용했지만, 그 밖의 에디터들도 비슷할 것이다.

이 상태가 모든 프로젝트의 시작점이다. 아직은 각 파일에 관해 잘 모르겠지만, 이 책이 끝날 무렵엔 각 파일과 폴더의 용도를 모두 알게 될 것이다. 우선 지금은 1장에서 중요시되는 몇 가지 파일을 표 1-2에서 간단히 설명한다. 자세한 설명은 9장에서 할 예정이다.

▲ 그림 1-1 프로젝트 구조

표 1-2 프로젝트의 주요 파일들

파일	설명
public/index.html	브라우저가 로딩하는 HTML 파일이다. 화면에 보여줄 엘리먼트뿐만 아니라 자바스크립트 파일을 로딩하기 위한 엘리먼트도 포함한다.
src/index.js	리액트 애플리케이션의 설정과 구동에 관여하는 자바스크립트 파일이다. 다음 절에서 이 파일을 이용해 부트스트랩이라는 CSS 프레임워크를 애플리케이션에 추가할 것이다.
src/App.js	사용자에게 보여줄 HTML 콘텐츠뿐만 아니라 HTML이 필요로 하는 자바스크립트를 포함하는 리액트 컴포넌트다. 컴포넌트는 리액트의 주된 구성 요소이며 이 책 전반에 걸쳐 보게 될 것이다.

부트스트랩 CSS 프레임워크

앞으로의 예제가 보여줄 HTML의 스타일엔 부트스트랩Bootstrap이라는 훌륭한 프레임워크가 사용된다. 부트스트랩의 기본 설명은 3장에서 할 것이다. 지금은 먼저 리스트 1-7의 명령을 사용해 부트스트랩을 설치하자.

리스트 1–7 부트스트랩 CSS 프레임워크 설치

```
cd todo
npm install bootstrap@4.1.2
```

애플리케이션에 부트스트랩을 포함시키려면 index.js에 리스트 1–8과 같이 구문을 추가하면 된다.

리스트 1–8 src/index.js: 부트스트랩 추가

```
import React from 'react';
import ReactDOM from 'react-dom';
import './index.css';
import App from './App';
import * as serviceWorker from './serviceWorker';
import 'bootstrap/dist/css/bootstrap.css';

ReactDOM.render(<App />, document.getElementById('root'));

// 앱이 오프라인에서 더 빠르게 작동되기 원한다면 아래의 unregister()를 register()로 바꾸면 된다.
// 그러나 주의사항이 있으므로 다음 페이지를 참고하기 바란다.
// https://facebook.github.io/create-react-app/docs/making-a-progressive-web-app
serviceWorker.unregister();
```

4장에서도 설명하겠지만 import 구문은 의존해야 하는 대상을 애플리케이션의 일부로서 포함시킬 때 사용된다. 주로 자바스크립트 의존성을 선언할 때 가장 많이 사용되지만 CSS 스타일시트를 포함시킬 때도 사용된다.

개발 도구

Create React App을 사용해 프로젝트를 생성하면 프로젝트를 컴파일하고 패키징하며 브라우저에 배포까지 하는 완전한 개발 도구가 설치된다. 그럼 명령 프롬프트를 통해 todo 폴더 안에서 리스트 1-9의 명령을 실행해 개발 도구를 시작시키자.

리스트 1-9 개발 도구 실행

```
npm start
```

개발 도구가 실행되면 초기 준비 과정을 거친다. 약간의 시간이 걸리더라도 정떨어지지 말기 바란다. 이 과정은 개발 세션을 처음 시작할 때만 필요하기 때문이다. 준비 과정이 끝나면 애플리케이션이 구동되고 연결된 HTTP 포트를 알려주는, 다음과 같은 메시지를 볼 수 있다.

```
Compiled successfully!
You can now view todo in the browser.

  Local:            http://localhost:3000/
  On Your Network:  http://192.168.219.184:3000/

Note that the development build is not optimized.
To create a production build, use npm run build.
```

HTTP 요청을 리스닝하는 기본 포트는 3000번인데, 만약 3000번이 이미 사용 중이라면 다른 포트가 될 수도 있다. 프로젝트를 위한 초기 준비가 완료됐으므로 새 브라우저 창이 열려 http://localhost:3000에 자동으로 접속될 것이다. 그리고 그림 1-2와 같은 임시 콘텐츠가 나타날 것이다.

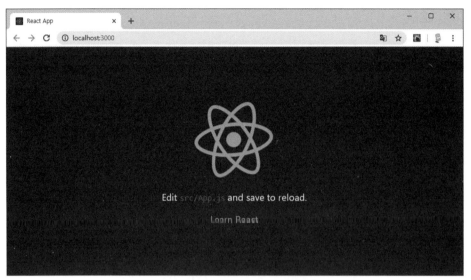

▲ 그림 1-2 실행된 예제 애플리케이션

임시 콘텐츠 대체

그림 1-2의 콘텐츠는 어디까지나 임시 콘텐츠로서, 개발 도구가 잘 작동하는지 확인하는
용도에 불과했다. 이제 App.js를 리스트 1-10과 같이 작성해 임시 콘텐츠를 대체하자.

리스트 1-10 src/App.js: 임시 콘텐츠 대체

```
import React, { Component } from 'react';
//import logo from './logo.svg';
//import './App.css';

export default class App extends Component {

  render() {
    return (
      <div>
        <h4 className="bg-primary text-white text-center p-2">
          To Do List
        </h4>
```

```
    </div>
  )
 };
}
```

App.js 파일엔 App이라고 하는 리액트 **컴포넌트**^{component}가 포함돼 있다. 컴포넌트는 리액트 애플리케이션의 핵심 구성 요소이며 JSX로 작성된다. JSX는 특별한 조치 없이도 자바스크립트 코드 안에 HTML을 포함시킬 수 있는, 자바스크립트의 상위 집합으로 볼 수 있다. JSX에 관한 자세한 내용은 3장에서 설명한다. 다만 지금은 사용자에게 보여줄 콘텐츠를 호출하게 하는 render 메서드가 App 컴포넌트에 정의돼 있다는 점만 알아두기 바란다.

> **🔥 팁**
>
> 리액트는 자바스크립트 언어에 추가된 최신 기능들을 지원한다. 예컨대, 리스트 1-10에서 사용한 class 키워드도 그중 하나다. 유용한 자바스크립트 기능들은 4장에서 설명한다.

App.js 파일을 저장하면 리액트 개발 도구는 변경사항을 자동으로 감지해 애플리케이션을 다시 빌드한다. 그다음엔 브라우저에 페이지가 다시 로딩돼 그림 1-3과 같은 화면이 나타날 것이다.

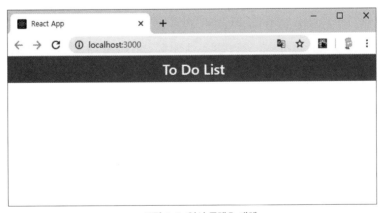

▲ 그림 1-3 임시 콘텐츠 대체

리액트 개발에 사용되는 JSX 파일은 HTML과 자바스크립트를 손쉽게 결합해준다. 그러나 표준 HTML 파일과는 다른, 약간의 중요한 차이가 있다. 일반적인 예로 리스트 1-10에 있던 h4 엘리먼트를 보자.

```
...
<h4 className="bg-primary text-white text-center p-2">
  To Do List
</h4>
...
```

표준 HTML에서 class 속성^{attribute}은 엘리먼트를 클래스에 할당할 때 사용되며, 그렇게 함으로써 부트스트랩 CSS 프레임워크를 사용해 엘리먼트에 스타일을 적용할 수 있다. 그렇지 않게 보이겠지만 JSX 파일도 일종의 자바스크립트 파일이며, 자바스크립트는 className이라는 프로퍼티^{property}로 클래스를 설정한다. 처음엔 순수 HTML과 JSX의 차이가 다소 충격적일 수 있지만, 곧 익숙해질 것이다.

> **⭐ 팁**
>
> 3장에서 부트스트랩 CSS 프레임워크를 간단히 소개하는데, 그때 리스트 1-10에서 h4 엘리먼트에 할당했던 클래스들(bg-primary, text-white, p-2 등)의 의미를 설명할 것이다. 지금은 이들 클래스는 무시하고 애플리케이션 구조에 관심을 갖기 바란다.

만약 JSX를 사용 중임을 망각하고 표준 HTML을 사용한다면 리액트는 브라우저의 자바스크립트 콘솔에 경고 메시지를 출력한다. 예컨대, className 대신 class 속성을 사용하면 "Warning: Invalid DOM property 'class'. Did you mean 'className'?"이라는 경고를 보게 될 것이다. 브라우저의 자바스크립트 콘솔은 F12 키로 실행해 Console^{콘솔} 탭을 선택하면 볼 수 있다.

동적 콘텐츠

모든 웹 애플리케이션은 사용자에게 동적 콘텐츠를 보여줄 필요가 있으며, 리액트는 **표현식**expression을 지원함으로써 그 작업을 쉽게 해준다. 표현식은 자바스크립트의 일부로서 컴포넌트의 render 메서드가 호출될 때 평가되며, 사용자에게 데이터를 보여줄 수 있는 수단을 제공한다. 애플리케이션의 상태를 추적하기 위해 컴포넌트에서 정의한 데이터 값, 즉 **상태 데이터**state data를 보여주기 표현식이 자주 사용된다. 상태 데이터와 표현식을 쉽게 이해하기 위해 App 컴포넌트를 리스트 1-11과 같이 작성하자.

리스트 1-11 src/App.js: 상태 데이터와 데이터 바인딩 추가

```
import React, { Component } from 'react';
export default class App extends Component {

  constructor(props) {
    super(props);
    this.state = {
      userName: "Adam"
    }
  }

  render() {
    return (
      <div>
        <h4 className="bg-primary text-white text-center p-2">
          { this.state.userName }'s To Do List
        </h4>
      </div>
    )
  };
}
```

constructor는 컴포넌트가 초기화될 때 호출되는, 생성자constructor라고 하는 특별한 메서드다. 컴포넌트가 제대로 준비됐는지 확인하기 위해 생성자 안에서 super 메서드를 호출했으며, 이에 대한 자세한 내용은 11장에서 설명할 것이다. 리액트 개발에선 생성자에

정의한 props 파라미터가 중요하다. 나중에 보겠지만 이 파라미터를 통해 한 컴포넌트가 다른 컴포넌트를 설정할 수 있기 때문이다.

리액트 컴포넌트엔 다음과 같이 상태 데이터를 정의할 때 사용하는, state라는 특별한 프로퍼티가 있다.

```
...
this.state = {
  userName: "Adam"
}
...
```

this 키워드는 현재 객체를 참조하며, 현재 객체의 프로퍼티나 메서드에 접근할 때 사용할 수 있다. 아래 강조된 구문을 보면 this.state에 userName 프로퍼티를 할당하는데, 이게 상태 데이터를 사용하는 방법의 전부다. 상태 데이터를 정의했으면 다음과 같이 컴포넌트가 생성하는 콘텐츠 내부에 표현식으로 포함시킬 수 있다.

```
...
<h4 className="bg-primary text-white text-center p-2">
  { this.state.userName }'s To Do List
</h4>
...
```

표현식은 중괄호({와 })로 표시한다. 표현식은 render 메서드가 호출될 때 평가되며, 그 결과가 콘텐츠에 포함돼 사용자에게 보인다. 리스트 1-11의 경우 표현식이 userName이라는 상태 데이터 프로퍼티를 읽어 그림 1-4와 같이 보여줄 것이다.

▲ 그림 1-4 src/App.js에서 상태 데이터와 표현식을 사용한 결과

상태 데이터의 변경

리액트 애플리케이션의 동적인 특성은 상태 데이터의 변경에 기인한다. 상태 데이터의 변경이란 컴포넌트의 render 메서드가 다시 호출됨에 따라 새로운 상태 데이터 값을 사용해 표현식도 다시 평가됨을 말한다. 그럼 리스트 1-12와 같이 userName 상태 데이터 프로퍼티의 값이 변경되도록 App 컴포넌트를 수정하자.

리스트 1-12 src/App.js: 상태 데이터의 변경

```
import React, { Component } from 'react';
export default class App extends Component {

  constructor(props) {
    super(props);
    this.state = {
      userName: "Adam"
    }
  }

  changeStateData = () => {
    this.setState({
      userName: this.state.userName === "Adam" ? "Bob" : "Adam"
    })
  }

  render() {
    return (
      <div>
        <h4 className="bg-primary text-white text-center p-2">
          { this.state.userName }'s To Do List
```

```
        </h4>
        <button className="btn btn-primary m-2" onClick={ this.changeStateData }>
          Change
        </button>
      </div>
    )
  };
}
```

이제 App.js를 저장하면 추가된 버튼이 브라우저 화면에 보일 것이며, 버튼을 클릭하면
그림 1-5와 같이 사용자 이름이 바뀔 것이다.

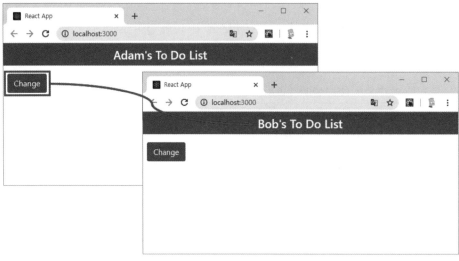

▲ 그림 1-5 사용자 이름 변경

이 예제엔 중요한 여러 리액트 기능들이 포함돼 있다. 먼저 button 엘리먼트의 onClick 속
성을 살펴보자.

```
...
<button className="btn btn-primary m-2" onClick={ this.changeStateData }>
  Change
</button>
...
```

보다시피 버튼이 클릭되면 평가되는 표현식을 onClick 속성에 할당했다. 버튼 클릭은 이벤트^{event}를 촉발하며, onClick은 이벤트 처리 메서드(이벤트 핸들러^{event handler})의 한 예다. onClick에 지정된 함수나 메서드는 버튼이 클릭될 때마다 호출될 것이다. 리스트 1-12의 표현식에선 changeStateData라는 메서드를 지정했는데, 이 메서드는 다음과 같이 함수를 간략하게 정의할 수 있는 **화살표 함수**^{arrow function} 문법을 사용했다.

```
...
changeStateData = () => {
  this.setState({ userName: this.state.userName === "Adam" ? "Bob" : "Adam" })
}
...
```

4장에서 설명하겠지만 화살표 함수는 이벤트에 대한 응답을 쉽게 만들 때 사용하는 방법이다. 그러나 리액트 애플리케이션에 있어서의 화살표 함수는 HTML과 자바스크립트 결합체의 가독성을 유지하기 위해 더 널리 사용된다. changeStateData 메서드는 userName 프로퍼티에 새 값을 부여하기 위해 setState라는 메서드를 사용한다. setState 메서드가 호출되면 리액트는 컴포넌트의 상태 데이터를 새 값을 갱신하고, 그다음엔 render 메서드를 호출한다. 따라서 표현식은 갱신된 콘텐츠를 생성할 것이다. 이게 버튼을 클릭하면 사용자 이름이 Adam에서 Bob으로 바뀌는 이유다. 코드에서 봤듯 표현식이 사용하는 값이 변경됐음을 리액트에게 명시적으로 알리는 부분은 없다. 단지 setState 메서드를 사용해 새 값을 할당했을 뿐이며, 브라우저의 콘텐츠를 갱신하는 일은 리액트가 알아서 한다.

> 💡 **팁**
>
> setState 메서드뿐만 아니라, 컴포넌트가 정의한 프로퍼티나 메서드를 호출할 때는 언제나 this 키워드를 사용해야 한다. this를 빠뜨리는 일은 리액트 개발에서 흔한 실수이며, 원하는 결과를 얻지 못했을 때 가장 먼저 확인해야 할 사항이다.

화살표 함수 문법을 사용할 때는 return 키워드를 사용하지 않아도 된다. 또한 함수 내용을 둘러싸는 중괄호도 생략할 수 있다. 이를 이용해 리스트 1-13과 같이 render 메서드를 좀 더 깔끔하게 만들어보자.

리스트 1-13 src/App.js: 화살표 함수로 메서드 재정의

```
import React, { Component } from 'react';

export default class App extends Component {

  constructor(props) {
    super(props);
    this.state = {
      userName: "Adam"
    }
  }

  changeStateData = () => {
    this.setState({
      userName: this.state.userName === "Adam" ? "Bob" : "Adam"
    })
  }

  render = () =>
    <div>
      <h4 className="bg-primary text-white text-center p-2">
        { this.state.userName }'s To Do List
      </h4>
      <button className="btn btn-primary m-2" onClick={ this.changeStateData }>
        Change
      </button>
    </div>
}
```

이 책에선 함수를 정의할 때 전통적인 자바스크립트 방식과 화살표 함수 방식을 모두 사용한다. 대부분의 경우 두 방식 중 무엇을 선택해도 문제는 없지만, 그럼에도 12장에서 중요한 고려사항 몇 가지를 설명할 것이다.

할 일 목록 애플리케이션에 기능 추가

리액트로 동적 콘텐츠를 보여주는 방법을 알았으니, 이제 할 일 목록 애플리케이션에 필요한 기능들을 구현할 때가 됐다. 먼저 리스트 1-14와 같이 여러 상태 데이터와 표현식을 추가하는 일부터 시작하자.

리스트 1-14 src/App.js: 애플리케이션 기능 추가

```
import React, { Component } from 'react';

export default class App extends Component {

  constructor(props) {
    super(props);
    this.state = {
      userName: "Adam",
      todoItems: [{ action: "Buy Flowers", done: false },
                  { action: "Get Shoes", done: false },
                  { action: "Collect Tickets", done: true },
                  { action: "Call Joe", done: false }],
      newItemText: ""
    }
  }

  updateNewTextValue = (event) => {
    this.setState({ newItemText: event.target.value });
  }

  createNewTodo = () => {
    if (!this.state.todoItems
            .find(item => item.action === this.state.newItemText)) {
      this.setState({
        todoItems: [...this.state.todoItems,
          { action: this.state.newItemText, done: false }],
          newItemText: ""
      });
    }
  }

  render = () =>
    <div>
```

```
      <h4 className="bg-primary text-white text-center p-2">
        {this.state.userName}'s To Do List
        ({ this.state.todoItems.filter(t => !t.done).length} items to do)
      </h4>
      <div className="container-fluid">
        <div className="my-1">
          <input className="form-control"
            value={ this.state.newItemText }
            onChange={ this.updateNewTextValue } />
          <button className="btn btn-primary mt-1"
            onClick={ this.createNewTodo }>Add</button>
        </div>
      </div>
    </div>
  }
```

리액트 표현식도 자바스크립트이므로 다음과 같이 데이터 값을 조사하거나 동적 결과를
생성할 때 사용할 수 있다.

```
...
<h4 className="bg-primary text-white text-center p-2">
  {this.state.userName}'s To Do List
  ({ this.state.todoItems.filter(t => !t.done).length} items to do)
</h4>
...
```

이 표현식은 todoItems라는 상태 데이터의 배열로부터 객체를 걸러낸다. 아직 완료되지
않은 할 일들만 선택해 그 length 프로퍼티의 값을 읽음으로써, 남아 있는 할 일의 수를
사용자게 보여줄 수 있게 한다. 이와 같이 JSX는 HTML과 코드를 쉽게 혼합할 수 있게
한다. HTML을 간결하게 유지하기 위해 속성이나 메서드 안에 정의됨으로써 읽기 힘들
만큼 복잡한 표현식이 만들어지기도 하지만 말이다.

리스트 1–14에 처음으로 input 엘리먼트가 추가됐는데, 이는 사용자가 새로운 할 일을
텍스트로 입력하게 하기 위해서다. 이 엘리먼트엔 콘텐츠를 관리하고 변경 시에 응답하
는, 다음과 같은 두 개의 속성이 포함돼 있다.

```
...
<input className="form-control"
  value={ this.state.newItemText } onChange={ this.updateNewTextValue } />
...
```

value 속성은 input 엘리먼트의 콘텐츠를 지정하기 위해 사용된다. 이 예제의 경우 value
속성에 지정된 표현식은 newItemText라는 상태 데이터 프로퍼티의 값을 리턴할 것이다.
이는 상태 데이터 프로퍼티 값이 변경되면 input 엘리먼트의 콘텐츠도 갱신된다는 뜻이
다. onChange 속성은 change 이벤트가 발생할 때 리액트가 해야 할 일을 알려주는데,
change 이벤트는 사용자가 input 엘리먼트에 뭔가를 입력하면 발생한다. 이 표현식은 컴
포넌트의 updateNewTextValue 메서드가 호출되게 하는데, 이 메서드는 setState 메서드를
사용해 newItemText 상태 데이터 프로퍼티를 갱신한다. 이는 마치 순환식 접근법으로 보
이나, 리액트에서 코드와 사용자에 의한 변경을 다루는 확실한 방법이다.

button 엘리먼트에선 onClick 속성을 사용해 click 이벤트에 대한 응답으로 createNewTodo
메서드를 호출하게 했다. createNewTodo 메서드는 동일한 텍스트로 된 할 일 아이템이 이
미 존재하는지 확인하고, 그렇지 않다면 setState 메서드를 사용해 새 아이템을 todoItems
배열에 추가한다. 또한 newItemText 프로퍼티를 초기화함으로써 input 엘리먼트의 콘텐
츠를 비운다. 배열에 새 아이템을 추가하는 구문에선 자바스크립트 언어에 최근에 추가
된 **스프레드 연산자**spread operator를 사용했다.

```
...
todoItems: [...this.state.todoItems,
  { action: this.state.newItemText, done: false }],
...
```

세 개의 마침표(...)로 표기하는 스프레드 연산자는 배열의 확장 버전이다. 리액트 개발
도구는 최신의 자바스크립트 기능을 허용하며 예전 브라우저에서도 동작할 수 있는 호환
코드로 변환한다. 스프레드 연산자를 포함한 여러 유용한 자바스크립트 기능들은 4장에
서 설명한다.

리스트 1-14의 결과를 확인하기 위해 텍스트 필드에 할 일을 입력하고 **Add** 버튼을 클릭해보자. 리액트는 버튼의 onClick 속성에 지정했던, input 엘리먼트의 값을 사용해 새 할일 아이템을 만드는 createNewdTodo 메서드를 호출함으로써 응답할 것이다. 입력한 할 일의 내용은 아직 볼 수 없다. 그 대신 그림 1-6과 같이 미완료된 할 일의 개수가 늘어났음은 알 수 있다.

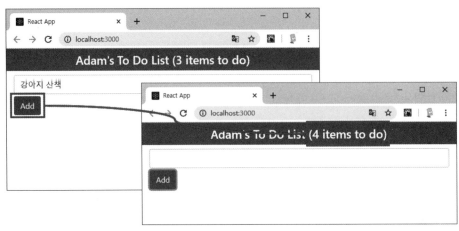

▲ 그림 1-6 새 할 일 추가

할 일 목록 보여주기

다음 단계는 각 할 일 아이템들을 보여줌으로써 사용자가 할 일 내용을 확인하고 완료 표시를 할 수 있게 하는 것이다.

리스트 1-15 src/App.js: 할 일 목록 보여주기

```
import React, { Component } from 'react';

export default class App extends Component {

  constructor(props) {
    super(props);
    this.state = {
      userName: "Adam",
      todoItems: [{ action: "Buy Flowers", done: false },
                  { action: "Get Shoes", done: false },
```

```
                    { action: "Collect Tickets", done: true },
                    { action: "Call Joe", done: false }],
        newItemText: ""
    }
}

updateNewTextValue = (event) => {
    this.setState({ newItemText: event.target.value });
}

createNewTodo = () => {
    if (!this.state.todoItems
            .find(item => item.action === this.state.newItemText)) {
        this.setState({
            todoItems: [...this.state.todoItems,
                { action: this.state.newItemText, done: false }],
            newItemText: ""
        });
    }
}

toggleTodo = (todo) => this.setState({ todoItems:
    this.state.todoItems.map(item => item.action === todo.action
        ? { ...item, done: !item.done } : item) });

todoTableRows = () => this.state.todoItems.map(item =>
    <tr key={ item.action }>
        <td>{ item.action}</td>
        <td>
            <input type="checkbox" checked={ item.done }
                onChange={ () => this.toggleTodo(item) } />
        </td>
    </tr> );

render = () =>
    <div>
        <h4 className="bg-primary text-white text-center p-2">
            {this.state.userName}'s To Do List
            ({ this.state.todoItems.filter(t => !t.done).length} items to do)
        </h4>
        <div className="container-fluid">
            <div className="my-1">
                <input className="form-control"
```

```
          value={ this.state.newItemText }
          onChange={ this.updateNewTextValue } />
        <button className="btn btn-primary mt-1"
          onClick={ this.createNewTodo }>Add</button>
      </div>
      <table className="table table-striped table-bordered">
        <thead>
          <tr><th>Description</th><th>Done</th></tr>
        </thead>
        <tbody>{ this.todoTableRows() }</tbody>
      </table>
    </div>
  </div>
}
```

지금까지 App.js에서의 주안점은 자바스크립트 표현식을 HTML의 일부로서 포함시켰다는 점이다. 그러나 JSX는 HTML과 자바스크립트의 자유로운 혼합을 허용한다. 예컨대, 자바스크립트 메서드에서 HTML 콘텐츠를 리턴하는 일도 가능하다. 리스트 1-15에선 todoTableRows 메서드가 자바스크립트의 map 메서드를 사용해 todoItems 배열 안에 있는 각 객체에 대한 일련의 HTML 엘리먼트를 만드는 모습을 볼 수 있다.

```
...
todoTableRows = () => this.state.todoItems.map(item =>
  <tr key={ item.action }>
    <td>{ item.action}</td>
    <td>
      <input type="checkbox" checked={ item.done }
        onChange={ () => this.toggleTodo(item) } />
    </td>
  </tr> );
...
```

배열 안의 각 아이템은 테이블의 행, 즉 테이블 로우^{table row}를 의미하는 HTML 엘리먼트인 tr에 매핑된다. 또한 tr 엘리먼트 안엔 테이블 셀^{table cell}을 의미하는 td 엘리먼트들이 있다. map 메서드가 만드는 HTML 콘텐츠엔 심지어 상태 데이터 값을 td 엘리먼트에 채우는 자바스크립트 표현식이나, 이벤트 처리를 위해 호출될 함수도 포함된다.

리액트는 콘텐츠에 약간의 제약을 두기도 하는데, todoTableRows 메서드에서 tr 엘리먼트에 key 속성을 추가한 것이 그 때문이다.

```
...
<tr key={ item.action }>
...
```

13장에서 자세히 설명하겠지만 리액트는 어떤 변경이 발생하면 컴포넌트의 render 메서드를 호출해, 현재 브라우저에서 보여준 결과와 비교해 바뀐 부분만 반영되게 한다. 현재 콘텐츠와 새로운 데이터를 상호 연관시켜 효율적인 변경 관리를 하기 위해 필요한 것이 key 속성이다.

리스트 1-15의 결과로 사용자가 완료 표시를 할 수 있는 체크박스와 함께 각 할 일 아이템이 보일 것이다. 즉, todoTableRows 메서드에 의해 생성된 각 테이블 로우에 체크박스로 설정된 input 엘리먼트가 포함된다.

그림 1-7과 같이 테이블 형태의 할 일 목록에서 한 아이템을 완료 표시(체크)하면 제목에 있는 미완료 개수가 줄어들 것이다.

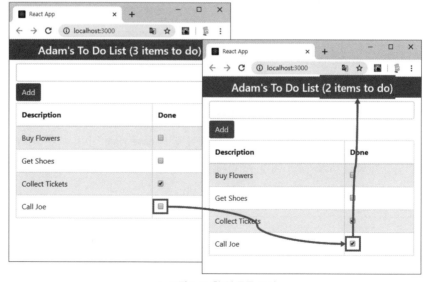

▲ 그림 1-7 할 일 목록 표시

컴포넌트 추가

현재로선 예제 애플리케이션의 모든 기능이 단 하나의 컴포넌트 안에 존재하며, 이대로라면 새로운 기능이 추가될수록 관리하기 어려워질 것이다. 컴포넌트 관리를 용이하게 하려면 특정 기능을 담당하는 컴포넌트를 분리해 해당 기능을 그 컴포넌트에 위임하는 것이 좋다. 그렇게 위임을 받은 컴포넌트를 **자식 컴포넌트**^{child component}라고 하며, 기능을 위임한 컴포넌트를 **부모 컴포넌트**^{parent component}라고 한다.

이 절에선 각자의 기능을 담당하는 자식 컴포넌트들을 만들어볼 것이다. 먼저 src 폴더에 TodoBanner.js라는 파일을 만들어 리스트 1-16과 같이 컴포넌트를 정의하자.

리스트 1-16 src/TodoBanner.js

```
import React, { Component } from 'react';

export class TodoBanner extends Component {

  render = () =>
    <h4 className="bg-primary text-white text-center p-2">
      { this.props.name }'s To Do List
      ({ this.props.tasks.filter(t => !t.done).length } items to do)
    </h4>
}
```

이 컴포넌트는 배너를 보여주는 역할을 한다. 부모 컴포넌트는 자식 컴포넌트에게 props를 통해 데이터를 전달할 수 있으며, 자식 컴포넌트는 this 키워드를 사용해 props 프로퍼티를 통해 데이터에 접근할 수 있다. 이 예제에서 TodoBanner 컴포넌트는 props를 통해 두 개의 prop을 사용한다. 하나는 사용자 이름이 담긴 name prop이며, 다른 하나는 할일 아이템들이 담긴 tasks prop이다. 예컨대, name prop의 값을 보여주려면 다음과 같이 this.props.name을 포함하는 표현식을 사용하면 된다.

```
...
{ this.props.name }'s To Do List
...
```

TodoBanner 컴포넌트의 render 메서드가 호출되면 부모 컴포넌트가 전달해준 name prop의 값이 결과에 포함될 것이다. 다른 하나의 표현식에선 자바스크립트의 filter 메서드를 사용해 미완료된 아이템을 선택한다. 또한 그 개수를 확인해 사용자에게 보여준다.

다음엔 src 폴더에 TodoRow.js라는 파일을 만들고 리스트 1-17과 같이 컴포넌트를 정의하자.

리스트 1-17 리스트 1-17 src/TodoRow.js

```
import React, { Component } from 'react';

export class TodoRow extends Component {

  render = () =>
    <tr>
      <td>{ this.props.item.action}</td>
      <td>
        <input type="checkbox" checked={ this.props.item.done }
          onChange={ () => this.props.callback(this.props.item) }
        />
      </td>
    </tr>
}
```

이 컴포넌트는 할 일 아이템의 상세 내용이 포함된, 테이블의 한 로우를 보여주는 역할을 한다. 자식 컴포넌트가 props를 통해 받은 데이터는 읽기 전용이며 변경될 수 없다. 자식 컴포넌트가 데이터를 변경하게 하려면 부모 컴포넌트가 이른바 **함수 props**^{function props}라는 방법으로, 중요한 일이 생겼을 때 호출할 수 있게 콜백 함수를 제공할 수 있다. 이런 조합은 컴포넌트 사이의 협업을 가능하게 한다. 즉, 데이터 props는 부모가 자식에게 데이터를 제공하는 방법이며, 함수 props는 자식이 부모와 소통할 수 있는 방법이다.

리스트 1-17에서 이 컴포넌트는 할 일 아이템을 받기 위한 item이라는 데이터 prop, 그리고 사용자가 체크박스에 체크하거나 해제할 때마다 호출될 callback이라는 함수 prop을 정의했다. 이제 마지막 자식 컴포넌트를 만들 차례다. src 폴더에 TodoCreater.js라는 파일을 만들고 리스트 1-18의 코드를 작성하자.

```
import React, { Component } from 'react';

export class TodoCreator extends Component {

  constructor(props) {
    super(props);
    this.state = { newItemText: "" }
  }

  updateNewTextValue = (event) => {
    this.setState({ newItemText: event.target.value});
  }

  createNewTodo = () => {
    this.props.callback(this.state.newItemText);
    this.setState({ newItemText: ""});
  }

  render = () =>
    <div className="my-1">
      <input className="form-control" value={ this.state.newItemText }
        onChange={ this.updateNewTextValue } />
      <button className="btn btn-primary mt-1"
        onClick={ this.createNewTodo }>Add</button>
    </div>
}
```

자식 컴포넌트도 자신만의 상태 데이터를 가질 수 있다. 여기선 input 엘리먼트의 콘텐츠를 다루기 위해 상태 데이터를 사용했다. 또한 사용자가 **Add** 버튼을 클릭하면 부모 컴포넌트에 알리기 위해 함수 props를 사용했다.

자식 컴포넌트 사용

앞서 새로 작성한 컴포넌트들은 각자 할 일 애플리케이션의 특정한 기능을 담당한다. 이제 자식 컴포넌트들을 사용할 수 있도록, 리스트 1-19와 같이 필요한 데이터와 콜백 함수를 제공하는 App 컴포넌트로 만들자.

```
import React, { Component } from 'react';
import { TodoBanner } from "./TodoBanner";
import { TodoCreator } from "./TodoCreator";
import { TodoRow } from "./TodoRow";

export default class App extends Component {

  constructor(props) {
    super(props);
    this.state = {
      userName: "Adam",
      todoItems: [{ action: "Buy Flowers", done: false },
                  { action: "Get Shoes", done: false },
                  { action: "Collect Tickets", done: true },
                  { action: "Call Joe", done: false }],
      //newItemText: ""
    }
  }

  updateNewTextValue = (event) => {
    this.setState({ newItemText: event.target.value });
  }

  createNewTodo = (task) => {
    if (!this.state.todoItems.find(item => item.action === task)) {
      this.setState({
        todoItems: [...this.state.todoItems, { action: task, done: false }]
      });
    }
  }

  toggleTodo = (todo) => this.setState({ todoItems:
    this.state.todoItems.map(item => item.action === todo.action
      ? { ...item, done: !item.done } : item) });

  todoTableRows = () => this.state.todoItems.map(item =>
    <TodoRow key={ item.action } item={ item } callback={ this.toggleTodo } />)

  render = () =>
```

```
    <div>
        <TodoBanner name={ this.state.userName } tasks={this.state.todoItems } />
        <div className="container-fluid">
            <TodoCreator callback={ this.createNewTodo } />
            <table className="table table-striped table-bordered">
                <thead>
                    <tr><th>Description</th><th>Done</th></tr>
                </thead>
                <tbody>{ this.todoTableRows() }</tbody>
            </table>
        </div>
    </div>
}
```

여기선 import 구문으로 자식 컴포넌트로의 의존성을 선언해 빌드 과정에 포함되게 했다. 자식 컴포넌트는 커스텀 HTML 엘리먼트로 사용되는데, 다음과 같이 자식 컴포넌트가 받을 props를 정의한 표현식과 속성이 포함된다.

```
...
<TodoBanner name={ this.state.userName } tasks={this.state.todoItems } />
...
```

표현식을 사용하면 부모가 정의한 특정 데이터와 메서드에 자식 컴포넌트가 접근하게 할 수 있다. 여기선 name과 tasks를 사용해 userName과 todoItems라는 상태 데이터 프로퍼티 값을 TodoBanner 컴포넌트에 제공한다.

마무리 작업

이제 애플리케이션의 기본 기능들이 갖춰졌고 모든 컴포넌트가 함께 작동할 준비가 됐으므로, 이번 절에서는 할 일 애플리케이션의 완성도를 높이기 위한 마무리 작업을 진행한다.

완료된 할 일의 시각적 처리

현재는 완료된 할 일도 미완료된 할 일과 함께 항상 사용자에게 보인다. 이제 완료된 할 일과 미완료된 할 일을 분리해서 보여주고, 완료된 할 일을 숨길 수 있게 개선할 것이다. src 폴더에 VisibilityControl.js라는 파일을 만들어 리스트 1-20과 같은 컴포넌트를 정의하자.

리스트 1-20 src/VisibilityControl.js

```
import React, { Component } from 'react';

export class VisibilityControl extends Component {

  render = () =>
    <div className="form-check">
      <input className="form-check-input" type="checkbox"
        checked={ this.props.isChecked }
        onChange={ (e) => this.props.callback(e.target.checked) } />
      <label className="form-check-label">
        Show { this.props.description }
      </label>
    </div>
}
```

props를 사용해 부모 컴포넌트가 전달한 데이터와 콜백 함수를 사용하는 방법은 애플리케이션에 새로운 기능을 쉽게 추가할 수 있는 좋은 전략이다. 리스트 1-20의 VisibilityControl은 다목적 컴포넌트다. 다뤄야 할 콘텐츠에 대해 알지 못하며, 오직 props를 통해 작동할 뿐이다. description prop은 화면에 보여줄 레이블 텍스트를, isChecked prop은 체크박스의 초기 상태를, callback prop은 사용자가 체크박스를 클릭해 change 이벤트가 발생하면 호출될 함수를 제공한다.

이제 리스트 1-21과 같이 App 컴포넌트에 VisibilityControl을 자식 컴포넌트로서 반영하고, 완료된 할 일과 미완료된 할 일을 분리해서 보여주기 위한 작업을 하자.

```
import React, { Component } from 'react';
import { TodoBanner } from "./TodoBanner";
import { TodoCreator } from "./TodoCreator";
import { TodoRow } from "./TodoRow";
import { VisibilityControl } from "./VisibilityControl";

export default class App extends Component {

  constructor(props) {
    super(props);
    this.state = {
      userName: "Adam",
      todoItems: [{ action: "Buy Flowers", done: false },
                  { action: "Get Shoes", done: false },
                  { action: "Collect Tickets", done: true },
                  { action: "Call Joe", done: false }],
      showCompleted: true
    }
  }

  updateNewTextValue = (event) => {
    this.setState({ newItemText: event.target.value });
  }

  createNewTodo = (task) => {
    if (!this.state.todoItems.find(item => item.action === task)) {
      this.setState({
        todoItems: [...this.state.todoItems, { action: task, done: false }]
      });
    }
  }

  toggleTodo = (todo) => this.setState({ todoItems:
    this.state.todoItems.map(item => item.action === todo.action
      ? { ...item, done: !item.done } : item) });

  todoTableRows = (doneValue) => this.state.todoItems
    .filter(item => item.done === doneValue).map(item =>
      <TodoRow key={ item.action } item={ item } callback={ this.toggleTodo } />)
```

```
render = () =>
  <div>
    <TodoBanner name={ this.state.userName } tasks={this.state.todoItems } />
    <div className="container-fluid">
      <TodoCreator callback={ this.createNewTodo } />
      <table className="table table-striped table-bordered">
        <thead>
          <tr><th>Description</th><th>Done</th></tr>
        </thead>
        <tbody>{ this.todoTableRows(false) }</tbody>
      </table>
      <div className="bg-secondary text-white text-center p-2">
        <VisibilityControl description="Completed Tasks"
          isChecked={this.state.showCompleted}
          callback={ (checked) =>
            this.setState({ showCompleted: checked })} />
      </div>

      { this.state.showCompleted &&
        <table className="table table-striped table-bordered">
          <thead>
            <tr><th>Description</th><th>Done</th></tr>
          </thead>
          <tbody>{ this.todoTableRows(true) }</tbody>
        </table>
      }
    </div>
  </div>
}
```

VisibilityControl 컴포넌트는 사용자가 체크박스를 클릭할 때 showCompleted라는 App 컴포넌트의 상태 데이터 프로퍼티의 값을 변경한다. 완료된 할 일과 미완료된 할 일을 분리하기 위해 todoTableRows 메서드에 파라미터 하나를 추가했으며, 또한 done 프로퍼티에 기초해 상태 데이터 배열로부터 객체를 선택하기 위해 filter 메서드를 사용했다.

완료된 할 일을 보여주기 위한 두 번째 table 엘리먼트도 추가했는데, 이 테이블은 showCompleted 프로퍼티가 true인 경우에만 보인다. 그렇게 하기 위해 테이블과 콘텐츠를 데이터 바인딩 표현식 안에 위치시켰으며 **&&** 연산자를 함께 사용했다. 다음과 같이 말이다.

```
...
{ this.state.showCompleted && <table className="table table-striped table-bordered">
...
```

이 표현식이 평가되면 showCompleted 프로퍼티가 오직 true인 경우에만 table 엘리먼트가 컴포넌트의 콘텐츠에 포함된다. 이는 JSX가 콘텐츠와 코드를 혼합하는 또 하나의 예다. 대부분의 경우 JSX는 엘리먼트와 코드 구문을 조합하는 일을 잘하지만, 그렇다고 모든 면에서 탁월하지는 않다. 또한 예제에서 보듯 조건 구문에 사용되는 문법이 다소 어색해 보일 수 있다.

이제 App.js를 저장하면 분리된 할 일 목록을 볼 수 있을 것이다. 그림 1-8과 같이 할 일의 체크박스를 클릭하면 각기 다른 테이블로 할 일이 이동된다. 또한 Show Completed Tasks 체크박스를 클릭할 때마다 두 번째 테이블이 나타나거나 사라진다.

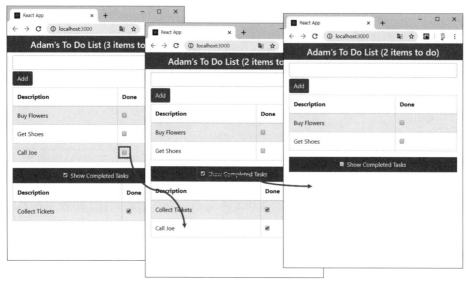

▲ 그림 1-8 개선된 할 일 목록

데이터의 지속 저장

마지막 작업은 사용자가 다른 곳을 방문하더라도 할 일 목록이 보존되도록 데이터를 저장하는 일이다. 이 책의 후반부에서 데이터를 서버에 저장하는 다른 방법을 설명하겠지만, 지금은 예제를 간결하게 유지하기 위해 로컬 스토리지 API$^{Local\ Storage\ API}$를 사용해 데이터를 브라우저에 저장하게 할 것이다.

> **🕹 팁**
>
> 로컬 스토리지 API는 리액트만을 위한 특정 기능이 아닌, 브라우저의 표준 기능이다. 로컬 스토리지의 작동 원리는 https://developer.mozilla.org/en-US/docs/Web/API/Window/localStorage를 참고하기 바란다.

리스트 1-22 src/App.js: 데이터의 지속 저장

```
import React, { Component } from 'react';
import { TodoBanner } from "./TodoBanner";
import { TodoCreator } from "./TodoCreator";
import { TodoRow } from "./TodoRow";
import { VisibilityControl } from "./VisibilityControl";

export default class App extends Component {

  constructor(props) {
    super(props);
    this.state = {
      userName: "Adam",
      todoItems: [{ action: "Buy Flowers", done: false },
                  { action: "Get Shoes", done: false },
                  { action: "Collect Tickets", done: true },
                  { action: "Call Joe", done: false }],
      showCompleted: true
    }
  }

  updateNewTextValue = (event) => {
    this.setState({ newItemText: event.target.value });
  }
```

```
createNewTodo = (task) => {
  if (!this.state.todoItems.find(item => item.action === task)) {
    this.setState({
      todoItems: [...this.state.todoItems, { action: task, done: false }]
    }, () => localStorage.setItem("todos", JSON.stringify(this.state)));
  }
}

toggleTodo = (todo) => this.setState({ todoItems:
  this.state.todoItems.map(item => item.action === todo.action
    ? { ...item, done: !item.done } : item) });

todoTableRows = (doneValue) => this.state.todoItems
  .filter(item ) item.done === doneValue).map(item =>
    <TodoRow key={ item.action } item={ item } callback={ this.toggleTodo } />)

componentDidMount = () => {
  let data = localStorage.getItem("todos");
  this.setState(data != null
    ? JSON.parse(data)
    : {
      userName: "Adam",
      todoItems: [{ action: "Buy Flowers", done: false },
                  { action: "Get Shoes", done: false },
                  { action: "Collect Tickets", done: true },
                  { action: "Call Joe", done: false }],
      showCompleted: true
    });
}

render = () =>
  <div>
    <TodoBanner name={ this.state.userName } tasks={this.state.todoItems } />
    <div className="container-fluid">
      <TodoCreator callback={ this.createNewTodo } />
      <table className="table table-striped table-bordered">
        <thead>
          <tr><th>Description</th><th>Done</th></tr>
        </thead>
        <tbody>{ this.todoTableRows(false) }</tbody>
      </table>
      <div className="bg-secondary text-white text-center p-2">
        <VisibilityControl description="Completed Tasks"
```

```
              isChecked={this.state.showCompleted}
              callback={ (checked) =>
                this.setState({ showCompleted: checked })} />
          </div>

          { this.state.showCompleted &&
            <table className="table table-striped table-bordered">
              <thead>
                <tr><th>Description</th><th>Done</th></tr>
              </thead>
              <tbody>{ this.todoTableRows(true) }</tbody>
            </table>
          }
        </div>
      </div>
  }
```

로컬 스토리지 API는 localStorage라는 객체를 통해 사용할 수 있다. 새 할 일이 추가되면 이를 저장하기 위해 localStorage의 setItem 메서드를 사용했다. 로컬 스토리지의 특성상 오직 문자열 값만 저장할 수 있으므로, 저장하기 전에 먼저 데이터 객체를 JSON으로 직렬화했다. setState 메서드는 함수도 받을 수 있다. 여기선 상태 데이터가 바뀌면 갱신되는 함수를 사용해 가장 최신의 데이터가 저장되게 했다.

13장에서 설명하겠지만 컴포넌트엔 잘 정의된 생명주기가 있으며, 중요한 이벤트에 대한 알림을 받을 수 있게 생명주기 메서드를 구현할 수 있다. 여기선 컴포넌트 생명주기 초기에 호출되는, 따라서 데이터를 로딩하는 등의 작업을 수행하기 적합한 componentDidMount 메서드를 구현했다.

componentDidMount 메서드에선 저장된 데이터를 받기 위해 localStorage의 getItem 메서드를 사용했다. 또한 setState 메서드에선 저장된 데이터로 갱신하거나 저장된 데이터가 없다면 기본 데이터를 사용하게 했다.

시각적으로 바뀐 건 없다. 다만 이제 새로 추가된 할 일 아이템을 지속적으로 저장할 수 있게 됐다. 이는 브라우저를 새로고침 하거나, 다른 사이트로 갔다가 http://localhost:3000으로 다시 돌아와도 할 일 목록이 유지된다는 뜻이다. 그림 1-9처럼 말이다.

▲ 그림 1-9 데이터의 지속 저장

정리

1장에선 리액트의 개발 과정을 소개하고 몇 가지 중요한 리액트의 개념을 보이기 위해 간단한 예제 애플리케이션 하나를 만들었다. 리액트 개발의 핵심은 컴포넌트에 있다. 컴포넌트는 자바스크립트 코드와 HTML 콘텐츠를 조합하는 JSX 파일에 정의된다. 새 프로젝트를 만들면 JSX를 사용한 개발, 빌드, 테스트를 위한 브라우저 배포까지, 필요한 모든 사항이 프로젝트에 포함돼 쉽고 빠르게 개발을 시작할 수 있다.

리액트 애플리케이션엔 여러 컴포넌트를 포함시킬 수 있는데, 각 컴포넌트는 특정 기능을 담당하며 props를 통해 필요한 데이터나 콜백 함수를 사용할 수 있다.

이 책의 분량을 보면 짐작할 수 있겠지만 리액트엔 많은 기능이 있다. 그러나 1장에서 만든 기본 애플리케이션으로도 리액트 개발에 있어서의 가장 중요한 특징을 알 수 있으며, 이후에 만들 애플리케이션의 토대로서도 충분한다. 다음 2장에선 리액트의 맥락에서 이 책의 구성과 콘텐츠를 설명한다.

2장

리액트의 이해

리액트는 클라이언트 측 애플리케이션 개발을 위한 유연하고 강력한 오픈소스 프레임워크다. 리액트는 서버 측 개발 분야로부터 얻은 힌트를 HTML 엘리먼트에 적용했으며, 리치 웹 애플리케이션rich web application의 좀 더 쉬운 구축 기반을 만들었다. 이 책에선 리액트의 작동 원리와 리액트가 제공하는 다양한 기능들을 시연한다.

> **리액트 출시 스케줄과 이 책의 대응 방안**
>
> 리액트 팀은 리액트의 새 버전을 자주 출시하는데, 이는 지속적으로 기능이 추가되고 개선된다는 뜻이다. 마이너 버전은 대개 기존 기능을 깨는 대신 주로 버그 픽스를 포함한다. 메이저 버전은 중대한 변경사항을 포함하며, 하위 호환성을 제공하지 않는 경우도 있다.
>
> 메이저 버전이라 할지라도 리액트의 주요 기능이 크게 바뀌는 경우는 없을 것 같으며, 몇 개월마다 이 책의 개정판을 내는 일은 합리적이지 않아 보인다. 그 대신 이 책의 깃허브GitHub 저장소인 https://github.com/Apress/pro-react-16에 차기 메이저 버전에 관한 내용을 올릴 예정이다.
>
> 이는 나와 출판사 입장에선 여전히 진행 중인 실험이며, 게다가 리액트의 다음 메이저 버전에 포함될 사항을 알지 못하므로 어떤 형식으로 제공할지 확정할 수 없다. 그러나 이 실험의 목적은 예제를 새로운 변경사항으로 보강해 이 책의 수명을 늘리는 데 있다.

어떤 내용이 갱신될지, 어떤 형식이 될지, 개정판 전까지 얼마나 오래갈지 장담할 수 없지만, 새 버전의 리액트가 출시되면 이 책의 깃허브 저장소를 열린 마음으로 확인하기 바란다. 또한 새 버전에 대한 정보 공유와 관련한 좋은 방안이 있다면 adam@adam-freeman.com으로 메일을 주기 바란다.

리액트는 필수인가?

리액트는 모든 문제를 해결하는 만능 솔루션이 아니다. 따라서 어떤 경우에 리액트를 써야 하고 어떤 경우에 대안을 찾아야 하는지 아는 게 중요하다. 리액트는 서버 측 개발자에게만 가능했던 종류의 기능성을 온전히 브라우저에 넘겼다. 이에 따라 브라우저는 HTML 문서가 로딩될 때마다 많은 일을 해야 한다. 예컨대 데이터 로딩, 컴포넌트 생성과 구성, 표현식 평가 등의 작업들 말이다. 이를 위한 토대를 만드는 일은 1장에서 설명했으며 앞으로도 이 책 전반에 걸쳐 다룰 것이다.

앞서 말한 종류의 작업이 수행되는 데는 시간이 필요하다. 시간의 양은 리액트 애플리케이션의 복잡도에 따라 다르며, 더 중요하게는 브라우저의 품질과 컴퓨터의 처리 능력에 달렸다. 충분한 사양의 데스크톱에서 최신 브라우저를 사용한다면 성능 문제를 겪을 일은 없을 것이다. 그러나 저사양의 스마트폰에서 구식 브라우저를 사용한다면 리액트 애플리케이션의 초기 준비 작업에 많은 시간이 걸릴 수 있다.

따라서 목표는 준비 작업의 횟수를 가급적 줄이되, 한 번 할 때 가급적 앱의 많은 부분이 배포되게 하는 것이다. 이는 빌드하고자 하는 웹 애플리케이션의 유형을 신중히 고민해야 한다는 뜻이다. 보통은 넓은 의미에서 웹 애플리케이션을 **라운드 트립**round-trip과 **싱글 페이지**single-page라는 두 종류로 나눈다.

라운드 트립 애플리케이션

오랫동안 웹 앱은 **라운드 트립** 모델을 따랐다. 먼저 브라우저는 첫 HTML 페이지를 서버에 요청하고 수신한다. 그다음 링크 클릭이나 폼 제출 등 사용자의 행위가 일어나면, 브라우저는 다시 완전히 새로운 HTML 콘텐츠를 요청하고 수신한다. 이런 방식의 애플리케이션에서 브라우저는 본질적으로 HTML 콘텐츠의 렌더링 엔진일 뿐이며, 모든 애플리케이션 로직과 데이터는 서버에 존재한다. 요컨대, 브라우저는 일련의 무상태^{stateless} HTTP 요청을 보내고 서버는 그에 따라 HTML 문서를 동적으로 생성해 처리하는 식이다.

현재도 여전히 많은 웹 개발이 라운드 트립 방식을 채택하고 있는데, 기업의 업무 시스템 프로젝트의 경우에 특히 그렇다. 웹 브라우저의 사용률이 낮은 대신 다양한 종류의 클라이언트를 지원하는 시스템이기 때문이다. 그럼에도 라운드 트립 애플리케이션엔 심각한 단점이 있다. 사용자가 다음 HTML 문서가 요청되고 로딩될 때까지 기다려야 한다는 점, 모든 요청을 처리하고 모든 애플리케이션 상태를 관리하기 위해 서버 측에 대형 인프라가 필요하다는 점, 각 HTML 문서가 독립적으로 동일한 콘텐츠를 각자 포함하므로 더 넓은 대역폭이 필요하다는 점 등이다. 리액트는 라운드 트립 애플리케이션에 별로 적합하지 않은데, 서버로부터 수신한 새로운 HTML 문서마다 브라우저가 초기 준비 작업을 수행해야 하기 때문이다.

싱글 페이지 애플리케이션

싱글 페이지 애플리케이션^{SPA, single-page application}은 라운드 트립 애플리케이션과 다른 접근법을 사용한다. 첫 HTML 문서의 로딩은 동일하다. 그러나 그다음 사용자의 행위는 HTML의 작은 조각이나 데이터 집합에 삽입할 일부 데이터만을 위한 HTTP 요청을 발생시킨다. 따라서 초기 HTML 문서는 다시 로딩되거나 대체되지 않으며, HTTP 요청이 비동기 방식으로 수행되는 동안 사용자는 여전히 현재의 HTML과 상호작용할 수 있다. 비록 '데이터 로딩 중'이라는 메시지를 보는 경우가 있더라도 말이다.

리액트는 싱글 페이지 애플리케이션에 잘 어울린다. 애플리케이션을 초기화하는 브라우저 작업은 처음 한 번만 수행되며, 애플리케이션이 실행된 후엔 데이터나 콘텐츠에 대한 요청과 사용자 행위에 대한 응답이 모두 백그라운드에서 수행되기 때문이다.

> **┤ 리액트, 뷰JS, 앵귤러 비교 ├**
>
> 리액트의 주요 경쟁자로 앵귤러^{Angular}와 뷰JS^{Vue.js}가 있다. 이들 프레임워크는 서로 차이점이 있지만 각자는 모두 탁월하고, 비슷한 방식으로 작동하며, 풍부하고 우아한 클라이언트 측 애플리케이션을 제작하기 충분하다.
>
> 이들 프레임워크의 진짜 차이점은 개발자 경험에 있다. 예컨대 앵귤러를 효과적으로 사용하기 위해선 타입스크립트^{Typescript}가 필요하지만, 리액트와 뷰JS에서 타입스크립트는 선택사항일 뿐이다. 방식은 다를지라도 결국 리액트와 뷰JS는 하나의 파일에 HTML과 자바스크립트를 혼합하기 때문이다.
>
> 내 조언은 단순하다. 그 시점에 가장 좋아 보이는 프레임워크를 선택해 갈아타면 된다. 비과학적으로 들릴 수 있겠으나 실제로 나쁜 접근법이 아니다. 프레임워크를 갈아타도 여전히 여러 핵심 개념들은 공통적으로 그 사이를 관통한다는 사실을 알게 될 것이기 때문이다.

애플리케이션 복잡성

애플리케이션의 유형만이 리액트의 적합성 판단에 유일한 고려사항은 아니다. 프로젝트의 복잡성 또한 중요한데, 훨씬 단순한 방법으로 충분함에도 불구하고 굳이 리액트, 앵귤러, 뷰JS 같은 클라이언트 측 프레임워크를 사용하는 프로젝트를 종종 목격할 수 있다. 이 책의 분량에서 알 수 있듯 리액트 같은 프레임워크에 완전히 통달하려면 상당한 시간과 노력이 필요하지만, 단지 폼의 유효성을 확인하거나 select 엘리먼트를 채우는 정도의 프로그래밍만 필요한 상황이라면 그런 노력이 정당화되기 힘들다.

클라이언트 측 프레임워크 사용으로 인해 격앙된 상태에선 브라우저가 이미 개발자가 직접 사용할 수 있는 풍부한 API를 제공한다는 사실, 그리고 그 API가 리액트 역시 자신의 모든 기능을 위해 의존하는 API와 동일하다는 사실을 망각하기 쉽다. 만약 간단하고 독립적인 해결책이 필요하다면 문서 객체 모델DOM, Document Object Model API 같은 브라우저 API를 직접 사용하는 방안을 고려해야 한다. 이 책에서도 브라우저 API를 직접 사용하는 예들을 볼 수 있지만, 브라우저 기반의 개발이 처음이라면 https://developer.mozilla.org가 시작하기 좋은 곳이다. 브라우저가 지원하는 모든 API 문서가 제공되니 말이다.

DOM API 같은 브라우저 API에도 단점은 있다. API의 사용법이 불편하다는 점과, 구식 브라우저일수록 해당 기능이 다르게 구현됐을 수 있다는 점이다. 브라우저 API를 직접 사용하는 대신 선택할 수 있는 좋은 대안 중 하나는 제이쿼리jQuery(https://jquery.com)다. 제이쿼리는 HTML 엘리먼트를 쉽게 다룰 수 있게 하며, 이벤트, 애니메이션, 비동기 HTTP 통신 등의 지원이 탁월하다.

리액트는 구현해야 할 업무 흐름이 복잡하거나, 다뤄야 할 사용자 유형이 각기 다르거나, 처리해야 할 데이터의 규모가 상당한, 그런 대형 애플리케이션에서 진가를 발휘한다. 물론 그런 상황에서도 브라우저 API를 직접 사용하는 방식을 선택할 수 있다. 그러나 점점 코드 관리가 어려워지고 애플리케이션 확장이 곤란해질 것이다. 리액트는 복잡한 대형 애플리케이션을 쉽게 제작할 수 있도록 지원한다. 프레임워크를 채택하지 않은 복잡한 프로젝트의 운명이라 할 수 있는, 해독하기 어려운 코드의 늪에 빠지는 일 없이 말이다.

필요한 사전 지식

자신의 프로젝트에 리액트가 적합하다고 판단했다면, 기본적인 웹 개발에 익숙해야 하고, HTML과 CSS의 작동 원리를 이해해야 하며, 자바스크립트의 실전 지식이 있어야 한다. 그런 지식과 경험이 어렴풋하게 느껴지는 독자들을 위해 3장과 4장을 준비했다. 또한 https://developer.mozilla.org는 HTML, CSS, 자바스크립트의 기본을 되살릴 수 있는 좋은 곳이다.

필요한 개발 환경

리액트 개발에 필요한 유일한 개발 도구는 이미 1장에서 설치했다. 나중에 추가 패키지가 필요할 때도 있는데, 그때그때 설치 방법을 일일이 설명할 것이다. 1장에서 예제 애플리케이션 빌드를 잘 완료했다면, 이미 리액트 개발과 이 책의 예제를 위한 환경이 갖춰진 셈이다.

이 책의 구성

이 책은 관련된 주제들끼리 묶인 세 부분으로 구성된다.

1부: 리액트 시작하기

1부는 리액트 개발을 시작하는 데 필요한 정보를 제공한다. 이미 1장에서 간단한 리액트 애플리케이션의 제작 방법을 공부했다. 3장과 4장에선 HTML, CSS, 자바스크립트와 같은, 리액트 개발에 있어 핵심 기술들의 기초 지식을 복습한다. 5장부터 8장까지는 SportsStore라고 하는 좀 더 현실적인 애플리케이션을 제작하는 과정을 거친다.

2부: 리액트 주무르기

2부에선 대부분의 프로젝트에서 필요한 리액트의 핵심 기능들을 다룬다. 리액트엔 많은 기능이 내장돼 있다. 예제 애플리케이션을 위해 커스텀 코드와 콘텐츠를 추가하는 방식으로 그런 기능들을 깊이 있게 설명할 것이다.

3부: 리액트 애플리케이션 완성하기

리액트는 복잡한 애플리케이션에 필요한 고급 기능을 별도의 패키지를 통해 제공한다. 3부에선 그런 중요한 패키지들을 소개하고, 작동 원리를 설명하며, 어떻게 리액트의 핵심 기능에 적용할 수 있는지 알아본다.

예제의 양

이 책엔 예제가 많다. 예제는 리액트를 배우는 가장 좋은 방법이므로 가급적 많이 넣었으며, 각 예제의 결과를 볼 수 있는 스크린샷도 넣었다. 또한 예제를 최대한 많이 넣을 수 있게, 동일한 코드와 콘텐츠를 반복해서 보여주는 일은 피했다. 처음 만드는 파일의 경우 리스트 2–1과 같이 코드 전체를 보여줄 것이다. 폴더와 파일 이름은 리스트 제목에 표시할 것이며, 기존에서 변경된 코드는 굵은 글씨로 보여줄 것이다.

리스트 2–1 src/SimpleButton.js: 콜백 함수 사용

```
import React, { Component } from "react";

export class SimpleButton extends Component {

  constructor(props) {
    super(props);
    this.state = {
      counter: 0,
      hasButtonBeenClicked: false
    }
  }

  render = () =>
    <button onClick={ this.handleClick }
      className={ this.props.className }
      disabled={ this.props.disabled === "true"
              || this.props.disabled === true }>
        { this.props.text} { this.state.counter }
        { this.state.hasButtonBeenClicked &&
          <div>Button Clicked!</div>
        }
    </button>
  }

  handleClick = () => {
    this.setState({ counter: this.state.counter + 1 },
      () => this.setState({ hasButtonBeenClicked: this.state.counter > 0 }));
    this.props.callback();
  }
}
```

이 리스트는 11장에서 가져온 것인데, src 폴더에 있는 SimpleButton.js라고 하는 파일의 콘텐츠를 보여주고 있다. 지금은 이 코드를 신경 쓸 필요 없으며, 단지 이 리스트가 파일의 완전한 콘텐츠를 보여주는 형태이며 변경사항은 굵은 글씨로 표시된다는 점만 알아두기 바란다.

어떤 파일들은 매우 길 수 있다. 그러나 설명하고자 하는 기능에 필요한 코드 부분은 작을 것이다. 따라서 매번 전체 파일 내용을 보여주기보다는 생략 부호(세 개의 마침표)를 사용해 일부 내용만 보여주기도 할 것이다. 다음의 리스트 2-2처럼 말이다.

리스트 2-2 src/SimpleButton.js: 다중 갱신 적용

```
...
handleClick = () => {
  for (let i = 0; i < 5; i++) {
    this.setState({ counter: this.state.counter + 1});
  }
  this.setState({ hasButtonBeenClicked: true });
  this.props.callback();
}
...
```

이 리스트 역시 11장에서 가져왔으며, 전체 파일 중 변경된 코드만 포함된 일부분을 보여주는 예다. 이런 리스트의 경우 보여주지 않은 나머지 코드는 변경사항이 없으며, 이 리스트 안에서도 굵은 글씨의 코드만 변경됐다는 점에 주의하기 바란다.

파일의 서로 다른 부분에서 변경이 있다면 리스트를 보여주기 힘들다. 그런 상황에선 리스트 2-3과 같이 콘텐츠 안의 일부를 생략하는 방법을 사용할 것이다.

리스트 2-3 src/Message.js: 생명주기 메서드 구현

```
import React, { Component } from "react";
import { ActionButton } from "./ActionButton";

export class Message extends Component {
```

```
  // 편의상 다른 메서드들은 생략함

  componentDidMount() {
    console.log("componentDidMount Message Component");
  }

  componentDidUpdate() {
    console.log("componentDidUpdate Message Component");
  }
}
```

보다시피 변경사항은 여전히 굵은 글씨로 표시했으며, 현재 논의와 관계없는 부분은 생략했다.

이 책의 예제 코드

한국어판 내용에 맞춰 수정한 예제 코드는 에이콘출판사의 도서정보 페이지인 http://www.acornpub.co.kr/book/pro-react16에서 다운로드할 수 있다.

또한 원서에서 사용한 예제 코드는 https://github.com/Apress/pro-react-16에서 다운로드할 수 있다.

이 책의 정오표

한국어판 정오표는 에이콘출판사의 도서정보 페이지 http://www.acornpub.co.kr/book/pro-react16에서 찾아볼 수 있으며, 원서 정오표는 https://github.com/Apress/pro-react-16에서 확인할 수 있다.

연락 방법

예제를 따라 하다가 문제가 있거나 이 책에 잘못된 점이 있다면 adam@adam-freeman.com으로 이메일을 보내주기 바란다. 가능한 한 최선을 다해 도움을 주겠다. 다만 연락 전에 이 책의 정오표를 먼저 확인하기 바란다. 한국어판에 관한 질문은 이 책의 옮긴이나 에이콘출판사 편집 팀(editor@acornpub.co.kr)으로 문의할 수 있다.

정리

2장에선 리액트가 어떤 프로젝트에 적합한지, 그리고 리액트의 대안과 경쟁자들을 대략적으로 설명했다. 또한 이 책의 콘텐츠와 구성, 새로운 사항의 확인 방법, 책에 문제가 있을 경우의 연락 방법을 제시했다. 다음 3장에선 리액트 개발에 필수적인 HTML과 CSS의 주요 특징을 설명한다.

3장

HTML, JSX, CSS
핵심 정리

3장에선 HTML의 개요를 제시하며, JSX를 사용한 HTML과 자바스크립트의 조합 방법을 설명한다. 이전에 설명했듯 JSX는 HTML과 코드의 조합을 가능하게 하는, 리액트 개발 도구가 지원하는 자바스크립트의 상위 집합이다. 또한 콘텐츠의 스타일 적용을 위해 이 책의 전반에 걸쳐 사용할 부트스트랩 CSS 프레임워크도 소개한다.

> 🔰 **참고**
>
> 3장의 모든 사항이 즉시 이해되지 않더라도 걱정하지 말기 바란다. 자바스크립트 언어에 그전에 없었던, 최근에 추가된 사항을 일부 사용하기 때문일 수 있다. 그와 관련해 4장이나 그 이후에 자세히 설명할 예정이다.

준비 작업

3장의 프로젝트를 만들기 위해 명령 프롬프트(또는 터미널)를 열고 적당한 위치로 이동해 리스트 3-1과 같이 명령을 실행하자.

리스트 3-1 예제 프로젝트 생성

```
npx create-react-app primer
```

이제 생성된 프로젝트 폴더 안으로 들어가 리스트 3-2와 같이 명령을 실행해 부트스트랩 CSS 프레임워크를 설치한다.

📩 참고

새 프로젝트를 만들 때 보안 취약점과 관련된 경고를 보게 될 수 있다. 리액트 개발은 많은 패키지에 의존하며 각 패키지엔 각자의 의존성이 있으므로, 필연적으로 보안 이슈가 발생할 수 있다. 예컨대, 이 책에서 보여주는 결과를 얻으려면 이 책과 동일한 버전의 패키지를 설치해야 한다. 여러분만의 프로젝트에선 경고 메시지를 확인하고 해당 패키지 버전을 업데이트함으로써 문제를 해결해야 할 것이다.

리스트 3-2 프로젝트에 부트스트랩 패키지 설치

```
cd primer
npm install bootstrap@4.1.2
```

애플리케이션에 부트스트랩을 포함시키려면 index.js에 리스트 3-3과 같이 구문을 추가하면 된다.

리스트 3-3 src/index.js: 부트스트랩 추가

```
import React from 'react';
import ReactDOM from 'react-dom';
import './index.css';
import App from './App';
import * as serviceWorker from './serviceWorker';
import 'bootstrap/dist/css/bootstrap.css';
```

```
ReactDOM.render(<App />, document.getElementById('root'));

// 앱이 오프라인에서 더 빠르게 작동되기 원한다면 아래의 unregister()를 register()로 바꾸면 된다.
// 그러나 주의사항이 있으므로 다음 페이지를 참고하기 바란다.
// https://facebook.github.io/create-react-app/docs/making-a-progressive-web-app
serviceWorker.unregister();
```

HTML 파일과 컴포넌트 준비

3장의 예제를 준비하기 위해 public 폴더 안의 index.html의 콘텐츠를 리스트 3-4의 내용으로 대체하자.

리스트 3-4 public/index.html: 콘텐츠 대체

```
<!DOCTYPE html>
<html lang="en">
  <head>
    <meta charset="utf-8" />
    <title>Primer</title>
  </head>
  <body>
    <h4 class="bg-primary text-white text-center p-2 m-1">
      Static HTML Element
    </h4>
    <div id="domParent"></div>
    <div id="root"></div>
  </body>
</html>
```

그다음엔 src 폴더 안의 App.js 파일의 콘텐츠를 리스트 3-5의 내용으로 대체한다.

리스트 3-5 src/App.js: 콘텐츠 대체

```
import React, { Component } from "react";

export default class App extends Component {
  render = () =>
    <h4 className="bg-primary text-white text-center p-2 m-1">
```

```
        Component Element
    </h4>
}
```

예제 실행

모든 변경사항을 저장했으면 primer 폴더 안으로 이동해 명령 프롬프트에서 리스트 3-6
과 같은 명령을 실행하자.

리스트 3-6 개발 도구 실행

```
npm start
```

리액트 개발 도구가 시작되고 초기 준비 작업이 완료되면, 새 브라우저 창이 열리고 그림
3-1과 같은 콘텐츠가 나타날 것이다.

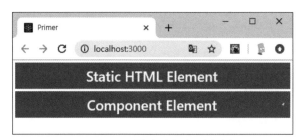

▲ 그림 3-1 실행된 예제 애플리케이션

HTML과 DOM 엘리먼트의 이해

모든 리액트 웹 애플리케이션의 심장부는 HTML 엘리먼트에 있다. HTML은 사용자에게
보여줄 콘텐츠를 기술하는 언어다. 리액트 애플리케이션에선 public 폴더 안의 index.
html 파일에 있는 정적 콘텐츠와 리액트가 동적으로 만든 HTML 콘텐츠가 결합돼 브라
우저를 통해 사용자에게 보여줄 HTML 문서가 생성된다.

하나의 HTML 엘리먼트는 HTML 문서에 포함된 각 개별 콘텐츠의 유형을 나타낸다. 다음은 public 폴더 안의 index.html에 있는 한 HTML 엘리먼트다.

```
...
<h4 class="bg-primary text-white text-center p-2 m-1">
   Static HTML Element
</h4>
...
```

그림 3-2에서 볼 수 있듯 이 엘리먼트는 시작 태그, 종료 태그, 속성, 콘텐츠로 구성된다.

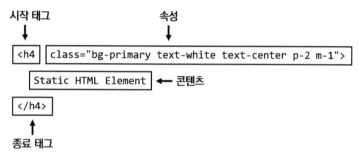

▲ 그림 3-2 HTML 엘리먼트의 해부

이 엘리먼트의 **이름**name(또는 태그 이름tag name이나 그냥 태그tag)은 h4이며, 브라우저가 태그 사이의 콘텐츠를 헤더로 취급하라는 뜻이다. 헤더 엘리먼트는 h1부터 h6까지 있다. 보통은 가장 중요한 콘텐츠엔 h1을, 그다음 중요한 콘텐츠엔 h2를 사용하는 식이다.

HTML 엘리먼트를 정의하려면 먼저 태그 이름을 홑화살괄호(<와 >) 안에 넣어야 하는데, 이런 태그를 **시작 태그**start tag라고 한다. 마지막에도 마찬가지로 태그 이름을 홑화살괄호 안에 넣되 슬래시(/ 문자)를 맨 앞에 추가해야 하며, 이런 태그를 **종료 태그**end tag라고 한다.

태그는 해당 엘리먼트의 용도를 나타내는데, HTML 표준 명세HTML specification는 매우 다양한 엘리먼트를 정의하고 있다. 이 책에서 가장 자주 사용하는 엘리먼트들은 표 3-1에 정리했다. 전체 태그 종류를 알고 싶다면 HTML 표준 명세를 참고하기 바란다.

표 3-1 예제에서 사용되는 주요 HTML 엘리먼트

엘리먼트	설명
a	링크(좀 더 공식적으로는 앵커(anchor))를 나타내며, 사용자가 새로운 URL이나 현재 문서 내의 다른 위치로 이동하기 위해 클릭하는 엘리먼트다.
button	사용자가 행위를 일으키기 위해 클릭하는 버튼을 말한다.
div	범용 엘리먼트로서, 종종 시각적인 목적으로 문서에 어떤 구조를 추가할 때 사용된다.
h1~h6	헤더(header)를 말한다.
input	사용자로부터 데이터 하나를 수집할 수 있는 입력 필드를 말한다.
table	콘텐츠를 로우와 컬럼으로 조직화할 수 있는 테이블을 말한다.
tbody	테이블의 몸통을 말하며, 헤더나 푸터(footer)와 구별된다.
td	테이블 로우 안의 콘텐츠 셀(cell)을 말한다.
th	테이블 로우 안의 헤더 셀을 말한다.
thead	테이블의 헤더를 말한다.
tr	테이블의 로우를 말한다.

엘리먼트 콘텐츠의 이해

시작 태그와 종료 태그 사이에 있는 모든 것이 엘리먼트의 콘텐츠다. 엘리먼트는 그 콘텐츠로서 텍스트(이 경우 정적 HTML 엘리먼트)나 다른 HTML 엘리먼트를 포함할 수 있다. 리스트 3-7에선 다른 엘리먼트를 포함하는 새로운 HTML 엘리먼트를 index.html에 추가했다.

리스트 3-7 public/index.html: 새 엘리먼트 추가

```
<!DOCTYPE html>
<html lang="en">
  <head>
    <meta charset="utf-8" />
    <title>Primer</title>
  </head>
  <body>
    <h4 class="bg-primary text-white text-center p-2 m-1">
      Static HTML Element
```

```
      </h4>
      <div class="text-center m-2">
        <div>This is a span element</div>
        <div>This is another span element</div>
      </div>
      <div id="domParent"></div>
      <div id="root"></div>
    </body>
  </html>
```

바깥쪽 엘리먼트를 **부모**라고 하고, 그 안에 포함된 엘리먼트를 **자식**이라고 한다. 리스트 3-7에 추가한 부모 div 엘리먼트엔 두 개의 자식이 있으며, 그 자식들 역시 div 엘리먼트다. 각 자식 div 엘리먼트의 콘텐츠는 텍스트 메시지로서 그림 3-3과 같은 결과를 보여주게 된다. 이와 같이 엘리먼트의 계층도를 작성할 수 있다는 점은 HTML의 중요한 특징이다. 엘리먼트 계층도는 리액트 애플리케이션의 핵심 구성 요소 중 하나이며, 복잡한 콘텐츠 생성을 가능하게 한다.

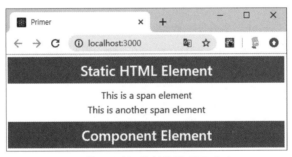

▲ 그림 3-3 부모와 자식 엘리먼트 추가

엘리먼트 콘텐츠의 제약사항

어떤 엘리먼트는 자식으로 가질 수 있는 엘리먼트의 유형에 제약이 있다. 이 예제에서 div 엘리먼트는 HTML 문서에 구조를 추가할 수 있는 어떤 엘리먼트라도 자식으로 가질 수 있다. 그러나 좀 더 특정한 역할을 갖는 어떤 엘리먼트는 자식 역시 특정한 유형의 엘리먼트여야 한다. 예컨대, 나중에도 보겠지만 tbody 엘리먼트는 테이블의 몸통을 나타낸다. 따라서 오직 테이블 로우를 나타내는 하나 이상의 tr 엘리먼트만 자식으로 가질 수 있다.

빈 엘리먼트

어떤 엘리먼트는 콘텐츠의 포함을 허용하지 않기도 한다. 이를 **빈 엘리먼트**^{void element}(또는 **자체 폐쇄 엘리먼트**^{self-closing element})라고 하며, 다음과 같이 별도의 종료 태그를 갖지 않는다.

```
...
<input />
...
```

빈 엘리먼트는 하나의 태그로만 정의하며, 마지막 홑화살괄호(>) 전에 슬래시(/)를 갖는다. 사용자로부터 데이터를 수집하는 input 엘리먼트의 경우가 빈 엘리먼트의 가장 일반적인 예다. 이후로도 빈 엘리먼트를 사용한 많은 예를 볼 수 있을 것이다.

속성의 이해

엘리먼트에 **속성**^{attribute}을 추가하면 브라우저에 추가 정보를 제공할 수 있다. 다음은 그림 3-2에서 보여줬던, h4 엘리먼트에 속성이 추가된 모습이다.

```
...
<h4 class="bg-primary text-white text-center p-2 m-1">
  Static HTML Element
</h4>
...
```

속성은 항상 시작 태그 안에 포함돼 정의돼야 한다. 대부분의 속성엔 이름과 값이 있으며, 그 둘은 등호(=)로 구분한다.

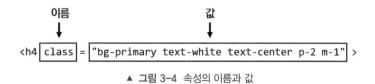

```
<h4 class = "bg-primary text-white text-center p-2 m-1" >
```

▲ 그림 3-4 속성의 이름과 값

이 속성의 이름은 class이며, 연관된 엘리먼트들을 그룹화할 때 사용된다. 보통은 그렇게 함으로써 모양을 일관되게 관리할 수 있는데, 이 예제에서 class 속성을 사용한 이유도 그렇다. h4 엘리먼트에 지정한 여러 속성 값들은 부트스트랩 CSS 패키지가 제공하는 스타일과 관계가 있으며, 잠시 후에 다시 설명할 것이다.

HTML 엘리먼트의 동적 생성

index.html 파일에 정의돼 있는 HTML 엘리먼트는 정적 콘텐츠다. 브라우저는 정의된 그대로의 이들 엘리먼트를 받아 화면에 보여주는데, 이는 브라우저 창에서 마우스 메뉴로 '소스 보기'를 하거나 '검사'를 하면 볼 수 있다. 또는 F12를 눌러 개발 도구에서 HTML 문서의 내용을 보면 이 엘리먼트가 다음과 같이 보일 것이다.

```
...
<h4 class="bg-primary text-white text-center p-2 m-1">
  Static HTML Element
</h4>
...
```

HTML 엘리먼트는 모든 현대식 브라우저가 지원하는 자바스크립트나 DOM API를 사용해 동적으로 생성할 수도 있다. 이제 index.html이라는 HTML 문서에 새로운 엘리먼트를 추가하기 위해 리스트 3-8과 같이 DOM API를 사용하는 자바스크립트를 작성하자.

리스트 3-8 public/index.html: 엘리먼트의 동적 생성

```
<!DOCTYPE html>
<html lang="en">
  <head>
    <meta charset="utf-8" />
```

```
    <title>Primer</title>
  </head>
  <body>
    <h4 class="bg-primary text-white text-center p-2 m-1">
      Static HTML Element
    </h4>
    <div class="text-center m-2">
      <div>This is a span element</div>
      <div>This is another span element</div>
    </div>
    <div id="domParent"></div>
    <div id="root"></div>
    <script>
      let element = document.createElement("h4")
      element.className = "bg-primary text-white text-center p-2 m-1";
      element.textContent = "DOM API HTML Element";
      document.getElementById("domParent").appendChild(element);
    </script>
  </body>
</html>
```

script 엘리먼트는 자바스크립트 코드 영역을 의미하며, 코드는 브라우저가 index.html 파일의 콘텐츠를 처리할 때 실행된다. 그 결과 그림 3-5와 같이 새로운 HTML 엘리먼트가 생성될 것이다.

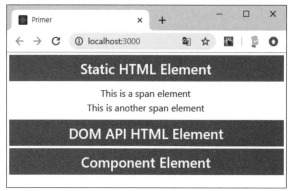

▲ 그림 3-5 DOM API를 사용한 엘리먼트 생성

첫 번째 자바스크립트 구문은 새 h4 엘리먼트를 생성한다.

```
...
let element = document.createElement("h4")
...
```

document 객체는 브라우저가 보여주는 HTML 문서 자체를 대변하며, createElement 메서드는 새 HTML 엘리먼트를 나타내는 객체를 리턴한다. 이 객체엔 정적 HTML을 정의할 때 사용되는 속성들에 대응하는 동일한 프로퍼티들이 포함돼 있다. 리스트 3-8의 두 번째 자바스크립트 구문은 class 속성에 대응하는 className 프로퍼티를 사용한다.

```
...
element.className = "bg-primary text-white text-center p-2 m-1";
...
```

element 객체가 정의한 대부분의 프로퍼티는 그에 대응하는 HTML 속성과 동일한 이름을 갖는다. 다만 className 같은 일부 예외가 있는데, class 키워드의 경우 자바스크립트를 포함한 많은 프로그래밍 언어에서 예약어로 쓰이기 때문이다.

남은 자바스크립트 구문은 새 HTML 엘리먼트(여기선 h4)에 텍스트 콘텐츠를 지정하고, 브라우저에서 보일 수 있게 이 엘리먼트를 HTML 문서에 추가하는 로직이다. 브라우저에서 마우스 메뉴를 통해 '검사'를 선택해 새 엘리먼트를 조사하면 리스트 3-8과 같이 자바스크립트 구문에 의해 생성된 객체를 볼 수 있다. 마치 처음부터 index.html 파일의 정적 엘리먼트로 다음과 같이 존재했던 것처럼 말이다.

```
...
<h4 class="bg-primary text-white text-center p-2 m-1">DOM API HTML Element</h4>
...
```

index.html 파일에 이 HTML 엘리먼트가 없다는 사실이 주목할 부분이다. 그 대신 일련의 자바스크립트 구문이 브라우저로 하여금 엘리먼트를 생성하게 하고 사용자에게 보여줄 콘텐츠를 추가하게 했다.

리액트 컴포넌트를 사용한 엘리먼트의 동적 생성

앞서 App.js 파일의 콘텐츠를 봤다면 App 컴포넌트의 render 메서드가 HTML 엘리먼트의 정적인 부분과 동적인 부분을 조합한다는 사실을 알았을 것이다.

```
...
import React, { Component } from "react";

export default class App extends Component {
  render = () =>
    <h4 className="bg-primary text-white text-center p-2 m-1">
      Component Element
    </h4>
}
...
```

리액트는 render 메서드에서 지정한 HTML 엘리먼트를 만들기 위해 DOM API를 사용하며, 그 결과 지정된 프로퍼티를 통해 설정된 객체가 생성된다. 리액트 개발에 있어서 JSX는 HTML 엘리먼트를 선언적으로 정의하는 방법을 허용한다. 그러나 개발 도구가 그 파일을 처리한 다음의 결과는 여전히 자바스크립트다. render 메서드 안의 h4 엘리먼트에 class가 아닌 className을 사용한 이유가 그 때문이다. JSX는 마치 속성을 사용해 설정된 엘리먼트로 보이게 하지만, 속성은 해당 프로퍼티에 값을 넣어주기 위한 수단일 뿐이다. 이것이 리액트 코드에서 그토록 prop이라는 단어가 많이 사용되는 이유다.

> **참고**
>
> JSX를 사용하기 위한 별도의 준비는 필요 없다. Create React App 패키지에 의해 프로젝트에 추가된 개발 도구가 JSX를 지원하기 때문이다. JSX로 정의한 엘리먼트가 자바스크립트로 변형되는 원리는 9장에서 설명한다.

리액트 엘리먼트에서의 표현식

표현식을 통해 엘리먼트를 설정하는 능력은 리액트와 JSX의 중요한 특징 중 하나다. 표현식은 중괄호({와 })로 감싸 표시하며 그 결과는 컴포넌트가 생성하는 콘텐츠에 삽입된다. 그럼 리스트 3-9와 같이 App 컴포넌트가 렌더링하는 h4 엘리먼트에 콘텐츠를 삽입하는 표현식을 작성하자.

리스트 3-9 src/App.js 표현식 사용

```
import React, { Component } from "react";

const message = "This is a constant"

export default class App extends Component {

  render = () =>
    <h4 className="bg-primary text-white text-center p-2 m-1">
      { message }
    </h4>
}
```

보다시피 message라는 상수를 정의하고 이 상수의 값을 h4 엘리먼트의 콘텐츠로 사용했다. 이제 이 예제를 간결하게 하기 위해 리스트 3-10과 같이 정적 HTML 엘리먼트와 DOM API 코드를 주석 처리하자.

리스트 3-10 public/index.html: 주석 처리

```
<!DOCTYPE html>
<html lang="en">
  <head>
    <meta charset="utf-8" />
    <title>Primer</title>
  </head>
  <body>
    <!-- <h4 class="bg-primary text-white text-center p-2 m-1">
      Static HTML Element
    </h4>
    <div class="text-center m-2">
```

```
      <div>This is a span element</div>
      <div>This is another span element</div>
    </div>
    <div id="domParent"></div> -->
    <div id="root"></div>
    <!-- <script>
      let element = document.createElement("h4")
      element.className = "bg-primary text-white text-center p-2 m-1";
      element.textContent = "DOM API HTML Element";
      document.getElementById("domParent").appendChild(element);
    </script> -->
  </body>
</html>
```

변경사항을 저장하면 App 컴포넌트가 만든 h4 엘리먼트에 리스트 3-9에서 정의한 상수의 값이 포함돼 있는, 그림 3-6과 같은 화면을 볼 수 있다.

▲ 그림 3-6 표현식으로 엘리먼트 콘텐츠 지정

표현식과 정적 콘텐츠의 결합

표현식을 정적 콘텐츠와 결합하면 좀 더 복잡한 결과물을 만들 수 있다. 리스트 3-11에 선 표현식을 h4 엘리먼트 콘텐츠의 일부분으로 설정했다.

리스트 3-11 src/App.js: 표현식과 정적 콘텐츠 결합

```
import React, { Component } from "react";

const count = 4
```

```
export default class App extends Component {

  render = () =>
    <h4 className="bg-primary text-white text-center p-2 m-1">
      Number of things: { count }
    </h4>
}
```

h4 엘리먼트 콘텐츠에 count 값을 포함하는 표현식을 사용함으로써 정적 콘텐츠와 결합
돼, 그림 3-7과 같은 결과가 나타날 것이다.

▲ 그림 3-7 표현식과 정적 콘텐츠의 결합

표현식 안에서의 계산

표현식은 단순히 콘텐츠에 값을 삽입하는 것뿐만 아니라 계산을 수행하는 일도 가능하
다. 리스트 3-12처럼 말이다.

리스트 3-12 src/App.js: 표현식에서 계산 수행

```
import React, { Component } from "react";

const count = 4

export default class App extends Component {

  render = () =>
    <h4 className="bg-primary text-white text-center p-2 m-1">
      Number of things: { count % 2 === 0 ? "Even" : "Odd" }
    </h4>
}
```

여기선 삼항 연산자^{ternary operator}를 사용해 count 값이 짝수인지 홀수인지 판단하고 그림 3-8과 같이 그 결과를 보여주게 했다.

▲ 그림 3-8 표현식에서 계산 수행

표현식은 간단한 연산 작업에 적합하지만, 그렇다고 표현식에 너무 많은 코드를 사용하면 컴포넌트가 혼란스러워질 수 있다. 복잡한 작업일수록 별도의 함수를 정의하고 표현식에서 그 함수를 호출하게 하는 방법이 낫다. 리스트 3-13처럼 말이다.

리스트 3-13 src/App.js: 별도의 함수 정의

```
import React, { Component } from "react";

const count = 4

function isEven() {
  return count % 2 === 0 ? "Even" : "Odd";
}

export default class App extends Component {
  render = () =>
    <h4 className="bg-primary text-white text-center p-2 m-1">
      Number of things: { isEven() }
    </h4>
}
```

표현식 안에서 함수를 호출할 때는 반드시 소괄호를 사용해야 함수의 결과가 컴포넌트 콘텐츠에 포함된다.

컴포넌트 프로퍼티와 메서드 접근

리스트 3-14에서 보듯 컴포넌트가 정의한 프로퍼티와 메서드에 접근하려면 this라는 키워드를 사용해야 한다. 2부에서 설명하겠지만 컴포넌트를 만드는 다른 방법도 있다. 그러나 이 책 전반에 걸쳐 지금과 같은 방법을 사용할 것이다. 이 방법이 가장 폭넓은 기능을 제공하며 대부분의 프로젝트에 적합하기 때문이다.

리스트 3-14 src/App.js: 표현식에서 this 키워드 사용

```
import React, { Component } from "react";

export default class App extends Component {

  constructor(props) {
    super(props);
    this.state = {
      count: 4
    }
  }

  isEven() {
    return this.state.count % 2 === 0 ? "Even" : "Odd";
  }

  render = () =>
    <h4 className="bg-primary text-white text-center p-2 m-1">
      Number of things: { this.isEven() }
    </h4>
}
```

여기선 컴포넌트에 생성자consructor를 정의했다. 생성자는 컴포넌트의 초기 상태를 설정하는 수단인데, 자세한 내용은 4장에서 설명한다. 이 생성자에선 count 값을 포함하는 객체를 state 프로퍼티에 할당했다. 또한 이 컴포넌트는 isEven이라는 메서드를 정의했는데, 이 메서드는 this.state.count에 접근해 그 값이 짝수인지 홀수인지 판단한다. 여기서 this 키워드는 컴포넌트 인스턴스 자체를, state는 생성자에서 만든 state 프로퍼티를, count는 계산에 사용될 값을 가리킨다. this 키워드는 isEven 메서드를 호출할 때도 사용

된다. 이 코드의 결과는 이전과 동일하다. 메서드는 인자^{argument}를 받을 수도 있는데, 리스트 3-15는 그런 방식을 적용한 코드다.

리스트 3-15 src/App.js: 메서드에 인자 전달

```
import React, { Component } from "react";

export default class App extends Component {

  constructor(props) {
    super(props);
    this.state = {
      count. 4
    }
  }

  isEven(val) {
    return val % 2 === 0 ? "Even" : "Odd";
  }

  render = () =>
    <h4 className="bg-primary text-white text-center p-2 m-1">
      Number of things: { this.isEven(this.state.count) }
    </h4>
}
```

이 표현식에선 count 값을 인자로 전달하면서 isEven 메서드를 호출한다. 실행 결과는 역시 이전과 동일하다.

표현식으로 프로퍼티 값 설정

표현식으로 프로퍼티의 값을 설정할 수 있는데, 그렇게 함으로써 HTML 엘리먼트나 자식 컴포넌트의 설정을 바꿀 수 있다. 리스트 3-16에선 h4 엘리먼트의 className이라는 프로퍼티를 설정하기 위한 메서드를 App 컴포넌트에 추가했다.

```
import React, { Component } from "react";

export default class App extends Component {

  constructor(props) {
    super(props);
    this.state = {
      count: 4
    }
  }

  isEven(val) {
    return val % 2 === 0 ? "Even" : "Odd";
  }

  getClassName(val) {
    return val % 2 === 0
      ? "bg-primary text-white text-center p-2 m-1"
      : "bg-secondary text-white text-center p-2 m-1"
  }

  render = () =>
    <h4 className={this.getClassName(this.state.count)}>
      Number of things: { this.isEven(this.state.count) }
    </h4>
}
```

이번에도 실행 결과는 이전과 동일하다.

표현식으로 이벤트 처리

엘리먼트에서 촉발된 이벤트에 리액트가 응답하는 방법도 표현식을 사용해 처리할 수 있다. 리스트 3-17에선 App 컴포넌트가 리턴한 콘텐츠에 버튼이 포함되게 했으며, 버튼의 onClick 프로퍼티엔 click 이벤트가 발생했을 때의 처리 방법을 지정했다.

```
import React, { Component } from "react";

export default class App extends Component {

  constructor(props) {
    super(props);
    this.state = {
      count: 4
    }
  }

  isEven(val) {
    return val % 2 === 0 ? "Even" : "Odd";
  }

  getClassName(val) {
    return val % 2 === 0
      ? "bg-primary text-white text-center p-2 m-1"
      : "bg-secondary text-white text-center p-2 m-1"
  }

  handleClick = () => this.setState({ count: this.state.count + 1 });

  render = () =>
    <h4 className={this.getClassName(this.state.count)}>
      <button className="btn btn-info m-2" onClick={ this.handleClick }>
        Click Me
      </button>
      Number of things: { this.isEven(this.state.count) }
    </h4>
}
```

button 엘리먼트의 onClick 프로퍼티엔 click 이벤트가 발생하면 handleClick 메서드를
호출하도록 설정했다. 메서드를 호출할 때 괄호를 사용하지 않았다는 점과 handleClick
메서드를 화살표 문법으로 정의했다는 점을 주목하기 바란다. 이벤트 처리는 메서드의
정의 방법이 중대시되는 몇 안 되는 경우 중 하나이며, 자세한 내용은 12장에서 설명한

다. 버튼을 클릭하면 count 프로퍼티의 값이 갱신되며, 그에 따라 render 메서드 안의 표현식들의 결과가 변경됨으로써 그림 3-9와 같은 효과가 나타나게 된다.

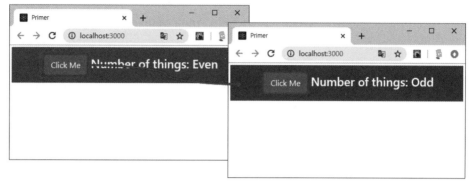

▲ 그림 3-9 이벤트 처리

부트스트랩 소개

HTML 엘리먼트는 브라우저에게 콘텐츠의 유형만을 알려줄 뿐, 콘텐츠의 모양에 대한 정보는 제공하지 못한다. 콘텐츠의 모양 정보를 제공하는 건 바로 **캐스케이딩 스타일시트**CSS, Cascading Style Sheets다. CSS는 엘리먼트의 모양과 관련한 모든 사항을 설정할 수 있는 **프로퍼티**와, 그 프로퍼티가 적용되게 하는 **셀렉터**selector로 구성된다.

CSS의 주된 문제점 중의 하나는 브라우저마다 프로퍼티를 조금씩 다르게 해석함으로써 각기 다른 기기에서 HTML 콘텐츠가 다른 모양으로 보일 수 있다는 점이다. 게다가 그런 문제를 추적해 해결하는 일은 매우 어렵다. 이에 따라 개발자가 쉽고 일관된 방식으로 HTML 콘텐츠에 스타일을 적용할 수 있게 CSS 프레임워크가 등장했다.

가장 인기 있는 CSS 프레임워크는 부트스트랩이다. 부트스트랩은 원래 트위터Twitter가 개발했지만 수많은 오픈소스 프로젝트에서 사용되고 있다. 부트스트랩은 엘리먼트의 일관된 스타일을 위해 적용할 수 있는 CSS 클래스의 모음, 그리고 (이 책에서 사용하지는 않지만) 추가적인 향상을 위해 선택할 수 있는 자바스크립트 코드로 이뤄졌다. 나도 프로젝트에 부트스트랩을 사용하는데, 브라우저를 가리지 않고 잘 작동하며 사용하기도 쉽기 때문이다. 이 책의 예제에도 부트스트랩을 사용함으로써 각 장마다 일일이 커스텀 CSS를 정의하고 그 코드를 보여줘야 하는 상황을 피했다. 부트스트랩은 이 책에서 활용한 것 이상으로 많은 기능을 제공하며, 자세한 사항은 https://getbootstrap.com을 참고하기 바란다.

부트스트랩 자체가 이 책의 주제는 아니므로 자세히 설명하지는 않는다. 그 대신 예제의 어느 부분이 리액트 기능이고 부트스트랩 기능인지 분별할 수 있을 정도의 충분한 정보는 알려줄 것이다.

기본 부트스트랩 클래스 적용

부트스트랩의 스타일은 className 프로퍼티를 통해 적용할 수 있다. 이 프로퍼티는 class 속성에 대응하며, 관련된 엘리먼트들을 그룹화하기 위해 사용된다. className 프로퍼티는 CSS 스타일의 적용뿐만 아니라 일반적으로도 흔히 사용되는 프로퍼티이며, 부트스트랩이나 그와 비슷한 프레임워크가 작동하는 방식을 지지한다. 다음은 리스트 3-9의 일부로, HTML 엘리먼트에 className 프로퍼티를 사용한 모습을 볼 수 있다.

```
...
<h4 className="bg-primary text-white text-center p-2 m-1">
  { message }
</h4>
...
```

보다시피 className 프로퍼티를 사용해 공백으로 구분된 다섯 개의 클래스(bg-primary, text-white, text-center, p-2, m-1)를 h4 엘리먼트에 할당했다. 이들 클래스는 표 3-2에서 설명하는, 부트스트랩이 정의한 각 스타일 집합에 대응한다.

표 3-2 h4 엘리먼트에 적용된 클래스

클래스	설명
bg-primary	엘리먼트의 용도에 대한 시각적 단서를 제공하는 스타일 컨텍스트다. 자세한 내용은 '컨텍스트 클래스' 절에서 설명한다.
text-white	엘리먼트 콘텐츠의 텍스트에 흰색 스타일을 적용한다.
text-center	엘리먼트 콘텐츠에 수평 기준의 가운데 정렬 스타일을 적용한다.
p-2	엘리먼트 콘텐츠의 주변에 여백을 추가하는 스타일을 적용한다. 자세한 내용은 '마진과 패딩' 절에서 설명한다.
m-1	엘리먼트의 주변에 여백을 추가하는 스타일을 적용하며, 자세한 내용은 '마진과 패딩' 절에서 설명한다.

컨텍스트 클래스

부트스트랩 같은 CSS 프레임워크를 사용하는 큰 이점 중 하나는 애플리케이션 전반에 걸쳐 일관된 테마를 만드는 과정이 용이하다는 점이다. 부트스트랩은 연관된 엘리먼트들에 일관된 스타일을 적용할 수 있는 일련의 **스타일 컨텍스트**style context들을 제공한다. 표 3-3 에 나열된 이들 컨텍스트는 부트스트랩 스타일을 엘리먼트에 적용하는 클래스의 이름에 함께 사용된다.

표 3-3 부트스트랩의 스타일 컨텍스트

스타일 컨텍스트	설명
primary	콘텐츠의 주된 영역을 나타낸다.
secondary	콘텐츠의 보조 영역을 나타낸다.
success	결과가 성공적임을 나타낸다.
info	추가 정보를 나타낸다.
warning	경고성 정보를 나타낸다.
danger	심각한 경고성 정보를 나타낸다.
muted	콘텐츠가 덜 강조되게, 즉 흐리게 한다.
dark	검은색으로 명암대비를 높인다.
white	흰색으로 명암대비를 높인다.

부트스트랩은 각기 다른 유형의 엘리먼트마다 스타일 컨텍스트를 적용할 수 있는 클래스들을 제공한다. 지금의 예제에선 h4 엘리먼트에 bg-primary 클래스를 추가했는데, 이는 이 엘리먼트의 배경색이 애플리케이션의 기본 목적과 관련됐음을 나타낸다. 다른 예로 btn-primary는 button과 a 엘리먼트에 적용될 수 있으며, 이는 다른 엘리먼트의 primary 컨텍스트와 일관된 색상을 지정한다. 이렇듯 스타일 컨텍스트는 엘리먼트의 기본 스타일을 지정하는 클래스와 결합해 사용돼야 한다. 예컨대, btn 클래스와 primary 컨텍스트가 결합돼 btn-primary 클래스로 사용되는 것처럼 말이다.

마진과 패딩

부트스트랩엔 패딩과 마진을 추가할 수 있는 유틸리티 클래스들이 포함돼 있다. **패딩**padding은 엘리먼트의 경계선과 그 안의 콘텐츠 사이의 여백을, **마진**margin은 엘리먼트의 경계선과 둘러싼 엘리먼트 사이의 여백을 말한다.

이들 클래스의 이름은 명확한 패턴을 따른다. 리스트 3-9에 있던 h4 엘리먼트를 다시 보자.

```
...
<h4 className="bg-primary text-white text-center p-2 m-1">
  { message }
...
```

마진과 패딩을 엘리먼트에 적용하는 클래스의 이름은 적절하게 정의된 명명 규칙을 따른다. 먼저 첫 문자는 m(마진)이나 p(패딩)로 시작하며, 그다음엔 가장자리 측면을 나타내는 문자(t는 상측, b는 하측, l은 좌측, r은 우측)를 선택적으로 붙일 수 있다. 그다음에 하이픈(-)을 붙이며, 마지막으로 여백의 크기를 나타내는 숫자(여백이 없는 0부터 가장 큰 5까지)를 붙인다. 가장자리 측면을 나타내는 문자를 생략하면 마진이나 패딩은 네 측면에 모두 적용된다. 이 예제에선 h4 엘리먼트에 p-2 클래스를 적용함으로써 엘리먼트의 네 측면에 모두 2만큼 여백이 추가된다.

부트스트랩으로 그리드 생성

부트스트랩은 최대 12개 컬럼까지 각기 다른 유형의 그리드grid 레이아웃을 지원하는 스타일 클래스를 제공한다. 이 책의 여러 예제에서 그리드 레이아웃을 사용할 것이며, 지금은 리스트 3-18과 같이 간단한 그리드부터 시작하자.

리스트 3-18 src/App.js: 그리드 레이아웃 추가

```javascript
import React, { Component } from "react";

export default class App extends Component {

  constructor(props) {
    super(props);
    this.state = {
      count: 4
    }
  }

  isEven(val) {
    return val % 2 === 0 ? "Even" : "Odd";
  }

  getClassName(val) {
    return val % 2 === 0
      ? "bg-primary text-white text-center p-2 m-1"
      : "bg-secondary text-white text-center p-2 m-1"
  }

  handleClick = () => this.setState({ count: this.state.count + 1});

  render = () =>
    <div className="container-fluid p-4">
      <div className="row bg-info text-white p-2">
        <div className="col font-weight-bold">Value</div>
        <div className="col-6 font-weight-bold">Even?</div>
      </div>
      <div className="row bg-light p-2 border">
        <div className="col">{ this.state.count }</div>
        <div className="col-6">{ this.isEven( this.state.count) }</div>
```

```
      </div>
      <div className="row">
        <div className="col">
          <button className="btn btn-info m-2" onClick={ this.handleClick }>
            Click Me
          </button>
        </div>
      </div>
    </div>
  }
```

부트스트랩 그리드 시스템의 사용법은 간단하다. 일단 그리드의 최상위 div 엘리먼트엔 container 클래스(또는 가능한 공간을 모두 쓰고 싶다면 container-fluid 클래스)를 할당한다. 그 다음엔 자식 div 엘리먼트에 row 클래스를 할당하고, 다시 자식 div 엘리먼트에 col 클래스를 할당해 그리드 레이아웃을 구성하면 된다.

각 로우는 12개의 컬럼을 갖는데, col- 다음에 숫자를 붙인 클래스를 자식 엘리먼트에 할당함으로써 차지할 컬럼 수를 지정할 수 있다. 예컨대 col-1 클래스는 현재 엘리먼트가 한 컬럼을, col-2 클래스는 두 컬럼을 차지한다는 뜻이다. 이런 식으로 col-12까지 지정할 수 있으며, col-12의 경우 하나의 엘리먼트가 전체 로우를 채우게 된다. 컬럼 수를 생략하고 col 클래스만 지정할 경우엔 각 엘리먼트에 동일하게 나눈 수의 컬럼이 할당된다. 리스트 3-18은 그 결과로 그림 3-10과 같은 그리드 레이아웃을 만든다.

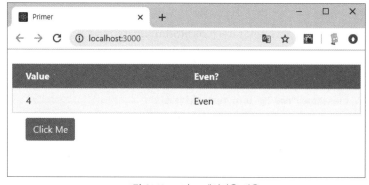

▲ 그림 3-10 그리드 레이아웃 사용

부트스트랩으로 테이블 스타일 적용

부트스트랩은 table 엘리먼트와 그 콘텐츠의 스타일 적용을 지원한다. 표 3-4는 테이블을 위한 주요 부트스트랩 클래스의 소개다.

표 3-4 테이블을 위한 부트스트랩 CSS 클래스

클래스	설명
table	table 엘리먼트와 그 로우에 일반적인 스타일을 적용한다.
table-striped	테이블의 로우마다 교대로 배경색을 달리하는, 즉 줄무늬 스타일을 적용한다.
table-bordered	모든 로우와 컬럼에 테두리를 적용한다.
table-sm	테이블의 공간을 줄임으로써 좀 더 촘촘한 레이아웃을 만든다.

이들 클래스는 모두 table 엘리먼트에 직접 적용할 수 있다. 리스트 3-19는 기존의 그리드 레이아웃을 테이블 레이아웃으로 교체한 코드다.

리스트 3-19 src/App.js: 테이블 레이아웃 적용

```
import React, { Component } from "react";

export default class App extends Component {

  constructor(props) {
    super(props);
    this.state = {
      count: 4
    }
  }

  isEven(val) {
    return val % 2 === 0 ? "Even" : "Odd";
  }

  getClassName(val) {
    return val % 2 === 0
      ? "bg-primary text-white text-center p-2 m-1"
      : "bg-secondary text-white text-center p-2 m-1"
  }
```

```
handleClick = () => this.setState({ count: this.state.count + 1});

render = () =>
  <table className="table table-striped table-bordered table-sm">
    <thead className="bg-info text-white">
      <tr><th>Value</th><th>Even?</th></tr>
    </thead>
    <tbody>
      <tr>
        <td>{ this.state.count }</td>
        <td>{ this.isEven(this.state.count) } </td>
      </tr>
    </tbody>
    <tfoot className="text-center">
      <tr>
        <td colSpan="2">
          <button className="btn btn-info m-2" onClick={ this.handleClick }>
            Click Me
          </button>
        </td>
      </tr>
    </tfoot>
  </table>
}
```

그림 3-11은 그리드 대신 테이블을 사용한 결과를 보여준다.

▲ 그림 3–11 테이블 레이아웃

부트스트랩으로 폼 스타일 적용

부트스트랩은 애플리케이션의 다른 엘리먼트와 일관성을 유지할 수 있게, 폼^{form} 엘리먼
트를 위한 스타일 클래스를 지원한다. 리스트 3–20은 App 컴포넌트의 콘텐츠에 폼 엘리
먼트를 추가한 코드다.

리스트 3–20 src/App.js: 폼 엘리먼트 추가

```
import React, { Component } from "react";

export default class App extends Component {

  render = () =>
    <div className="m-2">
      <div className="form-group">
        <label>Name:</label>
        <input className="form-control" />
      </div>
      <div className="form-group">
        <label>City:</label>
        <input className="form-control" />
      </div>
    </div>
}
```

폼에 기본 스타일을 적용하려면 label과 input 엘리먼트를 포함하는 div 엘리먼트에 form-group 클래스를 지정하면 된다. 이때 input 엘리먼트엔 form-control 클래스를 지정한다. 리스트 3-20의 코드라면 부트스트랩은 label 아래에 input 엘리먼트를 보여줄 것이며, input 엘리먼트가 가로 공간을 100% 차지하게 스타일을 적용할 것이다. 그림 3-12처럼 말이다.

▲ 그림 3-12 폼에 스타일 적용

정리

3장에선 HTML을 간략히 소개했으며, 리액트 개발에 있어서 HTML과 자바스크립트 코드를 조합하는 방법을 설명했다. 비록 약간의 수정사항과 제약사항이 있지만 말이다. 또한 부트스트랩이 리액트와 직접적인 연관이 있지는 않지만 이 책의 많은 예제에서 사용하기 때문에 부트스트랩 CSS 프레임워크도 간단히 소개했다. 웹 애플리케이션 개발에 진성한 효과가 있으려면 HTML과 CSS를 충분히 이해해야 한다. 가장 좋은 방법은 직접 경험하는 것인데, 3장의 예제와 설명이 그 시작점으로 충분할 것이다. 또한 앞으로의 예제를 다루기 위해 필요한 배경지식도 제공했다. 다음 4장도 기초 지식을 복습하는 과정으로, 이 책에서 사용하는 자바스크립트의 중요한 기능들을 소개한다.

4장

자바스크립트 핵심 정리

4장에선 리액트 개발에 적용할 수 있는 자바스크립트의 중요한 기능들을 알아본다. 그러나 자바스크립트의 모든 내용을 다룰 여유는 없으므로, 이 책의 예제를 따라갈 때 필요한 핵심 사항들에 초점을 맞출 것이다.

자바스크립트는 언어 측면의 편의성뿐만 아니라 배열 처리 같은 일반 작업을 위한 중요한 기능 확장이 추가되는 등 최근 수년 동안 상당한 현대화가 이뤄졌다. 그러나 모든 브라우저가 자바스크립트의 최신 기능을 지원하지는 않는다. 따라서 리액트 개발 도구는 바벨^{Babel}이라는 패키지를 기본으로 포함하는데, 바벨은 최신 기능을 사용한 자바스크립트 코드가 대부분의 브라우저에서 작동할 수 있게 변환하는 역할을 한다. 이는 개발자가 브라우저마다 차이를 파악하거나 최신 기능의 지원 여부를 늘 확인하느라 애쓸 필요 없이, 편히 최신의 개발 환경에서 작업할 수 있다는 뜻이다. 표 4-1에서 4장의 내용을 요약했다.

표 4-1 4장 요약

요구사항	해법	리스트 번호
브라우저가 실행해야 할 사항을 지시	자바스크립트 구문을 사용한다.	4
필요한 시점이 되기 전까지 실행을 보류	자바스크립트 함수를 사용한다.	5~7, 10~12
다양한 수의 파라미터로 함수 정의	기본 파라미터와 레스트 파라미터를 사용한다.	8, 9
함수의 간결한 표현	화살표 함수를 사용한다.	13
변수나 상수 선언	let이나 const 키워드를 사용한다.	14, 15
기본 데이터 타입 사용	String, Number, Boolean 타입을 사용한다.	16, 17, 19
다른 값을 포함하는 문자열 정의	템플릿 문자열을 사용한다.	18
소건에 따는 구분 실행	if, else, switch 키워드를 사용한다.	20
값의 비교와 본질의 비교	등치 연산자와 일치 연산자를 사용한다.	21, 22
타입 변환	타입 변환 키워드를 사용한다.	23~25
관련 아이템들의 그룹화	배열을 사용한다.	26, 27
배열 안의 값을 읽거나 변경	인덱스 접근 표기법을 사용한다.	28, 29
배열 콘텐츠의 열거	for 루프나 forEach 메서드를 사용한다.	30
배열 콘텐츠의 전개	스프레드 연산자를 사용한다.	31, 32
배열 콘텐츠 다루기	배열의 내장 메서드를 사용한다.	33
관련된 값들을 하나의 단위로 취합	리터럴이나 클래스를 사용해 객체를 정의한다.	34~36, 40
객체의 값에 수행할 수 있는 작업의 정의	객체 메서드를 정의한다.	37, 39, 43, 44
하나의 객체에서 다른 객체로의 프로퍼티와 값 복제	Object.assign 메서드나 스프레드 연산자를 사용한다.	41, 42
관련된 기능들의 그룹화	자바스크립트 모듈을 정의한다.	45~54
비동기 작업의 제어	Promise를 정의하고 async와 await 키워드를 사용한다.	55~58

준비 작업

4장은 3장부터 시작한 기초 지식의 복습을 계속한다. 먼저 src 폴더에 example.js라는 파일을 새로 만들어 리스트 4-1과 같은 코드를 추가하자.

리스트 4-1 src/example.js

```
console.log("Hello");
```

이 example.js 파일을 애플리케이션에 포함시키기 위해 리스트 4-2와 같이 index.js 파일에 구문 하나를 추가하자.

리스트 4-2 src/index.js: 파일 포함시키기

```
import React from 'react';
import ReactDOM from 'react-dom';
import './index.css';
import App from './App';
import * as serviceWorker from './serviceWorker';
import 'bootstrap/dist/css/bootstrap.css';

import "./example";

ReactDOM.render(<App />, document.getElementById('root'));

// 앱이 오프라인에서 더 빠르게 작동되길 원한다면 아래의 unregister()를 register()로 바꾸면 된다.
// 그러나 주의사항이 있으므로 다음 페이지를 참고하기 바란다.
// https://facebook.github.io/create-react-app/docs/making-a-progressive-web-app
serviceWorker.unregister();
```

이제 primer 폴더 안으로 이동해 명령 프롬프트에서 리스트 4-3과 같은 명령을 실행하자.

리스트 4-3 개발 도구 실행

```
npm start
```

초기 준비 작업이 완료되면 새 브라우저 창이 열리고, http://localhost:3000에 접속돼 그림 4-1과 같은 콘텐츠가 나타날 것이다.

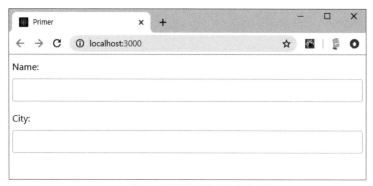

▲ 그림 4-1 실행된 예제 애플리케이션

이제 F12 키를 누르거나 브라우저 창의 마우스 메뉴에서 '검사'를 선택해 개발 도구를 실행하자. 개발 도구의 Console 탭으로 이동하면 그림 4-2와 같이 example.js의 구문이 실행된 결과를 볼 수 있다.

▲ 그림 4-2 개발 도구를 통한 확인

이와 마찬가지로 4장의 모든 예제는 실행 결과를 Console 탭에 텍스트로 출력한다. 따라서 지금부터는 결과를 Console 탭의 스크린샷으로 보여주는 대신 다음과 같이 텍스트로 보여주겠다.

```
Hello
```

자바스크립트 구문

자바스크립트의 기본적인 구성 요소는 **구문**^{statement}이다. 각 구문은 하나의 명령을 나타내며, 보통은 세미콜론(;)으로 끝을 맺는다. 세미콜론은 선택사항이지만 세미콜론을 사용하면 코드가 읽기 쉬워지며 한 줄에 여러 구문을 쓸 수 있게 된다. 리스트 4-4는 자바스크립트 파일에 여러 구문을 추가한 예다.

리스트 4-4 src/example.js: 여러 자바스크립트 구문 추가

```
console.log("Hello");
console.log("Apples");
console.log("This is a statement");
console.log("This is also a statement");
```

브라우저는 각 구문을 순서대로 실행한다. 이 예제는 다음과 같이 각 구문의 결과를 차례로 콘솔에 출력할 것이다.

```
Hello
Apples
This is a statement
This is also a statement
```

자바스크립트 함수

앞 예제에서 봤듯 브라우저는 자바스크립트 코드가 정의된 순서대로 구문을 실행한다. example.js 파일의 구문이 하나씩 실행되면 콘솔에 메시지가 출력되는데, example.js에 정의된 순서 그대로다. 여러 구문을 하나의 **함수**^{function}에 모아 넣을 수도 있는데, 이 경우 브라우저가 그 함수를 호출하는 구문을 만나기 전까지는 함수가 실행되지 않는다. 리스트 4-5를 보자.

리스트 4-5 src/example.js: 자바스크립트 함수 정의

```javascript
const myFunc = function () {
  console.log("This statement is inside the function");
};

console.log("This statement is outside the function");

myFunc();
```

함수의 정의 방법은 간단하다. 먼저 const 키워드를 쓰고 그다음에 원하는 함수 이름을 쓴다. 그다음엔 등호(=), function 키워드, 소괄호((와)) 한 쌍을 쓴다. 함수 안에 포함시키고자 하는 구문들은 중괄호({와 }) 사이에 넣는다.

이 예제에선 자바스크립트 콘솔에 메시지를 출력하는 하나의 구문을 myFunc라는 이름의 함수에 포함시켰다. 이 함수 안의 구문은 브라우저가 myFunc 함수를 호출하는 또 다른 구문에 도달하기 전까지 실행되지 않는다. 또 다른 구문은 다음과 같다.

```
...
myFunc();
...
```

이제 example.js 파일을 저장하면 변경된 자바스크립트 코드가 브라우저에 전달되고 실행돼 다음과 같은 결과가 나타난다.

```
This statement is outside the function
This statement is inside the function
```

보다시피 함수 안의 구문이 즉시 실행되지 않는다. 그러나 함수의 정의 방법을 보여주는 목적 외엔 이 예제가 특별히 유용하지는 않다. 함수가 정의된 바로 다음에 곧바로 함수가 호출되기 때문이다. 함수는 사용자의 행위와 같은 어떤 종류의 변경사항이나 이벤트에 응답하기 위해 사용될 때 훨씬 유용하다.

앞의 예제처럼 명시적으로 변수를 만들고 할당하는 방식이 아닌, 리스트 4–6과 같이 함수를 정의하는 방법도 있다.

리스트 4–6 src/example.js: 또 다른 함수 정의 방법

```
function myFunc() {
  console.log("This statement is inside the function");
}

console.log("This statement is outside the function");

myFunc();
```

이 코드는 리스트 4–5와 동일하게 작동하지만 대부분의 개발자에게 좀 더 친숙한 형태다. 그 결과 역시 리스트 4–5의 경우와 동일하다.

파라미터가 있는 함수

자바스크립트 함수에 파라미터를 정의할 수 있다. 리스트 4–7처럼 말이다.

리스트 4–7 src/example.js: 파라미터가 있는 함수 정의

```
function myFunc(name, weather) {
  console.log("Hello " + name + ".");
  console.log("It is " + weather + " today.");
}

myFunc("Adam", "sunny");
```

여기선 myFunc 함수에 name과 weather라는 두 파라미터를 추가했다. 자바스크립트는 동적 타입 언어dynamically typed language다. 이는 함수를 정의할 때 파라미터의 데이터 타입을 선언하지 않아도 된다는 뜻이다. 동적 타입에 대해선 자바스크립트 변수를 다룰 때 다시 설명할 것이다. 파라미터가 있는 함수를 호출하려면 다음과 같이 함수를 호출할 때 인자를 함께 전달해야 한다.

```
...
myFunc("Adam", "sunny");
...
```

리스트 4-7의 결과는 다음과 같다.

```
Hello Adam.
It is sunny today.
```

기본 파라미터와 레스트 파라미터

함수를 호출할 때 넘기는 인자의 수는 함수에 정의된 파라미터 수와 일치하지 않아도 된다. 파라미터 수보다 적은 수의 인자를 넘긴다면 값을 받지 않은 파라미터는 모두 undefined라는 값을 갖게 된다. undefined는 특별한 자바스크립트 값 중의 하나다. 파라미터 수보다 많은 수의 인자를 넘긴다면 초과된 인자들은 모두 무시된다.

따라서 동일한 이름이지만 파라미터가 다른 두 개의 함수는 만들 수 없다. 자바스크립트가 인자를 기준으로 그 두 함수를 구별하지는 않기 때문이다. 파라미터가 다른 동일한 이름의 여러 함수의 사용이 가능한 특징을 **다형성**polymorphism이라고 한다. 자바Java와 C# 같은 언어는 다형성을 지원하지만, 자바스크립트는 그렇지 않다. 그 대신 동일한 이름의 함수가 여러 개 있다면 마지막 함수만을 유효하게 처리한다.

정의된 파라미터 수와 호출할 때의 인자 수가 일치하지 않을 경우를 대처하기 위한 두 가지 방법이 있다. 파라미터의 수보다 인자의 수가 적을 때는 **기본 파라미터**default parameter를 사용함으로써, 없는 인자에 해당하는 파라미터에 기본값을 제공할 수 있다. 리스트 4-8과 같은 방법으로 말이다.

리스트 4-8 src/example.js: 기본 파라미터 사용

```
function myFunc(name, weather = "raining") {
  console.log("Hello " + name + ".");
  console.log("It is " + weather + " today.");
}
```

```
myFunc("Adam");
```

이 함수의 weather 파라미터엔 raining이라는 기본값이 할당됐다. 이제 오직 하나의 인자 만으로 이 함수가 호출될 경우 결과는 다음과 같이 된다.

```
Hello Adam.
It is raining today.
```

함수를 정의할 때 **레스트 파라미터**rest parameter를 사용하면 추가로 전달된 인자들을 모두 포착할 수 있다. 리스트 4-9를 보자.

리스트 4-9 src/example.js: 레스트 파라미터 사용

```javascript
function myFunc(name, weather, ...extraArgs) {
  console.log("Hello " + name + ".");
  console.log("It is " + weather + " today.");
  for (let i = 0; i < extraArgs.length; i++) {
    console.log("Extra Arg: " + extraArgs[i]);
  }
}

myFunc("Adam", "sunny", "one", "two", "three");
```

레스트 파라미터는 함수가 정의하는 파라미터들 중 가장 마지막에 위치해야 하며, 파라 미터 이름 앞에 반드시 생략 부호(...)가 붙어야 한다. 레스트 파라미터는 초과된 추가 인자들이 모두 할당되는 하나의 배열이다. 리스트 4-9는 레스트 파라미터로 받은 추가 인자들을 모두 콘솔에 출력하게 했으며 결과는 다음과 같다.

```
Hello Adam.
It is sunny today.
Extra Arg: one
Extra Arg: two
Extra Arg: three
```

결과를 리턴하는 함수

return 키워드를 사용하면 함수의 결과를 리턴할 수 있다. 리스트 4-10은 결과를 리턴하는 함수를 정의하는 방법을 보여준다.

리스트 4-10 src/example.js: 함수로부터 결과 리턴

```
function myFunc(name) {
  return ("Hello " + name + ".");
}

console.log(myFunc("Adam"));
```

이 함수는 하나의 파라미터를 정의하고 이를 사용해 결과를 만든다. 이 함수를 다음과 같이 console.log 함수의 인자로 전달해 호출했다.

```
...
console.log(myFunc("Adam"));
...
```

보다시피 결과의 리턴 여부나 데이터 타입을 함수 정의 부분에 추가로 명시하지 않아도 된다. 이 코드의 결과는 다음과 같다.

```
Hello Adam.
```

다른 함수의 인자로 함수 사용

자바스크립트 함수는 객체로 취급된다. 이는 하나의 함수를 다른 함수의 인자로서 전달할 수 있다는 뜻이다. 리스트 4-11을 보자.

리스트 4-11 src/example.js: 함수를 인자로 전달

```
function myFunc(nameFunction) {
  return ("Hello " + nameFunction() + ".");
}
```

```
console.log(myFunc(function () {
  return "Adam";
}));
```

myFunc 함수에선 nameFunction이라는 파라미터를 정의했는데, 이 파라미터는 리턴할 문자열에 삽입될 값을 불러올 함수를 호출한다. 즉, Adam을 리턴하는 함수를 myFunc의 인자로서 전달했으며, 결과는 다음과 같다.

```
Hello Adam.
```

함수를 연쇄적으로 전달할 수도 있으며, 따라서 리스트 4-12처럼 좀 더 복잡한 기능을 구현하는 일이 가능하다.

리스트 4-12 src/example.js: 함수의 연쇄 전달

```
function myFunc(nameFunction) {
  return ("Hello " + nameFunction() + ".");
}

function printName(nameFunction, printFunction) {
  printFunction(myFunc(nameFunction));
}

printName(function () { return "Adam" }, console.log);
```

이 예제의 결과는 다음과 같다.

```
Hello Adam.
```

화살표 함수

화살표 함수arrow function(또는 **람다식**lambda expression)는 함수를 정의하는 또 다른 방법이며, 주로 다른 함수의 인자로 전달되는 함수인 경우에 많이 사용된다. 리스트 4-13은 앞 예제의 두 함수를 화살표 함수로 대체한 예다.

```
const myFunc = (nameFunction) => ("Hello " + nameFunction() + ".");

const printName = (nameFunction, printFunction) =>
  printFunction(myFunc(nameFunction));

printName(function () { return "Adam" }, console.log);
```

이들 함수는 리스트 4–12와 동일하게 작동한다. 화살표 함수는 세 부분으로 이뤄지는데, 한 부분은 입력 파라미터, 또 한 부분은 등호와 부등호(즉, 화살표), 나머지 한 부분은 함수 결과다. 이 책 전반에 걸쳐 화살표 함수의 예를 자주 보게 될 것이다.

> **⊙ 참고**
>
> 리액트 개발에 있어서 얼마든지 자신이 원하는 함수 방식을 선택할 수 있으며, 이 책에서도 두 가지 방식을 모두 사용한다. 그러나 이벤트 처리 등을 위한 함수를 정의할 때는 12장에서 설명하는 내용을 고려하기 바란다.

변수와 타입

let 키워드는 변수를 선언할 때 사용하며, 선언과 동시에 값 할당도 가능하다. 이전 예제에서 사용했던 const 키워드의 경우엔 변경될 수 없는 상수를 만든다는 점에서 let과 상반된다.

let이나 const를 써서 만든 변수나 상수는, 그 변수나 상수가 정의된 코드 구역 안에서만 접근이 허용된다. 이를 변수 영역^{variable scope}이나 상수 영역^{constant scope}이라고 한다. 리스트 4–14를 통해 확인해보자.

리스트 4–14 src/example.js: let을 사용한 변수 선언

```
function messageFunction(name, weather) {
  let message = "Hello, Adam";
```

```
  if (weather === "sunny") {
    let message = "It is a nice day";
    console.log(message);
  } else {
    let message = "It is " + weather + " today";
    console.log(message);
  }
  console.log(message);
}

messageFunction("Adam", "raining");
```

보다시피 let 키워드를 사용해 message라는 변수를 정의한 구문은 모두 세 개다. 각 변수의 영역은 그 변수가 정의된 구역 안으로 제한되며, 따라서 이 예제를 실행하면 다음과 같은 결과가 나온다.

```
It is raining today
Hello, Adam
```

이 예제가 처음엔 이상하게 보일 수 있다. 그러나 변수 선언에 있어 더 이상한 또 하나의 키워드가 있으니, 바로 var다. 사실 let과 const는 var의 이상한 동작을 대체하고자 비교적 최근에 자바스크립트 표준 명세에 추가된 키워드다. 리스트 4-14에서 let을 var로 대체한 리스트 4-15를 보자.

┤ let과 const의 선택 ├

값의 변경을 원하지 않으며 값을 변경하려고 시도할 때 오히려 에러가 나게 하려면 const 키워드의 사용을 권장한다. 그러나 나는 실제로 그렇게 하지 못하는 경우가 많다. var 키워드를 쓰지 않으려 노력 중이지만, 한 언어에서 다른 언어로 넘어갈 때 const가 걸림돌이 되는 경우가 있기 때문에 어쩔 수 없이 var를 쓰기도 한다. 자바스크립트가 처음인 사람이라면 const와 let을 용도에 맞게 사용하기 바라며, 나와 같은 좋지 못한 행동을 따라 하지 말기 바란다.

리스트 4-15 src/example.js: var를 사용한 변수 선언

```javascript
function messageFunction(name, weather) {
  var message = "Hello, Adam";
  if (weather === "sunny") {
    var message = "It is a nice day";
    console.log(message);
  } else {
    var message = "It is " + weather + " today";
    console.log(message);
  }
  console.log(message);
}

messageFunction("Adam", "raining");
```

이 코드를 실행하면 다음과 같은 결과가 나온다.

```
It is raining today
It is raining today
```

엣지^{Edge} 같은 일부 브라우저는 반복되는 문장은 한 번만 보여주고, 그 대신 문장의 앞에 반복된 횟수를 표시하기도 한다. 즉, 2라고 표시된 한 문장이 있다면, 이는 같은 문장이 두 번 반복됐다는 뜻이다.

var 키워드의 문제는 변수의 영역이 함수 전체라는 점이다. 즉, 모든 message가 동일한 한 변수를 참조한다는 뜻이다. 이는 숙련된 자바스크립트 개발자조차 실수하게 만드는 문제이며, 좀 더 전통적인 let 키워드가 도입된 이유이기도 하다. 리액트 개발 도구엔 그런 일반적인 문제를 경고하는 기능이 있다. 따라서 자바스크립트 콘솔에서 다음과 같은 경고 메시지를 볼 수 있을 것이다.

```
Line 4: 'message' is already defined no-redeclare
Line 7: 'message' is already defined no-redeclare
```

눈에 익지 않다면 이들 메시지가 암호문처럼 보일 수도 있다. 이 메시지를 이해하는 가장 좋은 방법은 ESLint 패키지의 문서를 참조하는 것이다. ESLint는 자바스크립트 코드에 일련의 규칙을 적용하며, 리액트 개발 도구가 경고를 만들 때 사용하는 패키지다. 리스트 4-15에 대한 경고 메시지를 만드는 규칙의 이름은 no-redeclare이며, 자세한 설명은 https://eslint.org/docs/rules/no-redeclare에 있다.

│ 클로저의 사용 │

함수 안에 함수(즉, **외부 함수**$^{outer\ function}$와 **내부 함수**$^{inner\ function}$)를 정의하면, 내부 함수가 외부 함수의 변수에 접근할 수 있으며, 이를 **클로저**^{closure}라고 한다. 다음 코드를 보자.

```
function myFunc(name) {
  let myLocalVar = "sunny";
  let innerFunction = function () {
    return ("Hello " + name + ". Today is " + myLocalVar + ".");
  }
  return innerFunction();

}

console.log(myFunc("Adam"));
```

이 예제의 내부 함수는 외부 함수의 파라미터뿐만 아니라 지역 변수에도 접근한다. 이는 내부 함수에 파라미터를 정의할 필요가 없는 강력한 기능이지만 주의도 필요하다. 예컨대 counter나 index 같은 평범한 변수 이름을 사용하는 경우, 외부 함수에서 그 변수 이름을 재사용하고 있음을 의식하지 못한 채 엉뚱한 결과를 얻기 쉽기 때문이다.

기본 데이터 타입

자바스크립트엔 string, number, boolean이라는 기본 데이터 타입$^{primitive\ type}$이 내장돼 있다. 몇 개 안 돼 보이지만 자바스크립트에서 이들 타입의 유연성은 매우 크다.

boolean의 사용

불리언^{boolean} 타입은 true 또는 false 값을 갖는다. 리스트 4-16에선 이 두 값을 변수에 한당하는 예를 보여주기만, 현실에서 불리언 타입은 if 문 같은 조건문에서 가장 많이 활용된다. 리스트 4-16을 실행해도 출력되는 결과는 없을 것이다. 다만 변수가 정의됐으나 사용되지 않고 있다는 경고는 볼 수 있다.

리스트 4-16 src/example.js: 불리언 값의 할당

```
let firstBool = true;
let secondBool = false;
```

string의 사용

문자열^{string} 타입은 리스트 4-17과 같이 큰따옴표나 작은따옴표를 사용해 값을 지정할 수 있다.

리스트 4-17 src/example.js: 문자열 변수 정의

```
let firstString = "This is a string";
let secondString = 'And so is this';
```

따옴표는 당연히 한 쌍을 맞춰 사용해야 한다. 즉, 작은따옴표로 시작했으면 작은따옴표로 끝내야 한다. 이 예제 역시 콘솔에 출력되는 결과는 없다. 자바스크립트의 **string** 객체엔 기본 프로퍼티와 메서드가 내장돼 있는데, 그중 자주 사용되는 것들을 표 4-2에서 정리했다.

표 4-2 유용한 string의 내장 프로퍼티와 메서드

이름	설명
length	현재 문자열의 문자 개수를 리턴한다.
charAt(index)	지정한 위치(index)에 있는 문자를 리턴한다.
concat(string)	현재 문자열과 인자로 받은 문자열(string)을 연결한 새 문자열을 리턴한다.
indexOf(term, start)	현재 문자열에서 특정 문자열(term)이 처음 검색되는 위치를 리턴하며, 검색되지 않으면 −1을 리턴한다. start 인자는 선택사항으로, 검색의 시작 위치를 지정할 수 있다.
replace(term, newTerm)	현재 문자열에서 term에 해당하는 문자열을 모두 newTerm으로 교체한다.
slice(start, end)	start 위치와 end 위치 사이의 문자열을 추출해 리턴한다.
split(term)	현재 문자열을 term에 해당하는 문자열을 기준으로 분리해 배열 형식으로 리턴한다.
toUpperCase()	현재 문자열의 모든 문자를 대문자로 바꾼 새 문자열을 리턴한다.
toLowerCase()	현재 문자열의 모든 문자를 소문자로 바꾼 새 문자열을 리턴한다.
trim()	현재 문자열의 앞뒤에 있는 공백을 모두 제거한 새 문자열을 리턴한다.

템플릿 문자열

정적 콘텐츠와 데이터 값이 조합된 문자열을 사용자에게 보여주는 일은 매우 흔한 프로그래밍 작업 중 하나다. 그렇게 하기 위한 전통적인 방법은 문자열을 연결하는 것인데, 앞서 리스트 4–14의 예제에서 다음과 같은 코드를 작성했었다.

```
...
let message = "It is " + weather + " today";
...
```

자바스크립트는 이와 다른 방법인 **템플릿 문자열**template string이라는 기능도 지원한다. 템플릿 문자열을 사용하면 데이터 값을 콘텐츠 안에 직접 지정할 수 있으므로 오류의 가능성을 줄이면서 좀 더 자연스러운 개발 경험이 가능해진다. 리스트 4–18에서 템플릿 문자열의 사용법을 보자.

src/example.js: 템플릿 문자열 사용

```
function messageFunction(weather) {
  let message = `It is ${weather} today`;
  console.log(message);
}


messageFunction("raining");
```

템플릿 문자열은 억음 부호^{backtick}(`)로 둘러싸야 하며, 데이터 값은 달러 기호($)가 붙은 중괄호({와 }) 안에 표시해야 한다. 예컨대, 이 예제에선 템플릿 문자열에 weather 변수의 값을 포함시킨 모습을 볼 수 있다.

```
...
let message = `It is ${weather} today`;
...
```

이 예제를 실행한 결과는 다음과 같다.

```
It is raining today
```

number의 사용

number 타입은 **정수**^{integer}뿐만 아니라 **부동소수점**^{floating-point} 수(또는 **실수**^{real number})를 표현할 때 사용된다. 리스트 4-19는 number 타입의 변수를 정의하는 예다.

리스트 4-19 src/example.js: number 변수 정의

```
let daysInWeek = 7;
let pi = 3.14;
let hexValue = 0xFFFF;
```

수의 유형을 지정할 필요는 없다. 원하는 수를 변수에 할당하면 자바스크립트가 알아서 판단한다. 이 예제에선 정수 하나, 실수 하나, 0x로 시작하는 16진수 하나를 정의했다.

자바스크립트 연산자

자바스크립트엔 다양한 표준 연산자들이 포함돼 있다. 자주 사용되는 연산자들을 표 4-3 에서 요약했다.

표 4-3 유용한 자바스크립트 연산자

연산자	설명
++, --	전위(pre) 또는 후위(post) 증가 연산자와 감소 연산자
+, -, *, /, %	덧셈, 뺄셈, 곱셈, 나눗셈, 나머지를 나타내는 연산자
<, <=, >, >=	미만, 이하, 초과, 이상을 나타내는 연산자
==, !=	같음 또는 같지 않음을 평가하는 등치 연산자
===, !==	엄격한 같음 또는 같지 않음을 평가하는 일치 연산자
&&, ||	논리곱(logical AND)과 논리합(logical OR) 연산자(||는 null 값과 사용 가능)
=	할당 연산자
+	문자열 연결 연산자
?:	삼항 연산자(ternary operator)

조건문

자바스크립트 연산자들은 대개 조건문 안에서 함께 사용된다. 이 책에서 사용하는 조건 문은 주로 if/else 문과 switch 문인데, 리스트 4-20은 많은 개발자에게 익숙한 두 조건 문을 보여준다.

리스트 4-20 src/example.js: 조건문 사용

```
let name = "Adam";

if (name === "Adam") {
  console.log("Name is Adam");
} else if (name === "Jacqui") {
  console.log("Name is Jacqui");
} else {
  console.log("Name is neither Adam or Jacqui");
```

```
  }

switch (name) {
  case "Adam":
    console.log("Name is Adam");
    break;
  case "Jacqui":
    console.log("Name is Jacqui");
    break;
  default:
    console.log("Name is neither Adam or Jacqui");
    break;
}
```

이 예제의 실행 결과는 다음과 같다.

```
Name is Adam
Name is Adam
```

등치 연산자와 일치 연산자

등치 연산자^{equality operator}와 일치 연산자^{identity operator}는 특별히 구분할 필요가 있다. 등치 연산자의 경우 피연산자^{operand}의 타입을 일치시킨 후에 그 값이 같은지 평가한다. 그런 원리를 알고 사용한다면 등치 연산자는 매우 편리하다. 리스트 4-21은 등치 연산자의 사용법을 보여준다.

리스트 4-21 src/example.js: 등치 연산자 사용

```
let firstVal = 5;
let secondVal = "5";

if (firstVal == secondVal) {
  console.log("They are the same");
} else {
  console.log("They are NOT the same");
}
```

이 예제를 실행한 결과는 다음과 같다.

```
They are the same
```

자바스크립트는 두 피연산자를 동일한 타입으로 변환해 그 값을 비교한다. 요컨대, 등치 연산자는 피연산자의 타입에 개의치 않고 값만 비교한다는 말이다. 이는 충분히 혼란을 야기할 수 있는 부분으로, 자바스크립트 콘솔에 다음과 같은 경고가 나타나게 한다.

```
Line 4: Expected '===' and instead saw '==' eqeqeq
```

등치 연산자 대신 일치 연산자(즉, == 대신 ===)를 사용하면 좀 더 예측 가능한 비교를 할 수 있다. 리스트 4-22를 보자.

리스트 4-22 src/example.js: 일치 연산자 사용

```
let firstVal = 5;
let secondVal = "5";

if (firstVal === secondVal) {
  console.log("They are the same");
} else {
  console.log("They are NOT the same");
}
```

이 경우 일치 연산자는 두 변수가 다르다고 판단한다. 타입을 변환하지 않기 때문이다. 결과는 다음과 같다.

```
They are NOT the same
```

명시적 타입 변환

문자열 연결 연산자(+)는 덧셈 연산자(이 또한 +)보다 우선한다. 즉, 자바스크립트는 덧셈 보다 변수의 연결을 더 선호한다는 뜻이다. 이 역시 혼란을 야기할 수 있는데, 자바스크

립트는 타입을 알아서 변환할 수 있으며 따라서 예상치 않은 결과를 낼 수 있기 때문이다. 리스트 4-23을 보자.

리스트 4-23 src/example.js: 문자열 연결 연산자의 우선권

```
let myData1 = 5 + 5;
let myData2 = 5 + "5";

console.log("Result 1: " + myData1);
console.log("Result 2: " + myData2);
```

이 예제의 결과는 다음과 같다.

```
Result 1: 10
Result 2: 55
```

두 번째 결과가 혼란스러울 수 있다. 의도했던 덧셈 연산이 아닌 문자열 연결로 해석된 것은, 연산자 우선순위와 타입 변환에 대한 과도한 열의가 만든 결과다. 명시적 타입 변환explicit type converion(또는 강제 타입 변환)을 사용하면 그와 같은 혼란 없이 원래 의도했던 작업을 수행할 수 있다. 이는 다음 절부터 설명한다.

숫자를 문자열로 변환

여러 개의 숫자 변수로 작업하고 있으며 숫자들을 문자열로서 연결하고 싶다면 toString 메서드를 사용해 숫자를 문자열로 변환할 수 있다. 리스트 4-24를 보자.

리스트 4-24 src/example.js: number의 toString 메서드 사용

```
let myData1 = (5).toString() + String(5);

console.log("Result: " + myData1);
```

숫자 값에 소괄호를 씌워서 toString 메서드를 호출했음에 주목하기 바란다. 이는 글자 그대로의 값, 즉 리터럴 값을 number 객체로 변환(소괄호를 씌우는 행위)해야 number 타입에 정의된 toString 메서드를 호출할 수 있기 때문이다. 또 다른 접근법은 String 함수에 숫

자 값을 인자로 넘기는 것이다. 이 두 기법은 모두 숫자를 문자열로 변환하는 동일한 효과를 내며, 따라서 + 연산자는 의심의 여지 없이 덧셈이 아닌 문자열 연결 작업을 수행한다. 이 예제의 실행 결과는 다음과 같다.

```
Result: 55
```

숫자를 문자열로서 다룰 수 있는 메서드들이 더 있는데, 표 4-4에서 간단히 정리했다. 모두 number 타입에 정의돼 있는 메서드들이다.

표 4-4 숫자를 문자열로 변환하는 유용한 메서드들

메서드	설명
toString()	십진수 형식의 수를 문자열로 리턴한다.
toString(2) toString(8) toString(16)	각각 이진수, 8진수, 16진수 형식의 수를 문자열로 리턴한다.
toFixed(n)	소숫점 n 자릿수까지의 실수를 문자열로 리턴한다.
toExponential(n)	소숫점 n 자릿수까지를 포함한, 지수 표기법(exponential notation) 형식의 수를 문자열로 리턴한다.
toPrecision(n)	소숫점 이하를 포함한 전체 n 자릿수의 수를 문자열로 리턴한다. 지수 표기법 형식의 수에도 사용할 수 있다.

문자열을 숫자로 변환

숫자를 문자열로 변환하는 기법과 대응하는, 문자열을 숫자로 변환하는 기법이 있다. 즉, 문자열 연결이 아닌 덧셈 연산을 명시적으로 수행할 수 있다는 뜻이다. 이는 리스트 4-25와 같이 Number 함수를 사용해 가능하다.

리스트 4-25 src/example.js: 문자열을 숫자로 변환

```
let firstVal = "5";
let secondVal = "5";

let result = Number(firstVal) + Number(secondVal);
console.log("Result: " + result);
```

실행 결과는 다음과 같다.

```
Result: 10
```

Number 함수는 문자열 값을 파싱하는 방법에 있어 매우 엄격하다. 그러나 숫자 뒤에 숫자가 아닌 문자가 붙어 있다면 무시하는 등, Number 함수에 비해 좀 더 유연한 다른 두 함수가 더 있다. 바로 parseInt와 parseFloat이다. 표 4-5에서 이 세 메서드를 간단히 정리했다.

표 4-5 문자열을 숫자로 변환하는 유용한 메서드들

메서드	설명
Number(str)	지정한 문자열을 파싱해 정수나 실수로 리턴한다.
parseInt(str)	지정한 문자열을 파싱해 정수로 리턴한다.
parseFloat(str)	지정한 문자열을 파싱해 정수나 실수로 리턴한다.

배열

자바스크립트에서의 배열은 대부분의 다른 프로그래밍 언어에서의 배열과 비슷하다. 리스트 4-26은 배열을 만들어 값을 할당하는 예를 보여준다.

리스트 4-26 src/example.js: 배열의 생성과 값 할당

```
let myArray = new Array();
myArray[0] = 100;
myArray[1] = "Adam";
myArray[2] = true;
```

여기선 new Array()를 호출해 새 배열을 만들었다. 이 빈 배열을 myArray 변수에 할당했으며, 배열의 각 인덱스 위치에 각기 다른 값을 할당했다. 이 예제는 어떤 결과를 출력하지는 않는다.

이 예제에선 살펴봐야 할 몇 가지가 있다. 첫째로 배열을 만들 때 배열의 크기, 즉 아이템의 수를 지정하지 않았다. 어떤 수의 아이템도 담을 수 있도록 자바스크립트가 알아서 배열의 크기를 조정하기 때문이다. 두 번째로 배열에 담을 데이터 타입을 지정하지 않았다. 모든 자바스크립트 배열은 서로 다른 어떤 데이터 타입이라도 보관할 수 있다. 이 예제에서 number, string, boolean 타입을 할당했듯 말이다.

배열 리터럴

리스트 4-26을 실행하면 자바스크립트 콘솔에서 경고 메시지를 볼 수 있다. 사실 new Array()는 배열을 만드는 표준 방식이 아니기 때문이다. 그 대신 배열 리터럴^{array literal}이라는 방식을 사용하면 배열의 생성과 값 할당을 한 번에 할 수 있다. 리스트 4-27처럼 말이다.

리스트 4-27 src/example.js: 배열 리터럴 방식

```
let myArray = [100, "Adam", true];
```

여기선 대괄호([와]) 안에 원하는 아이템을 지정한 새 배열을 myArray 변수에 할당했다. 이 예제 역시 결과를 출력하지는 않는다. 다만 배열이 정의됐으나 사용되지 않는다는 경고 메시지는 보일 것이다.

배열 콘텐츠의 읽기와 변경

리스트 4-28과 같이 배열 변수 뒤의 대괄호([와]) 안에 인덱스를 넣어 해당 위치의 값을 읽어올 수 있다.

리스트 4-28 src/example.js: 배열로부터 데이터 읽기

```
let myArray = [100, "Adam", true];

console.log(`Index 0: ${myArray[0]}`);
```

배열 안의 어떤 데이터든 특정 위치에 새 값을 할당함으로써 변경이 가능하다. 다른 일반 적인 변수의 경우와 마찬가지로 기존과 다른 데이터 타입의 값을 넣어도 아무 문제가 없다. 일단 이 예제의 결과는 다음과 같다.

```
Index 0: 100
```

리스트 4-29는 배열의 콘텐츠를 변경하는 예다.

리스트 4-29 src/example.js: 배열 콘텐츠의 변경

```
let myArray = [100, "Adam", true];
myArray[0] = "Tuesday";

console.log(`Index 0: ${myArray[0]}`);
```

여기선 기존에 숫자가 있었던 배열의 0의 위치에 문자열을 할당했으며, 실행 결과는 다음 과 같다.

```
Index 0: Tuesday
```

배열 콘텐츠 열거

for 루프나 forEach 메서드를 사용하면 배열 콘텐츠를 열거할 수 있다. forEach의 경우 배 열 안의 각 아이템을 처리하기 위한 함수를 인자로 받는다. 이 두 방법을 사용하는 리스 트 4-30을 보자.

리스트 4-30 src/example.js: 배열 콘텐츠 열거

```
let myArray = [100, "Adam", true];

for (let i = 0; i < myArray.length; i++) {
  console.log(`Index ${i}: ${myArray[i]}`);
}
```

```
console.log("---");

myArray.forEach((value, index) => console.log(`Index ${index}: ${value}`));
```

자바스크립트의 for 루프 역시 다른 대부분의 언어와 동일하게 작동한다. 배열의 크기는 length 프로퍼티를 사용해 알 수 있다.

forEach 메서드에 전달되는 함수엔 두 개의 인자가 주어진다. 바로 현재 아이템의 값과 위치다. 이 예제에선 forEach 메서드에 화살표 함수를 전달했으며, 이는 흔히 사용되는 방법이다. 이 예제의 결과는 다음과 같다.

```
Index 0: 100
Index 1: Adam
Index 2: true
---
Index 0: 100
Index 1: Adam
Index 2: true
```

스프레드 연산자

스프레드 연산자^{spread operator}(또는 전개 연산자)는 배열의 아이템을 함수의 인자로 넘길 때 사용된다. 리스트 4-31에선 여러 개의 인자를 받는 함수에 배열의 아이템을 넘기되, 스프레드 연산자를 사용하지 않는 경우와 사용하는 경우의 예를 보여준다.

리스트 4-31 src/example.js: 스프레드 연산자 사용

```
function printItems(numValue, stringValue, boolValue) {
    console.log(`Number: ${numValue}`);
    console.log(`String: ${stringValue}`);
    console.log(`Boolean: ${boolValue}`);
}

let myArray = [100, "Adam", true];
```

```
printItems(myArray[0], myArray[1], myArray[2]);

printItems(...myArray);
```

스프레드 연산자는 생략 부호(세 개의 마침표)로 표현하며, 배열에서 각 아이템을 꺼내
printItems 함수에 인자로 전달하는 역할을 한다.

```
...
printItems(...myArray);
...
```

스프레드 연산자를 사용하면 배열도 쉽게 연결할 수 있다. 리스트 4-32를 보자.

리스트 4-32 src/example.js: 배열의 연결

```
let myArray = [100, "Adam", true];
let myOtherArray = [200, "Bob", false, ...myArray];

myOtherArray.forEach((value, index) => console.log(`Index ${index}: ${value}`));
```

보다시피 스프레드 연산자를 사용해 myArray를 myOtherArray의 아이템으로 지정함으로써,
myArray의 콘텐츠가 풀려 myOtherArray의 아이템으로 추가되게 할 수 있다. 이 예제의 실
행 결과는 다음과 같다.

```
Index 0: 200
Index 1: Bob
Index 2: false
Index 3: 100
Index 4: Adam
Index 5: true
```

> **참고**
>
> 배열은 비구조화(destructuring), 즉 배열의 아이템을 또 다른 배열에 할당하는 일이 가능하다. 예컨
> 대 [var1, var2] = [3, 4]는 3과 4를 각각 var1과 var2에 할당한다. 배열의 비구조화는 11장에서 설명
> 하는 훅(hook) 기능에도 사용된다.

배열의 내장 메서드

자바스크립트의 Array 객체엔 배열을 다룰 때 사용할 수 있는 다양한 메서드가 내장돼 있다. 표 4-6에서 유용한 메서드들을 정리했다.

표 4-6 유용한 Array의 내장 메서드

메서드	설명
concat(otherArray)	인자로 주어진 배열을 현재의 배열에 연결한 새 배열을 리턴한다. 여러 개의 배열을 지정해도 된다.
join(separator)	배열의 모든 요소를 연결한 하나의 문자열을 리턴한다. 여기서 인자는 요소들 사이를 구분하는 문자다.
pop()	배열의 마지막 아이템을 제거하고 그 아이템을 리턴한다.
shift()	배열의 첫 번째 아이템을 제거하고 그 아이템을 리턴한다.
push(item)	주어진 아이템을 배열의 마지막에 추가한다.
unshift(item)	주어진 아이템을 배열의 첫 번째에 추가한다.
reverse()	아이템들을 역순으로 바꾼 새 배열을 리턴한다.
slice(start, end)	배열 안의 주어진 구간을 리턴한다.
sort()	아이템들을 정렬한다. 선택사항으로 두 아이템을 비교하는 커스텀 함수를 인자로 지정할 수 있다.
splice(index, count)	주어진 index로부터 count만큼의 아이템을 제거하고, 제거된 아이템들이 담긴 새 배열을 리턴한다.
every(test)	배열의 각 아이템을 주어진 테스트 함수로 넘겨 모든 아이템에 대해 테스트 함수가 true를 리턴, 즉 모든 아이템이 테스트를 통과하면 이 메서드는 true를 리턴한다. 한 아이템이라도 false를 리턴, 즉 테스트를 통과하지 못한다면 이 메서드는 false를 리턴한다.
some(test)	배열의 각 아이템을 주어진 테스트 함수로 넘겨 최소한 하나의 아이템이라도 테스트를 통과하면 이 메서드는 true를 리턴한다. 그렇지 않으면 false를 리턴한다.
filter(test)	배열의 각 아이템을 주어진 테스트 함수로 넘겨 테스트를 통과한 아이템만으로 구성된 새 배열을 리턴한다.
find(test)	배열의 각 아이템을 주어진 테스트 함수로 넘겨 테스트를 통과한 첫 번째 아이템을 리턴한다.
findIndex(test)	배열의 각 아이템을 주어진 테스트 함수로 넘겨 테스트를 통과한 첫 번째 아이템의 인덱스를 리턴한다.

(이어짐)

메서드	설명
forEach(callback)	배열의 각 아이템을 주어진 콜백 함수로 넘겨 어떤 작업을 실행한다. 이는 앞 절에서도 설명했다.
includes(value)	주어진 값이 배열 안에 포함돼 있다면 true를, 그렇지 않다면 false를 리턴한다.
map(callback)	배열의 각 아이템을 주어진 콜백 함수로 넘겨 그 호출 결과로 구성된 새 배열을 리턴한다.
reduce(callback)	배열의 각 아이템을 주어진 콜백 함수로 넘겨 그 호출 결과가 누적된 값을 리턴한다.

표 4-6의 많은 메서드가 새 배열을 리턴한다. 따라서 이들 메서드는 데이터 처리를 위한 연세적인 호출, 이른바 메서드 체이닝method chaining이 가능하다. 리스트 4-33을 보자.

리스트 4-33 src/example.js: 배열 다루기

```
let products = [
  { name: "Hat", price: 24.5, stock: 10 },
  { name: "Kayak", price: 289.99, stock: 1 },
  { name: "Soccer Ball", price: 10, stock: 0 },
  { name: "Running Shoes", price: 116.50, stock: 20 }
];

let totalValue = products
  .filter(item => item.stock > 0)
  .reduce((prev, item) => prev + (item.price * item.stock), 0);

console.log(`Total value: $$${totalValue.toFixed(2)}`);
```

먼저 stock 값이 0보다 큰 아이템을 고르기 위해 filter 메서드를 사용했으며, 그 아이템들의 누적 값을 얻기 위해 연이어 reduce 메서드를 사용했다. 이 예제의 실행 결과는 다음과 같다.

```
Total value: $2864.99
```

객체

자바스크립트에서 객체를 만드는 방법은 다양하다. 리스트 4-34는 그중 쉬운 예를 보여준다.

리스트 4-34 src/example.js: 객체 생성

```
let myData = new Object();
myData.name = "Adam";
myData.weather = "sunny";

console.log(`Hello ${myData.name}.`);
console.log(`Today is ${myData.weather}.`);
```

new Object()를 호출함으로써 객체 하나를 만들었으며, 이 새 객체를 myData라는 변수에 할당했다. 일단 객체를 만들었으면 다음과 같이 값을 할당함으로써 프로퍼티를 정의할 수 있다.

```
...
myData.name = "Adam";
...
```

이 구문 이전엔 myData 객체에 name이라는 프로퍼티가 존재하지 않았다. 이 구문이 실행돼야 Adam이라는 값이 할당된 name 프로퍼티가 생성된다. 프로퍼티의 값을 읽으려면 다음과 같이 변수 이름, 마침표, 프로퍼티 이름을 조합해 사용하면 된다.

```
...
console.log(`Hello ${myData.name}.`);
...
```

이 예제의 실행 결과는 다음과 같다.

```
Hello Adam.
Today is sunny.
```

객체 리터럴

앞의 예제에선 자바스크립트 콘솔에 경고 메시지도 보였을 것이다. 객체를 생성하는 표준적인 방법은 객체 리터럴^{object literal} 형식을 사용하는 것이기 때문이다. 객체 리터럴을 사용하면 한 번에 객체와 프로퍼티 생성이 가능하다. 리스트 4-35처럼 말이다.

리스트 4-35 src/example.js: 객체 리터럴 사용

```
let myData = {
  name: "Adam",
  weather: "sunny"
};

console.log(`Hello ${myData.name}.`);
console.log(`Today is ${myData.weather}.`);
```

보다시피 프로퍼티의 이름과 값은 콜론(:)으로 구분하며, 각 프로퍼티 사이는 쉼표(,)로 구분한다. 이 예제는 앞의 예제와 동일한 효과를 가지며, 따라서 실행 결과는 다음과 같다.

```
Hello Adam.
Today is sunny.
```

객체 프로퍼티로서 변수 사용

변수를 객체 프로퍼티로 사용하면 자바스크립트는 변수의 이름과 값을 프로퍼티의 이름과 값으로 간주한다. 리스트 4-36을 보자.

리스트 4-36 src/example.js: 객체 리터럴 안에서 변수 사용

```
let name = "Adam"

let myData = {
  name,
  weather: "sunny"
};

console.log(`Hello ${myData.name}.`);
console.log(`Today is ${myData.weather}.`);
```

name 변수가 myData 객체에 사용됨으로써 이름과 값이 name과 Adam인 프로퍼티가 추가된다. 이는 일련의 데이터 값을 조합해 객체에 넣고자 할 때 유용한 기법이다. 리스트 4-36의 실행 결과는 다음과 같다.

```
Hello Adam.
Today is sunny.
```

메서드로서의 함수

내가 좋아하는 자바스크립트의 특징 중 하나는 함수를 객체에 추가할 수 있다는 점이다. 객체 안에 정의된 함수를 **메서드**method라고 한다. 리스트 4-37은 함수를 메서드로서 추가하는 방법을 보여준다.

리스트 4-37 src/example.js: 객체에 메서드 추가

```
let myData = {
  name: "Adam",
  weather: "sunny",
  printMessages: function () {
    console.log(`Hello ${this.name}.`);
    console.log(`Today is ${this.weather}.`);
  }
};

myData.printMessages();
```

여기선 printMessages라는 메서드를 만들기 위해 함수를 사용했다. 객체 프로퍼티를 참조할 때 this 키워드를 사용했음에 주목하기 바란다. this는 현재 객체를 대변하는 특별한 변수로서, 함수가 메서드로 사용될 때 묵시적으로 전달받는다. 이 예제의 결과는 다음과 같다.

```
Hello Adam.
Today is sunny.
```

또한 리스트 4-38과 같이 function 키워드를 쓰지 않고도 메서드를 정의할 수 있다.

리스트 4-38 src/example.js: 메서드 정의

```
let myData = {
  name: "Adam",
  weather: "sunny",
  printMessages() {
    console.log(`Hello ${this.name}.`);
    console.log(`Today is ${this.weather}.`);
  }
};

myData.printMessages();
```

이 예제의 실행 결과도 다음과 같다.

```
Hello Adam.
Today is sunny.
```

메서드를 정의할 때 리스트 4-39와 같이 화살표 함수 문법을 사용할 수도 있다.

리스트 4-39 src/example.js: 화살표 함수 문법으로 메서드 정의

```
let myData = {
  name: "Adam",
  weather: "sunny",
  printMessages: () => {
    console.log(`Hello ${myData.name}.`);
    console.log(`Today is ${myData.weather}.`);
  }
};

myData.printMessages();
```

> **⏱ 팁**
>
> 만약 화살표 함수의 결과로 객체 리터럴을 리턴하고 싶다면 반드시 객체를 소괄호로 감싸야 한다.
> 예컨대, myFunc = () => ({ data: "hello" })와 같이 말이다. 소괄호가 없으면 개발 도구는 중괄호의
> 시작과 끝을 함수의 내용이라 판단해 에러를 발생시킬 것이다.

클래스

클래스^{class}는 새 인스턴스가 소유할 프로퍼티와 메서드를 정의하는, 이른바 객체의 템플릿이다. 클래스는 자바스크립트 언어에서 비교적 나중에 추가됐으며, 리액트 개발에 있어 상태 데이터를 갖는 컴포넌트를 정의할 때 사용된다. 자세한 내용은 11장에서 설명하며, 여기선 객체 리터럴을 클래스로 바꾼 리스트 4-40을 주목하자.

리스트 4-40 src/example.js: 클래스 사용

```
class MyData {

  constructor() {
    this.name = "Adam";
    this.weather = "sunny";
  }

  printMessages = () => {
    console.log(`Hello ${this.name}.`);
    console.log(`Today is ${this.weather}.`);
  }
}

let myData = new MyData();
myData.printMessages();
```

클래스는 class 키워드를 사용해 정의한다. constructor는 클래스로부터 객체가 생성될 때, 즉 **클래스 인스턴스화**^{class instantiation}가 일어날 때 자동으로 호출되는 특별한 메서드다. 바꿔 말하면 클래스로부터 생성된 객체를 클래스의 **인스턴스**^{instance}라고 한다.

자바스크립트에서 생성자^{constructor}는 인스턴스가 가질 프로퍼티를 정의하기 위해 사용되며, 현재 객체는 this 키워드로 참조된다. 리스트 4-40의 생성자에선 this.name과 this.weather에 값을 할당함으로써 name과 weather라는 프로퍼티를 정의했다. 또한 메서드는 함수에 이름을 지정함으로써 정의할 수 있으며, 리스트 4-40에선 콘솔에 메시지를 출력하는 화살표 함수로 printMessages 메서드를 정의했다. name과 weather 프로퍼티의 값에 접근할 때 this 키워드를 사용했음에 유의하기 바란다.

클래스의 새 인스턴스를 생성할 때 new 키워드가 사용된다. 하나의 클래스로 여러 객체를 만들 수 있으며, 각 객체는 자신만의 데이터를 갖게 된다. 리스트 4-40에선 new 키워드를 사용해 MyData 클래스로부터 객체를 생성했으며, 이를 myData 변수에 할당했다. 마지막으로, 이 객체의 printMessages 메서드가 호출되면 다음과 같은 결과가 나타난다.

```
Hello Adam.
Today is sunny.
```

다른 언어나 프레임워크에선 한 클래스에서 정의한 메서드와 프로퍼티를 다른 클래스에서 사용할 수 있는, 즉 상속inheritance의 용도로 클래스가 사용되기도 한다. 리액트 개발에서는 직접적으로 클래스 상속을 사용하지 않으며, 그 대신 **컴포지션**composition이라고 하는 다른 접근법을 사용한다. 컴포지션을 이용하면 복잡한 기능을 구현할 수 있는데, 이는 14장에서 설명한다. 단, 예외가 있는데 class를 사용해 리액트 컴포넌트를 정의하고, 컴포넌트에 필요한 핵심 기능을 extends 키워드를 사용해 상속받는 경우다. App.js 파일의 콘텐츠를 열어보면 class와 extends 키워드를 사용해 정의된 컴포넌트를 볼 수 있다.

```
...
import React, { Component } from "react";

export default class App extends Component {

  render = () =>
    <div className="m-2">
      <div className="form-group">
        <label>Name:</label>
        <input className="form-control" />
      </div>
```

```
      <div className="form-group">
        <label>City:</label>
        <input className="form-control" />
      </div>
    </div>
  }
  ...
```

다른 객체로 프로퍼티 복사

3부에서 주로 사용할, 리액트의 중요한 특징 중 하나는 한 객체에서 다른 객체로 프로퍼티를 복사하는 기능이다. 이를 위해 자바스크립트는 Object.assign이라는 메서드를 제공한다. 리스트 4-41을 보자.

리스트 4-41 src/example.js: 프로퍼티 복사

```
class MyData {

  constructor() {
    this.name = "Adam";
    this.weather = "sunny";
  }

  printMessages = () => {
    console.log(`Hello ${this.name}.`);
    console.log(`Today is ${this.weather}.`);
  }
}

let myData = new MyData();

let secondObject = {};

Object.assign(secondObject, myData);

secondObject.printMessages();
```

보다시피 프로퍼티가 없는 새 객체를 리터럴 형식으로 생성했으며, Object.assign 메서드를 사용해 myData 객체로부터 프로퍼티와 그 값을 복사했다. 이 예제의 실행 결과는 다음과 같다.

```
Hello Adam.
Today is sunny.
```

프로퍼티를 복사할 때 비구조화 연산자destructuring operator(스프레드 연산자와 같은 말)를 사용할 수 있다. 한 가지 기법은 일단 비구조화 연산자를 사용해 모든 프로퍼티를 복사하고, 그중 일부는 새로운 값을 지정하는 방법이다. 리스트 4-42처럼 말이다

리스트 4-42 src/example.js: 비구조화 연산자를 이용한 프로퍼티 복사

```javascript
class MyData {

  constructor() {
    this.name = "Adam";
    this.weather = "sunny";
  }

  printMessages = () => {
    console.log(`Hello ${this.name}.`);
    console.log(`Today is ${this.weather}.`);
  }
}

let myData = new MyData();

let secondObject = { ...myData, weather: "cloudy"};

console.log(`myData: ${ myData.weather}, secondObject: ${secondObject.weather}`);
```

여기선 myData 객체로부터 모든 프로퍼티를 복사하고 weather 속성에만 새 값을 부여했다. 이 예제의 실행 결과는 다음과 같다.

```
myData: sunny, secondObject: cloudy
```

명명된 파라미터로 프로퍼티 읽기

어떤 객체를 함수나 메서드의 파라미터로 받는 경우엔 데이터를 얻기 위해 프로퍼티를 뒤지는 작업이 불편할 수 있다. 리스트 4-43처럼 말이다.

리스트 4-43 src/example.js: 프로퍼티 뒤지기

```javascript
const myData = {
  name: "Bob",
  location: {
    city: "Paris",
    country: "France"
  },
  employment: {
    title: "Manager",
    dept: "Sales"
  }
}

function printDetails(data) {
  console.log(`Name: ${data.name}, City: ${data.location.city},
    Role: ${data.employment.title}`);
}

printDetails(myData);
```

여기서 `printDetails` 함수는 name, city, title 프로퍼티를 얻기 위해 객체를 뒤지고 있다. 리스트 4-44는 명명된 파라미터로 특정 프로퍼티를 읽음으로써 좀 더 세련되게 동일한 결과를 얻을 수 있는 방법을 보여준다.

리스트 4-44 src/example.js: 명명된 파라미터 읽기

```javascript
const myData = {
  name: "Bob",
  location: {
    city: "Paris",
    country: "France"
  },
  employment: {
```

```
    title: "Manager",
    dept: "Sales"
  }
}

function printDetails({ name, location: { city }, employment: { title }}) {
  console.log(`Name: ${name}, City: ${city}, Role: ${title}`);
}

printDetails(myData);
```

여기선 객체로부터 특정 프로퍼티를 읽기 위해 리스트 4-36에서 보여줬던 방법을 사용했다. 이 예제의 실행 결과는 리스트 4-43의 경우와 동일하다.

```
Name: Bob, City: Paris, Role: Manager
```

자바스크립트 모듈

리액트 애플리케이션을 하나의 자바스크립트 파일로 정의하기엔 너무 복잡하다. 자바스크립트는 애플리케이션을 관리가 용이한 여러 덩어리로 나눌 수 있게 **모듈**module이라는 기능을 지원한다. 대개 모듈은 애플리케이션의 다른 여러 부분들이 공통적으로 의존하는 자바스크립트 코드를 포함시키기 위해 사용된다. 다음 절부터 모듈을 정의하고 사용하는 여러 방법을 설명할 것이다.

자바스크립트 모듈의 생성과 사용

이 책의 예제에선 이미 자바스크립트 모듈을 사용하고 있다. 그러나 모듈의 작동 원리를 이해하는 가장 좋은 방법은 새 모듈을 만들어 사용해보는 것이다. 그럼 src 폴더에 sum. js라는 파일을 만들어 리스트 4-45의 코드를 추가하자.

리스트 4-45 src/sum.js

```
export default function(values) {
  return values.reduce((total, val) => total + val, 0);
}
```

보다시피 배열을 받아 자바스크립트 Array의 reduce 메서드를 사용해 값을 더하고 그 결과를 리턴하는 함수 하나를 만들었다. 여기서 중요한 건 함수의 내용이 아니라 함수가 자신만의 파일에 정의됐다는 사실이며, 이게 바로 모듈의 기본 구성 요소가 된다.

리스트 4-45와 같이 모듈을 정의할 때 자주 보게 될 두 개의 키워드가 있다. 바로 export와 default다. export 키워드는 모듈의 기능을 모듈 밖에서 사용할 수 있게 명시하는 용도로 사용된다. 자바스크립트 파일의 콘텐츠는 기본적으로 비공개private이며, 따라서 애플리케이션의 다른 부분에서 사용될 수 있게 하려면 export 키워드를 사용해 명시적으로 공유해야 한다. default 키워드는 리스트 4-45의 함수처럼 모듈에 하나의 기능만 있을 때 사용된다. 결론적으로 export와 default 키워드를 함께 사용함으로써 sum.js 파일의 유일한 함수가 모듈 밖에서도 사용될 수 있게 했다.

자바스크립트 모듈 사용하기

모듈을 사용하기 위한 또 하나의 키워드는 import다. 리스트 4-46은 import 키워드를 사용해 앞 절에서 정의한 함수를 example.js에서 사용할 수 있게 했다.

리스트 4-46 src/example.js: 자바스크립트 모듈 사용

```
import additionFunction from "./sum";

let values = [10, 20, 30, 40, 50];

let total = additionFunction(values);

console.log(`Total: ${total}`);
```

import 키워드는 모듈 의존성 선언에 사용된다. import 키워드의 사용법은 여러 가지가 있지만, 리스트 4-46에서의 예가 가장 흔히 사용하게 될 형식이다. 그림 4-3은 그 형식의 각 부분을 보여준다.

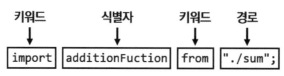

▲ 그림 4-3 모듈 의존성 선언의 형식

import 키워드 다음엔 식별자가 온다. 식별자는 사용할 함수의 이름이며, 이 예제에선 addionFunction이다.

> **👆 팁**
>
> 식별자를 적용한 곳이 import 구문이라는 점에 주목하기 바란다. 이는 모듈의 함수를 사용할 코드에서 이름을 정할 수 있다는 뜻이며, 또한 애플리케이션의 각 부분에서 동일한 함수를 각기 다른 이름으로 참조할 수 있다는 뜻이다. 모듈이 기능의 이름을 지정하는 방법은 다음 절에서 다룬다.

식별자 다음엔 from 키워드가, 그다음엔 모듈의 경로가 온다. 모듈의 경로는 특별히 주의를 기울여야 하는데, 경로를 표현하는 각 형식이 서로 다른 동작을 하기 때문이다. 이에 관해선 다음 보충설명에서 다룬다.

빌드 과정에서 리액트는 import 구문을 감지하고 sum.js 파일의 함수를 브라우저에 전송하는 자바스크립트에 포함해 실행한다. import 구문에 있는 식별자를 사용하면 마치 현재 파일에 정의된 것처럼 모듈의 함수를 호출할 수 있다.

```
...
let total = additionFunction(values);
...
```

브라우저의 자바스크립트 콘솔을 확인하면 리스트 4-42의 실행 결과가 다음과 같음을 알 수 있다.

```
Total: 150
```

> **모듈 경로의 이해**
>
> 모듈의 경로를 지정하는 방법에 따라 리액트가 모듈을 찾는 방법이 달라진다. 대개 직접 제작한 모듈의 경우 그 위치를 상대 경로로 지정한다. 즉, 모듈 파일이 현재 디렉터리에 있다면 하나의 마침표로, 부모 디렉터리에 있다면 두 개의 마침표로 시작한다. 리스트 4-46은 하나의 마침표로 시작하는 경우였다.
>
> ```
> ...
> import additionFunction from "./sum";
> ...
> ```
>
> 이렇게 경로를 지정하면 현재 파일과 동일한 폴더에서 찾을 수 있는 **sum** 모듈로의 의존성이 선언된다. 또한 파일 확장자 .js를 생략해도 된다는 점도 알아두기 바란다.
>
> 경로의 첫 부분에 마침표를 생략할 경우 **import** 구문은 node_modules 폴더 안에 있는 모듈로의 의존성을 선언한다. 이 폴더는 프로젝트를 처음 만들 때 설치되는 패키지들의 위치다. 이 위치는 독자적인 소프트웨어인 서드파티third-party 패키지가 제공하는 기능에 접근할 때 사용된다. 리액트 패키지도 이에 속하며, 리액트 프로젝트에서 다음과 같은 구문을 사용하는 이유다.
>
> ```
> ...
> import React, { Component } from "react";
> ...
> ```
>
> 이 **import** 구문은 마침표로 시작하지 않으며, 따라서 node_modules 폴더에 있는 **react** 모듈로의 의존성을 갖게 된다. **react** 모듈은 리액트 애플리케이션의 핵심 기능을 제공하는 패키지다.

명명된 기능 내보내기

모듈은 내보낼 기능에 이름을 부여할 수 있으며, 이는 이 책 대부분의 예제에서 사용하는 방법이다. 리스트 4-47에선 sum 모듈이 내보내는 함수에 이름을 부여했다.

리스트 4-47 src/sum.js: 명명된 기능 내보내기

```
export function sumValues (values) {
    return values.reduce((total, val) => total + val, 0);
}
```

함수의 기능에 변함이 없으나 이번엔 sumValues라는 이름을 부여했으며 default 키워드를 사용하지 않았다. 리스트 4-48은 이름을 사용해 기능을 가져오는 방법을 보여준다.

리스트 4-48 src/example.js: 명명된 기능 가져오기

```
import { sumValues } from "./sum";

let values = [10, 20, 30, 40, 50];

let total = sumValues(values);

console.log(`Total: ${total}`);
```

가져올 기능의 이름은 중괄호({와 })로 감싸야 하며, 코드 안에서 그 이름으로 사용해야 한다. 모듈이 기본(default 키워드 사용) 기능과 명명된 기능을 함께 내보내는 일도 가능하다. 리스트 4-49를 보자.

리스트 4-49 src/sum.js: 기본 기능과 명명된 기능 내보내기

```
export function sumValues (values) {
    return values.reduce((total, val) => total + val, 0);
}

export default function sumOdd(values) {
    return sumValues(values.filter((item, index) => index % 2 === 0));
}
```

보다시피 새로 추가한 기능을 default 키워드를 사용해 내보내고 있다. 리스트 4-50은 그 기능을 가져와 사용하는 방법을 보여준다.

리스트 4-50 src/example.js: 기본 기능 가져오기

```
import oddOnly, { sumValues } from "./sum";

let values = [10, 20, 30, 40, 50];

let total = sumValues(values);
let odds = oddOnly(values);

console.log(`Total: ${total}, Odd Total: ${odds}`);
```

대부분의 리액트 컴포넌트 시작 부분에서는 다음과 같은 패턴을 보게 될 것이다. JSX를 위해 필요한 리액트의 핵심 기능들은 react 모듈에서 기본 기능으로 내보내고 있으며, Component 클래스는 명명된 기능이기 때문이다.

```
...
import React, { Component } from "react";
...
```

리스트 4-50의 실행 결과는 다음과 같다.

```
Total: 150, Odd Total: 90
```

여러 개의 명명된 기능 정의하기

모듈은 하나 이상의 명명된 기능을 가질 수 있으며, 이는 관련된 기능들을 그룹화할 때 유용하다. 그럼 src 폴더에 operations.js라는 파일을 만들어 리스트 4-51의 코드를 작성하자.

```
export function multiply(values) {
  return values.reduce((total, val) => total * val, 1);
}

export function subtract(amount, values) {
  return values.reduce((total, val) => total - val, amount);
}

export function divide(first, second) {
  return first / second;
}
```

이 모듈은 export 키워드를 적용한 세 개의 함수를 정의하고 있다. 이전 예제와 다르게 default 키워드를 사용하지 않았으며, 각 함수에 각자의 이름을 부여했다. 이와 같은 모듈로부터 여러 기능을 가져올 때는 중괄호 안에 기능 이름을 쉼표로 구분해 나열하면 된다. 리스트 4-52처럼 말이다.

리스트 4-52 src/example.js: 여러 개의 명명된 기능 가져오기

```
import oddOnly, { sumValues } from "./sum";
import { multiply, subtract } from "./operations";

let values = [10, 20, 30, 40, 50];

let total = sumValues(values);
let odds = oddOnly(values);

console.log(`Total: ${total}, Odd Total: ${odds}`);
console.log(`Multiply: ${multiply(values)}`);
console.log(`Subtract: ${subtract(1000, values)}`);
```

보다시피 import 키워드 다음의 중괄호 안에 사용하고자 하는 함수인 multiply와 subtract를 쉼표를 사용해 나열했다. 즉, 사용하고자 하는 의존성만 선언했으며, 모듈엔 정의돼 있으나 사용하지 않을 divide 함수로의 의존성은 선언하지 않았다. 이 예제의 실행 결과는 다음과 같다.

```
Total: 150, Odd Total: 90
Multiply: 12000000
Subtract: 850
```

기능의 이름 변경

여러 모듈로부터 명명된 기능들을 가져올 때 동일한 이름이 둘 이상 있을 수 있다. 또는
어떤 이름은 현재 코드에서 사용할 때 그다지 어울리지 않을 수도 있다. 이를 해결하려면
as 키워드를 사용해 새로운 이름을 지정하면 된다. 리스트 4-53을 보자.

리스트 4-53 src/example.js: 명명된 기능의 이름 변경

```javascript
import oddOnly, { sumValues } from "./sum";
import { multiply, subtract as deduct } from "./operations";

let values = [10, 20, 30, 40, 50];

let total = sumValues(values);
let odds = oddOnly(values);

console.log(`Total: ${total}, Odd Total: ${odds}`);
console.log(`Multiply: ${multiply(values)}`);
console.log(`Subtract: ${deduct(1000, values)}`);
```

subtract 함수를 가져오면서 as 키워드를 사용해 deduct로 이름을 변경했다. 이 예제의
실행 결과는 전과 동일하다.

모든 기능 가져오기

복잡하고 큰 모듈로부터 가져올 함수의 이름을 일일이 나열하는 일은 번거로울 수 있다.
그 대신 일단 모듈이 제공하는 모든 기능을 가져오고, 코드 안에서 필요한 기능만 사용하
는 방법이 있다. 리스트 4-54를 보자.

리스트 4-54 src/example.js: 모든 기능 가져오기

```javascript
import oddOnly, { sumValues } from "./sum";
import * as ops from "./operations";
```

```
let values = [10, 20, 30, 40, 50];

let total = sumValues(values);
let odds = oddOnly(values);

console.log(`Total: ${total}, Odd Total: ${odds}`);
console.log(`Multiply: ${ops.multiply(values)}`);
console.log(`Subtract: ${ops.subtract(1000, values)}`);
```

별표(*)는 모듈로부터 모든 기능을 가져오겠다는 뜻이며, as 키워드 다음의 식별자는 모
듈 함수나 값에 접근할 때 사용된다. 여기선 식별자 이름을 ops로 지정했다. 따라서
multiply, subtract, divide 함수는 각각 ops.multiply, ops.subtract, ops.divide로 접근해
야 한다. 이 예제의 실행 결과는 역시 전과 동일하다.

자바스크립트 프로미스

프로미스promise란 미래의 어느 시점에서 종료될 백그라운드 작업을 말한다. 프로미스를
주로 사용하는 경우는 HTTP 요청을 통한 데이터 요청인데, 이는 비동기식asynchronous으
로 수행되며 웹 서버로부터 응답을 받은 후에 결과를 만들어야 하기 때문이다.

비동기 작업의 문제점

웹 애플리케이션에 있어 전통적인 비동기 작업은 데이터와 콘텐츠를 얻기 위한 HTTP 요
청인 경우가 많다. 3부에서 HTTP 요청을 만드는 자세한 방법을 설명하지만, 여기선 그
보다 간단한 예제를 사용하겠다. src 폴더에 async.js라는 파일을 만들어 리스트 4-55의
코드를 작성하자.

리스트 4-55 src/async.js

```
import { sumValues } from "./sum";

export function asyncAdd(values) {
```

```
  setTimeout(() => {
    let total = sumValues(values);
    console.log(`Async Total: ${total}`);
    return total;
  }, 500);
}
```

setTimeout은 지정된 시간 후에 주어진 작업을 수행하는 함수다. 이 예제에서 asyncAdd 함수는 sum 모듈에 정의돼 있는 sumValues 함수에 500밀리초 후에 전달하기 위한 파라미터를 받는다. 이 함수는 즉시 완료되지 않는 백그라운드 작업을 시작시키고 HTTP 요청 생성 같은 좀 더 유용한 작업을 위한 공간으로서의 역할을 한다. 리스트 4-56은 이 asyncAdd 함수를 사용하는 코드다.

리스트 4-56 src/example.js: 백그라운드 작업 수행

```
import { asyncAdd } from "./async";

let values = [10, 20, 30, 40, 50];

let total = asyncAdd(values);

console.log(`Main Total: ${total}`);
```

이 예제를 통해 알 수 있는 문제점은 example.js에 있는 마지막 구문이 실행된 후에도 여전히 asyncAdd 함수의 결과가 만들어지지 않는다는 점이다. 다음과 같이 자바스크립트 콘솔에서 확인할 수 있듯 말이다.

```
Main Total: undefined
Async Total: 150
```

브라우저는 example.js 파일 안의 구문들을 실행하면서 asyncAdd 함수를 호출한다. 그다음 구문은 asyncAdd의 결과를 사용해 콘솔에 메시지를 출력하는 작업인데, 이는 비동기 작업이 완료되기 전의 일이므로 undefined가 출력된 것이다. 그다음 곧바로 비동기 작업이 완료되지만, 그 결과를 사용하기엔 이미 늦었다.

프로미스 사용하기

앞서 설명한 문제점을 해결하기 위해선 비동기 작업이 완료되기를 기다렸다가 그 결과를 사용할 수 있도록, 비동기 작업을 관찰할 수 있는 기제가 필요하다. 바로 그게 자바스크립트 프로미스의 역할이며, 리스트 4-57은 프로미스의 사용법을 보여준다.

리스트 4-57 src/async.js: 프로미스 사용

```
import { sumValues } from "./sum";

export function asyncAdd(values) {
  return new Promise(callback =>
    setTimeout(() => {
      let total = sumValues(values);
      console.log(`Async Total: ${total}`);
      callback(total);
    }, 500));
}
```

다소 어려울 수 있지만 이 함수를 분석해보자. 먼저 new 키워드로 Promise를 만들었다. Promise는 관찰할 함수를 파라미터로 받는다. 관찰 대상인 함수엔 콜백 함수가 포함되는데, 이 함수는 비동기 작업이 완료되면 호출되며 그 결과를 인자로 받는다. 이와 같은 콜백 함수의 호출을 소위 **약속 이행**resolving the promise이라고 한다.

asyncAdd 함수의 결과가 될 Promise 객체는 비동기 작업이 관찰될 수 있게 한다. 따라서 그 작업이 완료된 후에 그다음 작업을 수행하는 일이 가능하다. 리스트 4-58을 보자.

리스트 4-58 src/example.js: 프로미스 관찰

```
import { asyncAdd } from "./async";

let values = [10, 20, 30, 40, 50];

asyncAdd(values).then(total => console.log(`Main Total: ${total}`));
```

then 메서드는 콜백이 실행되면 호출될 함수를 받는다. 따라서 콜백에 전달된 결과는 then 함수에 제공된다. 이는 비동기 작업이 완료되기 전까지는 total의 값을 자바스크립트 콘솔에 출력하지 않는다는 뜻이며, 비동기 작업이 완료된 후에 다음과 같은 결과를 볼 수 있다.

```
Async Total: 150
Main Total: 150
```

비동기 작업을 다루는 쉬운 방법

자바스크립트는 프로미스를 직접 사용하지 않고도 비동기 작업을 다룰 수 있게 지원한다. 이를 위해 제공하는 두 개의 키워드가 있는데, 바로 async와 await이다. 리스트 4-59는 이들 키워드를 사용한 코드를 보여준다.

> **⚠ 주의**
>
> async나 await이 애플리케이션의 작동 방식에 전혀 영향을 주지 않는다는 점이 중요하다. 여전히 비동기 작업이 수행되며 작업이 완료되기 전까지 결과는 나오지 않는다. 이들 키워드는 오직 비동기 작업을 편하게 다룰 수 있게 하는 것이 목적이므로 then 메서드를 사용하면 안 된다.

리스트 4-59 src/example.js: async와 await의 사용

```javascript
import { asyncAdd } from "./async";

let values = [10, 20, 30, 40, 50];

async function doTask() {
  let total = await asyncAdd(values);
  console.log(`Main Total: ${total}`);
}

doTask();
```

async와 await은 오직 함수에만 적용할 수 있으므로 doTask라는 함수를 만들었다. async 키워드는 이 함수가 프로미스 관련 기능에 의존함을 나타낸다. await 키워드는 Promise를 리턴하는 함수를 호출할 때 사용되며, Promise 객체의 콜백에 제공된 결과를 할당받은 후에 그다음 구문을 실행하게 한다. 이 예제의 실행 결과는 다음과 같다.

```
Async Total: 150
Main Total: 150
```

정리

4장에선 리액트 개발에 필요한 핵심 기능을 중심으로 자바스크립트를 요약 설명했다. 다음 5장에선 SportsStore라고 하는, 좀 더 복잡하고 현실적인 프로젝트를 시작할 것이다.

5장

SportsStore: 현실적인 애플리케이션

2장에선 빠르고 간단하게 리액트 애플리케이션을 제작했다. 특정 기능을 설명하기엔 좋았으나 현실적인 맥락은 없는 예제였다. 따라서 지금부터는 간단하지만 현실적인 전자상거래e-commerce 애플리케이션을 만들기 시작할 것이다.

SportsStore라고 하는 이 애플리케이션은 모든 온라인 상점이 취하는 전통적인 접근법을 따를 것이다. 따라서 고객이 카테고리나 페이지 번호로 상품을 찾아볼 수 있는 온라인 카탈로그, 상품을 추가하거나 제거할 수 있는 쇼핑 카트, 배송 정보를 입력하고 주문을 할 수 있는 결제 시스템 등을 추가할 것이다. 또한 제품이나 주문을 관리하기 위한 생성create, 읽기read, 갱신update, 삭제delete, 즉 이른바 CRUD 기능을 갖춘 관리 페이지도 만들 것이다. 물론 관리 페이지는 로그인을 한 관리자만 사용할 수 있게 할 것이다. 마지막엔 리액트 애플리케이션의 배포를 위해 준비하는 방법을 보여줄 것이다.

5장의 목표는 가급적 현실적인 예제를 만듦으로써 실제 리액트 개발의 감을 잡는 것이다. 이를 위해 리액트 자체와 대부분의 프로젝트에서 사용되는 관련 패키지에 초점을 맞출 것이다. 또한 데이터베이스 같은 외부 시스템과의 연계는 가급적 단순화할 것이며, 결제 등 그 밖의 복잡한 내용은 생략할 것이다.

SportsStore는 내가 다른 책에서도 자주 사용하는 예제 중 하나다. 각기 다른 프레임워크, 언어, 개발 스타일로도 동일한 결과를 얻을 수 있다는 사실을 보여줄 수 있기 때문이다. 물론 지금의 5장을 따라가기 위해 다른 책을 볼 필요는 없다. 다만 내가 쓴 『Pro ASP. NET Core MVC 2』(Apress, 2017)나 『Pro Angular 6』(Apress, 2018)를 볼 기회가 있다면 SportsStore의 개발 방법을 비교해보는 재미가 있을 것이다.

SportsStore가 사용하는 리액트의 기능에 대해선 2부에서 아주 깊이 다룰 것이다. 그전엔 리액트 애플리케이션에 대한 감을 잡는 것으로 충분하며, 자세한 내용은 2부의 각 장에서 맡는다. 따라서 리액트의 작동 원리를 이해하기 위해 SportsStore 관련 장들을 차례대로 진행하는 것도 좋고, 아니면 SportsStore를 건너뛰고 2부의 상세 내용부터 시작해도 좋다.

둘 중 어느 방법을 선택하든, 모든 사항을 단번에 이해할 거라 기대하지는 말기 바란다. 리액트 애플리케이션에는 유동적인 부분들이 많으며, 많은 패키지에 의존한다. SportsStore는 그런 사항들이 맞물려 돌아가는 모습을 보여주기 위한 예제다. 2부부터 설명할 자세한 내용을 모르는 상태에서 말이다.

> ⓘ 팁
>
> 이 책의 모든 예제 파일은 http://www.acornpub.co.kr/book/pro-react16에서 다운로드할 수 있다.

프로젝트 준비

새 프로젝트를 만들기 위해 명령 프롬프트를 열어 적절한 위치로 이동한다. 그다음 리스트 5-1과 같은 명령을 실행하자.

리스트 5-1 SportsStore 프로젝트 생성

```
npx create-react-app sportsstore
```

실행이 끝났으면 Create React App 도구가 sportsstore라는 이름의 새 리액트 프로젝트를 만들고, 개발을 시작하기 위해 필요한 패키지, 설정 파일, 임시 콘텐츠 등을 적용했을 것이다. 다만 그렇게 프로젝트를 구성하는 과정에 약간의 시간이 걸릴 수 있다. 많은 양의 NPM 패키지를 다운로드하고 설치하기 때문이다.

> 🌀 **참고**
>
> 새 프로젝트를 만들 때 보안 취약점과 관련된 경고를 보게 될 수 있다. 리액트 개발은 많은 패키지에 의존하며 각 패키지엔 각자의 의존성이 있으므로, 필연적으로 보안 이슈가 발생할 수 있다. 예컨대, 이 책에서 보여주는 결과를 얻으려면 이 책과 동일한 버전의 패키지를 설치해야 한다. 여러분만의 프로젝트에선 경고 메시지를 확인하고 해당 패키지 버전을 업데이트함으로써 문제를 해결해야 할 것이다.

추가 패키지 설치

SportsStore 프로젝트는 Create React App에 의해 기본적으로 설치된 리액트의 핵심 라이브러리와 개발 도구 외에도 추가로 설치해야 하는 패키지들이 있다. 추가 패키지를 설치하기 위해 sportsstore 폴더로 이동해 리스트 5-2와 같은 명령들을 실행하자(npm install 명령을 사용해 여러 패키지를 한 번에 설치하는 방법도 있다. 그러나 그렇게 하면 명령이 너무 길어지며 패키지를 빠뜨리는 실수를 하기 쉽다. 그런 일을 방지하기 위해 이 책에서는 한 번에 하나씩 패키지를 추가하는 방법을 사용한다).

> 🌀 **참고**
>
> 반드시 리스트에 있는 각 패키지의 버전 번호를 사용해 설치하기 바란다. 의존하는 다른 패키지의 버전과 맞지 않다는 식의 경고가 나타날 수 있는데, 이는 무시해도 된다.

리스트 5-2 추가 패키지 설치

```
cd sportsstore
npm install bootstrap@4.1.2
npm install @fortawesome/fontawesome-free@5.6.1
```

```
npm install redux@4.0.1
npm install react-redux@6.0.0
npm install react-router-dom@4.3.1
npm install axios@0.18.0
npm install graphql@14.0.2
npm install apollo-boost@0.1.22
npm install react-apollo@2.3.2
```

추가해야 할 패키지를 빠뜨리지 말고 모두 설치하기 바란다. 리액트는 웹 애플리케이션
에 필요한 핵심 기능들에 초점을 맞추지만, 애플리케이션을 완성하기 위해 필요한 추가
패키지에도 의존하기 때문이다. 리스트 5-2에서 추가한 패키지들의 궁금증을 약간은 해
소하기 위해 일단 표 5-1에서 요약했다. 이들 패키지에 대한 더욱 자세한 내용은 3부에
서 설명할 것이다.

표 5-1 SportsStore 프로젝트에 필요한 추가 패키지

패키지	설명
bootstrap	HTML 콘텐츠를 보여줄 때 사용할 여러 CSS 스타일을 제공한다.
fontawesome-free	HTML 콘텐츠에 포함시킬 수 있는 아이콘들을 제공한다. 이 책에선 무료 버전을 사용하지만, 더 많은 사항을 제공하는 유료 버전도 있다.
redux	애플리케이션의 각기 다른 부분들이 어울리기 쉽게 해주는, 데이터 스토어(data store)라는 기능을 제공한다. 이 리덕스(Redux)에 대해선 19장에서 자세히 설명한다.
react-redux	리덕스의 데이터 스토어를 리액트 애플리케이션에 통합해준다. 자세한 내용은 19장과 20장에서 설명한다.
react-router-dom	브라우저의 현재 URL을 기준으로 사용자에게 보여줄 콘텐츠를 선택할 수 있는, URL 라우팅(URL routing)이라는 기능을 제공한다. 자세한 내용은 21장과 22장에서 설명한다.
axios	HTTP 요청을 만들 때 사용되며, RESTful과 그래프QL(GraphQL) 서비스에 접근할 때도 사용된다. 자세한 내용은 23장, 24장, 25장에서 설명한다.
graphql	그래프QL 표준 명세의 참조 구현체를 제공한다.
apollo-boost	그래프QL 서비스를 사용하는 클라이언트를 제공한다. 자세한 내용은 25장에서 설명한다.
react-apollo	그래프QL 클라이언트를 리액트 애플리케이션에 통합해준다. 자세한 내용은 25장에서 설명한다.

SportsStore 애플리케이션이 사용할 백엔드^{back-end} 서비스를 만들기 위해 필요한 보조 패키지들도 있다. 그럼 명령 프롬프트를 사용해 sportsstore 폴더에서 리스트 5-3의 명령을 실행하자. 이번엔 --save-dev 인자를 사용하는데, 이는 개발 기간에만 이들 패키지를 사용하며 배포할 때는 SportsStore 애플리케이션의 일부로 포함시키지 말라는 뜻이다.

리스트 5-3 보조 패키지 설치

```
npm install --save-dev json-server@0.14.2
npm install --save-dev jsonwebtoken@8.1.1
npm install --save-dev express@4.16.4
npm install --save-dev express-graphql@0.7.1
npm install --save-dev cors@2.8.5
npm install --save-dev faker@4.1.0
npm install --save-dev chokidar@2.0.4
npm install --save-dev npm-run-all@4.1.3
npm install --save-dev connect-history-api-fallback@1.5.0
```

이미 존재하는 서비스로부터 데이터를 가져오는 경우엔 이런 패키지들이 필요하지 않을 수 있다. 그러나 지금은 SportsStore 애플리케이션을 위해 자체적으로 완전한 기반구조를 만들 목적으로 이 패키지들을 사용할 것이다. 리스트 5-3에서 설치한 각 패키지의 용도는 표 5-2에서 간단히 설명한다.

표 5-2 SportsStore 프로젝트에 필요한 보조 패키지

패키지	설명
json-server	6장에서 사용할 RESTful 웹 서비스를 제공한다.
jsonwebtoken	8장에서 사용자 인증 처리에 사용한다.
express	백엔드 서버의 호스팅을 담당한다.
express-graphql	그래프QL 서버를 만들 때 사용한다.
cors	교차 출처 리소스 공유(CORS, cross-origin resource sharing) 요청을 가능하게 한다.
faker	테스트를 위한 가짜 데이터를 생성하며, 6장에서 사용한다.
chokidar	파일을 모니터링한다.
npm-run-all	하나의 명령으로 여러 NPM 스크립트를 실행할 때 사용한다.
connect-history-api-fallback	index.html 파일의 HTTP 요청에 응답하며, 8장에서 사용한다.

CSS 스타일시트 추가

부트스트랩과 폰트 어썸^{Font Awesome} 패키지를 사용하기 위해 index.js 파일에 import 구문을 추가해야 한다. 9장에서 설명하겠지만 index.js는 애플리케이션을 시작하는 데 그목적이 있다. 따라서 리스트 5-4와 같이 import 구문을 추가하면 SportsStore 애플리케이션의 HTML 콘텐츠에 적용할 스타일을 사용할 수 있게 된다.

리스트 5-4 src/index.js: CSS 스타일시트 추가

```
import React from 'react';
import ReactDOM from 'react-dom';
import './index.css';
import App from './App';
import * as serviceWorker from './serviceWorker';
import "bootstrap/dist/css/bootstrap.css";
import "@fortawesome/fontawesome-free/css/all.min.css";

ReactDOM.render(<App />, document.getElementById('root'));

// 앱이 오프라인에서 더 빠르게 작동되기 원한다면 아래의 unregister()를 register()로 바꾸면 된다.
// 그러나 주의사항이 있으므로 다음 페이지를 참고하기 바란다.
// https://facebook.github.io/create-react-app/docs/making-a-progressive-web-app
serviceWorker.unregister();
```

웹 서비스 준비

애플리케이션의 기본 구조를 잡았으니 이제 웹 서비스를 통해 데이터를 받을 수 있는 환경을 준비할 차례다. 먼저 sportsstore 폴더에 data.js라는 파일을 만들고 리스트 5-5와 같은 콘텐츠를 작성하자.

리스트 5-5 data.js

```
module.exports = function () {
  return {
    categories: ["Watersports", "Soccer", "Chess"],
    products: [
```

```
      { id: 1, name: "Kayak", category: "Watersports",
        description: "A boat for one person", price: 275 },
      { id: 2, name: "Lifejacket", category: "Watersports",
        description: "Protective and fashionable", price: 48.95 },
      { id: 3, name: "Soccer Ball", category: "Soccer",
        description: "FIFA-approved size and weight", price: 19.50 },
      { id: 4, name: "Corner Flags", category: "Soccer",
        description: "Give your playing field a professional touch", price: 34.95 },
      { id: 5, name: "Stadium", category: "Soccer",
        description: "Flat-packed 35,000-seat stadium", price: 79500 },
      { id: 6, name: "Thinking Cap", category: "Chess",
        description: "Improve brain efficiency by 75%", price: 16 },
      { id: 7, name: "Unsteady Chair", category: "Chess",
        description: "Secretly give your opponent a disadvantage", price: 29.95 },
      { id: 8, name: "Human Chess Board", category: "Chess",
        description: "A fun game for the family", price: 75 },
      { id: 9, name: "Bling Bling King", category: "Chess",
        description: "Gold-plated, diamond-studded King", price: 1200 }
    ],
    orders: []
  }
}
```

그다음엔 역시 sportsstore 폴더에 server.js라는 파일을 만들어 리스트 5-6의 코드를 작성하자. 이 코드는 애플리케이션에 데이터를 포함해 제공할 웹 서비스를 생성한다. 사용자 인증이나 그래프QL 지원 같은 백엔드 서버의 기능은 나중에 추가할 예정이다.

리스트 5-6 server.js

```
const express = require("express");
const jsonServer = require("json-server");
const chokidar = require("chokidar");
const cors = require("cors");

const fileName = process.argv[2] || "./data.js"
const port = process.argv[3] || 3500;

let router = undefined;
```

```
const app = express();

const createServer = () => {
  delete require.cache[require.resolve(fileName)];
  setTimeout(() => {
    router = jsonServer.router(fileName.endsWith(".js")
      ? require(fileName)() : fileName);
  }, 100)
}

createServer();

app.use(cors());
app.use(jsonServer.bodyParser)
app.use("/api", (req, resp, next) => router(req, resp, next));

chokidar.watch(fileName).on("change", () => {
  console.log("Reloading web service data...");
  createServer();
  console.log("Reloading web service data complete.");
});

app.listen(port, () => console.log(`Web service running on port ${port}`));
```

이 웹 서비스가 리액트 개발 도구 실행 시에 함께 시작될 수 있도록, sportsstore 폴더에 있는 package.json 파일의 scripts 절을 리스트 5-7과 같이 변경하자.

리스트 5-7 package.json: 웹 서비스 시작 스크립트 추가

```
...
"scripts": {
  "start": "npm-run-all --parallel reactstart webservice",
  "reactstart": "react-scripts start",
  "webservice": "node server.js",
  "build": "react-scripts build",
  "test": "react-scripts test",
  "eject": "react-scripts eject"
},
...
```

이로써 npm-run-all 패키지를 사용해 리액트 개발 서버와 웹 서비스를 동시에 실행할 수 있게 됐다.

예제 애플리케이션 실행

예제와 웹 서비스를 시작하기 위해 명령 프롬프트에서 현재 위치가 sportsstore 폴더 내부임을 확인하고, 리스트 5-8과 같은 명령을 실행하자.

리스트 5-8 애플리케이션 시작

```
npm start
```

잠시 동안의 초기 컴파일 과정이 끝나면 새 브라우저 창이 열리고, 그림 5-1과 같은 임시 콘텐츠가 보일 것이다.

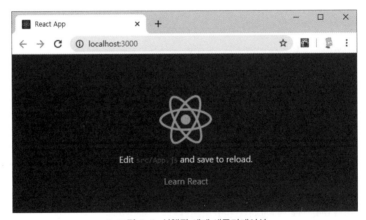

▲ 그림 5-1 실행된 예제 애플리케이션

웹 서비스도 확인하기 위해 새 브라우저 창을 열어 http://localhost:3500/api/products/1을 방문하자. 브라우저에 하나의 상품 정보가 JSON 표현으로 리스트 5-5와 같이 나타난다면 웹 서비스가 잘 실행되고 있다는 증거다.

```
{ "id":1, "name":"Kayak", "category":"Watersports",
  "description":"A boat for one person","price":275 }
```

데이터 스토어

SportsStore의 시작점은 데이터 스토어^{data store}다. 데이터 스토어는 사용자에게 보여줄 데이터의 저장소이며, 또한 페이지네이션^{pagination} 같은 애플리케이션의 기능을 편성하기 위해 필요한 데이터를 지원한다.

처음엔 로컬의 임시 데이터로 데이터 스토어를 만들 것이다. 나중엔 웹 서비스로부터 데이터를 가져오는 기능을 구현하겠지만, 지금은 리액트 애플리케이션 자체에 중점을 두고 있으므로 정적 데이터로 시작하는 게 더 낫다. SportsStore의 데이터 스토어는 리덕스^{Redux}를 사용해 만들 것이다. 리덕스는 리액트 프로젝트에 있어 가장 인기 있는 데이터 스토어이며, 19장과 20장에서 자세히 설명할 것이다. src 폴더 안에 data라는 폴더를 만들고, 그 안에 placeholderData.js라는 파일을 만들어 리스트 5-9의 콘텐츠를 작성하는 것으로 시작하자.

리스트 5-9 src/data/placeholderData.js

```
export const data = {
  categories: ["Watersports", "Soccer", "Chess", "Running"],
  products: [
    { id: 1, name: "P1", category: "Watersports",
      description: "P1 (Watersports)", price: 3 },
    { id: 2, name: "P2", category: "Watersports",
      description: "P2 (Watersports)", price: 4 },
    { id: 3, name: "P3", category: "Running",
      description: "P3 (Running)", price: 5 },
    { id: 4, name: "P4", category: "Chess",
      description: "P4 (Chess)", price: 6 },
    { id: 5, name: "P5", category: "Chess",
      description: "P6 (Chess)", price: 7 },
  ]
}
```

데이터 스토어 액션과 액션 생성자

리덕스는 데이터의 읽기 작업과 변경 작업을 완전히 분리했다. 이는 처음엔 어색할 수 있다. 그러나 컴포넌트 상태 데이터 작업이나 그래프QL 관련 작업 등 리액트 개발의 다른 여러 부분들도 비슷한 방식을 채택하므로 머지않아 쉽게 익숙해질 것이다.

액션action이란 데이터 변경을 위해 데이터 스토어로 전달되는 객체를 말한다. 모든 액션은 타입을 가지며, 액션 객체는 **액션 생성자**action creator를 통해 만들어진다. 지금 시점에서 필요한 액션은 하나인데, 바로 리스트 5-9에서 정의했던 임시 데이터를 데이터 스토어에 로딩하는 액션이다. 최종적으로는 웹 서비스를 이용할 예정이지만 말이다. 데이터 스토어를 위한 액션들을 구성하는 여러 방법이 있다. 그러나 각기 다른 데이터 타입 사이에서 공유가 가능한, 코드 중복을 피할 수 있는 공통의 주제를 파악하는 일이 더 중요하다. 그럼 src/data 폴더에 Types.js라는 파일을 만들어 리스트 5-10과 같이 데이터 타입과 액션 타입을 정의하자.

리스트 5-10 src/data/Types.js

```
export const DataTypes = {
  PRODUCTS: "products",
  CATEGORIES: "categories"
}

export const ActionTypes = {
  DATA_LOAD: "data_load"
}
```

여기선 PRODUCTS와 CATEGORIES라는 두 개의 데이터 타입과 DATA_LOAD라는 하나의 액션을 정의했다. 반드시 이런 방식으로 액션 타입을 정의할 필요는 없다. 그러나 이와 같은 상숫값을 사용하면 애플리케이션의 어느 곳에서 사용하든 오탈자를 예방할 수 있다.

다음엔 **액션 생성자**를 정의할 차례다. 액션 생성자는 데이터 스토어가 데이터를 변경하기 위해 처리하는 액션 객체를 생성한다. src/data 폴더에 ActionCreators.js라는 파일을 만들어 리스트 5-11의 코드를 작성하자.

```
import { ActionTypes} from "./Types";
import { data as phData} from "./placeholderData";

export const loadData = (dataType) => ({
  type: ActionTypes.DATA_LOAD,
  payload: {
    dataType: dataType,
    data: phData[dataType]
  }
});
```

액션 생성자의 자세한 사용법은 19장에서 설명하겠지만, 우선 액션 생성자에 반드시 필
요한 사항 하나는 변경 유형을 지정하는 type 프로퍼티라는 점을 기억하자. 액션 객체에
공통적인 프로퍼티 집합을 사용하는 것은 액션 객체를 일관되게 다룰 수 있는 좋은 방법
이다. 리스트 5-11의 액션 생성자는 payload라는 프로퍼티를 갖는 액션 객체를 리턴하는
데, 이는 SportsStore 데이터 스토어의 모든 액션에서 관례적으로 사용하기 위해 만든 프
로퍼티다.

payload 프로퍼티는 데이터의 타입을 나타내는 dataType 프로퍼티와 데이터 스토어에 추
가될 데이터를 제공하는 data 프로퍼티를 갖는다. 지금은 data 프로퍼티의 값으로 임시
데이터를 사용하지만, 웹 서비스로부터 데이터를 가져오도록 6장에서 변경할 예정이다.

액션은 데이터 스토어의 **리듀서**reducer에 의해 처리된다. 리듀서란 데이터 스토어의 현재
콘텐츠와 액션 객체를 가져와 변경 작업을 수행하는 함수를 말한다. 그럼 src/data 폴더
에 ShopReducer.js라는 파일을 만들어 리스트 5-12와 같은 리듀서를 작성하자.

리스트 5-12 src/data/ShopReducer.js

```
import { ActionTypes } from "./Types";
export const ShopReducer = (storeData, action) => {
  switch(action.type) {
    case ActionTypes.DATA_LOAD:
      return {
        ...storeData,
```

```
        [action.payload.dataType]: action.payload.data
      };
    default:
      return storeData || {};
  }
}
```

리듀서는 변경사항이 담긴 새 객체를 만들어 리턴해야 한다. 만약 액션 타입이 인식되지 않는다면 변경되지 않은 데이터 스토어 객체를 그대로 리턴해야 한다. 리스트 5-12의 리듀서는 기존 스토어의 모든 프로퍼티에 데이터를 추가해 새 객체를 만드는 DATA_LOAD 액션을 처리한다. 리듀서와 관련한 자세한 내용은 19장에서 다룰 것이다.

이제 데이터 스토어를 만드는 마지막 단계로서 src/data 폴더에 DataStore.js라는 파일을 만들어 리스트 5-13의 코드를 작성하자.

리스트 5-13 src/data/DataStore.js

```
import { createStore } from "redux";
import { ShopReducer } from "./ShopReducer";

export const SportsStoreDataStore = createStore(ShopReducer);
```

리덕스 패키지는 리듀서를 사용해 새 데이터 스토어를 생성하는 createStore라는 함수를 제공한다. 지금은 이와 같이 데이터 스토어를 만드는 간단한 방법으로도 충분하다. 그러나 나중엔 더 많은 작업을 수행하고 또한 웹 서비스로부터 데이터를 로딩할 수 있도록 기능을 추가할 것이다.

쇼핑 기능 만들기

애플리케이션의 첫 부분은 사용자가 처음 보게 될 쇼핑몰의 전면으로, 그림 5-2와 같이 카테고리로 필터링할 수 있는 상품들이 두 컬럼으로 된 레이아웃에 배치되는 모습이다.

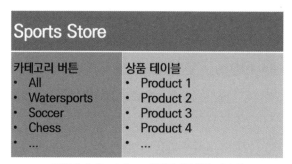

▲ 그림 5-2 SportsStore 애플리케이션의 기본 구조

이 애플리케이션은 사용자에게 보여줄 콘텐츠를 브라우저 URL을 사용해 선택할 것이다. 그렇게 하기 위해 애플리케이션이 표 5-3에 있는 두 URL을 지원해야 한다. 하나는 사용자가 상품을 볼 수 있는 URL, 또 하나는 카테고리별로 상품을 걸러낼 수 있는 URL이다.

표 5-3 SportsStore의 URL

URL	설명
/shop/products	카테고리와 관계없이 모든 상품을 사용자에게 보여준다.
/shop/products/chess	특정 카테고리의 상품만을 보여준다. 예컨대, 이 URL은 체스 카테고리다.

> 📀 **참고**
>
> 여기선 일부러 'store'가 아닌, 영국에서 더 많이 쓰이는 'shop'이라는 단어를 사용했다. 애플리케이션의 데이터가 저장되는 데이터 스토어와 사용자가 구매를 하는 상점(store)이 혼동되지 않기를 바라기 때문이다.

애플리케이션이 브라우저 URL에 응답하는 일을 **URL 라우팅**^{URL routing}이라고 한다. URL 라우팅은 리스트 5-2에서 설치했던 리액트 라우터 패키지가 제공하는 기능으로, 21장과 22장에서 자세히 설명한다.

상품과 카테고리 컴포넌트 제작

컴포넌트는 리액트 애플리케이션의 핵심 구성 요소이며, 사용자에게 콘텐츠를 보여줄 책임을 진다. 이제 src/shop 폴더를 만들고 그 안에 리스트 5-14와 같은 내용의 ProductList.js라는 파일을 만들자.

리스트 5-14 src/shop/ProductList.js

```
import React, { Component } from "react";

export class ProductList extends Component {

  render() {
    if (this.props.products == null || this.props.products.length === 0) {
      return <h5 className="p-2">No Products</h5>
    }
    return this.props.products.map(p =>
      <div className="card m-1 p-1 bg-light" key={ p.id }>
        <h4>
          { p.name }
          <span className="badge badge-pill badge-primary float-right">
            ${ p.price.toFixed(2) }
          </span>
        </h4>
        <div className="card-text bg-white p-1">
          { p.description }
        </div>
      </div>
    )
  }
}
```

컴포넌트는 작은 작업을 수행하거나 작은 양의 콘텐츠를 보여주는 역할을 하며, 컴포넌트들이 조합돼 더욱 복잡한 기능을 수행하게 된다. 리스트 5-14에서 정의한 ProductList 컴포넌트는 products라는 prop을 통해 받은 상세 내용과 함께 상품 목록을 보여준다. props를 사용하면 데이터의 원천지와 관계없이 컴포넌트를 설정하고 동작시킬 수 있다. 즉, ProductList 컴포넌트는 상품이 정의된 장소뿐만 아니라 그 데이터가 어디에서 왔는지 전혀 모른 채, 각 상품의 name, price, description 프로퍼티의 값이 포함된 HTML 콘텐츠를 생성한다.

이제 src/shop 폴더에 CategoryNavigation.js라는 파일을 만들어 리스트 5–15와 같은 새 컴포넌트를 정의하자.

리스트 5–15 src/shop/CategoryNavigation.js

```
import React, { Component } from "react";
import { Link } from "react-router-dom";

export class CategoryNavigation extends Component {

  render() {
    return <React.Fragment>
            <Link className="btn btn-secondary btn-block"
              to={ this.props.baseUrl }>All</Link>
            { this.props.categories && this.props.categories.map(cat =>
              <Link className="btn btn-secondary btn-block" key={ cat }
                to={ `${this.props.baseUrl}/${cat.toLowerCase()}` }>
                { cat }
              </Link>
            )}
          </React.Fragment>
  }
}
```

카테고리 선택은 새 URL로의 이동을 의미하며, 이는 리액트 라우터 패키지에서 제공하는 Link 컴포넌트를 통해 수행할 수 있다. Link를 사용하면 사용자가 링크를 클릭했을 때 어떤 HTTP 요청을 보내거나 애플리케이션을 다시 로딩하지 않아도 브라우저에 새 URL로의 이동을 요청할 수 있다. 이와 같은 기능은 애플리케이션의 각기 다른 부분들이 함께 작동할 수 있게 한다.

CategoryNavigation 컴포넌트는 categories prop을 통해 카테고리의 배열을 받아 배열이 정의돼 있는지 확인한 다음, map 메서드를 사용해 배열의 각 아이템을 위한 콘텐츠를 생성한다. 또한 map 메서드가 생성한 엘리먼트에 key 프로퍼티를 적용하면 배열의 변경 작업을 효율적으로 만들 수 있는데, 이에 대한 자세한 내용은 10장에서 다룬다. 리턴되는 결과는 각 카테고리에 대한 Link 컴포넌트로서, 배열로부터 받은 카테고리에 링크가 추가돼 사용자는 어떤 카테고리의 상품이든 선택할 수 있게 된다. Link 컴포넌트는 버튼으로 보이게 스타일이 적용됐다. 브라우저가 내비게이션을 할 URL은 baseUrl prop과 카테고리 이름의 조합이다.

이제 상품 목록과 카테고리 버튼들을 함께 구성해야 할 차례다. src/shop 폴더에 Shop.js라는 파일을 만들어 리스트 5-16의 코드를 추가하자.

리스트 5-16 src/shop/Shop.js

```
import React, { Component } from "react";
import { CategoryNavigation } from "./CategoryNavigation";
import { ProductList } from "./ProductList";

export class Shop extends Component {

  render() {
    return <div className="container-fluid">
            <div className="row">
              <div className="col bg-dark text-white">
                <div className="navbar-brand">SPORTS STORE</div>
              </div>
            </div>
            <div className="row">
              <div className="col-3 p-2">
                <CategoryNavigation baseUrl="/shop/products"
                  categories={ this.props.categories } />
              </div>
              <div className="col-9 p-2">
                <ProductList products={ this.props.products } />
              </div>
            </div>
          </div>
  }
}
```

한 컴포넌트는 다른 컴포넌트에게 특정 부분의 콘텐츠를 위임할 수 있다. 리스트 5-16의
Shop 컴포넌트는 render 메서드 안에서 부트스트랩 CSS 클래스를 사용해 그리드 구조를
만들었다. 그러나 일부 그리드 셀의 내용을 채우는 일은 CategoryNavigation과
ProductList 컴포넌트에 위임하고 있다. 위임받은 컴포넌트는 render 메서드 안에서 커스
텀 HTML 엘리먼트로 표현되는데, 태그는 다음과 같이 컴포넌트의 이름과 일치한다.

```
...
<ProductList products={ this.props.products } />
...
```

이로써 두 컴포넌트 사이에 관계가 형성됐다. Shop은 ProductList의 부모 컴포넌트이며,
ProductList는 Shop의 자식 컴포넌트다. 부모는 props를 제공함으로써 자식을 설정할 수
있다. 리스트 5-16에서 Shop은 products라는 prop을 ProductList에 전달한다. 이 prop
은 사용자에게 상품 목록을 보여줄 때 사용된다. 컴포넌트들 사이의 관계 생성과 그를 통
한 복잡한 기능의 구현은 2부에서 자세히 다룰 예정이다.

데이터 스토어 및 URL 라우터 연결

Shop 컴포넌트와 두 자식은 데이터 스토어에 연결돼야 한다. 이를 위해 src/shop 폴더에
ShopConnector.js라는 파일을 만들어 리스트 5-17의 코드를 작성하자.

리스트 5-17 src/shop/ShopConnector.js

```
import React, { Component } from "react";
import { Switch, Route, Redirect } from "react-router-dom"
import { connect } from "react-redux";
import { loadData } from "../data/ActionCreators";
import { DataTypes } from "../data/Types";
import { Shop } from "./Shop";

const mapStateToProps = (dataStore) => ({
  ...dataStore
})
```

```
const mapDispatchToProps = {
  loadData
}

const filterProducts = (products = [], category) =>
  (!category || category === "All")
    ? products
    : products.filter(p => p.category.toLowerCase() === category.toLowerCase());

export const ShopConnector = connect(mapStateToProps, mapDispatchToProps)(
  class extends Component {
    render() {
      return <Switch>
              <Route path="/shop/products/:category?"
                render={ (routeProps) =>
                  <Shop { ...this.props } { ...routeProps }
                    products={ filterProducts(this.props.products,
                      routeProps.match.params.category) } />} />
              <Redirect to="/shop/products" />
            </Switch>
    }

    componentDidMount() {
      this.props.loadData(DataTypes.CATEGORIES);
      this.props.loadData(DataTypes.PRODUCTS);
    }
  }
)
```

리스트 5-17의 코드가 당장 이해되지 않더라도 걱정하지 말기 바란다. 전보다 복잡한 코드가 될 수밖에 없는 이유는 이 컴포넌트 안으로 여러 기능들을 통합했기 때문이다. 이렇게 하면 프로젝트의 어떤 코드에서든 이 컴포넌트를 쉽게 사용할 수 있게 된다. 그림 5-3을 보자.

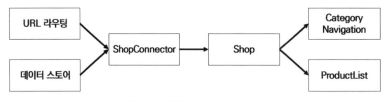

▲ 그림 5-3 애플리케이션을 서비스에 연결

이 접근법의 이점은 애플리케이션의 기능 추가나 변경 작업을 간단히 만들어준다는 점이다. 사용자에게 콘텐츠를 보여줄 컴포넌트가 직접 데이터 스토어나 URL 라우팅 시스템에 접근할 필요 없이 props를 통해 데이터를 받을 수 있기 때문이다. 반면에 단점은 각기 다른 패키지를 조합하고 자식 컴포넌트에 보내야 하는, 즉 애플리케이션의 나머지 부분과 서비스를 연결하는 컴포넌트이므로 코드 작성과 관리가 어려울 수 있다는 점이다. 이 컴포넌트의 복잡도는 SportsStore의 쇼핑 기능이 최종적으로 완성되는 6장까지 계속 증가될 것이다.

리스트 5-17의 컴포넌트는 리덕스 데이터 스토어와 URL 라우터를 Shop 컴포넌트에 연결한다. 리덕스 패키지는 connect라는 함수를 제공하는데, 이는 컴포넌트를 데이터 스토어에 연결함으로써 데이터 스토어로부터의 값이든 데이터 스토어를 부착하는 함수로부터의 값이든 props를 통해 사용할 수 있게 한다. 이와 관련된 자세한 내용은 20장에서 설명할 것이다. 리스트 5-17의 코드가 많아진 이유는 connect 함수에서 데이터 스토어와 컴포넌트의 props를 매핑하는 부분이 다소 장황하기 때문이다. 이 매핑 작업은 Shop 컴포넌트가 상품과 카테고리 데이터가 포함된 데이터 스토어의 모든 프로퍼티에 접근할 수 있게 한다.

> **👣 팁**
>
> 20장에서 보겠지만 데이터 스토어의 프로퍼티와 props를 좀 더 구체적으로 매핑하는 일도 가능하다. 그러나 여기선 모든 상품을 매핑했는데, 이는 새 프로젝트를 개발할 때 편리한 방법이다. 데이터 스토어에 새 프로퍼티가 추가될 때마다 매핑 작업을 하지 않아도 되기 때문이다.

카테고리가 선택되면 그에 따라 상품 데이터를 필터링해야 하는데, 이는 리액트 라우터 패키지의 기능을 사용해 가능하다. Route는 브라우저가 특정 URL로 내비게이션하면 사용자에게 보여줘야 할 컴포넌트를 선택해준다. 리스트 5-17의 Route는 다음과 같이 URL을 표 5-3의 URL과 동일하게 만든다.

```
...
<Route path="/shop/products/:category?" render={ (routeProps) =>
...
```

path prop은 브라우저가 /shop/products로 내비게이션할 때까지 Route를 대기시킨다. 만약 /shop/products/running 등과 같이 URL에 추가된 부분이 있다면 그 부분이 category 파라미터에 할당된다. 물론 이는 사용자가 선택한 카테고리다.

브라우저가 path와 부합하는 URL로 내비게이션하면 Route는 render prop에 지정된 콘텐츠를 보여주게 된다.

```
...
<Route path="/shop/products/:category?" render={ (routeProps) =>
  <Shop { ...this.props } { ...routeProps }
    products={ filterProducts(this.props.products,
      routeProps.match.params.category) } />} />
...
```

여기가 데이터 스토어와 URL 라우팅 기능이 조합된 지점이다. Shop 컴포넌트는 사용자가 선택한 카테고리가 뭔지 알아야 하는데, 이는 Route 컴포넌트의 render prop에 전달된 인자를 통해 알 수 있다. 카테고리는 데이터 스토어로부터의 데이터와 조합돼 Shop 컴포넌트에 전달된다. 컴포넌트에 props가 적용된 순서에 따라 props는 재정의, 즉 오버라이딩overriding될 수 있다. 이게 products 프로파티에 있는 데이터 스토어로부터의 상품 데이터를 filterProducts 함수로부터의 결과, 즉 사용자가 선택한 카테고리의 상품 데이터로 교체할 수 있는 이유다.

Route는 Switch와 Redirect라는, 리액트 라우터 패키지의 또 다른 두 컴포넌트와 함께 사용된다. 이 두 컴포넌트는 브라우저의 현재 URL이 Route에 의해 일치되지 않는 경우 /shop/products로 재지향, 즉 리다이렉션^{redirection}하는 역할을 한다.

ShopConnector 컴포넌트는 데이터 스토어로 데이터를 로딩하기 위해 componentDidMount 메서드를 사용한다. componentDidMount는 리액트의 컴포넌트 생명주기 메서드 중 하나로, 13장에서 자세히 설명한다.

애플리케이션에 Shop 추가

이제 리스트 5-18과 같이 애플리케이션에 데이터 스토어와 URL 라우팅 기능을 설정하고 ShopConnector 컴포넌트를 통합하자.

리스트 5-18 src/App.js: 데이터 스토어와 URL 라우팅 추가

```
import React, { Component } from "react";
import { SportsStoreDataStore } from "./data/DataStore";
import { Provider } from "react-redux";
import { BrowserRouter as Router, Route, Switch, Redirect } from "react-router-dom";
import { ShopConnector } from "./shop/ShopConnector";

export default class App extends Component {

  render() {
    return <Provider store={ SportsStoreDataStore }>
             <Router>
               <Switch>
                 <Route path="/shop" component={ ShopConnector } />
                 <Redirect to="/shop" />
               </Switch>
             </Router>
           </Provider>
  }
}
```

애플리케이션에 데이터 스토어를 적용하기 위해 Provider의 store 프로퍼티에 리스트 5-13에서 만들었던 데이터 스토어를 할당했다. URL 라우팅 기능은 Router 컴포넌트를 사용해 적용했으며, Switch, Route, Redirect 컴포넌트로 보충했다. Redirect는 Route의 path 프로퍼티에 부합하는 /shop URL로 내비게이션하고 그림 5-4와 같이 ShopConnector를 보여줄 것이다. 카테고리 버튼 중 하나가 클릭되면 브라우저는 새 URL로 리다이렉션을 할 것이다. 예컨대 사용자가 **Watersports** 버튼을 누르면 /shop/products/watersports라는 URL로 이동돼, 필터링된 상품 목록이 보이게 된다.

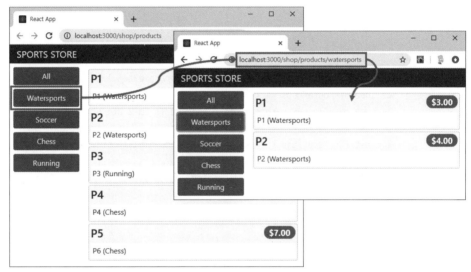

▲ 그림 5-4 기본 쇼핑 기능

카테고리 버튼 개선

카테고리 버튼이 제대로 작동하고 있지만, 현재 선택한 카테고리를 명확히 표시하지는 못하고 있다. 이를 개선하기 위해 src 폴더에 ToggleLink.js라는 파일을 만들어 리스트 5-19와 같이 컴포넌트를 정의하자.

리스트 5-19 src/ToggleLink.js

```
import React, { Component } from "react";
import { Route, Link } from "react-router-dom";

export class ToggleLink extends Component {

  render() {
    return <Route path={ this.props.to } exact={ this.props.exact }
            children={ routeProps => {
                const baseClasses = this.props.className || "m-2 btn btn-block";
                const activeClass = this.props.activeClass || "btn-primary";
                const inActiveClass = this.props.inActiveClass || "btn-secondary"
                const combinedClasses =
                  `${baseClasses} ${routeProps.match ? activeClass : inActiveClass}`

                return <Link to={ this.props.to } className={ combinedClasses }>
                  { this.props.children }
                </Link>
            }} />
  }
}
```

ToggleLink 컴포넌트의 작동 원리를 설명하는 22장에서도 언급하겠지만, 리액트 라우터 패키지는 이미 특정 URL이 일치함을 알려주는 컴포넌트를 제공한다. 그러나 부트스트랩 CSS 클래스와 함께 사용할 때 잘 맞지 않는 부분이 있다. 따라서 지금은 현재 경로에 대한 정보를 얻기 위해 URL 라우팅 시스템에 접근할 때 Route 컴포넌트를 사용할 수 있다는 정도만 아는 것으로 충분하다. 그럼 CategoryNavigation 컴포넌트가 ToggleLink 컴포넌트를 사용하도록 리스트 5-20과 같이 수정하자.

리스트 5-20 src/shop/CategoryNavigation.js: ToggleLink 컴포넌트 사용

```javascript
import React, { Component } from "react";
//import { Link } from "react-router-dom";
import { ToggleLink } from "../ToggleLink";

export class CategoryNavigation extends Component {

  render() {
    return <React.Fragment>
            <ToggleLink to={ this.props.baseUrl } exact={ true }>All</ToggleLink>
            { this.props.categories && this.props.categories.map(cat =>
              <ToggleLink key={ cat }
                to={ `${this.props.baseUrl}/${cat.toLowerCase()}` }>
                { cat }
              </ToggleLink>
            )}
           </React.Fragment>
  }
}
```

이로써 그림 5-5와 같이 선택된 카테고리를 확실히 알 수 있게 됐다.

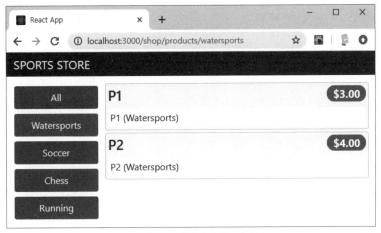

▲ 그림 5-5 선택된 카테고리 강조

쇼핑 카트 추가

고객이 여러 상품을 한 번에 구매할 수 있게 하려면 쇼핑 카트가 필요하다. 지금부터는 사용자가 선택한 상품을 추적할 수 있게 데이터 스토어를 확장하고, 쇼핑 카트의 상세 내용과 요약 내용을 제공하는 컴포넌트를 만들어보자.

데이터 스토어 확장

먼저 사용자가 선택한 상품을 추적할 수 있게 데이터 스토어를 확장하자. 이를 위해 Types.js에 리스트 5-21과 같은 액션 타입을 추가하다

리스트 5-21 src/data/Types.js: 액션 타입 추가

```
export const DataTypes = {
  PRODUCTS: "products",
  CATEGORIES: "categories"
}

export const ActionTypes = {
  DATA_LOAD: "data_load",
  CART_ADD: "cart_add",
  CART_UPDATE: "cart_update",
  CART_REMOVE: "cart_delete",
  CART_CLEAR: "cart_clear"
}
```

새로 추가될 액션들은 카트에 상품을 추가하거나 제거하거나, 전체 카트를 비우는 역할을 할 것이다.

물론 액션 생성자와 리듀서를 기존의 파일에 추가해 정의할 수도 있다. 그러나 별도의 파일로 분리하는 것이 개발을 쉽게 하는 방법이며, 대형 프로젝트에선 더욱 그렇다. src/data 폴더에 CartActionCreators.js라는 파일을 만들어 리스트 5-22와 같은 액션 생성자를 정의하자.

```
import { ActionTypes} from "./Types";

export const addToCart = (product, quantity) => ({
  type: ActionTypes.CART_ADD,
  payload: {
    product,
    quantity: quantity || 1
  }
});

export const updateCartQuantity = (product, quantity) => ({
  type: ActionTypes.CART_UPDATE,
  payload: { product, quantity }
})

export const removeFromCart = (product) => ({
  type: ActionTypes.CART_REMOVE,
  payload: product
})

export const clearCart = () => ({
  type: ActionTypes.CART_CLEAR
})
```

리스트 5-22의 함수들이 만든 액션 객체에는 액션 실행에 필요한 데이터를 운반하는 payload 프로퍼티가 있다는 점을 기억하자. 이제 카트와 관련된 액션들을 처리할 리듀서를 만들 차례다. src/data 폴더에 CartReducer.js라는 파일을 만들어 리스트 5-23과 같이 작성하자.

리스트 5-23 src/data/CartReducer.js

```
import { ActionTypes } from "./Types";

export const CartReducer = (storeData, action) => {
  let newStore = { cart: [], cartItems: 0, cartPrice: 0, ...storeData }
  switch(action.type) {
    case ActionTypes.CART_ADD:
```

```
      const p = action.payload.product;
      const q = action.payload.quantity;

      let existing = newStore.cart.find(item => item.product.id === p.id);
      if (existing) {
        existing.quantity += q;
      } else {
        newStore.cart = [...newStore.cart, action.payload];
      }
      newStore.cartItems += q;
      newStore.cartPrice += p.price * q;
      return newStore;

    case ActionTypes.CART_UPDATE:
      newStore.cart = newStore.cart.map(item => {
        if (item.product.id === action.payload.product.id) {
          const diff = action.payload.quantity - item.quantity;
          newStore.cartItems += diff;
          newStore.cartPrice+= (item.product.price * diff);
          return action.payload;
        } else {
          return item;
        }
      });
      return newStore;

    case ActionTypes.CART_REMOVE:
      let selection = newStore.cart.find(item =>
        item.product.id === action.payload.id);
      newStore.cartItems -= selection.quantity;
      newStore.cartPrice -= selection.quantity * selection.product.price;
      newStore.cart = newStore.cart.filter(item => item !== selection );
      return newStore;

    case ActionTypes.CART_CLEAR:
      return { ...storeData, cart: [], cartItems: 0, cartPrice: 0}

    default:
      return storeData || {};
  }
}
```

카트 액션을 위한 리듀서는 cart 프로퍼티를 데이터 스토어에 추가하고 거기에 product 와 quantity 프로퍼티가 포함된 객체 배열을 할당함으로써 사용자가 선택한 상품을 추적 한다. 또한 카트 안의 상품 개수와 총 금액을 파악할 수 있는 cartItems와 cartPrice 프로 퍼티도 추가됐다.

> **⚙ 팁**
>
> 데이터 스토어는 무난한 구조로 유지하자. 객체의 계층도가 복잡할 경우 깊은 곳에 존재하는 변경
> 사항에 대해서는 감지하거나 보여주기 어려울 수 있기 때문이다. 그게 이 예제에서 cart, cartItems,
> cartPrice 프로퍼티를 별도로 그룹화하지 않고 products, categories 프로퍼티와 나란히 데이터 스
> 토어에 저장한 이유다.

리덕스 데이터 스토어는 기본적으로 하나의 리듀서를 사용하지만, 쉽게 여러 리듀서를 조합해 사용할 수도 있다. 19장에서 설명하겠지만, 리덕스는 여러 리듀서의 데이터 스토 어에 대한 역할 분담을 지원한다. 그러나 그렇게 하면 각 리듀서는 오직 모델의 일부만 볼 수 있게 된다. 우리의 SportsStore 애플리케이션에선 각 리듀서가 전체 데이터 스토어 에 접근할 수 있게 할 것이다. 그럼 src/data 폴더에 CommonReducer.js라는 파일을 만 들어 리스트 5-24의 함수를 정의하자.

리스트 5-24 src/data/CommonReducer.js

```
export const CommonReducer = (...reducers) => (storeData, action) => {
  for (let i = 0; i < reducers.length; i++ ) {
    let newStore = reducers[i](storeData, action);
    if (newStore !== storeData) {
      return newStore;
    }
  }
  return storeData;
}
```

CommonReducer 함수는 여러 리듀서를 하나의 함수에 통합해 각 리듀서에게 액션 처리를 요청한다. 각 리듀서는 데이터 스토어의 콘텐츠를 변경한 새 객체를 리턴함으로써 액션

이 처리됐음을 쉽게 감지할 수 있게 한다. 이로써 SportsStore의 데이터 스토어는 복수의 리듀서를 지원하게 됐으며, 데이터 스토어를 먼저 변경하는 리듀서가 액션을 처리한 것으로 간주하게 됐다. 이제 데이터 스토어에서 CommonReducer 함수를 사용해 ShopReducer와 CartReducer를 조합할 수 있도록 DataStore.js를 리스트 5-25와 같이 수정하자.

리스트 5-25 src/data/DataStore.js: 리듀서 조합

```
import { createStore } from "redux";
import { ShopReducer } from "./ShopReducer";
import { CartReducer } from "./CartReducer";
import { CommonReducer } from "./CommonReducer";

export const SportsStoreDataStore
  = createStore(CommonReducer(ShopReducer, CartReducer));
```

CartSummary 컴포넌트 추가

이제 사용자에게 쇼핑 카트의 내용을 요약해 보여주기 위한 컴포넌트를 만들 차례다. src/shop 폴더에 CartSummary.js라는 파일을 만들어 리스트 5-26과 같이 컴포넌트를 정의하자.

리스트 5-26 src/shop/CartSummary.js

```
import React, { Component } from "react";
import { Link } from "react-router-dom";

export class CartSummary extends Component {

  getSummary = () => {
    if (this.props.cartItems > 0) {
      return <span>
              { this.props.cartItems } item(s),
              ${ this.props.cartPrice.toFixed(2)}
          </span>
    } else {
      return <span>Your cart: (empty) </span>
```

```
      }
    }

    getLinkClasses = () => {
      return `btn btn-sm bg-dark text-white
        ${ this.props.cartItems === 0 ? "disabled" : ""}`;
    }

    render() {
      return <div className="float-right">
              <small>
                { this.getSummary() }
                <Link className={ this.getLinkClasses() } to="/shop/cart">
                  <i className="fa fa-shopping-cart"></i>
                </Link>
              </small>
            </div>
    }
  }
```

CartSummary 컴포넌트는 요약 내용을 만들기 위해 필요한 데이터를 cartItems와 cartPrice props를 통해 받는다. 또한 카트가 클릭되면 /shop/cart라는 URL로 내비게이션할 Link 컴포넌트를 포함한다. Link는 cartItems가 0일 때엔 사용 불가^{disabled} 상태가 되는데, 이는 사용자가 최소한 하나 이상의 상품을 선택해야만 진행될 수 있게 하기 위해서다.

> **🍥 팁**
>
> Link의 콘텐츠의 i 엘리먼트는 폰트 어썸 패키지에서 제공하는 카트 아이콘을 적용하기 위해 사용됐다. 폰트 어썸의 자세한 사항이나 전체 아이콘을 보고 싶다면 https://fontawesome.com을 방문하기 바란다.

리액트가 웹 애플리케이션 개발의 많은 측면을 지원하지만, 그럼에도 다소 개발하기 힘든 통상적인 작업들이 있다. 그중 하나가 조건부 렌더링^{conditional rendering}인데, 데이터 값에 따라 각기 다른 콘텐츠를 사용자에게 보여주는 기법을 말한다. 리액트에서 조건부 렌더링을 하는 가장 깔끔한 방법은 자바스크립트를 사용해 HTML로 표현되는 결과를 리턴하는 메서드를 정의하는 것이다. 리스트 5-26의 getSummary와 getLinkClasses 메서드처럼 말이다. 다른 접근법으로 인라인에서 논리곱 연산자(&&)를 사용하는 방법이 있는데, 이는 간단한 표현식의 경우에 유용하다.

이제 카트와 관련된 액션 생성자 함수들을 애플리케이션의 나머지에서 사용할 수 있도록, 리스트 5-27과 같이 ShopConnector의 코드를 수정하자.

리스트 5-27 src/shop/ShopConnector.js: 카트와 관련된 액션 생성자 연결

```
import React, { Component } from "react";
import { Switch, Route, Redirect } from "react-router-dom"
import { connect } from "react-redux";
import { loadData } from "../data/ActionCreators";
import { DataTypes } from "../data/Types";
import { Shop } from "./Shop";
import { addToCart, updateCartQuantity, removeFromCart, clearCart }
  from "../data/CartActionCreators";

const mapStateToProps = (dataStore) => ({
  ...dataStore
})

const mapDispatchToProps = {
  loadData, addToCart, updateCartQuantity, removeFromCart, clearCart
}

const filterProducts = (products = [], category) =>
  (!category || category === "All")
    ? products
    : products.filter(p => p.category.toLowerCase() === category.toLowerCase());

export const ShopConnector = connect(mapStateToProps, mapDispatchToProps)(
  class extends Component {
    render() {
      return <Switch>
              <Route path="/shop/products/:category?"
                render={ (routeProps) =>
                  <Shop { ...this.props } { ...routeProps }
```

```
                     products={ filterProducts(this.props.products,
                         routeProps.match.params.category) } />} />
                 <Redirect to="/shop/products" />
             </Switch>
    }

    componentDidMount() {
      this.props.loadData(DataTypes.CATEGORIES);
      this.props.loadData(DataTypes.PRODUCTS);
    }
  }
)
```

다음엔 Shop 컴포넌트가 렌더링하는 콘텐츠에 CartSummary를 추가함으로써 상품 목록의 상단에 카트의 요약 내용이 보이게 하자. 그러기 위해 리스트 5–28과 같이 Shop.js를 수정한다.

리스트 5–28 src/shop/Shop.js: CartSummary 추가

```
import React, { Component } from "react";
import { CategoryNavigation } from "./CategoryNavigation";
import { ProductList } from "./ProductList";
import { CartSummary } from "./CartSummary";

export class Shop extends Component {

  render() {
    return <div className="container-fluid">
           <div className="row">
             <div className="col bg-dark text-white">
               <div className="navbar-brand">SPORTS STORE</div>
               <CartSummary { ...this.props } />
             </div>
           </div>
           <div className="row">
             <div className="col-3 p-2">
               <CategoryNavigation baseUrl="/shop/products"
                 categories={ this.props.categories } />
             </div>
             <div className="col-9 p-2">
```

```
                    <ProductList products={ this.props.products }
                        addToCart={ this.props.addToCart } />
                </div>
            </div>
        </div>
    }
}
```

이제 사용자가 카트에 상품을 추가할 수 있도록, 리스트 5-29와 같이 ProductList 컴포
넌트가 생성한 상품 설명 부분에 버튼을 추가하자.

리스트 5-29 src/shop/ProductList.js: 버튼 추가

```
import React, { Component } from "react";

export class ProductList extends Component {

    render() {
        if (this.props.products == null || this.props.products.length === 0) {
            return <h5 className="p-2">No Products</h5>
        }
        return this.props.products.map(p =>
            <div className="card m-1 p-1 bg-light" key={ p.id }>
                <h4>
                    { p.name }
                    <span className="badge badge-pill badge-primary float-right">
                        ${ p.price.toFixed(2) }
                    </span>
                </h4>
                <div className="card-text bg-white p-1">
                    { p.description }
                    <button className="btn btn-success btn-sm float-right"
                        onClick={ () => this.props.addToCart(p) } >
                        Add To Cart
                    </button>
                </div>
            </div>
        )
    }
}
```

12장에서 설명하겠지만 리액트는 이벤트 핸들러를 등록할 수 있는 props를 제공한다. 어떤 엘리먼트가 클릭됐을 때 발생하는 이벤트, 즉 클릭 이벤트에 대한 핸들러는 onClick 이다. 리스트 5-29의 onClick 함수는 액션 생성자 addToCart와 동일한 이름의 prop을 호출한다.

이로써 Add To Cart라는 버튼이 각 상품에 포함될 것이다. 이 버튼이 클릭되면 데이터 스토어가 갱신되며, 그림 5-6과 같이 카트의 요약 내용에 변경된 상품 개수와 총금액이 반영될 것이다.

▲ 그림 5-6 카트에 상품 추가

CartDetails 컴포넌트 추가

이번엔 사용자가 선택한 상품의 상세 내용을 보여주기 위해 src/shop 폴더에 CartDetails.js라는 파일을 만들어 리스트 5-30과 같이 컴포넌트를 정의하자.

리스트 5-30 src/shop/CartDetails.js

```
import React, { Component } from "react";
import { Link } from "react-router-dom";
import { CartDetailsRows } from "./CartDetailsRows";

export class CartDetails extends Component {
```

```
getLinkClasses = () => `btn btn-secondary m-1
  ${this.props.cartItems === 0 ? "disabled": ""}`;

render() {
  return <div className="m-3">
           <h2 className="text-center">Your Cart</h2>
           <table className="table table-bordered table-striped">
             <thead>
               <tr>
                 <th>Quantity</th>
                 <th>Product</th>
                 <th className="text-right">Price</th>
                 <th className="text-right">Subtotal</th>
                 <th/>
               </tr>
             </thead>
             <tbody>
               <CartDetailsRows cart={ this.props.cart}
                 cartPrice={ this.props.cartPrice }
                 updateQuantity={ this.props.updateCartQuantity }
                 removeFromCart={ this.props.removeFromCart } />
             </tbody>
           </table>
           <div className="text-center">
             <Link className="btn btn-primary m-1" to="/shop">
               Continue Shopping
             </Link>
             <Link className={ this.getLinkClasses() } to="/shop/checkout">
               Checkout
             </Link>
           </div>
         </div>
  }
}
```

CartDetails 컴포넌트는 사용자에게 상세 내용이 담긴 테이블 하나를 보여준다. 또한 상품 목록을 리턴하거나, 결제를 위해 /shop/checkout으로 내비게이션할 수 있는 두 개의 Link 컴포넌트도 보여준다.

CartDetails 컴포넌트는 선택된 상품의 상세 내용을 보여주기 위해 CartDetailsRows라는 컴포넌트에 의존한다. 이를 위해 src/shop 폴더에 CartDetailsRows.js라는 파일을 만들어 리스트 5-31과 같이 컴포넌트를 정의하자.

리스트 5-31 src/shop/CartDetailsRows.js

```
import React, { Component } from "react";

export class CartDetailsRows extends Component {

  handleChange = (product, event) => {
    this.props.updateQuantity(product, event.target.value);
  }

  render() {
    if (!this.props.cart || this.props.cart.length === 0) {
      return <tr>
               <td colSpan="5">Your cart is empty</td>
             </tr>
    } else {
      return <React.Fragment>
               { this.props.cart.map(item =>
                 <tr key={ item.product.id }>
                   <td>
                     <input type="number" value={ item.quantity }
                       onChange={ (ev) => this.handleChange(item.product, ev) } />
                   </td>
                   <td>{ item.product.name }</td>
                   <td>${ item.product.price.toFixed(2) }</td>
                   <td>${ (item.quantity * item.product.price).toFixed(2) }</td>
                   <td>
                     <button className="btn btn-sm btn-danger"
                       onClick={ () => this.props.removeFromCart(item.product)}>
                         Remove
                     </button>
                   </td>
                 </tr>
               )}
               <tr>
                 <th colSpan="3" className="text-right">Total:</th>
```

```
                <th colSpan="2">${ this.props.cartPrice.toFixed(2) }</th>
            </tr>
        </React.Fragment>
    }
  }
}
```

9장에서도 설명하겠지만 render 메서드는 반드시 최상위 엘리먼트 하나만을 리턴해야 하며, 이는 HTML 문서가 생성될 때 삽입된다. 따라서 여러 엘리먼트가 있다면 엘리먼트들을 하나의 엘리먼트로 감싸 리턴해야 하며, 불필요한 엘리먼트로 인해 콘텐츠 레이아웃이 깨진 수도 있다. 이 에제에서 어떤 로우를 리턴하듯 말이다. 그런 상황을 위해 사용할 수 있는 엘리먼트가 React.Fragment다. 콘텐츠가 처리되면 이 엘리먼트는 폐기되며, 그 안에 있던 엘리먼트들만이 HTML 문서에 추가되기 때문이다.

라우팅 설정에 카트 URL 추가

이제 ShopConnector 컴포넌트가 /shop/cart URL을 지원할 수 있도록, 리스트 5–32와 같이 라우팅 설정을 수정하자.

리스트 5–32 src/shop/ShopConnector.js: 새 URL 추가

```
import React, { Component } from "react";
import { Switch, Route, Redirect } from "react-router-dom"
import { connect } from "react-redux";
import { loadData } from "../data/ActionCreators";
import { DataTypes } from "../data/Types";
import { Shop } from "./Shop";
import { addToCart, updateCartQuantity, removeFromCart, clearCart }
  from "../data/CartActionCreators";
import { CartDetails } from "./CartDetails";

const mapStateToProps = (dataStore) => ({
  ...dataStore
})

const mapDispatchToProps = {
```

```
    loadData, addToCart, updateCartQuantity, removeFromCart, clearCart
}

const filterProducts = (products = [], category) =>
  (!category || category === "All")
    ? products
    : products.filter(p => p.category.toLowerCase() === category.toLowerCase());


export const ShopConnector = connect(mapStateToProps, mapDispatchToProps)(
  class extends Component {
    render() {
      return <Switch>
              <Route path="/shop/products/:category?"
                render={ (routeProps) =>
                  <Shop { ...this.props } { ...routeProps }
                    products={ filterProducts(this.props.products,
                      routeProps.match.params.category) } />} />
              <Route path="/shop/cart" render={ (routeProps) =>
                <CartDetails { ...this.props } { ...routeProps } />} />
              <Redirect to="/shop/products" />
            </Switch>
    }

    componentDidMount() {
      this.props.loadData(DataTypes.CATEGORIES);
      this.props.loadData(DataTypes.PRODUCTS);
    }
  }
)
```

새 Route는 CartDetails 컴포넌트를 보여주기 위한 /shop/cart URL을 처리하며, 데이터 스토어와 라우팅 시스템 모두로부터 props를 받는다. 이제 리스트 5-33과 같이 addToCart 액션 생성자를 래핑하고 새 URL로의 내비게이션을 위한 함수를 정의하자.

리스트 5-33 src/shop/Shop.js: 카트로 내비게이션

```
import React, { Component } from "react";
import { CategoryNavigation } from "./CategoryNavigation";
import { ProductList } from "./ProductList";
```

```
import { CartSummary } from "./CartSummary";

export class Shop extends Component {

  handleAddToCart = (...args) => {
    this.props.addToCart(...args);
    this.props.history.push("/shop/cart");
  }

  render() {
    return <div className="container-fluid">
            <div className="row">
              <div className="col bg-dark text-white">
                <div className="navbar-brand">SPORTS STORE</div>
                <CartSummary { ...this.props } />
              </div>
            </div>
            <div className="row">
              <div className="col-3 p-2">
                <CategoryNavigation baseUrl="/shop/products"
                  categories={ this.props.categories } />
              </div>
              <div className="col-9 p-2">
                <ProductList products={ this.props.products }
                  addToCart={ this.handleAddToCart } />
              </div>
            </div>
          </div>
  }
}
```

이제 사용자가 Add To Cart 버튼을 누르면 갱신된 쇼핑 카트가 보일 것이다. 그림 5-7과
같이 쇼핑 카트 화면에선 Continue Shopping^{계속 쇼핑하기}을 선택할 수 있으며, 카트의 내용
을 변경하거나 결제 절차를 시작할 수도 있다.

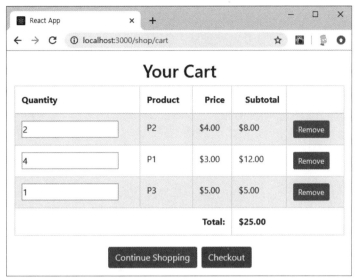

▲ 그림 5-7 SportsStore에 쇼핑 카트 기능 추가

비록 지금은 Checkout 버튼을 눌러도 /store/products URL로 이동되겠지만, 6장에서 결제 기능을 추가할 예정이다.

정리

5장에선 드디어 현실적인 리액트 애플리케이션 개발을 시작했다. 먼저 리덕스 데이터 스토어를 다루면서, 지금은 어색하겠지만 머지않아 익숙해질 액션, 액션 생성자, 리듀서 등의 개념을 공부했다. 또한 리액트 라우터 패키지를 다루면서 사용자에게 보여줄 콘텐츠와 데이터를 선택하기 위해 브라우저의 URL을 사용했다. 이와 같은 기능을 통해 근간을 이해하는 데는 시간이 들지만, SportsStore에 계속 기능을 추가함에 따라 결실을 맺기 시작할 것이다. 6장에서도 계속해서 SportsStore 애플리케이션에 기능을 추가할 것이다.

SportsStore: REST와 결제 시스템

6장에선 5장에서 만들었던 SportsStore 애플리케이션에 계속해서 기능을 추가한다. 웹 서비스로부터 데이터를 가져와 페이지에 좀 더 많은 양의 데이터를 보여주게 할 것이며, 결제와 주문 기능도 개발할 것이다.

준비 작업

6장을 위한 별도의 준비 작업은 없으며, 5장에서 만들었던 SportsStore 프로젝트를 계속 사용할 것이다. 리액트 개발 도구와 RESTful 웹 서비스를 시작하기 위해 명령 프롬프트에서 sportsstore 폴더로 이동해 리스트 6-1의 명령을 실행하자.

> **☞ 팁**
>
> 이 책의 모든 예제 파일은 http://www.acornpub.co.kr/book/pro-react16에서 다운로드할 수 있다.

리스트 6-1 리액트 개발 도구와 웹 서비스 실행

```
npm start
```

초기 빌드 과정이 완료된 다음엔 그림 6-1과 같이 새 브라우저 창에 SportsStore 애플리케이션이 나타날 것이다.

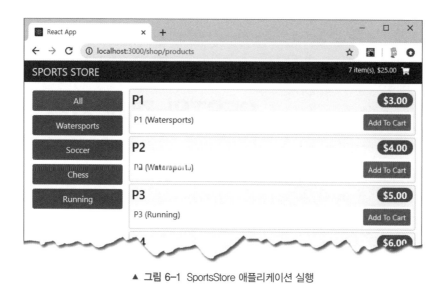

▲ 그림 6-1 SportsStore 애플리케이션 실행

RESTful 웹 서비스

SportsStore 애플리케이션의 기본 구조가 형태를 갖췄으며, 임시 데이터를 대체하고 RESTful 웹 서비스를 이용할 수 있는 충분한 준비가 됐다. 7장에선 REST 웹 서비스보다 더 유연하고 복잡한 그래프QL도 사용할 예정이지만, 공통적으로 사용할 것은 일반적인 웹 서비스다. SportsStore 애플리케이션은 상품 정보를 공급받고 결제 과정의 마지막에 주문을 일으키기 위해 REST 웹 서비스를 이용할 것이다.

REST에 대해선 23장에서 자세히 설명할 것이며, 여기선 간단한 HTTP 요청 하나로 시작해도 충분하다. 이제 새 브라우저 창을 열고 http://localhost:3500/api/products라는 URL을 요청하자. 브라우저는 웹 서비스에 HTTP GET 요청 하나를 보낼 것이다. 이 웹 서비스는 5장에서 만들었던 것이며 리스트 6-1에서 구동됐다. GET 메서드는 URL과 결합돼 웹 서비스에게 상품 목록을 요청하며, 그 결과로 다음과 같은 데이터를 보게 될 것이다.

```
...
[{"id":1,"name":"Kayak","category":"Watersports",
    "description":"A boat for one person","price":275},
  {"id":2,"name":"Lifejacket","category":"Watersports",
    "description":"Protective and fashionable","price":48.95},
  {"id":3,"name":"Soccer Ball","category":"Soccer",
    "description":"FIFA-approved size and weight","price":19.5},
  {"id":4,"name":"Corner Flags","category":"Soccer",
    "description":"Give your playing field a professional touch","price":34.95},
  {"id":5,"name":"Stadium","category":"Soccer",
    "description":"Flat-packed 35,000-seat stadium","price":79500},
  {"id":6,"name":"Thinking Cap","category":"Chess",
    "description":"Improve brain efficiency by 75%","price":16},
  {"id":7,"name":"Unsteady Chair","category":"Chess",
    "description":"Secretly give your opponent a disadvantage","price":29.95},
  {"id":8,"name":"Human Chess Board","category":"Chess",
    "description":"A fun game for the family","price":75},
  {"id":9,"name":"Bling Bling King","category":"Chess",
    "description":"Gold-plated, diamond-studded King","price":1200}]
...
```

웹 서비스는 JSON 데이터 형식으로 응답한다. JSON은 리액트 애플리케이션에서 쉽게 다룰 수 있는 형식인데, 4장에서 봤던 자바스크립트의 객체 리터럴이 이와 유사하기 때문이다. 다음 절부터 웹 서비스를 이용하기 위한 기반을 만들 것이며, SportsStore 애플리케이션이 현재 보여주고 있는 정적 데이터를 웹 서비스로부터의 데이터로 대체할 것이다.

설정 파일 만들기

많은 경우에 개발 애플리케이션과 운영 애플리케이션이 사용하는 URL이 다를 수 있다. 따라서 개별 자바스크립트 파일에 URL을 하드코딩하는 일은 피해야 한다. 그럼 src/data 폴더에 Urls.js라는 파일을 만들어 리스트 6-2와 같이 설정 데이터를 정의하자.

리스트 6-2 src/data/Urls.js

```
import { DataTypes } from "./Types";

const protocol = "http";
const hostname = "localhost";
```

```
const port = 3500;

export const RestUrls = {
  [DataTypes.PRODUCTS]: `${protocol}://${hostname}:${port}/api/products`,
  [DataTypes.CATEGORIES]: `${protocol}://${hostname}:${port}/api/categories`
}
```

이제 8장에서 SportsStore 애플리케이션의 배포를 준비할 때, 웹 서비스 접근에 필요한 URL들을 한 장소에서 설정할 수 있게 됐다. 데이터 타입의 경우엔 이미 정의했던 그대로를 사용했으므로, 각기 다른 데이터 타입을 일관되게 참조할 수 있으며 오탈자의 위험을 피할 수 있게 됐다

데이터 소스 생성

다음엔 src/data 폴더에 RestDataSource.js라는 파일을 만들어 리스트 6-3의 코드를 작성하자. 여기선 웹 서비스에 HTTP 요청을 전송하는 코드와 그 결과를 처리하는 코드를 통합해 한 장소에서 관리되게 했다.

리스트 6-3 src/data/RestDataSource.js

```
import Axios from "axios";
import { RestUrls } from "./Urls";

export class RestDataSource {

  GetData = (dataType) =>
    this.SendRequest("get", RestUrls[dataType]);

  SendRequest = (method, url) => Axios.request({ method, url });
}
```

RestDataSource 클래스는 웹 서비스에 대한 HTTP 요청을 만들기 위해 엑시오스[Axios]라는 패키지를 사용한다. 엑시오스는 안정된 API를 제공하며 JSON을 자바스크립트 객체로 자동 변환해주는, HTTP를 다루기 위한 인기 있는 패키지다. 엑시오스는 23장에서 자세

히 설명할 것이다. 리스트 6-3에서 GetData 메서드는 특정 데이터 타입에 해당하는 모든 객체를 요청하는 HTTP 요청을 전송하기 위해 엑시오스를 사용한다. GetData 메서드의 결과는 웹 서비스로부터 응답을 수신할 때 이행되는 하나의 Promise다.

데이터 스토어 확장

자바스크립트 코드의 HTTP 요청 전송은 비동기식으로 수행된다. 이는 리듀서가 액션을 처리한 다음에 변경사항에 반응하는 리덕스 데이터 스토어의 기본 동작과 잘 맞지 않는다.

리덕스 데이터 스토어는 미들웨어middleware를 통해 비동기 작업을 지원하도록 확장될 수 있다. 미들웨어는 데이터 스토어에 전달될 액션을 미리 조사해 변경할 수 있다. 20장에선 액션을 가로채고, 데이터를 가져오는 비동기 요청이 수행되는 동안 그 액션을 지연시키는 데이터 스토어 미들웨어를 만들어볼 것이다.

그러나 지금의 SportsStore 애플리케이션에선 다른 접근법을 사용할 것이며 Promise인 payload를 갖는 액션을 만들 것이다. Promise에 대해선 4장에서 잠시 설명했었다. 미들웨어는 Promise가 이행될 때까지 기다린 다음, Promise의 결과를 payload로 사용해 액션을 전달할 것이다. src/data 폴더에 AsyncMiddleware.js라는 파일을 만들어 리스트 6-4의 코드를 작성하자.

리스트 6-4 src/data/AsyncMiddleware.js

```
const isPromise = (payload) =>
  (typeof(payload) === "object" || typeof(payload) === "function")
    && typeof(payload.then) === "function";

export const asyncActions = () => (next) => (action) => {
  if (isPromise(action.payload)) {
    action.payload.then(result => next({...action, payload: result}));
  } else {
    next(action)
  }
}
```

리스트 6-4의 코드에는 액션의 payload가 Promise인지를 판단하는 함수 하나가 있다. 이 함수는 payload가 함수나 객체인지, 그렇다면 then 함수를 갖고 있는지 확인한다. asyncAction 함수는 데이터 스토어의 미들웨어로 사용된다. 이 함수는 Promise의 이행을 기다리기 위해 then 함수를 호출하는데, 이때 next 함수를 사용해 payload의 값을 result 로 대체해 전달한다. next 함수는 데이터 스토어의 정상적인 경로를 거치게 한다. 반면에 Promise가 아닌 payload를 갖는 액션은 그대로 전달된다. 이제 리스트 6-5와 같이 데이터 스토어에 미들웨어를 추가하자.

리스트 6-5 src/data/DataStore.js: 미들웨어 추가

```
import { createStore, applyMiddleware } from "redux";
import { ShopReducer } from "./ShopReducer";
import { CartReducer } from "./CartReducer";
import { CommonReducer } from "./CommonReducer";
import { asyncActions } from "./AsyncMiddleware";

export const SportsStoreDataStore
    = createStore(CommonReducer(ShopReducer, CartReducer),
      applyMiddleware(asyncActions));
```

applyMiddleware는 미들웨어를 래핑해 액션을 받으며, 그 결과를 데이터 스토어를 생성하는 createStore 함수에 인자로 전달한다. 이는 리스트 6-4에서 정의한 asyncActions 함수가 데이터 스토어에 전달된 모든 액션을 조사하고 Promise payload와 함께 처리할 수 있게 한다.

액션 생성자 수정

이제 리스트 6-6과 같이 액션 생성자에서 임시 데이터를 제거하고 데이터 소스를 사용해 요청을 전송하는 Promise를 추가하자.

src/data/ActionCreators.js: Promise 추가

```
import { ActionTypes} from "./Types";
//import { data as phData} from "./placeholderData";
import { RestDataSource } from "./RestDataSource";

const dataSource = new RestDataSource();

export const loadData = (dataType) => ({
  type: ActionTypes.DATA_LOAD,
  payload: dataSource.GetData(dataType)
    .then(response => ({ dataType, data: response.data}))
});
```

loadData 함수가 만든 액션 객체가 데이터 스토어에 전달되면, 리스트 6-5에서 정의한 미들웨어가 웹 서비스로부터의 응답을 기다렸다가 정상 처리를 위해 액션을 전달할 것이다. 그 결과 SportsStore 애플리케이션은 원격으로 받은 데이터를 그림 6-2와 같이 보여준다.

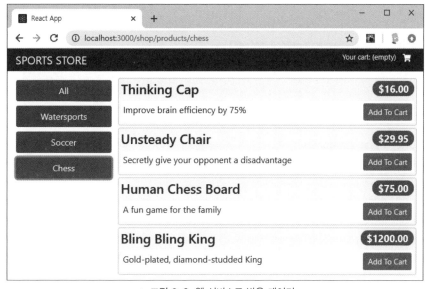

▲ 그림 6-2 웹 서비스로 받은 데이터

페이지네이션

이제 SportsStore 애플리케이션은 웹 서비스로부터 데이터를 받게 됐다. 그러나 대부분의 애플리케이션은 사용자에게 여러 페이지에 걸쳐 보여주는, 즉 페이지네이션^{pagination}을 해야 할 정도로 많은 양의 데이터를 다룬다. faker.js라는 패키지를 사용하면 많은 양의 가짜 데이터를 생성할 수 있다. 그럼 sportsstore 폴더 안의 data.js를 리스트 6-7과 같이 변경하자.

리스트 6-7 data.js: 많은 양의 데이터 생성

```
var faker = require("faker");
var data = [];
var categories = ["Watersports", "Soccer", "Chess", "Running"];
faker.seed(100);
for (let i = 1; i <= 503; i++) {
  var category = faker.helpers.randomize(categories);
  data.push({
    id: i,
    name: faker.commerce.productName(),
    category: category,
    description: `${category}: ${faker.lorem.sentence(3)}`,
    price: Number(faker.commerce.price())
  })
}

module.exports = function () {
  return {
    categories: categories,
    products: data,
    orders: []
  }
}
```

faker.js는 개발과 테스트를 위한 데이터를 쉽게 생성할 수 있는 강력한 도구이며, 상황에 맞는 데이터를 생성할 수 있는 API를 제공한다. 자세한 사항은 https://github.com/Marak/Faker.js에서 확인할 수 있다. data.js를 저장하면 서버가 변경사항을 감지해 웹

서비스로 로딩할 것이다. 이제 브라우저 창에서 SportsStore 애플리케이션을 새로고침하면 그림 6-3과 같이 새 상품들의 목록을 볼 수 있을 것이다. 여전히 카테고리 버튼을 통해 상품을 필터링할 수 있지만, 그렇다 해도 한 번에 보기엔 데이터가 너무 많다.

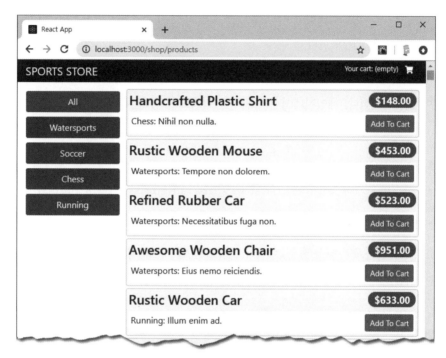

▲ 그림 6-3 페이지네이션 테스트를 위해 생성된 데이터

> **💥 팁**
>
> 리스트 6-7의 코드는 모두 503개의 상품 객체를 생성한다. 페이지의 수로 나눠 떨어지지 않는 객체의 수를 선택하는 것은 좋은 방법이다. 마지막 페이지에서 나머지들을 제대로 보여주고 있는지 확인할 수 있기 때문이다.

웹 서비스 페이지네이션

페이지네이션은 서버의 지원이 있어야 가능하다. 남아 있는 데이터 서브셋과 그 양에 대한 정보를 요청할 수 있는 수단을 클라이언트에게 제공해야 하기 때문이다. 페이지네이션과 관련된 표준적인 접근법이 따로 있지는 않으므로, 자신이 사용하고 있는 서버나 서비스의 문서를 참고해야 한다.

RESTful 웹 서비스를 제공하는 json-server 패키지는 쿼리 문자열query string을 통해 페이지네이션을 지원한다. 페이지네이션의 원리를 알아보기 위해 새 브라우저 창을 열고 리스트 6-8의 URL을 실행하자.

리스트 6-8 한 페이지의 데이터 요청

```
http://localhost:3500/api/products?category_like=watersports&_page=2&_limit=3&_sort
=name
```

이 URL에서 물음표(?) 다음에 있는 쿼리 문자열은 웹 서비스에게 특정 카테고리로부터 한 페이지만큼의 상품들을 리턴하라고 요청한다. 이에 사용된 필드들은 표 6-1과 같다.

표 6-1 페이지네이션에 필요한 쿼리 문자열 필드들

필드	설명
category_like	카테고리(여기서는 Watersports)에 맞는 객체만 결과에 포함시키는 필드다. 카테고리 필드를 생략하면 모든 카테고리의 상품이 결과에 포함된다.
_page	페이지 번호를 선택하는 필드다.
_limit	페이지의 크기, 즉 상품의 개수를 선택하는 필드다.
_cort	객체의 정렬 방식을 지정히는 필드디.

리스트 6-8의 URL은 웹 서비스에게 Watersports 카테고리이고 name 프로퍼티로 정렬된, 3개의 상품을 포함하는 두 번째 페이지를 요청하며, 그 결과는 다음과 같다.

```
 ...
 [
  {"id":469,"name":"Awesome Fresh Pants","category":"Watersports",
```

```
   "description":"Watersports: Quia quam aut.","price":864},
  {"id":19,"name":"Awesome Frozen Car","category":"Watersports",
   "description":"Watersports: A rerum mollitia.","price":314},
  {"id":182,"name":"Awesome Granite Fish", "category":"Watersports",
   description":"Watersports: Hic omnis incidunt.","price":521}
 ]
 ...
```

웹 서비스의 응답에는 클라이언트가 추후 요청을 만들 때 도움이 되는 헤더들이 포함돼
있다. 이를 보기 위해 브라우저에서 리스트 6-9의 URL을 요청해보자.

리스트 6-9 좀 더 간단한 페이지네이션 요청

```
http://localhost:3500/api/products?_page=2&_limit=3
```

좀 더 간단한 URL을 사용하면 결과의 헤더를 이해하기 쉽다. 브라우저 개발 도구의 네트
워크 탭에서 다음과 같은 내용이 포함된 헤더들을 볼 수 있을 것이다.

```
...
X-Total-Count: 503
Link: <http://localhost:3500/api/products?_page=1&_limit=3>; rel="first",
     <http://localhost:3500/api/products?_page=1&_limit=3>; rel="prev",
     <http://localhost:3500/api/products?_page=3&_limit=3>; rel="next",
     <http://localhost:3500/api/products?_page=168&_limit=3>; rel="last"
...
```

이는 응답 데이터에 포함된 헤더들 중 일부일 뿐이며, 클라이언트가 페이지네이션 요청
을 만들 때 도움을 주기 위해 추가된 것이다. X-Total-Count 헤더는 요청된 URL에 부합하
는 객체의 총 개수를 제공하므로, 전체 페이지 수 계산에 유용하다. 리스트 6-9에선 카
테고리를 지정하지 않았으므로 전체 객체 수가 503개라고 표시됐다.

Link 헤더는 첫 페이지, 마지막 페이지, 이전 페이지, 다음 페이지를 요청할 수 있는 URL
들을 제공한다. 클라이언트가 반드시 Link 헤더를 사용해 다음 요청을 만들 필요가 없더
라도 말이다.

HTTP 요청과 액션 변경

이제 RestDataSource.js를 리스트 6-10과 같이 수정하자. 여기선 요청에 파라미터가 포함되도록 URL의 공식을 변경했다. 이로써 파라미터는 페이지 요청과 카테고리 지정에 사용될 것이다. 또한 엑시오스 패키지는 파라미터를 사용해 요청 URL에 쿼리 문자열을 추가할 것이다.

리스트 6-10 src/data/RestDataSource.js: URL 파라미터 추가

```
import Axios from "axios";
import { RestUrls } from "./Urls";

export class RestDataSource {

  GetData = async(dataType, params) =>
    this.SendRequest("get", RestUrls[dataType], params);

  SendRequest = (method, url, params) => Axios.request({ method, url, params });
}
```

다음엔 데이터 스토어가 받는 응답에 파라미터와 추가 정보가 포함되도록 loadData 액션 생성자가 만드는 액션을 수정하자. ActionCreators.js 파일을 리스트 6-11과 같이 수정한다.

리스트 6-11 src/data/ActionCreators.js: 액션 변경

```
import { ActionTypes } from "./Types";
import { RestDataSource } from "./RestDataSource";

const dataSource = new RestDataSource();

export const loadData = (dataType, params) => (
  {
    type: ActionTypes.DATA_LOAD,
    payload: dataSource.GetData(dataType, params).then(response =>
      ({ dataType,
        data: response.data,
        total: Number(response.headers["x-total-count"]),
        params
```

```
        })
      )
  })
```

미들웨어에 의해 Promise가 이행되면 리듀서로 전송된 액션 객체엔 payload.total과 payload.params 프로퍼티가 포함된다. total 프로퍼티에는 X-Total-Count 헤더의 값이 포함돼 있으며, 이는 추후 페이지네이션을 이용한 내비게이션 제어에 사용될 예정이다. params 프로퍼티는 요청을 만들 때 사용되는 파라미터가 포함된다. 이 파라미터는 사용자의 요청에 따라 추가 데이터에 대한 HTTP 요청을 만들 때 사용될 것이다. 이제 DATA_LOAD 액션을 처리하는 리듀서를 리스트 6-12와 같이 수정해 데이터 스토어에 새 액션 프로퍼티가 추가되게 하자.

리스트 6-12 src/data/ShopReducer.js: 데이터 스토어에 프로퍼티 추가

```
import { ActionTypes } from "./Types";

export const ShopReducer = (storeData, action) => {
  switch(action.type) {
    case ActionTypes.DATA_LOAD:
      return {
        ...storeData,
        [action.payload.dataType]: action.payload.data,
        [`${action.payload.dataType}_total`]: action.payload.total,
        [`${action.payload.dataType}_params`]: action.payload.params
      };
    default:
      return storeData || {};
  }
}
```

데이터 로딩 컴포넌트 제작

상품 데이터를 로딩 처리하는 컴포넌트를 만들기 위해 src/data 폴더에 DataGetter.js라는 파일을 만들어 리스트 6-13의 코드를 작성하자.

```javascript
import React, { Component } from "react";
import { DataTypes } from "../data/Types";

export class DataGetter extends Component {

  render() {
    return <React.Fragment>{ this.props.children }</React.Fragment>
  }

  componentDidUpdate = () => this.getData();
  componentDidMount = () => this.getData();

  getData = () => {
    const dsData = this.props.products_params || {} ;
    const rtData = {
      _limit: this.props.pageSize || 5,
      _sort: this.props.sortKey || "name",
      _page: this.props.match.params.page || 1,
      category_like: (this.props.match.params.category || "") === "all"
        ? "" : this.props.match.params.category
    }

    if (Object.keys(rtData).find(key => dsData[key] !== rtData[key])) {
      this.props.loadData(DataTypes.PRODUCTS, rtData);
    }
  }
}
```

이 컴포넌트는 children props를 사용해 부모가 제공한 콘텐츠를 시작 태그와 종료 태그 사이에서 렌더링한다. 이는 사용자에게 콘텐츠를 보여주는 역할이 아닌, 애플리케이션에 서비스를 제공하는 역할의 컴포넌트를 정의할 때 유용한 방법이다. 지금은 현재 경로의 자세한 정보와 파라미터를 받고, 데이터 스토어에 접근할 수 있는 컴포넌트가 필요하다. 13장에서 설명할 컴포넌트 생명주기 메서드들 중의 일부인 componentDidMount와 componentDidUpdate는 여기선 모두 getData 메서드를 호출한다. getData는 URL로부터 파라미터들을 가져와 데이터 스토어에 마지막으로 저장된 파라미터들과 비교한다. 만약 차이가 있다면 사용자가 요청한 데이터를 로딩할 새 액션이 부착된다.

URL로부터 가져온 카테고리와 페이지 번호 외에도, 새 액션은 _sort와 _limit라는 파라미터를 만들어 결과를 정렬하고 데이터의 개수를 설정할 수 있게 한다. 정렬과 데이터 개수 설정에는 데이터 스토어로부터 가져온 값이 사용된다.

ShopConnector 컴포넌트 수정

애플리케이션에 페이지네이션 기능을 접목하려면 애플리케이션의 기능을 데이터 스토어와 URL 라우터에 연결하는 역할을 하는 ShopConnector를 수정해야 한다. 그럼 리스트 6-14와 같이 ShopConnector에 DataGetter 컴포넌트를 추가하자. 상품 데이터를 위한 카테고리 필터는 제거해도 된다. 이미 웹 서비스를 통해 상품 필터링이 되기 때문이다.

리스트 6-14 src/shop/ShopConnector.js: 페이지네이션 추가

```
import React, { Component } from "react";
import { Switch, Route, Redirect } from "react-router-dom"
import { connect } from "react-redux";
import { loadData } from "../data/ActionCreators";
import { DataTypes } from "../data/Types";
import { Shop } from "./Shop";
import { addToCart, updateCartQuantity, removeFromCart, clearCart }
  from "../data/CartActionCreators";
import { CartDetails } from "./CartDetails";
import { DataGetter } from "../data/DataGetter";

const mapStateToProps = (dataStore) => ({
  ...dataStore
})

const mapDispatchToProps = {
  loadData,
  addToCart, updateCartQuantity, removeFromCart, clearCart
}

// const filterProducts = (products = [], category) =>
//   (!category || category === "All")
//     ? products
//     : products.filter(p =>
//       p.category.toLowerCase() === category.toLowerCase());
```

```
export const ShopConnector = connect(mapStateToProps, mapDispatchToProps)(
  class extends Component {
    render() {
      return <Switch>
              <Redirect from="/shop/products/:category"
                to="/shop/products/:category/1" exact={ true } />
              <Route path={ "/shop/products/:category/:page" }
                render={ (routeProps) =>
                  <DataGetter { ...this.props } { ...routeProps }>
                    <Shop { ...this.props } { ...routeProps } />
                  </DataGetter>
                } />
              <Route path="/shop/cart" render={ (routeProps) =>
                <CartDetails { ...this.props } { ...routeProps } />} />
              <Redirect to="/shop/products/all/1" />
            </Switch>
    }

    componentDidMount() {
      this.props.loadData(DataTypes.CATEGORIES);
      //this.props.loadData(DataTypes.PRODUCTS);
    }
  }
)
```

여기선 페이지네이션을 지원하기 위해 라우팅 설정을 변경했다. 우선 Redirect를 추가했는데, 이는 카테고리는 있으나 페이지가 없는 URL인 경우 해당 카테고리의 첫 페이지로 리다이렉션하는 역할을 한다. 또한 원래 있던 Redirect의 경우 일치되지 않는 모든 URL을 /shop/products/all로 리다이렉션하도록 변경했다.

이로써 코드는 좀 더 복잡해졌다. 이제 ShopConnector 컴포넌트가 콘텐츠를 렌더링할 때, URL을 확인해 category와 page를 가져오는 데 다음과 같은 Route를 사용하게 된다.

```
...
<Route path={ "/shop/products/:category/:page" }
...
```

Route 직전에 있는 Redirect는 카테고리만 있는 URL의 경우 해당 카테고리의 첫 페이지로 리다이렉션한다.

```
...
<Redirect from="/shop/products/:category"
  to="/shop/products/:category/1" exact={ true } />
...
```

이는 항상 category와 page 값이 존재할 경우에만 URL 라우팅이 수행됨을 보장한다. 마지막 Redirect는 그 외의 모든 URL일 경우 필터링 없이 모든 상품을 보여주는 첫 페이지로 리다이렉션한다.

```
...
<Redirect to="/shop/products/all/1" />
...
```

카테고리 버튼 수정

이제 선택된 카테고리가 없을 경우 All 버튼이 강조되도록 CategoryNavigation 컴포넌트를 리스트 6-15와 같이 수정하자.

리스트 6-15 src/shop/CategoryNavigation.js: All 버튼 수정

```
import React, { Component } from "react";
import { ToggleLink } from "../ToggleLink";

export class CategoryNavigation extends Component {

  render() {
    return <React.Fragment>
            <ToggleLink to={ `${this.props.baseUrl}/all` } exact={ false }>
              All
            </ToggleLink>
            { this.props.categories && this.props.categories.map(cat =>
              <ToggleLink key={ cat }
                to={ `${this.props.baseUrl}/${cat.toLowerCase()}`}>
```

```
           { cat }
        </ToggleLink>
      )}
    </React.Fragment>
  }
}
```

보다시피 ToggleLink 컴포넌트가 확인하는 URL에 /all을 추가했다. 또한 exact 프로퍼티
는 false로 설정해 /shop/products/all/1 같은 URL도 부합되게 했다. 이로써 애플리케
이션은 카테고리로 필터링된 상품 데이터의 개별 페이지를 웹 서비스에 요청할 수 있게
됐다. 사용자가 어떤 카테고리 버튼을 클릭하는 DataGetter 컴포넌트는 새로운 데이터를
요청한다. 그림 6-4에서 볼 수 있듯 말이다.

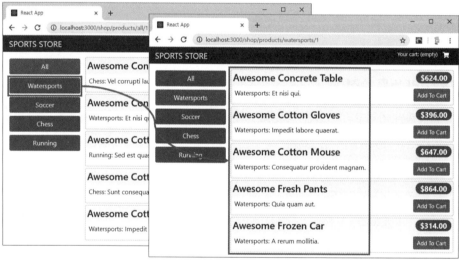

▲ 그림 6-4 웹 서비스에 페이지 요청

페이지네이션 제어

다음 단계는 사용자가 각기 다른 페이지를 내비게이션할 수 있고 상품 개수를 지정할 수
있게 하는 컴포넌트를 만드는 것이다. 이를 위해 리스트 6-16과 같이 상품 개수의 변경
과 정렬 방법의 지정에 사용될 새로운 데이터 스토어 액션 타입을 먼저 정의하자.

```
export const DataTypes = {
  PRODUCTS: "products",
  CATEGORIES: "categories"
}

export const ActionTypes = {
  DATA_LOAD: "data_load",
  DATA_SET_SORT_PROPERTY: "data_set_sort",
  DATA_SET_PAGESIZE: "data_set_pagesize",
  CART_ADD: "cart_add",
  CART_UPDATE: "cart_update",
  CART_REMOVE: "cart_delete",
  CART_CLEAR: "cart_clear"
}
```

이제 리스트 6-17과 같이 새로운 액션 타입의 액션을 만들 새 액션 생성자를 Action

Creators.js 파일에 추가하자.

리스트 6-17 src/data/ActionCreators.js: 액션 생성자 추가

```
import { ActionTypes } from "./Types";
import { RestDataSource } from "./RestDataSource";

const dataSource = new RestDataSource();

export const loadData = (dataType, params) => (
  {
    type: ActionTypes.DATA_LOAD,
    payload: dataSource.GetData(dataType, params).then(response =>
      ({ dataType,
        data: response.data,
        total: Number(response.headers["x-total-count"]),
        params
      })
    )
  })

export const setPageSize = (newSize) =>
```

```
({ type: ActionTypes.DATA_SET_PAGESIZE, payload: newSize});

export const setSortProperty = (newProp) =>
  ({ type: ActionTypes.DATA_SET_SORT_PROPERTY, payload: newProp});
```

다음엔 리스트 6-18과 같이 ShopReducer가 새 액션을 지원하도록 확장하자.

리스트 6-18 src/data/ShopReducer.js: 새 액션 지원

```
import { ActionTypes } from "./Types";

export const ShopReducer = (storeData, action) => {
  switch(action.type) {
    case ActionTypes.DATA_LOAD:
      return {
        ...storeData,
        [action.payload.dataType]: action.payload.data,
        [`${action.payload.dataType}_total`]: action.payload.total,
        [`${action.payload.dataType}_params`]: action.payload.params
      };
    case ActionTypes.DATA_SET_PAGESIZE:
      return { ...storeData, pageSize: action.payload }
    case ActionTypes.DATA_SET_SORT_PROPERTY:
      return { ...storeData, sortKey: action.payload }
    default:
      return storeData || {};
  }
}
```

이제 사용자가 페이지네이션 기능을 사용할 수 있게 HTML 엘리먼트를 추가할 차례다.
src 폴더에 PaginationControls.js라는 파일을 만들어 리스트 6-19와 같이 컴포넌트를
정의하자.

리스트 6-19 src/PaginationControls.js

```
import React, { Component } from "react";
import { PaginationButtons } from "./PaginationButtons";

export class PaginationControls extends Component {
```

```
constructor(props) {
  super(props);
  this.pageSizes = this.props.sizes || [5, 10, 25, 100];
  this.sortKeys = this.props.keys || ["Name", "Price"];
}

handlePageSizeChange = (ev) => {
  this.props.setPageSize(ev.target.value);
}

handleSortPropertyChange = (ev) => {
  this.props.setSortProperty(ev.target.value);
}

render() {
  return <div className="m-2">
           <div className="text-center m-1">
             <PaginationButtons currentPage={this.props.currentPage}
               pageCount={this.props.pageCount}
               navigate={ this.props.navigateToPage }/>
           </div>
           <div className="form-inline justify-content-center">
             <select className="form-control"
               onChange={ this.handlePageSizeChange }
               value={ this.props.pageSize|| this.pageSizes[0] }>
               { this.pageSizes.map(s =>
                 <option value={s} key={s}>{s} per page</option>
               )}
             </select>
             <select className="form-control"
               onChange={ this.handleSortPropertyChange }
               value={ this.props.sortKey || this.sortKeys[0] }>
               { this.sortKeys.map(k =>
                 <option value={k.toLowerCase()} key={k}>
                   Sort By { k }
                 </option>
               )}
             </select>
           </div>
         </div>
  }
}
```

PaginationControls 컴포넌트는 select 엘리먼트를 사용해 사용자가 상품의 개수와 정렬 방법을 변경할 수 있게 한다. 사용자가 선택할 수 있는 개별 값을 제공하는 option 엘리먼트는 props를 통해 제어할 수 있으며, 이는 7장에서 관리자 기능을 위한 컴포넌트를 만들 때 재사용할 것이다. 만약 주어진 props가 없다면 상품을 조회하기 위한 기본값이 사용된다.

onChange prop은 사용자의 선택에 반응하기 위해 select 엘리먼트에 적용됐다. 이 prop 에는 사용자에 의해 발생된 변경 이벤트를 받아 부모 컴포넌트로부터 받은 함수 props를 호출하는 메서드가 할당된다.

페이지 사이의 이동을 가능하게 할 버튼을 생성하는 작업은 PaginationButtons라는 컴포넌트에 위임했다. 그럼 src 폴더에 PaginationButtons.js라는 파일을 만들어 리스트 6-20과 같은 코드를 작성하자.

리스트 6-20 src/PaginationButtons.js

```
import React, { Component } from "react";

export class PaginationButtons extends Component {

  getPageNumbers = () => {
    if (this.props.pageCount < 4) {
      return [...Array(this.props.pageCount + 1).keys()].slice(1);
    } else if (this.props.currentPage <= 4) {
      return [1, 2, 3, 4, 5];
    } else if (this.props.currentPage > this.props.pageCount - 4) {
      return [...Array(5).keys()].reverse()
        .map(v => this.props.pageCount - v);
    } else {
      return [this.props.currentPage -1, this.props.currentPage,
        this.props.currentPage + 1];
    }
  }

  render() {
    const current = this.props.currentPage;
    const pageCount = this.props.pageCount;
```

```
        const navigate = this.props.navigate;
        return <React.Fragment>
                <button onClick={ () => navigate(current - 1) }
                  disabled={ current === 1 } className="btn btn-secondary mx-1">
                    Previous
                </button>
                { current > 4 &&
                  <React.Fragment>
                    <button className="btn btn-secondary mx-1"
                      onClick={ () => navigate(1)}>1</button>
                    <span className="h4">...</span>
                  </React.Fragment>
                }
                { this.getPageNumbers().map(num =>
                  <button className={ `btn mx-1 ${num === current
                    ? "btn-primary": "btn-secondary"}`}
                      onClick={ () => navigate(num)} key={ num }>
                        { num }
                  </button>)}
                { current <= (pageCount - 4) &&
                  <React.Fragment>
                    <span className="h4">...</span>
                    <button className="btn btn-secondary mx-1"
                      onClick={ () => navigate(pageCount)}>
                      { pageCount }
                    </button>
                  </React.Fragment>
                }
                <button onClick={ () => navigate(current + 1) }
                  disabled={ current === pageCount }
                  className="btn btn-secondary mx-1">
                    Next
                </button>
            </React.Fragment>
    }
}
```

페이지네이션 버튼을 만드는 과정은 복잡하며, 세부 사항들에 발목을 붙잡힐 수 있다. 이 접근법은 많은 양의 데이터를 내비게이션하는 충분한 맥락을 제공하려는 의도와, 동시에 코드의 단순함을 유지하려는 의도 사이의 균형을 유지하고자 했기 때문이다.

이제 페이지네이션 제어 기능을 스토어 안의 상품 데이터에 연결하기 위해 src/shop 폴더에 ProductPageConnector.js라는 파일을 만들어 리스트 6-21과 같이 컴포넌트를 정의하자.

리스트 6-21 src/shop/ProductPageConnector.js

```
import { connect } from "react-redux";
import { withRouter } from "react-router-dom";
import { setPageSize, setSortProperty } from "../data/ActionCreators";

const mapStateToProps = dataStore => dataStore;
const mapDispatchToProps = { setPageSize, setSortProperty };

const mergeProps = (dataStore, actionCreators, router) => ({
  ...dataStore, ...router, ...actionCreators,
  currentPage: Number(router.match.params.page),
  pageCount: Math.ceil((dataStore.products_total
    | dataStore.pageSize || 5)/(dataStore.pageSize || 5)),
  navigateToPage: (page) => router.history
    .push(`/shop/products/${router.match.params.category}/${page}`),
})

export const ProductPageConnector = (PageComponent) =>
  withRouter(connect(mapStateToProps, mapDispatchToProps,
    mergeProps)(PageComponent))
```

이전에도 설명했지만 리액트 애플리케이션의 복잡함은 종종 각기 다른 여러 기능이 합쳐지면서 발생한다. SprotsStore 애플리케이션에선 `ProductPageConnector` 같은 커넥터 컴포넌트들이 그에 해당한다. 리스트 6-21의 코드에선 props를 통해 다른 컴포넌트에게 기능을 제공하는, 이른바 고차 컴포넌트[HOC, higher-order component]를 만든다. HOC에 대해선 14장에서 자세히 설명한다. `ProductPageConnector`가 바로 HOC이며, 데이터 스토어 프로퍼티, 액션 생성자, 라우팅 관련 파라미터를 조합해 페이지네이션 제어 컴포넌트에 필요한 기능을 제공한다. 컴포넌트를 데이터 스토어에 연결하기 위한 connect는 5장에서 사용했었던 동일한 함수이며, `withRouter` 함수와 함께 사용된다. `withRouter`는 connect의 대응 관계로서 리액트 라우터 패키지가 제공하는 함수이며, 가장 근접한 Route로부터 가져온 상세 정보를 컴포넌트에 제공한다. 이제 이 HOC를 PaginationControls 컴포넌트에 적용하고 그 결과를 사용자에게 보여줄 콘텐츠에 추가하기 위해 Shop.js 파일을 리스트 6-22와 같이 수정하자.

리스트 6-22 src/shop/Shop.js: 페이지네이션 제어 기능 추가

```
import React, { Component } from "react";
import { CategoryNavigation } from "./CategoryNavigation";
import { ProductList } from "./ProductList";
import { CartSummary } from "./CartSummary";
import { ProductPageConnector } from "./ProductPageConnector";
import { PaginationControls } from "../PaginationControls";

const ProductPages = ProductPageConnector(PaginationControls);

export class Shop extends Component {

  handleAddToCart = (...args) => {
    this.props.addToCart(...args);
    this.props.history.push("/shop/cart");
  }

  render() {
    return <div className="container-fluid">
            <div className="row">
              <div className="col bg-dark text-white">
                <div className="navbar-brand">SPORTS STORE</div>
                <CartSummary { ...this.props } />
              </div>
            </div>
            <div className="row">
              <div className="col-3 p-2">
                <CategoryNavigation baseUrl="/shop/products"
                  categories={ this.props.categories } />
              </div>
              <div className="col-9 p-2">
                <ProductPages />
                <ProductList products={ this.props.products }
                  addToCart={ this.handleAddToCart } />
              </div>
```

```
            </div>
        </div>
    }
}
```

이로써 페이지 사이를 이동할 수 있는 버튼, 한 페이지에 보고자 하는 상품 개수, 상품 정렬 방법을 지정할 수 있는 엘리먼트가 포함된 그림 6-5와 같은 화면이 완성됐다.

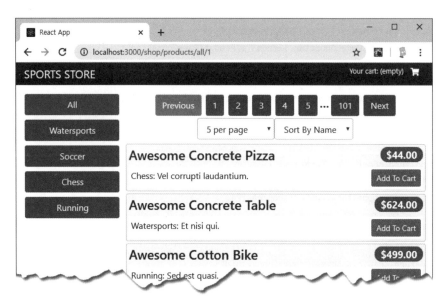

▲ 그림 6-5 추가된 페이지네이션 기능

결제 처리 시스템

이제 애플리케이션의 핵심 기능이 완성됐다. 즉, 사용자는 상품 데이터를 필터링하고 내비게이션할 수 있으며, 카트에 상품을 추가하고 요약 정보나 상세 정보를 볼 수 있다. 남은 건 사용자가 결제 과정을 거치면 새 주문이 웹 서비스에 전송돼 쇼핑이 완료되고, 쇼핑 카트가 초기화되며 요약 메시지가 보이게 하는 일이다. 그럼 다음 절부터 결제와 주문 기능을 추가하자.

REST 데이터 소스와 데이터 스토어 확장

23장에서도 설명하겠지만 RESTful 웹 서비스가 HTTP 요청을 받을 땐 HTTP 메서드(또는 HTTP 동사^{HTTP verb}), 수행해야 할 작업을 결정하기 위한 URL의 조합을 사용한다. 이 예제에선 웹 서비스에 주문을 전송하기 위해 /orders라는 URL로 POST 방식의 요청을 보낼 것이다. 그럼 기존 애플리케이션과의 일관성을 유지하기 위해 주문에 해당하는 데이터 타입과 주문을 저장하기 위한 액션을 리스트 6–23과 같이 Types.js에 추가하자.

리스트 6–23 src/data/Types.js: 새 타입 추가

```
export const DataTypes = {
  PRODUCTS: "products",
  CATEGORIES: "categories",
  ORDERS: "orders"
}

export const ActionTypes = {
  DATA_LOAD: "data_load",
  DATA_STORE: "data_store",
  DATA_SET_SORT_PROPERTY: "data_set_sort",
  DATA_SET_PAGESIZE: "data_set_pagesize",
  CART_ADD: "cart_add",
  CART_UPDATE: "cart_update",
  CART_REMOVE: "cart_delete",
  CART_CLEAR: "cart_clear"
}
```

주문을 위한 URL에 새 데이터 타입을 사용할 수 있게 됐으므로 리스트 6–24와 같이 Urls.js 파일을 수정하자. 이는 관리자 기능을 개발하는 7장에서도 사용할 것이다.

리스트 6–24 src/data/Urls.js: 새 URL 추가

```
import { DataTypes } from "./Types";

const protocol = "http";
const hostname = "localhost";
const port = 3500;
```

```
export const RestUrls = {
  [DataTypes.PRODUCTS]: `${protocol}://${hostname}:${port}/api/products`,
  [DataTypes.CATEGORIES]: `${protocol}://${hostname}:${port}/api/categories`,
  [DataTypes.ORDERS]: `${protocol}://${hostname}:${port}/api/orders`
}
```

주문 객체를 받아 웹 서비스로 전송하는 메서드를 REST 데이터 소스에 추가하기 위해 RestDataSource.js 파일을 리스트 6-25와 같이 수정하자.

리스트 6-25 src/data/RestDataSource.js: 주문을 위한 메서드 추가

```
import Axios from "axios";
import { RestUrls } from "./Urls";

export class RestDataSource {

  constructor(err_handler) {
    this.error_handler = err_handler || (() => {});
  }

  GetData = (dataType, params) =>
    this.SendRequest("get", RestUrls[dataType], params);

  StoreData = (dataType, data) =>
    this.SendRequest("post", RestUrls[dataType], {}, data);

  SendRequest = (method, url, params, data) =>
    Axios.request({ method, url, params, data });
}
```

엑시오스 패키지는 데이터 객체를 받아 이를 웹 서비스에 전송할 수 있는 형태로 만들 것이다. 웹 서비스로 주문을 전송하기 위해 Promise를 사용하는 새 액션 생성자를 ActionCreators.js에 리스트 6-26과 같이 추가하자. 웹 서비스는 저장된 데이터를 리턴할 것이며, 거기엔 유일한 식별자가 포함돼 있을 것이다.

리스트 6-26 src/data/ActionCreators.js: 액션 생성자 추가

```
import { ActionTypes, DataTypes } from "./Types";
import { RestDataSource } from "./RestDataSource";

const dataSource = new RestDataSource();

export const loadData = (dataType, params) => (
  {
    type: ActionTypes.DATA_LOAD,
    payload: dataSource.GetData(dataType, params).then(response =>
      ({ dataType,
        data: response.data,
        total: Number(response.headers["x-total-count"]),
        params
      })
    )
  })

export const setPageSize = (newSize) => {
  return ({ type: ActionTypes.DATA_SET_PAGESIZE, payload: newSize});
}

export const setSortProperty = (newProp) =>
  ({ type: ActionTypes.DATA_SET_SORT_PROPERTY, payload: newProp});

export const placeOrder = (order) => ({
  type: ActionTypes.DATA_STORE,
  payload: dataSource.StoreData(DataTypes.ORDERS, order).then(response => ({
    dataType: DataTypes.ORDERS, data: response.data
  }))
})
```

결과를 처리하고 데이터 스토어에 주문을 추가하기 위해 리스트 6-27과 같이 ShopReducer 를 수정하자.

리스트 6-27 src/data/ShopReducer.js: 주문 저장

```
import { ActionTypes, DataTypes } from "./Types";

export const ShopReducer = (storeData, action) => {
```

```
  switch(action.type) {
    case ActionTypes.DATA_LOAD:
      return {
        ...storeData,
        [action.payload.dataType]: action.payload.data,
        [`${action.payload.dataType}_total`]: action.payload.total,
        [`${action.payload.dataType}_params`]: action.payload.params
      };
    case ActionTypes.DATA_SET_PAGESIZE:
      return { ...storeData, pageSize: action.payload }
    case ActionTypes.DATA_SET_SORT_PROPERTY:
      return { ...storeData, sortKey: action.payload }
    case ActionTypes.DATA_STORE:
      if (action.payload.dataType === DataTypes.ORDERS) {
        return { ...storeData, order: action.payload.data }
      }
      break;
    default:
      return storeData || {};
  }
}
```

결제 폼 제작

SportsStore 주문을 완료하기 위해선 고객이 자신의 상세 정보를 입력할 수 있는 폼이 제공돼야 한다. 리액트는 폼 엘리먼트를 다루는 두 가지 방식을 지원하는데, 바로 **제어**controlled 방식과 **비제어**uncontrolled 방식이다. 제어 방식에선 리액트가 직접 엘리먼트의 콘텐츠를 관리하고 변경 이벤트에 응답한다. 앞서 페이지네이션을 제어하기 위해 사용했던 select 엘리먼트가 이 경우에 속한다. 그러나 결제 폼의 경우엔 리액트의 깊은 관여 없이 브라우저의 원래 기능을 따르는 비제어 방식을 사용할 것이다. 비제어 방식의 엘리먼트를 다루는 핵심에 ref라는 기능이 있는데, 이는 render 메서드가 만든 HTML 엘리먼트가 사용자에게 보인 이후에도 리액트 컴포넌트가 그 엘리먼트를 추적할 수 있게 한다. ref의 자세한 내용은 16장에서 설명한다. 결제 폼에서 ref를 사용해 얻는 이점은 HTML5 유효성 검증 API^HTML5 validation API를 사용해 폼 검증을 할 수 있다는 점이다. 유효성 검증 API

는 폼 엘리먼트의 직접 접근을 전제로 하는데, 이는 ref가 없다면 불가능한 일이기 때문이다.

> **참고**
>
> 리액트 애플리케이션에서 폼의 생성과 유효성 검증을 가능하게 하는 다른 패키지들도 있다. 그러나 그런 패키지들은 사용법뿐만 아니라 폼의 모양이나 데이터의 구조에 제약을 주는 등의 작업이 불편하다. 그보다는 커스텀 폼을 만들고 15장과 16장에서 설명하는 방법으로 유효성 검증을 하는 편이 더 쉬운데, 그게 지금 SportsStore에 적용하려는 방법이다.

검증된 폼 만들기

이제 프로그래밍에 필요한 필드를 생성하며 검증될 수 있는, 재사용 가능한 폼을 만들어보자. src/forms 폴더에 ValidatedForm.js라는 파일을 만들어 리스트 6-28과 같은 컴포넌트를 정의한다.

리스트 6-28 src/forms/ValidatedForm.js

```
import React, { Component } from "react";
import { ValidationError } from "./ValidationError";
import { GetMessages } from "./ValidationMessages";

export class ValidatedForm extends Component {

  constructor(props) {
    super(props);
    this.state = {
      validationErrors: {}
    }
    this.formElements = {};
  }

  handleSubmit = () => {
    this.setState(state => {
      const newState = { ...state, validationErrors: {} }
      Object.values(this.formElements).forEach(elem => {
        if (!elem.checkValidity()) {
```

```
              newState.validationErrors[elem.name] = GetMessages(elem);
          }
      })
      return newState;
    }, () => {
      if (Object.keys(this.state.validationErrors).length === 0) {
        const data = Object.assign(...Object.entries(this.formElements)
          .map(e => ({[e[0]]: e[1].value})) )
        this.props.submitCallback(data);
      }
    });
  }


  registerRef = (element) => {
    if (element !== null) {
      this.formElements[element.name] = element;
    }
  }


  renderElement = (modelItem) => {
    const name = modelItem.name || modelItem.label.toLowerCase();
    return <div className="form-group" key={ modelItem.label }>
            <label>{ modelItem.label }</label>
            <ValidationError errors={ this.state.validationErrors[name] } />
            <input className="form-control" name={ name } ref={ this.registerRef }
              { ...this.props.defaultAttrs } { ...modelItem.attrs } />
          </div>
  }


  render() {
    return <React.Fragment>
            { this.props.formModel.map(m => this.renderElement(m))}
            <div className="text-center">
              <button className="btn btn-secondary m-1"
                onClick={ this.props.cancelCallback }>
                { this.props.cancelText || "Cancel" }
              </button>
              <button className="btn btn-primary m-1"
                onClick={ this.handleSubmit }>
                { this.props.submitText || "Submit"}
              </button>
```

```
            </div>
        </React.Fragment>
    }
}
```

ValidatedForm 컴포넌트는 하나의 데이터 모델을 받아, 이를 사용해 HTML5 API를 통해 유효성이 검증되는 폼을 만든다. 폼 엘리먼트 각각은 레이블과 ValidationError 컴포넌트를 포함해 렌더링되는데, ValidationError는 사용자에게 유효성 검증 결과 메시지를 보여주는 컴포넌트다. 이 폼은 또한 props로 제공된 콜백 함수를 사용해 폼을 취소하거나 제출할 수 있는 버튼을 보여준다. submitCallback 함수는 반드시 모든 엘리먼트가 유효성 조건을 통과해야만 호출된다.

이제 submitCallback 함수가 호출되면 프로퍼티 이름은 name 속성 값이며 프로퍼티 값은 사용자가 입력한 데이터인 객체 하나를 받게 될 것이다.

폼 정의하기

에러 메시지를 보여줄 컴포넌트를 만들기 위해 src/forms 폴더에 ValidationError.js라는 파일을 만들어 리스트 6–29의 코드를 작성하자.

리스트 6-29 src/forms/ValidationError.js

```
import React, { Component } from "react";
export class ValidationError extends Component {

    render() {
        if (this.props.errors) {
            return this.props.errors.map(err =>
                <h6 className="text-danger" key={err}>
                    { err }
                </h6>
            )
        }
        return null;
    }
}
```

16장에서 설명하겠지만 유효성 검증 API는 검증 에러를 어색한 방법으로 나타낸다. 그럼 사용자에게 보여줄 수 있는 메시지를 만들기 위해 src/forms 폴더에 ValidationMessages. js 파일을 만들어 리스트 6-30과 같은 함수를 정의하자.

리스트 6-30 src/forms/ValidationMessages.js

```
export const GetMessages = (elem) => {
  const messages = [];
  if (elem.validity.valueMissing) {
    messages.push("Value required");
  }
  if (elem.validity.typeMismatch) {
    messages.push(`Invalid ${elem.type}`);
  }
  return messages;
}
```

결제 처리를 위한 검증된 폼을 사용하기 위해 src/shop 폴더에 Checkout.js라는 파일을 만들어 리스트 6-31의 컴포넌트를 정의하자.

리스트 6-31 src/shop/Checkout.js

```
import React, { Component } from "react";
import { ValidatedForm } from "../forms/ValidatedForm";

export class Checkout extends Component {

  constructor(props) {
    super(props);
    this.defaultAttrs = { type: "text", required: true };
    this.formModel = [
      { label: "Name"},
      { label: "Email", attrs: { type: "email" }},
      { label: "Address" },
      { label: "City"},
      { label: "Zip/Postal Code", name: "zip"},
      { label: "Country"}]
  }

  handleSubmit = (formData) => {
```

```
    const order = { ...formData, products: this.props.cart.map(item =>
      ({ quantity: item.quantity, product_id: item.product.id})) }
    this.props.placeOrder(order);
    this.props.clearCart();
    this.props.history.push("/shop/thanks");
  }

  handleCancel = () => {
    this.props.history.push("/shop/cart");
  }

  render() {
    return <div className="container-fluid">
            <div className="row">
              <div className="col bg-dark text-white">
                <div className="navbar-brand">SPORTS STORE</div>
              </div>
            </div>
            <div className="row">
              <div className="col m-2">
                <ValidatedForm formModel={ this.formModel }
                  defaultAttrs={ this.defaultAttrs }
                  submitCallback={ this.handleSubmit }
                  cancelCallback={ this.handleCancel }
                  submitText="Place Order"
                  cancelText="Return to Cart" />
              </div>
            </div>
          </div>
  }
}
```

Checkout 컴포넌트는 ValidatedForm을 사용해 사용자에게 이름, 이메일, 주소를 입력할 필드를 보여준다. 모든 폼 엘리먼트에는 required 속성이 포함되며, 이메일 주소를 위한 input 엘리먼트의 type 속성에는 email이 할당된다. 이들 필드는 HTML5 유효성 검증 API가 사용하며, 사용자가 모든 필드를 채우지 않았거나 유효한 이메일 주소를 입력하지 않았을 때엔 주문을 방지할 것이다. 이메일 주소의 경우 비록 형식만 검증하지만 말이다.

사용자가 유효한 폼 데이터를 제출하면 handleSubmit 메서드가 호출된다. 이 메서드는 폼 데이터를 받아 카트의 상세 내용과 조합하고, placeOrder와 clearCart 액션 생성자를 호출한 다음 /shop/thanks라는 URL로 내비게이션한다.

Thanks 컴포넌트 제작

사용자에게 주문이 확정되고 결제 절차가 완료됐음을 알리기 위해 src/shop 폴더에 Thanks.js라는 파일을 만들어 리스트 6-32와 같은 컴포넌트를 정의하자.

리스트 6-32 src/shop/Thanks.js

```
import React, { Component } from "react";
import { Link } from "react-router-dom";

export class Thanks extends Component {

  render() {
    return <div>
            <div className="col bg-dark text-white">
              <div className="navbar-brand">SPORTS STORE</div>
            </div>
            <div className="m-2 text-center">
              <h2>Thanks!</h2>
              <p>Thanks for placing your order.</p>
              <p>Your order is #{ this.props.order ? this.props.order.id : 0 }</p>
              <p>We'll ship your goods as soon as possible.</p>
              <Link to="/shop" className="btn btn-primary">
                Return to Store
              </Link>
            </div>
          </div>
  }
}
```

Thanks 컴포넌트는 order 객체의 id 프로퍼티 값을 포함하는 간략한 메시지를 보여준다. 이 컴포넌트는 데이터 스토어에 연결될 것이며, 그 안의 order 객체는 RESTful 웹 서비스에 의해 할당된 id 값을 갖게 될 것이다.

새 컴포넌트 적용

애플리케이션에 새 컴포넌트를 추가하기 위해 ShopConnector 컴포넌트를 리스트 6-33과
같이 수정하자.

리스트 6-33 src/shop/ShopConnector.js: 새 컴포넌트 추가

```
import React, { Component } from "react";
import { Switch, Route, Redirect } from "react-router-dom";
import { connect } from "react-redux";
import { loadData, placeOrder } from "../data/ActionCreators";
import { DataTypes } from "../data/Types";
import { Shop } from "./Shop";
import { addToCart, updateCartQuantity, removeFromCart, clearCart }
  from "../data/CartActionCreators";
import { CartDetails } from "./CartDetails";
import { DataGetter } from "../data/DataGetter";
import { Checkout } from "./Checkout";
import { Thanks } from "./Thanks";

const mapStateToProps = (dataStore) => ({
  ...dataStore
})

const mapDispatchToProps = {
  loadData,
  addToCart, updateCartQuantity, removeFromCart, clearCart,
  placeOrder
}

export const ShopConnector = connect(mapStateToProps, mapDispatchToProps)(
  class extends Component {
    render() {
      return <Switch>
              <Redirect from="/shop/products/:category"
                to="/shop/products/:category/1" exact={ true } />
              <Route path={ "/shop/products/:category/:page" }
                render={ (routeProps) =>
                  <DataGetter { ...this.props } { ...routeProps }>
                    <Shop { ...this.props } { ...routeProps } />
                  </DataGetter>
                } />
```

```
                    <Route path="/shop/cart" render={ (routeProps) =>
                      <CartDetails { ...this.props } { ...routeProps } />} />
                    <Route path="/shop/checkout" render={ routeProps =>
                      <Checkout { ...this.props } { ...routeProps } /> } />
                    <Route path="/shop/thanks" render={ routeProps =>
                      <Thanks { ...this.props } { ...routeProps } /> } />
                    <Redirect to="/shop/products/all/1" />
                </Switch>
        }

        componentDidMount() {
          this.props.loadData(DataTypes.CATEGORIES);
        }
      }
  )
```

이제 사용자는 결제를 할 수 있게 됐다. 새 기능을 테스트하려면 http://localhost:3000
을 방문해 하나 이상의 상품을 카트에 넣고 Checkout 버튼을 클릭하면 된다. 그러면 그
림 6-6과 같은 폼이 나타날 것이다. 만약 폼을 채우지 않고 Place Order 버튼을 누른다
면 그림에서와 같은 유효성 검증 경고가 나타날 것이다.

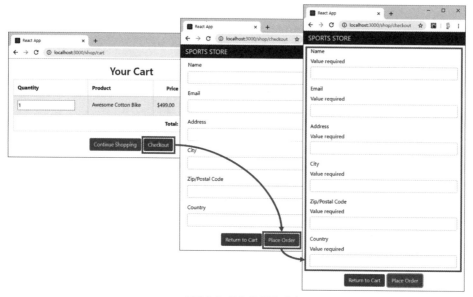

▲ 그림 6-6 유효성 검증 에러

유효한 이메일 주소를 포함해 모든 필드를 채우고 Place Order 버튼을 누르면 주문이 완료되고 그림 6-7과 같이 요약 메시지가 나타날 것이다.

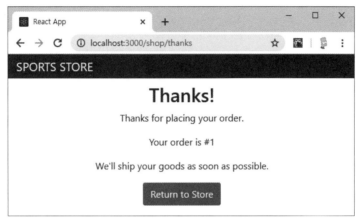

▲ 그림 6-7 주문 완료

새 브라우저 창을 열어 http://localhost:3500/api/orders를 방문하면 JSON 형식의 주문 데이터를 볼 수 있다.

```
...
[{
  "name":"Taesang Lee","email":"taesang@gmail.com",
  "address":"123 Main Street","city":"Seoul","zip":"00000",
  "country":"Korea","products":[{"quantity":1,"product_id":318}],"id":1
}]
...
```

주문을 할 때마다 RESTful 웹 서비스가 id를 할당하며, 이는 주문 요약 내용에 포함돼 보일 것이다.

ShopConnector 컴포넌트 다듬기

이로써 SportsStore 애플리케이션의 쇼핑 부분에 해당하는 모든 기능이 완성됐다. 그러나 작업 하나를 더 진행하고 6장을 끝내고자 한다.

리액트 애플리케이션은 컴포넌트에 데이터와 함수를 제공하는 props를 중심으로 작동한다. 문제는 URL 라우팅이나 데이터 스토어 등의 기능이 사용될 때, 그 능력을 props로 번역하는 부분이 복잡해질 수 있다는 점이다. SportsStore에선 ShopConnector 컴포넌트가 그렇다. ShopConnector는 데이터 스토어 프로퍼티, 액션 생성자, URL 라우팅을 애플리케이션의 쇼핑 부분에 통합했다. 이와 같은 통합은 다른 쇼핑 컴포넌트의 작성, 관리, 테스트를 쉽게 해준다. 그러나 통합된 코드의 복잡함으로 인해 가독성이 떨어지며 에러가 존재할 가능성이 생긴다는 단점이 있다.

지금까지 기능을 추가할 때마다 새 Route를 추가함으로써 컴포넌트를 선택해 데이터 스토어와 URL 라우터로부터의 props에 접근하게 했다. 각 컴포넌트가 받는 props에 대해 좀 더 구체적으로 지정할 수도 있었을 것이며, 이 책의 나머지 예제에서는 그렇게 할 예정이다. 그러나 SportsStore의 경우 모든 컴포넌트가 모든 props에 접근하게 함으로써 쉬운 개발을 가능하게 했으며, 모든 기능이 추가됐을 때 라우팅 코드가 정리될 수 있게 의도했다. 그럼 ShopConnector를 리스트 6-34와 같이 깔끔하게 정리해보자.

리스트 6-34 src/shop/ShopConnector.js: 코드 정리

```
import React, { Component } from "react";
import { Switch, Route, Redirect } from "react-router-dom"
```

```
import { connect } from "react-redux";
import * as ShopActions from "../data/ActionCreators";
import { DataTypes } from "../data/Types";
import { Shop } from "../shop/Shop";
import * as CartActions from "../data/CartActionCreators";
import { CartDetails } from "../shop/CartDetails";
import { DataGetter } from "../data/DataGetter";
import { Checkout } from "../shop/Checkout";
import { Thanks } from "../shop/Thanks";

const mapDispatchToProps = { ...ShopActions, ...CartActions};

export const ShopConnector = connect(ds => ds, mapDispatchToProps)(
  class extends Component {

    selectComponent = (routeProps) => {
      const wrap = (Component, Content) =>
        <Component { ...this.props} { ...routeProps}>
          { Content && wrap(Content)}
        </Component>
      switch (routeProps.match.params.section) {
        case "products":
          return wrap(DataGetter, Shop);
        case "cart":
          return wrap(CartDetails);
        case "checkout":
          return wrap(Checkout);
        case "thanks":
          return wrap(Thanks);
        default:
          return <Redirect to="/shop/products/all/1" />
      }
    }

    render() {
      return <Switch>
              <Redirect from="/shop/products/:category"
                to="/shop/products/:category/1" exact={ true } />
              <Route path={ "/shop/:section?/:category?/:page?"}
                render = { routeProps => this.selectComponent(routeProps) } />
            </Switch>
```

```
    }

    componentDidMount = () => this.props.loadData(DataTypes.CATEGORIES);
  }
)
```

9장에서 JSX가 자바스크립트로 변환되는 원리를 설명할 테지만, 모든 컴포넌트가 HTML 엘리먼트의 습성보다는 순수 자바스크립트에 더 의존해 재구성될 수 있다는 점은 잊어버리기 쉽다. 리스트 6-34에선 여러 Route 컴포넌트들을 하나로 축약해, render 함수가 사용자에게 보여줄 컴포넌트를 선택하고 데이터 스토어와 URL 라우터로부터의 props를 제공하게 했다. 또한 액션 생성자를 사용하기 위한 import 구문을 수정했으며, 그 액션 생성자들을 함수 props에 매핑할 때 스프레드 연산자를 사용했다. 이전엔 각 데이터 스토어의 기능을 애플리케이션의 나머지 부분에 연결하는 모습을 보여주기 위해 이렇게 하지 않았지만 말이다.

정리

6장에선 RESTful 웹 서버 지원, 데이터의 규모 확대, 결제 및 주문 지원을 추가함으로써 SportsStore의 개발을 계속 진행했다. 7장에선 SportsStore 애플리케이션의 관리자 기능을 구축할 것이다.

SportsStore:
관리자 기능

7장에선 주문과 상품을 관리하는 도구를 포함해 SportsStore 애플리케이션의 관리자 기능을 추가할 것이다. 이번엔 SportsStore의 고객 측면을 위해 사용했던 RESTful 웹 서비스를 확장하는 대신, 그래프QL을 사용할 것이다. 그래프QL은 클라이언트를 데이터 통제하에 두었던 전통적인 웹 서비스를 대체한다. 비록 초기 설정과 사용법이 다소 복잡하긴 하지만 말이다.

준비 작업

7장에서도 5장에서 개발해 6장에서 개선해온 SportsStore를 그대로 이용한다. 먼저 다량의 가짜 주문을 생성하기 위해 data.js를 리스트 7-1과 같이 변경하자.

> **💥 팁**
>
> 이 책의 모든 예제 파일은 http://www.acornpub.co.kr/book/pro-react16에서 다운로드할 수 있다.

```
var faker = require("faker");
faker.seed(100);
var categories = ["Watersports", "Soccer", "Chess"];
var products = [];
for (let i = 1; i <= 503; i++) {
  var category = faker.helpers.randomize(categories);
  products.push({
    id: i,
    name: faker.commerce.productName(),
    category: category,
    description: `${category}: ${faker.lorem.sentence(3)}`,
    price: Number(faker.commerce.price())
  })
}
var orders = [];
for (let i = 1; i <= 103; i++) {
  var fname = faker.name.firstName(); var sname = faker.name.lastName();
  var order = {
    id: i, name: `${fname} ${sname}`,
    email: faker.internet.email(fname, sname),
    address: faker.address.streetAddress(), city: faker.address.city(),
    zip: faker.address.zipCode(), country: faker.address.country(),
    shipped: faker.random.boolean(), products:[]
  }
  var productCount = faker.random.number({min: 1, max: 5});
  var product_ids = [];
  while (product_ids.length < productCount) {
    var candidateId = faker.random.number({ min: 1, max: products.length});
    if (product_ids.indexOf(candidateId) === -1) {
      product_ids.push(candidateId);
    }
  }
  for (let j = 0; j < productCount; j++) {
    order.products.push({
      quantity: faker.random.number({min: 1, max: 10}),
      product_id: product_ids[j]
    })
  }
```

```
    orders.push(order);
  }

module.exports = () => ({ categories, products, orders })
```

예제 애플리케이션 실행

명령 프롬프트에서 sportsstore 폴더로 이동해 리스트 7-2의 명령을 실행하자.

리스트 7-2 예제 실행

```
npm start
```

이제 리액트 개발 도구와 RESTful 웹 서비스가 구동됐을 것이다. 개발 도구가
SportsStore 애플리케이션을 컴파일한 후엔 새 브라우저 창에 그림 7-1과 같은 화면이
보일 것이다.

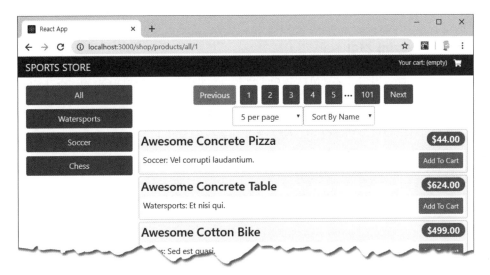

▲ 그림 7-1 실행된 예제 애플리케이션

그래프QL 서비스 제작

7장에선 SportsStore 애플리케이션의 관리자 기능을 위해 RESTful 웹 서비스 대신 그래프QL을 사용할 것이다. 실제 애플리케이션에선 REST와 그래프QL을 함께 사용하는 일이 드물다. 그러나 여기선 원격 서비스에 대한 두 접근법을 모두 보여주기 위해 그렇게 할 것이다.

그래프QL이 리액트 개발만을 위한 언어는 아니지만, 리액트와 상당히 어울리므로 24장에서 다시 설명할 예정이다. 또한 25장에선 리액트 애플리케이션에서 그래프QL 서비스를 사용하는 서로 다른 방법들도 보여줄 거이다.

> 💠 **팁**
>
> 7장에선 json-server 패키지가 제공하는 RESTful 웹 서비스와 데이터를 공유할 수 있는, SportsStore 애플리케이션만을 위한 커스텀 그래프QL 서버를 제작한다. 24장에선 이미 나와 있는 그래프QL 서버의 오픈소스와 상용 제품도 소개할 것이다.

그래프QL 스키마 정의

그래프QL의 모든 작업은 스키마로 정의해야 한다. 그럼 우리의 그래프QL 서비스가 지원하게 될 쿼리를 위해 스키마를 정의해보자. sportsstore 폴더에 serverQueriesSchema.graphql이라는 파일을 만들어 리스트 7–3의 내용을 작성한다.

리스트 7–3 serverQueriesSchema.graphql

```
type product { id: ID!, name: String!, description: String!, category: String!,
            price: Float! }


type productPage { totalSize: Int!,
                products(sort: String, page: Int, pageSize: Int): [product]}


type order {
  id: ID!, name: String!, email: String!, address: String!, city: String!,
  zip: String!, country: String!, shipped: Boolean, products: [productSelection]
```

```
  }

type orderPage { totalSize: Int,
                orders(sort: String, page: Int, pageSize: Int): [order]}

type productSelection { quantity: Int!, product: product }

type Query {
  product(id: ID!): product
  products(category: String, sort: String, page: Int, pageSize: Int): productPage
  categories: [String]
  orders(onlyUnshipped: Boolean): orderPage
}
```

그래프QL 명세에는 서비스가 제공하는 기능을 정의할 때 사용할 수 있는 스키마 언어가 포함돼 있다. 리스트 7-3의 스키마에선 상품, 카테고리, 주문을 위한 쿼리를 정의했다. 상품과 주문 쿼리는 페이지네이션을 지원하며 남은 아이템의 개수를 알려주는 totalSize 프로퍼티를 리턴한다. 이는 클라이언트가 사용자에게 페이지네이션 기능을 제공할 수 있게 한다. 상품은 카테고리에 의해 필터링될 수 있으며, 주문은 오직 배송 전인 주문으로만 필터링될 수 있다.

그래프QL에서 데이터 변경은 **뮤테이션**^{mutation}을 사용해 수행된다. 이는 데이터의 읽기와 쓰기를 분리한다는, 리액트 개발에서의 일반적인 사상에도 부합한다. 그럼 sportsstore 폴더에 serverMutationsSchema.graphql이라는 파일을 만들어 리스트 7-4와 같이 뮤테이션들을 정의하자.

리스트 7-4 serverMutationsSchema.graphql

```
input productStore {
  name: String!, description: String!, category: String!, price: Float!
}

input productUpdate {
  id: ID!, name: String, description: String, category: String, price: Float
}
```

```
type Mutation {
  storeProduct(product: productStore): product
  updateProduct(product: productUpdate): product
  deleteProduct(id: ID!): product
  shipOrder(id: ID!, shipped: Boolean!): order
}
```

리스트 7-4의 스키마에선 새 상품의 저장, 기존 상품의 갱신이나 삭제, 주문의 배송 여부를 표시하는 뮤테이션들을 정의했다.

그래프QL 리졸버 정의

그래프QL 서비스의 스키마는 리졸버[resolver]에 의해 구현된다. 그럼 쿼리를 위한 리졸버를 만들기 위해 sportsstore 폴더에 serverQueriesResolver.js라는 파일을 만들어 리스트 7-5의 코드를 작성하자.

리스트 7-5 serverQueriesResolver.js

```
const paginateQuery = (query, page = 1, pageSize = 5) =>
  query.drop((page - 1) * pageSize).take(pageSize);

const product = ({id}, {db}) => db.get("products").getById(id).value();

const products = ({ category }, { db}) => ({
  totalSize: () => db.get("products")
    .filter(p => category ? new RegExp(category, "i").test(p.category) : p)
    .size().value(),
  products: ({page, pageSize, sort}) => {
    let query = db.get("products");
    if (category) {
      query = query.filter(item =>
        new RegExp(category, "i").test(item.category))
    }
    if (sort) { query = query.orderBy(sort) }
    return paginateQuery(query, page, pageSize).value();
  }
})
```

```
const categories = (args, {db}) => db.get("categories").value();

const resolveProducts = (products, db) =>
  products.map(p => ({
    quantity: p.quantity,
    product: product({ id: p.product_id } , {db})
  }))

const resolveOrders = (onlyUnshipped, { page, pageSize, sort}, { db }) => {
  let query = db.get("orders");
  if (onlyUnshipped) { query = query.filter({ shipped: false}) }
  if (sort) { query = query.orderBy(sort) }
  return paginateQuery(query, page, pageSize).value()
    .map(order => ({ ...order, products: () =>
      resolveProducts(order.products, db) }));
}

const orders = ({onlyUnshipped = false}, {db}) => ({
  totalSize: () => db.get("orders")
    .filter(o => onlyUnshipped ? o.shipped === false : o).size().value(),
  orders: (...args) => resolveOrders(onlyUnshipped, ...args)
})

module.exports = { product, products, categories, orders }
```

리스트 7-5의 코드는 리스트 7-3에서 정의한 쿼리를 구현한다. 24장에서 독립적인 커스텀 그래프QL 서버의 예를 보게 되겠지만, 여기선 json-server 패키지가 데이터 저장소를 위해 사용하는 Lowdb라는 데이터베이스에 의존하기로 하자. Lowdb의 자세한 내용은 https://github.com/typicode/lowdb에서 확인하기 바란다.

각 쿼리는 클라이언트가 특정 필드를 요청할 때 호출되는 일련의 함수들을 통해 수행되며, 오직 필요한 데이터만 로딩되고 처리됨을 보장한다. 예컨대, orders 쿼리에선 연쇄적인 함수들을 통해 클라이언트가 요청한 product 객체만 질의하게 함으로써 서버에서 필요하지 않은 데이터를 조회하는 일을 예방한다.

이제 뮤테이션을 구현하기 위해 sportsstore 폴더에 serverMutationsResolver.js라는 파일을 만들어 리스트 7-6의 코드를 작성하자.

```
const storeProduct = ({ product}, {db }) =>
  db.get("products").insert(product).value();

const updateProduct = ({ product }, { db }) =>
  db.get("products").updateById(product.id, product).value();

const deleteProduct = ({ id }, { db }) => db.get("products").removeById(id).value();

const shipOrder = ({ id, shipped }, { db }) =>
  db.get("orders").updateById(id, { shipped: shipped}).value()

module.exports = [
  storeProduct, updateProduct, deleteProduct, shipOrder
}
```

리스트 7-6의 각 함수는 리스트 7-4에서 정의한 각 뮤테이션과 상응한다. 뮤테이션을 구현한 코드는 쿼리를 구현한 코드보다는 간단한데, 쿼리의 경우 추가 필터와 페이지네이션을 위한 추가 구문이 필요했기 때문이다.

서버 갱신

5장에서 이미 그래프QL 서버를 만들 때 필요한 패키지들을 설치했다. 이제 RESTful 웹 서비스를 제공했던 백엔드 서버가 그래프QL을 지원할 수 있도록 리스트 7-7과 같이 수정하자.

리스트 7-7 server.js: 그래프QL 지원 추가

```
const express = require("express");
const jsonServer = require("json-server");
const chokidar = require('chokidar');
const cors = require("cors");
const fs = require("fs");
const { buildSchema } = require("graphql");
const graphqlHTTP = require("express-graphql");
const queryResolvers = require("./serverQueriesResolver");
```

```
const mutationResolvers = require("./serverMutationsResolver");

const fileName = process.argv[2] || "./data.js"
const port = process.argv[3] || 3500;

let router = undefined;
let graph = undefined;

const app = express();

const createServer = () => {
  delete require.cache[require.resolve(fileName)];
  setTimeout(() => {
    router = jsonServer.router(fileName.endsWith(".js")
      ? require(fileName)() : fileName);
    let schema = fs.readFileSync("./serverQueriesSchema.graphql", "utf-8")
      + fs.readFileSync("./serverMutationsSchema.graphql", "utf-8");
    let resolvers = { ...queryResolvers, ...mutationResolvers };
    graph = graphqlHTTP({
      schema: buildSchema(schema), rootValue: resolvers,
      graphiql: true, context: { db: router.db }
    })
  }, 100)
}

createServer();

app.use(cors());
app.use(jsonServer.bodyParser)
app.use("/api", (req, resp, next) => router(req, resp, next));
app.use("/graphql", (req, resp, next) => graph(req, resp, next));

chokidar.watch(fileName).on("change", () => {
  console.log("Reloading web service data...");
  createServer();
  console.log("Reloading web service data complete.");
});

app.listen(port, () => console.log(`Web service running on port ${port}`));
```

이로써 스키마와 리졸버를 로딩하고 이를 이용해 그래프QL 서비스를 만들 수 있게 됐다. 이 서비스는 기존의 RESTful 웹 서비스와 데이터베이스를 공유한다. 이제 개발 도구를 중지하고 리스트 7-8과 같이 명령을 실행해 그래프QL 서버가 구동되게 하자.

리스트 7-8 리액트 개발 도구와 서비스 실행

```
npm start
```

그래프QL 서버가 제대로 구동됐는지 확인하기 위해 브라우저에서 http://localhost:3500/graphql을 방문해 그림 7-2와 같은 도구가 나타나는지 확인하자.

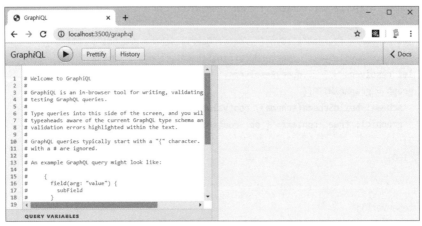

▲ 그림 7-2 GraphiQL 브라우저

그래프QL 서버를 만들 때 사용한 패키지에는 GraphiQL이라는 브라우저도 포함돼 있다. 이 브라우저는 그래프QL 서비스를 쉽게 살펴볼 수 있게 한다. 그럼 이 브라우저의 왼쪽에 있는 환영 메시지를 지우고 리스트 7-9의 그래프QL 뮤테이션 코드를 넣어보자.

> **참고**
>
> npm start 명령을 할 때마다 RESTful 웹 서비스와 그래프QL 서비스가 사용하는 데이터가 초기화됨을 기억하기 바란다. 이는 리스트 7-9의 뮤테이션을 통한 변경사항이 다음 서버 실행 시엔 사라진다는 뜻이다. 8장에선 애플리케이션 배포 준비의 일환으로 SportsStore의 데이터가 데이버베이스에 저장되도록 변경할 것이다.

리스트 7-9 그래프QL 뮤테이션

```
mutation {
  updateProduct(product: {
    id: 272, price: 100
  }) { id, name, category, price }
}
```

Execute Query 버튼(▶)을 클릭하면 뮤테이션이 그래프QL 서버로 전송되며, 상품 데이터
가 갱신돼 다음과 같은 결과를 볼 수 있게 된다.

```
...
{
  "data": {
    "updateProduct": {
      "id": "272",
      "name": "Awesome Concrete Pizza",
      "category": "Soccer",
      "price": 100
    }
  }
}
...
```

브라우저에서 다시 http://localhost:3000을 방문하면 그림 7-3과 같이 변경된 상품 가
격을 볼 수 있을 것이다.

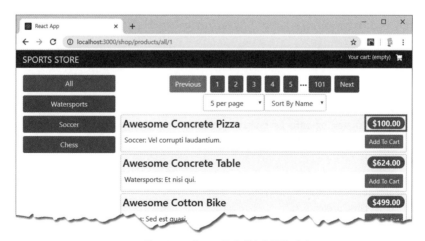

▲ **그림 7-3** 그래프QL 뮤테이션의 실행 결과

주문 관리 기능

그래프QL은 서버 측에서 스키마와 리졸버를 만드는 데 좀 더 많은 작업이 필요하지만, 그 대신 RESTful 웹 서비스를 이용할 때에 비해 클라이언트가 훨씬 간단해진다는 장점이 있다. 부분적으로는 그래프QL이 잘 정의됐으면서도 유연한 쿼리를 사용하는 방식 때문이기도 하지만, 또한 그래프QL의 클라이언트 패키지가 5장과 6장에서 우리가 수동으로 만들었던 유용한 여러 기능을 제공하기 때문이기도 하다.

> **참고**
>
> SportsStore에선 가장 단순한 방식으로 그래프QL을 사용했으며, 그래프QL의 자세한 작동 원리를 드러내지 않았다. 25장에선 HTTP를 통해 그래프QL을 직접 사용하는 방법과, 또한 데이터 스토어를 사용하는 애플리케이션에 그래프QL을 통합하는 방법을 보여줄 것이다.

주문 테이블 컴포넌트 정의

먼저 주문 데이터를 보여주는 컴포넌트를 만드는 작업부터 시작하자. src/admin 폴더에 OrdersTable.js라는 파일을 만들어 리스트 7-10과 같은 코드를 작성한다.

리스트 7-10 src/admin/OrdersTable.js

```
import React, { Component } from "react";
import { OrdersRow } from "./OrdersRow";
import { PaginationControls } from "../PaginationControls";

export class OrdersTable extends Component {

  render = () =>
    <div>
      <h4 className="bg-info text-white text-center p-2">
        { this.props.totalSize } Orders
      </h4>

      <PaginationControls keys={["ID", "Name"]}
        { ...this.props } />
```

```
        <table className="table table-sm table-striped">
          <thead>
            <tr><th>ID</th>
              <th>Name</th><th>Email</th>
              <th className="text-right">Total</th>
              <th className="text-center">Shipped</th>
            </tr>
          </thead>
          <tbody>
            { this.props.orders.map(order =>
              <OrdersRow key={ order.id }
                order={ order} toggleShipped={ () =>
                  this.props.toggleShipped(order.id, !order.shipped) }
              />
            )}
          </tbody>
        </table>
      </div>
  }
```

OrdersTable 컴포넌트는 주문의 총 개수를 보여주며, 각 로우를 OrdersRow라는 컴포넌트에 위임해 테이블을 렌더링한다. 그럼 src/admin 폴더에 OrdersRow.js라는 파일을 만들어 리스트 7-11과 같이 OrdersRow 컴포넌트를 정의하자.

리스트 7-11 src/admin/OrdersRow.js

```
import React, { Component } from "react";

export class OrdersRow extends Component {

  calcTotal = (products) => products.reduce((total, p) =>
    total += p.quantity * p.product.price, 0).toFixed(2)

  getShipping = (order) => order.shipped
    ? <i className="fa fa-shipping-fast text-success" />
    : <i className="fa fa-exclamation-circle text-danger" />

  render = () =>
    <tr>
```

```
        <td>{ this.props.order.id }</td>
        <td>{ this.props.order.name }</td>
        <td>{ this.props.order.email }</td>
        <td className="text-right">
          ${ this.calcTotal(this.props.order.products) }
        </td>
        <td className="text-center">
          <button className="btn btn-sm btn-block bg-muted"
            onClick={ this.props.toggleShipped }>
            { this.getShipping(this.props.order )}
            <span>
              { this.props.order.shipped
                ? " Shipped" : " Pending"}
            </span>
          </button>
        </td>
      </tr>
  }
```

커넥터 컴포넌트 정의

그래프QL 클라이언트가 서버에 쿼리를 보낼 때는 쿼리에서 정의한 파라미터의 값을 제 공하고 받고자 하는 데이터 필드를 지정한다. 이는 RESTful 웹 서비스와 가장 크게 다른 부분인데, 그래프QL 클라이언트는 오직 필요한 데이터만을 받기 때문이다. 그러나 이는 또한 서버로부터 데이터를 받기 전에 이미 클라이언트 측 쿼리가 정의돼 있어야 한다는 뜻이기도 하다. 여기선 컴포넌트와 분리해 쿼리를 정의하기로 하고, src/admin 폴더에 clientQueries.js라는 파일을 만들어 리스트 7-12와 같은 코드를 작성하자.

리스트 7-12 src/admin/clientQueries.js

```
import gql from "graphql-tag";

export const ordersSummaryQuery = gql`
  query($onlyShipped: Boolean, $page:Int, $pageSize:Int, $sort:String) {
    orders(onlyUnshipped: $onlyShipped) {
      totalSize,
      orders(page: $page, pageSize: $pageSize, sort: $sort) {
```

```
        id, name, email, shipped
        products {
          quantity, product { price }
        }
      }
    }
  }`
```

그래프QL 쿼리는 클라이언트 애플리케이션에서 자바스크립트의 문자열 리터럴로 정의되며, 반드시 graphql-tag 패키지에서 제공하는 gql 함수를 통해 처리돼야 한다. 리스트 7-12의 쿼리는 서버의 orders 쿼리를 대상으로 하며 onlyShipped, page, pageSize, sort 파라미터에 사용될 변수를 받는다. 클라이언트 쿼리는 오직 필요한 필드들만 선택하며, 서버의 orders 쿼리에 대한 리졸버가 만든 결과에 포함된 각 주문 관련 상세 내용을 통합한다.

그래프QL 클라이언트 패키지인 리액트 아폴로^{React Apollo}는 graphql이라는 함수를 제공하는데, 이는 이전에 사용했던 connect와 withRouter에 대응하는 함수다. 또한 graphql은 HOC^{higher-order component}를 생성해 컴포넌트를 그래프QL 기능에 연결하는데, 자세한 사항은 14장에서 설명한다. 그럼 리스트 7-12에서 정의한 쿼리와 OrdersTable 컴포넌트를 연결하기 위해 src/admin 폴더에 OrdersConnector.js라는 파일을 만들어 리스트 7-13과 같은 코드를 작성하자.

리스트 7-13 src/admin/OrdersConnector.js

```
import { graphql } from "react-apollo";
import { ordersSummaryQuery } from "./clientQueries";
import { OrdersTable } from "./OrdersTable";

const vars = {
  onlyShipped: false, page: 1, pageSize: 10, sort: "id"
}

export const OrdersConnector = graphql(ordersSummaryQuery,
  {
    options: (props) => ({ variables: vars }),
```

```
    props: ({data: { loading, orders, refetch }}) => ({
      totalSize: loading ? 0 : orders.totalSize,
      orders: loading ? []: orders.orders,
      currentPage: vars.page,
      pageCount: loading ? 0 : Math.ceil(orders.totalSize / vars.pageSize),
      navigateToPage: (page) => { vars.page = Number(page); refetch(vars)},
      pageSize: vars.pageSize,
      setPageSize: (size) => { vars.pageSize = Number(size); refetch(vars)},
      sortKey: vars.sort,
      setSortProperty: (key) => { vars.sort = key; refetch(vars)},
    })
  }
)(OrdersTable)
```

graphql 함수는 쿼리와 설정 객체를 인자로 받으며, 컴포넌트를 감싸고 쿼리 기능에 접근
하게 하는 함수를 리턴한다. 설정 객체가 지원하는 프로퍼티들은 많지만, 여기선 두 개의
프로퍼티만 사용했다. 하나는 options 프로퍼티로서, 부모 컴포넌트로부터 props를 받는
함수를 사용해 그래프QL 쿼리에 적용할 변수들의 집합을 만든다.

> **⚙ 팁**
>
> 아폴로 그래프QL 클라이언트는 쿼리로부터 받은 결과를 캐싱하기 때문에 서버에 중복된 요청을 전
> 송하지 않는다. 이는 라우팅 기능이 있는 컴포넌트를 사용할 때 유용하다.

다른 하나는 props 프로퍼티로서 컴포넌트에 전달될 props를 만들기 위해 사용된다. 또
한 쿼리 결과의 상세 내용, 서버로부터의 응답, 쿼리의 재실행을 위한 함수를 조합한
data 객체를 제공받는다.

data 객체에서 선택된 세 개의 프로퍼티는 OrdersTable 컴포넌트를 위한 props를 만들기
위해 사용된다. loading 프로퍼티는 쿼리가 서버에 전송되고 응답을 기다리는 동안은
true다. 이를 이용해 그래프QL 응답을 받기 전까지는 임시 데이터를 사용할 수 있다. 쿼
리의 결과는 쿼리 이름과 동일한 프로퍼티에 할당되는데, 여기선 orders 프로퍼티다. 쿼
리의 응답은 다음과 같은 구조를 갖는다.

```
...
{ "orders":
  { "totalSize":103,
    "orders":[
      {"id":"1","name":"Velva Dietrich","email":"Velva_Dietrich@yahoo.com",
       "shipped":false, "products":[{"quantity":8,"product":{"price":84 },
      {"quantity":7,"product":{"price":125}, {"quantity":3,"product":{"price":352}
         ...편의상 나머지 데이터는 생략함...
    }
  }
...
```

유효한 주문의 총 개수를 얻으려면 다음과 같은 방법으로 orders.totalSize 프로퍼티를
읽으면 된다.

```
...
totalSize: loading ? 0 : orders.totalSize,
...
```

서버로부터 결과가 오기 전까지 totalSize 프로퍼티의 값은 0이며, 결과가 오면 값이 할
당된다.

data 객체에서 선택된 세 번째 프로퍼티는 쿼리를 재전송하는 refetch 함수인데, 이는 다
음과 같이 페이지네이션이 변경될 때 사용된다.

```
...
navigateToPage: (page) => { vars.page = Number(page); refetch(vars)},
...
```

여기선 편의를 위해 refetch 함수에 모든 쿼리 변수를 넘겼지만, 원래 변수와 병합할 수 있
는 어떤 값이라도 넘길 수 있다. 특히 복잡한 쿼리의 경우엔 그렇게 하는 게 더욱 유용하다.

> 🌀 **팁**
>
> 데이터를 가져와 기존 결과에 병합할 때 사용할 수 있는 fetchMore라는 함수도 있다. 이 함수
> 는 사용자에게 데이터를 점진적으로 보강하면서 보여주는 컴포넌트에 특히 유용하다. 그러나
> SportsStore에선 각 페이지 데이터가 기존의 쿼리 결과를 대체하는, 좀 더 쉬운 방식을 택했다.

그래프QL 클라이언트 구성

그래프QL 클라이언트에 접근하는 기능은 ApolloProvider 컴포넌트가 제공한다. 그럼 그래프QL 클라이언트를 구성하고 여러 관리자 기능을 위한 임시 데이터를 만들기 위해 src/admin 폴더에 Admin.js라는 파일을 만들어 리스트 7-14와 같은 컴포넌트를 정의하자.

리스트 7-14 src/admin/Admin.js

```
import React, { Component } from "react";
import ApolloClient from "apollo-boost";
import { ApolloProvider} from "react apollo";
import { GraphQlUrl } from "../data/Urls";
import { OrdersConnector } from "./OrdersConnector"

const graphQlClient = new ApolloClient({
  uri: GraphQlUrl
});

export class Admin extends Component {

  render() {
    return <ApolloProvider client={ graphQlClient }>
            <div className="container-fluid">
              <div className="row">
                <div className="col bg-info text-white">
                  <div className="navbar-brand">SPORTS STORE</div>
                </div>
              </div>
              <div className="row">
                <div className="col p-2">
                  <OrdersConnector />
                </div>
              </div>
            </div>
          </ApolloProvider>
  }
}
```

관리자 기능을 시작하기 위해선 OrdersTable 컴포넌트를 보여줘야 하는데, 이는 다음 절에서 만들 것이다. 이를 위해 Admin에선 URL 라우팅을 사용해 추가 기능을 보여줘야 한다. 먼저 그래프QL 서버와의 통신에 사용할 URL을 설정하기 위해 Urls.js 파일에 리스트 7-15와 같이 구문 하나를 추가하자.

리스트 7-15 src/data/Urls.js: 새 URL 추가

```
import { DataTypes } from "./Types";

const protocol = "http";
const hostname = "localhost";
const port = 3500;

export const RestUrls = {
  [DataTypes.PRODUCTS]: `${protocol}://${hostname}:${port}/api/products`,
  [DataTypes.CATEGORIES]: `${protocol}://${hostname}:${port}/api/categories`,
  [DataTypes.ORDERS]: `${protocol}://${hostname}:${port}/api/orders`
}

export const GraphQlUrl = `${protocol}://${hostname}:${port}/graphql`;
```

그래프QL에는 오직 하나의 URL만 필요하다. REST와는 달리 작업을 기술할 때 URL이나 HTTP 메서드를 사용하지 않기 때문이다. 8장에선 애플리케이션 배포를 위해 이 URL들을 변경할 예정이다.

새 기능을 애플리케이션에 통합하기 위해 App 컴포넌트를 리스트 7-16과 같이 변경하자.

리스트 7-16 src/App.js: Route 추가

```
import React, { Component } from "react";
import { SportsStoreDataStore } from "./data/DataStore";
import { Provider } from "react-redux";
import { BrowserRouter as Router, Route, Switch, Redirect } from "react-router-dom";
import { ShopConnector } from "./shop/ShopConnector";
import { Admin } from "./admin/Admin";

export default class App extends Component {
```

```
render() {
    return <Provider store={ SportsStoreDataStore }>
            <Router>
              <Switch>
                <Route path="/shop" component={ ShopConnector } />
                <Route path="/admin" component={ Admin } />
                <Redirect to="/shop" />
              </Switch>
            </Router>
          </Provider>
    }
}
```

파일을 저장하고 http://localhost:3000/admin을 방문하면 그림 7-4와 같은 결과를 볼
수 있을 것이다.

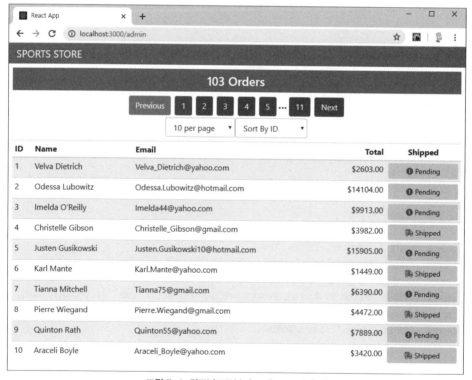

▲ 그림 7-4 컴포넌트로부터 그래프QL 쿼리 실행

뮤테이션 설정

뮤테이션 역시 쿼리의 경우와 동일한 방법으로 리액트 애플리케이션에 적용할 수 있다. 그럼 관리자가 특정 주문을 '배송완료'로 바꿀 수 있게 해보자. src/admin 폴더에 clientMutations.js라는 파일을 만들어 리스트 7-17과 같은 코드를 작성한다.

리스트 7-17 src/admin/clientMutations.js

```
import gql from "graphql-tag";

export const shipOrder = gql`
  mutation($id: ID!, $shipped: Boolean!) {
    shipOrder(id: $id, shipped: $shipped) {
      id, shipped
    }
  }`
```

이 shipOrder 뮤테이션은 id 프로퍼티의 값이 지정하는 주문의 shipped 프로퍼티를 갱신한다. 이제 graphql 함수에서 shipOrder 뮤테이션과 그 결과에 접근할 수 있도록, OrdersConnector 컴포넌트를 리스트 7-18과 같이 수정하자.

리스트 7-18 src/admin/OrdersConnector.js: 뮤테이션 적용

```
import { graphql, compose } from "react-apollo";
import { ordersSummaryQuery } from "./clientQueries";
import { OrdersTable } from "./OrdersTable";
import { shipOrder } from "./clientMutations";

const vars = {
  onlyShipped: false, page: 1, pageSize: 10, sort: "id"
}

export const OrdersConnector = compose(
  graphql(ordersSummaryQuery,
    {
      options: (props) => ({ variables: vars }),
      props: ({data: { loading, orders, refetch }}) => ({
        totalSize: loading ? 0 : orders.totalSize,
```

```
        orders: loading ? []: orders.orders,
        currentPage: vars.page,
        pageCount: loading ? 0 : Math.ceil(orders.totalSize / vars.pageSize),
        navigateToPage: (page) => { vars.page = Number(page); refetch(vars)},
        pageSize: vars.pageSize,
        setPageSize: (size) =>
          { vars.pageSize = Number(size); refetch(vars)},
        sortKey: vars.sort,
        setSortProperty: (key) => { vars.sort = key; refetch(vars)},
      })
    }
  ),
  graphql(shipOrder, {
    props: ({ mutate }) => ({
      toggleShipped: (id, shipped) => mutate({ variables: { id, shipped }})
    })
  })
)(OrdersTable);
```

리액트 아폴로 패키지는 쿼리와 뮤테이션의 조합을 쉽게 만들어주는, compose라는 함수를 제공한다. 기존 쿼리는 또 다른 graphql 함수와 조합되며, 이 함수는 리스트 7-17의 뮤테이션을 전달한다. 뮤테이션을 사용하려면 구성 객체 안의 props 프로퍼티에서 mutate라는 이름의 함수를 받아야 한다. 이 함수에선 toggleShipped라는 prop을 사용해 주문의 상태를 변경하는데, 이는 OrdersRow 컴포넌트가 사용하는 prop에 대응한다. 결과를 보기 위해 테이블에 있는 주문 하나의 Shipped나 Pending 표시를 클릭해보자. 그림 7-5와 같이 상태가 바뀌는 모습을 볼 수 있을 것이다.

아폴로 클라이언트는 데이터가 변경되면 자동으로 캐시를 갱신한다. 이는 shipped 프로퍼티 값의 변경이 OrdersTable 컴포넌트가 보여주는 데이터에도 자동으로 반영된다는 뜻이다.

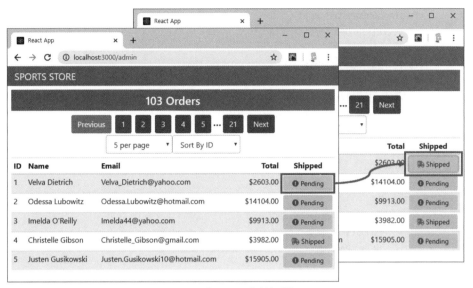

▲ 그림 7-5 뮤테이션 사용

상품 관리 기능

이제 사용자에게 보여주는 상품들을 관리하는 기능을 제공하기 위해 src/admin 폴더에 ProductsTable.js라는 파일을 만들어 리스트 7-19와 같은 컴포넌트를 정의하자.

리스트 7-19 src/admin/ProductsTable.js

```
import React, { Component } from "react";
import { Link } from "react-router-dom";
import { PaginationControls } from "../PaginationControls";
import { ProductsRow } from "./ProductsRow";

export class ProductsTable extends Component {

  render = () =>
    <div>
      <h4 className="bg-info text-white text-center p-2">
        { this.props.totalSize } Products
      </h4>
```

```
      <PaginationControls keys={["ID", "Name", "Category"]}
        { ...this.props } />

      <table className="table table-sm table-striped">
        <thead>
          <tr><th>ID</th>
              <th>Name</th><th>Category</th>
              <th className="text-right">Price</th>
              <th className="text-center"></th>
          </tr>
        </thead>
        <tbody>
          { this.props.products.map(prod =>
            <ProductsRow key={ prod.id} product={ prod }
              deleteProduct={ this.props.deleteProduct } />
          )}
        </tbody>
      </table>
      <div className="text-center">
        <Link to="/admin/products/create" className="btn btn-primary">
          Create Product
        </Link>
      </div>
    </div>
  }
}
```

ProductsTable 컴포넌트는 products prop을 통해 상품 객체의 배열을 받고 ProductsRow라
는 컴포넌트를 사용해 각 상품을 위한 테이블 로우를 생성한다. 또한 버튼 형태의 스타일
이 적용된 Link 컴포넌트도 있는데, 이는 새 상품을 추가하는 컴포넌트로 이동할 때 사용
될 것이다.

그럼 하나의 테이블 로우에 해당하는 ProductsRow 컴포넌트를 만들기 위해 src/admin 폴
더에 ProductsRow.js라는 파일을 만들어 리스트 7-20의 코드를 작성하자.

리스트 7-20 src/admin/ProductsRow.js

```
import React, { Component } from "react";
import { Link } from "react-router-dom";
```

```
export class ProductsRow extends Component {

  render = () =>
    <tr>
      <td>{ this.props.product.id }</td>
      <td>{ this.props.product.name }</td>
      <td>{ this.props.product.category }</td>
      <td className="text-right">
        ${ this.props.product.price.toFixed(2) }
      </td>
      <td className="text-center">
        <button className="btn btn-sm btn-danger mx-1"
          onClick={ () =>
            this.props.deleteProduct(this.props.product.id) }>
              Delete
        </button>
        <Link to={`/admin/products/${this.props.product.id}`}
          className="btn btn-sm btn-warning">
          Edit
        </Link>
      </td>
    </tr>
}
```

각 테이블 셀은 id, name, category, price 프로퍼티를 위해 렌더링된다. 그다음에 있는 버튼은 deleteProduct라는 함수 prop을 호출하는데, 이는 데이터베이스로부터 상품을 제거하는 함수다. 마지막엔 상품의 상세 정보를 편집하는 컴포넌트로 이동시킬 Link가 있다.

상품 테이블 컴포넌트 연결

상품 테이블 컴포넌트를 그래프QL 데이터에 연결하기 위해 clientQueries.js 파일에 리스트 7-21과 같은 쿼리들을 추가하자. 이들 쿼리는 7장 초반에 정의했던 서버 측 그래프QL에 대응한다.

```
import gql from "graphql-tag";

export const ordersSummaryQuery = gql`
  query($onlyShipped: Boolean, $page:Int, $pageSize:Int, $sort:String) {
    orders(onlyUnshipped: $onlyShipped) {
      totalSize,
      orders(page: $page, pageSize: $pageSize, sort: $sort) {
        id, name, email, shipped
        products {
          quantity, product { price }
        }
      }
    }
  }`

export const productsList = gql`
  query($page: Int, $pageSize: Int, $sort: String) {
    products {
      totalSize,
      products(page: $page, pageSize: $pageSize, sort: $sort) {
        id, name, category, price
      }
    }
  }`

export const product = gql`
  query($id: ID!) {
    product(id: $id) {
      id, name, description, category, price
    }
  }`
```

productsList라는 상수에 할당된 쿼리는 상품 페이지에 대한 id, name, category, price 프
로퍼티를 가져올 것이다. 또한 product라는 상수에 할당된 쿼리는 하나의 상품 객체에 대
한 id, name, description, category, price 프로퍼티를 가져올 것이다. 이제 객체의 생성,
삭제, 편집 기능을 위해 clientMutations.js 파일에 리스트 7-22와 같이 뮤테이션을 추
가하자.

```
import gql from "graphql-tag";

export const shipOrder = gql`
  mutation($id: ID!, $shipped: Boolean!) {
    shipOrder(id: $id, shipped: $shipped) {
      id, shipped
    }
  }`

export const storeProduct = gql`
  mutation($product: productStore) {
    storeProduct(product: $product) {
      id, name, category, description, price
    }
  }`

export const updateProduct = gql`
  mutation($product: productUpdate) {
    updateProduct(product: $product) {
      id, name, category, description, price
    }
  }`

export const deleteProduct = gql`
  mutation($id: ID!) {
    deleteProduct(id: $id) {
      id
    }
  }`
```

새 뮤테이션들은 7장 초반에 정의했던 서버 측 그래프QL에 대응하며, 클라이언트가 상품을 추가, 편집, 삭제할 수 있게 한다.

쿼리와 뮤테이션을 정의했으니 이제 src/admin 폴더에 ProductsConnector.js라는 파일을 만들어 리스트 7-23과 같이 HOC를 정의하자.

```javascript
import { graphql, compose } from "react-apollo";
import { ProductsTable } from "./ProductsTable";
import { productsList } from "./clientQueries";
import { deleteProduct } from "./clientMutations";

const vars = {
  page: 1, pageSize: 10, sort: "id"
}

export const ConnectedProducts = compose(
  graphql(productsList,
    {
      options: (props) => ({ variables: vars }),
      props: ({data: { loading, products, refetch }}) => ({
        totalSize: loading ? 0 : products.totalSize,
        products: loading ? []: products.products,
        currentPage: vars.page,
        pageCount: loading ? 0
          : Math.ceil(products.totalSize / vars.pageSize),
        navigateToPage: (page) => { vars.page = Number(page); refetch(vars)},
        pageSize: vars.pageSize,
        setPageSize: (size) =>
          { vars.pageSize = Number(size); refetch(vars)},
        sortKey: vars.sort,
        setSortProperty: (key) => { vars.sort = key; refetch(vars)},
      })
    }
  ),
  graphql(deleteProduct,
    {
      options: {
        update: (cache, { data: { deleteProduct: { id }}}) => {
          const queryDetails = { query: productsList, variables: vars };
          const data = cache.readQuery(queryDetails);
          data.products.products =
            data.products.products.filter(p => p.id !== id);
          data.products.totalSize = data.products.totalSize - 1;
          cache.writeQuery({...queryDetails, data });
        }
```

```
        },
        props: ({ mutate }) => ({
          deleteProduct: (id) => mutate({ variables: { id }})
        })
      }
    )
)(ProductsTable);
```

리스트 7-23의 코드는 주문 관리 기능에서 대응되는 코드와 비슷하다. 중요한 차이점 하나는 객체를 삭제하는 뮤테이션이 자동으로 로컬 캐시 데이터를 갱신하지 않는다는 점이다. 이런 종류의 뮤테이션의 경우엔 다음과 같이 반드시 캐시 데이터를 직접 갱신하는 update 함수를 정의해줘야 한다.

```
...
update: (cache, { data: { deleteProduct: { id }}}) => {
  const queryDetails = { query: productsList, variables: vars };
  const data = cache.readQuery(queryDetails);
  data.products.products = data.products.products.filter(p => p.id !== id);
  data.products.totalSize = data.products.totalSize - 1;
  cache.writeQuery({...queryDetails, data });
}
...
```

이 함수는 캐싱된 데이터를 읽어 객체를 제거한다. 그다음엔 totalSize를 감소시키고 갱신된 데이터를 캐시에 다시 반영하는데, 이는 서버에 쿼리를 전송할 필요 없이 상품 목록을 갱신할 수 있게 한다.

> 🕹 **팁**
>
> 이 접근법의 단점은 상품 제거를 반영한 페이지네이션이 다시 수행되지는 않는다는 점이다. 즉, 사용자가 다른 페이지로 이동하기 전까진 원래보다 적은 개수의 상품이 보일 것이다. 다음 절에선 캐싱된 데이터를 삭제함으로써 이를 보완하기 위한 방법을 보여줄 것이다. 비록 추가적인 그래프QL 쿼리를 사용해야 하지만, 애플리케이션의 일관성은 유지할 수 있다.

상품 편집 컴포넌트 제작

관리자가 새 상품을 추가할 수 있게 src/admin 폴더에 ProductEditor.js라는 파일을 만들어 리스트 7-24와 같은 컴포넌트를 정의하자.

리스트 7-24 src/admin/ProductEditor.js

```
import React, { Component } from "react";
import { Query } from "react-apollo";
import { ProductCreator } from "./ProductCreator";
import { product } from "./clientQueries";

export class ProductEditor extends Component {

  render = () =>
    <Query query={ product } variables={ {id: this.props.match.params.id} } >
      { ({ loading, data }) => {
        if (!loading) {
          return <ProductCreator {...this.props } product={data.product}
                    mode="edit" />
        }
        return null;
      }}
    </Query>
}
```

Query 컴포넌트는 graphql 함수를 대체하며, 14장에서 설명할 **렌더링 prop 함수**^{render prop} function를 통해 보일 결과와 함께 그래프QL 쿼리가 선언적으로 실행되게 한다. 리스트 7-24에서 정의한 ProductEditor 컴포넌트는 관리자가 편집하기 원하는 상품의 id를 가져올 텐데, 이는 query와 variables 프로퍼티를 설정한 Query 컴포넌트를 사용해 가능하다. 렌더링 prop 함수는 이전의 graphql 함수에서와 동일한 목적으로 loading과 data 프로퍼티를 포함하는 객체를 받는다. ProductEditor 컴포넌트는 loading 프로퍼티가 true인 동안은 아무 콘텐츠도 렌더링하지 않는다. 로딩이 완료되면 ProductCreator라는 컴포넌트를 보여주는데, 이때 product라는 prop을 통해 쿼리로부터 받은 데이터를 전달한다.

ProductCreator 컴포넌트는 SportsStore 애플리케이션에서 두 가지 역할을 할 것이다. 그 자체로 사용될 때엔 storeProduct 뮤테이션에게 전달할 빈 폼을 관리자에게 보여줄 것이다. ProductEditor 컴포넌트에 의해 사용될 때엔 상품의 상세 정보를 보여주며, 또한 updateProduct 뮤테이션에 폼 데이터를 전송할 것이다. 이 컴포넌트를 정의하기 위해 src/admin 폴더에 ProductCreator.js라는 파일을 만들어 리스트 7-25의 코드를 작성하자.

리스트 7-25 src/admin/ProductCreator.js

```
import React, { Component } from "react";
import { ValidatedForm } from "../forms/ValidatedForm";
import { Mutation } from "react-apollo";
import { storeProduct, updateProduct } from "./clientMutations";

export class ProductCreator extends Component {

  constructor(props) {
    super(props);
    this.defaultAttrs = { type: "text", required: true };
    this.formModel = [
      { label: "Name" }, { label: "Description" },
      { label: "Category" },
      { label: "Price", attrs: { type: "number"}}
    ];
    this.mutation = storeProduct;
    if (this.props.mode === "edit" ) {
      this.mutation = updateProduct;
      this.formModel = [ { label: "Id", attrs: { disabled: true }},
        ...this.formModel]
        .map(item => ({ ...item, attrs: { ...item.attrs,
          defaultValue: this.props.product[item.label.toLowerCase()]} }));
    }
  }

  navigate = () => this.props.history.push("/admin/products");

  render = () => {
    return <div className="container-fluid">
```

```
              <div className="row">
                <div className="col bg-dark text-white">
                  <div className="navbar-brand">SPORTS STORE</div>
                </div>
              </div>
              <div className="row">
                <div className="col m-2">
                  <Mutation mutation={ this.mutation }>
                    { (saveMutation, {client }) => {
                      return <ValidatedForm formModel={ this.formModel }
                                defaultAttrs={ this.defaultAttrs }
                                submitCallback={ data => {
                                  saveMutation({variables: { product:
                                    { ...data, price: Number(data.price) }}});
                                  if (this.props.mode !== "edit" ) {
                                    client.resetStore();
                                  }
                                  this.navigate();
                                }}
                                cancelCallback={ this.navigate }
                                submitText="Save" cancelText="Cancel" />
                    }}
                  </Mutation>
                </div>
              </div>
            </div>
    }
  }
```

ProductCreator 컴포넌트는 6장에서 결제 기능을 위해 만들었던 ValidatedForm을 사용한
다. 이 폼에는 상품을 편집할 때 필요한 필드들이 있는데, 각 필드는 product prop을 통
해 그래프QL 쿼리로부터 얻은 값을 포함한다.

Query 컴포넌트에 대응하는 Mutation 컴포넌트는 render 함수 안에서 뮤테이션이 사용될
수 있게 한다. 렌더링 prop 함수는 함수 하나를 받는데, 그 함수는 다음과 같이 뮤테이
션을 서버로 전송할 때 호출되며 뮤테이션을 위한 변수들을 제공하는 객체를 받는다.

```
...
<Mutation mutation={ this.mutation }>
  { (saveMutation, {client }) => {
    return <ValidatedForm formModel={ this.formModel }
            defaultAttrs={ this.defaultAttrs }
            submitCallback={ data => {
              saveMutation({variables: { product:
                { ...data, price: Number(data.price) }}});
              if (this.props.mode !== "edit" ) {
                client.resetStore();
              }
              this.navigate();
            }}
            cancelCallback={ this.navigate }
            submitText="Save" cancelText="Cancel" />
  }
  }
</Mutation>
...
```

굵게 표시된 코드가 ValidatedForm 컴포넌트에 전달되는, 호출되면 뮤테이션을 전송하는 함수 prop이다. 객체가 갱신되면 아폴로 클라이언트는 이전에 배송 상태를 갱신할 때와 마찬가지로 자동으로 캐시 데이터에 변경사항을 반영한다. 그러나 새 객체는 자동으로 처리되지 않으므로 애플리케이션에서 직접 캐시를 관리해야 한다. 앞서 객체를 제거할 때는 기존 캐시를 갱신하는 방식으로 했다. 그러나 새 객체를 처리하는 경우엔 그 방식이 좀 더 복잡해진다. 새 객체를 현재 페이지에 보여줄지 여부의 문제, 만약 그렇다면 발생할 정렬 문제 등 해결해야 할 사항이 많기 때문이다. 따라서 여기선 쉬운 방법으로 렌더링 prop 함수로부터 client라는 파라미터를 받아 resetStore 메서드를 통해 캐시 데이터를 삭제할 수 있게 했다. 그다음 navigate 함수가 브라우저를 상품 목록으로 다시 보내면 새로운 그래프QL이 서버에 전송되고, 일관된 페이지와 정렬 방식을 유지한 데이터를 받을 수 있게 된다. 물론 추가로 쿼리 전송을 하는 약간의 비용은 감수해야 하지만 말이다.

라우팅 설정 추가

마지막으로 주문 관리와 상품 관리에 대한 내비게이션을 제공하기 위해 리스트 7-26과
같이 Admin.js에 라우팅 설정을 추가하자.

리스트 7-26 src/admin/Admin.js: 라우팅 설정 추가

```
import React, { Component } from "react";
import ApolloClient from "apollo-boost";
import { ApolloProvider} from "react-apollo";
import { GraphQlUrl } from "../data/Urls";
import { OrdersConnector } from "./OrdersConnector"
import { Route, Redirect, Switch } from "react-router-dom";
import { ToggleLink } from "../ToggleLink";
import { ConnectedProducts } from "./ProductsConnector";
import { ProductEditor } from "./ProductEditor";
import { ProductCreator } from "./ProductCreator";

const graphQlClient = new ApolloClient({
  uri: GraphQlUrl
});

export class Admin extends Component {

  render() {
    return <ApolloProvider client={ graphQlClient }>
            <div className="container-fluid">
              <div className="row">
                <div className="col bg-info text-white">
                  <div className="navbar-brand">SPORTS STORE</div>
                </div>
              </div>
              <div className="row">
                <div className="col-3 p-2">
                  <ToggleLink to="/admin/orders">Orders</ToggleLink>
                  <ToggleLink to="/admin/products">Products</ToggleLink>
                </div>
                <div className="col-9 p-2">
                  <Switch>
                    <Route path="/admin/orders" component={ OrdersConnector } />
```

```
            <Route path="/admin/products/create" component={ ProductCreator } />
            <Route path="/admin/products/:id" component={ ProductEditor } />
            <Route path="/admin/products" component={ ConnectedProducts } />
            <Redirect to="/admin/orders" />
          </Switch>
        </div>
      </div>
    </div>
  </ApolloProvider>
}
}
```

이 코드를 저장하면 그림 7–6과 같은 레이아웃을 볼 수 있을 것이다. 왼쪽의 Products 버튼을 클릭하면 상품 테이블을 볼 수 있으며, 각 행에 있는 버튼을 사용해 상품을 삭제하거나 편집할 수 있다.

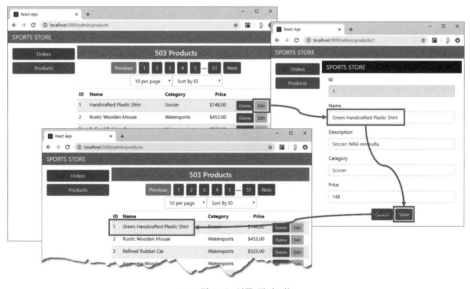

▲ 그림 7–6 상품 관리 기능

Create Product 버튼을 클릭하면 그림 7–7과 같은 입력 화면을 통해 새 상품을 추가할 수 있다.

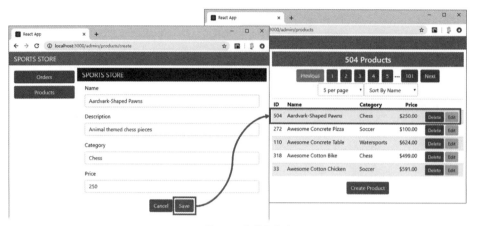

▲ 그림 7-7 새 상품 추가

정리

7장에선 SportsStore 애플리케이션의 관리자 기능을 개발했다. 먼저 주문과 상품을 관리하기 위한 쿼리와 뮤테이션을 포함해 그래프QL 서비스를 만드는 작업을 했다. 또한 애플리케이션의 기능을 확장하면서 그래프QL 클라이언트를 통해 데이터를 관리했으므로 데이터 스토어를 만들거나 다룰 필요가 없었다. 8장에선 관리자 기능에 인증 절차를 추가하고 애플리케이션 배포를 위한 준비를 할 것이다.

8장

SportsStore: 인증과 배포

8장에선 SportsStore 애플리케이션의 관리자 기능에 인증 절차를 추가함으로써 허가되지 않은 사용을 방지하게 할 것이다. 또한 대부분의 호스팅 플랫폼에 사용되는 도커^{Docker} 컨테이너에 SportsStore 애플리케이션을 배포하기 위한 준비를 할 것이다.

준비 작업

8장을 준비하기 위해 RESTful 웹 서비스와 그래프QL 서비스를 제공하는 간단한 서버에 사용자 인증과 권한 관리 기능을 추가할 예정이다. 현재로서는 누구나 SportsStore의 모든 작업을 수행할 수 있는 상태다. 즉, 상품의 가격 변경이나 새 상품의 추가 등 모든 관리자 작업을 고객도 수행할 수 있다는 뜻이다. 표 8-1은 공개적으로 접근할 수 있는 HTTP 메서드와 URL의 조합을 보여준다. 곧 이 모든 것은 보호될 예정이다. 그래프QL 쿼리와 뮤테이션을 포함해 말이다.

표 8-1 공개적으로 접근할 수 있는 HTTP 메서드와 URL의 조합

HTTP 메서드	URL	설명
GET	/api/products	상품 페이지 요청에 사용된다.
GET	/api/categories	카테고리와 내비게이션 버튼 요청에 사용된다.
POST	/api/orders	주문을 제출할 때 사용된다.
POST	/login	아이디와 패스워드를 제출할 때 사용된다.

> **팁**
>
> 이 책의 모든 예제 파일은 http://www.acornpub.co.kr/book/pro-react16에서 다운로드할 수 있다.

인증 절차를 구현하고 권한 부여의 수단을 제공하기 위해 sportsstore 폴더에 authMiddleware.js라는 파일을 만들어 리스트 8-1과 같은 코드를 작성하자.

리스트 8-1 authMiddleware.js

```
const jwt = require("jsonwebtoken");

const APP_SECRET = "myappsecret", USERNAME = "admin", PASSWORD = "secret";

const anonOps = [{ method: "GET", urls: ["/api/products", "/api/categories"]},
                 { method: "POST", urls: ["/api/orders"]}]

module.exports = function (req, res, next) {
  if (anonOps.find(op => op.method === req.method
    && op.urls.find(url => req.url.startsWith(url)))) {
    next();
  } else if (req.url === "/login" && req.method === "POST") {
    if (req.body.username === USERNAME && req.body.password === PASSWORD) {
      res.json({
        success: true,
        token: jwt.sign({ data: USERNAME, expiresIn: "1h" }, APP_SECRET)
      });
    } else {
      res.json({ success: false });
    }
```

```
      res.end();
    } else {
      let token = req.headers["authorization"];
      if (token != null && token.startsWith("Bearer<")) {
        token = token.substring(7, token.length - 1);
        jwt.verify(token, APP_SECRET);
        next();
      } else {
        res.statusCode = 401;
        res.end();
      }
    }
  }
}
```

리스트 8-1의 코드는 RESTful 웹 서비스와 그래프QL 서비스를 제공하는 HTTP 서버가 수신한 각 요청을 검사한다. 만약 해당 요청이 HTTP 메서드와 URL의 조합 중 하나에 해당되지 않는다면 '401 권한 없음^{Unauthorized}'이라는 응답이 리턴된다. /login URL은 표 8-2와 같이 하드코딩된 인증정보^{credential}와 함께 인증 절차에 사용되는 경로다.

표 8-2 SportsStore에서 사용할 인증정보

인증정보	내용
사용자 이름	admin
패스워드	secret

> **⚠ 주의**
>
> SportsStore의 모든 서버 측 코드는 실제 프로젝트에 사용 가능하지만, 리스트 8-1만은 예외다. 하드코딩된 인증정보가 포함된 코드는 개발과 테스트 용도 이외에는 적절하지 않기 때문이다.

미들웨어를 서버에 추가하기 위해 server.js 파일을 리스트 8-2와 같이 수정하자.

리스트 8-2 server.js: 미들웨어 추가

```
const express = require("express");
const jsonServer = require("json-server");
```

```
const chokidar = require('chokidar');
const cors = require("cors");
const fs = require("fs");
const { buildSchema } = require("graphql");
const graphqlHTTP = require("express-graphql");
const queryResolvers = require("./serverQueriesResolver");
const mutationResolvers = require("./serverMutationsResolver");
const auth = require("./authMiddleware");

const fileName = process.argv[2] || "./data.js"
const port = process.argv[3] || 3500;

let router = undefined;
let graph = undefined;

const app = express();

const createServer = () => {
  delete require.cache[require.resolve(fileName)];
  setTimeout(() => {
    router = jsonServer.router(fileName.endsWith(".js")
      ? require(fileName)() : fileName);
    let schema = fs.readFileSync("./serverQueriesSchema.graphql", "utf-8")
      + fs.readFileSync("./serverMutationsSchema.graphql", "utf-8");
    let resolvers = { ...queryResolvers, ...mutationResolvers };
    graph = graphqlHTTP({
      schema: buildSchema(schema), rootValue: resolvers,
      graphiql: true, context: { db: router.db }
    })
  }, 100)
}

createServer();

app.use(cors());
app.use(jsonServer.bodyParser)
app.use(auth);
app.use("/api", (req, resp, next) => router(req, resp, next));
app.use("/graphql", (req, resp, next) => graph(req, resp, next));

chokidar.watch(fileName).on("change", () => {
```

```
console.log("Reloading web service data...");
createServer();
console.log("Reloading web service data complete.");
});

app.listen(port, () => console.log(`Web service running on port ${port}`));
```

이제 명령 프롬프트에서 sportsstore 폴더로 이동한 다음 리스트 8-3의 명령을 실행해
리액트 개발 도구, RESTful 웹 서비스, 그래프QL 서비스를 구동하자.

리스트 8-3 리액트 개발 도구와 웹 서비스 실행

```
npm start
```

애플리케이션이 컴파일되면 새 브라우저 창에서 그림 8-1과 같은 SportsStore의 쇼핑
화면을 볼 수 있다.

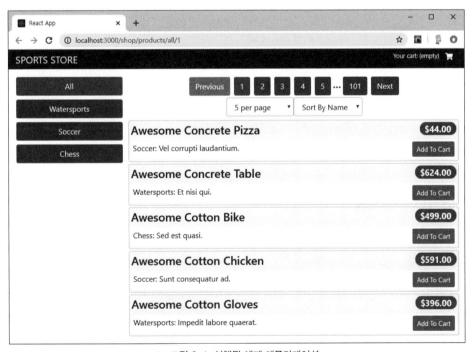

▲ 그림 8-1 실행된 예제 애플리케이션

그래프QL 요청에 대한 인증

현재는 인증 미들웨어를 도입함으로써 관리자 기능을 사용할 수 없게 됐다. HTTP 요청에 더 이상 공개적 접근을 할 수 없기 때문이다. http://localhost:3000/admin을 방문해보면 그래프QL의 HTTP 요청을 만들 서버에 대한 '401 권한 없음' 응답으로 인해, 그 결과 그림 8-2와 같은 에러 화면을 보게 될 것이다.

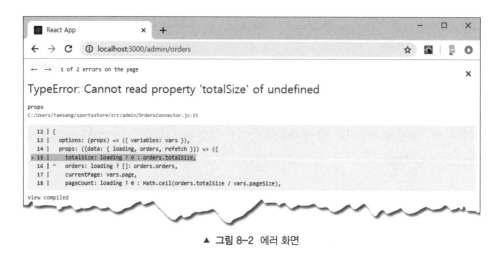

▲ 그림 8-2 에러 화면

다음 절부터 SportsStore 애플리케이션이 사용자를 인증하는 방식을 설명할 것이다. 또한 그림 8-2와 같은 에러를 예방하고 허가된 사용자만이 관리자 기능을 이용할 수 있도록 구현할 것이다.

인증 시스템의 이해

사용자를 인증할 때 서버는 인증이 성공했음을 알 수 있는 그다음 HTTP 요청을 포함해 JSON 웹 토큰^{JWT, JSON Web Token}을 리턴할 것이다. JWT 명세는 https://tools.ietf.org/html/rfc7519에서 볼 수 있지만, 지금은 SportsStore의 목적상 POST 요청을 /login URL에 전송함으로써 사용자를 인증할 수 있다는 점만 알면 충분하다. 요청의 본문^{request body}엔 name과 password 프로퍼티가 있는 JSON 객체가 포함된다. 리스트 8-1에서 정의한 인증정보는 오직 하나이며, 이는 표 8-3과 같다. 물론 실제 프로젝트에선 이와 같이 하드코딩을 하면 안 된다.

표 8-3 RESTful 웹 서비스가 지원하는 인증정보

사용자 이름	패스워드
admin	secret

/login URL로 올바른 인증정보가 전송됐다면 서버의 응답에 다음과 같은 JSON 객체가 포함될 것이다.

```
{
    "success": true,
    "token":"eyJhbGciOiJIUzI1NiIsInR5cCI6IkpXVCJ9.eyJkYXRhIjoiYWRtaW4iLCJleHBpcmVz
            SW4iOiIxaCIsImlhdCI6MTQ3ODk1NjI1Mn0.lJaDDrSu-bHBtdWrz0312p_DG5tKypGv6cA
            NgOyzlg8"
}
```

success 프로퍼티는 인증의 성공 여부를 보여준다. token 프로퍼티는 다음과 같은 형식의 Authorization이라는 HTTP 헤더^{HTTP header}를 사용해 그다음 요청에 포함돼야 하는 JWT를 보여준다.

```
Authorization: Bearer<eyJhbGciOiJIUzI1NiIsInR5cCI6IkpXVCJ9.eyJkYXRhIjoiYWRtaW4iLC
               JleHBpcmVzSW4iOiIxaCIsImlhdCI6MTQ3ODk1NjI1Mn0.lJaDDrSu-bHBtd
               Wrz0312p_DG5tKypGv6cANgOyzlg8>
```

서버가 리턴한 토큰은 한 시간 후에 만료되는데, 이는 리스트 8-1에서 그렇게 설정했기 때문이다.

만약 서버에 잘못된 인증정보가 전송되면 false 값의 success 프로퍼티를 갖는 다음과 같은 JSON 객체가 응답에 포함돼 리턴될 것이다.

```
{
    "success": false
}
```

인증 컨텍스트 생성

SportsStore 애플리케이션은 사용자의 인증 여부를 판별하고 HTTP 요청에 포함된 웹 토큰을 추적함으로써, 인증이 성공했을 경우에만 관리자 화면이 보임을 보장해야 한다.

이런 종류의 정보는 컴포넌트들이 쉽게 협동할 수 있게 애플리케이션의 곳곳에서 필요하기 일쑤다. 이를 위해 SportsStore 애플리케이션에선 리액트 **컨텍스트**^{context}를 사용할 텐데, 컨텍스트는 어떤 기능을 간단하고 가벼운 방법으로 컴포넌트들 사이에 공유할 수 있게 한다. 컨텍스트에 대해선 14장에서도 다시 설명한다. 이제 src/auth 폴더에 AuthContext.js라는 파일을 만들어 리스트 8-4의 코드를 작성하자.

리스트 8-4 src/auth/AuthContext.js

```
import React from "react";

export const AuthContext = React.createContext({
  isAuthenticated: false,
  webToken: null,
  authenticate: (username, password) => {},
  signout: () => {}
})
```

React.createContext는 컨텍스트를 만드는 메서드이며, 이 메서드는 기본값으로 사용될 객체를 받는다. authenticate와 signout 함수가 비어 있는 이유가 그 때문이다. 이제 컨텍스트를 위한 진짜 기능을 제공하기 위해 src/auth 폴더에 AuthProviderImpl.js라는 파일을 만들어 리스트 8-5와 같은 코드를 작성하자.

리스트 8-5 src/auth/AuthProviderImpl.js

```
import React, { Component } from "react";
import Axios from "axios";
import { AuthContext } from "./AuthContext";
import { authUrl } from "../data/Urls";

export class AuthProviderImpl extends Component {
```

```
constructor(props) {
  super(props);
  this.state = {
    isAuthenticated: false,
    webToken: null
  }
}

authenticate = (credentials) => {
  return Axios.post(authUrl, credentials).then(response => {
    if (response.data.success === true) {
      this.setState({
        isAuthenticated: true,
        webToken:response.data.token
      })
      return true;
    } else {
      throw new Error("Invalid Credentials");
    }
  })
}

signout = () => {
  this.setState({ isAuthenticated: false, webToken: null });
}

render = () =>
  <AuthContext.Provider value={ {...this.state,
    authenticate: this.authenticate, signout: this.signout}}>
    { this.props.children }
  </AuthContext.Provider>
}
```

이 컴포넌트는 render 메서드에서 리액트 컨텍스트를 이용해 AuthContext의 프로퍼티와
함수의 구현체를 제공하는데, 이는 AuthContext.Provider라는 특별한 엘리먼트의 value
prop을 통해 가능하다. 그 결과 AuthContext.Consumer 엘리먼트를 적용한 하위 컴포넌트
에 상태 데이터, authenticate 메서드, signout 메서드를 공유할 수 있게 된다.

authenticate 메서드는 사용자로부터 받은 인증정보를 검증하기 위해 엑시오스 패키지를 사용해 POST 요청을 전송한다. authenticate 메서드의 결과는 서버가 인증정보의 올바름 여부를 응답할 때 실행될 Promise다.

이제 Urls.js 파일에 리스트 8-6과 같이 인증 수행을 위한 URL을 정의하자.

리스트 8-6 src/data/Urls.js: URL 추가

```
import { DataTypes } from "./Types";

const protocol = "http";
const hostname = "localhost";
const port = 3500;

export const RestUrls = {
  [DataTypes.PRODUCTS]: `${protocol}://${hostname}:${port}/api/products`,
  [DataTypes.CATEGORIES]: `${protocol}://${hostname}:${port}/api/categories`,
  [DataTypes.ORDERS]: `${protocol}://${hostname}:${port}/api/orders`
}

export const GraphQlUrl = `${protocol}://${hostname}:${port}/graphql`;

export const authUrl = `${protocol}://${hostname}:${port}/login`;
```

그다음엔 SportsStore 애플리케이션에 컨텍스트를 적용하기 위해 App.js 파일을 리스트 8-7과 같이 수정하자.

리스트 8-7 src/App.js: 컨텍스트 공급업체 추가

```
import React, { Component } from "react";
import { SportsStoreDataStore } from "./data/DataStore";
import { Provider } from "react-redux";
import { BrowserRouter as Router, Route, Switch, Redirect } from "react-router-dom";
import { ShopConnector } from "./shop/ShopConnector";
import { Admin } from "./admin/Admin";
import { AuthProviderImpl } from "./auth/AuthProviderImpl";

export default class App extends Component {
```

```
  render() {
    return <Provider store={ SportsStoreDataStore }>
            <AuthProviderImpl>
              <Router>
                <Switch>
                  <Route path="/shop" component={ ShopConnector } />
                  <Route path="/admin" component={ Admin } />
                  <Redirect to="/shop" />
                </Switch>
              </Router>
            </AuthProviderImpl>
          </Provider>
  }
}
```

이번엔 AuthContext가 정의한 기능을 쉽게 사용하기 위해 src/auth 폴더에 AuthWrapper.
js라는 파일을 만들어 리스트 8-8과 같이 HOC를 정의하자.

리스트 8-8 src/auth/AuthWrapper.js

```
import React, { Component } from "react";
import { AuthContext } from "./AuthContext";

export const authWrapper = (WrappedComponent) =>
  class extends Component {
    render = () =>
      <AuthContext.Consumer>
        { context =>
          <WrappedComponent { ...this.props } { ...context } />
        }
      </AuthContext.Consumer>
  }
```

컨텍스트는 렌더링 prop 함수에 의존하는데, 이를 컴포넌트에 직접 통합하기는 어렵다.
대신 리스트 8-8의 authWrapper 함수를 사용하면 컴포넌트는 AuthContext가 정의한 기능
을 props로서 받을 수 있다(HOC와 렌더링 prop 함수에 대해선 14장에서 자세히 설명할 것이다).

인증 폼 만들기

사용자가 자신의 인증정보를 제공할 수 있게 src/auth 폴더에 AuthPrompt.js라는 파일을 만들어 리스트 8-9와 같은 컴포넌트를 정의하자.

리스트 8-9 src/auth/AuthPrompt.js

```
import React, { Component } from "react";
import { withRouter } from "react-router-dom";
import { authWrapper } from "./AuthWrapper";
import { ValidatedForm } from "../forms/ValidatedForm";

export const AuthPrompt = withRouter(authWrapper(class extends Component {

  constructor(props) {
    super(props);
    this.state = {
      errorMessage: null
    }
    this.defaultAttrs = { required: true };
    this.formModel = [
      { label: "Username", attrs: { defaultValue: "admin"}},
      { label: "Password", attrs: { type: "password"} },
    ];
  }

  authenticate = (credentials) => {
    this.props.authenticate(credentials)
      .catch(err => this.setState({ errorMessage: err.message}))
      .then(this.props.history.push("/admin"));
  }

  render = () =>
    <div className="container-fluid">
      <div className="row">
        <div className="col bg-dark text-white">
          <div className="navbar-brand">SPORTS STORE</div>
        </div>
      </div>
      <div className="row">
```

```
            <div className="col m-2">
              { this.state.errorMessage != null &&
                <h4 className="bg-danger text-center text-white m-1 p-2">
                  { this.state.errorMessage }
                </h4>
              }
              <ValidatedForm formModel={ this.formModel }
                defaultAttrs={ this.defaultAttrs }
                submitCallback={ this.authenticate }
                submitText="Login"
                cancelCallback={ () => this.props.history.push("/")}
                cancelText="Cancel"
              />
            </div>
          </div>
        </div>
  }))
```

이 컴포넌트는 withRouter 함수로부터 라우팅 기능을, authWrapper 함수로부터 인증 기능을 받는다. 두 기능 모두 컴포넌트의 props를 통해 사용할 수 있게 된다. 6장에서 정의했던 ValidatedForm은 사용자에게 사용자 이름과 패스워드 입력 필드를 보여준다. 폼 데이터가 제출되면 authenticate 메서드는 인증을 위한 상세 내용을 포워딩한다. 인증에 성공하면 URL 라우팅 시스템이 제공하는 history 객체를 통해 사용자는 /admin URL로 리다이렉션이 된다. 반면에 인증에 실패한 경우엔 에러 메시지가 나타난다.

관리자 기능의 보호

사용자가 인증받기 전까지 관리자 기능으로의 접근을 방지하기 위해 Admin 컴포넌트를 리스트 8-10과 같이 변경하자.

리스트 8-10 src/admin/Admin.js: 관리자 기능의 보호

```
import React, { Component } from "react";
import ApolloClient from "apollo-boost";
import { ApolloProvider} from "react-apollo";
import { GraphQlUrl } from "../data/Urls";
```

```
import { OrdersConnector } from "./OrdersConnector"
import { Route, Redirect, Switch } from "react-router-dom";
import { ToggleLink } from "../ToggleLink";
import { ConnectedProducts } from "./ProductsConnector";
import { ProductEditor } from "./ProductEditor";
import { ProductCreator } from "./ProductCreator";
import { AuthPrompt } from "../auth/AuthPrompt";
import { authWrapper } from "../auth/AuthWrapper";

// const graphQlClient = new ApolloClient({
//   uri: GraphQlUrl
// });

export const Admin = authWrapper(class extends Component {

  constructor(props) {
    super(props);
    this.client = new ApolloClient({
      uri: GraphQlUrl,
      request: gqloperation => gqloperation.setContext({
        headers: {
          Authorization: `Bearer<${this.props.webToken}>`
        },
      })
    })
  }

  render() {
    return <ApolloProvider client={ this.client }>
            <div className="container-fluid">
              <div className="row">
                <div className="col bg-info text-white">
                  <div className="navbar-brand">SPORTS STORE</div>
                </div>
              </div>
              <div className="row">
                <div className="col-3 p-2">
                  <ToggleLink to="/admin/orders">Orders</ToggleLink>
                  <ToggleLink to="/admin/products">Products</ToggleLink>
                  { this.props.isAuthenticated &&
```

```
            <button onClick={ this.props.signout }
              className="btn btn-block btn-secondary m-2 fixed-bottom col-3">
              Log Out
            </button>
          }
        </div>
        <div className="col-9 p-2">
          <Switch>
            {
              !this.props.isAuthenticated &&
                <Route component={ AuthPrompt } />
            }
            <Route path="/admin/orders" component={ OrdersConnector } />
            <Route path="/admin/products/create" component={ ProductCreator} />
            <Route path="/admin/products/:id" component={ ProductEditor} />
            <Route path="/admin/products" component={ ConnectedProducts } />
            <Redirect to="/admin/orders" />
          </Switch>
        </div>
      </div>
    </div>
  </ApolloProvider>
  }
})
```

보다시피 Admin 컴포넌트를 authWrapper 함수로 감싸 인증 기능에 접근할 수 있게 했다. 또한 ApolloClient 객체를 생성자 안에서 만듦으로써 각 그래프QL HTTP 요청에 Authorization 헤더를 추가하는 함수가 포함되게 했다.

render 메서드엔 새로 추가된 두 부분의 코드가 있다. 첫 번째 코드는 인증된 사용자에게 Log Out 버튼을 보여준다. 두 번째 코드는 인증 상태를 확인하고 URL에 관계없이 AuthPrompt 컴포넌트를 보여주는 Route 컴포넌트를 생성한다. path 프로퍼티가 없는 Route 컴포넌트는 항상 자신의 component 프로퍼티에 지정된 컴포넌트를 보여주며, Switch와 함께 사용되면 다른 Route 컴포넌트의 작동을 중단시킨다.

관리자 기능으로의 내비게이션 링크 추가하기

관리자 기능의 쉬운 접근을 위해 리스트 8-11과 같이 CategoryNavigation 컴포넌트에 링크를 추가하자.

리스트 8-11 src/shop/CategoryNavigation.js: 링크 추가

```jsx
import React, { Component } from "react";
import { ToggleLink } from "../ToggleLink";
import { Link } from "react-router-dom";

export class CategoryNavigation extends Component {

    render() {
        return <React.Fragment>
                    <ToggleLink to={ `${this.props.baseUrl}/all` } exact={ false }>
                      All
                    </ToggleLink>
                    { this.props.categories && this.props.categories.map(cat =>
                      <ToggleLink key={ cat }
                        to={ `${this.props.baseUrl}/${cat.toLowerCase()}`}>
                        { cat }
                      </ToggleLink>
                    )}
                    <Link className="btn btn-block btn-secondary fixed-bottom m-2 col-3"
                      to="/admin">
                      Administration
                    </Link>
                </React.Fragment>
    }
}
```

이제 관리자 기능을 사용하려면 http://localhost:3000을 방문해 새로 추가된 Administration 버튼을 클릭하면 된다. 관리자 기능이 보호돼 있으므로 인증 폼이 나타날 것이다. 패스워드로 'secret'을 입력하고 Login 버튼을 클릭하면 인증이 수행돼 그림 8-3 과 같은 관리자 화면이 나타날 것이다. 만약 Log Out 버튼을 클릭하면 인증받지 않은 상태로 돌아갈 것이다.

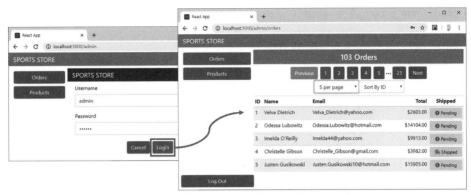

▲ 그림 8-3 관리자 기능을 사용하기 위한 인증 과정

애플리케이션 배포 준비

지금부터 SportsStore 애플리케이션의 배포, 즉 출시 준비를 할 것이다.

관리자 기능에 지연 로딩 적용

애플리케이션을 배포할 때엔 개별 자바스크립트 파일들을 하나의 파일로 합쳐 브라우저가 효율적으로 다운로드할 수 있게 한다. 대부분의 사용자는 쇼핑몰의 고객이므로 관리자 기능을 필요로 하지 않는다. 그런 사용자에게 불필요한 코드를 다운로드되지 않게 하기 위해 지연 로딩lazy loading을 이용할 수 있다. 그럼 최상위 관리자 컴포넌트를 애플리케이션의 나머지에 통합하는 import 구문에 리스트 8-12와 같이 지연 로딩을 적용하자.

리스트 8-12 src/App.js: 지연 로딩 적용

```
import React, { Component, lazy, Suspense } from "react";
import { SportsStoreDataStore } from "./data/DataStore";
import { Provider } from "react-redux";
import { BrowserRouter as Router, Route, Switch, Redirect } from "react-router-dom";
import { ShopConnector } from "./shop/ShopConnector";
//import { Admin } from "./admin/Admin";
import { AuthProviderImpl } from "./auth/AuthProviderImpl";
```

```
const Admin = lazy(() => import("./admin/Admin"));

export default class App extends Component {
  render() {
    return <Provider store={ SportsStoreDataStore }>
            <AuthProviderImpl>
              <Router>
                <Switch>
                  <Route path="/shop" component={ ShopConnector } />
                  <Route path="/admin" render={
                    routeProps =>
                      <Suspense fallback={ <h3>Loading...</h3> }>
                        <Admin { ...routeProps } />
                      </Suspense>
                  } />
                  <Redirect to="/shop" />
                </Switch>
              </Router>
            </AuthProviderImpl>
          </Provider>
  }
}
```

Suspense 컴포넌트는 오직 필요한 경우에만 로딩돼야 하는 콘텐츠를 표시하며, lazy 함수
와 결합돼 사용된다. 결과적으로 Admin 컴포넌트는 필요하기 전까지 로딩되지 않을 것이
다. 지연 로딩은 비교적 최근에 리액트에 추가된 기능인데, 이 책을 집필하는 시점에선
이를 명명된 기능으로 내보내기를 지원하지 않았다. 따라서 기본 기능 내보내기를 하도
록 리스트 8-13과 같이 Admin 컴포넌트를 수정하자.

리스트 8-13 src/admin/Admin.js: export 구문 변경

```
import React, { Component } from "react";
import ApolloClient from "apollo-boost";
import { ApolloProvider} from "react-apollo";
import { GraphQlUrl } from "../data/Urls";
import { OrdersConnector } from "./OrdersConnector"
import { Route, Redirect, Switch } from "react-router-dom";
import { ToggleLink } from "../ToggleLink";
```

```
import { ConnectedProducts } from "./ProductsConnector";
import { ProductEditor } from "./ProductEditor";
import { ProductCreator } from "./ProductCreator";
import { AuthPrompt } from "../auth/AuthPrompt";
import { authWrapper } from "../auth/AuthWrapper";

export default authWrapper(class extends Component {

    // 편의상 생성자와 render 메서드를 생략함

})
```

데이터 파일 만들기

RESTful과 그래프QL 서비스가 사용하는 데이터 파일은 서버가 시작될 때마다 자바스크립트를 통해 동일한 데이터를 다시 생성한다. 이는 이미 알고 있는 상태가 리턴되므로 개발 기간 동안엔 유용하다. 그러나 고객에게 배포할 애플리케이션에선 적절하지 않다.

json-server 패키지엔 JSON 파일을 제시하면 영속적인 데이터베이스를 만들어주는 기능이 있다. 먼저 sportsstore 폴더에 productionData.json이라는 파일을 만들어 리스트 8–14의 콘텐츠를 추가하자.

리스트 8–14 productionData.json

```
{
  "products": [
    { "id": 1, "name": "Kayak", "category": "Watersports",
      "description": "A boat for one person", "price": 275 },
    { "id": 2, "name": "Lifejacket", "category": "Watersports",
      "description": "Protective and fashionable", "price": 48.95 },
    { "id": 3, "name": "Soccer Ball", "category": "Soccer",
      "description": "FIFA-approved size and weight", "price": 19.50 },
    { "id": 4, "name": "Corner Flags", "category": "Soccer",
      "description": "Give your playing field a professional touch", "price": 34.95 },
    { "id": 5, "name": "Stadium", "category": "Soccer",
      "description": "Flat-packed 35,000-seat stadium", "price": 79500 },
    { "id": 6, "name": "Thinking Cap", "category": "Chess",
```

```
         "description": "Improve brain efficiency by 75%", "price": 16 },
       { "id": 7, "name": "Unsteady Chair", "category": "Chess",
         "description": "Secretly give your opponent a disadvantage", "price": 29.95 },
       { "id": 8, "name": "Human Chess Board", "category": "Chess",
         "description": "A fun game for the family", "price": 75 },
       { "id": 9, "name": "Bling Bling King", "category": "Chess",
         "description": "Gold-plated, diamond-studded King", "price": 1200 }
     ],
     "categories": ["Watersports", "Soccer", "Chess"],
     "orders": []
   }
```

요청 URL 변경

애플리케이션을 배포할 땐 리액트 개발 HTTP 서버 대신, 정적 HTML과 자바스크립트
파일을 조합해 서비스하며 추가로 RESTful과 그래프QL 서비스도 제공하는 서버를 사용
하게 할 것이다. 모든 서비스를 하나의 포트로 모으기 위해 먼저 Urls.js 파일에서
SportsStore가 사용하는 URL의 형식을 리스트 8-15와 같이 변경하자.

리스트 8-15 src/data/Urls.js: URL 변경

```
import { DataTypes } from "./Types";

// const protocol = "http";
// const hostname = "localhost";
// const port = 3500;

export const RestUrls = {
  [DataTypes.PRODUCTS]: `/api/products`,
  [DataTypes.CATEGORIES]: `/api/categories`,
  [DataTypes.ORDERS]: `/api/orders`
}

export const GraphQlUrl = `/graphql`;
export const authUrl = `/login`;
```

애플리케이션 빌드

일반 고객의 사용에 최적화된 버전을 만들기 위해 명령 프롬프트에서 sportsstore 폴더로 이동해 리스트 8-16과 같은 명령을 실행하자.

리스트 8-16 배포를 위한 애플리케이션 빌드 명령

```
npm run build
```

빌드 과정이 완료되면 그 결과 build 폴더에 애플리케이션 파일들이 최적화된 구성으로 생성된다.

애플리케이션 서버 제작

리액트 개발 HTTP 서버는 실제 고객용 애플리케이션엔 적절하지 않다. 따라서 server.js 파일을 리스트 8-17과 같이 RESTful과 그래프QL 서비스를 제공하고 build 폴더의 파일을 서비스할 수 있도록 변경하자.

리스트 8-17 server.js: 서버 구성 변경

```
const express = require("express");
const jsonServer = require("json-server");
const chokidar = require('chokidar');
const cors = require("cors");
const fs = require("fs");
const { buildSchema } = require("graphql");
const graphqlHTTP = require("express-graphql");
const queryResolvers = require("./serverQueriesResolver");
const mutationResolvers = require("./serverMutationsResolver");
const auth = require("./authMiddleware");
const history = require("connect-history-api-fallback");

const fileName = process.argv[2] || "./data.js"
const port = process.argv[3] || 3500;

let router = undefined;
let graph = undefined;
```

```
const app = express();

const createServer = () => {
  delete require.cache[require.resolve(fileName)];
  setTimeout(() => {
    router = jsonServer.router(fileName.endsWith(".js")
      ? require(fileName)() : fileName);
    let schema = fs.readFileSync("./serverQueriesSchema.graphql", "utf-8")
      + fs.readFileSync("./serverMutationsSchema.graphql", "utf-8");
    let resolvers = { ...queryResolvers, ...mutationResolvers };
    graph = graphqlHTTP({
      schema: buildSchema(schema), rootValue: resolvers,
      graphiql: true, context: { db: router.db }
    })
  }, 100)
}

createServer();

app.use(history());
app.use("/", express.static("./build"));
app.use(cors());
app.use(jsonServer.bodyParser)
app.use(auth);
app.use("/api", (req, resp, next) => router(req, resp, next));
app.use("/graphql", (req, resp, next) => graph(req, resp, next));

chokidar.watch(fileName).on("change", () => {
  console.log("Reloading web service data...");
  createServer();
  console.log("Reloading web service data complete.");
});

app.listen(port, () => console.log(`Web service running on port ${port}`));
```

connect-history-api-fallback 패키지는 어떤 HTTP 요청에 대해서도 index.html 파일을 콘텐츠로 응답한다. 이는 URL 라우팅을 사용하는 애플리케이션에 유용한데, 애플리케이션이 HTML5 히스토리 API^HTML5 History API를 사용해 내비게이션을 함으로써 사용자가 특정 URL에 직접 접근할 수 있기 때문이다.

배포 버전과 서버 테스트

고객용 배포 버전의 애플리케이션이 제대로 작동하는지, 그리고 서버 구성이 제대로 됐는지 확인하기 위해 sportsstore 폴더에서 리스트 8-18의 명령을 실행하자.

리스트 8-18 배포 버전 테스트

```
node server.js ./productionData.json 4000
```

서버가 구동됐으면 브라우저 창을 열어 http://localhost:4000을 방문하자. 그러면 그림 8-4와 같은 익숙한 화면을 볼 수 있을 것이다.

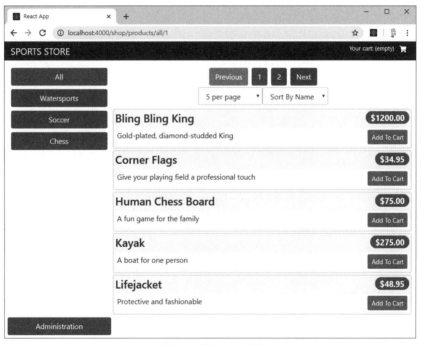

▲ 그림 8-4 애플리케이션 테스트

SportsStore 애플리케이션의 컨테이너화

8장의 마지막 작업은 SportsStore 애플리케이션의 컨테이너를 만들어 운영 환경으로 배포하는 일이다. 이 책을 집필하는 시점에서 가장 인기 있는 컨테이너 플랫폼은 도커^{Docker}다. 도커는 어떤 애플리케이션을 실행할 수 있을 만큼만의 기능을 갖춘, 일종의 리눅스 축약 버전이다. 대부분의 클라우드 플랫폼이나 호스팅 엔진이 도커를 지원하며, 또한 도커 역시 대부분의 유명한 운영 체제에서 사용할 수 있다.

도커 설치

첫 번째 할 일은 도커의 다운로드와 설치다. 도커는 http://www.docker.com에서 받을 수 있다. 맥OS, 윈도우, 리눅스 버전이 있으며, 아마존과 마이크로소프트의 클라우드 플랫폼과 함께 사용할 수 있는 특별한 버전도 있다.

> 🔵 **주의**
>
> 도커를 사용할 때 한 가지 단점은 제작사가 자주 호환성을 깨는 변경을 일삼기로 악명 높다는 점이다. 즉, 도커 자체가 이전 버전과 호환되지 않는 경우가 많은데, 이는 이 책의 예제가 도커의 최신 버전에선 작동하지 않을 수 있다는 뜻이다. 만약 진행에 문제가 있다면 이 책의 저장소(https://github.com/Apress/pro-react-16)를 방문해 변경사항을 확인하거나 나에게(adam@adam-freeman.com) 연락을 주기 바란다. 또는 자신이 반드시 도커를 사용해야 하는 이유가 없다면 이후 절들은 건너뛰고 8장을 마무리해도 좋다.

애플리케이션 준비

컨테이너를 사용함에 있어 추가로 필요한 패키지의 다운로드를 위해 NPM 설정 파일을 만들어야 한다. 그럼 sportsstore 폴더에 deploy-package.json이라는 파일을 만들어 리스트 8-19와 같은 콘텐츠를 작성하자.

리스트 8-19 deploy-package.json

```json
{
  "name": "sportsstore",
  "description": "SportsStore",
  "repository": "https://github.com/Apress/pro-react-16",
  "license": "0BSD",

  "devDependencies": {
    "graphql": "^14.0.2",
    "chokidar": "^2.0.4",
    "connect-history-api-fallback": "^1.5.0",
    "cors": "^2.8.5",
    "express": "^4.16.4",
    "express-graphql": "^0.7.1",
    "json-server": "^0.14.2",
    "jsonwebtoken": "^8.1.1"
  }
}
```

devDependencies 절에선 컨테이너에서 애플리케이션을 구동하는 데 필요한 패키지들을 지정했다. 또한 브라우저가 사용하는 모든 패키지는 build 명령에 의해 생성된 자바스크립트 파일에 이미 포함됐다. 그 밖의 필드들은 컨테이너가 생성될 때 올바른 애플리케이션 정보를 주기 위한 것이다.

도커 컨테이너 생성

도커 컨테이너를 정의하기 위해 sportsstore 폴더에 확장자 없이 Dockerfile이라는 파일을 만들어 리스트 8-20과 같은 콘텐츠를 작성하자.

리스트 8-20 Dockerfile

```
FROM node:10.14.1

RUN mkdir -p /usr/src/sportsstore

COPY build /usr/src/sportsstore/build
COPY authMiddleware.js /usr/src/sportsstore/
```

```
COPY productionData.json /usr/src/sportsstore/
COPY server.js /usr/src/sportsstore/
COPY deploy-package.json /usr/src/sportsstore/package.json

COPY serverQueriesSchema.graphql /usr/src/sportsstore/
COPY serverQueriesResolver.js /usr/src/sportsstore/
COPY serverMutationsSchema.graphql /usr/src/sportsstore/
COPY serverMutationsResolver.js /usr/src/sportsstore/

WORKDIR /usr/src/sportsstore

RUN echo 'package-lock=false' >> .npmrc

RUN npm install

EXPOSE 80

CMD ["node", "server.js", "./productionData.json", "80"]
```

Dockerfile의 콘텐츠는 Node.js에 맞춰 설정돼 있는 기본 이미지를 사용하며 애플리케이션을 구동하는 데 필요한 파일을 복사한다. 애플리케이션을 담고 있는 묶음 파일과 NPM 패키지의 설치에 사용될 파일을 포함해서 말이다.

계속해서 sportsstore 폴더에 .dockerignore라는 파일을 만들어 리스트 8-21과 같은 콘텐츠를 작성하자. 이 파일은 Docker가 node_modules 폴더를 무시하게 하는데, 이 폴더는 컨테이너에 필요하지 않으며 처리 시간도 길기 때문이다.

리스트 8-21 .dockerignore

```
node_modules
```

이제 sportsstore 폴더에서 리스트 8-22의 명령을 실행하면 SportsStore 애플리케이션과 그에 필요한 모든 패키지를 포함할 이미지가 생성될 것이다.

리스트 8-22 도커 이미지 빌드

```
docker build . -t sportsstore -f Dockerfile
```

이 이미지는 컨테이너를 위한 템플릿이다. 도커는 Dockerfile의 내용대로 작업을 처리한다. 그에 따라 NPM 패키지가 다운로드되고 설치될 것이며, 각종 설정 파일과 코드 파일이 이미지 안으로 복사될 것이다.

애플리케이션 실행

이미지가 생성됐으면 리스트 8-23과 같은 명령으로 새 컨테이너를 시작하자.

리스트 8-23 도커 컨테이너 실행

```
docker run -p 80:80 sportsstore
```

브라우저에서 http://localhost를 방문해 애플리케이션을 테스트할 수 있으며, 그림 8-5와 같이 컨테이너에서 구동되고 있는 웹 서버가 리턴한 화면을 볼 수 있을 것이다.

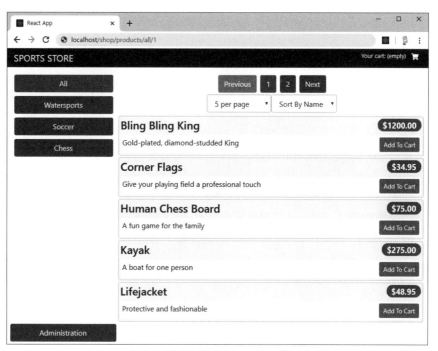

▲ **그림 8-5** 컨테이너화된 SportsStore 애플리케이션

컨테이너의 목록을 보려면 리스트 8-24와 같이 명령을 실행하면 된다.

리스트 8-24 컨테이너 목록 보기

```
docker ps
```

그 결과 다음과 같은 식의 목록을 볼 수 있을 것이다(편의상 일부 필드는 생략했다).

CONTAINER ID	IMAGE	COMMAND	CREATED
ecc84f7245d6	sportsstore	"node server.js"	33 seconds ago

컨테이너 ID를 사용해 리스트 8-25와 같이 컨테이너를 중지시킬 수 있다.

리스트 8-25 컨테이너 중지

```
docker stop ecc84f7245d6
```

이로써 SportsStore 애플리케이션은 도커를 지원하는 어떤 플랫폼에든 배포될 준비가 됐다.

정리

8장에선 리액트 애플리케이션의 배포를 위한 준비 방법과 도커 같은 컨테이너 기반의 플랫폼에 배포하는 방법을 설명함으로써 SportsStore 애플리케이션을 완성했다.

이로써 1부를 마쳤다. 2부에선 리액트에 대한 좀 더 자세한 내용을 살펴보기 시작할 것이며, SportsStore 애플리케이션을 만들 때 사용했던 각종 기능들을 더욱 깊이 알아볼 것이다.

2부

리액트
주무르기

9장

리액트 프로젝트의 이해

1부에선 SportsStore 애플리케이션을 제작함으로써 각기 다른 리액트의 기능들이 다른 패키지들과 조합돼 현실적인 애플리케이션으로 완성되는 과정을 살펴봤다. 2부에선 리액트의 여러 내장 기능들을 자세히 파고들 것이다. 우선 9장에선 리액트 프로젝트의 구조를 알아보고, 개발자에게 제공되는 도구, 코드와 콘텐츠가 컴파일되고 패키징되며 브라우저에 전송되는 과정을 설명할 것이다. 표 9-1에서 리액트 프로젝트 자체의 이해를 위한 맥락을 정리했다.

표 9-1 리액트 프로젝트에 대한 맥락 잡기

질문	답변
그게 무엇인가?	create-react-app 패키지는 프로젝트를 만들 때 사용되며, 효과적인 리액트 개발에 필요한 도구들을 설치한다.
왜 유용한가?	create-react-app 패키지로 만든 프로젝트는 복잡한 애플리케이션 개발을 위해 설계됐으며, 개발, 테스트, 배포를 위한 일체의 수단을 제공한다.
어떻게 사용하는가?	프로젝트는 npx create-react-app 명령으로 만들며, 개발 도구는 npm start 명령으로 실행한다.
문제점이나 제약사항이 있는가?	create-react-app 패키지는 '고집쟁이'다. 몇 개 안 되는 설정과 특정 방식만을 제공하기 때문이다. 따라서 다른 작업 방식을 원하는 경우엔 불편할 수 있다.
대체재가 있는가?	프로젝트를 만들기 위해 반드시 create-react-app을 사용할 필요는 없다. 사용할 수 있는 다른 패키지들은 https://reactjs.org/docs/create-a-new-react-app.html 을 참고하기 바란다.

표 9-2에선 9장의 내용을 요약했다.

표 9-2 9장 요약

과제	해법	리스트 번호
새 리액트 프로젝트 만들기	create-react-app 패키지와 추가 패키지를 사용한다.	1~3
HTML을 자바스크립트로 변환	JSX 형식을 사용해 HTML과 코드 구문을 혼합한다.	6
정적 콘텐츠 사용하기	src 폴더에 파일을 추가하고 애플리케이션에서 import 키워드를 사용해 가져온다.	9, 10
외부의 정적 콘텐츠 사용하기	public 폴더에 파일을 추가하고 PUBLIC_URL 프로퍼티를 사용해 그 참조를 정의한다.	11~13
린터(linter) 메시지의 비활성화	자바스크립트에 주석을 추가한다.	15~19
리액트 개발 도구의 설정	.env 파일을 만들고 프로퍼티들을 설정한다.	20
리액트 애플리케이션의 디버깅	리액트 개발 도구의 브라우저 확장 프로그램, 또는 브라우저 자체의 디버거를 사용한다.	22~26

준비 작업

9장에서 필요한 예제 프로젝트를 만들기 위해 명령 프롬프트에서 적당한 위치로 이동해 리스트 9-1과 같은 명령을 실행하자.

리스트 9-1 프로젝트 생성

```
npx create-react-app projecttools
```

> **팁**
>
> 이 책의 모든 예제 파일은 http://www.acornpub.co.kr/book/pro-react16에서 다운로드할 수 있다.

새 프로젝트를 만들 때 보안 취약점과 관련된 경고를 보게 될 수 있다. 리액트 개발은 많은 패키지에 의존하며 각 패키지엔 각자의 의존성이 있으므로, 필연적으로 보안 이슈가 발생할 수 있다. 예컨대, 이 책에서 보여주는 결과를 얻으려면 이 책과 동일한 버전의 패키지를 설치해야 한다. 여러분만의 프로젝트에선 경고 메시지를 확인하고 해당 패키지 버전을 업데이트함으로써 문제를 해결해야 할 것이다.

이제 생성된 프로젝트 폴더 안으로 들어가 리스트 9-2와 같이 명령을 실행해 부트스트랩 CSS 프레임워크를 설치하자.

리스트 9-2 부트스트랩 CSS 프레임워크 설치

```
cd projecttools
npm install bootstrap@4.1.2
```

애플리케이션에 부트스트랩 CSS 스타일시트를 포함시키려면 index.js에 리스트 9-3과 같이 구문을 추가하면 된다.

리스트 9-3 src/index.js: 부트스트랩 추가

```
import React from 'react';
import ReactDOM from 'react-dom';
import './index.css';
import App from './App';
import * as serviceWorker from './serviceWorker';
import 'bootstrap/dist/css/bootstrap.css';

ReactDOM.render(<App />, document.getElementById('root'));

// 앱이 오프라인에서 더 빠르게 작동되기 원한다면 아래의 unregister()를 register()로 바꾸면 된다.
// 그러나 주의사항이 있으므로 다음 페이지를 참고하기 바란다.
// https://facebook.github.io/create-react-app/docs/making-a-progressive-web-app
serviceWorker.unregister();
```

이제 명령 프롬프트에서 리스트 9-4의 명령을 실행해 개발 도구를 시작하자.

> **⊗ 주의**
>
> 개발 도구를 시작할 때의 명령은 npm이지, 리스트 9-1에서 사용했던 npx가 아니다.

리스트 9-4 개발 도구 실행

```
npm start
```

잠시 동안의 초기 컴파일 과정이 끝나면 새 브라우저 창이 열리고, 그림 9-1과 같이 http://localhost:3000 URL의 임시 콘텐츠가 보일 것이다.

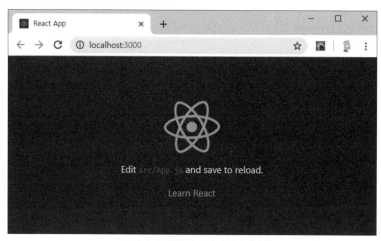

▲ 그림 9-1 실행된 예제 애플리케이션

리액트 프로젝트의 구조

새 프로젝트가 생성되면 리액트 애플리케이션의 기본 파일, 임시 콘텐츠, 개발 도구 일체가 포함된 상태에서 시작할 수 있다. 그림 9-2는 projecttools 폴더의 구조를 보여준다.

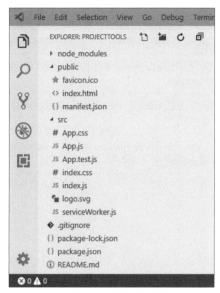

▲ 그림 9-2 프로젝트 구조

> **참고**
>
> 반드시 create-react-app 패키지를 사용해 리액트 프로젝트를 만들 필요는 없다. 그러나 그렇게 하
> 는 것이 가장 일반적인 방법이며 여러 기능을 지원하도록 도구를 설정해준다. 만약 원한다면 본인이
> 직접 파일을 만들고 도구를 설정할 수 있다. 또는 프로젝트를 만들 수 있는 다른 기법들도 있는데,
> 이에 대해선 https://reactjs.org/docs/create-a-new-react-app.html을 참고하기 바란다.

표 9-3은 프로젝트 폴더 바로 안에 있는 각 폴더와 파일을 설명한다. 그 외의 중요한 파
일들은 이후에 계속해서 설명할 것이다.

표 9-3 프로젝트 폴더와 파일

이름	설명
node_modules	애플리케이션과 개발 도구가 필요로 하는 패키지들이 위치하는 폴더이며, '패키지 폴더' 절에서 자세히 설명한다.
public	정적 콘텐츠가 위치하는 폴더로서 HTTP 요청에 응답할 때 사용되는 index.html 파일을 포함한다. '정적 콘텐츠' 절에서 자세히 설명한다.
src	애플리케이션 코드와 콘텐츠가 위치하는 폴더이며, '소스 코드 폴더' 절에서 자세히 설명한다.

(이어짐)

이름	설명
.gitignore	깃(Git)이 버전 관리에서 제외시킬 파일과 폴더를 기술하는 파일이다.
package.json	프로젝트를 위한 최상위 의존성의 목록을 포함하는 파일이며, '패키지 폴더' 절에서 자세히 설명한다.
package-lock.json	프로젝트를 위한 의존성의 전체 목록을 포함하는 파일이며, '패키지 폴더' 절에서 자세히 설명한다.
README.md	개발 도구에 관한 정보를 포함하는 파일이며, https://github.com/facebook/create-react-app에서도 볼 수 있다.

소스 코드 폴더

src는 프로젝트 안에서 가장 중요한 폴더다. 애플리케이션의 코드와 콘텐츠 파일이 위치하며, 해당 프로젝트의 기능이 구현되는 장소이기 때문이다. 또한 src 폴더엔 개발자의 신속한 개발을 돕기 위해 **create-react-app** 패키지가 추가한 파일들이 있는데, 이를 표 9-4에서 정리했다.

표 9-4 src 폴더 안의 파일

파일	설명
index.js	애플리케이션 구성과 실행을 책임진다.
index.css	애플리케이션을 위한 전역 CSS 스타일을 포함한다. '정적 콘텐츠' 절에서 자세히 설명한다.
App.js	최상위 리액트 컴포넌트를 포함한다. 컴포넌트는 10장과 11장에서 자세히 설명한다.
App.css	새 프로젝트를 위한 임시 CSS 스타일을 포함한다. '정적 콘텐츠' 절에서 자세히 설명한다.
App.test.js	최상위 컴포넌트에 대한 유닛 테스트를 포함한다. 유닛 테스트는 17장에서 자세히 설명한다.
serviceWorker.js	오프라인에서도 작동하는 프로그레시브 웹 앱(PWA, progressive web app)에 사용된다. 이 책에서 PWA를 따로 설명하지는 않는다. 그 대신 https://facebook.github.io/create-react-app/docs/making-a-progressive-web-app을 참고하기 바란다.
logo.svg	리액트 로고에 해당하는 이미지 파일이며, 프로젝트가 생성될 때 임시 컴포넌트로서 사용된다. '정적 콘텐츠' 절에서 자세히 설명한다.

패키지 폴더

자바스크립트 애플리케이션 개발은 브라우저에 전송될 코드를 담은 패키지부터 개발 과정 동안 이면에서 특정 작업을 수행하는 패키지에 이르기까지, 풍부한 패키지 생태계에 의존한다. 리액트 프로젝트 역시 수많은 패키지가 필요한데, 예를 들어 9장의 예제 프로젝트에도 900개가 넘는 패키지를 필요로 한다.

패키지들 사이엔 수작업으로 관리하기엔 너무 어려운, 복잡한 계층도를 갖는 의존성들이 존재한다. 따라서 이른바 **패키지 관리자**^{package manager}라고 하는 소프트웨어를 사용하는데, 리액트 프로젝트를 만들 때 사용하는 패키지 관리자는 대개 두 가지다. 하나는 NPM으로 1장에서 Node.js와 함께 설치됐다. 다른 하나는 NPM의 최근 경쟁자인 Yarn이다. 이 책에서는 간편함을 위해 NPM만을 사용할 것이다.

> ### 💣 팁
>
> 이 책을 따라가기 위해선 NPM을 사용해야 하지만, 자신의 프로젝트에서 Yarn을 사용하고 싶다면 자세한 정보는 https://yarnpkg.com을 참고하기 바란다.

프로젝트가 생성될 때 패키지 관리자는 리액트 개발에 필요한 패키지의 초기 목록을 받고, 각 패키지가 의존하는 패키지들을 조사한다. 그다음엔 그 패키지들이 의존하는 또 다른 패키지들을 조사하는데, 이 과정은 패키지 목록이 최종적으로 완성될 때까지 반복된다. 패키지 목록이 완성되면 패키지 관리자는 해당 패키지들을 모두 다운로드하고 node_modules 폴더에 설치한다.

초기 패키지 목록은 dependencies와 devDependencies라는 프로퍼티를 사용해 package.json 파일에 정의할 수 있다. 애플리케이션의 실행에 필요한 패키지들은 dependencies 절에 나열하며, 개발할 때는 필요하나 배포할 때는 포함시키지 않을 패키지들은 devDependencies 절에 나열한다.

프로젝트마다 다르지만 지금 예제에서 package.json 파일의 dependencies 절은 다음과
같다.

```
...
"dependencies": {
  "bootstrap": "^4.1.2",
  "react": "^16.7.0",
  "react-dom": "^16.7.0",
  "react-scripts": "2.1.2"
},
...
```

기본적으로 리액트 프로젝트에 필요한 dependencies의 패키지는 세 개뿐이다. 하나는 리액
트의 주된 기능을 포함하는 react 패키지, 또 하나는 웹 애플리케이션에 필요한 기능을 포
함하는 react-dom 패키지, 나머지 하나는 개발 도구의 명령 등을 포함하는 react-scripts
패키지다. bootstrap은 리스트 9–2에서 우리가 추가했던 패키지다. package.json 파일은
각 패키지에 대한 상세한 버전 정보를 포함하며, 버전의 형식은 표 9–5와 같다.

표 9–5 패키지의 버전 번호 체계

형식	설명
16.7.0	정확히 일치하는 버전의 패키지만 수용한다는 뜻으로, 여기선 16.7.0이다.
*	별표를 사용하면 어떤 버전 번호라도 수용한다는 뜻이다.
>16.7.0 >=16.7.0	해당 버전 번호보다 크거나, 또는 크거나 같은 버전이라면 수용한다는 뜻이다.
<16.7.0 <=16.7.0	해당 버전 번호보다 작거나, 또는 작거나 같은 버전이라면 수용한다는 뜻이다.
~16.7.0	패치 레벨 번호(세 번째 숫자)가 일치하지 않아도 해당 버전을 수용한다는 뜻이다. 예컨대, ~16.7.0으로 지정된 경우 16.7.1이나 16.7.2도 수용하지만 마이너 버전 번호가 맞지 않는 16.8.0은 수용하지 않는다.
^16.7.0	마이너 버전 번호나 패치 레벨 번호가 일치하지 않아도 해당 버전을 수용한다는 뜻이다. 예컨대, ^16.7.0으로 지정된 경우 16.8.0이나 16.9.0도 수용하지만 메이저 버전 번호가 맞지 않는 17.0.0은 수용하지 않는다.

우리 package.json 파일의 dependencies 절에 지정된 버전들은 마이너 업데이트와 패치
도 수용할 것이다.

패키지 관리자는 단일 프로젝트만을 위한 패키지를 설치(**로컬 설치**^{local install})할 수 있으며, 또는 어느 프로젝트든 접근할 수 있게 패키지를 설치(**전역 설치**^{global install})할 수도 있다. 전역 설치가 필요한 경우는 거의 없지만, 1장에서 설치했던 **create-react-app** 패키지는 예외다. **create-react-app** 패키지는 새 프로젝트를 만들 때 사용되기 때문에 전역 설치가 돼야 한다. 각 프로젝트를 위한 개별 패키지들은 node_modules 폴더에 로컬 설치된다.

새 리액트 프로젝트를 만들 때 개발에 필요한 모든 패키지가 자동으로 다운로드돼 node_modules 폴더에 설치되지만, 그래도 표 9–6에서 설명하는 NPM 명령을 알아두면 개발에 유용할 것이다.

표 9–6 유용한 NPM 명령

명령	설명
npx create–react–app ⟨name⟩	새 리액트 프로젝트를 만든다.
npm install	package.json 파일에 지정된 패키지들을 로컬 설치한다.
npm install package@version	특정 버전의 패키지를 로컬 설치하며, 그에 맞게 package.json 파일의 dependencies 절을 갱신한다.
npm install --save-dev package@version	특정 버전의 패키지를 로컬 설치하며, 그에 맞게 package.json 파일의 devDependencies 절을 갱신한다. 이 경우 개발에 필요한 패키지가 프로젝트에 추가되며, 배포될 애플리케이션엔 포함되지 않는다.
npm install --global package@version	특정 버전의 패키지를 전역 설치한다.
npm list	모든 로컬 패키지와 의존성 패키지를 나열한다.
npm run	package.json 파일에 정의된 스크립트 중 하나를 실행한다.

마지막 명령이 특이해 보일 수 있는데, 전통적으로 패키지 관리자는 package.json 파일의 scripts 절에 정의된 명령의 실행을 지원해왔다. 리액트 프로젝트에서 이 기능은 개발 기간 동안 각종 도구를 사용하고 애플리케이션 배포를 준비할 때 이용된다. 다음은 예제 프로젝트의 package.json 파일에서 scripts 절에 해당되는 부분이다.

```
...
"scripts": {
  "start": "react-scripts start",
  "build": "react-scripts build",
  "test": "react-scripts test",
  "eject": "react-scripts eject"
},
...
```

표 9-7에서 이들 명령에 대해 요약했으며, 나중에 실제 사용법도 알아볼 것이다.

표 9-7 package.json 파일의 scripts 절에 있는 명령들

명령	설명
start	개발 도구를 시작한다. 다음 '리액트 개발 도구' 절에서 자세히 설명한다.
build	빌드 작업을 수행한다.
test	유닛 테스트를 수행한다. 17장에서 자세히 설명할 것이다.
eject	모든 도구를 위한 설정 파일들을 프로젝트 폴더로 복사한다. 이는 일방향 작업으로서, 개발 도구의 기본 설정이 프로젝트에 맞지 않을 경우에만 사용해야 한다.

표 9-7의 명령은 npm run 다음에 입력함으로써 실행할 수 있으며, 반드시 package.json 파일이 있는 폴더에서 해야 한다. 즉, 만약 예제 프로젝트를 빌드하고 싶다면 projecttools 폴더로 이동해 npm run build를 실행하면 된다. 단, start는 예외로서 npm start라고 실행해야 한다.

리액트 개발 도구

프로젝트에 추가된 리액트 개발 도구는 src 폴더 안의 변경을 자동으로 감지해 애플리케이션을 컴파일하고 브라우저가 사용할 파일들을 패키징한다. 물론 그런 일들을 수작업으로 할 수도 있지만, 자동화 도구를 사용하는 일은 좀 더 즐거운 개발 경험을 만들어준다. 이제 개발 도구를 시작하기 위해 명령 프롬프트에서 projecttools 폴더로 이동해 리스트 9-5의 명령을 실행하자.

```
npm start
```

개발 도구가 사용하는 핵심 패키지 중의 하나는 많은 자바스크립트 개발 도구와 프레임 워크의 근간인 **웹팩**^{webpack}이다. 웹팩은 자바스크립트 모듈을 브라우저가 사용할 수 있게 패키징하는 **모듈 번들러**^{module bundler}다. 웹팩의 중요성에 비하면 너무 단순한 설명이지만 말이다. 또한 웹팩은 여러분이 리액트 애플리케이션 개발에서 중점적으로 사용할 도구 중 하나다.

리스트 9-5의 명령을 실행하면 웹팩이 예제 애플리케이션을 실행하기 위한 번들을 준비 하는 메시지들을 볼 수 있을 것이다. 웹팩은 먼저 index.js 파일부터 시작하는데, 의존성 집합을 만들기 위한 import 구문들이 있는 모든 모듈을 로딩한다. 이 과정은 index.js가 의 존하는 각 모듈마다 반복되며, 전체 애플리케이션의 의존성 파일들이 모두 완성될 때까지 계속된다. 그다음엔 그 파일들을 이른바 **번들**^{bundle}이라고 하는 하나의 파일로 통합한다.

번들을 만드는 과정엔 약간의 시간이 필요하지만, 개발 도구를 시작할 때 최초로 한 번만 수행되는 작업이다. 작업이 완료되면 애플리케이션이 컴파일되고 번들이 만들어졌다는 다음과 같은 메시지를 볼 수 있을 것이다.

```
...
Compiled successfully!

You can now view projecttools in the browser.

  Local:            http://localhost:3000/
  On Your Network:  http://10.0.75.1:3000/

Note that the development build is not optimized.
To create a production build, use npm run build.
...
```

또한 브라우저 창이 열려 그림 9-3과 같이 http://localhost:3000에 있는 임시 콘텐츠 도 보게 될 것이다.

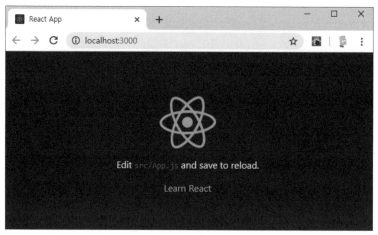

▲ 그림 9-3 실행된 예제 애플리케이션

컴파일과 변환 과정의 이해

빌드 과정은 웹팩이 수행하며, 핵심 단계 중 하나인 코드 변환은 **바벨**^{Babel}이라는 패키지가 수행한다. 리액트 프로젝트에 있어서 바벨은 두 가지 중요한 임무를 갖는데, 하나는 JSX 콘텐츠를 변환하는 작업이며, 다른 하나는 구식 브라우저에서도 최신의 자바스크립트 기능이 실행될 수 있게 자바스크립트 코드를 변환하는 작업이다.

JSX 변환

3장에서 설명했듯 JSX는 HTML과 자바스크립트를 혼합할 수 있게 하는, 자바스크립트의 상위 집합이다. JSX가 HTML 표준 전체를 지원하지는 않는다. 가장 대표적인 것이 속성^{attribute}인데, 예를 들면 순수 HTML에선 class라고 표현하지만 JSX에선 className이라고 표현한다. 이는 빌드 과정에서 바벨이 JSX 콘텐츠를 리액트 API의 호출 코드로 변환하기 때문이다. 즉, JSX 안의 모든 HTML 엘리먼트는 React.createElement 메서드를 호출하는 코드로 변환된다. 이제 App.js 파일을 리스트 9-6과 같이 간단한 HTML 엘리먼트를 리턴하는 render 메서드를 포함한 컴포넌트로 임시 콘텐츠를 대체하자.

리스트 9-6 src/App.js: 임시 콘텐츠의 대체

```
import React, { Component } from "react";

export default class extends Component {

  render = () =>
    <h4 className="bg-primary text-white text-center p-3">
      This is an HTML element
    </h4>
}
```

변환 과정에서 h4 엘리먼트는 React.createElement 메서드를 호출하는 코드로 바뀌며, 그 결과 브라우저가 JSX를 알아야 할 필요가 없이 완전한 자바스크립트 코드가 만들어진다. 이는 React.createElement 메서드를 사용해 동일한 결과를 만드는 리스트 9-7의 코드로 확인할 수 있다.

리스트 9-7 src/App.js: 리액트 API의 직접 사용

```
import React, { Component } from "react";

export default class extends Component {

  render = () => React.createElement("h4",
    { className: "bg-primary text-white text-center p-3" },
    "This is an HTML element")
}
```

리스트 9-6과 리스트 9-7의 결과는 동일한데, 바벨이 리스트 9-6의 코드를 처리하면 생성되는 코드가 곧 리스트 9-7과 같기 때문이다. 3장에서 설명했듯 리액트는 자바스크립트 코드를 브라우저에서 실행할 때 HTML 엘리먼트를 만들기 위해 DOM API를 사용한다. 이는 언뜻 순환 접근법처럼 보이지만, JSX 변환은 빌드 과정에서 한 번만 수행되며 JSX는 리액트의 기능을 쉽게 사용하는 것이 목적이다.

자바스크립트 언어의 진화

자바스크립트 언어는 한동안의 침체기를 거쳤으나, 개발을 쉽게 해주고 다른 프로그래밍 언어에선 이미 일반적이었던 기능들을 제공함으로써 다시 활성화되고 현대화됐다. 4장에서 이미 그런 기능들을 설명했다. 모든 브라우저가 모든 최신 기능을 지원하진 않는다. 구식 브라우저 또는 업데이트 주기가 느린 기업 환경에서의 브라우저에선 특히 그렇다. 바벨은 최신 기능을 자바스크립트의 전성기 이전의 코드, 즉 더 많은 브라우저가 지원하는 코드로 변환함으로써 문제를 해결한다.

다시 App.js로 돌아가 리스트 9-8과 같이 최근의 자바스크립트 기능을 사용해 h4 엘리먼트의 콘텐츠를 만들도록 변경하자.

리스트 9-8 src/App.js: 최근의 자바스크립트 기능 사용

```
import React, { Component } from "react";

let name = "Adam";
const city = "London";

export default class extends Component {

  message = () => `Hello ${name} from ${city}`;

  render = () =>
    <h4 className="bg-primary text-white text-center p-3">
      { this.message() }
    </h4>
}
```

이 컴포넌트엔 최근의 자바스크립트 기능들이 사용됐다. 클래스를 정의하는 class와 extends 키워드, 변수와 상수를 정의하는 let과 const 키워드, 그리고 message 메서드 안의 람다 함수[lambda function]와 템플릿 문자열이 그에 해당한다. 이제 파일을 저장하면 자바스크립트 코드가 자동으로 컴파일돼 브라우저에 전달되고, 그림 9-4와 같은 화면을 볼 수 있을 것이다.

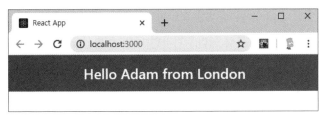

▲ 그림 9-4 최근의 언어 기능 사용

바벨이 최근의 자바스크립트 기능을 다루는 방법을 보기 위해 그림 9-5와 같이 개발 도구(F12)의 **Sources** 탭에서 main.chunk.js의 내용을 살펴보자. 이 파일은 왼쪽 트리에서 localhost:3000 안의 static/js 폴더 안에서 찾을 수 있다.

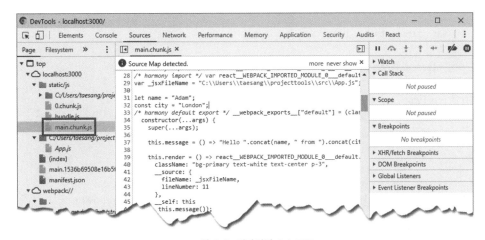

▲ 그림 9-5 컴파일된 소스 코드

🖐 팁

구글 크롬의 개발 도구는 자주 바뀌기 때문에 바벨이 만든 코드를 찾기 위해 헤매야 할 수 있다. 그럴 땐 Ctrl+F를 사용해 'London'을 검색하면 코드를 찾기 쉬울 것이다. 또는 https://babeljs.io/repl 을 방문해 리스트 9-8의 코드를 붙여넣으면 바벨이 만드는 코드를 볼 수 있다.

스크롤을 내리거나 'London'을 검색했다면 바벨이 만든 코드를 볼 수 있을 것이다. 만약 최신 기능을 지원하지 않는 구식 브라우저라면 하위 호환성을 보장하는 다음과 같은 코드를 보게 될 것이다.

```
...
var name = "Adam";
var city = "London";

var App = function (_Component) {
  _inherits(App, _Component);

  function App() {
    var _ref;

    var _temp, _this, _ret;

    _classCallCheck(this, App);

    for (var _len = arguments.length, args = Array(_len), _key = 0;
      _key < _len; _key++) {
      args[_key] = arguments[_key];
    }

    return _ret = (_temp = (_this = _possibleConstructorReturn(this,
      (_ref = App.__proto__ || Object.getPrototypeOf(App)).call.apply(_ref,
        [this].concat(args))), _this), _this.message = function () {
          return "Hello " + name + " from " + city;
        }, _temp), _possibleConstructorReturn(_this, _ret);
  }

  _createClass(App, [{
    key: "render",
    value: function render() {
      return __WEBPACK_IMPORTED_MODULE_0_react___default.a.createElement(
        "div",
        { className: "h1 bg-primary text-white text-center p-3", __source: {
          fileName: _jsxFileName,
            lineNumber: 12
          },
```

```
        __self: this
      },
      this.message()
    );
  }
}]);
return App;
}
...
```

이 난해하고 어려운 코드를 자세히 이해할 필요는 없다. 중요한 건 지원하지 않는 기능이 어떻게 변경됐는지다. 예컨대, let과 const 키워드는 전통적인 var 키워드로 바뀌었다.

```
...
var name = "Adam";
var city = "London";
...
```

또한 템플릿 문자열은 다음과 같이 문자열 연결 방식으로 바뀌었다.

```
...
return "Hello " + name + " from " + city;
...
```

class 같은 일부 기능은 바벨이 브라우저에 보낼 번들에 추가한 함수를 사용해 처리된다. 또한 JSX 안의 HTML 부분은 React.createElement 메서드를 호출하는 코드로 변환된다.

기능의 변환은 복잡한 일이지만, 최근에 자바스크립트 언어에 추가된 기능들은 굉장히 편리한 문법^{syntactic sugar}을 통해 개발자에게 코딩의 즐거움을 주고 있다. 기능 변환이란 그런 즐거운 코드 대신, 오래된 브라우저에서 좀 왜곡되더라도 비슷한 효과를 낼 수 있게 코드를 대체하는 작업이다.

개발 HTTP 서버

개발 과정을 쉽게 만들기 위해 이 프로젝트에선 웹팩에 통합되는 HTTP 서버인 webpack-dev-server 패키지를 추가했다. 이 개발 HTTP 서버는 번들을 만드는 작업이 끝나면 즉시 3000번 포트를 통해 HTTP 요청을 리스닝하도록 설정돼 있다. 이 서버는 HTTP 요청을 받으면 public/index.html 파일의 콘텐츠를 리턴한다. 또한 index.html 파일을 처리할 때 몇 가지 중요한 사항을 추가하는데, 이는 브라우저 창에서 마우스 오른쪽 버튼을 클릭하면 나오는 팝업 메뉴 중 **View Page Source**^{페이지 소스 보기}를 선택하면 확인할 수 있다.

```html
<!DOCTYPE html>
<html lang="en">
  <head>
    <meta charset="utf-8">
    <meta name="viewport" content="width=device-width,
      initial-scale=1, shrink-to-fit=no">
    <meta name="theme-color" content="#000000">
    <link rel="manifest" href="/manifest.json">
    <link rel="shortcut icon" href="/favicon.ico">
    <title>React App</title>
  </head>
  <body>
    <noscript>
      You need to enable JavaScript to run this app.
    </noscript>
    <div id="root"></div>
    <script src="/static/js/bundle.js"></script>
    <script src="/static/js/0.chunk.js"></script>
```

```
    <script src="/static/js/main.chunk.js"></script>
    <script src="/main.a5f0dcc648ccc4241725.hot-update.js"></script>
  </body>
</html>
```

보다시피 개발 HTTP 서버는 브라우저가 로딩해야 할 파일을 알려주는 script 엘리먼트들을 포함시켰다. 여기엔 리액트 프레임워크, 애플리케이션 코드, CSS와 같은 정적 콘텐츠, 그리고 개발 도구를 지원하고 변경사항이 있을 때 브라우저를 다시 로딩하는 추가 기능이 포함된다.

정적 콘텐츠

이미지나 CSS 스타일시트 같은 정적 콘텐츠를 리액트 애플리케이션에 포함시키는 방법은 두 가지다. 대부분의 상황에서 가장 좋은 방법은 필요한 파일을 src 폴더에 추가하고 코드 안에선 import 구문을 사용해 그 파일로의 의존성을 선언하는 것이다.

그럼 정적 콘텐츠를 포함시키는 실습을 해보자. 먼저 프로젝트를 만들 때 생성됐던 App.css 파일의 콘텐츠를 리스트 9-9의 CSS 스타일로 변경한다.

리스트 9-9 src/App.css: 스타일 변경

```
img {
  background-color: lightcyan;
  width: 50%;
}
```

이 스타일은 img 엘리먼트의 배경색과 너비를 지정한다. 이제 리스트 9-10과 같이 src 폴더에 있는 두 개의 정적 파일을 App 컴포넌트에 추가하자. 하나는 방금 전의 CSS 파일이며, 다른 하나는 프로젝트에 이미 존재하는 임시 이미지 파일이다.

> **👆 팁**
>
> index.css 파일은 리액트 애플리케이션을 시작할 때 필요한 index.js 파일에서 불러온다. 따라서 이 CSS 파일에 전역 스타일을 정의함으로써 브라우저에 전송되는 콘텐츠에 포함시킬 수 있다.

```javascript
import React, { Component } from "react";
import "./App.css";
import reactLogo from "./logo.svg";

let name = "Adam";
const city = "London";

export default class extends Component {

  message = () => `Hello ${name} from ${city}`;

  render = () =>
    <div className="text-center">
      <h4 className="bg-primary text-white text-center p-3">
        { this.message() }
      </h4>
      <img src={ reactLogo } alt="reactLogo" />
    </div>
}
```

CSS 스타일시트와 같이 코드 안에서 직접 참조할 필요가 없는 콘텐츠를 불러오려면 다음과 같이 파일 확장자를 포함한 파일명을 import 키워드 다음에 적으면 된다.

```javascript
...
import "./App.css";
...
```

이미지와 같이 HTML 엘리먼트에서 직접 참조해야 하는 콘텐츠를 불러오려면, 다음과 같이 참조될 이름을 지정해 import 구문에 포함시켜야 한다.

```javascript
...
import reactLogo from "./logo.svg";
...
```

이 구문은 logo.svg 파일을 불러오면서 reactLogo라는 이름을 할당했다. 이는 img 엘리먼트에서 다음과 같이 사용된다.

```
...
<img src={ reactLogo } alt="reactLogo" />
...
```

import 키워드를 사용해 정적 콘텐츠로의 의존성을 선언하면 콘텐츠를 어떻게 다룰지에 대한 결정은 개발 도구가 하게 된다. 10Kb보다 작은 파일의 경우 그 콘텐츠는 HTML 문서에 콘텐츠를 추가하는 자바스크립트 코드와 함께 bundle.js 파일에 포함될 것이다. 이는 리스트 9-10에서 App.css 파일의 경우에 해당한다. 즉, App.css 파일의 콘텐츠는 style 엘리먼트를 만드는 코드와 함께 bundle.js 파일에 포함될 것이다.

SVG 파일과 같은 큰 파일은 별도의 HTTP 요청으로 처리된다. import 구문에서 지정한 상대 경로는 URL로 자동 변경되고 파일명도 체크섬을 포함하는 이름으로 바뀜으로써, 브라우저가 이전 데이터를 캐싱하지 않게 만든다.

이제 정적 콘텐츠가 어떻게 포함됐는지 알아보기 위해 App.js 파일을 저장하고 브라우저가 다시 로딩되기를 기다린 다음, 개발 도구의 Elements 탭에서 다음과 같은 HTML 코드를 확인하자. 편의상 부트스트랩 CSS 스타일 등은 생략했다.

```html
<html lang="en">
  <head>
    <meta charset="utf-8">
    <link rel="shortcut icon" href="/favicon.ico">
    <meta name="viewport" content="width=device-width,
      initial-scale=1, shrink-to-fit=no">
    <meta name="theme-color" content="#000000">
    <link rel="manifest" href="/manifest.json">
    <title>React App</title>
    <style type="text/css">
      img { background-color: lightcyan; width: 50% }
    </style>
  </head>
  <body>
```

```
<noscript>You need to enable JavaScript to run this app.</noscript>
<div id="root">
  <div class="text-center">
    <h4 class="bg-primary text-white text-center p-3">
      Hello Adam from London
    </h4>
    <img src="/static/media/logo.5d5d9eef.svg" alt="reactLogo">
  </div>
</div>
<script src="/static/js/bundle.js"></script>
<script src="/static/js/1.chunk.js"></script>
<script src="/static/js/main.chunk.js"></script>
<script src="/main.00ec8a0c115561c18137.hot-update.js"></script>
</body>
</html>
```

보다시피 CSS 스타일은 style 엘리먼트로서 HTML 문서에 추가된 반면, 이미지 파일의 경우 /static/media/logo.5d5d9eef.svg와 같이 URL로 추가된 것을 알 수 있다. 빌드 과정에서 큰 파일들은 자동으로 특정 위치에 복사되며, URL은 애플리케이션 코드 안에 포함된다. 따라서 개발자는 파일을 코드에 어떻게 포함시킬지 고민할 필요가 없다. 리스트 9-10의 결과는 그림 9-6과 같다.

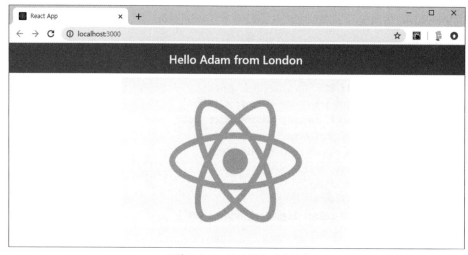

▲ 그림 9-6 src 폴더 안의 정적 콘텐츠

정적 콘텐츠를 위한 public 폴더

정적 콘텐츠를 위해 src 폴더를 사용하는 방법엔 여러 이점이 있다. 그러나 모든 프로젝트에 항상 적합하지는 않다. 빌드 당시에 사용할 수 없는, 따라서 리액트 개발 도구가 처리하지 못하는 정적 콘텐츠의 경우엔 특히 그렇다. 그와 같은 경우엔 정적 콘텐츠를 public 폴더에 넣는 방법이 있다. 물론 애플리케이션에 그 파일이 필요함을 개발자 자신이 확신해야 하지만 말이다. 그럼 public 폴더 안에 static.css라는 파일을 만들어 리스트 9-11과 같이 콘텐츠를 작성하자.

리스트 9-11 public/static.css

```
img {
  border: 8px solid black;
}
```

이제 src 폴더 안의 logo.svg 파일을 public 폴더 안으로 복사하자. 파일 탐색기에서 해도 되며, 아니면 명령 프롬프트에서 리스트 9-12와 같은 명령으로 해도 된다.

리스트 9-12 public 폴더로 이미지 파일 복사

```
copy src\logo.svg public\
```

그다음엔 App 컴포넌트에서 public 폴더 안의 이미지와 스타일시트를 사용할 수 있도록 리스트 9-13과 같이 HTML 엘리먼트를 추가한다.

리스트 9-13 src/App.js: 정적 콘텐츠 접근

```
import React, { Component } from "react";
import "./App.css";
import reactLogo from "./logo.svg";

let name = "Adam";
const city = "London";

export default class extends Component {
```

```
    message = () => `Hello ${name} from ${city}`;

    render = () =>
      <div className="text-center">
        <h4 className="bg-primary text-white text-center p-3">
          { this.message() }
        </h4>
        <img src={ reactLogo } alt="reactLogo" />
        <link rel="stylesheet" href={ process.env.PUBLIC_URL + "/static.css"} />
        <img src={ process.env.PUBLIC_URL + "/logo.svg" } alt="reactLogo" />
      </div>
}
```

정적 파일에 대한 URL을 지정하려면 process.env.PUBLIC_URL 프로퍼티에 파일명을 조합한 표현식을 사용하면 된다. 또한 스타일시트는 link 엘리먼트를 사용해 추가했는데, 이는 style을 자동으로 생성하는 bundle.js의 코드에 의존하지 않기 때문이다. 리스트 9-13과 같이 컴포넌트에 엘리먼트를 추가한 결과는 그림 9-7과 같다.

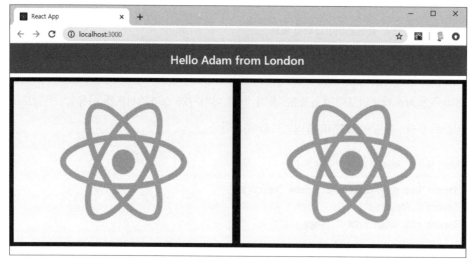

▲ 그림 9-7 추가된 public 폴더의 정적 콘텐츠

에러 디스플레이

자동으로 다시 로딩되는 기능이 주는 영향 중 하나는 개발자가 개발을 하는 동안 콘솔 내용의 관찰을 멈추는 경향이 생긴다는 점이다. 왜냐하면 개발자의 관심이 자연스럽게 브라우저 창에 쏠리기 때문이다. 이는 코드엔 에러가 있지만 브라우저가 보여주는 콘텐츠는 정적인 상태로 남아 있게 되는 위험을 발생시킨다. 에러로 인해 컴파일이 안 되므로 실시간 모듈 교체HMR, Hot Module Replacement 기능을 통해 브라우저에 보낼 새 모듈이 생성되지 않기 때문이다. 이를 해결하기 위해 웹팩이 만드는 번들엔 브라우저 창에 상세 내용을 보여주는 통합 에러 디스플레이integrated error display가 포함된다. 그럼 에러가 다뤄지는 방식을 알아보기 위해 App.js 파일에 리스트 9-14와 같이 문장 하나를 추가하자.

리스트 9-14 src/App.js: 에러 발생시키기

```
import React, { Component } from "react";
import "./App.css";
import reactLogo from "./logo.svg";

let name = "Adam";
const city = "London";

not a valid statement

export default class extends Component {

  message = () => `Hello ${name} from ${city}`;

  render = () =>
    <div className="text-center">
      <h4 className="bg-primary text-white text-center p-3">
        { this.message() }
      </h4>
      <img src={ reactLogo } alt="reactLogo" />
      <link rel="stylesheet" href={ process.env.PUBLIC_URL + "/static.css"} />
      <img src={ process.env.PUBLIC_URL + "/logo.svg" } alt="reactLogo" />
    </div>
}
```

지금 추가한 문장은 올바른 자바스크립트 구문이 아니다. 파일을 저장하면 코드의 컴파일이 실패해 명령 프롬프트에 다음과 같은 에러 메시지가 출력될 것이다.

```
...
Failed to compile.

./src/App.js
  Line 8: Parsing error: Unexpected token, expected ";"

   6 | const city = "London";
   7 |
>  8 | not a valid statement
     |     ^
   9 |
  10 | export default class extends Component {
  11 |
...
```

이와 동일한 에러 메시지가 브라우저 창에도 표시됨으로써 개발자가 명령 프롬프트를 관찰하지 않았어도 문제가 있다는 사실을 인식하게 된다. 또한 브라우저에서 스택 추적 stack trace 부분을 클릭하면 브라우저는 개발 서버에 HTTP 요청을 전송함으로써 문제가 있는 부분이 강조된 소스를 코드 에디터에서 볼 수 있게 된다. 그림 9-8처럼 말이다.

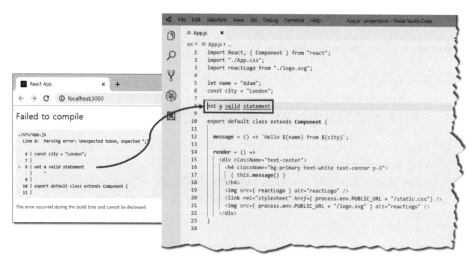

▲ 그림 9-8 소스 코드에서 에러 찾아가기

'개발 도구 설정' 절에서 설명하겠지만, 리액트 개발 도구에서 자신이 사용하는 코드 에디터를 지정하도록 설정할 수 있다. 그러나 모든 코드 에디터를 지원하는 것은 아니다. 그림 9-8에선 개발 도구가 지원하는 에디터 중의 하나인 비주얼 스튜디오 코드를 보여준다.

린터의 이해

리액트 개발 도구엔 린터^{linter}가 포함돼 있다. 린터는 프로젝트의 코드와 콘텐츠가 일련의 규칙들을 지키는지 확인하는 책임을 진다. **create-react-app**으로 프로젝트를 만들면 개발자가 일반적인 에러를 피할 수 있게 하는 규칙들과 함께 ESLint 패키지가 린터로서 사용된다. 이를 알아보기 위해 App.js 파일을 리스트 9-15와 같이 변경하자. 여기선 컴파일 에러를 발생시켰던 기존의 문장을 제거하고, 대신 변수 하나를 추가했다.

리스트 9-15 src/App.js: 변수 추가

```
import React, { Component } from "react";
import "./App.css";
import reactLogo from "./logo.svg";

let name = "Adam";
const city = "London";

let error = "not a valid statement";

export default class extends Component {

  message = () => `Hello ${name} from ${city}`;

  render = () =>
  <div className="text-center">
    <h4 className="bg-primary text-white text-center p-3">
      { this.message() }
    </h4>
    <img src={ reactLogo } alt="reactLogo" />
    <link rel="stylesheet" href={ process.env.PUBLIC_URL + "/static.css"} />
    <img src={ process.env.PUBLIC_URL + "/logo.svg" } alt="reactLogo" />
```

```
    </div>
  }
```

이 파일을 저장하면 명령 프롬프트와 자바스크립트 콘솔에서 다음과 같은 경고 메시지를
보게 될 것이다.

```
...
Compiled with warnings.

./src/App.js
  Line 8: 'error' is assigned a value but never used  no-unused-vars
...
```

린터 자체는 작동이 중단되거나 다시 설정될 수 없다. 이는 경고 메시지를 받게 될 수 있
는 규칙들이 이미 고정돼 있다는 뜻이며, 리스트 9-15의 경우엔 no-unused-vars 규칙이
었다. 참고로 ESLint의 모든 규칙은 https://eslint.org/docs/rules에서 볼 수 있다.

경고 메시지에 있는 규칙의 이름으로 문제점에 대한 설명을 찾아볼 수 있다. 예컨대, no-
unused-vars 규칙에 대해선 https://eslint.org/docs/rules/no-unused-vars에서 볼 수
있다.

개별 구문이나 파일에 대한 린터 메시지의 숨김

비록 린터 자체의 작동을 멈추게 할 수는 없지만, 코드에 주석을 추가함으로써 경고 메시
지가 나타나지 않게 할 수는 있다. 그럼 no-unused-vars 규칙에 대한 경고 메시지가 나타
나지 않도록 App.js에 리스트 9-16과 같은 주석을 추가하자.

리스트 9-16 src/App.js: 한 가지 린터 규칙에 대한 경고 숨기기

```
import React, { Component } from "react";
import "./App.css";
import reactLogo from "./logo.svg";

let name = "Adam";
const city = "London";
```

```
// eslint-disable-next-line no-unused-vars
let error = "not a valid statement";

export default class extends Component {

  message = () => `Hello ${name} from ${city}`;

  render = () =>
    <div className="text-center">
      <h4 className="bg-primary text-white text-center p-3">
        { this.message() }
      </h4>
      <img src={ reactLogo } alt="reactLogo" />
      <link rel="stylesheet" href={ process.env.PUBLIC_URL + "/static.css"} />
      <img src={ process.env.PUBLIC_URL + "/logo.svg" } alt="reactLogo" />
    </div>
}
```

만약 그다음 라인부터 모든 규칙에 대한 경고를 숨기고 싶다면 리스트 9–17과 같이 주석에서 규칙 이름을 생략하면 된다.

리스트 9–17 src/App.js: 모든 린터 규칙에 대한 경고 숨기기

```
...
// eslint-disable-next-line
let error = "not a valid statement";
...
```

파일 전체에서 하나의 규칙에 대한 경고를 숨기고 싶다면 리스트 9–18과 같이 파일의 첫 부분에 주석을 추가하면 된다.

리스트 9–18 src/App.js: 파일 전체에서 한 가지 규칙에 대한 경고 메시지 숨기기

```
/* eslint-disable no-unused-vars */

import React, { Component } from "react";
import "./App.css";
import reactLogo from "./logo.svg";
```

```
let name = "Adam";
const city = "London";

let error = "not a valid statement";

export default class extends Component {

  message = () => `Hello ${name} from ${city}`;

  render = () =>
    <div className="text-center">
      <h4 className="bg-primary text-white text-center p-3">
        { this.message() }
      </h4>
      <img src={ reactLogo } alt="reactLogo" />
      <link rel="stylesheet" href={ process.env.PUBLIC_URL + "/static.css"} />
      <img src={ process.env.PUBLIC_URL + "/logo.svg" } alt="reactLogo" />
    </div>
}
```

파일 전체에서 모든 규칙에 대한 경고를 숨기고 싶다면 리스트 9-19와 같이 주석에서 규칙 이름을 생략하면 된다.

리스트 9-19 src/App.js: 파일 전체에서 모든 규칙에 대한 경고 메시지 숨기기

```
...
/* eslint-disable */

import React, { Component } from 'react';
import "./App.css";
import reactLogo from "./logo.svg";

let name = "Adam";
const city = "London";
...
```

이렇게 하면 린터는 App.js 파일의 콘텐츠를 무시할 것이다. 그러나 프로젝트의 다른 파일에 대해선 여전히 검사를 수행한다.

린터만이 일반적인 에러를 탐지하는 유일한 방법은 아니다. 정적 타입 검사^{static type}라는 기법을 사용하면 변수나 함수 결과의 데이터 타입을 코드에 추가함으로써 컴파일러가 지켜야 하는 정책을 만들 수 있다. 예를 들어, 어떤 함수를 항상 숫자만을 파라미터로 받고 문자열만을 리턴하도록 지정했다고 하자. 애플리케이션이 컴파일될 때 그 함수를 사용하는 코드는 숫자를 파라미터로 전달하고 그 결과를 문자열로서 다루는지 검사될 것이다.

리액트 프로젝트에서 정적 타입 검사를 추가할 수 있는 두 가지 방법이 있다. 하나는 타입스크립트^{TypeScript}를 사용하는 방법이다. 타입스크립트는 마이크로소프트가 만들었으며 자바스크립트의 상위 집합에 해당한다. 타입스크립트를 사용하면 자바스크립트를 C#이나 자바처럼 작업할 수 있게 하며 정적 타입 검사도 가능해진다. 타입스크립트를 사용하려면 리액트 프로젝트를 만들 때 다음과 같이 --scripts-version 인자를 추가하면 된다.

```
...
npx create-react-app projecttools --scripts-version=react-scripts-ts
...
```

이와 같이 하면 타입스크립트의 도구와 기능이 포함된 리액트 프로젝트를 만들 수 있다. 타입스크립트에 대한 자세한 내용은 https://www.typescriptlang.org를 참고하기 바란다.

또 하나는 플로우^{Flow}라는 패키지를 사용하는 방법이다. 플로우는 오직 타입 검사에만 특화된 도구로서, 타입스크립트처럼 광범위한 기능을 갖지는 않는다. 플로우에 대한 자세한 내용은 https://flow.org를 참고하기 바란다.

개발 도구 설정

리액트 개발 도구가 제공하는 설정 옵션은 그리 많지 않다. 대부분의 프로젝트에선 그런 옵션조차도 사용할 일이 거의 없지만 말이다. 표 9–8은 리액트 개발 도구가 제공하는 옵션에 대한 설명이다.

표 9-8 리액트 개발 도구의 설정 옵션

옵션	설명
BROWSER	개발 도구가 초기 빌드 작업을 완료한 후 실행할 브라우저를 지정할 때 사용한다. 이 옵션에 사용할 브라우저의 경로를 지정하면 되며, 이 기능을 사용하고 싶지 않다면 none을 지정하면 된다.
HOST	개발 HTTP 서버가 바인딩할 호스트명을 지정할 때 사용하며, 기본값은 localhost다.
POST	개발 HTTP 서버가 사용할 포트를 지정할 때 사용하며, 기본값은 30000이다.
HTTPS	이 옵션에 true를 지정하면 자체 서명 인증서(self-signed certificate)를 생성하고 개발 HTTP 서버에 SSL이 적용된다. 기본값은 false다.
PUBLIC_URL	'정적 콘텐츠' 절에서 설명했듯 public 폴더로부터 가져올 콘텐츠의 URL를 변경할 때 사용한다.
CI	이 옵션에 true를 지정하면 빌드 과정에서의 모든 경고를 에러로 취급한다. 기본값은 false다.
REACT_EDITOR	'에러 디스플레이' 절에서 설명했듯 브라우저에서 스택 추적 부분을 클릭하면 열릴 코드 에디터를 지정할 때 사용한다.
CHOKIDAR_USEPOLLING	개발 도구가 src 폴더 안의 변화를 감지하지 못할 때 이 옵션에 true를 지정해야 한다. 이는 가상 머신이나 컨테이너에서 작업할 때 발생할 수 있는 상황이다.
GENERATE_SOURCEMAP	이 옵션에 false를 지정하면 소스 맵이 생성되지 않는다. 소스 맵은 디버깅 과정에서 브라우저가 번들된 자바스크립트 코드와 해당 소스 파일을 연관시킬 때 사용된다. 기본값은 true다.
NODE_PATH	Node.js 모듈을 찾기 위한 위치를 지정할 때 사용한다.

이들 옵션은 환경 변수에서 설정하거나, 더 믿을 수 있는 방식인 .env 파일을 만들어 설정할 수 있다. 그럼 직접 설정해보기 위해 projecttools 폴더 안에 .env라는 파일을 만들어 리스트 9-20과 같은 설정 구문을 추가하자.

리스트 9-20 .env

```
PORT=3500
HTTPS=true
```

보다시피 PORT 옵션을 사용해 3500번 포트를 지정했으며, HTTPS 옵션을 사용해 개발 서버에 SSL을 적용했다. 이 두 옵션이 적용된 결과를 보기 위해 리스트 9-21의 명령을 사용해 개발 도구를 다시 실행하자.

리스트 9-21 개발 도구 실행

```
npm start
```

빌드가 완료되면 브라우저 창이 열리고 https://localhost:3500으로의 내비게이션이 시도될 것이다. 대부분의 브라우저는 자체 서명 인증서와 관련한 경고를 먼저 보여줄 것이다. 크롬이라면 '고급', IE라면 '추가 정보' 등 브라우저마다 표현은 다르겠지만 한 번 더 진행할 수 있는 링크를 클릭하면 그림 9-9와 같이 웹 애플리케이션의 화면을 볼 수 있을 것이다.

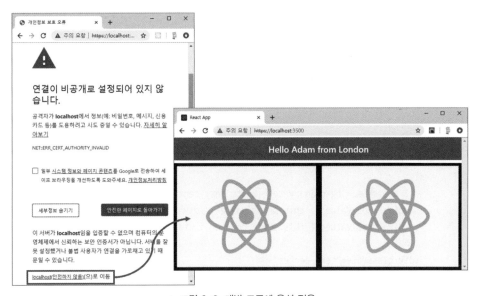

▲ **그림 9-9** 개발 도구에 옵션 적용

디버깅

컴파일러나 린터가 모든 문제를 탐지하는 것은 아니며, 예상하지 못한 방식으로 작동하게 될 코드가 컴파일에는 성공할 수 있다. 앞으로 설명하겠지만 애플리케이션의 동작을 이해할 수 있는 두 가지 방법이 있다. 우선 디버깅 기능을 알아보기 위해 src 폴더에 Display.js라는 파일을 만들어 리스트 9-22와 같은 컴포넌트를 정의하자.

리스트 9-22 src/Display.js

```jsx
import React, {Component } from "react";

export class Display extends Component {

  constructor(props) {
    super(props);
    this.state = {
      counter: 1
    }
  }

  incrementCounter = () => {
    this.setState({ counter: this.state.counter + 1 });
  }

  render() {
    return (
      <div>
        <h2 className="bg-primary text-white text-center p-2">
          <div>Props Value: { this.props.value }</div>
          <div>Local Value: { this.state.counter } </div>
        </h2>
        <div className="text-center">
          <button className="btn btn-primary m-2" onClick={ this.props.callback }>
            Parent
          </button>
          <button className="btn btn-primary m-2" onClick={ this.incrementCounter }>
            Local
          </button>
        </div>
```

```
      </div>
    )
  }
}
```

이 컴포넌트는 자신의 state 프로퍼티와 부모로부터 받은 prop 값을 화면에 보여준다.
또한 두 개의 button 엘리먼트를 사용하는데, 하나는 state 프로퍼티의 값을 변경하며 다
른 하나는 prop으로 받은 콜백 함수를 호출한다. 이제 이 컴포넌트를 사용할 수 있도록
App.js를 리스트 9-23과 같이 변경하자.

리스트 9-23 src/App.js: 콘텐츠 변경

```
import React, { Component } from "react";
import { Display } from "./Display";

export default class App extends Component {

  constructor(props) {
    super(props);
    this.state = {
      city: "London"
    }
  }

  changeCity = () => {
    this.setState({ city: this.state.city === "London" ? "New York" : "London"})
  }

  render() {
    return (
      <Display value={ this.state.city } callback={ this.changeCity } />
    );
  }
}
```

이 파일을 저장하면 애플리케이션이 컴파일되고 그림 9-10과 같은 화면을 보게 될 것
이다.

▲ 그림 9-10 기능이 추가된 예제 애플리케이션

애플리케이션의 상태 조사

리액트 개발 도구의 브라우저 확장 프로그램은 리액트 애플리케이션의 상태를 조사할 수 있는 훌륭한 도구다. 구글 크롬과 모질라 파이어폭스$^{\text{Mozilla Firefox}}$를 위한 버전이 있으며, 다른 플랫폼에 대한 지원이나 독립형 버전에 관한 자세한 사항은 https://github.com/facebook/react-devtools에서 확인할 수 있다. 확장 프로그램이 설치됐다면 F12 키로 열 수 있는 브라우저의 개발 도구(이른바 'F12 툴')에 React라는 탭이 추가된 것을 볼 수 있을 것이다.

F12 툴의 React 탭에선 애플리케이션의 구조를 파악하거나 상태를 변경할 수 있다. 즉, 애플리케이션에 기능을 제공하는 컴포넌트들 그리고 상태와 props 등을 볼 수 있다.

예제 애플리케이션의 경우 React 탭으로 이동해 왼쪽 패널에서 애플리케이션의 구조를 열면 HTML 엘리먼트들과 함께 App과 Display 컴포넌트를 볼 수 있다. 원하는 컴포넌트를 선택하면 그 컴포넌트의 props와 state 데이터가 오른쪽 패널에 나타난다. 그림 9-11과 같이 말이다.

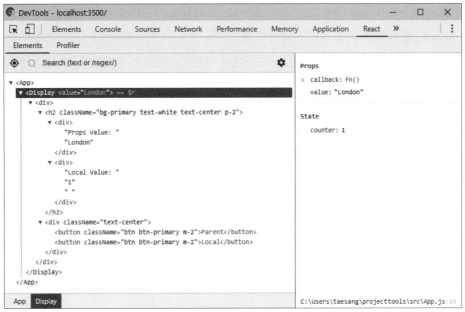

▲ 그림 9–11 리액트 개발 도구를 통한 컴포넌트 탐색

브라우저 화면에 있는 버튼을 클릭하면 개발 도구에서 실시간으로 애플리케이션의 상태를 반영해 변경되는 값을 볼 수 있다. 게다가 개발 도구에서 state 데이터 값을 클릭해 값을 변경하면 거꾸로 애플리케이션에 반영되는 현상을 볼 수 있을 것이다.

> **🐱 팁**
>
> 복잡한 프로젝트에서의 데이터 관리를 위한 리덕스 전용 디버깅 도구도 있는데, 이는 19장에서 설명할 예정이다.

브라우저 디버거 사용하기

대부분의 브라우저엔 애플리케이션의 실행을 제어하고 상태를 검사할 수 있는 정교한 디버거가 포함돼 있다. 또한 리액트 개발 도구는 효과적인 디버깅을 위해 브라우저가 경량화된 번들 코드를 개발자에게 친숙한 코드로 연관시킬 때 사용되는 소스 맵 생성을 지원한다.

일부 브라우저는 그런 소스 맵을 사용해 애플리케이션의 소스 코드를 탐색할 수 있게 하고, 또한 애플리케이션을 일시 중단시킬 중단점도 만들 수 있게 한다. 그러나 이 책의 집필 시점에서 중단점을 만드는 기능은 크롬에서 제대로 작동하지 않았으며, 그 밖의 브라우저에서도 신뢰성이 떨어졌다. 결론적으로 말하면 애플리케이션의 제어권을 디버거에 넘기는 가장 좋은 방법은 리스트 9-24와 같이 자바스크립트의 debugger 키워드를 사용하는 것이다.

리스트 9-24 src/App.js: 디버거 사용

```
import React, { Component } from "react";
import { Display } from "./Display";

export default class App extends Component {

  constructor(props) {
    super(props);
    this.state = {
      city: "London"
    }
  }

  changeCity = () => {
    debugger
    this.setState({ city: this.state.city === "London" ? "New York" : "London"})
  }

  render() {
    return (
      <Display value={ this.state.city } callback={ this.changeCity } />
    );
  }
}
```

디버거를 효과적으로 사용하려면 리스트 9-25와 같이 .env 파일에서 HTTPS 옵션을 꺼야 한다. 만약 이 옵션을 끄지 않으면 원래의 소스 코드가 아닌, 바벨이 생성한 코드만을 보게 될 것이다.

```
PORT=3500
HTTPS=false
```

이제 리스트 9-26의 명령을 실행해 개발 도구를 다시 실행하자.

리스트 9-26 개발 도구 실행

```
npm start
```

이제 화면에서 Parent 버튼을 클릭하면 changeCity 메서드가 호출되며 브라우저는 debugger 키워드를 만남으로써 애플리케이션을 일시 중단시킬 것이다. 그다음엔 F12 툴을 사용해 애플리케이션이 멈춘 상태에서 그림 9-12와 같이 변수와 값을 조사하는 일이 가능하다. 브라우저는 리액트 개발 도구가 만든 경량화된 번들 코드를 실행했지만, 소스 맵을 통해 그에 상응하는 원래의 코드를 개발자에게 보여주기 때문이다.

> **💧 팁**
>
> 대부분의 브라우저는 F12 툴이 열려 있지 않다면 debugger 키워드를 무시한다. 그럼에도 디버깅 작업이 끝나면 항상 debugger 키워드를 삭제하는 게 좋다.

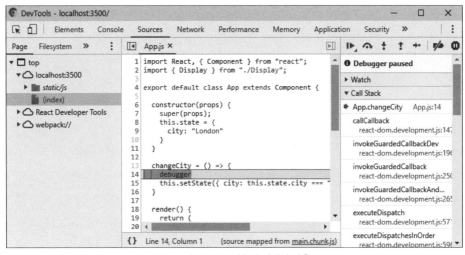

▲ 그림 9-12 브라우저 디버거 사용

정리

9장에선 create-react-app 패키지로 만든 리액트 프로젝트의 구조, 각 파일과 폴더의 목적 등을 설명했다. 또한 리액트 개발 도구의 사용법, 브라우저를 위한 애플리케이션 번들이 생성되는 방법, 통상적인 문제를 해결하기 위한 에러 디스플레이와 린터의 원리, 애플리케이션을 디버깅하는 방법도 설명했다. 10장에선 리액트 애플리케이션의 핵심 요소인 컴포넌트에 관해 논의한다.

컴포넌트와 props

10장에선 리액트 애플리케이션의 핵심 구성 요소를 다룬다. 바로 컴포넌트다. 우선 10장에선 **무상태 컴포넌트**stateless component에 초점을 맞출 것이며, 11장에서 좀 더 복잡한 상태 유지stateful 컴포넌트를 설명할 것이다. 또한 하나의 컴포넌트에서 다른 컴포넌트로 콘텐츠를 렌더링하기 위한 데이터나 중요한 일이 생겼을 때 호출할 수 있는 함수를 전달하는 수단인 props도 설명한다. 표 10-1에서 무상태 컴포넌트와 props의 맥락을 정리했다.

표 10-1 무상태 컴포넌트와 props에 대한 맥락 잡기

질문	답변
그게 무엇인가?	컴포넌트는 리액트 애플리케이션의 핵심 구성 요소다. 그중 무상태 컴포넌트는 사용자에게 보여줄 콘텐츠를 렌더링하는 자바스크립트 함수다. props는 콘텐츠 렌더링에 포함시킬 데이터를 한 컴포넌트에서 다른 컴포넌트로 전달할 때 사용되는 수단이다.
왜 유용한가?	컴포넌트는 자바스크립트, HTML, 그 밖의 컴포넌트들을 조합해 리액트가 제 기능을 지원할 수 있게 한다. props는 컴포넌트가 콘텐츠를 조정할 수 있게 한다.
어떻게 사용하는가?	무상태 컴포넌트는 리액트 엘리먼트를 리턴하는 자바스크립트 함수인데, 보통은 JSX 형식의 HTML을 사용해 정의한다. props의 경우엔 엘리먼트의 프로퍼티로 정의한다.

(이어짐)

질문	답변
문제점이나 제약사항이 있는가?	리액트에서 컴포넌트는 특정 방식으로만 동작한다. 예컨대 반드시 하나의 엘리먼트를 항상 리턴해야 하는데, 여기에 적응하려면 약간의 시간이 필요할 수도 있다. props와 관련해 가장 어려운 점은 자바스크립트 표현식을 사용할 때 반드시 리터럴 값만을 지정해야 한다는 점이다.
대체재가 있는가?	컴포넌트는 리액트 애플리케이션의 핵심 구성 요소이므로, 컴포넌트를 대체할 수 있는 것은 없다. 복잡한 대형 프로젝트에서 유용한 props의 대체재는 14장에서 설명한다.

표 10-2에선 10장의 내용을 요약했다.

표 10-2 10장 요약

과제	해법	리스트 번호
리액트 애플리케이션에 콘텐츠 추가	HTML 엘리먼트를 리턴하거나 React.createElement 메서드를 호출하는 함수를 정의한다.	1~9
리액트 애플리케이션에 기능 추가	필요한 컴포넌트들을 정의하고 동일한 이름의 엘리먼트들을 사용해 부모와 자식의 관계를 구성한다.	10~14
자식 컴포넌트 설정	자식 컴포넌트를 적용할 때 props를 정의한다.	15~19
데이터 배열 안의 각 객체에 대한 HTML 엘리먼트 렌더링	map 메서드를 사용해 엘리먼트를 만들고 key prop을 지정한다.	20~24
하나의 컴포넌트로부터 여러 엘리먼트 렌더링	React.Fragment 엘리먼트를 사용하거나 태그가 없는 엘리먼트를 사용한다.	25~28
렌더링하지 않기	null을 리턴한다.	29
자식 컴포넌트로부터 알림 받기	컴포넌트에 함수 prop을 설정한다.	31~34
자식 컴포넌트에 props 전달	부모로부터 받은 prop 값을 사용하거나 비구조화 연산자를 사용한다.	35~39
기본 prop 값의 정의	defaultProps 프로퍼티를 사용한다.	40, 41
prop 타입 검증	propTypes 프로퍼티를 사용한다.	42~44

준비 작업

10장에서 필요한 예제 프로젝트를 만들기 위해 명령 프롬프트에서 적당한 위치로 이동해 리스트 10-1과 같은 명령을 실행하자.

> **팁**
>
> 이 책의 모든 예제 파일은 http://www.acornpub.co.kr/book/pro-react16에서 다운로드할 수 있다.

리스트 10-1 프로젝트 생성

```
npx create-react-app components
```

이제 생성된 프로젝트 폴더 안으로 들어가 리스트 10-2와 같이 명령을 실행해 부트스트랩 CSS 프레임워크를 설치하자.

리스트 10-2 부트스트랩 CSS 프레임워크 설치

```
cd components
npm install bootstrap@4.1.2
```

애플리케이션에 부트스트랩 CSS 스타일시트를 포함시키려면 src 폴더 안의 index.js에 리스트 10-3과 같이 구문을 추가하면 된다.

리스트 10-3 src/index.js: 부트스트랩 추가

```
import React from 'react';
import ReactDOM from 'react-dom';
import './index.css';
import App from './App';
import * as serviceWorker from './serviceWorker';
import 'bootstrap/dist/css/bootstrap.css';

ReactDOM.render(<App />, document.getElementById('root'));

// 앱이 오프라인에서 더 빠르게 작동되기 원한다면 아래의 unregister()를 register()로 바꾸면 된다.
```

```
// 그러나 주의사항이 있으므로 다음 페이지를 참고하기 바란다.
// https://facebook.github.io/create-react-app/docs/making-a-progressive-web-app
serviceWorker.unregister();
```

이제 명령 프롬프트에서 리스트 10-4의 명령을 실행해 개발 도구를 시작하자.

리스트 10-4 개발 도구 실행

```
npm start
```

잠시 동안의 초기 컴파일 과정이 끝나면 새 브라우저 창이 열리고, 그림 10-1과 같이
http://localhost:3000 URL의 콘텐츠가 보일 것이다.

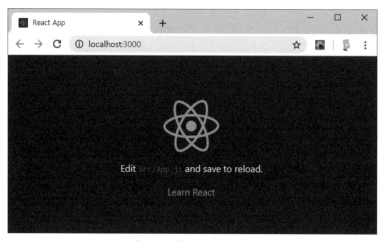

▲ 그림 10-1 실행된 예제 애플리케이션

컴포넌트의 이해

컴포넌트를 이해하는 가장 좋은 방법은 컴포넌트를 직접 만들고 동작하는 모습을 보는
것이다. 그럼 App.js 파일의 내용을 리스트 10-5와 같이 간단한 컴포넌트를 정의하는
코드로 변경하자.

리스트 10-5 src/App.js: 컴포넌트 정의

```
export default function App() {
  return "Hello Adam";
}
```

이는 무상태 컴포넌트의 가장 단순한 형태를 보여주는 예다. 이 컴포넌트는 사용자에게 보여줄 콘텐츠를 리턴하는, 즉 **렌더링**^{rendering}하는 함수다. 애플리케이션이 시작되면 index.js 파일의 코드가 실행되는데, 거기에 **App** 컴포넌트를 렌더링하는 구문이 포함돼 있다. 그 결과 리액트는 사용자에게 그림 10-2와 같은 화면을 보여줄 것이다.

▲ 그림 10-2 렌더링된 컴포넌트

결과는 간단해 보이지만 사용자에게 콘텐츠를 제공한다는, 컴포넌트의 핵심 목적을 드러낸 예제다.

HTML 콘텐츠 렌더링

컴포넌트가 문자열 값을 렌더링하면 이는 부모 엘리먼트의 텍스트 콘텐츠에 포함된다. 만약 HTML 콘텐츠를 리턴한다면 더 유용한 컴포넌트가 될 수 있을 것이다. 이는 JSX, 그리고 HTML과 자바스크립트 코드를 섞는 방법으로 쉽게 할 수 있다. 그럼 App.js 파일의 내용을 리스트 10-6과 같이 하나의 HTML 조각을 렌더링하는 코드로 변경하자.

> **😈 팁**
>
> JSX를 사용하려면 리스트 10-6과 같이 react 모듈로부터의 React로의 의존성을 반드시 선언해야 하며, 그렇지 않으면 경고 메시지를 받게 될 것이다.

```
import React from "react";

export default function App() {
  return <h1 className="bg-primary text-white text-center p-2">
         Hello Adam
       </h1>
}
```

컴포넌트의 함수 안에 return 키워드를 사용해 결과를 렌더링하는 방법을 기억할 것이다.
만약 어색해 보인다면 JSX 파일 안의 HTML 조각이 createElement 메서드를 호출하는 코
드로 변환돼 사용자에게 보여줄 수 있는 객체가 생성된다는 사실을 기억하기 바란다.

빌드 과정에서 HTML 조각이 createElement 메서드로 대체된, 다음과 같은 코드를 보면
return 키워드를 사용한 점이 이해될 것이다.

```
...
import React from "react";

export default function App() {
  return React.createElement("h1",
    { className: "bg-primary text-white text-center p-2" },
    "Hello Adam");
}
...
```

이 컴포넌트는 React.createElement 메서드의 결과, 즉 리액트가 DOM에 콘텐츠를 추가
할 때 사용할 엘리먼트를 리턴한다.

만약 return 키워드와는 다른 라인에서 HTML을 시작하고 싶다면 리스트 10-7과 같이
소괄호를 이용하면 된다.

리스트 10-7 src/App.js: 소괄호 사용

```
import React from "react";

export default function App() {
```

```
  return (
    <h1 className="bg-primary text-white text-center p-2">
      Hello Adam
    </h1>
  )
}
```

이렇게 하면 HTML 엘리먼트에 일관된 들여쓰기가 가능하다. 앞뒤에 달린 소괄호가 처음엔 어색해 보일 수 있지만 말이다.

함수로 정의한 컴포넌트, 즉 함수형 컴포넌트^{functional component}는 화살표 문법을 사용해 정의할 수도 있다. 이 경우 리스트 10-8에서 볼 수 있듯 return 키워드가 생략된다.

리스트 10-8 src/App.js: 화살표 함수 사용

```
import React from "react";

export default () =>
  <h1 className="bg-primary text-white text-center p-2">
    Hello Adam
  </h1>
```

이 화살표 함수엔 이름이 없어도 잘 동작할 수 있다. App.js 파일로부터 컴포넌트를 가져오는 index.js 파일의 구문이 다음과 같이 기본 가져오기를 사용하기 때문이다.

```
...
import App from './App';
...
```

화살표 함수에 이름을 지정하고 기본 내보내기를 하려면 리스트 10-9와 같이 추가 구문이 필요하다.

리스트 10-9 src/App.js: 명명된 기본 내보내기

```
import React from "react";

export const App = () =>
```

```
<h1 className="bg-primary text-white text-center p-2">
    Hello Adam
</h1>
```

```
export default App;
```

보다시피 화살표 함수에 const를 부여하고 App이라는 이름을 지정했다. 또한 별도의 구문
에서 그 이름으로 기본 내보내기를 선언함으로써 이 컴포넌트가 App이라는 이름을 기본
으로 사용할 수 있게 했다.

> **😊 참고**
>
> 이 예제는 모듈 내보내기에 혼란이 있을 수 있다는 점을 보이기 위해 일부러 포함했다. 실제 프로젝
> 트에선 대개 기본 내보내기나 명명된 내보내기 중 하나를 사용하며, 두 방식을 혼용하지는 않는다.
> 이 책에선 명명된 내보내기를 사용할 것이다.

3장에선 평범한 형태의 함수를 사용하며, HTML 콘텐츠의 가독성을 높일 수 있을 때 괄
호를 사용할 것이다. 이 예제의 결과는 그림 10–3과 같다.

▲ 그림 10-3 렌더링된 HTML 콘텐츠

다른 컴포넌트의 렌더링

리액트의 가장 중요한 기능 중 하나는 한 컴포넌트가 다른 컴포넌트들을 포함해 콘텐츠
를 렌더링함으로써 복잡한 애플리케이션을 만들 수 있다는 점이다. 이를 알아보기 위해
src 폴더에 Message.js라는 파일을 만들어 리스트 10–10과 같은 컴포넌트를 정의하자.

```
import React from "react";

export function Message() {
  return <h4 className="bg-success text-white text-center p-2">
        This is a message
      </h4>
}
```

Message 컴포넌트는 메시지 하나가 포함된 h4 엘리먼트를 렌더링한다. 그럼 App 컴포넌트에서 Message 컴포넌트의 콘텐츠를 렌더링할 수 있도록 리스트 10-11과 같이 변경하자.

리스트 10-11 src/App.js: 다른 컴포넌트의 렌더링

```
import React from "react";
import { Message } from "./Message";

export default function App() {
  return (
    <div>
      <h1 className="bg-primary text-white text-center p-2">
        Hello Adam
      </h1>
      <Message />
    </div>
  )
}
```

새로운 import 구문에서 Message 엘리먼트로 렌더링할 Message 컴포넌트로의 의존성을 선언했다. App 컴포넌트가 렌더링한 콘텐츠에는 Message 엘리먼트가 포함됨으로써, Message 컴포넌트의 함수가 호출되고 Message 엘리먼트가 콘텐츠로 대체돼 그림 10-4와 같은 결과가 생성된다.

▲ 그림 10-4 다른 컴포넌트의 렌더링

이와 같이 한 컴포넌트가 다른 컴포넌트를 사용하면 둘 사이에 부모 자식 관계가 형성된
다. 이 예제에선 App 컴포넌트가 Message 컴포넌트의 부모이며, Message 컴포넌트는 App
컴포넌트의 자식이다. 또한 동일한 자식 컴포넌트에 해당하는 엘리먼트를 여러 번 사용
할 수도 있다. 리스트 10-12처럼 말이다.

리스트 10-12 src/App.js: 동일한 자식 컴포넌트를 여러 번 사용

```
import React from "react";
import { Message } from "./Message";

export default function App() {
  return (
    <div>
      <h1 className="bg-primary text-white text-center p-2">
        Hello Adam
      </h1>
      <Message />
      <Message />
      <Message />
    </div>
  )
}
```

리액트는 Message 엘리먼트를 만날 때마다 Message 컴포넌트를 호출하고, 그 콘텐츠를 렌
더링한 결과로 Message 엘리먼트를 대체한다. 그림 10-5에서 확인할 수 있듯 말이다.

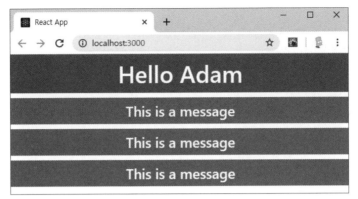

▲ 그림 10-5 여러 번 사용된 자식 컴포넌트

한 컴포넌트는 각기 다른 자식 컴포넌트들을 가질 수 있으므로 자식 컴포넌트들이 제시하는 기능을 조합해 사용할 수 있다. 이를 알아보기 위해 src 폴더에 Summary.js라는 파일을 만들어 리스트 10-13의 코드를 작성하자.

리스트 10-13 src/Summary.js

```
import React from "react";

export function Summary() {
  return <h4 className="bg-info text-white text-center p-2">
          This is a summary
        </h4>
}
```

그다음엔 App 컴포넌트에서 Summary 컴포넌트로의 의존성을 선언하고 Summary 엘리먼트의 콘텐츠를 사용하도록 리스트 10-14와 같이 변경하자.

리스트 10-14 src/App.js: 자식 컴포넌트 추가

```
import React from "react";
import { Message } from "./Message";
import { Summary } from "./Summary";

export default function App() {
  return (
```

```
    <div>
      <h1 className="bg-primary text-white text-center p-2">
        Hello Adam
      </h1>
      <Message />
      <Message />
      <Message />
      <Summary />
    </div>
  )
}
```

리액트는 App 컴포넌트가 렌더링한 콘텐츠를 처리할 때 자식 컴포넌트에 대한 엘리먼트
들을 만나게 돼 그 함수들을 호출하며, Message와 Summary 엘리먼트를 렌더링된 콘텐츠로
대체한다. 그 결과는 그림 10-6과 같다.

▲ 그림 10-6 각기 다른 자식 컴포넌트 사용

props의 이해

각 컴포넌트들이 비슷한 콘텐츠를 렌더링한다면 여러 자식 컴포넌트들의 콘텐츠를 포함
하는 방법은 별로 유용하지 않을 것이다. 다행히 리액트는 자식 컴포넌트가 자신의 콘텐

츠를 렌더링할 때 사용할 데이터를 부모로부터 받을 수 있는 **props**(properties의 약자)를 제공한다. 다음 절부터 props의 작동 원리를 설명하고 사용법을 알아볼 것이다.

부모 컴포넌트에서 props 정의

props는 컴포넌트에 적용된 커스텀 HTML 엘리먼트에 프로퍼티를 추가하는 방식으로 정의한다. 프로퍼티의 이름이 곧 prop의 이름이며, 그 값은 고정된 값이거나 표현식이 될 수 있다. 그럼 리스트 10-15와 같이 App 컴포넌트가 사용하는 Message 엘리먼트에 props를 추가해보자.

리스트 10-15 src/App.js: props 정의

```
import React from "react";
import { Message } from "./Message";
import { Summary } from "./Summary";

export default function App() {
  return (
    <div>
      <h1 className="bg-primary text-white text-center p-2">
        Hello Adam
      </h1>
      <Message greeting="Hello" name="Bob" />
      <Message greeting="Hola" name={ "Alice" + "Smith" } />
      <Message greeting="Hi there" name="Dora" />
      <Summary />
    </div>
  )
}
```

여기선 각 Message 컴포넌트를 위해 greeting과 name이라는 두 개의 props를 추가했다. 대부분의 prop 값은 리터럴 문자열로 표현된 정적인 값이다. 다만 두 번째 Message 엘리먼트의 name prop 값은 두 문자열을 연결하는 표현식이다(리스트 10-15를 저장하면 콘솔에서 린터 경고가 나타날 것이다. 리터럴 문자열만의 연결은 나쁜 사례에 속하므로 린터에 의해 감지됐기 때문이다. 지금은 우리의 목적상 린터 경고를 무시하기 바란다).

자식 컴포넌트에 전달하기 위해 props에 정적 값이나 동적 표현식의 결과를 사용할 수 있다. 정적 값을 사용하려면 다음과 같이 리터럴 문자열을 따옴표로 감싸면 된다.

```
...
<Message greeting="Hello" name="Bob" />
...
```

이렇게 하면 Bob이라는 값을 갖는 name prop을 자식 컴포넌트에 전달한다. 자바스크립트 표현식의 결과를 prop 값으로 하고 싶다면 다음과 같이 데이터 바인딩 표현식을 사용하면 된다.

```
...
<Message greeting="Hola" name={ "Alice" + "Smith" } />
...
```

리액트는 표현식을 평가한 결과(여기선 두 문자열을 연결한 결과)를 prop 값으로 사용할 것이다. 흔히 할 수 있는 실수 중 하나는 다음과 같이 자바스크립트 표현식을 따옴표로 감싸는 것이다.

```
...
<Message greeting="Hola" name="{ "Alice" + "Smith" }" />
...
```

이 경우 리액트는 { "Alice" + "Smith" } 자체를 정적 값으로 해석한다. 따라서 표현식을 props의 값으로 사용할 때는 따옴표를 사용하지 말아야 한다. 만약 JSX를 사용하기보다는 순수 자바스크립트로 리액트 엘리먼트를 만드는 편을 선호한다면, 다음과 같이 props를 createElement 메서드의 두 번째 인자로 넘기는 방법이 있다.

```
...
React.createElement(Message, { greeting: "Hola", name: "Alice" + "Smith"})
...
```

원하는 결과가 나오지 않았다면 순수 자바스크립트든 JSX든 관계없이 리액트 개발 도구의 브라우저 확장 프로그램이 각 컴포넌트가 받은 props를 보여주기 때문에 어디가 잘못됐는지 쉽게 찾을 수 있을 것이다.

자식 컴포넌트에서 props 받기

자식 컴포넌트는 props를 props라는 이름의 파라미터로 받을 수 있다. 사실 이는 관례일 뿐이며, 자바스크립트에서 허용되는 어떤 이름이라도 파라미터에 사용할 수 있다. props 객체에는 각 프로퍼티에 해당하는 prop들이 포함된다. 다음은 리스트 10-15에서 가져온 코드다.

```
...
<Message greeting="Hello" name="Bob" />
...
```

이 코드는 다음과 같은 props 객체로 해석될 것이다.

```
...
{
  greeting: "Hello",
  name: "Bob"
}
...
```

그렇다면 리스트 10-16과 같이 부모 컴포넌트로부터 받은 props의 값을 사용하는 Message 컴포넌트를 만들 수 있다.

리스트 10-16 src/Message.js: props 사용

```
import React from "react";

export function Message(props) {
  return <h4 className="bg-success text-white text-center p-2">
          {props.greeting}, {props.name}
        </h4>
}
```

자식 컴포넌트는 정적 값인지 표현식의 결과인지 알 필요 없이 그냥 평범한 자바스크립트 객체처럼 props를 사용하면 된다. 리스트 10-16에선 h4 엘리먼트의 콘텐츠로 greeting과 name props를 사용했으며, 그 결과는 그림 10-7과 같다.

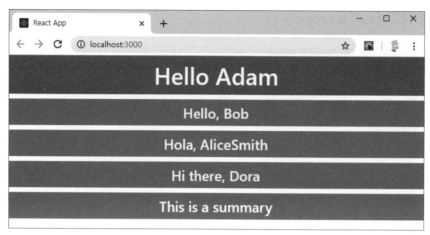

▲ 그림 10-7 props를 사용한 렌더링

자바스크립트와 props의 조합

리스트 10-16에선 App 컴포넌트가 각 Message 엘리먼트에 전달한 prop 값들의 결과로 각기 다른 콘텐츠가 생성됐다. 즉, 부모 컴포넌트가 동일한 기능을 각기 다른 방법으로 사용할 수 있다는 말이다.

콘텐츠의 조건부 렌더링

컴포넌트는 자바스크립트의 if 키워드를 사용해 prop을 조사할 수 있으며, 그 값을 기초로 각기 다른 콘텐츠를 렌더링할 수 있다. 리스트 10-17은 Message 컴포넌트에 if 구문을 넣어 콘텐츠를 다르게 렌더링하도록 만든 코드다.

리스트 10-17 src/Message.js: 조건부 렌더링

```
import React from "react";

export function Message(props) {
  if (props.name === "Bob") {
    return <h4 className="bg-warning p-2">{props.greeting}, {props.name}</h4>
```

```
    } else {
        return <h4 className="bg-success text-white text-center p-2">
                {props.greeting}, {props.name}
            </h4>
    }
}
```

name prop의 값이 Bob이라면 컴포넌트는 다른 클래스가 지정된 h4 엘리먼트를 렌더링하며, 그 결과는 그림 10-8과 같다.

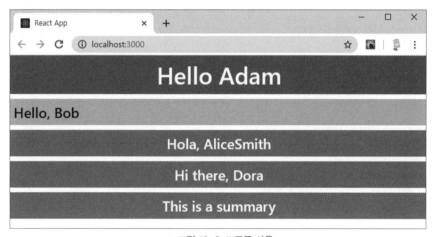

▲ 그림 10-8 if 구문 사용

오직 prop의 값만 바뀌는 이런 종류의 조건부 렌더링은 리스트 10-18과 같이 프로퍼티의 값을 HTML로부터 분리함으로써 코드 중복을 줄일 수 있다.

리스트 10-18 src/Message.js: 프로퍼티 분리

```
import React from "react";

export function Message(props) {

    let classes = props.name === "Bob" ? "bg-warning p-2"
        : "bg-success text-white text-center p-2";
```

```
  return <h4 className={ classes }>
          {props.greeting}, {props.name}
        </h4>
}
```

여기선 자바스크립트의 삼항 연산자를 사용해 h4 엘리먼트에 할당할 classes를 정하고
그 값을 className 프로퍼티에 적용했다. 이 코드의 결과는 리스트 10-17과 동일하지만,
고정된 HTML 코드의 중복은 없앴다.

좀 더 많은 수의 콘텐츠로부터 선택해야 하는 상황이라면 리스트 10-19와 같이 switch
구문을 사용하는 방법이 있다.

리스트 10-19 src/Message.js: switch 구문 사용

```
import React from "react";

export function Message(props) {
  let classes;
  switch (props.name) {
    case "Bob":
      classes = "bg-warning p-2";
      break;
    case "Dora":
      classes = "bg-secondary text-white text-center p-2"
      break;
    default:
      classes = "bg-success text-white text-center p-2"
  }
  return <h4 className={ classes }>
          {props.greeting}, {props.name}
        </h4>
}
```

여기선 h4 엘리먼트를 위한 클래스를 선택하기 위해 props.name의 값에 switch 구문을 사
용했다. 그 결과는 그림 10-9와 같이 이전과 동일하다.

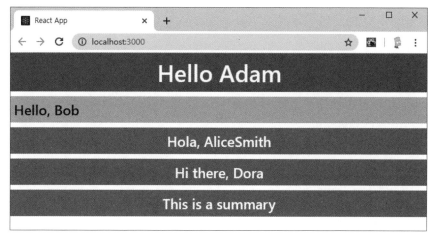

▲ 그림 10-9 switch 구문 사용

배열 렌더링

컴포넌트가 리스트의 아이템이나 테이블의 로우 등과 같이 배열에 있는 각 엘리먼트를
위한 HTML을 만들어야 하는 경우도 자주 있다. 배열을 다루는 기법은 다소 혼란스러울
수 있으므로 조심스럽게 접근할 필요가 있다. 일단 준비 차원에서 App 컴포넌트를 리스트
10-20과 같이 변경하자. 여기선 Summary 컴포넌트에 prop을 추가했으며, 사용하지 않는
Message는 간결함을 위해 삭제했다.

리스트 10-20 src/App.js: prop 추가

```
import React from "react";
//import { Message } from "./Message";
import { Summary } from "./Summary";

export default function App() {
  return (
    <div>
      <h1 className="bg-primary text-white text-center p-2">
        Hello Adam
      </h1>
      <Summary names={ ["Bob", "Alice", "Dora"]} />
    </div>
```

```
    )
  }
```

보다시피 names prop은 Summary 컴포넌트에 문자열 값의 배열을 제공한다. 이제 리스트 10-21과 같이 배열 안의 각 값을 위한 엘리먼트를 생성하도록 Summary 컴포넌트가 렌더링하는 콘텐츠를 변경하자.

리스트 10-21 src/Summary.js: 배열 렌더링

```
import React from "react";

function createInnerElements(names) {
  let arrayElems = [];
  for (let i = 0; i < names.length; i++) {
    arrayElems.push(
      <div>
        {`${names[i]} contains ${names[i].length} letters`}
      </div>
    )
  }
  return arrayElems;
}

export function Summary(props) {
  return <h4 className="bg-info text-white text-center p-2">
           { createInnerElements(props.names)}
         </h4>
}
```

이 Summary 컴포넌트 함수는 h4 엘리먼트의 콘텐츠를 설정하기 위해 createInnerElements 함수를 호출하는 표현식을 사용한다. createInnerElements 함수는 자바스크립트의 for 루프를 사용해 names 배열의 콘텐츠를 열거하고 다음과 같이 div 엘리먼트를 결과 배열에 추가한다.

```
...
arrayElems.push(<div>{`${names[i]} contains ${names[i].length} letters`}</div>)
...
```

각 div 엘리먼트의 콘텐츠엔 표현식이 지정됐는데, 그 표현식은 각 엘리먼트에 특정적인 메시지를 만들기 위한 템플릿 문자열을 사용한다. div 엘리먼트의 배열은 createInner Elements 함수의 결과로서 리턴돼 h4 엘리먼트의 콘텐츠로 사용된다. 화면의 모습은 그림 10-10과 같다.

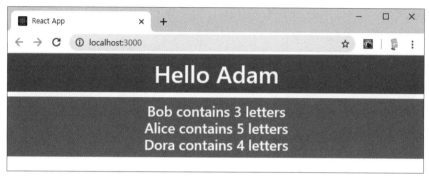

▲ 그림 10-10 배열로부터 엘리먼트 생성

배열에 map 메서드 사용하기

배열을 다룰 때 많은 프로그래머에게 익숙한 방법이 for 루프이지만, 리액트에선 좀 더 우아한 방법이 있다. 바로 4장에서 설명했던 map 메서드다. 그림 리스트 10-22와 같이 map 메서드를 사용해 배열 객체를 HTML 엘리먼트로 변환하는 코드를 작성하자.

리스트 10-22 src/Summary.js: 배열 변환

```
import React from "react";

function createInnerElements(names) {
  return names.map(name =>
    <div>
      {`${name} contains ${name.length} letters`}
    </div>
  )
}

export function Summary(props) {
  return <h4 className="bg-info text-white text-center p-2">
         { createInnerElements(props.names)}
```

```
      </h4>
  }
```

map 메서드의 인자는 배열의 각 객체를 위해 호출되는 하나의 함수다. 이 함수가 호출되면 배열의 그다음 아이템이 전달돼 엘리먼트를 만드는 데 사용된다. 각 함수 호출의 결과는 map 메서드가 리턴하는 배열에 추가된다. 따라서 리스트 10-22의 코드는 리스트 10-21과 동일한 결과를 만든다.

이로써 createInnerElement 함수가 한 라인의 코드를 갖게 됐으므로, 이를 컴포넌트 함수 안으로 이동시켜 컴포넌트를 더욱 간결하게 만들 수 있다. 리스트 10-23과 같이 말이다.

리스트 10-23 src/Summary.js: 코드 정리

```
import React from "react";

export function Summary(props) {
  return (
    <h4 className="bg-info text-white text-center p-2">
      { props.names.map(name =>
        <div>
          {`${name} contains ${name.length} letters`}
        </div>
      )
    }
    </h4>
  )
}
```

이 코드의 결과 역시 리스트 10-21이나 리스트 10-22의 결과와 동일하다.

리스트 10-23에서 map 메서드에 전달된 함수는 현재의 배열 객체를 인자로 받는다. 이에 더해 map 메서드는 두 개의 인자를 추가로 받을 수 있다. 하나는 배열 안의 현재 객체의 제로베이스$^{zero-based}$ 인덱스이며, 또 하나는 객체의 완전한 배열이다. 10장 후반의 '복수의 엘리먼트 렌더링' 절에서 배열 인덱스의 사용 예를 살펴볼 것이다.

key prop 추가

예제를 완성하기 위해 마지막으로 변경해야 할 사항이 있다. 13장에서도 설명하겠지만, 리액트에선 배열 안의 아이템을 효율적으로 다루기 위해 엘리먼트에 key prop을 추가해야 한다. key prop의 값은 표현식이어야 하며 그 값은 배열 안에서 유일해야 한다. 그럼 리스트 10-24와 같이 Summary 컴포넌트를 변경하자.

리스트 10-24 src/Summary.js: key prop 추가

```
import React from "react";

export function Summary(props) {
  return (
    <h4 className="bg-info text-white text-center p-2">
      { props.names.map(name =>
          <div key={ name }>
            {`${name} contains ${name.length} letters`}
          </div>
        )
      }
    </h4>
  )
}
```

여기선 map 메서드로 전달된 함수가 호출될 때 배열의 각 객체에 할당될 name 변수의 값을 사용했다. 이로써 리액트는 배열 객체로부터 생성된 엘리먼트들을 구별할 수 있게 된다.

이전 예제에서 봤듯 리액트는 key prop이 없는 엘리먼트도 보여주긴 한다. 그러나 자바스크립트 콘솔에는 경고 메시지가 나타날 것이다.

복수의 엘리먼트 렌더링

리액트 컴포넌트는 반드시 최상위 엘리먼트 하나만 리턴해야 한다. 비록 그 엘리먼트가 다른 여러 엘리먼트들을 포함할 수는 있지만 말이다. 예컨대, 앞 예제에서 Summary 컴포넌트는 여러 div 엘리먼트들을 포함하는 h4 엘리먼트 하나를 리턴했다.

최상위 엘리먼트 하나만 리턴해야 한다는 점이 문제가 되는 경우들이 있다. HTML 표준 명세는 엘리먼트의 조합 방식을 규정하는데, 이게 하나의 엘리먼트만 리턴해야 하는 리액트와 충돌할 수 있는 부분이다. 이 문제를 직접 확인하기 위해 App 컴포넌트를 각 자식 컴포넌트에 의해 생성될 tr 엘리먼트를 포함하는 테이블 하나를 리턴하도록 리스트 10-25와 같이 변경하자.

리스트 10-25 src/App.js: 테이블 렌더링

```
import React from "react";
import { Summary } from "./Summary";

let names = ["Bob", "Alice", "Dora"]

export default function App() {
  return (
    <table className="table table-sm table-striped">
      <thead>
        <tr><th>#</th><th>Name</th><th>Letters</th></tr>
      </thead>
      <tbody>
        { names.map((name, index) =>
          <tr key={ name }>
            <Summary index={index} name={name} />
          </tr>
        )}
      </tbody>
    </table>
  )
}
```

여기서 Summary 컴포넌트는 index와 name이라는 prop을 전달받는다. 이제 이들 prop의 값을 사용해 테이블 셀을 생성할 수 있도록 Summary 컴포넌트를 리스트 10-26과 같이 변경하자.

리스트 10-26 src/Summary.js: 테이블 셀 렌더링

```
import React from "react";

export function Summary(props) {
  return <td>{ props.index + 1} </td>
         <td>{ props.name } </td>
         <td>{ props.name.length } </td>
}
```

Summary 컴포넌트는 일련의 td 엘리먼트를 렌더링하는데, HTML 표준 명세에서 td는 tr 엘리먼트의 자식으로 규정돼 있다. 그러나 이 코드를 저장하면 다음과 같은 에러를 보게 될 것이다.

```
...
./src/Summary.js
  Line 5:  Parsing error: Adjacent JSX elements must be wrapped in an enclosing tag.
Did you want a JSX fragment <>...</>?

  3 | export function Summary(props) {
  4 |   return <td>{ props.index + 1} </td>
> 5 |          <td>{ props.name } </td>
    |          ^
  6 |          <td>{ props.name.length } </td>
  7 | }
...
```

이 에러 메시지는 컴포넌트가 렌더링하는 콘텐츠가 단일한 최상위 엘리먼트를 리턴해야 한다는 리액트의 규칙에 맞지 않는다고 지적한다. 즉, 이 td 엘리먼트들을 감싸면서도 테이블에 적법하게 추가될 수 있는 HTML 엘리먼트가 필요하다는 말이다. 이런 상황을 위해 리액트는 특별한 엘리먼트 하나를 제공한다. 리스트 10-27을 보자.

리스트 10-27 src/Summary.js: React.Fragment 엘리먼트 사용

```
import React from "react";

export function Summary(props) {
  return <React.Fragment>
          <td>{ props.index + 1} </td>
          <td>{ props.name } </td>
          <td>{ props.name.length } </td>
        </React.Fragment>
}
```

리액트는 이 코드를 처리할 때, React.Fragment 엘리먼트를 제외한 나머지 콘텐츠로 컴포넌트에 적용된 Summary 엘리먼트를 대체한다. 이 코드의 결과는 그림 10-11과 같다.

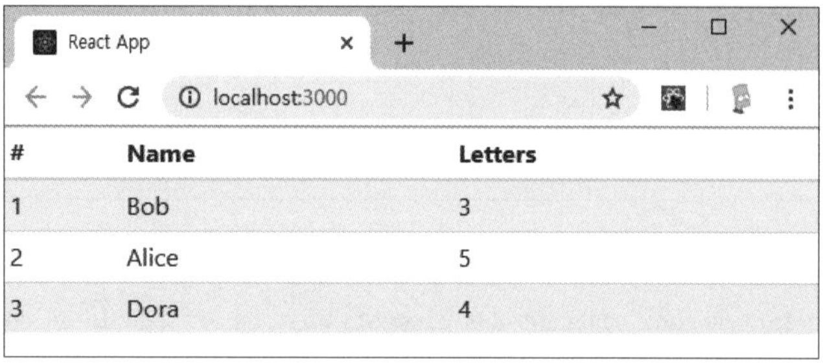

▲ **그림 10-11** 복수의 엘리먼트 렌더링

리액트는 동일한 상황에서 사용할 수 있는 다른 문법도 지원하는데, 바로 리스트 10-28과 같이 빈 태그를 사용하는 방법이다.

리스트 10-28 src/Summary.js: 빈 태그 사용

```
import React from "react";

export function Summary(props) {
  return <>
          <td>{ props.index + 1} </td>
          <td>{ props.name } </td>
          <td>{ props.name.length } </td>
        </>
}
```

이 코드의 결과는 리스트 10-27의 결과와 동일하다. 이 책에서는 복수의 엘리먼트를 리턴하기 위해 React.Fragment를 사용하거나, 하나의 div로 감싸는 방법을 사용할 것이다.

렌더링하지 않기

컴포넌트는 항상 어떤 결과를 리턴해야 한다. 심지어 화면에 보여줄 콘텐츠가 없어도 말이다. 그런 경우엔 컴포넌트 함수가 null을 리턴하면 된다. 이를 확인하기 위해 name prop 값이 네 글자 미만인 경우엔 화면에 보이지 않도록 Summary 컴포넌트를 리스트 10-29와 같이 변경하자.

리스트 10-29 src/Summary.js: 렌더링하지 않기

```
import React from "react";

export function Summary(props) {
  if (props.name.length >= 4) {
    return <React.Fragment>
              <td>{ props.index + 1 } </td>
              <td>{ props.name } </td>
              <td>{ props.name.length } </td>
          </React.Fragment>
  } else {
    return null;
  }
}
```

여전히 부모 컴포넌트는 Summary 컴포넌트의 함수의 호출로 만들어지는 Summary 엘리먼트를 세 번 받는다. 그러나 그중 두 개만 렌더링돼 그림 10-12와 같은 결과가 나타난다.

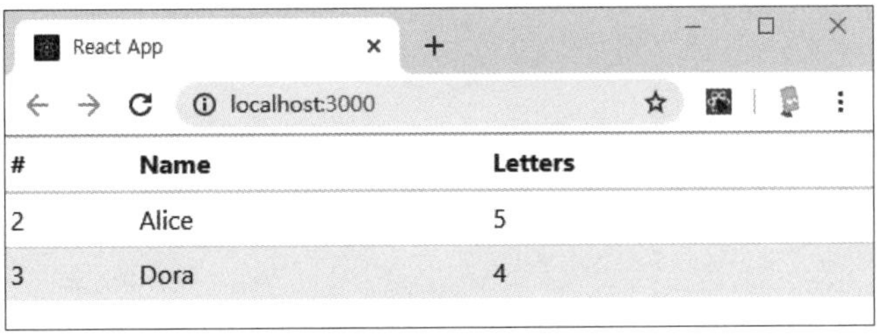

▲ 그림 10-12 렌더링하지 않기

props 변경 시도

props는 읽기 전용으로 컴포넌트에 의해 변경될 수 없다. 리액트는 props 객체를 만들 때, 추후 변경이 시도되면 에러를 발생시키도록 설정한다. 이를 확인하기 위해 name prop 값의 변경을 시도하도록 Summary 컴포넌트를 리스트 10-30과 같이 수정하자.

리스트 10-30 src/Summary.js: prop 값의 변경 시도

```
import React from "react";

export function Summary(props) {
  props.name = `Name: ${props.name}`;
  if (props.name.length >= 4) {
    return <React.Fragment>
            <td>{ props.index + 1} </td>
            <td>{ props.name } </td>
            <td>{ props.name.length } </td>
          </React.Fragment>
  } else {
    return null;
  }
}
```

이 코드를 저장하면 브라우저에서 그림 10-13과 같은 에러 메시지를 보게 될 것이다. 이는 런타임 에러이므로 컴파일러가 보여주는 명령 프롬프트에서의 경고 메시지는 없다.

> **👊 팁**
>
> 이 에러는 8장에서 설명했던, 배포를 위한 빌드 과정에서도 나타나지 않는다. 따라서 개발 기간 중에 컴포넌트가 무심코 prop의 변경을 시도하지 않도록 철저히 테스트해야 한다.

▲ 그림 10-13 prop 변경 시도

함수 props

10장에서 지금까지 사용했던 props는 자식 컴포넌트에게 읽기 전용의 데이터 값을 제공하는 **데이터 props**[data props]였다. 리액트는 데이터 props 외에 **함수 props**[function props]도 지원한다. 함수 props는 부모 컴포넌트가 자식에게 제공하는 함수이며, 이 함수가 호출되면 뭔가 중요한 일이 생겼음이 부모에게 통지된다. 부모 컴포넌트는 데이터 props를 변경함으로써 응답할 수 있으며, 이는 자식 컴포넌트가 사용자에게 보여줄 콘텐츠를 갱신할 수 있게 한다.

작동 원리를 알아보기 위해 App 컴포넌트를 리스트 10-31과 같이 수정하자. 여기선 Summary 엘리먼트를 위해 name props의 순서를 변경하는 함수 하나를 정의했다.

리스트 10-31 src/App.js: 함수 정의

```
import React from "react";
import { Summary } from "./Summary";
import ReactDOM from "react-dom";
```

```
let names = ["Bob", "Alice", "Dora"]

function reverseNames() {
  names.reverse();
  ReactDOM.render(<App />, document.getElementById('root'));
}

export default function App() {
  return (
    <table className="table table-sm table-striped">
      <thead>
        <tr><th>#</th><th>Name</th><th>Letters</th></tr>
      </thead>
      <tbody>
        { names.map((name, index) =>
          <tr key={ name }>
            <Summary index={index} name={name}
              reverseCallback={reverseNames} />
          </tr>
        )}
      </tbody>
    </table>
  )
}
```

reverseNames 함수는 자바스크립트의 reverse 메서드를 사용해 names 배열 안의 값들을 역순으로 배치한다. 또한 이 함수는 다음과 같이 reverseCallback prop의 값으로 Summary 컴포넌트에 제공된다.

```
...
<Summary index={index} name={name} reverseCallback={reverseNames} />
...
```

Summary 컴포넌트는 세 개의 프로퍼티를 받는다. 하나는 map 메서드에 의해 처리되고 있는 현재 객체의 인덱스를 나타내는 index, 또 하나는 현재 값을 나타내는 name, 마지막 하나는 배열의 콘텐츠를 역순으로 바꿀 함수를 나타내는 reverseCallback이다. 이제

Summary 컴포넌트가 prop으로 받은 함수를 사용할 수 있도록 리스트 10–32와 같이 코드를 수정하자. 또한 name의 길이를 확인했던 기존의 if 구문도 없애자.

리스트 10–32 src/Summary.js: 함수 prop 사용

```
import React from "react";

export function Summary(props) {
  return (
    <React.Fragment>
      <td>{ props.index + 1 } </td>
      <td>{ props.name } </td>
      <td>{ props.name.length } </td>
      <td>
        <button className="btn btn-primary btn-sm"
          onClick={ props.reverseCallback }>
          Change
        </button>
      </td>
    </React.Fragment>
  )
}
```

여기서는 button 엘리먼트의 onClick prop에 부모로부터 받은 함수 prop을 할당했다. onClick prop에 대해선 12장에서 설명하겠지만, 사용자가 엘리먼트를 클릭했을 때 리액트가 어떻게 응답할 것인지 지정하는 프로퍼티라는 사실은 이미 이전에 봤었다. 이 예제에선 부모 컴포넌트로부터 받은 reverseCallback prop을 호출한다.

버튼을 클릭하면 App.js 파일에서 정의했던 reverseNames 함수가 호출돼 name prop 값들이 역순으로 바뀌게 된다. 그림 10–14와 같이 말이다.

▲ 그림 10–14 함수 prop의 사용

Summary 컴포넌트가 reverseCallback이라는 함수 prop을 호출하면 reverseNames 함수가 호출되며 다음과 같은 코드가 실행된다.

```
...
ReactDOM.render(<App />, document.getElementById('root'));
...
```

render는 컴포넌트의 콘텐츠를 브라우저의 DOM에 추가하는 메서드로서, 애플리케이션을 시작시키는 index.js 파일에서 사용된다. 일반적으로는 위의 코드와 같이 render 메서드를 직접 사용하지 않지만, 여기선 함수 prop이 호출됐을 때의 응답으로 콘텐츠 갱신을 수행하기 위해 사용했다. 콘텐츠를 갱신하는 일반적인 방법은 11장에서 설명할 예정이며, 지금은 이 render 메서드를 호출함으로써 prop에 사용되는 데이터의 변경사항이 반영돼 사용자에게 보일 HTML 엘리먼트가 갱신됐다는 점만 알아두기 바란다.

함수 prop에 인자 사용

리스트 10-32에선 onClick 프로퍼티를 위한 표현식에 다음과 같이 함수 prop을 지정했었다.

```
...
<button className="btn btn-primary btn-sm" onClick={ props.reverseCallback } >
  Change
</button>
...
```

이 표현식에 의해 함수가 호출될 때는 이벤트 객체 하나가 전달될 것이다. 12장에서도 설명하겠지만 이벤트 객체는 이벤트를 발생시킨 HTML 엘리먼트의 자세한 정보를 알 수 있는 함수를 제공한다.

함수 prop을 호출할 때 위 코드와 같은 방식이 항상 유용한 것은 아니다. 부모 컴포넌트가 이벤트와 그에 따른 동작을 이해하려면 자식 컴포넌트에 대한 충분한 정보를 알아야 하기 때문이다. 좀 더 나은 접근법은 부모 컴포넌트에게 상세 정보를 직접 전달하는 함수에 커스텀 인자를 제공하는 것이다. 이를 이해하기 위해 App.js 파일을 리스트 10-33과 같이 변경하자. 여기선 지정된 name을 배열의 앞에 위치시키는 함수를 추가했으며, App 컴포넌트가 자식 컴포넌트에 prop을 사용해 함수를 전달하게 했다.

리스트 10-33 src/App.js: 함수 추가

```
import React from "react";
import { Summary } from "./Summary";
import ReactDOM from "react-dom";

let names = ["Bob", "Alice", "Dora"]

function reverseNames() {
  names.reverse();
  ReactDOM.render(<App />, document.getElementById('root'));
}

function promoteName(name) {
  names = [name, ...names.filter(val => val !== name)];
  ReactDOM.render(<App />, document.getElementById('root'));
}

export default function App() {
  return (
    <table className="table table-sm table-striped">
      <thead>
        <tr><th>#</th><th>Name</th><th>Letters</th></tr>
      </thead>
      <tbody>
        { names.map((name, index) =>
          <tr key={ name }>
            <Summary index={index} name={name}
              reverseCallback={reverseNames}
              promoteCallback={promoteName} />
          </tr>
        )}
      </tbody>
    </table>
  )
}
```

이 새 함수는 배열의 첫 부분에 들어갈 name을 파라미터로 받는다. 이제 리스트 10-34와 같이 Summary 컴포넌트에 버튼 하나를 추가하자. 이 버튼은 새 함수 prop을 호출하는 onClick 프로퍼티를 사용한다.

리스트 10-34 src/Summary.js: 함수 prop 호출

```
import React from "react";

export function Summary(props) {
  return (
    <React.Fragment>
      <td>{ props.index + 1 } </td>
      <td>{ props.name } </td>
      <td>{ props.name.length } </td>
      <td>
        <button className="btn btn-primary btn-sm"
          onClick={ props.reverseCallback }>
          Change
        </button>
        <button className="btn btn-info btn-sm m-1"
          onClick={ () => props.promoteCallback(props.name) }>
          Promote
        </button>
      </td>
    </React.Fragment>
  )
}
```

여기선 어떤 name이 선택됐는지 App 컴포넌트가 판별하게 하는 대신, 다음과 같이 함수 prop에 인자를 전달해 호출하게 했다.

```
...
<button className="btn btn-info btn-sm m-1"
  onClick={ () => props.promoteCallback(props.name) }>
  Promote
</button>
...
```

onClick 표현식은 함수 prop을 호출하는 화살표 함수다. 이와 같은 방식으로 함수를 정의하고 함수 prop을 표현식에서 직접 사용하면 예상하지 못한 결과를 얻을 수도 있는데, 이는 아래 보충설명에서 다룬다. 화면에서 Promote 버튼 중 하나를 클릭하면 해당 name이 배열의 첫 번째로 이동함으로써 그림 10-15와 같이 테이블의 첫 로우로 보이게 될 것이다.

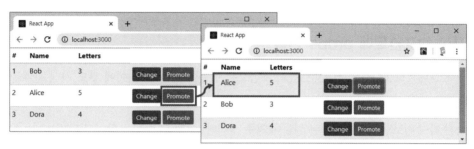

▲ 그림 10-15 인자를 사용한 함수 prop 호출

성급한 호출의 위험

인자를 사용해 함수 prop을 호출할 때는 항상 다음과 같이 화살표 함수를 지정해야 한다.

```
...
<button onClick={ () => props.promoteCallback(props.name) }>
  Promote
</button>
...
```

그러나 적어도 한 번은 이를 잊어버리고 다음과 같이 표현식 안에서 함수 prop을 직접 호출하는 경우가 있다.

```
...
<button onClick={ props.promoteCallback(props.name) }>
  Promote
</button>
...
```

리액트는 컴포넌트가 콘텐츠를 렌더링할 때 표현식을 평가하므로, 사용자가 버튼을 클릭하기 전에 이미 함수 prop을 호출하는 결과가 나타난다. 이는 함수 prop이 어떤 일을 하는지에 따라 예상할 수 없는 동작이나 에러를 야기한다. 예컨대, 리스트 10-34의 경우엔

'Maximum update depth exceeded.'라는 에러를 발생시킬 것이다. 이 함수 prop의 호출은 리액트에게 컴포넌트들을 다시 렌더링할 것을 요청하므로, Summary 컴포넌트 역시 콘텐츠를 렌더링하게 되며 따라서 함수 prop이 다시 호출되기 때문이다. 이 과정이 계속 반복되다가 결국 리액트는 실행을 중단하고 에러를 보고하게 된다.

자식 컴포넌트에 props 전달

리액트 애플리케이션은 컴포넌트들의 조합으로 만들어지며, 그 사이에 부모 자식 관계들이 형성된다. 이런 구조에선 한 컴포넌트가 부모로부터 데이터와 콜백 함수를 받고, 이를 다시 자식 컴포넌트에 전달하는 일들이 자주 생긴다. 이제 그 방법을 알아보기 위해 src 폴더에 CallbackButton.js라는 파일을 만들어 리스트 10-35와 같이 컴포넌트를 정의하자.

리스트 10-35 src/CallbackButton.js

```
import React from "react";

export function CallbackButton(props) {
  return (
    <button className={`btn btn-${props.theme} btn-sm m-1`}
      onClick={ props.callback }>
      { props.text }
    </button>
  )
}
```

이 컴포넌트는 text prop 값을 사용한 텍스트 콘텐츠를 갖는 버튼 엘리먼트 하나를 렌더링하며, 버튼이 클릭될 때 callback prop을 통해 함수 하나를 호출한다. 또한 theme prop은 버튼 엘리먼트를 위한 부트스트랩 CSS 스타일을 적용하기 위해 사용된다.

이제 Summary 컴포넌트에서 CallbackButton 컴포넌트를 사용하게 할 차례다. 리스트 10-36과 같이 부모로부터 받은 props에 자신의 props를 추가해 전달하는 Summary 컴포넌트로 만들자.

```
import React from "react";
import { CallbackButton } from "./CallbackButton";

export function Summary(props) {
  return (
    <React.Fragment>
      <td>{ props.index + 1} </td>
      <td>{ props.name } </td>
      <td>{ props.name.length } </td>
      <td>
        <CallbackButton theme="primary"
          text="Reverse" callback={ props.reverseCallback } />
        <CallbackButton theme="info" text="Promote"
          callback={ () => props.promoteCallback(props.name)} />
      </td>
    </React.Fragment>
  )
}
```

props를 받는 컴포넌트는 어디서 유래됐는지 알지 못하며 알 필요도 없는, 동일한 props를 통해 그림 10-16과 같은 결과를 만든다.

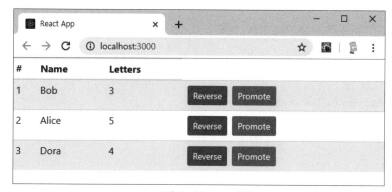

▲ 그림 10-16 props 전달

props 일괄 전달

부모 컴포넌트가 제공한 props의 이름과 자식 컴포넌트가 원하는 props의 이름이 동일한 경우엔 비구조화 연산자(또는 스프레드 연산자)를 사용할 수 있다. 이를 시험하기 위해 src 폴더에 SimpleButton.js라는 파일을 만들어 리스트 10-37과 같이 컴포넌트를 정의하자.

리스트 10-37 src/SimpleButton.js

```
import React from "react";

export function SimpleButton(props) {
  return (
    <button onClick={ props.callback } className={props.className}>
      { props.text}
    </button>
  )
}
```

SimpleButton 컴포넌트는 callback, classname, text props를 요구한다. SimpleButton 컴포넌트가 CallbackButton 컴포넌트에 채용된다면 이 세 개의 props는 부모가 제공한 props와 겹치게 된다. 이는 리스트 10-38과 같이 비구조화 연산자를 사용해 props를 일괄로 전달할 수 있다는 뜻이다.

리스트 10-38 src/CallbackButton.js: props 전달

```
import React from "react";
import { SimpleButton } from "./SimpleButton";

export function CallbackButton(props) {
  return (
    <SimpleButton {...props} className={`btn btn-${props.theme} btn-sm m-1`} />
  )
}
```

{...props} 표현식은 부모 컴포넌트로부터 받은 모든 props를 전달하며, className prop이 추가로 보완된다. 만약 특정 props를 제외하고 싶다면 리스트 10-39와 같이 살짝 다른 접근법을 사용할 수 있다.

```
import React from "react";
import { SimpleButton } from "./SimpleButton";

export function CallbackButton(props) {
  let { theme, ...childProps} = props;
  return (
    <SimpleButton { ...childProps }
      className={`btn btn-${props.theme} btn-sm m-1`} />
  )
}
```

theme을 제외한 부모의 props를 모두 포함하는 childProps 배열 객체를 만들었다. 이와 같이 지정된 인자가 아닌 나머지 모두를 포함하는 하나의 배열 객체를 레스트 파라미터rest parameter라고 하며, 파라미터 이름 앞에 레스트 연산자rest operator(...)가 붙는다. 또한 자식 컴포넌트에 childProps 객체의 props를 전달할 땐 비구조화 연산자(...)가 사용됐다. 보다시피 기호는 동일하지만 두 연산자의 용도는 다르다.

기본 prop 값 제공

애플리케이션에서 사용하는 props의 수가 증가함에 따라 동일한 props를 반복해서 사용하는 경우가 발생할 것이다. 심지어 매번 같은 값을 사용하면서도 말이다. 그런 경우 기본값을 정의하고 다른 값이 필요한 경우에만 덮어쓰는 방법이 있다. 그럼 리스트 10-40과 같이 CallbackButton 컴포넌트에 기본 prop 값을 정의하자.

리스트 10-40 src/CallbackButton.js: 기본 prop 값 정의

```
import React from "react";
import { SimpleButton } from "./SimpleButton";

export function CallbackButton(props) {
  let { theme, ...childProps} = props;
  return (
```

```
        <SimpleButton {...childProps}
          className={`btn btn-${props.theme} btn-sm m-1`} />
      )
    }

    CallbackButton.defaultProps = {
      text: "Default Text",
      theme: "warning"
    }
```

새로 추가한 defaultProps 프로퍼티에 부모 컴포넌트가 값을 제공하지 않을 때 사용할 기
본값이 정의된 객체를 할당했다. 이제 리스트 10-41과 같이 Summary 컴포넌트에서 하나
의 CallbackButton 엘리먼트만 기본 prop 값을 사용하도록 변경하자.

리스트 10-41 src/Summary.js: 기본 prop 값 사용

```
import React from "react";
import { CallbackButton } from "./CallbackButton";

export function Summary(props) {
  return (
    <React.Fragment>
      <td>{ props.index + 1 }</td>
      <td>{ props.name }</td>
      <td>{ props.name.length }</td>
      <td>
        <CallbackButton callback={props.reverseCallback} />
        <CallbackButton theme="info" text="Promote"
          callback={ () => props.promoteCallback(props.name)} />
      </td>
    </React.Fragment>
  )
}
```

첫 번째 CallbackButton 엘리먼트가 기본 prop 값을 사용하므로 결과는 그림 10-17과
같을 것이다.

▲ 그림 10–17 기본 prop 값 사용

prop 값의 타입 검사

props는 받고자 하는 값의 데이터 타입을 알 수 없으며, 받은 값을 사용할 수 없을 때 부모 컴포넌트에 이를 알릴 방법도 없다. 이 문제의 해결을 위해 리액트는 리스트 10–42와 같이 props의 타입 선언을 지원한다.

리스트 10–42 src/SimpleButton.js: prop의 타입 선언

```
import React from "react";
import PropTypes from "prop-types";

export function SimpleButton(props) {
  return (
    <button onClick={ props.callback } className={props.className}>
      { props.text}
    </button>
  )
}

SimpleButton.defaultProps = {
  disabled: false
}

SimpleButton.propTypes = {
  text: PropTypes.string,
```

```
    theme: PropTypes.string,
    callback: PropTypes.func,
    disabled: PropTypes.bool
}
```

새로 추가한 propTypes 프로퍼티엔 prop 이름에 대응하는 프로퍼티 이름과 타입을 지정한 객체를 할당했다. 타입을 지정할 때 사용한 PropTypes는 prop-types 패키지로부터 가져왔으며, 유용한 PropTypes의 값들은 표 10-3에서 정리했다.

> **❄ 팁**
>
> 표 10-3의 모든 타입은 PropTypes.bool.isRequired와 같은 식으로 isRequired를 붙여 사용할 수 있다. 이는 해당 prop이 필수임을 나타내며, 부모 컴포넌트로부터 prop 값이 오지 않을 경우 경고 메시지를 생성한다.

표 10-3 유용한 PropTypes 값들

값	설명
array	해당 prop이 배열이어야 한다.
bool	해당 prop이 불리언 타입이어야 한다.
func	해당 prop이 함수여야 한다.
number	해당 prop이 숫자 타입이어야 한다.
object	해당 prop이 객체여야 한다.
string	해당 prop이 문자열 타입이어야 한다.

타입 검사를 해보기 위해 리스트 10-43과 같이 CallbackButton 엘리먼트에 disabled prop을 추가해, 리스트 10-42에서 지정한 불리언 값을 사용하게 하자.

리스트 10-43 src/Summary.js: 잘못된 타입 지정

```
import React from "react";
import { CallbackButton } from "./CallbackButton";

export function Summary(props) {
```

```
    return (
      <React.Fragment>
        <td>{ props.index + 1 } </td>
        <td>{ props.name } </td>
        <td>{ props.name.length } </td>
        <td>
          <CallbackButton callback={props.reverseCallback} />
          <CallbackButton theme="info" text="Promote"
            callback={ () => props.promoteCallback(props.name)}
            disabled="true" />
        </td>
      </React.Fragment>
    )
}
```

불리언이나 숫자 타입에 문자열 값을 사용하는 문제는 흔히 발생할 수 있다. 게다가 문제
가 있는 곳을 찾기 힘든데, 현재 컴포넌트의 조상 컴포넌트 어딘가에서 prop을 정의했기
때문이다. 그러나 지금의 예제와 같이 prop의 타입을 검사하게 하면 문제가 명확해진다.
이 코드를 저장하면 브라우저의 자바스크립트 콘솔에서 다음과 같은 메시지를 볼 수 있
을 것이다.

```
...
Warning: Failed prop type: Invalid prop `disabled` of type `string` supplied to
`SimpleButton`, expected `boolean`.
...
```

이 문제를 해결하려면 당연히 prop 값을 불리언으로 바꾸면 된다. 그러나 disabled prop
이 불리언과 문자열 값을 모두 받을 수 있는, 더욱 유연한 컴포넌트로 만드는 또 다른 방
법도 있다. 보통은 불리언 타입이 필요한 경우에도 문자열 값을 자주 사용하므로 이는 좋
은 방법이 될 수 있으며, 특히 현재 제작하고 있는 컴포넌트가 다른 개발자나 개발 팀이
사용하게 될 경우라면 더욱 그렇다. 그럼 SimpleButton 컴포넌트에서 리스트 10-44와 같
이 두 타입을 모두 사용할 수 있도록 propTypes를 수정하자.

> **참고**
>
> prop 타입의 검사는 오직 개발 단계에서만 하는 것이 좋으며, 애플리케이션 배포를 준비할 때는 하지 않는 것이 좋다. 애플리케이션 배포 준비와 관련해선 8장을 참고하기 바란다.

리스트 10-44 src/SimpleButton.js: 둘 이상의 prop 타입 허용

```javascript
import React from "react";
import PropTypes from "prop-types";

export function SimpleButton(props) {
  return (
    <button onClick={ props.callback } className={props.className}
      disabled={ props.disabled === "true" || props.disabled === true }>
      { props.text}
    </button>
  )
}

SimpleButton.defaultProps = {
  disabled: false
}

SimpleButton.propTypes = {
  text: PropTypes.string,
  theme: PropTypes.string,
  callback: PropTypes.func,
  disabled: PropTypes.oneOfType([PropTypes.bool, PropTypes.string])
}
```

PropTypes엔 둘 이상의 타입이나 특정 값들을 지정할 수 있는, 표 10-4와 같은 두 개의 유용한 메서드가 있다.

표 10-4 PropTypes의 메서드

메서드	설명
oneOfType	PropTypes 값들의 배열, 즉 여러 타입을 지정할 수 있다.
oneOf	타입이 아닌 실제 값들의 배열을 지정할 수 있다.

리스트 10-44에선 oneOfType 메서드를 사용해 disabled 프로퍼티가 불리언과 문자열 모두를 받을 수 있게 했다. 따라서 이제 이 컴포넌트는 리스트 10-43에서 disabled 프로퍼티에 제공한 값을 처리할 수 있으며, 그 결과 그림 10-18과 같이 Promote 버튼 엘리먼트가 비활성화된다.

> ⭐ 팁
>
> prop에 불리언 타입의 값을 주고 싶다면 disabled={ true }와 같이 disabled 프로퍼티에 표현식을 사용하면 된다.

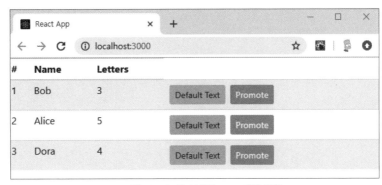

▲ 그림 10-18 둘 이상의 prop 타입 사용

정리

10장에선 리액트 애플리케이션의 핵심 구성 요소인 컴포넌트의 가장 단순한 버전으로서 무상태 컴포넌트를 소개했다. 무상태 컴포넌트를 정의하는 방법, 콘텐츠를 렌더링하는 원리, 컴포넌트들을 조합해 좀 더 복잡한 기능을 만드는 방법도 알아봤다. 또한 부모 컴포넌트가 props를 사용해 자식에게 데이터를 전달하는 방법과 컴포넌트들 사이의 통신을 위해 기본적으로 필요한 함수 prop도 살펴봤다. 마지막으로 props의 기본값을 정의하는 방법과 타입을 지정하는 방법까지 알아보고 10장을 마무리했다. 11장에선 상태를 갖는 컴포넌트에 대해 알아볼 것이다.

상태 유지 컴포넌트

11장에선 상태 유지^{stateful} 컴포넌트를 소개한다. 상태 유지 컴포넌트란 10장에서 설명했던 무상태 컴포넌트에 상태 데이터를 추가한 것으로, 상태 데이터를 사용해 렌더링 결과를 바꿀 수 있다. 표 11-1에서 상태 유지 컴포넌트의 맥락을 정리했다.

표 11-1 상태 유지 컴포넌트에 대한 맥락 잡기

질문	답변
그게 무엇인가?	컴포넌트는 리액트 애플리케이션의 핵심 구성 요소다. 그중 상태 유지 컴포넌트는 컴포넌트가 렌더링하는 콘텐츠를 변경할 때 사용되는 자신만의 데이터를 갖는다.
왜 유용한가?	상태 유지 컴포넌트는 애플리케이션의 상태 추적을 쉽게 해주며, 데이터 값을 변경하고 그 변경사항을 콘텐츠에 반영하는 수단을 제공한다.
어떻게 사용하는가?	상태 유지 컴포넌트는 클래스를 사용해 정의하거나 함수형 컴포넌트에 훅(hook)을 추가해 만들 수 있다.
문제점이나 제약사항이 있는가?	상태 데이터가 올바르게 변경되도록 주의를 기울여야 한다. 이는 '상태 데이터 변경' 절에서 설명한다.
대체재가 있는가?	컴포넌트는 리액트 애플리케이션의 핵심 구성 요소이므로, 컴포넌트를 대체할 수 있는 것은 없다.

표 11-2에선 11장의 내용을 요약했다.

표 11-2 11장 요약

과제	해법	리스트 번호
컴포넌트에 상태 데이터 추가	생성자에서 state 프로퍼티를 설정하는 클래스를 정의하거나, useState 함수를 호출해 프로퍼티와 함수를 만든다.	4, 5, 12, 13
상태 데이터 변경	setState 함수를 호출하거나 useState가 리턴한 함수를 호출한다.	6~11
컴포넌트 사이의 데이터 공유	상태 데이터를 조상 컴포넌트로 끌어올려 props를 사용해 퍼뜨린다.	14~18
클래스 기반의 컴포넌트에서 prop 타입과 기본값 정의	클래스에 프로퍼티들을 적용하거나, 클래스 안에서 정적 프로퍼티들을 정의한다.	19, 20

준비 작업

11장에선 10장에서 만들었던 components 프로젝트를 계속 사용할 것이다. 이제 Summary 컴포넌트에서 props의 전달 방법을 설명하기 위해 사용했던 CallbackButton을 빼고, 리스트 11-1과 같이 SimpleButton 컴포넌트를 사용하도록 변경하자.

> **팁**
>
> 이 책의 모든 예제 파일은 http://www.acornpub.co.kr/book/pro-react16에서 다운로드할 수 있다.

리스트 11-1 src/Summary.js: 콘텐츠 변경

```
import React from "react";
//import { CallbackButton } from "./CallbackButton";
import { SimpleButton } from "./SimpleButton";

export function Summary(props) {
  return (
    <React.Fragment>
      <td>{ props.index + 1} </td>
      <td>{ props.name } </td>
```

```
        <td>{ props.name.length } </td>
        <td>
          <SimpleButton
            className="btn btn-warning btn-sm m-1"
            callback={ props.reverseCallback }
            text={ `Reverse (${ props.name })` }
          />
          <SimpleButton
            className="btn btn-info btn-sm m-1"
            callback={ () => props.promoteCallback(props.name)}
            text={ `Promote (${ props.name})` }
          />
        </td>
      </React.Fragment>
  )
}
```

그다음엔 리스트 11-2와 같이 SimpleButton 컴포넌트에서 기본값과 타입 설정 부분을 제
거하자.

리스트 11-2 src/SimpleButton.js: 프로퍼티 제거

```
import React from "react";

export function SimpleButton(props) {
  return (
    <button onClick={ props.callback } className={props.className}
      disabled={ props.disabled === "true" || props.disabled === true }>
      { props.text}
    </button>
  )
}
```

이제 명령 프롬프트를 열고 components 폴더로 이동해 리스트 11-3과 같은 명령을 실
행하자.

리스트 11-3 개발 도구 실행

```
npm start
```

빌드 작업이 끝나면 새 브라우저 창이 열리고 그림 11-1과 같은 화면이 나타날 것이다.

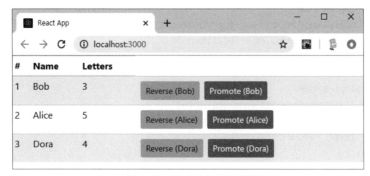

▲ 그림 11-1 실행된 예제 애플리케이션

컴포넌트 유형의 이해

지금부턴 리액트가 지원하는 컴포넌트 유형의 차이를 설명한다. 10장에서 설명했던 무상태 컴포넌트와의 차이를 알게 되면 상태 유지 컴포넌트를 더 쉽게 이해하게 될 것이다.

무상태 컴포넌트의 이해

10장에서 봤듯 무상태 컴포넌트는 커스텀 HTML 엘리먼트의 응답으로서 리액트가 prop 값을 인자로 넘기며 호출하는 함수로 이뤄진다. 커스텀 HTML 엘리먼트의 prop 값들은 그림 11-2와 같이 동일한 prop 인자들로 전달되며 동일한 결과를 낳는다.

▲ 그림 11-2 무상태 컴포넌트로부터 예상할 수 있는 결과

무상태 컴포넌트는 함수가 얼마나 자주 호출되는지와 관계없이 항상 주어진 prop 값들과 동일하게 HTML 엘리먼트를 렌더링한다. 즉, 콘텐츠를 렌더링하기 위해 온전히 부모 컴포

넌트가 제공한 prop 값들에만 의존한다. 이는 리액트가 애플리케이션 안에 존재하는 SimpleButton 엘리먼트 개수와 관계없이 동일한 함수만을 지속적으로 호출할 수 있으며, 단지 어떤 props가 어떤 SimpleButton 엘리먼트와 연관이 있는지만 파악하면 된다는 뜻이다.

상태 유지 컴포넌트의 이해

상태 유지 컴포넌트^{stateful component}는 컴포넌트가 렌더링하는 콘텐츠에 영향을 주는 자신만의 데이터를 갖는다. 이 데이터를 **상태 데이터**^{state data}라고 하며 부모 컴포넌트가 제공하는 props와는 별개다.

가령 SimpleButton 컴포넌트가 사용자가 버튼 엘리먼트를 몇 번 클릭했는지 추적해 현재의 횟수를 보여줘야 한다고 해보자. 이 기능을 제공하기 위해 컴포넌트는 클릭될 때마다 증가되는 카운터를 가져야 하며, 콘텐츠를 렌더링할 때 현재의 카운터 값을 포함시켜야 할 것이다.

부모 컴포넌트에 의해 정의된 각 SimpleButton 엘리먼트는 자신만의 카운터를 갖는 버튼 엘리먼트들을 만들어야 할 것이다. 각 버튼의 클릭은 서로 독립적이기 때문이다. 상태 유지 컴포넌트는 자바스크립트 객체로서, SimpleButton 엘리먼트와 컴포넌트 객체 사이에 일대일 관계가 성립된다. 그림 11-3은 컴포넌트에 적용되는 SimpleButton 엘리먼트와, 자신만의 상태를 갖는 각 컴포넌트 객체의 관계를 보여준다.

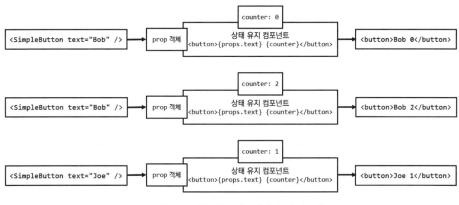

▲ 그림 11-3 카운터를 갖는 상태 유지 컴포넌트

상태 유지 컴포넌트에 동일한 prop을 제공했다고 해서 동일한 결과를 렌더링할 거라는 보장은 없다. 각 컴포넌트 객체는 서로 다른 값의 상태 데이터를 가지며, 이를 이용해 서로 다른 결과를 만들 수 있기 때문이다.

곧 배우겠지만 상태 유지 컴포넌트엔 무상태 컴포넌트엔 없는 많은 기능이 있다. 각 상태 유지 컴포넌트는 자신만의 상태 데이터를 갖는 하나의 자바스크립트 객체이며, 또한 각 상태 유지 컴포넌트가 하나의 커스텀 HTML 엘리먼트와 연관된다는 사실을 기억한다면 쉽게 이해할 수 있을 것이다.

상태 유지 컴포넌트 제작

시작하기 위해 먼저 예제 애플리케이션에 있는 기존 SimpleButton을 무상태 컴포넌트에서 상태 유지 컴포넌트로 변환할 것이다. 이는 좀 더 복잡한 사항으로 진행하기 전에, 먼저 기본을 이해하기 위해서다.

상태 유지 컴포넌트는 클래스를 사용해 정의할 수 있다. 4장에서 설명했듯 클래스는 각 컴포넌트 객체가 가질 기능을 기술하는 하나의 템플릿이다. 그럼 SimpleButton 컴포넌트의 기존 함수를 리스트 11-4와 같이 변경하자.

> **⊘ 참고**
>
> SimpleButton은 어떤 상태 데이터도 갖고 있지 않은 상태 유지 컴포넌트다. 이는 상태 유지 컴포넌트의 정의 방법을 보여주기 위함이며, 상태 데이터를 추가하는 방법은 '상태 데이터 추가' 절에서 보여줄 것이다.

리스트 11-4 src/SimpleButton.js: 클래스 도입

```
import React, { Component } from "react";

export class SimpleButton extends Component {

  render() {
```

```
    return (
      <button onClick={ this.props.callback }
        className={ this.props.className }
        disabled={ this.props.disabled === "true"
          || this.props.disabled === true }>
        { this.props.text}
      </button>
    )
  }
}
```

다음 절부터 리스트 11-4에서 변경한 사항들을 알아보고 상태 유지 컴포넌트를 구성하는 원리를 설명할 것이다.

컴포넌트 클래스의 이해

상태 유지 컴포넌트를 정의할 땐 다음과 같이 class와 extends 키워드를 사용해 react 패키지에 정의된 Component 클래스를 상속받음을 나타낸다.

```
...
export class SimpleButton extends Component {
...
```

이들 키워드의 조합으로 리액트의 Component 클래스를 확장하는 SimpleButton이라는 클래스가 정의됐다. export 키워드는 SimpleButton 클래스가 자신이 정의된 자바스크립트 파일의 외부에서도 사용될 수 있게 한다. 컴포넌트를 함수로 정의했던 때와 마찬가지로 말이다.

import 구문의 이해

Component 클래스를 확장하려면 다음과 같은 import 구문이 필요하다.

```
...
import React, { Component } from "react";
...
```

4장에서 설명했듯 이 import 구문엔 두 가지 방식이 포함돼 있다. 하나는 react 패키지에서 기본 내보내기를 한 컴포넌트에 React라는 이름을 할당하는 방식이다. 이는 JSX를 사용하기 위해서다. 또 하나는 react 패키지가 명명된 내보내기를 한 Component를 중괄호를 사용해 가져오는 방식이다. 상태 유지 컴포넌트를 만들려면 반드시 이와 같은 import 구문을 사용해야 한다.

render 메서드의 이해

상태 유지 컴포넌트의 주된 목적은 화면에 보여줄 콘텐츠의 렌더링이다. 여기서 다른 점은 리액트가 컴포넌트를 렌더링할 때 호출하는, render라는 메서드를 사용했다는 점이다. render 메서드는 반드시 리액트 엘리먼트를 리턴해야 하는데, 이는 React.createElement 메서드를 사용해 만들 수도 있지만 일반적으로는 HTML 코드 조각으로 만들 수 있다.

```
...
render() {
  return (
    <button onClick={ this.props.callback }
      className={ this.props.className }
      disabled={ this.props.disabled === "true"
        || this.props.disabled === true }>
      { this.props.text}
    </button>
  )
}
...
```

상태 유지 컴포넌트 props의 이해

처음 상태 유지 컴포넌트를 다룰 때 눈에 띄게 다르게 느낄 수 있는 사항은 반드시 this 키워드를 사용해야 한다는 점이다.

```
...
return (
  <button onClick={ this.props.callback }
    className={ this.props.className }
    disabled={ this.props.disabled === "true"
      || this.props.disabled === true }>
    { this.props.text}
  </button>
)
...
```

this 키워드는 현재 컴포넌트의 자바스크립트 객체를 가리킨다. 따라서 상태 유지 컴포넌트를 사용할 땐 반드시 this 키워드를 사용해 props 프로퍼티에 접근해야 한다. 만약 이를 잊어버리면 명령 프롬프트, 브라우저의 자바스크립트 콘솔, 브라우저 창에서 모두 다음과 같은 에러 메시지를 보게 될 것이다.

```
./src/SimpleButton.js  Line 7:  'props' is not defined  no-undef
```

비록 컴포넌트를 다시 정의했음에도 불구하고 그 콘텐츠는 변경되지 않았다. 따라서 이 코드의 실행 결과는 그림 11-4처럼 컴포넌트를 함수로서 정의했던 이전과 동일하다.

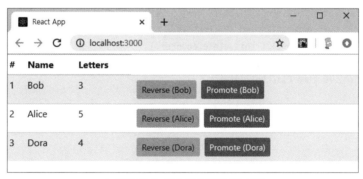

▲ 그림 11-4 상태 유지 컴포넌트 도입

상태 데이터 추가

상태 유지 컴포넌트의 가장 큰 특징은 컴포넌트의 각 인스턴스가 자신만의 데이터, 즉 상태 데이터를 갖는다는 점이다. 이제 리스트 11-5와 같이 SimpleButton 컴포넌트에 상태 데이터를 추가해보자.

리스트 11-5 src/SimpleButton.js: 상태 데이터 추가

```
import React, { Component } from "react";

export class SimpleButton extends Component {

  constructor(props) {
    super(props);
    this.state = {
      counter: 0,
      hasButtonBeenClicked: false
    }
  }

  render() {
    return (
      <button onClick={ this.props.callback }
        className={ this.props.className }
        disabled={ this.props.disabled === "true"
          || this.props.disabled === true }>
        { this.props.text} { this.state.counter }
        { this.state.hasButtonBeenClicked &&
          <div>Button Clicked!</div>
        }
      </button>
    )
  }
}
```

상태 데이터는 **생성자**constructor에서 정의되는데, 생성자는 클래스를 사용해 새 객체를 만들 때 호출되는 특별한 메서드다. 생성자는 반드시 props 파라미터를 정의해야 한다. 또한 생성자의 첫 구문은 props 객체를 인자로 하는 super 메서드의 호출이어야 하는데, 이

는 곧 Component 클래스의 생성자 호출이며 현재의 상태 유지 컴포넌트에 필요한 기능들을 구성하게 한다.

일단 super 메서드를 호출했다면, 다음과 같이 this.state에 객체를 할당함으로써 상태 데이터를 정의할 수 있다.

```
...
constructor(props) {
  super(props);
  this.state = {
    counter: 0,
    hasButtonBeenClicked: false
  }
}
...
```

상태 데이터는 객체의 프로퍼티로서 정의된다. 이 예제에선 값이 0인 counter라는 프로퍼티와 값이 false인 hasButtonBeenClicked라는 프로퍼티를 정의했다.

상태 데이터 읽기

상태 데이터를 읽으려면 this.state에 정의한 프로퍼티에 접근하면 된다. props에 접근할 때와 비슷한 방식으로 말이다.

```
...
render() {
  return (
    <button onClick={ this.props.callback }
      className={ this.props.className }
      disabled={ this.props.disabled === "true"
        || this.props.disabled === true }>
      { this.props.text} { this.state.counter }
      { this.state.hasButtonBeenClicked &&
        <div>Button Clicked!</div>
      }
    </button>
  )
```

```
  }
  ...
```

리스트 11-5의 render 메서드에선 prop 값 하나와 counter 상태 데이터 프로퍼티로
button 엘리먼트의 콘텐츠를 구성했으며, 그 결과는 그림 11-5와 같다. 추가로 div 엘리
먼트는 hasButtonBeenClicked 프로퍼티가 true가 아닌 한 화면에 보이지 않는다.

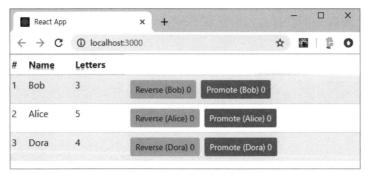

▲ 그림 11-5 상태 데이터 정의와 읽기

상태 데이터 변경

상태 데이터는 변경될 수 있어야 제 역할을 한다. 그래야 컴포넌트 객체가 각기 다른 콘
텐츠를 렌더링할 수 있기 때문이다. 리액트에선 상태 데이터를 변경하기 위한 특별한 기
법을 사용해야 한다. 리스트 11-6을 보자.

리스트 11-6 src/SimpleButton.js: 상태 데이터 변경

```
import React, { Component } from "react";

export class SimpleButton extends Component {

  constructor(props) {
    super(props);
    this.state = {
      counter: 0,
      hasButtonBeenClicked: false
    }
```

```
    }

    render() {
      return (
        <button onClick={ this.handleClick }
          className={ this.props.className }
          disabled={ this.props.disabled === "true"
            || this.props.disabled === true }>
          { this.props.text} { this.state.counter }
          { this.state.hasButtonBeenClicked &&
            <div>Button Clicked!</div>
          }
        </button>
      )
    }

    handleClick = () => {
      this.setState({
        counter: this.state.counter + 1,
        hasButtonBeenClicked: true
      });
      this.props.callback();
    }
  }
```

리액트는 state 프로퍼티에 새로운 값을 직접 할당하는 방식을 허용하지 않으며, 그렇게 할 경우 에러를 발생시킨다. 그 대신 Component 클래스로부터 물려받은 setState 메서드를 통해 상태 데이터를 변경해야 한다. 리스트 11-6에선 button 엘리먼트의 onClick 프로퍼티가 호출할 handleClick이라는 메서드를 추가했는데, 이 메서드는 setState 메서드를 사용해 counter 상태 프로퍼티의 값을 증가시킨다.

> **🌀 팁**
>
> onClick 프로퍼티가 호출하는 메서드는 특별한 방법으로 정의돼야 한다. onClick 프로퍼티의 사용법과 메서드의 정의 방법은 12장에서 설명한다.

setState 메서드의 인자는 다음과 같이 상태 데이터를 갱신하는 프로퍼티를 갖는 객체다.

```
...
this.setState({
  counter: this.state.counter + 1,
  hasButtonBeenClicked: true
});
...
```

이 코드는 현재 값을 증가시킴으로써 counter 프로퍼티를 변경하며, hasButtonBeenClicked
프로퍼티에 true를 지정한다. 여기서 counter 값을 증가시키기 위해 증가 연산자(++)를 사
용하지 않았음에 주목하기 바란다. 증가 연산자는 상태를 직접 변경하는데, 상태 데이터
의 직접 변경은 허용되지 않기 때문이다.

> **⚙ 팁**
>
> setState 메서드를 사용할 땐 변경하고자 하는 값에 대한 프로퍼티로 정의해야 한다. 리액트는 변경
> 된 프로퍼티는 나머지 상태 데이터와 합치는 반면, 값을 지정하지 않은 프로퍼티는 그대로 두기 때
> 문이다.

setState 메서드를 사용하는 일이 조금 불편할 수는 있으나, 그 덕분에 변경사항을 반영
해 다시 렌더링하는 작업을 리액트가 알아서 해준다. 즉, 11장에서 했던 것과 같이 개발
자가 ReactDOM.render 메서드를 수동으로 호출할 필요가 없다는 뜻이다. 이제 이 코드를
실행하고 버튼을 클릭하면 해당 컴포넌트의 counter 상태 데이터 값이 증가됨을 알 수 있
다. 그림 11-6과 같이 말이다(버튼을 클릭하면 테이블의 로우가 다시 정렬된다. 즉, 클릭한 버튼
의 위치가 변경된다).

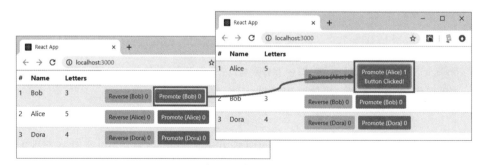

▲ 그림 11-6 상태 데이터 변경

보다시피 버튼을 클릭하면 해당 컴포넌트의 상태만 변경되고, 나머지 다섯 개의 컴포넌트 객체는 변경되지 않는다.

상태 데이터 변경의 함정

리액트는 상태 데이터의 변경을 비동기적으로 수행하며, 성능 향상을 위해 여러 갱신사항들을 묶기도 한다. 이는 setState의 호출 결과가 예상대로 나타나지 않을 수 있다는 뜻이다. 그럼 지금부터 상태 데이터를 변경할 때 흔히 겪을 수 있는 문제점과 그 해결책을 알아보자.

> **⚙ 팁**
>
> 리액트 개발 도구는 상태 유지 컴포넌트의 상태 데이터도 보여준다. 이는 애플리케이션이 변경사항에 대해 응답하는 모습을 관찰하거나, 문제가 생겼을 경우 추적할 수 있는 유용한 방법이다.

종속 값의 함정

상태 데이터는 서로 연관되는 경우가 종종 있다. 그런 상황에서 일반적인 오해 중 하나는 각 변경사항이 독립적으로 적용될 거라는 가정이다. 리스트 11-7을 보자.

리스트 11-7 src/SimpleButton.js: 연관된 상태 데이터의 변경

```
import React, { Component } from "react";

export class SimpleButton extends Component {

  constructor(props) {
    super(props);
    this.state = {
      counter: 0,
      hasButtonBeenClicked: false
    }
  }

  render() {
    return (
```

```
        <button onClick={ this.handleClick }
          className={ this.props.className }
          disabled={ this.props.disabled === "true"
            || this.props.disabled === true }>
          { this.props.text} { this.state.counter }
          { this.state.hasButtonBeenClicked &&
            <div>Button Clicked!</div>
          }
        </button>
      )
    }

  handleClick = () => {
    this.setState({
      counter: this.state.counter + 1,
      hasButtonBeenClicked: this.state.counter > 0
    });
    this.props.callback();
  }
}
```

hasButtonBeenClicked 프로퍼티를 갱신하는 코드는 그전에 counter 프로퍼티가 변경됐을 거라는 가정을 한다. 리액트는 변경 작업을 개별적으로 완료하지 않으며, 따라서 hasButtonBeenClicked 프로퍼티는 현재의 counter 값을 사용해 평가된다. 이 문제는 또한 setState 메서드를 각자 호출해도 여전히 발생한다. 리스트 11-8을 보자.

리스트 11-8 src/SimpleButton.js: 연관된 상태 데이터의 변경

```
import React, { Component } from "react";

export class SimpleButton extends Component {

  constructor(props) {
    super(props);
    this.state = {
      counter: 0,
      hasButtonBeenClicked: false
    }
```

```
    }

    render() {
        return (
            <button onClick={ this.handleClick }
                className={ this.props.className }
                disabled={ this.props.disabled === "true"
                    || this.props.disabled === true }>
                { this.props.text} { this.state.counter }
                { this.state.hasButtonBeenClicked &&
                    <div>Button Clicked!</div>
                }
            </button>
        )
    }

    handleClick = () => {
        this.setState({ counter: this.state.counter + 1 });
        this.setState({ hasButtonBeenClicked: this.state.counter > 0 });
        this.props.callback();
    }
}
```

리액트는 효율성을 위해 이들 갱신 작업을 일괄로 처리한다. 따라서 이 코드는 리스트 11-6과 동일한 결과를 만들게 되며, 이는 그림 11-7처럼 버튼을 두 번 클릭해야만 hasButtonBeenClicked 프로퍼티가 true로 바뀐다는 뜻이다.

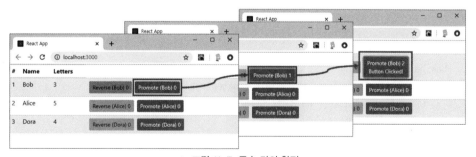

▲ 그림 11-7 종속 값의 함정

종속 관계에 있는 변경사항을 순서대로 반영하려면, 상태 데이터가 변경되면 호출될 함수를 setState 메서드에 넘겨야 한다. 리스트 11-9를 보자.

리스트 11-9 src/SimpleButton.js: 콜백 함수 사용

```
import React, { Component } from "react";

export class SimpleButton extends Component {

  constructor(props) {
    super(props);
    this.state = {
      counter: 0,
      hasButtonBeenClicked: false
    }
  }

  render() {
    return (
      <button onClick={ this.handleClick }
        className={ this.props.className }
        disabled={ this.props.disabled === "true"
          || this.props.disabled === true }>
        { this.props.text} { this.state.counter }
        { this.state.hasButtonBeenClicked &&
          <div>Button Clicked!</div>
        }
      </button>
    )
  }

  handleClick = () => {
    this.setState({ counter: this.state.counter + 1 },
      () => this.setState({ hasButtonBeenClicked: this.state.counter > 0 }));
    this.props.callback();
  }
}
```

이렇게 콜백 함수를 사용하면 counter 프로퍼티가 변경된 다음에 hasButtonBeenClicked의 값이 변경됨으로써 그림 11-8과 같이 두 변경사항에 대한 동기화를 보장받을 수 있다.

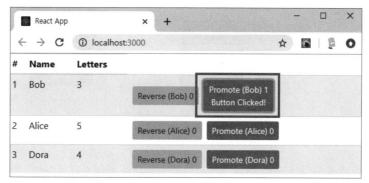

▲ 그림 11-8 순서대로 상태 데이터의 변경사항 반영하기

갱신 누락의 함정

리액트는 동일한 상태 데이터 프로퍼티에 여러 번의 변경이 시도되면, 오직 가장 최근의 값만 적용한다. 리스트 11-10을 보자.

리스트 11-10 src/SimpleButton.js: 다중 갱신 적용

```
...
handleClick = () => {
  for (let i = 0; i < 5; i++) {
    this.setState({ counter: this.state.counter + 1});
  }
  this.setState({ hasButtonBeenClicked: true });
  this.props.callback();
}
...
```

실제 프로젝트에선 이와 같은 for 루프보다는 배열 안의 각 객체에 대해 상태 데이터를 변경하는 등의 순차적인 데이터 처리 작업을 주로 할 것이다. 리스트 11-10은 동일한 프로퍼티를 반복적으로 변경하는 코드인데, 그 결과는 그림 11-9와 같이 counter의 값이 다섯 번이 아닌 한 번만 증가된다.

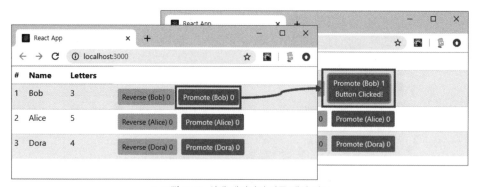

▲ 그림 11-9 상태 데이터의 다중 갱신 시도

만약 동일한 프로퍼티에 여러 번의 변경사항을 순서대로 반영하고 싶다면, 첫 번째 인자를 함수로 받는 형태의 setState 메서드를 사용하면 된다. 리스트 11-11과 같이 그 함수에는 현재의 상태 데이터와 props 객체를 전달한다.

> **🕸 팁**
>
> 이 형태의 setState 메서드는 중첩된 상태 프로퍼티를 갱신할 때도 유용한데, 이는 14장에서 설명한다.

리스트 11-11 src/SimpleButton.js: 상태 데이터의 다중 갱신

```
...
handleClick = () => {
  for (let i = 0; i < 5; i++) {
    this.setState((state, props) => { return { counter: state.counter + 1 }});
  }
  this.setState({ hasButtonBeenClicked: true });
  this.props.callback();
}
...
```

setState 메서드에 전달된 함수는 이전과 동일한 코드를 포함하는 객체를 리턴한다. 차이점은 상태 데이터에 변경사항이 모두 반영돼 그림 11-10과 같은 결과를 만든다는 점이다.

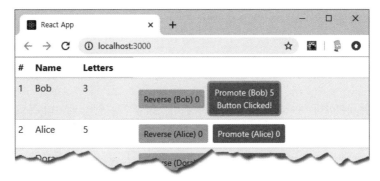

▲ 그림 11-10 상태 데이터의 다중 갱신

훅을 사용한 상태 유지 컴포넌트

모든 개발자가 상태 유지 컴포넌트를 정의할 때 클래스를 사용하는 것은 아니다. 리액트
는 함수형 컴포넌트에서 상태 데이터를 정의할 수 있는, **훅**^{hook}이라고 하는 또 다른 방법
을 제공한다. 이제 src 폴더에 HooksButton.js라는 파일을 만들어 리스트 11-12와 같
이 이전의 상태 유지 컴포넌트를 훅을 사용하는 버전으로 다시 만들어보자.

리스트 11-12 src/HooksButton.js

```
import React, { useState } from "react";

export function HooksButton(props) {
  const [counter, setCounter] = useState(0);
  const [hasButtonBeenClicked, setHasButtonBeenClicked] = useState(false);

  const handleClick = () => {
    setCounter(counter + 5);
    setHasButtonBeenClicked(true);
    props.callback();
  }

  return (
    <button onClick={ handleClick }
      className={ props.className }
      disabled={ props.disabled === "true" || props.disabled === true }>
      { props.text} { counter }
```

```
        { hasButtonBeenClicked && <div>Button Clicked!</div>}
      </button>
    )
  }
```

useState 함수는 상태 데이터를 만들 때 사용된다. 이 함수는 상태 데이터 프로퍼티의 초 깃값을 인자로 받으며, 현재 값을 나타내는 프로퍼티 하나와 갱신을 수행할 함수 하나를 리턴한다. 프로퍼티와 함수는 배열의 형태로 리턴되는데, 이를 배열 비구조화^{array} ^{destructuring}라고 한다.

```
...
const [counter, setCounter] = useState(0);
...
```

이 구문은 setCounter라는 함수로 값이 변경될 수 있는, 초깃값이 0인 counter라는 상태 데이터 프로퍼티를 만든다. 상태 데이터 프로퍼티의 값을 변경하는 이 함수가 setState 메서드의 모든 기능을 갖고 있지는 않다. 그래서 리스트 11-11과 같이 일련의 개별 갱신 을 수행하는 대신 다음과 같이 handleClick 함수 안에서 counter를 5만큼 증가시켰다.

```
...
const handleClick = () => {
  setCounter(counter + 5);
  setHasButtonBeenClicked(true);
  props.callback();
}
...
```

이제 리스트 11-13과 같이 Summary가 HooksButton 컴포넌트를 사용하도록 수정하자.

리스트 11-13 src/Summary.js: 훅 컴포넌트 사용

```
import React from "react";
import { SimpleButton } from "./SimpleButton";
import { HooksButton } from "./HooksButton";

export function Summary(props) {
  return (
```

```
      <React.Fragment>
        <td>{ props.index + 1 } </td>
        <td>{ props.name } </td>
        <td>{ props.name.length } </td>
        <td>
          <SimpleButton
            className="btn btn-warning btn-sm m-1"
            callback={ props.reverseCallback }
            text={ `Reverse (${ props.name })`} />
          <HooksButton
            className="btn btn-info btn-sm m-1"
            callback={ () => props.promoteCallback(props.name)}
            text={ `Promote (${ props.name })`} />
        </td>
      </React.Fragment>
    )
  }
```

Summary 컴포넌트는 훅의 사용 여부를 알지 못하며, 원래대로 props를 통해 데이터와 함수를 제공할 뿐이다. 이 예제는 그림 11-10에서 봤던 것과 동일한 결과를 만든다.

> ### 훅과 클래스의 선택
>
> 훅은 클래스의 사용을 원하지 않는 개발자에게 상태 유지 컴포넌트를 만들 수 있는 대안을 제시한다. 개인 취향에 따라 훅이 자신의 코딩 스타일에 맞는 중요한 방법일 수도 있고, 또는 훅을 완전히 배제하고 클래스를 정의하는 방법을 고수할 수도 있다.
>
> 리액트는 향후에도 훅과 클래스를 계속 지원할 것이므로, 자유롭게 하나를 선택하거나 둘 모두를 사용해도 된다. 훅을 싫어하지는 않지만, 훅과 관련된 내용을 설명하는 13장을 제외한 이 책의 모든 예제에선 클래스를 사용한다. 훅은 상대적으로 새로운 기능이며 나는 오랫동안 클래스 기반의 프로그래밍 언어를 사용해왔으므로, 클래스를 사용해 컴포넌트를 정의하는 방법이 코드를 이해하는 내 사고방식과 맞기 때문이다. 심지어 간단한 무상태 컴포넌트를 만들 때조차 말이다.
>
> 만약 이 책의 예제에서 클래스 대신 훅을 사용하고 싶으나 방법을 잘 모르겠다면, adam@adam-freeman.com으로 메일을 주기 바란다. 그러면 올바른 방향을 제시하고자 노력하겠다.

상태 데이터 끌어올리기

현재는 SimpleButton과 HooksButton 컴포넌트가 독립적으로 존재하며 각자의 상태 데이터를 가지므로, 버튼 하나를 클릭하면 오직 해당 컴포넌트의 상태 값만 영향을 받으며 다른 컴포넌트는 변경되지 않는다.

따라서 컴포넌트들이 동일한 데이터에 접근해야 한다면 또 다른 방법, 바로 상태 데이터의 **끌어올리기**lifting up를 사용할 필요가 있다. 끌어올리기란 상태 데이터를 최소 공통 조상lowest common ancestor 컴포넌트로 올리고 props를 사용해 자식 컴포넌트들에게 다시 내리는 방법을 말한다.

> **☢ 팁**
>
> 리액트 컴포넌트 사이에 데이터를 공유하는 다른 방법들도 있다. 14장에선 컨텍스트 기능을 설명하며, 19장, 20장, 21장, 22장에선 데이터 스토어와 URL 라우팅을 사용해 좀 더 복잡한 프로젝트를 수행하는 방법을 보여줄 것이다.

예를 들어, 동일한 테이블 로우에 있는 SimpleButton과 HooksButton 컴포넌트가 하나의 counter 값을 공유해야 한다고 가정하자. 그렇다면 최소 공통 조상인 Summary 컴포넌트에 상태 데이터 프로퍼티를 정의해야 한다. 그럼 리스트 11-14와 같이 Summary를 클래스 기반의 상태 유지 컴포넌트로 바꾸고 counter를 정의하자.

리스트 11-14 src/Summary.js: 상태 데이터 끌어올리기

```
import React, { Component } from "react";
import { SimpleButton } from "./SimpleButton";
import { HooksButton } from "./HooksButton";

export class Summary extends Component {

  constructor(props) {
    super(props);
    this.state = {
      counter: 0
```

```
      }
    }

    incrementCounter = (increment) => {
      this.setState((state) => { return { counter: state.counter + increment}});
    }

    render() {
      const props = this.props;
      return (
        <React.Fragment>
          <td>{ props.index + 1 } </td>
          <td>{ props.name } </td>
          <td>{ props.name.length } </td>
          <td>
            <SimpleButton
              className="btn btn-warning btn-sm m-1"
              callback={ props.reverseCallback }
              text={ `Reverse (${ props.name })`}
              counter={ this.state.counter }
              incrementCallback={this.incrementCounter }
            />
            <HooksButton
              className="btn btn-info btn-sm m-1"
              callback={ () => props.promoteCallback(props.name)}
              text={ `Promote (${ props.name})`}
              counter={ this.state.counter }
              incrementCallback={this.incrementCounter }
            />
          </td>
        </React.Fragment>
      )
    }
  }
```

Summary 컴포넌트는 counter 프로퍼티를 정의하고, 이를 prop으로서 자식 컴포넌트에 전달한다. 또한 자식 컴포넌트가 counter 프로퍼티를 변경하기 위해 호출할 수 있는 incrementCounter라는 메서드를 정의했으며, 이를 incrementCallback이라는 prop으로 전달한다. 이는 상태 데이터의 직접 변경을 방지할 뿐만 아니라, props가 읽기 전용이기 때문이라도 필요한 조치다. incrementCounter는 setState 메서드에 함수 하나를 사용해, 자식 컴포넌트가 반복적으로 호출할 수 있게 했다.

> **⚙ 팁**
>
> 리스트 11-14에선 render 메서드 안에 props 프로퍼티를 정의함으로써 this 키워드를 사용하는 모든 부분을 변경하지 않아도 되게 했으며, 이는 함수형 컴포넌트를 클래스 기반으로 변환할 때 유용한 방법이다.

이제 리스트 11-15와 같이 SimpleButton 컴포넌트에서 counter 상태 데이터 프로퍼티를 제거하고, 그 대신 counter와 incrementCounter props를 사용하도록 변경하자.

리스트 11-15 src/SimpleButton.js: 상태 데이터를 props로 교체

```
import React, { Component } from "react";

export class SimpleButton extends Component {

  constructor(props) {
    super(props);
    this.state = {
      // counter: 0,
      hasButtonBeenClicked: false
    }
  }

  render() {
    return (
      <button onClick={ this.handleClick }
        className={ this.props.className }
        disabled={ this.props.disabled === "true"
          || this.props.disabled === true }>
        { this.props.text} { this.props.counter }
        { this.state.hasButtonBeenClicked &&
          <div>Button Clicked!</div>
        }
```

```
        </button>
      )
    }

  handleClick = () => {
    this.props.incrementCallback(5);
    this.setState({ hasButtonBeenClicked: true });
    this.props.callback();
  }
}
```

HooksButton 컴포넌트 역시 동일한 방법으로 리스트 11-16과 같이 변경하자.

리스트 11-16 src/HooksButton.js: 상태 데이터를 props로 교체

```
import React, { useState } from "react";

export function HooksButton(props) {
  //const [counter, setCounter] = useState(0);
  const[ hasButtonBeenClicked, setHasButtonBeenClicked] = useState(false);

  const handleClick = () => {
    //setCounter(counter + 5);
    props.incrementCallback(5);
    setHasButtonBeenClicked(true);
    props.callback();
  }

  return (
    <button onClick={ handleClick }
      className={ props.className }
      disabled={ props.disabled === "true" || props.disabled === true }>
      { props.text} { props.counter }
      { hasButtonBeenClicked && <div>Button Clicked!</div>}
    </button>
  )
}
```

counter 상태 프로퍼티를 부모 컴포넌트로 끌어올림으로써 각 테이블 로우에 있는 두 버튼이 부모의 상태 데이터를 공유할 수 있게 됐다. 따라서 그림 11-11과 같이 두 버튼 중하나를 클릭하면 두 버튼 모두 갱신된다.

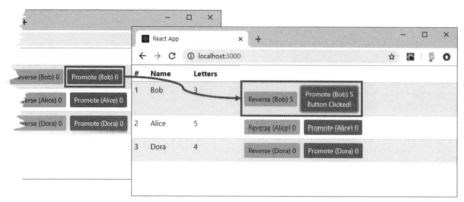

▲ 그림 11-11 상태 데이터 끌어올리기

모든 상태 데이터를 끌어올릴 필요는 없으며, 여전히 개별 컴포넌트는 자신만의 상태 데이터도 가질 수 있다. 예컨대, 이 예제에선 hasButtonBeenClicked 프로퍼티가 각 컴포넌트 안에 독립적으로 존재한다.

상태 데이터 더 끌어올리기

상태 데이터를 부모 컴포넌트보다 더 위로 끌어올리는 일도 가능하다. 예컨대, SimpleButton과 HooksButton 컴포넌트가 counter 프로퍼티를 공유하도록 counter 프로퍼티를 App 컴포넌트로도 끌어올릴 수 있다. 리스트 11-17은 훅을 사용해 변경한 App 컴포넌트다.

리스트 11-17 src/App.js: 상태 데이터 끌어올리기

```
import React, { useState } from "react";
import { Summary } from "./Summary";
import ReactDOM from "react-dom";

let names = ["Bob", "Alice", "Dora"]
```

```
function reverseNames() {
  names.reverse();
  ReactDOM.render(<App />, document.getElementById('root'));
}

function promoteName(name) {
  names = [name, ...names.filter(val => val !== name)];
  ReactDOM.render(<App />, document.getElementById('root'));
}

export default function App() {
  const [counter, setCounter] = useState(0);

  const incrementCounter = (increment) => setCounter(counter + increment);

  return (
    <table className="table table-sm table-striped">
      <thead>
        <tr><th>#</th><th>Name</th><th>Letters</th></tr>
      </thead>
      <tbody>
        { names.map((name, index) =>
          <tr key={ name }>
            <Summary index={index} name={name}
              reverseCallback={reverseNames}
              promoteCallback={promoteName}
              counter={ counter }
              incrementCallback={ incrementCounter }
            />
          </tr>
        )}
      </tbody>
    </table>
  )
}
```

여기서 App 컴포넌트는 counter 상태 프로퍼티, 그리고 setCounter 함수를 사용해 counter를 변경하는 incrementCounter 메서드를 정의했다. 그럼 리스트 11-18과 같이 Summary 컴포넌트에서 상태 데이터를 제거하고, App으로부터 받은 props를 자식에게 전달하게 하자.

```
import React, { Component } from "react";
import { SimpleButton } from "./SimpleButton";
import { HooksButton } from "./HooksButton";

export class Summary extends Component {

  // constructor(props) {
  //   super(props);
  //   this.state = {
  //     counter: 0
  //   }
  // }

  // incrementCounter = (increment) => {
  //   this.setState((state) => { return { counter: state.counter + increment}});
  // }

  render() {
    const props = this.props;
    return (
      <React.Fragment>
        <td>{ props.index + 1} </td>
        <td>{ props.name } </td>
        <td>{ props.name.length } </td>
        <td>
          <SimpleButton
            className="btn btn-warning btn-sm m-1"
            callback={ props.reverseCallback }
            text={ `Reverse (${ props.name })` }
            { ...this.props }
            incrementCallback={this.incrementCounter }
          />
          <HooksButton
            className="btn btn-info btn-sm m-1"
            callback={ () => props.promoteCallback(props.name)}
            text={ `Promote (${ props.name})` }
            { ...this.props }
          />
        </td>
```

```
        </React.Fragment>
      )
    }
  }
}
```

상태 유지 컴포넌트가 상태 데이터를 갖지 않는 경우엔 생성자가 필요하지 않다. 만약 super를 사용해 props를 상위 클래스에 전달하는 일 외에 아무것도 하지 않는 생성자를 정의한다면 경고 메시지를 보게 될 것이다. 여기선 비구조화 연산자를 사용해 App 컴포넌트로부터 받은 props를 SimpleButton과 HooksButton 컴포넌트로 전달했다.

이제 상태 데이터가 App 컴포넌트로 올라갔으므로 App 컴포넌트의 모든 자손은 counter를 공유할 수 있게 됐다. 이 예제의 실행 결과는 그림 11-12와 같다.

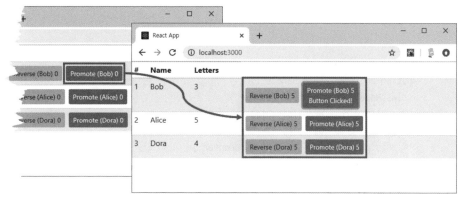

▲ 그림 11-12 상태 데이터 더 끌어올리기

SimpleButton과 HooksButton 컴포넌트는 수정할 필요가 없다. 상태 데이터가 어디에 정의됐는지 알 필요가 없으며, 여전히 props를 통해 데이터와 콜백 함수를 받기 때문이다.

prop 타입과 기본값 정의

11장 초반에선 무상태 컴포넌트를 상태 유지 컴포넌트로 전환하는 방법에 초점을 맞추기 위해 prop 타입과 기본값을 정의한 부분을 제거했었다. 그러나 클래스 기반의 컴포넌트에서도 역시 함수형 컴포넌트와 동일한 방식으로 prop 타입과 기본값을 사용할 수 있다. 리스트 11-19처럼 말이다.

리스트 11-19 src/SimpleButton.js: prop 타입과 기본값 추가

```
import React, { Component } from "react";
import PropTypes from "prop-types";

export class SimpleButton extends Component {

  constructor(props) {
    super(props);
    this.state = {
      // counter: 0,
      hasButtonBeenClicked: false
    }
  }

  render() {
    return (
      <button onClick={ this.handleClick }
        className={ this.props.className }
        disabled={ this.props.disabled === "true"
          || this.props.disabled === true }>
        { this.props.text} { this.props.counter }
        { this.state.hasButtonBeenClicked &&
          <div>Button Clicked!</div>
        }
      </button>
    )
  }

  handleClick = () => {
    this.props.incrementCallback(5);
    this.setState({ hasButtonBeenClicked: true });
    this.props.callback();
  }
}

SimpleButton.defaultProps = {
```

```
    disabled: false
  }

SimpleButton.propTypes = {
    text: PropTypes.string,
    theme: PropTypes.string,
    callback: PropTypes.func,
    disabled: PropTypes.oneOfType([PropTypes.bool, PropTypes.string ])
  }
```

prop의 타입과 기본값을 static 키워드를 사용해 클래스의 프로퍼티로서 정의하는 방법도 있다. 리스트 11-20을 보면 컴포넌트의 객체가 아닌 클래스에 적용되도록 static 키워드로 프로퍼티를 정의했는데, 이는 빌드 과정을 거치면 리스트 11-19와 동일한 형태로 변환된다.

리스트 11-20 src/SimpleButton.js: 정적 프로퍼티 정의

```
import React, { Component } from "react";
import PropTypes from "prop-types";

export class SimpleButton extends Component {

  constructor(props) {
    super(props);
    this.state = {
      // counter: 0,
      hasButtonBeenClicked: false
    }
  }

  render() {
    return (
      <button onClick={ this.handleClick }
        className={ this.props.className }
        disabled={ this.props.disabled === "true"
          || this.props.disabled === true }>
        { this.props.text} { this.props.counter }
        { this.state.hasButtonBeenClicked &&
          <div>Button Clicked!</div>
```

```
          }
      </button>
    )
  }

  handleClick = () => {
    this.props.incrementCallback(5);
    this.setState({ hasButtonBeenClicked: true });
    this.props.callback();
  }

  static defaultProps = {
    disabled: false
  }

  static propTypes = {
    text: PropTypes.string,
    theme: PropTypes.string,
    callback: PropTypes.func,
    disabled: PropTypes.oneOfType([PropTypes.bool, PropTypes.string ])
  }
}
```

이 코드는 애플리케이션의 외형을 바꾸진 않지만, 컴포넌트가 기대하는 prop 타입만을 받으며 disabled prop의 기본값을 지정할 수 있도록 보장한다.

정리

11장에선 상태 유지 컴포넌트를 소개했다. 상태 유지 컴포넌트는 렌더링 결과를 변경할 수 있는 자신만의 데이터를 갖는다. 먼저 클래스를 사용해 상태 유지 컴포넌트를 정의하는 방법과 생성자에서 상태 데이터를 정의하는 방법을 알아봤다. 또한 상태 데이터를 변경할 수 있는 각기 다른 방법들과 흔히 겪을 수 있는 함정을 피하는 방법도 살펴봤다. 12장에선 리액트가 이벤트를 다루는 원리를 설명한다.

12장

이벤트

12장에선 리액트가 이벤트^{event}를 지원하는 방법을 설명한다. 이벤트는 대개 사용자의 행위에 대한 응답으로서 HTML 엘리먼트에 의해 생성된다. 만약 DOM 이벤트 API를 사용해봤다면 리액트에서의 이벤트도 친숙하겠지만, 방심한 개발자를 혼란에 빠뜨릴 중요한 차이점도 있다. 표 12-1에서 리액트 이벤트의 맥락을 정리했다.

표 12-1 리액트 이벤트의 맥락 잡기

질문	답변
그게 무엇인가?	리액트 이벤트는 중요한 사건이 일어나면 발생하는데, 거의 대부분 사용자의 행위에 의해서다.
왜 유용한가?	이벤트는 사용자와 콘텐츠의 상호작용에 대해 컴포넌트가 응답할 수 있게 하며, 이는 소통형(interactive) 애플리케이션의 근간이다.
어떻게 사용하는가?	이벤트의 흥미로움은 컴포넌트가 렌더링하는 엘리먼트에 프로퍼티를 추가함으로써 시작된다. 이벤트가 발생하면 프로퍼티에 지정된 함수가 호출됨으로써 컴포넌트가 상태를 갱신하거나 함수 prop을 호출 또는 그 밖의 여러 효과를 반영할 수 있다.
문제점이나 제약사항이 있는가?	리액트 이벤트는 DOM API 이벤트와 흡사하나, 부주의한 사람에게는 문제가 될 수 있는 약간의 차이가 있다. 특히 이벤트 단계와 관련해서인데, 이는 '이벤트 전파' 절에서 자세히 설명한다. 지금은 리액트가 DOM API의 모든 이벤트를 지원하지는 않는다는 점만 알아두자(리액트가 지원하는 이벤트 목록은 https://reactjs.org/docs/events.html에서 볼 수 있다).
대체재가 있는가?	이벤트는 사용자와 콘텐츠 사이의 필수적인 연결 고리로서, 이를 대체할 수 있는 다른 방법은 없다.

표 12-2에선 12장의 내용을 요약했다.

표 12-2 12장 요약

과제	해법	리스트 번호
이벤트 다루기	이벤트 이름에 대응하는 prop을 추가하고 표현식을 사용해 이벤트를 처리한다.	6~10
이벤트 타입 확인하기	이벤트 객체의 type 프로퍼티를 사용한다.	11
사용되기 전의 이벤트 재설정 방지하기	이벤트 객체의 persist 메서드를 사용한다.	12, 13
커스텀 인자를 사용해 이벤트 핸들러 호출하기	필요한 데이터와 함께 핸들러 메서드를 호출하는 인라인 함수를 prop 표현식 안에 정의한다.	14, 15
이벤트의 기본 동작 방지하기	이벤트 객체의 preventDefault 메서드를 사용한다.	16
이벤트 전파 다루기	이벤트 단계를 판별한다.	17~23
이벤트 중단시키기	이벤트 객체의 stopPropagation 메서드를 사용한다.	24

준비 작업

12장에서 필요한 예제 프로젝트를 만들기 위해 명령 프롬프트에서 적당한 위치로 이동해 리스트 12-1과 같은 명령을 실행하자.

> **팁**
>
> 이 책의 모든 예제 파일은 http://www.acornpub.co.kr/book/pro-react16에서 다운로드할 수 있다.

리스트 12-1 프로젝트 생성

```
npx create-react-app reactevents
```

이제 생성된 reactevents 폴더 안으로 들어가 리스트 12-2와 같이 명령을 실행해 부트스트랩 CSS 프레임워크를 설치하자.

리스트 12-2 부트스트랩 CSS 프레임워크 설치

```
cd reactevents
npm install bootstrap@4.1.2
```

애플리케이션에 부트스트랩 CSS 스타일시트를 포함시키려면 src 폴더 안의 index.js에
리스트 12-3과 같이 구문을 추가하면 된다.

리스트 12-3 src/index.js: 부트스트랩 추가

```
import React from 'react';
import ReactDOM from 'react-dom';
import './index.css';
import App from './App';
import * as serviceWorker from './serviceWorker';
import 'bootstrap/dist/css/bootstrap.css';

ReactDOM.render(<App />, document.getElementById('root'));

// 앱이 오프라인에서 더 빠르게 작동되기 원한다면 아래의 unregister()를 register()로 바꾸면 된다.
// 그러나 주의사항이 있으므로 다음 페이지를 참고하기 바란다.
// https://facebook.github.io/create-react-app/docs/making-a-progressive-web-app
serviceWorker.unregister();
```

그다음엔 12장에서 사용할 예제의 시작점을 제공하는 App.js를 리스트 12-4의 코드로
대체하자. 이는 기존의 함수형 컴포넌트를 클래스 기반의 컴포넌트로 변환한 코드다.

리스트 12-4 src/App.js: 컴포넌트 변환

```
import React, { Component } from 'react';

export default class App extends Component {

  constructor(props) {
    super(props);
    this.state = {
      message: "Ready"
    }
  }
```

```
    render() {
      return (
        <div className="m-2">
          <div className="h4 bg-primary text-white text-center p-2">
            { this.state.message }
          </div>
          <div className="text-center">
            <button className="btn btn-primary">Click Me</button>
          </div>
        </div>
      )
    }
  }
}
```

이제 명령 프롬프트에서 리스트 12-5의 명령을 실행해 개발 도구를 시작하자.

리스트 12-5 개발 도구 실행

```
 npm start
```

잠시 동안의 초기 컴파일 과정이 끝나면 새 브라우저 창이 열리고, 그림 12-1과 같이
http://localhost:3000 URL의 콘텐츠가 보일 것이다.

▲ 그림 12-1 실행된 예제 애플리케이션

이벤트의 이해

이벤트는 사용자가 버튼을 클릭하거나 텍스트를 입력하는 등의 중요한 변화를 알리기 위
해 HTML 엘리먼트가 발생시킨다. 리액트에서 이벤트를 다루는 일은 DOM API를 사용

하는 경우와 비슷한데, 다만 몇 가지 중요한 차이는 있다. 리스트 12-6은 button 엘리먼트가 클릭됐을 때 호출되는 이벤트 핸들러를 추가한 App 코드다.

리스트 12-6 src/App.js: 이벤트 핸들러 추가

```
import React, { Component } from 'react';

export default class App extends Component {

  constructor(props) {
    super(props);
    this.state = {
      message: "Ready"
    }
  }

  render() {
    return (
      <div className="m-2">
        <div className="h4 bg-primary text-white text-center p-2">
          { this.state.message }
        </div>
        <div className="text-center">
          <button className="btn btn-primary"
            onClick={ () => this.setState({ message: "Clicked!"})}>
            Click Me
          </button>
        </div>
      </div>
    )
  }
}
```

이벤트는 그에 대응하는 DOM API 프로퍼티를 카멜 표기법^{camel case}(처음은 소문자로 시작하고 각 단어의 첫 문자를 대문자로 하되 하이픈 없이 붙여 쓰는 방법)으로 표현한 이름의 프로퍼티를 사용해 처리할 수 있다. 즉, DOM API의 onclick 프로퍼티는 리액트 애플리케이션에선 onClick으로 표기된다. 사용자가 엘리먼트를 클릭했을 때 발생하는 클릭 이벤트의 처리 방법을 이 프로퍼티에 지정하면 된다. 그 이벤트 처리 방법은 다음과 같이 이벤트가 발생했을 때 호출될 함수의 형태다.

```
...
<button className="btn btn-primary"
  onClick={ () => this.setState({ message: "Clicked!"})}>
  Click Me
</button>
...
```

이는 인라인 함수의 예로, message라는 상태 데이터 프로퍼티의 값을 변경하기 위해 setState 메서드를 호출한다. 사용자가 button 엘리먼트를 클릭하면 클릭 이벤트가 발생하고, 리액트는 인라인 함수를 호출해 그림 12-2와 같은 결과가 만들어질 것이다.

▲ 그림 12-2 이벤트 처리

이벤트 처리 메서드 사용

상태 유지 컴포넌트엔 메서드를 정의할 수 있으며, 이를 사용해 이벤트에 응답하게 할 수 있다. 그렇게 하면 동일한 이벤트에 대해 동일한 방식으로 처리하는 여러 엘리먼트들이 있는 상황에서 코드 중복을 방지할 수 있다. 애플리케이션의 상태를 변경하지 않거나 다른 컴포넌트의 기능에 접근하지 않는 간단한 메서드의 경우엔 리스트 12-7과 같은 방법으로 정의할 수 있다.

리스트 12-7 src/App.js: 이벤트 처리 메서드 추가

```
import React, { Component } from 'react';

export default class App extends Component {
```

```
constructor(props) {
  super(props);
  this.state = {
    message: "Ready"
  }
}

handleEvent() {
  console.log("handleEvent method invoked");
}

render() {
  return (
    <div className="m-2">
      <div className="h4 bg-primary text-white text-center p-2">
        { this.state.message }
      </div>
      <div className="text-center">
        <button className="btn btn-primary"
          onClick={ this.handleEvent }>
          Click Me
        </button>
      </div>
    </div>
  )
}
}
```

onClick 표현식에 괄호를 넣지 않았음에 주목하기 바란다. 이는 render 메서드가 호출되면 handleEvent가 호출된다는 뜻이며, 다음 보충설명에서 자세히 설명한다. handleEvent 메서드는 애플리케이션의 상태를 변화시키지 않으며, 단지 브라우저의 자바스크립트 콘솔에 메시지를 출력할 뿐이다. 이제 브라우저 화면에서 버튼을 클릭하면 콘솔에 다음과 같은 메시지가 나타날 것이다.

```
handleEvent method invoked
```

이벤트 핸들러 안에서의 컴포넌트 기능 접근

이벤트를 처리하는 메서드, 즉 이벤트 핸들러 안에서 컴포넌트의 기능에 접근하려면 추가 작업이 필요하다. this 키워드의 값은 자바스크립트 클래스 메서드가 호출될 때 기본으로 설정되는 것이 아니다. 즉, handleEvent 메서드 안에서 컴포넌트의 메서드나 프로퍼티에 접근할 수 있는 방법이 없다는 뜻이다. 이를 시험하기 위해 리스트 12-8과 같이 handleEvent 메서드 안에 this 키워드를 통해 setState 메서드를 호출하는 구문을 추가하자.

리스트 12-8 src/App.js: 컴포넌트 기능 접근

```
import React, { Component } from 'react';

export default class App extends Component {
```

```
constructor(props) {
  super(props);
  this.state = {
    message: "Ready"
  }
}

handleEvent() {
  this.setState({ message: "Clicked!"});
}

render() {
  return (
    <div className="m-2">
      <div className="h4 bg-primary text-white text-center p-2">
        { this.state.message }
      </div>
      <div className="text-center">
        <button className="btn btn-primary"
          onClick={ this.handleEvent }>
          Click Me
        </button>
      </div>
    </div>
  )
}
}
```

버튼을 클릭하면 handleEvent 메서드가 호출되지만, this가 정의되지 않았으므로 다음과
같은 에러가 나타날 것이다.

```
Uncaught TypeError: Cannot read property 'setState' of undefined
```

이를 해결하기 위해선 리스트 12-9와 같이 자바스크립트의 클래스 필드 문법을 사용해
이벤트 핸들러를 표현하면 된다.

```
import React, { Component } from 'react';

export default class App extends Component {

  constructor(props) {
    super(props);
    this.state = {
      message: "Ready"
    }
  }

  handleEvent = () => {
    this.setState({ message: "Clicked!"});
  }

  render() {
    return (
      <div className="m-2">
        <div className="h4 bg-primary text-white text-center p-2">
          { this.state.message }
        </div>
        <div className="text-center">
          <button className="btn btn-primary"
            onClick={ this.handleEvent }>
            Click Me
          </button>
        </div>
      </div>
    )
  }
}
```

보다시피 메서드 이름, 등호, 소괄호, 화살표, 그다음에 메서드의 내용을 표시했다. 이상한 문법으로 보일 수 있지만, 내 경우엔 다른 방법들(다음 보충설명 참고)보다 이 방법을 선호하며 이 책의 나머지 예제에서도 모두 이 방법을 사용할 것이다. 이제 handleEvent 메서드에 this 값이 주어졌으므로 화면에서 버튼을 클릭하면 그림 12-3과 같은 결과를 볼 수 있을 것이다.

▲ 그림 12-3 컴포넌트 기능 접근

컴포넌트 기능에 접근하는 다른 방법들

이벤트 핸들러에 this 값을 제공할 수 있는 또 다른 두 가지 방법이 있다. 하나는 다음과 같이 이벤트 프로퍼티에 인라인 함수를 사용하는 방법이다.

```
...
<button className="btn btn-primary"
  onClick={ () => this.handleEvent() }>
  Click Me
</button>
...
```

여기선 표현식이 이벤트 핸들러를 호출하므로, 메서드 이름 다음에 괄호를 넣어야 함에 유의하기 바란다. 또 다른 하나는 생성자 안에서 각 이벤트 핸들러마다 다음과 같은 구문을 추가하는 방법이다.

```
...
constructor(props) {
  super(props);
  this.state = {
    message: "Ready"
  }
  this.handleEvent = this.handleEvent.bind(this);
}
...
```

이 두 가지를 포함한 세 방법 모두 그다지 세련돼 보이지 않으며, 익숙해지려면 약간의 시간이 필요하다. 따라서 자신에게 가장 편한 방법을 선택하면 된다.

이벤트 객체의 이해

리액트는 이벤트가 발생하면 그 이벤트를 기술하는 SyntheticEvent라는 객체를 제공한다. SyntheticEvent는 DOM API가 제공하는 Event 객체의 래퍼^{wrapper}로서, 각기 다른 브라우저에서도 일관되게 이벤트를 기술하기 위한 코드가 추가된 객체다. SyntheticEvent 객체에는 표 12-3에 나와 있는 기본적인 프로퍼티와 메서드가 포함돼 있다(그 외의 추가적인 프로퍼티와 메서드는 나중에 설명한다).

> **리액트 이벤트와 DOM 이벤트의 차이**
>
> 리액트 이벤트는 컴포넌트와 콘텐츠 사이의 중요한 연결 고리를 제공하지만, 리액트 이벤트가 곧 DOM 이벤트는 아니다. 대부분의 경우 그 둘이 비슷해 보이지만 말이다. 만약 이벤트를 다루는 일반적인 수준을 넘게 되면 예상하지 못한 결과를 낳을 수도 있는, 그 둘 사이의 중요한 차이점들을 마주하게 될 것이다.
>
> 첫째, 리액트가 모든 이벤트를 지원하지는 않는다. 즉, 리액트 컴포넌트가 사용할 수 있는 프로퍼티에 대응되지 않는 DOM API 이벤트들이 존재한다는 말이다. 리액트가 지원하는 이벤트는 https://reactjs.org/docs/events.html에서 볼 수 있다. 목록에는 대부분 흔히 사용되는 이벤트들이 포함돼 있으나, 모든 이벤트가 있는 것은 아니다.
>
> 둘째, 리액트는 컴포넌트가 커스텀 이벤트를 만들어 공개하는 기능을 지원하지 않는다. 10장에서 봤듯 컴포넌트 사이의 상호작용을 지원하는 리액트의 방식은 함수 props를 통하는 것이며, Event.dispatchEvent 메서드를 사용해도 커스텀 이벤트를 배포할 수는 없다.
>
> 셋째, 리액트는 DOM 이벤트 객체의 래퍼로서 커스텀 객체를 제공하는데, 그 객체가 항상 DOM 이벤트와 동일한 방식으로 동작하는 것은 아니다. 따라서 래퍼를 통해 DOM 이벤트에 접근할 때는 예상하지 못한 부작용이 야기될 수 있으므로 주의를 기울여야 한다.
>
> 마지막으로 리액트는 (나중에 설명할) 버블 단계에서 DOM 이벤트를 가로채 계층도에 있는 컴포넌트들에 공급함으로써, 컴포넌트가 이벤트에 반응하고 콘텐츠를 갱신할 수 있는 기회를 준다. 이는 이벤트 래퍼 객체가 제공하는, 특히 전파와 관련한 일부 기능들이 예상대로 작동하지 않을 수 있다는 뜻이다. 자세한 내용은 '이벤트 전파' 절에서 설명한다.

표 12-3 SyntheticEvent 객체의 기본 프로퍼티와 메서드

이름	설명
nativeEvent	이 프로퍼티는 DOM API가 제공하는 Event 객체를 리턴한다.
target	이 프로퍼티는 이벤트의 출처인 엘리먼트를 나타내는 객체를 리턴한다.
timeStamp	이 프로퍼티는 이벤트가 발생된 시각을 나타내는 타임스탬프를 리턴한다.
type	이 프로퍼티는 이벤트 타입을 나타내는 문자열을 리턴한다.
isTrusted	이 프로퍼티는 이벤트가 브라우저에 의해 촉발됐을 경우엔 true를, 그렇지 않고 코드 안에서 생성된 이벤트라면 false를 리턴한다.
preventDefault()	이 메서드는 이벤트의 기본 동작을 취소한다. '기본 동작 취소' 절에서 다시 설명한다.
defaultPrevented	이 프로퍼티는 해당 이벤트 객체에 대해 preventDefault 메서드가 호출됐으면 true를, 그렇지 않으면 false를 리턴한다.
persist()	이 메서드는 이벤트 객채 재사용을 위해 사용되는데, 특히 비동기 작업에 있어서 중요하다. '이벤트 재사용의 함정' 절에서 다시 설명한다.

리스트 12-10에선 리액트가 제공하는 이벤트 객체를 받아 컴포넌트의 상태를 갱신하도록 handleEvent 메서드를 변경했다.

리스트 12-10 src/App.js: 이벤트 객체 받기

```
import React, { Component } from 'react';

export default class App extends Component {

  constructor(props) {
    super(props);
    this.state = {
      message: "Ready"
    }
  }

  handleEvent = (event) => {
    this.setState({ message: `Event: ${event.type} `});
  }

  render() {
    return (
      <div className="m-2">
```

```
          <div className="h4 bg-primary text-white text-center p-2">
            { this.state.message }
          </div>
          <div className="text-center">
            <button className="btn btn-primary"
              onClick={ this.handleEvent }>
              Click Me
            </button>
          </div>
        </div>
      )
    }
  }
```

여기선 handleEvent 메서드에 event라는 파라미터를 추가했으며, 이를 사용해 그림 12-4
와 같이 사용자에게 보여줄 메시지에 type 프로퍼티 값을 포함시켰다.

▲ 그림 12-4 이벤트 객체 받기

이벤트 타입의 구분

리액트는 이벤트 처리 함수를 호출할 때 항상 SyntheticEvent 객체를 제공하는데, 이는
DOM API에서 이벤트를 구분할 때 사용하는 instanceof 키워드를 알고 있다면 다소 혼
란스러울 수 있다. 리스트 12-11은 handleEvent 메서드가 MouseUp과 MouseDown 이벤트에
응답할 수 있도록 button 엘리먼트를 수정한 코드다.

리스트 12-11 src/App.js: 이벤트 구분

```
import React, { Component } from 'react';
```

```
export default class App extends Component {

  constructor(props) {
    super(props);
    this.state = {
      message: "Ready"
    }
  }

  handleEvent = (event) => {
    if (event.type === "mousedown") {
      this.setState({ message: "Down"});
    } else {
      this.setState({ message: "Up"});
    }
  }

  render() {
    return (
      <div className="m-2">
        <div className="h4 bg-primary text-white text-center p-2">
          { this.state.message }
        </div>
        <div className="text-center">
          <button className="btn btn-primary"
            onMouseDown={ this.handleEvent }
            onMouseUp={ this.handleEvent } >
            Click Me
          </button>
        </div>
      </div>
    )
  }
}
```

handleEvent 메서드는 type 프로퍼티를 사용해 이벤트의 유형을 판단하고 그에 맞게 메시지 값을 갱신한다. 즉, 그림 12-5와 같이 사용자가 마우스 버튼을 누르면 mousedown 이벤트가 발생하며, 누른 마우스 버튼을 떼면 mouseup 이벤트가 발생한다.

▲ 그림 12-5 이벤트 타입의 구분

이벤트 재사용의 함정

리액트는 일단 이벤트 하나를 처리하면 SyntheticEvent 객체를 재사용하며 모든 프로퍼티를 null로 초기화한다. 이는 11장의 경우처럼 상태 데이터를 비동기식으로 갱신하는 경우에 문제를 일으킬 수 있다. 이를 확인하기 위해 리스트 12-12와 같이 App 컴포넌트를 수정하자.

리스트 12-12 src/App.js: 이벤트 객체의 비동기식 사용

```
import React, { Component } from 'react';

export default class App extends Component {

  constructor(props) {
    super(props);
    this.state = {
      message: "Ready",
      counter: 0
    }
  }

  handleEvent = (event) => {
    this.setState({ counter: this.state.counter + 1},
      () => this.setState({ message: `${event.type}: ${this.state.counter}`}));
  }

  render() {
    return (
      <div className="m-2">
        <div className="h4 bg-primary text-white text-center p-2">
          { this.state.message }
```

```
        </div>
        <div className="text-center">
          <button className="btn btn-primary"
            onClick={ this.handleEvent } >
            Click Me
          </button>
        </div>
      </div>
    )
  }
}
```

handleEvent 메서드는 setState 메서드의 콜백 기능을 사용해 counter 프로퍼티 갱신 후에 message 프로퍼티를 갱신한다. message 프로퍼티에 할당되는 값에는 이벤트 객체의 type 프로퍼티가 포함되는데, 문제는 setState 콜백 함수가 호출되는 시점에 이 프로퍼티가 null로 초기화된다는 점이다. 따라서 사용자가 버튼을 클릭하면 그림 12-6과 같은 결과를 보게 된다.

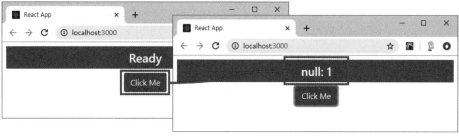

▲ 그림 12-6 이벤트 객체의 비동기식 사용

이벤트 객체의 초기화를 방지하기 위해, 즉 영속화하기 위해 리스트 12-13과 같이 persist 메서드를 사용하는 방법이 있다.

리스트 12-13 src/App.js: 이벤트 객체의 영속화

```
...
handleEvent = (event) => {
  event.persist();
```

```
    this.setState({ counter: this.state.counter + 1},
      () => this.setState({ message: `${event.type}: ${this.state.counter}`}));
  }
...
```

이렇게 하면 setState 메서드의 콜백 함수로부터 여전히 이벤트의 프로퍼티를 읽을 수 있으므로 그림 12-7과 같은 결과를 볼 수 있다.

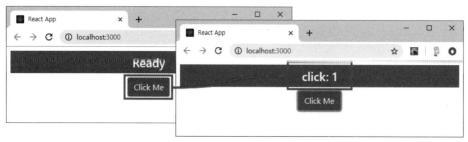

▲ 그림 12-7 이벤트의 영속화

이벤트 핸들러 호출에 커스텀 인자 사용

리액트가 기본으로 제공하는 SythenticEvent 객체 대신, 커스텀 인자를 사용해 이벤트 핸들러를 호출하는 방법이 더 유용한 경우가 종종 있다. 이를 알아보기 위해 리스트 12-14와 같이 App 컴포넌트에 또 하나의 button 엘리먼트를 추가하고, 어떤 버튼이 클릭됐는지 판별하도록 이벤트 핸들러를 수정하자.

리스트 12-14 src/App.js: 이벤트의 근원지 판별

```
import React, { Component } from 'react';

export default class App extends Component {

  constructor(props) {
    super(props);
    this.state = {
      message: "Ready",
      counter: 0,
      theme: "secondary"
```

```
      }
  }

  handleEvent = (event) => {
    event.persist();
    this.setState({
      counter: this.state.counter + 1,
      theme: event.target.innerText === "Normal" ? "primary" : "danger"
    }, () => this.setState({ message: `${event.type}: ${this.state.counter}`}));
  }

  render() {
    return <div className="m-2">
              <div className={ `h4 bg-${this.state.theme} text-white text-center p-2`}>
                { this.state.message }
              </div>
              <div className="text-center">
                <button className="btn btn-primary"
                  onClick={ this.handleEvent } >
                  Normal
                </button>
                <button className="btn btn-danger m-1"
                  onClick={ this.handleEvent } >
                  Danger
                </button>
              </div>
           </div>
  }
}
```

이와 같은 방식의 문제점은 렌더링되는 콘텐츠의 상당 부분을 이벤트 핸들러가 알아야
한다는 점이다. 이 예제의 경우 handleEvent는 이벤트의 근원지를 파악하기 위해
innerText 프로퍼티의 값을 알아야 하며 theme이라는 상태 데이터 프로퍼티의 값을 결정
해야 한다. 이는 컴포넌트가 렌더링하는 콘텐츠가 변경되거나 동일한 결과를 만드는 여
러 상호작용이 존재할 때 관리의 어려움을 야기한다. 그보다 좀 더 우아한 방식은 이벤트
핸들러를 호출하는 이벤트 처리 프로퍼티에 인라인 표현식을 사용해 필요한 정보를 제공
하는 것이다. 리스트 12-15를 보자.

```javascript
import React, { Component } from 'react';

export default class App extends Component {

  constructor(props) {
    super(props);
    this.state = {
      message: "Ready",
      counter: 0,
      theme: "secondary"
    }
  }

  handleEvent = (event, newTheme) => {
    event.persist();
    this.setState({
      counter: this.state.counter + 1,
      theme: newTheme
    }, () => this.setState({ message: `${event.type}: ${this.state.counter}`}));
  }

  render() {
    return <div className="m-2">
      <div className={ `h4 bg-${this.state.theme} text-white text-center p-2`}>
        { this.state.message }
      </div>
      <div className="text-center">
        <button className="btn btn-primary"
          onClick={ (e) => this.handleEvent(e, "primary") } >
          Normal
        </button>
        <button className="btn btn-danger m-1"
          onClick={ (e) => this.handleEvent(e, "danger") } >
          Danger
        </button>
      </div>
    </div>
  }
}
```

이렇게 하면 결과는 동일하지만, handleEvent 메서드가 theme 프로퍼티를 변경하기 위해 더 이상 이벤트를 발생시킨 엘리먼트를 조사하지 않아도 된다. 이제 두 버튼 중 하나를 클릭하면 그림 12–8과 같은 결과를 볼 수 있을 것이다.

> **💡 팁**
>
> 만약 이벤트 핸들러가 이벤트 객체를 필요로 하지 않는다면, () => handleEvent("primary")와 같이 인라인 표현식에서 이벤트 객체를 빼도 된다.

▲ 그림 12–8 커스텀 인자 사용

기본 동작 취소

일부 이벤트들은 브라우저가 기본으로 수행하는 동작이 적용된다. 예컨대, 체크박스를 클릭하는 경우의 브라우저 기본 동작은 체크박스의 상태를 토글하는 것이다. preventDefault 메서드는 이벤트 객체를 그런 기본 동작으로부터 보호할 수 있다. 이를 확인하기 위해 리스트 12–16과 같이 App 컴포넌트의 콘텐츠에 체크박스 하나를 추가하자. 단, 이 체크박스는 오직 버튼을 클릭해야만 토글된다.

리스트 12–16 src/App.js: 기본 동작 취소

```
import React, { Component } from 'react';

export default class App extends Component {

  constructor(props) {
    super(props);
    this.state = {
      message: "Ready",
```

```
      counter: 0,
      theme: "secondary"
    }
  }

  handleEvent = (event, newTheme) => {
    event.persist();
    this.setState({
      counter: this.state.counter + 1,
      theme: newTheme
    }, () => this.setState({ message: `${event.type}: ${this.state.counter}` }));
  }

  toggleCheckBox = (event) => {
    if (this.state.counter === 0) {
      event.preventDefault();
    }
  }

  render() {
    return <div className="m-2">
            <div className="form-check">
              <input className="form-check-input" type="checkbox"
                onClick={ this.toggleCheckBox }/>
              <label>This is a checkbox</label>
            </div>

            <div className={ `h4 bg-${this.state.theme} text-white text-center p-2` }>
              { this.state.message }
            </div>
            <div className="text-center">
              <button className="btn btn-primary"
                onClick={ (e) => this.handleEvent(e, "primary") } >
                Normal
              </button>
              <button className="btn btn-danger m-1"
                onClick={ (e) => this.handleEvent(e, "danger") } >
                Danger
              </button>
            </div>
          </div>
  }
}
```

사용자가 체크박스를 클릭하면 input 엘리먼트의 onClick 프로퍼티는 toggleCheckBox 메
서드를 호출한다. 만약 counter 상태 데이터 프로퍼티의 값이 0이면 클릭 이벤트에 대해
preventDefault 메서드가 호출되므로 체크박스가 토글되지 않는다. 그러나 버튼을 클릭
하면 counter가 0이 아니므로 기본 동작이 실행돼 체크박스가 토글된다. 그림 12-9와 같
이 말이다.

▲ 그림 12-9 기본 동작 취소

이벤트 전파

이벤트엔 생명주기라는 것이 있다. 이로 인해 엘리먼트의 조상이 후손이 일으킨 이벤트
를 받을 수 있으며, 이벤트가 엘리먼트에 도착하기 전에 가로채는 일도 가능하다. 이 절
에선 HTML 엘리먼트를 통해 이벤트가 전파되는 원리를 설명할 것이다. 또한 표 12-4에
나와 있는 SyntheticEvent의 프로퍼티와 메서드를 사용해 리액트 애플리케이션에서의 이
벤트 전파에 대해서도 설명할 것이다.

표 12-4 이벤트 전파와 관련된 SyntheticEvent의 프로퍼티와 메서드

이름	설명
eventPhase	이 프로퍼티는 현재의 이벤트 전파 단계를 리턴한다. 그러나 리액트가 이벤트를 다루는 방식으로 인해 이 프로퍼티는 유용하지 않다. 이는 '이벤트 단계 판별' 절에서 자세히 설명한다.
bubbles	이 프로퍼티는 이벤트가 버블 단계에 진입할 상황이라면 true를 리턴한다.
currentTarget	이 프로퍼티는 이벤트 핸들러가 이벤트 처리를 할 대상 엘리먼트를 나타내는 객체를 리턴한다.

(이어짐)

이름	설명
stopPropagation()	이 메서드는 이벤트 전파를 중단시킬 때 호출되며, 이는 '이벤트 전파 중단' 절에서 다시 설명한다.
isPropagationStopped()	이 메서드는 이벤트에 대해 stopPropagation이 호출됐다면 true를 리턴한다.

타깃 단계와 버블 단계

처음 촉발된 이벤트는 먼저 **타깃 단계**^{target phase}에 진입한다. 이는 이벤트의 원천인 엘리먼트에 이벤트 핸들러가 적용되는 단계다. 이벤트 핸들러의 실행이 완료된 다음엔 이벤트는 **버블 단계**^{bubble phase}로 들어간다. 이는 이벤트가 조상 엘리먼트를 거슬러 올라가면서 해당 유형의 이벤트에 적용되는 모든 이벤트 핸들러가 호출되는 단계다. 그럼 타깃 단계와 버블 단계를 예제를 통해 이해해보자. src 폴더에 ThemeButton.js라는 파일을 만들어 리스트 12-17과 같이 컴포넌트를 정의한다.

리스트 12-17 src/ThemeButton.js

```
import React, { Component } from "react";

export class ThemeButton extends Component {

  handleClick = (event) => {
    console.log(`ThemeButton: Type: ${event.type} `
      + `Target: ${event.target.tagName} `
      + `CurrentTarget: ${event.currentTarget.tagName}`);
    this.props.callback(this.props.theme);
  }

  render() {
    return <span className="m-1" onClick={ this.handleClick }>
             <button className={`btn btn-${this.props.theme}`}
               onClick={ this.handleClick }>
               Select {this.props.theme } Theme
             </button>
           </span>
  }
}
```

이 컴포넌트는 span 엘리먼트를 렌더링하는데, 여기엔 부트스트랩 CSS 테마를 지정한 theme prop과 그 prop을 선택할 때 호출되는 callback prop이 포함된 button 엘리먼트 하나가 있다. onClick 프로퍼티는 span과 button 엘리먼트 모두에 적용됐다. 이제 App 컴포넌트가 이 ThemeButton 컴포넌트를 사용할 수 있도록 리스트 12-18과 같이 코드를 변경하자.

리스트 12-18 src/App.js: ThemeButton 컴포넌트 사용

```
import React, { Component } from 'react';
import { ThemeButton } from "./ThemeButton";

export default class App extends Component {

  constructor(props) {
    super(props);
    this.state = {
      message: "Ready",
      counter: 0,
      theme: "secondary"
    }
  }

  selectTheme = (newTheme) => {
    this.setState({
      theme: newTheme,
      message: `Theme: ${newTheme}`
    });
  }

  render() {
    return (
      <div className="m-2">
        <div className={ `h4 bg-${this.state.theme}
          text-white text-center p-2`}>
          { this.state.message }
        </div>
        <div className="text-center">
          <ThemeButton theme="primary" callback={ this.selectTheme } />
          <ThemeButton theme="danger" callback={ this.selectTheme } />
```

```
      </div>
    </div>
  )
  }
}
```

두 버튼 중 하나를 클릭하면 자바스크립트 콘솔에 다음과 같은 내용이 출력될 것이다.

```
...
ThemeButton: Type: click Target: BUTTON CurrentTarget: BUTTON
ThemeButton: Type: click Target: BUTTON CurrentTarget: SPAN
```

콘솔에는 위와 같은 두 개의 메시지가 나타난다. ThemeButton 컴포넌트가 렌더링한 콘텐츠에 두 개의 onClick 프로퍼티가 있기 때문이다. 처음 메시지는 button 엘리먼트의 이벤트 핸들러가 이벤트를 처리하는 타깃 단계에서 생성된 것이다. 그다음엔 이벤트가 버블 단계로 들어감으로써 button 엘리먼트의 조상으로 전파되며, 그에 적용된 이벤트 핸들러를 호출한다. 이 예제에선 span 엘리먼트가 button의 부모이며 onClick 프로퍼티를 갖고 있다. 결과적으로 handleClick 메서드가 두 번 호출됐으므로 콘솔에 두 개의 메시지가 출력됐다.

> **팁**
>
> 모든 이벤트가 버블 단계를 거치는 것은 아니다. 경험 법칙에 의하면 단일 엘리먼트에 특정적인 이벤트, 예컨대 포커스를 얻거나 잃는 등의 경우엔 버블 단계가 없다. 반면에 복수의 엘리먼트에 적용되는 이벤트, 예컨대 여러 엘리먼트가 차지하고 있는 영역을 클릭하는 등의 경우엔 버블 단계를 거친다. 어떤 이벤트가 버블 단계를 거칠 것인지 여부는 이벤트 객체의 bubbles 프로퍼티를 읽으면 알 수 있다.

버블 단계는 컴포넌트가 렌더링한 콘텐츠를 너머 확장돼, HTML 엘리먼트 계층도 전체에 전파된다. 이를 알아보기 위해 App 컴포넌트를 리스트 12-19와 같이 변경하자. 여기선 App 컴포넌트가 렌더링하는 엘리먼트에 onClick 핸들러를 추가해, 클릭 이벤트가 발생했을 때 ThemeButton 컴포넌트가 렌더링하는 button 엘리먼트로부터 이벤트 버블이 일어나는지 보고자 함이다.

리스트 12-19 src/App.js: 이벤트 핸들러 추가

```
import React, { Component } from 'react';
import { ThemeButton } from "./ThemeButton";

export default class App extends Component {

  constructor(props) {
    super(props);
    this.state = {
      message: "Ready",
      counter: 0,
      theme: "secondary"
    }
  }

  selectTheme = (newTheme) => {
    this.setState({
      theme: newTheme,
      message: `Theme: ${newTheme}`
    });
  }

  handleClick= (event) => {
    console.log(`App: Type: ${event.type} `
      + `Target: ${event.target.tagName} `
      + `CurrentTarget: ${event.currentTarget.tagName}`);
  }

  render() {
    return (
      <div className="m-2" onClick={ this.handleClick }>
        <div className={ `h4 bg-${this.state.theme}
          text-white text-center p-2`}>
          { this.state.message }
        </div>
        <div className="text-center" onClick={ this.handleClick }>
```

```
          <ThemeButton theme="primary" callback={ this.selectTheme } />
          <ThemeButton theme="danger" callback={ this.selectTheme } />
        </div>
      </div>
    )
  }
}
```

보다시피 두 개의 div 엘리먼트에 onClick 프로퍼티를 추가했다. 이제 두 버튼 중 하나를 클릭하면 자바스크립트 콘솔에서 다음과 같은 메시지를 보게 될 것이다(어떤 브라우저에선 마지막 두 메시지가 합쳐 있을 수도 있다. 두 메시지의 내용이 동일하기 때문이다).

```
...
ThemeButton: Type: click Target: BUTTON CurrentTarget: BUTTON
ThemeButton: Type: click Target: BUTTON CurrentTarget: SPAN
App: Type: click Target: BUTTON CurrentTarget: DIV
App: Type: click Target: BUTTON CurrentTarget: DIV
...
```

SyntheticEvent 객체는 currentTarget이라는 프로퍼티를 제공한다. 이벤트를 발생시킨 엘리먼트를 리턴하는 target 프로퍼티와는 대조적으로 currentTarget 프로퍼티는 이벤트 핸들러를 호출한 엘리먼트를 리턴한다.

```
...
console.log(`ThemeButton: Type: ${event.type} `
  + `Target: ${event.target.tagName} `
  + `CurrentTarget: ${event.currentTarget.tagName}`);
...
```

타깃과 버블 단계를 보여주는 이들 메시지를 통해 그림 12-10과 같이 클릭 이벤트가 HTML 엘리먼트 계층도를 올라가며 전파된다는 사실을 알 수 있다.

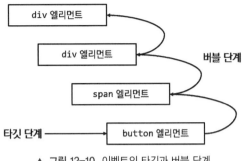

▲ 그림 12-10 이벤트의 타깃과 버블 단계

컴포넌트에 적용되는 이벤트와 엘리먼트

이벤트 처리는 컴포넌트가 렌더링하는 HTML 엘리먼트가 수행하며, 여기서 커스텀 HTML 엘리먼트는 배제된다. 예컨대, ThemeButton 엘리먼트에 onClick 같은 이벤트 핸들러 프로퍼티를 추가해도 아무런 효과가 없다. 에러가 발생하지는 않지만 해당 커스텀 엘리먼트가 배제되므로 그 이벤트 핸들러는 결코 호출되지 않는다.

캡처 단계

캡처 단계capture phase는 타깃 단계보다 먼저 엘리먼트가 이벤트를 처리할 수 있는 기회를 제공한다. 즉, 브라우저는 버블 단계의 경우와는 반대 방향으로 body 엘리먼트에서 시작해 이벤트를 엘리먼트 계층도를 따라 내려보내며 이벤트를 처리할 수 있게 한다. 그림 12-11과 같이 말이다.

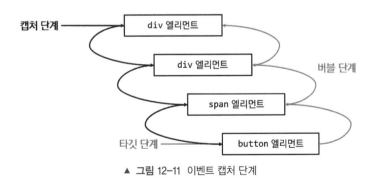

▲ 그림 12-11 이벤트 캡처 단계

캡처 단계에서 이벤트 핸들러를 적용하려면 리스트 12-20과 같이 별도의 프로퍼티를 사용해야 한다.

리스트 12-20 src/ThemeButton.js: 이벤트 캡처

```javascript
import React, { Component } from "react";

export class ThemeButton extends Component {

  handleClick = (event) => {
    console.log(`ThemeButton: Type: ${event.type} `
      + `Target: ${event.target.tagName} `
      + `CurrentTarget: ${event.currentTarget.tagName}`);
    this.props.callback(this.props.theme);
  }

  render() {
    return <span className="m-1" onClick={ this.handleClick }
            onClickCapture={ this.handleClick }>
            <button className={`btn btn-${this.props.theme}`}
              onClick={ this.handleClick }>
              Select {this.props.theme } Theme
            </button>
          </span>
  }
}
```

각 이벤트 핸들러 프로퍼티에 대응하는 캡처 프로퍼티가 있는데, 이 프로퍼티는 캡처 단계에서 이벤트를 받을 수 있다. 여기선 onClick에 대응하는 캡처 프로퍼티가 onClickCapture이며, 이를 span 엘리먼트에 적용하고 그 표현식에 handleClick 메서드를 지정했다. 이로써 span 엘리먼트는 이벤트가 HTML 엘리먼트 계층도를 따라 내려오고 올라감에 따라, 캡처 단계와 버블 단계에서 모두 클릭 이벤트를 받을 수 있게 됐다. 이제 화면에서 버튼 하나를 클릭하면 자바스크립트 콘솔에 다음과 같은 추가 메시지가 나타날 것이다.

```
...
ThemeButton: Type: click Target: BUTTON CurrentTarget: SPAN
ThemeButton: Type: click Target: BUTTON CurrentTarget: BUTTON
```

```
ThemeButton: Type: click Target: BUTTON CurrentTarget: SPAN
App: Type: click Target: BUTTON CurrentTarget: DIV
App: Type: click Target: BUTTON CurrentTarget: DIV
...
```

이벤트 단계 판별

ThemeButton 컴포넌트에서 정의한 handleClick 메서드는 하나의 클릭 이벤트가 캡처, 타깃, 버블 단계를 거침에 따라 여러 번의 이벤트 처리를 수행할 것이다. handleClick 메서드가 호출될 때마다 부모 컴포넌트가 제공한 함수 prop을 호출하게 되는데, 이는 App 컴포넌트의 theme이라는 상태 프로퍼티의 값을 반복해서 변경하는 효과를 갖는다. 이게 해를 끼치는 것은 아니다. 그러나 실제 프로젝트에서 콜백을 반복 호출하는 일은 문제가 될 수 있으며, 또한 자식 컴포넌트가 아무 문제 없이 props를 호출할 수 있다고 가정하는 것도 좋은 태도는 아니다. 이 문제를 확인하기 위해 ThemeButton 컴포넌트의 handleEvent 메서드에 리스트 12-21과 같은 구문을 추가하자. 이는 함수 prop이 호출될 때 자바스크립트 콘솔에 메시지를 출력할 것이다.

리스트 12-21 src/ThemeButton.js: 디버깅 메시지 추가

```
import React, { Component } from "react";

export class ThemeButton extends Component {

  handleClick = (event) => {
    console.log(`ThemeButton: Type: ${event.type} `
      + `Target: ${event.target.tagName} `
      + `CurrentTarget: ${event.currentTarget.tagName}`);
    console.log("Invoked function prop");
    this.props.callback(this.props.theme);
  }

  render() {
    return <span className="m-1" onClick={ this.handleClick }
             onClickCapture={ this.handleClick }>
             <button className={`btn btn-${this.props.theme}`}
```

```
                onClick={ this.handleClick }>
                Select {this.props.theme } Theme
            </button>
        </span>
    }
}
```

이제 버튼 중 하나를 클릭하면 클릭 이벤트가 거치는 세 단계마다 함수 prop이 호출됨을 알 수 있다.

```
...
ThemeButton: Type: click Target: BUTTON CurrentTarget: SPAN
Invoked function prop
ThemeButton: Type: click Target: BUTTON CurrentTarget: BUTTON
Invoked function prop
ThemeButton: Type: click Target: BUTTON CurrentTarget: SPAN
Invoked function prop
App: Type: click Target: BUTTON CurrentTarget: DIV
App: Type: click Target: BUTTON CurrentTarget: DIV
...
```

리액트가 사용하는 SythenticEvent 객체엔 eventPhase라는 프로퍼티가 정의돼 있는데, 이는 원래의 DOM API 이벤트 객체에서 상응하는 프로퍼티의 값을 리턴한다. 그러나 불행히도 eventPhase 프로퍼티는 항상 버블 단계만을 리턴한다. 리액트가 네이티브 이벤트를 가로채고 이를 사용해 세 전파 단계를 흉내 낼 뿐이기 때문이다. 결과적으로 각 이벤트 단계를 판별하려면 추가 작업이 필요하다.

첫 번째로 캡처 단계를 판별하기 위해 별도의 핸들러 메서드를 사용하거나 기존 핸들러 메서드에 인자를 추가하는 방법이 있다. 리스트 12-22는 후자의 방법을 사용한 코드다.

리스트 12-22 src/ThemeButton.js: 캡처 단계의 판별

```
import React, { Component } from "react";

export class ThemeButton extends Component {
```

```
handleClick = (event, capturePhase = false) => {
  console.log(`ThemeButton: Type: ${event.type} `
    + `Target: ${event.target.tagName} `
    + `CurrentTarget: ${event.currentTarget.tagName}`);
  if (capturePhase) {
    console.log("Skipped function prop: capture phase");
  } else {
    console.log("Invoked function prop");
    this.props.callback(this.props.theme);
  }
}

render() {
  return <span className="m-1" onClick={ this.handleClick }
          onClickCapture={ (e) => this.handleClick(e, true) }>
          <button className={`btn btn-${this.props.theme}`}
            onClick={ this.handleClick }>
            Select {this.props.theme } Theme
          </button>
        </span>
  }
}
```

여기선 SythenticEvent 객체를 받아 handleClick 메서드를 호출하는 onClickCapture 프로퍼티를 인라인 표현식에 사용했다. 또한 이벤트의 캡처 단계 여부를 나타내는 인자를 handleClick 메서드에 추가로 전달한다. handleClick 메서드 안에선 capturePhase 파라미터의 값을 확인함으로써 캡처 단계 여부를 판별한다.

타깃 단계와 버블 단계를 구분하는 일은 좀 더 복잡한데, 두 단계 모두 onClick 프로퍼티가 처리하기 때문이다. 이 두 단계를 구분하는 가장 좋은 방법은 target과 currentTarget 프로퍼티의 값이 다른지, 그리고 bubbles 프로퍼티가 true인지 확인하는 것이다. 만약 currentTarget이 리턴한 객체가 target의 값과 다르면서 이벤트가 버블 단계를 갖는다면, 이벤트가 버블 단계에 있음을 확신할 수 있다. 리스트 12-23은 이 방법을 사용한 코드다.

```
import React, { Component } from "react";

export class ThemeButton extends Component {

  handleClick = (event, capturePhase = false) => {
    console.log(`ThemeButton: Type: ${event.type} `
      + `Target: ${event.target.tagName} `
      + `CurrentTarget: ${event.currentTarget.tagName}`);
    if (capturePhase) {
      console.log("Skipped function prop: capture phase");
    } else if (event.bubbles && event.currentTarget !== event.target) {
      console.log("Skipped function prop: bubble phase");
    } else {
      console.log("Invoked function prop");
      this.props.callback(this.props.theme);
    }
  }

  render() {
    return <span className="m-1" onClick={ this.handleClick }
            onClickCapture={ (e) => this.handleClick(e, true) }>
          <button className={`btn btn-${this.props.theme}`}
            onClick={ this.handleClick }>
            Select {this.props.theme } Theme
          </button>
        </span>
  }
}
```

이제 버튼 하나를 클릭하면 각 단계를 구분할 수 있으며 오직 타깃 단계에서만 함수 prop이 호출됐음을 알 수 있는, 다음과 같은 메시지를 자바스크립트 콘솔에서 볼 수 있을 것이다.

```
...
ThemeButton: Type: click Target: BUTTON CurrentTarget: SPAN
Skipped function prop: capture phase
ThemeButton: Type: click Target: BUTTON CurrentTarget: BUTTON
Invoked function prop
```

```
ThemeButton: Type: click Target: BUTTON CurrentTarget: SPAN
Skipped function prop: bubble phase
App: Type: click Target: BUTTON CurrentTarget: DIV
App: Type: click Target: BUTTON CurrentTarget: DIV
...
```

또한 이들 메시지는 캡처, 타깃, 버블이라는 이벤트 단계의 순서도 확인해준다.

이벤트 전파 중단

이벤트 단계를 잘 이해했다면, 정상적인 전파 과정을 중단시켜 엘리먼트의 이벤트 수신을 막는 일도 할 수 있다. 그럼 캡처 단계에서 클릭 이벤트를 가로채 대상 엘리먼트에 도달하지 못하도록 ThemeButton 컴포넌트를 리스트 12-24와 같이 변경하자.

리스트 12-24 src/ThemeButton.js: 이벤트 전파 중단

```
import React, { Component } from "react";

export class ThemeButton extends Component {

  handleClick = (event, capturePhase = false) => {
    console.log(`ThemeButton: Type: ${event.type} `
      + `Target: ${event.target.tagName} `
      + `CurrentTarget: ${event.currentTarget.tagName}`);
    if (capturePhase) {
      if (this.props.theme === "danger") {
        event.stopPropagation();
        console.log("Stopped event");
      } else {
        console.log("Skipped function prop: capture phase");
      }
    } else if (event.bubbles && event.currentTarget !== event.target) {
      console.log("Skipped function prop: bubble phase");
    } else {
      console.log("Invoked function prop");
      this.props.callback(this.props.theme);
    }
  }
}
```

```
  render() {
    return <span className="m-1" onClick={ this.handleClick }
            onClickCapture={ (e) => this.handleClick(e, true) }>
            <button className={`btn btn-${this.props.theme}`}
              onClick={ this.handleClick }>
              Select {this.props.theme } Theme
            </button>
          </span>
  }
}
```

span 엘리먼트의 onClickCapture 프로퍼티는 캡처 단계에서 클릭 이벤트를 받으면 handleClick 메서드를 호출할 것이다. theme prop의 값이 danger라면 stopPropagation 메서드가 호출되는데, 이는 이벤트의 button 엘리먼트 도달을 막음으로써 결과적으로 그림 12-12와 같이 사용자가 danger 테마를 선택하지 못하게 만든다.

▲ 그림 12-12 이벤트 전파 중단

정리

12장에선 리액트에서 이벤트를 다루는 방법을 설명했다. 우선 핸들러 함수를 정의하는 여러 방법, 이벤트 객체를 다루는 방법, 커스텀 인자를 사용하는 방법을 알아봤다. 또한 리액트 이벤트와 DOM API 이벤트가 서로 흡사하며 밀접한 연관이 있음에도, 그 둘이 동일하지는 않다는 내용을 설명했다. 마지막으로 이벤트의 생명주기와 이벤트 전파에 관해 소개했다. 13장에선 컴포넌트의 생명주기와 상태 데이터의 재조정에 관해 설명할 것이다.

13장

재조정과 생명주기

13장에선 컴포넌트가 생성한 콘텐츠를 효율적으로 처리하기 위한 리액트의 **재조정** reconciliation이라는 과정을 설명한다. 재조정은 리액트가 컴포넌트에 제공하는 전체 생명 주기의 일부이기도 하다. 그다음엔 각기 다른 생명주기 단계를 설명할 것이며, 상태 유지 컴포넌트가 생명주기를 적극적으로 활용할 수 있도록 메서드를 구현하는 방법을 보여줄 것이다. 표 13-1에서 재조정과 컴포넌트 생명주기의 맥락을 정리했다.

표 13-1 재조정과 생명주기의 맥락 잡기

질문	답변
그게 무엇인가?	재조정은 DOM의 변경을 최소화함으로써 컴포넌트가 만든 콘텐츠를 효과적으로 처리하기 위한 과정이다. 또한 재조정은 상태 유지 컴포넌트에 적용되는 생명주기의 일부다.
왜 유용한가?	방대한 컴포넌트 생명주기가 애플리케이션 개발을 위한 일관된 모델과 고급 프로젝트를 위한 유용한 기능을 제공함에 있어서 재조정 과정은 애플리케이션의 성능을 관리한다.
어떻게 사용하는가?	재조정 과정은 자동으로 수행되므로 명시적인 처리를 할 필요가 없다. 모든 상태 유지 컴포넌트는 동일한 생명주기를 거친다. 클래스 기반의 컴포넌트의 경우엔 특별한 메서드들을, 함수형 컴포넌트의 경우엔 이펙트 훅을 구현함으로써 컴포넌트가 생명주기에 적극적으로 참여할 수 있다.

(이어짐)

질문	답변
문제점이나 제약사항이 있는가?	컴포넌트는 전체 생명주기에 적합하게 신중히 작성해야 한다. 예컨대, DOM 갱신에 사용되지 않음에도 불구하고 콘텐츠가 렌더링되는 등의 상황이 발생할 수 있기 때문이다.
대체재가 있는가?	없다. 재조정 과정과 생명주기는 리액트의 근본적인 기능이기 때문이다.

표 13-2에선 13장의 내용을 요약했다.

표 13-2 13장 요약

과제	해법	리스트 번호
재조정 강제 수행하기	forceUpdate 메서드를 호출한다.	15, 16
생명주기 단계에 응답하기	각 생명주기 단계를 위한 특별한 메서드들을 구현한다.	17~20
함수형 컴포넌트에서 생명주기 단계에 따른 알림 받기	이펙트 훅을 사용한다.	21~23
컴포넌트 업데이트 방지하기	shouldComponentUpdate 메서드를 구현한다.	24, 25
props로부터 상태 데이터 갱신하기	getDerivedStateFromProps 메서드를 구현한다.	26, 27

준비 작업

13장에서 필요한 예제 프로젝트를 만들기 위해 명령 프롬프트에서 적당한 위치로 이동해 리스트 13-1과 같은 명령을 실행하자.

> **🐝 팁**
>
> 이 책의 모든 예제 파일은 http://www.acornpub.co.kr/book/pro-react16에서 다운로드할 수 있다.

리스트 13-1 프로젝트 생성

```
npx create-react-app lifecycle
```

이제 생성된 lifecycle 폴더 안으로 들어가 리스트 13-2와 같이 명령을 실행해 부트스트랩 CSS 프레임워크를 설치하자.

리스트 13-2 부트스트랩 CSS 프레임워크 설치

```
cd lifecycle
npm install bootstrap@4.1.2
```

애플리케이션에 부트스트랩 CSS 스타일시트를 포함시키려면 src 폴더 안의 index.js에 리스트 13-3과 같이 구문을 추가하면 된다.

리스트 13-3 src/index.js: 부트스트랩 추가

```
import React from 'react';
import ReactDOM from 'react-dom';
import './index.css';
import App from './App';
import * as serviceWorker from './serviceWorker';
import 'bootstrap/dist/css/bootstrap.css';

ReactDOM.render(<App />, document.getElementById('root'));

// 앱이 오프라인에서 더 빠르게 작동되기 원한다면 아래의 unregister()를 register()로 바꾸면 된다.
// 그러나 주의사항이 있으므로 다음 페이지를 참고하기 바란다.
// https://facebook.github.io/create-react-app/docs/making-a-progressive-web-app
serviceWorker.unregister();
```

예제 컴포넌트 작성

13장의 예제를 위한 기본적인 컴포넌트 몇 개가 필요하다. 우선 src 폴더에 Action Button.js라는 파일을 만들어 리스트 13-4와 같은 콘텐츠를 추가하자.

리스트 13-4 src/ActionButton.js

```
import React, { Component } from "react";

export class ActionButton extends Component {
```

```
  render() {
    console.log(`Render ActionButton (${this.props.text}) Component `);
    return <button className="btn btn-primary m-2"
            onClick={ this.props.callback }>
            { this.props.text }
          </button>
  }
}
```

이 컴포넌트는 클릭 이벤트에 대한 응답으로 함수 prop을 호출하는 버튼 하나를 렌더링한다. 이제 src 폴더에 Message.js라는 파일을 만들어 리스트 13–5와 같은 콘텐츠를 추가하자.

리스트 13–5 src/Message.js

```
import React, { Component } from "react";
import { ActionButton } from "./ActionButton";

export class Message extends Component {

  render() {
    console.log(`Render Message Component `);
    return (
      <div>
        <ActionButton theme="primary" {...this.props} />
        <div className="h5 text-center p-2">
          { this.props.message }
        </div>
      </div>
    )
  }
}
```

이 컴포넌트는 prop으로 받은 메시지를 화면에 보여주며, 리스트 13–4에서 정의한 ActionButton에 콜백으로서 함수 prop을 전달한다. 이제 src 폴더에 List.js라는 파일을 만들어 리스트 13–6과 같은 콘텐츠를 추가하자.

```
import React, { Component } from "react";
import { ActionButton } from "./ActionButton";

export class List extends Component {

  constructor(props) {
    super(props);
    this.state = {
      names: ["Bob", "Alice", "Dora"]
    }
  }

  reverseList = () => {
    this.setState({ names: this.state.names.reverse()});
  }

  render() {
    console.log("Render List Component");
    return (
      <div>
        <ActionButton callback={ this.reverseList }
          text="Reverse Names" />
        { this.state.names.map((name, index) => {
          return <h5 key={ name }>{ name }</h5>
        })}
      </div>
    )
  }
}
```

이 컴포넌트는 리스트 렌더링에 사용할 자신만의 상태 데이터를 갖는다. 또한 reverseList 메서드가 함수 prop으로서 ActionButton 컴포넌트에 제공되는데, 이 메서드는 리스트 안의 아이템 순서를 거꾸로 바꾼다.

마지막으로 App.js 파일의 내용을 리스트 13-7과 같이 작성하자. App 컴포넌트가 다른 컴포넌트를 사용하는 콘텐츠를 렌더링하고, Message 컴포넌트에 필요한 상태 데이터를 정의하도록 말이다.

```
import React, { Component } from 'react';
import { Message } from "./Message";
import { List } from "./List";

export default class App extends Component {

  constructor(props) {
    super(props);
    this.state = {
      counter: 0
    }
  }

  incrementCounter = () => {
    this.setState({ counter: this.state.counter + 1 });
  }

  render() {
    console.log("Render App Component");
    return <div className="container text-center">
            <div className="row p-2">
              <div className="col-6">
                <Message message={ `Counter: ${this.state.counter}`}
                  callback={ this.incrementCounter }
                  text="Increment Counter" />
              </div>
              <div className="col-6">
                <List />
              </div>
            </div>
          </div>
  }
}
```

App 컴포넌트는 부트스트랩 CSS의 그리드 기능을 사용해 Message와 List 컴포넌트를 나란히 보여주는 콘텐츠를 렌더링한다. counter 프로퍼티는 incrementCounter 메서드에 의해 증가되는데, 이 메서드는 Message 컴포넌트를 위한 함수 prop으로서 사용된다. 이제

개발 도구를 시작하기 위해 명령 프롬프트에서 lifecycle 폴더로 이동해 리스트 13-8의
명령을 실행하자.

리스트 13-8 개발 도구 실행

```
npm start
```

잠시 동안의 초기 컴파일 과정이 끝나면 새 브라우저 창이 열리고, 그림 13-1과 같이
http://localhost:3000 URL의 콘텐츠가 보일 것이다.

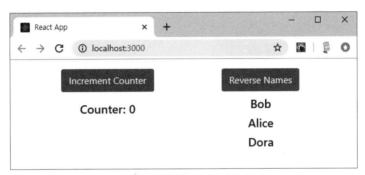

▲ 그림 13-1 실행된 예제 애플리케이션

콘텐츠 렌더링에 대한 이해

렌더링 과정의 시작점은 index.js 파일 안에 있는, 다음과 같이 ReactDOM.render 메서드
를 호출하는 구문이다.

```
...
ReactDOM.render(<App />, document.getElementById('root'));
...
```

이 메서드는 초기 렌더링 과정을 시작한다. 리액트는 ReactDOM.render 메서드의 첫 번째
인자로 지정된 App 컴포넌트의 새 인스턴스를 만들고, 인스턴스의 render 메서드를 호출
한다. App 컴포넌트가 렌더링한 콘텐츠에는 Message와 List 엘리먼트가 포함되며, 리액트

는 이들 컴포넌트의 인스턴스를 만들고 그들의 render 메서드를 호출한다. 이 과정은 Message와 List 엘리먼트가 렌더링하는 ActionButton 엘리먼트까지 계속된다. 즉, 마찬가지로 두 개의 ActionButton 인스턴스가 만들어지고 그들의 render 메서드가 호출된다. 각 컴포넌트의 render 메서드가 호출된 결과로서의 HTML 엘리먼트의 계층도는 ReactDOM. render 메서드의 두 번째 인자로 지정된 엘리먼트 안에 삽입돼, 그림 13-1과 같은 콘텐츠가 만들어진다. 초기 렌더링 과정의 결과는 컴포넌트 객체들과 HTML 엘리먼트들로 구성된, 그림 13-2와 같은 계층도다.

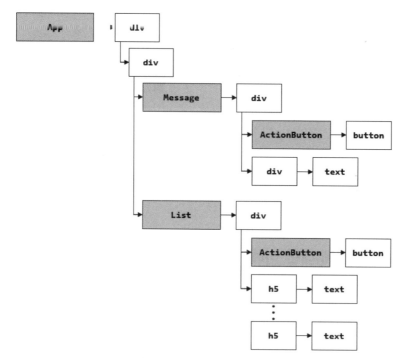

▲ 그림 13-2 컴포넌트와 엘리먼트 계층도

리액트는 브라우저의 API를 사용해 HTML 엘리먼트들을 문서 객체 모델^{DOM}에 추가한다. 이로써 렌더링된 콘텐츠와 컴포넌트가 매핑되고 사용자는 그림 13-3과 같은 구조의 화면을 볼 수 있게 된다.

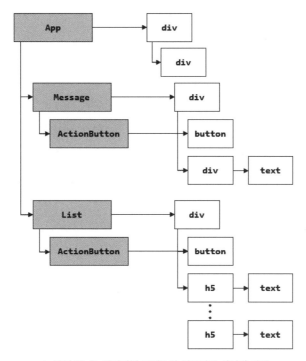

▲ 그림 13-3 렌더링된 콘텐츠와 컴포넌트 사이의 매핑

브라우저는 컴포넌트에 대해 알지 못하며, 오직 DOM 안의 HTML 엘리먼트를 화면에 보여주는 일만 한다. 컴포넌트를 관리하고 렌더링된 콘텐츠를 다루는 책임은 리액트에게 있다.

이 예제에선 각 컴포넌트의 render 메서드에 console.log 구문을 넣어뒀다. 따라서 5개의 컴포넌트 각각이 콘텐츠 렌더링을 할 때 브라우저의 자바스크립트 콘솔에 다음과 같이 메시지가 출력될 것이다.

```
...
Render App Component
Render Message Component
Render ActionButton (Increment Counter) Component
Render List Component
Render ActionButton (Reverse Names) Component
...
```

이들 메시지는 그림 13-2와 그림 13-3에서 보여준 구조에 맞게 각 하나의 App, Message, List 컴포넌트와 두 개의 ActionButton 컴포넌트로부터 왔다.

갱신 과정의 이해

애플리케이션이 처음 구동되면 리액트는 모든 컴포넌트가 자신의 콘텐츠를 렌더링해 사용자에게 보이도록 명령한다. 일단 콘텐츠가 화면에 나타나면 애플리케이션은 **재조정 상태**reconciled state가 되는데, 이는 사용자에게 보여주는 콘텐츠가 컴포넌트의 상태와 일관된다는 뜻이다.

애플리케이션이 재조정 상태에 있을 때엔 리액트는 변경이 있을 때까지 대기한다. 대부분의 애플리케이션에서 변경이란 사용자의 상호작용에서 비롯된다. 즉, 이벤트가 발생하고 setState 메서드가 호출되는 결과를 낳는다. setState 메서드는 컴포넌트의 상태 데이터를 갱신한다. 그러나 또한 그 컴포넌트를 '진부한stale' 컴포넌트로도 표시하는데, 이는 사용자가 보고 있는 HTML 콘텐츠가 최신이 아닐 수 있다는 뜻이다. 하나의 이벤트는 여러 상태 데이터의 변경을 야기할 수 있으며, 모든 변경이 처리되면 리액트는 신선하지 못한(진부한) 각 컴포넌트와 자식 컴포넌트의 render 메서드를 호출한다. 이와 같은 효과를 알아보기 위해 그림 13-4와 같이 브라우저 창에서 Increment Counter 버튼을 클릭해 보자.

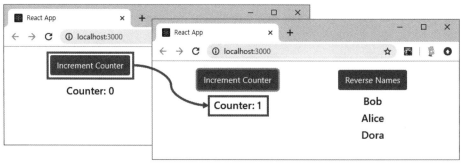

▲ 그림 13-4 변경을 일으키기 위한 버튼 클릭

이벤트 핸들러는 클릭 이벤트의 응답으로서 App 컴포넌트의 counter 상태 데이터 프로퍼티를 갱신한다. App은 이 애플리케이션의 최상위 컴포넌트이며, 이는 애플리케이션의 모든 컴포넌트의 render 메서드가 호출된다는 뜻이다. 자바스크립트 콘솔에서 다음과 같이 확인할 수 있듯 말이다.

```
...
Render App Component
Render Message Component
Render ActionButton (Increment Counter) Component
Render List Component
Render ActionButton (Reverse Names) Component
...
```

리액트는 해당 변경에 의해 영향을 받는 컴포넌트만을 갱신한다. 애플리케이션이 재조정 상태로 들어가기 전에 해야 할 작업의 양을 최소화하기 위해서다. 이를 알아보기 위해 그림 13-5와 같이 Reverse Names 버튼을 클릭해보자.

▲ 그림 13-5 일부 변경을 일으키기 위한 버튼 클릭

이 버튼의 클릭 이벤트는 List 컴포넌트의 상태 데이터를 변경하는데, 이는 자바스크립트 콘솔에서 다음과 같이 확인할 수 있다.

```
...
Render List Component
Render ActionButton (Reverse Names) Component
...
```

List와 그 자식인 ActionButton은 진부한 컴포넌트로 표시되지만, 그 변경사항이 App, Message, 또 다른 ActionButton에 영향을 주지 않는다. 따라서 리액트는 이들 컴포넌트가 렌더링한 콘텐츠는 여전히 최신이며 갱신할 필요가 없다고 판단한다.

재조정 과정의 이해

리액트는 진부하다고 표시된 모든 컴포넌트의 render 메서드를 호출하지만, 그 결과로 만들어진 콘텐츠를 항상 사용하는 것은 아니다. DOM 안의 HTML 엘리먼트 변경은 값비싼 작업이다. 따라서 리액트는 컴포넌트가 리턴한 콘텐츠를 이전 결과와 비교해 브라우저가 최소한의 작업만 수행하도록 요청한다. 이른바 재조정 과정이다.

리액트가 변경 작업을 최소화하는 방법을 확인하기 위해 Message 컴포넌트가 렌더링하는 콘텐츠를 리스트 13-9와 같이 변경하자.

리스트 13-9 src/Message.js: 콘텐츠 변경

```
import React, { Component } from "react";
import { ActionButton } from "./ActionButton";

export class Message extends Component {

  render() {
    console.log(`Render Message Component `);
    return (
      <div>
        <ActionButton theme="primary" {...this.props} />
        <div id="messageDiv" className="h5 text-center p-2">
          { this.props.message }
        </div>
      </div>
    )
  }
}
```

이와 같이 id 속성을 추가하면 div 엘리먼트를 쉽게 다룰 수 있게 된다. 개발 도구에서

Console 탭으로 이동해 리스트 13-10의 구문을 입력하고 실행해보자. 모든 브라우저의 개발 도구는 임의의 자바스크립트 구문을 실행할 수 있도록 지원한다.

리스트 13-10 HTML 엘리먼트 다루기

```
document.getElementById("messageDiv").classList.add("bg-info")
```

이 구문에선 DOM API를 사용해 Message 컴포넌트가 렌더링한 div 엘리먼트를 선택하고, 여기에 부트스트랩 CSS 프레임워크에서 정의한 배경색 중 하나인 bg-info 클래스를 할당했다. 이제 Increment Counter 버튼을 누르면 그림 13-6과 같이 div 엘리먼트의 콘텐츠는 갱신되지만, bg-info 클래스로 인해 바뀐 배경색이 원래대로 돌아가지 않는 모습을 볼 수 있을 것이다. 리액트가 Message 컴포넌트의 render 메서드가 리턴한 콘텐츠와 이전 결과를 비교해, 오직 div의 콘텐츠만 다르다고 판단하기 때문이다.

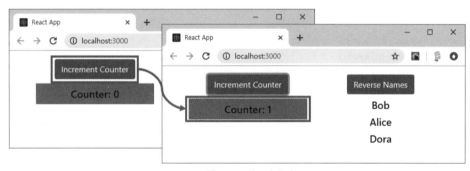

▲ 그림 13-6 재조정 효과

리액트가 콘텐츠와 비교하는 대상은 효율적인 비교가 가능한 형태로 정의된 자체 캐시, 이른바 가상 DOM$^{virtual\ DOM}$이다. 따라서 리액트는 변경사항을 판별하기 위해 실제 DOM 안의 엘리먼트에 질의를 할 필요가 없다.

> 🔧 **팁**
>
> 리액트만의 특징인 가상 DOM을 섀도 DOM(shadow DOM)과 혼동하지 말기 바란다. 섀도 DOM은 최근의 브라우저가 지원하는, 콘텐츠를 HTML 문서의 특정 범위로 한정하는 기능이다.

리액트가 복잡한 변경사항을 어떻게 처리하는지, 즉 재조정 과정을 좀 더 확실히 파악하기 위해 두 번째 예제로 넘어가자. 먼저 Message 컴포넌트에 상태 데이터를 추가하고 각기 다른 두 개의 엘리먼트를 번갈아 적용할 수 있도록 Message 컴포넌트를 리스트 13-11과 같이 작성한다.

리스트 13-11 src/Message.js: 엘리먼트 교대하기

```
import React, { Component } from "react";
import { ActionButton } from "./ActionButton";

export class Message extends Component {

  constructor(props) {
    super(props);
    this.state = {
      showSpan: false
    }
  }

  handleClick = (event) => {
    this.setState({ showSpan: !this.state.showSpan });
    this.props.callback(event);
  }

  getMessageElement() {
    let div = <div id="messageDiv" className="h5 text-center p-2">
                { this.props.message }
              </div>
    return this.state.showSpan ? <span>{ div } </span> : div;
  }

  render() {
    console.log(`Render Message Component `);
    return (
      <div>
        <ActionButton theme="primary" {...this.props}
          callback={ this.handleClick } />
        { this.getMessageElement() }
      </div>
```

```
      )
    }
  }
```

이 컴포넌트는 div 엘리먼트를 보여주는 일과 div 엘리먼트를 span 엘리먼트에 감싸는 일을 번갈아 수행할 것이다. 이제 코드를 저장하고 자바스크립트 콘솔에서 리스트 13-12와 같은 명령을 실행하자. 스프레드 연산자를 사용해 ActionButton 컴포넌트에 props를 전달한 다음 callback 프로퍼티를 정의했음에 주목하기 바란다. 이는 Message 컴포넌트가 부모로부터 callback 프로퍼티를 받으므로 그다음에 callback 프로퍼티를 재정의하기 위함이다.

> **⚠ 주의**
>
> 실제 프로젝트에선 컴포넌트의 최상위 엘리먼트를 변경하지 말기 바란다. 리액트가 변경사항을 감지하기 위한 정밀한 비교를 수행하지 않은 채 DOM의 엘리먼트를 교체하기 때문이다.

리스트 13-12 HTML 엘리먼트 다루기

```
document.getElementById("messageDiv").classList.add("bg-info")
```

Increment Counter 버튼을 누르면 Message 컴포넌트의 render 메서드는 span 엘리먼트를 포함한 콘텐츠를 리턴할 것이다. 그다음에 버튼을 한 번 더 누르면 render 메서드는 원래의 div 콘텐츠를 리턴할 것이며, 여전히 배경색은 나타나지 않는다. 그림 13-7과 같이 말이다.

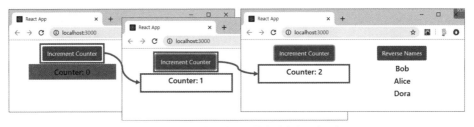

▲ **그림 13-7** 서로 다른 유형의 엘리먼트 재조정

리액트는 render 메서드의 결과와 이전 결과를 비교해 span 엘리먼트가 투입됐음을 감지한다. 리액트가 좀 더 자세한 비교를 위해 이 새 span 엘리먼트의 콘텐츠를 조사하는 것은 아니며, 단지 span 엘리먼트로 기존 div 엘리먼트를 대체할 뿐이다. 다음번엔 다시 span 엘리먼트가 div로 대체되며, 이는 버튼을 클릭할 때마다 번갈아 반복된다.

목록 재조정의 이해

리액트는 데이터의 배열을 보여주는 엘리먼트를 다룸에 있어 특별한 지원을 한다. 대부분의 목록 작업에 있어 배열 안의 엘리먼트들은 대개 그대로 남아 있다. 비록 정렬 같은 작업을 통해 종종 위치가 변경될 수는 있어도 말이다. 리액트가 최소한의 작업으로 변경 사항을 반영할 수 있게 하려면, List 컴포넌트에서 정의했던 것처럼 엘리먼트에 key prop을 부여하면 된다.

```
...
render() {
  console.log("Render List Component");
  return (
    <div>
      <ActionButton callback={ this.reverseList }
        text="Reverse Names" />
      { this.state.names.map((name, index) => {
        return <h5 key={ name }>{ name }</h5>
      })}
    </div>
  )
}
...
```

리액트가 각 엘리먼트를 식별할 수 있게 key prop의 값은 배열 안에서 유일해야 한다. 리액트가 목록을 갱신함에 있어 작업을 최소화하는 방법을 보기 위해 List 컴포넌트가 렌더링하는 h5 엘리먼트에 리스트 13-13과 같이 속성 하나를 추가하자.

리스트 13-13 src/List.js: 속성 추가

```
import React, { Component } from "react";
import { ActionButton } from "./ActionButton";

export class List extends Component {

  constructor(props) {
    super(props);
    this.state = {
      names: ["Bob", "Alice", "Dora"]
    }
  }

  reverseList = () => {
    this.setState({ names: this.state.names.reverse()});
  }

  render() {
    console.log("Render List Component");
    return (
      <div>
        <ActionButton callback={ this.reverseList }
          text="Reverse Names" />
        { this.state.names.map((name, index) => {
          return <h5 id={ name.toLowerCase() } key={ name }>{ name }</h5>
        })}
      </div>
    )
  }
}
```

id 속성을 추가함으로써 자바스크립트 콘솔에서 엘리먼트를 다루기 쉬워졌다. 이제 자바스크립트 콘솔에서 h5 엘리먼트에 부트스트랩의 배경색 클래스를 할당하는, 리스트 13-14와 같은 구문들을 실행하자.

리스트 13-14 엘리먼트에 클래스 추가

```
document.getElementById("bob").classList.add("bg-primary")
document.getElementById("alice").classList.add("bg-secondary")
document.getElementById("dora").classList.add("bg-info")
```

Reverse Names 버튼을 클릭하면 h5 엘리먼트들의 순서는 바뀌지만, 어떤 엘리먼트도 다시 생성되지 않음을 알 수 있다. 그림 13-8과 같이 말이다.

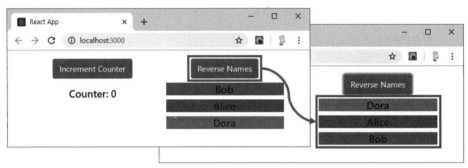

▲ **그림 13-8** 목록 안의 엘리먼트 재정렬

명시적 재조정

재소성 과성은 리액트가 setState 메서드를 통해 변경사항을 통지받아 어떤 데이터가 신부한지 판별하는 작업이다. 그러나 예컨대 외부 데이터가 도착하는 등 애플리케이션 외부에서 발생된 변경사항에 응답해야 할 때, 항상 setState 메서드를 호출할 수 있는 것은 아니다. 그런 상황을 위해 리액트는 forceUpdate라는 메서드를 제공하는데, 이 메서드는 명시적으로 재조정을 실행해 모든 변경사항이 사용자가 보는 콘텐츠에 반영됨을 보장한다. 명시적 재조정을 알아보기 위해 src 폴더에 ExternalCounter.js라는 파일을 만들어 리스트 13-15와 같은 컴포넌트를 정의하자.

리스트 13-15 src/ExternalCounter.js

```javascript
import React, {Component } from "react";
import { ActionButton } from "./ActionButton";

let externalCounter = 0;

export class ExternalCounter extends Component {

  incrementCounter = () => {
    externalCounter++;
    this.forceUpdate();
  }

  render() {
    return (
      <div>
        <ActionButton callback={ this.incrementCounter }
          text="External Counter" />
        <div className="h5 text-center p-2">
          External: { externalCounter }
        </div>
      </div>
    )
  }
}
```

이는 즉시 상태 데이터로서 다룰 수 있는 데이터의 확실한 후보자다. 그러나 모든 실제
상황이 명확한 것은 아니다. 이 컴포넌트의 경우 리액트의 통제 밖에 있는 변수에 의존한
다. 이는 변숫값의 변경이 컴포넌트를 '진부함'으로 표시하지 못하므로 재조정 과정이 시
작되지 않는다는 뜻이다. 그 대신 incrementCounter 메서드는 forceUpdate 메서드를 호출

해 명시적으로 재조정 과정을 시작하고 콘텐츠에 새 값이 반영됨을 보장한다. 이제 이 컴포넌트를 애플리케이션에 포함시키기 위해 App 컴포넌트를 리스트 13-16과 같이 변경하자.

리스트 13-16 src/App.js: 새 컴포넌트 추가

```
import React, { Component } from 'react';
import { Message } from "./Message";
import { List } from "./List";
import { ExternalCounter } from './ExternalCounter';

export default class App extends Component {

  constructor(props) {
    super(props);
    this.state = {
      counter: 0
    }
  }

  incrementCounter = () => {
    this.setState({ counter: this.state.counter + 1 });
  }

  render() {
    console.log("Render App Component");
    return <div className="container text-center">
          <div className="row p-2">
            <div className="col-4">
              <Message message={ `Counter: ${this.state.counter}`}
                callback={ this.incrementCounter }
                text="Increment Counter" />
            </div>
            <div className="col-4">
              <List />
            </div>
            <div className="col-4">
              <ExternalCounter />
            </div>
          </div>
```

```
            </div>
        }
    }
```

새 컴포넌트는 애플리케이션 화면 안의 오른쪽에 배치된다. 이제 External Counter 버튼을 누르면 컴포넌트는 '진부함'으로 표시되고, 그 결과 그림 13-9와 같이 재조정이 실행된다.

▲ 그림 13-9 명시적 재조정

컴포넌트 생명주기

클래스 기반의 상태 유지 컴포넌트는 대개 생성자와 render 메서드를 구현한다. 생성자의 역할은 주로 부모로부터 props를 받는 일과 상태 데이터를 정의하는 일이다. render 메서드는 애플리케이션이 시작될 때와 갱신될 때 콘텐츠를 생산하는 역할을 한다.

상태 유지 컴포넌트는 리액트로부터 호출될 수 있는 메서드들을 구현함으로써 거대한 생명주기에 참여할 수 있는데, 생성자와 render 메서드는 그런 생명주기의 일부일 뿐이다. 이 절에선 컴포넌트 생명주기의 각 단계와 그 단계에서 자동으로 호출되는 메서드들을 설명한다. 빠른 참조를 위해 표 13-3에서 흔히 사용되는 생명주기 메서드들을 정리했다. 또한 세 개의 고급 생명주기 메서드가 있는데, 이는 '고급 생명주기 메서드' 절에서 설명할 것이다.

참고

'이펙트 훅' 절에선 훅을 사용해 함수형 컴포넌트의 생명주기 기능에 접근하는 자세한 방법을 설명할 것이다.

표 13-3 상태 유지 컴포넌트의 생명주기 메서드

메서드	설명
constructor	컴포넌트 클래스의 새 인스턴스가 생성될 때 호출되는, '생성자'라고 하는 특별한 메서드다.
rondor	리액트가 컬포너트의 콘테츠를 유구할 때 호출된다.
componentDidMount	컴포넌트의 초기 렌더링 작업이 완료된 후 호출된다.
componentDidUpdate	콘텐츠 갱신을 위한 재조정 과정이 끝난 후 호출된다.
componentWillUnmount	컴포넌트가 제거되기 전에 호출된다.
componentDidCatch	에러를 다룰 때 사용되는 메서드로서, 14장에서 설명할 것이다.

마운트 단계

리액트가 처음으로 컴포넌트를 생성하고 콘텐츠를 렌더링하는 단계를 **마운트 단계**^{mounting} ^{phase}라고 한다. 컴포넌트가 마운트 단계에 참여하기 위해 일반적으로 구현하는 세 개의 메서드가 있다. 그림 13-10을 보자.

▲ 그림 13-10 마운트 단계

생성자는 리액트가 컴포넌트의 새 인스턴스를 생성하고자 할 때 호출된다. 생성자에선 부모로부터 props를 받는 일, 상태 데이터를 정의하는 일, 그 밖의 준비 작업 등을 수행할 수 있다.

그다음 render 메서드는 컴포넌트가 리액트에게 DOM에 추가될 콘텐츠를 제공하고자 할 때 호출된다. DOM에 콘텐츠 추가가 마지막으로 완료되면 리액트는 componentDidMount 메서드를 호출한다.

componentDidMount 메서드에선 일반적으로 웹 서비스로부터 데이터를 받기 위한 비동기식 요청, 즉 에이잭스[Ajax] 요청을 수행한다. 이는 3부에서 실습해볼 것이므로, 여기선 리스트 13-17과 같이 자바스크립트 콘솔에 메시지를 출력하는 코드를 Message 컴포넌트의 componentDidMount 메서드에 작성하자.

리스트 13-17 src/Message.js: 생명주기 메서드 구현

```
import React, { Component } from "react";
import { ActionButton } from "./ActionButton";

export class Message extends Component {

  constructor(props) {
    super(props);
    this.state = {
      showSpan: false
    }
  }

  handleClick = (event) => {
    this.setState({ showSpan: !this.state.showSpan });
    this.props.callback(event);
  }

  getMessageElement() {
    let div = <div id="messageDiv" className="h5 text-center p-2">
                { this.props.message }
              </div>
    return this.state.showSpan ? <span>{ div } </span> : div;
  }

  render() {
    console.log(`Render Message Component `);
    return (
```

```
      <div>
        <ActionButton theme="primary" {...this.props}
          callback={ this.handleClick } />
        { this.getMessageElement() }
      </div>
    )
  }

  componentDidMount() {
    console.log("componentDidMount Message Component");
  }
}
```

변경된 Message 컴포넌트의 코드를 저장하면, 애플리케이션이 갱신됨에 따라 자바스크립트 콘솔의 메시지를 통해 componentDidMount 메서드가 호출됐음을 알 수 있다.

```
...
Render App Component
Render Message Component
Render ActionButton (Increment Counter) Component
Render List Component
Render ActionButton (Reverse Names) Component
Render ActionButton (External Counter) Component
componentDidMount Message Component
...
```

보다시피 컴포넌트의 모든 render 메서드가 실행된 다음에 componentDidMount 메서드가 호출됐다. componentDidMount 메서드는 애플리케이션이 시작될 때 리액트가 컴포넌트의 새 인스턴스를 얻기 위해 호출된다. 그러나 예컨대 리스트 13-18처럼 어떤 콘텐츠가 조건에 따라 렌더링되는 경우, 애플리케이션이 실행 중일 때도 컴포넌트의 인스턴스가 필요할 때엔 마운트 단계가 진행된다.

리스트 13-18 src/App.js: 조건에 따른 렌더링

```
import React, { Component } from 'react';
import { Message } from "./Message";
```

```
import { List } from "./List";
import { ExternalCounter } from './ExternalCounter';

export default class App extends Component {

  constructor(props) {
    super(props);
    this.state = {
      counter: 0,
      showMessage: true
    }
  }

  incrementCounter = () => {
    this.setState({ counter: this.state.counter + 1 });
  }

  handleChange = () => {
    this.setState({ showMessage: !this.state.showMessage });
  }

  render() {
    console.log("Render App Component");
    return (
      <div className="container text-center">
        <div className="row p-2">
          <div className="col-4">
            <div className="form-check">
              <input type="checkbox" className="form-check-input"
                checked={ this.state.showMessage }
                onChange={ this.handleChange } />
              <label className="form-check-label">Show</label>
            </div>
            { this.state.showMessage &&
              <Message message={ `Counter: ${this.state.counter}`}
                callback={ this.incrementCounter }
                text="Increment Counter" />
            }
          </div>
          <div className="col-4">
            <List />
```

```
          </div>
          <div className="col-4">
            <ExternalCounter />
          </div>
        </div>
      </div>
    )
  }
}
```

여기선 체크박스 하나를 추가했으며 onChange 프로퍼티에 handleChange 메서드를 등록했다. handleChange는 체크박스가 토글될 때 발생하는 이벤트를 받기 위한 메서드다. 체크박스는 결과적으로 그림 13-11과 같이 Message 컴포넌트의 가시성을 제어하기 위해 사용됐다.

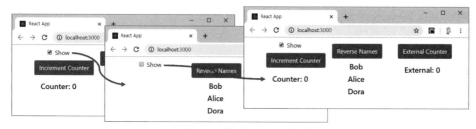

▲ 그림 13-11 컴포넌트의 가시성 제어

체크박스가 토글될 때마다 리액트는 새 Message 객체를 생성하며, 차례로 생성자, render, componentDidMount 메서드를 호출하는 마운트 단계를 거친다. 이는 자바스크립트 콘솔에 출력된 메시지를 봐도 확인할 수 있다.

업데이트 단계

리액트가 변경사항에 대해 응답해 재조정을 수행하는 과정을 **업데이트 단계**update phase라고 한다. 업데이트 단계에선 그림 13-12와 같이 컴포넌트로부터 콘텐츠를 얻기 위해 render 메서드가 호출되고, 재조정 과정이 끝나면 componentDidUpdate 메서드가 호출된다.

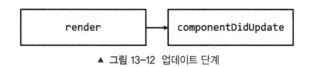

▲ 그림 13-12 업데이트 단계

componentDidUpdate 메서드는 주로 리액트의 ref라는 기능을 사용해 DOM 안의 HTML
엘리먼트를 직접 조작하는 일에 사용된다. 이는 16장에서 설명할 것이므로, 여기선 리스
트 13-19와 같이 자바스크립트 콘솔에 메시지를 출력하는 코드를 Message 컴포넌트의
componentDidUpdate 메서드에 작성하자.

> **팁**
>
> componentDidUpdate 메서드는 재조정 과정에서 컴포넌트가 만든 콘텐츠에 변경사항이 없다고 판
> 단돼도 여전히 호출된다.

리스트 13-19 src/Message.js: 생명주기 메서드 구현

```javascript
import React, { Component } from "react";
import { ActionButton } from "./ActionButton";

export class Message extends Component {

  // 편의상 다른 메서드들은 생략함

  componentDidMount() {
    console.log("componentDidMount Message Component");
  }

  componentDidUpdate() {
    console.log("componentDidUpdate Message Component");
  }
}
```

마운트 단계를 통한 초기 렌더링 작업 이후의 어떤 render 메서드 호출이든, 리액트가 재
조정 과정을 완료하고 DOM을 갱신하면 componentDidUpdate 메서드가 호출된다.

Increment Counter 버튼을 클릭하면 업데이트 단계가 시작돼, 자바스크립트 콘솔에서 다음과 같은 메시지를 보게 될 것이다.

```
...
Render App Component
Render Message Component
Render ActionButton (Increment Counter) Component
Render List Component
Render ActionButton (Reverse Names) Component
Render ActionButton (External Counter) Component
componentDidUpdate Message Component
...
```

언마운트 단계

컴포넌트가 제거돼야 하는 시점인 **언마운트 단계**^{unmounting phase}에 왔을 때 리액트는 componentWillUnmount 메서드를 호출한다. 이 메서드는 자원 반환, 네트워크 연결 종료, 비동기 작업 중단 등을 할 수 있는 기회를 컴포넌트에 제공한다. 이번에도 마찬가지로 리스트 13-20과 같이 자바스크립트 콘솔에 메시지를 출력하는 코드를 Message 컴포넌트의 componentWillUnmount 메서드에 작성하자.

리스트 13-20 src/Message.js: 생명주기 메서드 구현

```
import React, { Component } from "react";
import { ActionButton } from "./ActionButton";

export class Message extends Component {

  // 편의상 다른 메서드들은 생략함

  componentDidMount() {
    console.log("componentDidMount Message Component");
  }

  componentDidUpdate() {
    console.log("componentDidUpdate Message Component");
```

```
    }

    componentWillUnmount() {
      console.log("componentWillUnmount Message Component");
    }
  }
```

컴포넌트를 언마운트 단계에 진입시키려면 리스트 13-18에서 추가했던 체크박스의 체크를 해제하면 된다. 리액트는 App 컴포넌트가 렌더링한 새 콘텐츠를 재조정하면서 Message 컴포넌트가 더 이상 필요하지 않다고 판단하고, 객체를 제거하기 전에 componentWillUnmount 메서드를 호출한다. 따라서 자바스크립트 콘솔에서 다음과 같은 메시지를 볼 수 있을 것이다.

```
...
Render App Component
Render List Component
Render ActionButton (Reverse Names) Component
Render ActionButton (External Counter) Component
componentWillUnmount Message Component
...
```

리액트는 한번 언마운트된 컴포넌트는 재사용하지 않는다. 체크박스를 다시 체크하는 경우처럼 다시 동일한 컴포넌트가 필요하다면 새 객체를 만들어 마운트 단계를 수행한다. 이는 컴포넌트의 초기화가 항상 생성자와 componentDidMount 메서드에서 이뤄져야 하며, 결코 컴포넌트 객체가 언마운트 단계로부터 다시 복구될 수 없다는 뜻이다.

이펙트 훅

함수형 컴포넌트의 경우 생명주기 메서드를 구현할 수 없으며, 앞에서 배운 동일한 방식으로 생명주기에 참여할 수 없다. 이런 상황을 위해 제공되는 이펙트 훅effect hook이라는 기능이 있는데, 이는 대략적으로 componentDidMount, componentDidUpdate, componentWillUnmount

메서드와 비슷한 역할을 한다. 그럼 이펙트 훅을 사용해보기 위해 src 폴더에 Hooks
Message.js라는 파일을 만들어 리스트 13–21과 같은 코드를 작성하자.

리스트 13–21 src/HooksMessage.js

```
import React, { useState, useEffect} from "react";
import { ActionButton } from "./ActionButton";

export function HooksMessage(props) {
  const [showSpan, setShowSpan] = useState(false);

  useEffect(() => console.log("useEffect function invoked"));

  const handleClick = (event) => {
    setShowSpan(!showSpan);
    props.callback(event);
  }

  const getMessageElement = () => {
    let div = <div id="messageDiv" className="h5 text-center p-2">
                { props.message }
              </div>
    return showSpan ? <span>{ div } </span> : div;
  }

  return (
    <div>
      <ActionButton theme="primary" {...props} callback={ handleClick } />
      { getMessageElement() }
    </div>
  )
}
```

이 컴포넌트는 Message 컴포넌트와 동일한 기능을 제공하지만, 훅을 사용하는 함수형 컴
포넌트로 작성됐다. useEffect 함수는 컴포넌트가 마운트, 업데이트, 언마운트될 때 호
출되는 함수를 등록하기 위해 사용된다. 세 가지 상황에서 모두 동일한 함수가 호출되
는데, 이는 클래스 기반의 컴포넌트와는 달리 함수형 컴포넌트의 본질이 반영된 결과

다. 이제 리스트 13-22와 같이 App 컴포넌트가 렌더링하는 콘텐츠에 새 컴포넌트를 추가하자.

리스트 13-22 src/App.js: 새 컴포넌트 추가

```
import React, { Component } from 'react';
import { Message } from "./Message";
import { List } from "./List";
import { ExternalCounter } from './ExternalCounter';
import { HooksMessage } from './HooksMessage';

export default class App extends Component {

  constructor(props) {
    super(props);
    this.state = {
      counter: 0,
      showMessage: true
    }
  }

  incrementCounter = () => {
    this.setState({ counter: this.state.counter + 1 });
  }

  handleChange = () => {
    this.setState({ showMessage: !this.state.showMessage });
  }

  render() {
    console.log("Render App Component");
    return (
      <div className="container text-center">
        <div className="row p-2">
          <div className="col-4">
            <div className="form-check">
              <input type="checkbox" className="form-check-input"
                checked={ this.state.showMessage }
                onChange={ this.handleChange } />
              <label className="form-check-label">Show</label>
```

```
        </div>
        { this.state.showMessage &&
          <div>
            <Message message={ `Counter: ${this.state.counter}` }
              callback={ this.incrementCounter }
              text="Increment Counter" />
            <HooksMessage
              message={ `Counter: ${this.state.counter}` }
              callback={ this.incrementCounter }
              text="Increment Counter" />
          </div>
        }
      </div>
      <div className="col-4">
        <List />
      </div>
      <div className="col-4">
        <ExternalCounter />
      </div>
    </div>
  </div>
)
}
}
```

컴포넌트 코드를 저장하고 자바스크립트 콘솔을 통해 메시지를 확인하자. 컴포넌트가 마운트되거나 업데이트될 때 이펙트 혹 함수가 호출됨을 볼 수 있을 것이다.

```
...
Render List Component
Render ActionButton (Reverse Names) Component
Render ActionButton (External Counter) Component
componentDidMount Message Component
useEffect function invoked
...
```

useEffect에 전달된 함수는 컴포넌트가 언마운트될 때 호출될, 즉 componentWillUnmount 메서드와 비슷한 역할을 하는 정리 함수를 리턴할 수 있다. 이를 확인하기 위해 HooksMessage 컴포넌트를 리스트 13-23과 같이 수정하자.

리스트 13-23 src/HooksMessage.js: 정리 함수 사용

```jsx
import React, { useState, useEffect} from "react";
import { ActionButton } from "./ActionButton";

export function HooksMessage(props) {
  const [showSpan, setShowSpan] = useState(false);

  useEffect(() => {
    console.log("useEffect function invoked")
    return () => console.log("useEffect cleanup");
  });

  const handleClick = (event) => {
    setShowSpan(!showSpan);
    props.callback(event);
  }

  const getMessageElement = () => {
    let div = <div id="messageDiv" className="h5 text-center p-2">
                { props.message }
              </div>
    return showSpan ? <span>{ div } </span> : div;
  }

  return (
    <div>
      <ActionButton theme="primary" {...props} callback={ handleClick } />
      { getMessageElement() }
    </div>
  )
}
```

이제 화면에서 체크박스를 해제하면 자바스크립트 콘솔에서 다음과 같은 메시지를 볼 수 있을 것이다.

```
...
Render ActionButton (Reverse Names) Component
Render ActionButton (External Counter) Component
componentWillUnmount Message Component
useEffect cleanup
...
```

고급 생명주기 메서드

앞서 설명한 메서드들은 많은 프로젝트에서 유용하게 쓰인다. 특히 componentDidMount 메서드는 3부에서도 실습할, 원격 데이터의 요청에 많이 사용된다. 그 외에도 리액트는 클래스 기반의 컴포넌트에서 사용할 수 있는 고급 생명주기 메서드를 제공한다. 이들 메서드는 앞으로 설명할 특정 상황에서 유용하며, 그중 하나는 16장에서 설명할 ref 기능과 함께 사용된다. 앞으로 알아볼 고급 생명주기 메서드를 표 13-4에서 정리했다.

표 13-4 고급 생명주기 메서드

메서드	설명
shouldComponentUpdate	컴포넌트가 업데이트돼야 하는지 알려준다.
getDerivedStateFromProps	부모로부터 받은 props를 기준으로 상태 데이터를 갱신한다.
getSnapshotBeforeUpdate	재조정 과정에서 DOM이 갱신되기 전에, 상태와 관련된 정보를 가져온다. 이는 ref 기능과 함께 사용되는데, 16장에서 자세히 설명할 것이다.

불필요한 컴포넌트 업데이트의 방지

리액트는 기본적으로 상태 데이터가 변경될 때마다 컴포넌트를 '진부함'으로 표시하고 그 콘텐츠를 렌더링한다. 또한 이전 예제에서 봤듯 컴포넌트의 상태가 자식에게 props로서 전달될 수 있으므로, 자식 컴포넌트들 역시 렌더링한다.

컴포넌트는 shouldComponentUpdate 메서드를 구현함으로써 그와 같은 리액트의 기본 동작 대신 새로운 동작을 정의할 수 있다. 이는 렌더링이 필요하지 않은 상황에서도 render 메서드를 호출하는 일을 방지함으로써 애플리케이션의 성능을 향상한다.

shouldComponentUpdate 메서드는 업데이트 단계에서 호출되며, 그 결과 그림 13-13과 같이 컴포넌트의 새 콘텐츠를 렌더링할지 판단한다. shouldComponentUpdate 메서드의 인자는 새 props와 상태 객체인데, 이는 기존 값들과 비교하기 위해서다. shouldComponentUpdate 메서드가 true를 리턴하면 리액트는 업데이트 단계를 계속 진행한다. 반면에 shouldComponentUpdate 메서드가 false를 리턴하면 리액트는 업데이트 단계를 중단하며, 따라서 render와 componentDidUpdate 메서드는 호출되지 않는다.

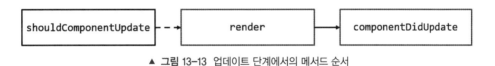

▲ 그림 13-13 업데이트 단계에서의 메서드 순서

이제 message prop의 값이 변경되지 않았다면 업데이트 단계를 진행하지 못하도록, 리스트 13-24와 같이 Message 컴포넌트의 showComponentUpdate 메서드를 구현하자(편의상 기존의 생명주기 메서드들은 제거했다).

리스트 13-24 src/Message.js: 불필요한 업데이트 방지

```js
import React, { Component } from "react";
import { ActionButton } from "./ActionButton";

export class Message extends Component {

  constructor(props) {
    super(props);
    this.state = {
      showSpan: false
    }
  }

  handleClick = (event) => {
    this.setState({ showSpan: !this.state.showSpan });
```

```
      this.props.callback(event);
    }

    getMessageElement() {
      let div = <div id="messageDiv" className="h5 text-center p-2">
                    { this.props.message }
                </div>
      return this.state.showSpan ? <span>{ div } </span> : div;
    }

    render() {
      console.log(`Render Message Component `);
      return (
        <div>
          <ActionButton theme="primary" {...this.props}
            callback={ this.handleClick } />
          { this.getMessageElement() }
        </div>
      )
    }

    shouldComponentUpdate(newProps, newState) {
      let change = newProps.message !== this.props.message;
      if (change) {
        console.log(`shouldComponentUpdate ${this.props.text}: Update Allowed`)
      } else {
        console.log(`shouldComponentUpdate ${this.props.text}: Update Prevented`)
      }
      return change;
    }
  }
}
```

그다음엔 상태 데이터를 props로서 받아 변경하는 두 개의 Message 컴포넌트를 사용하도록 App 컴포넌트를 리스트 13-25와 같이 변경하자.

리스트 13-25 src/App.js: 컴포넌트 나란히 보여주기

```
import React, { Component } from 'react';
import { Message } from "./Message";
//import { List } from "./List";
```

```
//import { ExternalCounter } from './ExternalCounter';

export default class App extends Component {

  constructor(props) {
    super(props);
    this.state = {
      counterLeft: 0,
      counterRight: 0
    }
  }

  incrementCounter = (counter) => {
    if (counter === "left") {
      this.setState({ counterLeft: this.state.counterLeft + 1});
    } else {
      this.setState({ counterRight: this.state.counterRight+ 1});
    }
  }

  render() {
    console.log("Render App Component");
    return (
      <div className="container text-center">
        <div className="row p-2">
          <div className="col-6">
            <Message
              message={ `Left: ${this.state.counterLeft}`}
              callback={ () => this.incrementCounter("left") }
              text="Increment Left Counter" />
          </div>
          <div className="col-6">
            <Message
              message={ `Right: ${this.state.counterRight}`}
              callback={ () => this.incrementCounter("right") }
              text="Increment Right Counter" />
          </div>
        </div>
      </div>
    )
  }
}
```

App 컴포넌트가 렌더링하는 새 콘텐츠는 그림 13-14와 같이 두 Message 컴포넌트를 나란히 보여준다. 어떤 버튼을 클릭하든 해당 컴포넌트의 카운터만 증가한다.

▲ 그림 13-14 컴포넌트 나란히 보여주기

리액트의 기본 동작을 따르면 counterLeft와 counterRight 중 하나의 상태 데이터 값이 변경되면 두 Message 컴포넌트 모두 렌더링된다. 즉, 두 컴포넌트 중 하나는 불필요한 렌더링 작업이 수행된다는 말이다. 그러나 리스트 13-25와 같이 shouldComponentUpdate 메서드를 구현함으로써 기본 동작을 막고 변경사항이 있는 컴포넌트만 업데이트되게 했다. 두 버튼 중 하나를 클릭하면 shouldComponentUpdate가 하나의 컴포넌트 업데이트를 방지했다는 메시지를 자바스크립트 콘솔에서 볼 수 있을 것이다.

```
...
Render App Component
shouldComponentUpdate Increment Left Counter: Update Allowed
Render Message Component
Render ActionButton (Increment Left Counter) Component
shouldComponentUpdate Increment Right Counter: Update Prevented
...
```

props 값으로부터 상태 데이터 갱신

getDerivedStateFromProps 메서드는 그림 13-15와 같이 마운트 단계에서는 render 메서드 호출 전에, 업데이트 단계에서는 shouldComponentUpdate 메서드 전에 호출된다. getDerivedStateFromProps 메서드는 콘텐츠가 렌더링되기 전에 prop 값을 사용해 상태 데이터를 갱신할 수 있는 기회를 제공하며, 특히 prop 값이 변경되면 그 동작에 영향을 받는 컴포넌트를 위해 고안됐다.

▲ 그림 13-15 props로부터 상태 데이터 갱신

getDerivedStateFromProps는 정적 메서드로서, 인스턴스 메서드나 프로퍼티에서 this 키워드를 사용해 접근할 수 없다. 그 대신 이 메서드는 props와 state 객체를 인자로 받는다. props 객체에는 부모 컴포넌트로부터 받은 prop 값들이, state 객체에는 현재의 상태 데이터가 포함돼 있다. getDerivedStateFromProps 메서드는 props 데이터를 기준으로 갱신된 새 state 객체를 리턴한다.

이 메서드를 사용하기 위해 src 폴더에 DirectionDisplay.js라는 파일을 만들어 리스트 13-26과 같은 컴포넌트를 정의하자.

리스트 13-26 src/DirectionDisplay.js

```
import React, { Component } from "react";

export class DirectionDisplay extends Component {

  constructor(props) {
    super(props);
    this.state = {
      direction: "up",
      lastValue: 0
    }
  }

  getClasses() {
    return (this.state.direction === "up" ? "bg-success" : "bg-danger")
      + " text-white text-center p-2 m-2";
  }
```

```
  render() {
    return <h5 className={ this.getClasses() }>
             { this.props.value }
           </h5>
  }

  static getDerivedStateFromProps(props, state) {
    if (props.value !== state.lastValue) {
      return {
        lastValue: props.value,
        direction: state.lastValue > props.value ? "down" : "up"
      }
    }
    return state;
  }
}
```

이 컴포넌트는 숫자 값을 보여주는데, 현재의 값이 직전 값보다 크거나 작음에 따라 각기 다른 배경색이 적용된다. getDerivedStateFromProps 메서드는 새 props와 현재의 상태 데이터를 받는다. 또한 새 상태 데이터 객체를 만들어 여기에 props의 값과 직전 값을 비교한 결과인 direction 프로퍼티를 포함시킨다. 이제 props의 값을 변경할 수 있는 버튼들과 DirectionDisplay 컴포넌트를 렌더링할 수 있도록 App 컴포넌트를 리스트 13-27과 같이 변경하자.

리스트 13-27 src/App.js: 새 컴포넌트 렌더링

```
import React, { Component } from 'react';
//import { Message } from "./Message";
import { DirectionDisplay } from './DirectionDisplay';

export default class App extends Component {

  constructor(props) {
    super(props);
    this.state = {
      counter: 100
    }
```

```
    }

    changeCounter = (val) => {
      this.setState({ counter: this.state.counter + val })
    }

    render() {
      console.log("Render App Component");
      return (
        <div className="container text-center">
          <DirectionDisplay value={ this.state.counter } />
          <div className="text-center">
            <button className="btn btn-primary m-1"
              onClick={ () => this.changeCounter(-1)}>Decrease</button>
            <button className="btn btn-primary m-1"
              onClick={ () => this.changeCounter(1)}>Increase</button>
          </div>
        </div>
      )
    }
}
```

이로써 그림 13-16과 같이 DirectionDisplay 컴포넌트의 배경색은 getDerivedState
FromProps 메서드의 결과에 따라 변경된다.

> **🔥 팁**
>
> 오직 props의 값이 다른 경우에만 새로운 상태 데이터 객체를 만들고 있음에 주목하자. 조상의 상태
> 가 변경되면 컴포넌트가 업데이트 단계로 진입된다는 점을 기억하기 바란다. 이는 비록 현재 의존하는
> props의 값은 변경되지 않았더라도 getDerivedStateFromProps 메서드가 호출될 수 있다는 뜻이다.

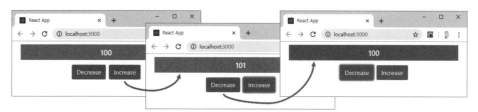

▲ 그림 13-16 props로부터 상태 데이터 갱신

정리

13장에선 리액트가 재조정 과정을 통해 콘텐츠를 다루는 방법을 설명했다. 또한 방대한 컴포넌트 생명주기, 생명주기 메서드를 구현함으로써 상태 유지 컴포넌트가 통보를 받는 방법을 살펴봤다. 14장에선 컴포넌트를 조합해 복잡한 기능을 완성할 수 있는 여러 방법을 설명한다.

애플리케이션 컴포지션

14장에선 컴포넌트를 조합해 복잡한 기능을 만드는 방법들을 설명한다. 이와 같은 컴포지션composition 패턴들을 조합해 사용할 수 있으며, 가장 편안한 접근법을 취하면서도 여러 문제들에 맞설 수 있다는 사실을 알게 될 것이다. 표 14-1에서 애플리케이션 컴포지션의 맥락을 정리했다.

표 14-1 애플리케이션 컴포지션의 맥락 잡기

질문	답변
그게 무엇인가?	애플리케이션 컴포지션이란 복잡한 기능을 만들기 위한 컴포넌트의 조합을 말한다.
왜 유용한가?	컴포지션은 작고 간단한 컴포넌트들을 작성해 그들을 조합하기 전에 개별적으로 테스트하게 함으로써 애플리케이션 개발을 쉽게 해준다.
어떻게 사용하는가?	여러 패턴들을 사용할 수 있지만, 기본적인 방식은 여러 컴포넌트를 결합하는 것이다.
문제점이나 제약사항이 있는가?	C#이나 자바처럼 클래스로부터 기능을 파생시키는 방식에 익숙하다면, 컴포지션 패턴이 어색할 수 있다. 많은 문제가 다양한 패턴에 의해 해결될 수 있지만, 대신 결정 장애를 유발할 수 있다.
대체재가 있는가?	애플리케이션에서 필요한 모든 기능을 하나의 컴포넌트, 즉 모놀리식 컴포넌트(monolithic component)로 작성할 수도 있을 것이다. 대신 프로젝트의 관리와 테스트가 곤란해지겠지만 말이다.

표 14-2에선 14장의 내용을 요약했다.

표 14-2 14장 요약

과제	해법	리스트 번호
부모 컴포넌트로부터 받은 콘텐츠 보여주기	children prop을 사용한다.	8, 9
children prop을 통해 받은 컴포넌트 다루기	React.children prop을 사용한다.	10, 11
기존 컴포넌트 개선하기	특성화 컴포넌트나 고차 컴포넌트(HOC)로 만든다.	12~18
HOC들 조합하기	함수 호출을 연쇄적으로 묶는다.	19, 20
렌더링될 콘텐츠를 컴포넌트에 제공하기	렌더링 prop을 사용한다.	21~24
prop 스레딩(prop threading)을 하지 않고 데이터와 함수 전달하기	컨텍스트를 사용한다.	25~34
렌더링 prop을 사용하지 않고 컨텍스트 소비하기	클래스 기반의 컴포넌트를 위한 컨텍스트 API나, 함수형 컴포넌트를 위한 useContext 훅을 사용한다.	35, 36
에러로 인한 애플리케이션 언마운트 방지하기	에러 경계(error boundary) 컴포넌트를 사용한다.	37~39

준비 작업

14장에서 필요한 예제 프로젝트를 만들기 위해 명령 프롬프트에서 적당한 위치로 이동해 리스트 14-1과 같은 명령을 실행하자.

 팁

이 책의 모든 예제 파일은 http://www.acornpub.co.kr/book/pro-react16에서 다운로드할 수 있다.

리스트 14-1 프로젝트 생성

```
npx create-react-app composition
```

이제 생성된 composition 폴더 안으로 들어가 리스트 14-2와 같이 명령을 실행해 부트스트랩 CSS 프레임워크를 설치하자.

리스트 14-2 부트스트랩 CSS 프레임워크 설치

```
cd composition
npm install bootstrap@4.1.2
```

애플리케이션에 부트스트랩 CSS 스타일시트를 포함시키려면 src 폴더 안의 index.js에 리스트 14-3과 같이 구문을 추가하면 된다.

리스트 14-3 src/index.js: 부트스트랩 추가

```
import React from 'react';
import ReactDOM from 'react-dom';
import './index.css';
import App from './App';
import * as serviceWorker from './serviceWorker';
import 'bootstrap/dist/css/bootstrap.css';

ReactDOM.render(<App />, document.getElementById('root'));

// 앱이 오프라인에서 더 빠르게 작동되기 원한다면 아래의 unregister()를 register()로 바꾸면 된다.
// 그러나 주의사항이 있으므로 다음 페이지를 참고하기 바란다.
// https://facebook.github.io/create-react-app/docs/making-a-progressive-web-app
serviceWorker.unregister();
```

예제 컴포넌트 작성

src 폴더에 ActionButton.js라는 파일을 만들어 리스트 14-4와 같은 콘텐츠를 추가하자.

리스트 14-4 src/ActionButton.js

```
import React, { Component } from "react";

export class ActionButton extends Component {

  render() {
```

```
        console.log(`Render ActionButton (${this.props.text}) Component `);
        return <button className="btn btn-primary m-2"
                onClick={ this.props.callback }>
                { this.props.text }
            </button>
    }
}
```

이는 13장에서 사용했던 동일한 버튼 컴포넌트로서, props를 통한 설정을 적용하고 클릭 이벤트에 대한 응답으로 호출되는 함수 하나를 포함한다. 이제 src 폴더에 Message.js 라는 파일을 만들어 리스트 14-5와 같은 콘텐츠를 추가하자

리스트 14-5 src/Message.js

```
import React, { Component } from "react";

export class Message extends Component {

  render() {
    return (
      <div className={`h5 bg-${this.props.theme } text-white p-2`}>
        { this.props.message }
      </div>
    )
  }
}
```

이 컴포넌트는 prop으로 받은 메시지를 화면에 보여준다. 마지막으로 App.js 파일의 내용을 리스트 14-6과 같이 작성하자. App 컴포넌트가 다른 컴포넌트를 사용하는 콘텐츠를 렌더링하고, Message 컴포넌트에 필요한 상태 데이터를 정의하도록 말이다.

리스트 14-6 src/App.js

```
import React, { Component } from 'react';
import { Message } from "./Message";
import { ActionButton } from './ActionButton';
```

```
export default class App extends Component {

  constructor(props) {
    super(props);
    this.state = {
      counter: 0
    }
  }

  incrementCounter = () => {
    this.setState({ counter: this.state.counter + 1 });
  }

  render() {
    return <div className="m-2 text-center">
            <Message theme="primary"
              message={ `Counter: ${this.state.counter}`} />
            <ActionButton theme="secondary"
              text="Increment" callback={ this.incrementCounter } />
          </div>
  }
}
```

App 컴포넌트는 Message와 ActionButton 컴포넌트를 보여주는 콘텐츠를 렌더링하며, 버튼이 클릭되면 Message 컴포넌트에 전달한 counter 상태 데이터 값을 갱신한다.

이제 개발 도구를 시작하기 위해 명령 프롬프트에서 composition 폴더로 이동해 리스트 14-7의 명령을 실행하자.

리스트 14-7 개발 도구 실행

```
npm start
```

잠시 동안의 초기 컴파일 과정이 끝나면 새 브라우저 창이 열리고, 그림 14-1과 같이 http://localhost:3000 URL의 콘텐츠가 보일 것이다.

▲ 그림 14-1 실행된 예제 애플리케이션

기본 컴포닌트 판계

14장의 예제 프로젝트에는 단순한 컴포넌트들이 사용되지만, 컴포넌트들은 리액트 개발에 있어서의 기본적인 관계를 보여준다. 요컨대, 부모 컴포넌트는 데이터 props로 자식 컴포넌트를 설정한다. 또한 함수 props를 통해 알림을 받아 상태 데이터를 변경하고 업데이트 단계를 시작한다. 그림 14-2를 보자.

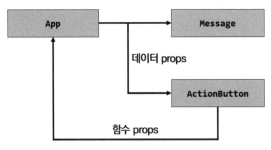

▲ 그림 14-2 기본 컴포넌트 관계

이런 관계는 리액트 개발에 있어서의 근간이자, 애플리케이션의 기능을 분배하는 기본 패턴이다. 이 패턴은 간단한 예제에선 이해하기 쉬우나, 좀 더 복잡한 상황에선 사용법이 덜 분명하며, 코드와 데이터의 중복 없이 상태 데이터, props, 콜백 함수를 위치시키고 분배하는 방법을 알기엔 너무 어렵다.

children prop 사용하기

리액트는 부모가 제공한 콘텐츠를 보여줘야 하지만 그 콘텐츠가 뭔지 미리 알 수 없는 경우에 사용할 수 있는, children이라는 특별한 prop을 제공한다. 이는 애플리케이션 전반에 걸쳐 재사용할 수 있는 기능을 컨테이너 안에 표준화함으로써 코드 중복을 줄일 수 있는 유용한 방법이다. 이를 확인하기 위해 src 폴더에 ThemeSelector.js라는 파일을 만들어 리스트 14-8과 같은 컴포넌트를 정의하자.

리스트 14-8 src/ThemeSelector.js

```
import React, { Component } from "react";

export class ThemeSelector extends Component {

  render() {
    return (
      <div className="bg-dark p-2">
        <div className="bg-info p-2">
          { this.props.children }
        </div>
      </div>
    )
  }
}
```

이 컨테이너 컴포넌트는 children prop 값을 갖는 표현식을 포함하는 두 개의 div 엘리먼트를 렌더링한다. 그럼 children prop이 제공하는 콘텐츠를 화면에서 보여주기 위해 리스트 14-9와 같이 App 컴포넌트에 ThemeSelector를 적용하자.

리스트 14-9 src/App.js: 컨테이너 컴포넌트 추가

```
import React, { Component } from 'react';
import { Message } from "./Message";
import { ActionButton } from './ActionButton';
import { ThemeSelector } from './ThemeSelector';

export default class App extends Component {
```

```
  constructor(props) {
    super(props);
    this.state = {
      counter: 0
    }
  }

  incrementCounter = () => {
    this.setState({ counter: this.state.counter + 1 });
  }

  render() {
    return <div className="m-2 text-center">
            <ThemeSelector>
              <Message theme="primary"
                message={ `Counter: ${this.state.counter}`} />
              <ActionButton theme="secondary"
                text="Increment" callback={ this.incrementCounter } />
            </ThemeSelector>
          </div>
  }
}
```

App 컴포넌트는 ThemeSelector 컨테이너 컴포넌트의 처음과 끝 태그 사이에 Message와
ActionButton 컴포넌트를 콘텐츠로 넣었다. 리액트는 App 컴포넌트가 렌더링하는 콘텐츠
를 처리할 때, ThemeSelector 태그 사이의 콘텐츠를 props.children 프로퍼티에 할당해 그
림 14–3과 같은 결과를 보여줄 것이다.

▲ 그림 14–3 컨테이너 컴포넌트

지금의 ThemeSelector 컴포넌트에 많은 콘텐츠를 추가한 것은 아니지만, 적어도 App 컴포넌트가 제공한 콘텐츠의 컨테이너 역할을 하는 원리는 이해할 수 있을 것이다.

children prop 다루기

children prop은 컴포넌트가 자식에게 서비스를 제공할 수 있을 때 유용하지만, 자식이 제공하는 것에 대해 알지 못하는 경우엔 사용하기 어렵다. 리액트는 그런 제약을 극복할 수 있도록 컨테이너가 자식을 다룰 때 사용할 수 있는, 표 14-3과 같은 메서드들을 제공한다.

표 14-3 컨테이너 메서드

메서드	설명
React.Children.map	각 자식에 대해 함수를 호출하고, 그 결과들을 배열로 리턴한다.
React.Children.forEach	각 자식에 대해 함수를 호출하지만 배열을 리턴하지는 않는다.
React.Children.count	자식의 개수를 리턴한다.
React.Children.only	단 하나의 자식이 아닐 경우 오류를 발생시킨다.
React.Children.toArray	이 메서드는 자식의 배열을 리턴하는데, 엘리먼트를 재정렬하거나 부분 제거할 때 유용하다.
React.cloneElement	자식 엘리먼트를 복제하며, 새 props의 추가도 가능하다.

컨테이너에 props 추가

컴포넌트는 부모로부터 받은 콘텐츠를 직접 조작할 수 없다. 따라서 children prop을 통해 받은 콘텐츠에 데이터나 함수를 추가하려면, React.Children.map 메서드와 React.cloneElement 메서드를 함께 사용해 자식 컴포넌트를 복제하고 추가 props를 할당해야 한다.

이제 리스트 14-10과 같이 ThemeSelector가 렌더링하는 콘텐츠에 select 엘리먼트를 추가하자. 이 select 엘리먼트는 상태 데이터 프로퍼티를 갱신하며, 부트스트랩 CSS 프레임워크가 제공하는 테마를 사용자가 고를 수 있게 한다. 선택된 테마는 컨테이너의 자식에게 prop으로서 전달된다.

```
import React, { Component } from "react";

export class ThemeSelector extends Component {

  constructor(props) {
    super(props);
    this.state = {
      theme: "primary"
    }
    this.themes = ["primary", "secondary", "success", "warning", "dark"];
  }

  setTheme = (event) => {
    this.setState({ theme : event.target.value });
  }

  render() {

    let modChildren = React.Children.map(this.props.children,
      (c => React.cloneElement(c, { theme: this.state.theme})));

    return (
      <div className="bg-dark p-2">
        <div className="form-group text-left">
          <label className="text-white">Theme:</label>
          <select className="form-control" value={ this.state.theme }
            onChange={ this.setTheme }>
            { this.themes.map(theme =>
              <option key={ theme } value={ theme }>{theme}</option>) }
          </select>
        </div>

        <div className="bg-info p-2">
          { modChildren }
        </div>
      </div>
    )
  }
}
```

props는 읽기 전용이기 때문에 단순히 React.Children.forEach 메서드를 사용해 자식 컴포넌트들을 열거하고 그 컴포넌트들의 props 객체에 새 프로퍼티를 할당하는 일은 불가능하다. 따라서 그 대신 React.Children.map 메서드를 사용해 자식들을 열거하고 React.cloneElement 메서드로 추가 prop과 함께 각 자식들을 복제했다.

```
...
let modChildren = React.Children.map(this.props.children,
  (c => React.cloneElement(c, { theme: this.state.theme})));
...
```

cloneElement 메서드는 자식 컴포넌트와 props 객체를 받는데, 이 props는 자식 컴포넌트의 기존 props에 병합된다.

Message와 ActionButton 컴포넌트에 props가 전달된 결과는 App 컴포넌트가 정의한 props와 ThemeSelector 컴포넌트가 cloneElement 메서드를 사용해 추가한 props의 조합이다. select 엘리먼트의 테마를 선택하면 업데이트 단계가 수행되며, 선택된 테마가 Message와 ActionButton 컴포넌트에 적용된다. 그림 14-4와 같이 말이다.

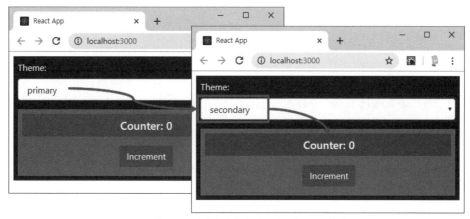

▲ 그림 14-4 컨테이너 안의 컴포넌트에 props 추가

컴포넌트의 재정렬과 부분 제거

비록 컨테이너가 자식에 대한 자세한 정보를 모른다 하더라도 표 14-3에서 설명한 toArray 메서드를 사용해 자식을 배열로 변환하면 아이템의 추가, 제거, 정렬 등 표준 자바스크립트 기능을 사용한 조작이 가능하다. 그와 같은 작업은 React.Children.map 메서드가 리턴하는 배열에 대해서도 가능하다.

이제 리스트 14-11과 같이 ThemeSelector 컴포넌트에 버튼 하나를 추가하자. 이 버튼은 자식들의 순서를 뒤집는데, 이는 map 메서드가 리턴한 배열에 대해 reverse 메서드를 호출하는 방법으로 구현했다.

리스트 14-11 src/ThemeSelector.js: 자식들의 순서 뒤집기

```
import React, { Component } from "react";

export class ThemeSelector extends Component {

  constructor(props) {
    super(props);
    this.state = {
      theme: "primary",
      reverseChildren: false
    }
    this.themes = ["primary", "secondary", "success", "warning", "dark"];
  }

  setTheme = (event) => {
    this.setState({ theme : event.target.value });
  }

  toggleReverse = () => {
    this.setState({ reverseChildren: !this.state.reverseChildren});
  }

  render() {

    let modChildren = React.Children.map(this.props.children,
      (c => React.cloneElement(c, { theme: this.state.theme})));

    if (this.state.reverseChildren) {
```

```
      modChildren.reverse();
    }

    return (
      <div className="bg-dark p-2">
        <button className="btn btn-primary" onClick={ this.toggleReverse }>
          Reverse
        </button>
        <div className="form-group text-left">
          <label className="text-white">Theme:</label>
          <select className="form-control" value={ this.state.theme }
            onChange={ this.setTheme }>
            { this.themes.map(theme =>
              <option key={ theme } value={ theme }>{theme}</option>) }
          </select>
        </div>

        <div className="bg-info p-2">
          { modChildren }
        </div>
      </div>
    )
  }
}
```

이와 같은 방식은 예컨대 온라인 쇼핑몰에서의 상품과 같은 유사한 객체의 목록을 다룰 때 주로 사용되지만, 어떤 자식 컴포넌트라도 적용이 가능하다. 그림 14-5를 보자.

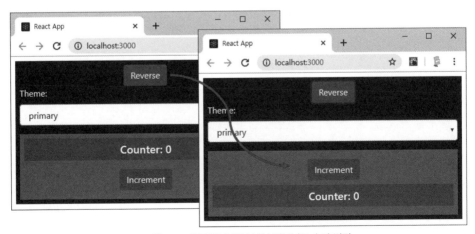

▲ 그림 14-5 컨테이너 안의 자식 컴포넌트 순서 변경

특성화 컴포넌트

어떤 컴포넌트는 다른 평범한 컴포넌트가 제공하는 기능의 특성화된 버전을 제공할 수 있다. 일부 프레임워크의 경우 클래스 상속 같은 기능을 사용해 특성화를 하지만, 리액트의 경우 평범한 컴포넌트를 렌더링하면서 props를 사용해 관리하는 특성화 컴포넌트 specialized component를 사용한다. 이를 알아보기 위해 src 폴더에 GeneralList.js라는 파일을 만들어 리스트 14-12와 같은 컴포넌트를 정의하자.

> **참고**
>
> C#이나 자바 같은 클래스 기반 언어를 경험해본 적이 있다면, 상태 유지 컴포넌트가 리액트의 Component 클래스로부터 기능을 상속받을 때처럼 extends 키워드를 사용해 하위 클래스를 만들고 싶을 것이다. 그러나 이는 리액트가 추구하는 방향이 아니며, 처음엔 어색하더라도 반드시 컴포넌트 컴포지션을 사용해야 한다.

리스트 14-12 src/GeneralList.js

```
import React, { Component } from "react";

export class GeneralList extends Component {

  render() {
    return (
      <div className={`bg-${this.props.theme} text-white p-2`}>
        { this.props.list.map((item, index) =>
          <div key={ item }>{ index + 1 }: { item }</div>
        )}
      </div>
    )
  }
}
```

이 컴포넌트는 list라는 이름의 prop을 받고 그 map 메서드를 사용해 일련의 div 엘리먼트를 렌더링한다. 컴포넌트가 list를 받아 정렬하게 하려면 GeneralList가 제공하는 기능을 기반으로 하는 좀 더 특성화된 컴포넌트를 만들면 된다. 그럼 src 폴더에 SortedList.js 라는 파일을 만들어 리스트 14-13과 같은 컴포넌트를 정의하자.

리스트 14-13 src/SortedList.js

```
import React, { Component } from "react";
import { GeneralList } from "./GeneralList";
import { ActionButton } from "./ActionButton";

export class SortedList extends Component {

  constructor(props) {
    super(props);
    this.state = {
      sort: false
    }
  }

  getList() {
    return this.state.sort
      ? [...this.props.list].sort() : this.props.list;
  }

  toggleSort = () => {
    this.setState({ sort : !this.state.sort });
  }

  render() {
    return (
      <div>
        <GeneralList list={ this.getList() } theme="info" />
        <div className="text-center m-2">
          <ActionButton theme="primary" text="Sort"
            callback={this.toggleSort} />
        </div>
      </div>
    )
  }
}
```

SortedList는 자신의 결과의 일부로서 GeneralList를 렌더링한다. 또한 list prop을 사용해 사용자가 목록의 정렬 여부를 선택할 수 있게 함으로써 데이터의 보여주는 방식을 제어한다. 이제 리스트 14-14와 같이 App 컴포넌트가 일반 컴포넌트와 특성화 컴포넌트를 나란히 보여줄 수 있도록 변경하자.

리스트 14-14 src/App.js: 컴포넌트 레이아웃 변경

```
import React, { Component } from 'react';
//import { Message } from "./Message";
//import { ActionButton } from './ActionButton';
//import { ThemeSelector } from './ThemeSelector';
import { GeneralList } from './GeneralList';
import { SortedList } from "./SortedList";

export default class App extends Component {

  constructor(props) {
    super(props);
    this.state = {
      // counter: 0
      names: ["Zoe", "Bob", "Alice", "Dora", "Joe"]
    }
  }

  // incrementCounter = () => {
  // this.setState({ counter: this.state.counter + 1 });
  // }

  render() {
    return (
      <div className="container-fluid">
        <div className="row">
          <div className="col-6">
            <GeneralList list={ this.state.names } theme="primary" />
          </div>
          <div className="col-6">
            <SortedList list={ this.state.names } />
          </div>
        </div>
```

```
        </div>
      )
    }
  }
}
```

이 코드는 그림 14-6과 같이 평범한 목록과 정렬 가능한 목록을 모두 사용자에게 보여준다.

▲ 그림 14-6 일반 컴포넌트와 특성화 컴포넌트

고차 컴포넌트

고차 컴포넌트HOC, higher-order component는 특성화 컴포넌트의 대안으로서, 컴포넌트에 공통 코드는 필요하지만 연관 콘텐츠의 렌더링은 필요 없는 경우에 유용하다. HOC는 **횡단 관심사**cross-cutting concern의 구현에 자주 사용되는데, 횡단 관심사란 애플리케이션 전반을 가로지르는 공통의 작업을 말한다. 횡단 관심사의 개념이 없다면 동일한 코드가 여러 곳에서 구현될 여지가 많을 것이다. 가장 흔히 볼 수 있는 횡단 관심사의 예는 보안 기능, 로깅, 데이터 검색 등이다. 그럼 HOC를 사용해보기 위해 src 폴더에 ProFeature.js라는 파일을 만들어 리스트 14-15와 같은 컴포넌트를 정의하자.

```
import React from "react";

export function ProFeature(FeatureComponent) {
  return function(props) {

    if (props.pro) {
      let { pro, ...childProps} = props;
      return <FeatureComponent {...childProps} />
    } else {
      return (
        <h5 className="bg-warning text-white text-center">
          This is a Pro Feature
        </h5>
      )
    }
  }
}
```

HOC는 하나의 컴포넌트를 받아 추가 기능을 입힌 새로운 하나의 컴포넌트를 리턴하는 함수다. 리스트 14-15에서의 HOC는 ProFeature라는 함수인데, 이는 pro라는 이름의 prop 값이 true일 경우에만 사용자에게 보여야 할 컴포넌트 하나를 받는다. 즉, 일종의 단순한 권한 관리 기능이다. 컴포넌트를 보여주기 위해 이 함수는 인자로 받은 컴포넌트를 사용해 pro를 제외한 모든 props를 전달한다.

```
...
let { pro, ...childProps} = props;
return <FeatureComponent {...childProps} />
...
```

만약 pro prop의 값이 false라면 ProFeature는 경고 메시지를 보여주는 헤더 엘리먼트를 리턴한다. 이제 App 컴포넌트가 ProFeature를 사용해 자식 컴포넌트를 보호할 수 있게 App.js를 리스트 14-16과 같이 변경하자.

```jsx
import React, { Component } from 'react';
import { GeneralList } from './GeneralList';
import { SortedList } from "./SortedList";
import { ProFeature } from "./ProFeature";

const ProList = ProFeature(SortedList);

export default class App extends Component {

  constructor(props) {
    super(props);
    this.state = {
      names: ["Zoe", "Bob", "Alice", "Dora", "Joe"],
      cities: ["London", "New York", "Paris", "Milan", "Boston"],
      proMode: false
    }
  }

  toggleProMode = () => {
    this.setState({ proMode: !this.state.proMode});
  }

  render() {
    return (
      <div className="container-fluid">
        <div className="row">
          <div className="col-12 text-center p-2">
            <div className="form-check">
              <input type="checkbox" className="form-check-input"
                value={ this.state.proMode }
                onChange={ this.toggleProMode } />
              <label className="form-check-label">Pro Mode</label>
            </div>
          </div>
        </div>
        <div className="row">
          <div className="col-3">
            <GeneralList list={ this.state.names } theme="primary" />
          </div>
```

```
        <div className="col-3">
          <ProList list={ this.state.names }
            pro={ this.state.proMode } />
        </div>
        <div className="col-3">
          <GeneralList list={ this.state.cities } theme="secondary" />
        </div>
        <div className="col-3">
          <ProList list={ this.state.cities }
            pro={ this.state.proMode } />
        </div>
      </div>
    </div>
  )
}
}
```

HOC를 사용하려면 다음과 같이 해당 HOC 함수를 호출해 새 컴포넌트를 만들면 된다.

```
...
const ProList = ProFeature(SortedList);
...
```

HOC는 함수이므로 동작을 설정하기 위해 인자들을 더 추가할 수 있다. 그러나 이 예제에선 래핑하고자 하는 컴포넌트 하나만을 인자로 사용했다. 함수의 결과는 ProList라는 상수에 할당했으며, 이를 render 메서드 안에서 다른 컴포넌트들과 같은 방식으로 사용했다.

```
...
<ProList list={ this.state.cities } pro={ this.state.proMode } />
...
```

pro prop은 HOC인 ProList를 위해서, list prop은 ProList가 감싸고 있는 SortedList 컴포넌트를 위해 정의했다. pro prop의 값은 체크박스에 의해 토글되며, 그 결과는 그림 14-7과 같다.

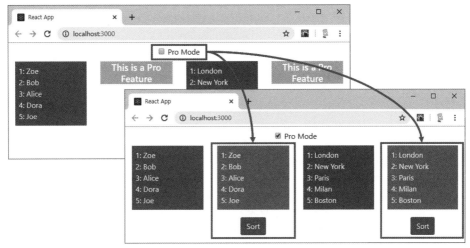

▲ 그림 14-7 HOC의 사용

상태 유지 HOC

HOC도 상태 유지 컴포넌트가 될 수 있으며, 그렇게 함으로써 애플리케이션에 좀 더 복잡한 기능을 추가할 수 있다. 그럼 src 폴더에 ProController.js라는 파일을 만들어 리스트 14-17과 같이 HOC를 정의하자.

리스트 14-17 src/ProController.js

```javascript
import React, { Component } from "react";
import { ProFeature } from "./ProFeature";

export function ProController(FeatureComponent) {

  const ProtectedFeature = ProFeature(FeatureComponent);

  return class extends Component {

    constructor(props) {
      super(props);
      this.state = {
        proMode: false
```

```
      }
    }

    toggleProMode = () => {
      this.setState({ proMode: !this.state.proMode});
    }

    render() {
      return (
        <div className="container-fluid">
          <div className="row">
            <div className="col-12 text-center p-2">
              <div className="form-check">
                <input type="checkbox" className="form-check-input"
                  value={ this.state.proMode }
                  onChange={ this.toggleProMode } />
                <label className="form-check-label">Pro Mode</label>
              </div>
            </div>
          </div>
          <div className="row">
            <div className="col-12">
              <ProtectedFeature {...this.props}
                pro={ this.state.proMode } />
            </div>
          </div>
        </div>
      )
    }
  }
}
```

이 HOC 함수는 클래스 기반의 상태 유지 컴포넌트를 리턴한다. 이 컴포넌트는 체크박스
를 보여주며, 또한 래핑된 컴포넌트의 가시성을 제어하기 위해 ProFeature HOC를 사용
한다. 이제 App 컴포넌트가 ProController 컴포넌트를 사용할 수 있도록 리스트 14-18과
같이 변경하자.

```
import React, { Component } from 'react';
import { GeneralList } from './GeneralList';
import { SortedList } from "./SortedList";
//import { ProFeature } from "./ProFeature";
import { ProController } from "./ProController";

const ProList = ProController(SortedList);

export default class App extends Component {

  constructor(props) {
    super(props);
    this.state = {
      names: ["Zoe", "Bob", "Alice", "Dora", "Joe"],
      cities: ["London", "New York", "Paris", "Milan", "Boston"],
      //proMode: false
    }
  }

  toggleProMode = () => {
    this.setState({ proMode: !this.state.proMode});
  }

  render() {
    return (
      <div className="container-fluid">
        <div className="row">
          <div className="col-3">
            <GeneralList list={ this.state.names } theme="primary" />
          </div>
          <div className="col-3">
            <ProList list={ this.state.names } />
          </div>
          <div className="col-3">
            <GeneralList list={ this.state.cities } theme="secondary" />
          </div>
          <div className="col-3">
            <ProList list={ this.state.cities } />
          </div>
```

```
      </div>
    </div>
  )
 }
}
```

그림 14-8에서 볼 수 있듯, HOC를 사용함으로써 보호되는 컴포넌트 각자가 체크박스를 가질 수 있게 됐다.

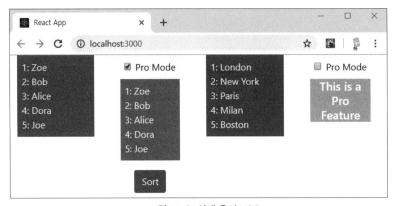

▲ 그림 14-8 상태 유지 HOC

HOC의 조합

HOC의 유용함 중 하나는 래핑된 컴포넌트 클래스를 생성하는 함수 호출만 변경함으로써 서로 조합할 수 있다는 점이다. 이를 이해하기 위해 src 폴더에 LogToConsole.js라는 파일을 만들어 리스트 14-19와 같이 HOC를 정의하자.

리스트 14-19 src/LogToConsole.js

```
import React, { Component } from "react";

export function LogToConsole(FeatureComponent, label, logMount, logRender, logUnmount)
{
  return class extends Component {

    componentDidMount() {
```

```
      if (logMount) {
        console.log(`${label}: mount`);
      }
    }

    componentWillUnmount() {
      if (logUnmount) {
        console.log(`${label}: unmount`);
      }
    }

    render() {
      if (logRender) {
        console.log(`${label}: render`);
      }
      return <FeatureComponent { ...this.props } />
    }
  }
}
```

이 HOC 함수는 래핑될 컴포넌트와 자바스크립트 콘솔에 메시지를 출력할 label 인자를
받는다. 또한 11장에서 설명했듯 상태 유지 컴포넌트의 생명주기에 따라 컴포넌트가 마
운트, 렌더링, 언마운트될 때 어떤 로그 메시지를 출력할지 지정하는 세 개의 인자를 더
받는다. 이제 새 HOC를 적용하기 위해 App 컴포넌트를 리스트 14-20과 같이 변경하자.
오직 래핑될 컴포넌트를 만드는 함수 부분만 변경하면 된다.

리스트 14-20 src/App.js: HOC 조합

```
import React, { Component } from 'react';
import { GeneralList } from './GeneralList';
import { SortedList } from "./SortedList";
//import { ProFeature } from "./ProFeature";
import { ProController } from "./ProController";
import { LogToConsole } from "./LogToConsole";

const ProList = ProController(LogToConsole(SortedList, "Sorted", true, true, true));

export default class App extends Component {
```

```
    constructor(props) {
      super(props);
      this.state = {
        names: ["Zoe", "Bob", "Alice", "Dora", "Joe"],
        cities: ["London", "New York", "Paris", "Milan", "Boston"],
        //proMode: false
      }
    }

    toggleProMode = () => {
      this.setState({ proMode: !this.state.proMode});
    }

    render() {
      return (
        <div className="container-fluid">
          <div className="row">
            <div className="col-3">
              <GeneralList list={ this.state.names } theme="primary" />
            </div>
            <div className="col-3">
              <ProList list={ this.state.names } />
            </div>
            <div className="col-3">
              <GeneralList list={ this.state.cities } theme="secondary" />
            </div>
            <div className="col-3">
              <ProList list={ this.state.cities } />
            </div>
          </div>
        </div>
      )
    }
  }
```

이렇게 함으로써 SortedList 컴포넌트는 LogToConsole 컴포넌트에, LogToConsole 컴포넌트는 다시 ProFeature 컴포넌트에 래핑됐다. 이제 화면에서 **Pro Mode** 체크박스를 토글하면 자바스크립트 콘솔에서 다음과 같은 메시지를 보게 될 것이다.

```
...
Sorted: render
Render ActionButton (Sort) Component
Sorted: mount
Sorted: unmount
...
```

렌더링 prop

렌더링 prop^{render prop}은 렌더링돼야 할 콘텐츠를 컴포넌트에 제공하는 함수 prop이며, 이는 한 컴포넌트가 다른 컴포넌트를 래핑하는 또 하나의 방법이다. 그럼 ProFeature 컴포넌트가 렌더링 prop을 사용하도록 리스트 14-21과 같이 변경하자.

리스트 14-21 src/ProFeature.js: 렌더링 prop 사용

```
import React from "react";

export function ProFeature(props) {
  if (props.pro) {
    return props.render();
  } else {
    return (
      <h5 className="bg-warning text-white text-center">
        This is a Pro Feature
      </h5>
    )
  }
}
```

렌더링 prop을 사용하는 컴포넌트도 일반적인 방법으로 정의하면 된다. 단지 다른 점은 부모가 제공한 콘텐츠를 보여주기 위해 render라는 이름의 함수 prop을 호출한다는 점이다.

```
...
return props.render();
...
```

부모 컴포넌트는 자식 컴포넌트를 적용할 때 렌더링 prop을 위한 함수를 제공해야 한다. 그럼 App 컴포넌트가 ProFeature 컴포넌트에 함수를 제공하도록 리스트 14-22와 같이 변경하자(편의상 기존 콘텐츠의 일부는 제거했다).

> **⚙️ 팁**
>
> 비록 관례이긴 하지만 렌더링 prop의 이름이 반드시 render일 필요는 없다. 부모와 자식 컴포넌트에서 일관되게 사용하기만 한다면 어떤 이름이든 가능하다.

리스트 14-22 src/App.js: 렌더링 prop 사용

```jsx
import React, { Component } from 'react';
import { GeneralList } from './GeneralList';
import { SortedList } from "./SortedList";
import { ProFeature } from "./ProFeature";
// import { ProController } from "./ProController";
// import { LogToConsole } from "./LogToConsole";

// const ProList = ProController(LogToConsole(SortedList, "Sorted", true, true));

export default class App extends Component {

  constructor(props) {
    super(props);
    this.state = {
      names: ["Zoe", "Bob", "Alice", "Dora", "Joe"],
      cities: ["London", "New York", "Paris", "Milan", "Boston"],
      proMode: false
    }
  }

  toggleProMode = () => {
    this.setState({ proMode: !this.state.proMode});
  }

  render() {
    return (
      <div className="container-fluid">
```

```
          <div className="row">
            <div className="col-12 text-center p-2">
              <div className="form-check">
                <input type="checkbox" className="form-check-input"
                  value={ this.state.proMode }
                  onChange={ this.toggleProMode } />
                <label className="form-check-label">Pro Mode</label>
              </div>
            </div>
          </div>
          <div className="row">
            <div className="col-6">
              <GeneralList list={ this.state.names } theme="primary" />
            </div>
            <div className="col-6">
              <ProFeature pro={ this.state.proMode }
                render={ () => <SortedList list={ this.state.names } /> }
              />
            </div>
          </div>
        </div>
      )
    }
  }
```

ProFeature 컴포넌트엔 목록을 보여줄지 여부를 결정할 때 사용될 pro prop과,
SortedList 엘리먼트를 리턴하는 함수가 설정되는 render prop이 주어졌다.

```
...
<ProFeature pro={ this.state.proMode }
  render={ () => <SortedList list={ this.state.names } /> } />
...
```

리액트가 애플리케이션의 콘텐츠를 렌더링할 때 ProFeature 컴포넌트의 render 메서드가
호출되며, 그다음엔 render prop 함수가 호출돼 새 SortedList 컴포넌트가 생성된다. 렌
더링 prop을 사용한 결과는 그림 14-9와 같이 HOC를 사용했던 경우와 동일하다.

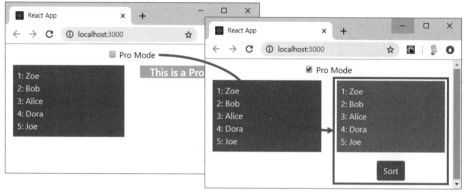

▲ 그림 14-9 렌더링 prop 사용

인자가 있는 렌더링 prop

렌더링 prop은 보통의 자바스크립트 함수이며, 따라서 인자도 받을 수 있다. 이는 그 자체로도 유용하지만, 다음 절에서 설명할 컨텍스트 기능의 작동 원리를 이해하는 데도 도움이 된다.

인자를 사용하면 렌더링 prop을 호출하는 컴포넌트가 자신을 래핑하는 콘텐츠에 props를 전달할 수 있다. 이는 예제를 직접 보면 더욱 이해가 빠를 것이다. 그럼 ProFeature 컴포넌트가 render prop 함수에 문자열 인자를 전달하도록 리스트 14-23과 같이 변경하자.

리스트 14-23 src/ProFeature: 인자 추가

```
import React from "react";

export function ProFeature(props) {
  if (props.pro) {
    return props.render("Pro Feature");
  } else {
    return (
      <h5 className="bg-warning text-white text-center">
        This is a Pro Feature
      </h5>
    )
  }
}
```

이 인자는 렌더링 prop을 정의한 컴포넌트가 받아 콘텐츠를 만들 때 함께 사용될 수 있다. 리스트 14-24와 같이 말이다.

리스트 14-24 src/App.js: 인자를 받는 렌더링 prop

```jsx
import React, { Component } from 'react';
import { GeneralList } from './GeneralList';
import { SortedList } from "./SortedList";
import { ProFeature } from "./ProFeature";

export default class App extends Component {

  constructor(props) {
    super(props);
    this.state = {
      names: ["Zoe", "Bob", "Alice", "Dora", "Joe"],
      cities: ["London", "New York", "Paris", "Milan", "Boston"],
      proMode: false
    }
  }

  toggleProMode = () => {
    this.setState({ proMode: !this.state.proMode});
  }

  render() {
    return (
      <div className="container-fluid">
        <div className="row">
          <div className="col-12 text-center p-2">
            <div className="form-check">
              <input type="checkbox" className="form-check-input"
                value={ this.state.proMode }
                onChange={ this.toggleProMode } />
              <label className="form-check-label">Pro Mode</label>
            </div>
          </div>
        </div>

        <div className="row">
```

```
        <div className="col-6">
          <GeneralList list={ this.state.names } theme="primary" />
        </div>
        <div className="col-6">
          <ProFeature pro={ this.state.proMode }
            render={ text =>
              <React.Fragment>
                <h4 className="text-center">{ text }</h4>
                <SortedList list={ this.state.names } />
              </React.Fragment>
            } />
        </div>
      </div>
    </div>
  )
 }
}
```

그림 14-10과 같이 체크박스를 선택하면 ProFeature 컴포넌트가 렌더링 prop 함수가 만든 콘텐츠에 어떤 영향을 주는지 알 수 있을 것이다.

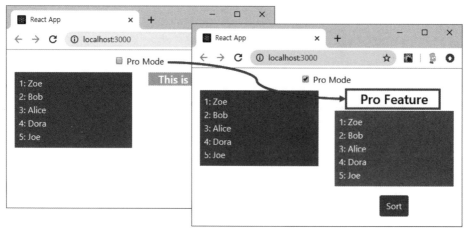

▲ 그림 14-10 인자가 있는 렌더링 prop 사용

전역 데이터를 위한 컨텍스트

애플리케이션 컴포지션과 관계없이 props를 관리하는 일은 점점 힘들어질 수 있다. 애플리케이션의 복잡도가 증가함에 따라 연관되는 컴포넌트들의 수도 증가한다. 컴포넌트의 계층도가 커짐에 따라 상태 데이터는 애플리케이션 안에서 점점 더 높이 끌어 올려지며, 그 결과 모든 컴포넌트가 자신이 직접 사용하지도 않는 props를 후손을 위해 전달하게 된다.

이 문제의 해결을 위해 리액트는 **컨텍스트**^{context} 기능을 제공한다. 컨텍스트는 상태 데이터가 정의된 곳으로부터 필요로 하는 곳까지 중간 컴포넌트들을 거치지 않고 전달되게 해준다. 이를 시험해보기 위해 예제 애플리케이션의 Pro Mode를 좀 더 세밀하게 만들어, 데이터 목록 전체를 감추기보다는 Sort 버튼을 비활성화하게 해보자.

ActionButton 컴포넌트가 렌더링하는 버튼 엘리먼트에 프로퍼티 하나를 추가해, prop을 기준으로 disabled 프로퍼티를 설정하고 버튼의 비활성화가 분명하게 드러나도록 부트스트랩 테마가 변경되게 만들자. 리스트 14-25와 같이 말이다.

> **💡 팁**
>
> 좀 더 복잡한 프로젝트나 대형 애플리케이션에선 리덕스(Redux) 패키지를 주로 사용하며, 이는 19장과 20장에서 자세히 설명할 것이다.

리스트 14-25 src/ActionButton.js: 버튼 비활성화

```
import React, { Component } from "react";

export class ActionButton extends Component {

  render() {
    return (
      <button className={ this.getClasses(this.props.proMode)}
              disabled={ !this.props.proMode }
              onClick={ this.props.callback }>
        { this.props.text }
```

```
        </button>
      )
  }

  getClasses(proMode) {
    let col = proMode ? this.props.theme : "danger";
    return `btn btn-${col} m-2`;
  }
}
```

ActionButton이 의존하는 proMode 프로퍼티는 App 컴포넌트의 상태 일부분으로 사용될 것이다. App 컴포넌트는 또한 proMode 값을 변경할 때 사용할 체크박스도 정의할 것이다. 컴포넌트 사슬의 결과, 부모로부터 받은 proMode 프로퍼티를 자식에게 전달하게 된다. 이는 그림 14–11과 같이 SortedList 컴포넌트가 자신이 직접 사용하지 않음에도 불구하고 proMode를 전달해야 한다는 뜻이다. 이런 간단한 애플리케이션에서조차도 말이다.

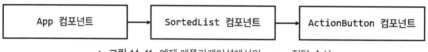

▲ 그림 14-11 예제 애플리케이션에서의 props 전달 순서

이를 prop 드릴링^{prop drilling} 또는 prop 스레딩^{prop threading}이라고 하는데, 데이터 값을 필요로 하는 곳으로 컴포넌트 계층도를 통해 prop이 전달되는 것을 말한다. 그러나 후손이 필요로 하는 prop을 전달하는 것은 잊어버리기 쉬운 일이다. 또한 복잡한 애플리케이션 안에서 prop 스레딩의 빼먹은 단계를 찾는 일도 만만치 않다. 일단 리스트 14–26과 같이 App 컴포넌트에서 ProFcature 컴포넌트를 제거하고 proMode 상태 프로퍼티를 SortedList 컴포넌트에 prop으로 전달하도록 변경하자. 즉, prop 스레딩을 시작해보자는 얘기다.

리스트 14-26 src/App.js: prop 스레딩

```
import React, { Component } from 'react';
import { GeneralList } from './GeneralList';
import { SortedList } from "./SortedList";
```

```
//import { ProFeature } from "./ProFeature";

export default class App extends Component {

  constructor(props) {
    super(props);
    this.state = {
      names: ["Zoe", "Bob", "Alice", "Dora", "Joe"],
      cities: ["London", "New York", "Paris", "Milan", "Boston"],
      proMode: false
    }
  }

  toggleProMode = () => {
    this.setState({ proMode: !this.state.proMode});
  }

  render() {
    return (
      <div className="container-fluid">
        <div className="row">
          <div className="col-12 text-center p-2">
            <div className="form-check">
              <input type="checkbox" className="form-check-input"
                value={ this.state.proMode }
                onChange={ this.toggleProMode } />
              <label className="form-check-label">Pro Mode</label>
            </div>
          </div>
        </div>

        <div className="row">
          <div className="col-6">
            <GeneralList list={ this.state.names } theme="primary" />
          </div>
          <div className="col-6">
            <SortedList proMode={this.state.proMode}
              list={ this.state.names } />
          </div>
        </div>
```

```
          </div>
      )
    }
  }
```

SortedList 컴포넌트가 proMode prop을 직접 사용하지는 않지만 반드시 ActionButton에게 전달은 해야 한다. 이제 리스트 14-27과 같이 prop 스레딩을 완성해보자.

리스트 14-27 src/SortedList.js: prop 스레딩

```
import React, { Component } from "react";
import { GeneralList } from "./GeneralList";
import { ActionButton } from "./ActionButton";

export class SortedList extends Component {

  constructor(props) {
    super(props);
    this.state = {
      sort: false
    }
  }

  getList() {
    return this.state.sort
      ? [...this.props.list].sort() : this.props.list;
  }

  toggleSort = () => {
    this.setState({ sort : !this.state.sort });
  }

  render() {
    return (
      <div>
        <GeneralList list={ this.getList() } theme="info" />
        <div className="text-center m-2">
          <ActionButton theme="primary" text="Sort"
            proMode={ this.props.proMode }
            callback={this.toggleSort} />
```

```
        </div>
      </div>
    )
  }
}
```

이제 proMode의 값은 App 컴포넌트로 시작해 SortedList 컴포넌트를 거쳐 ActionButton 컴
포넌트로 전달될 것이다. 그림 14-12를 보자.

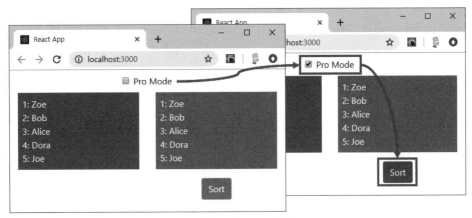

▲ 그림 14-12 prop 스레딩

컨텍스트 기능이 해결해주고자 하는 것이 바로 이 문제다. 컨텍스트는 계층도 안의 중간
컴포넌트들을 거치는 prop 스레딩을 할 필요 없이, 상태 데이터를 사용하려는 곳에 직접
전달할 수 있게 한다.

컨텍스트 정의

첫 번째 단계는 컨텍스트를 정의하는 것이며, 이는 곧 상태 데이터를 전파하는 메커니즘
이다. 컨텍스트는 애플리케이션의 어느 곳에서든 정의할 수 있다. 그럼 src 폴더에
ProModeContext.js라는 파일을 만들어 리스트 14-28과 같은 코드를 작성하자.

리스트 14-28 src/ProModeContext.js

```
import React from "react";

export const ProModeContext = React.createContext({
  proMode: false
})
```

새 컨텍스트를 만들 때엔 React.createContext 메서드를 사용하며, 컨텍스트의 기본값을 지정하기 위한 데이터 객체를 넣을 수 있다. 이 데이터 객체의 값은 컨텍스트가 사용되는 곳에서 바뀔 수 있다. 리스트 14-28에선 ProModeContext라는 이름의 컨텍스트를 정의했으며, 또한 기본값이 false인 proMode 프로퍼티도 정의했다.

컨텍스트 소비자

다음 단계는 데이터 값이 필요한 곳에서 컨텍스트를 소비하는, 이른바 컨텍스트 소비자 context consumer를 만드는 것이다. 그럼 ActionButton 컴포넌트를 리스트 14-29와 같이 변경하자.

리스트 14-29 src/ActionButton.js: 컨텍스트 소비자 추가

```
import React, { Component } from "react";
import { ProModeContext } from "./ProModeContext";

export class ActionButton extends Component {

  render() {
    return (
      <ProModeContext.Consumer>
        { contextData =>
          <button
            className={ this.getClasses(contextData.proMode)}
            disabled={ !contextData.proMode }
            onClick={ this.props.callback }>
            { this.props.text }
          </button>
        }
```

```
      </ProModeContext.Consumer>
    )
  }

  getClasses(proMode) {
    let col = proMode ? this.props.theme : "danger";
    return `btn btn-${col} m-2`;
  }
}
```

컨텍스트를 소비하는 방법은 렌더링 prop을 정의할 때와 비슷한데, 컨텍스트를 필요로 하는 커스텀 HTML 엘리먼트를 추가하면 된다. 우선 컨텍스트 이름에 해당하는 HTML 엘리먼트(여기선 ProModeContext)를, 그다음엔 마침표를, 마지막엔 Consumer를 적는다.

```
...
return <ProModeContext.Consumer>

  // 컨텍스트가 소비되는 부분

</ProModeContext.Consumer>
...
```

HTML 엘리먼트의 시작과 끝 태그 사이엔 컨텍스트 객체를 받고 그와 함께 콘텐츠를 렌더링하는 함수를 넣는다.

```
...
<ProModeContext.Consumer>
  { contextData =>
    <button
      className={ this.getClasses(contextData.proMode)}
      disabled={ !contextData.proMode }
      onClick={ this.props.callback }>
      { this.props.text }
    </button>
  }
</ProModeContext.Consumer>
...
```

컴포넌트는 여전히 컴포넌트의 상태와 prop 데이터에 접근할 수 있으며, 이를 컨텍스트가 제공한 데이터와 함께 자유롭게 혼용할 수 있다. 이 예제에선 callback prop으로 여전히 클릭 이벤트를 다루며, proMode 컨텍스트 프로퍼티를 className과 disabled 속성 값의 설정에 사용한다.

컨텍스트 제공자

마지막 단계는 컨텍스트에 상태 데이터를 결부시키는, 리스트 14-30과 같은 컨텍스트 제공자context provider를 만드는 것이다.

리스트 14-30 src/App.js: 컨텍스트 제공자 추가

```
import React, { Component } from 'react';
import { GeneralList } from './GeneralList';
import { SortedList } from "./SortedList";
import { ProModeContext } from "./ProModeContext";

export default class App extends Component {

  constructor(props) {
    super(props);
    this.state = {
      names: ["Zoe", "Bob", "Alice", "Dora", "Joe"],
      cities: ["London", "New York", "Paris", "Milan", "Boston"],
      //proMode: false
      proContextData: {
        proMode: false
      }
    }
  }

  toggleProMode = () => {
    this.setState(state => state.proContextData.proMode
      = !state.proContextData.proMode);
  }

  render() {
```

```
    return (
      <div className="container-fluid">
        <div className="row">
          <div className="col-12 text-center p-2">
            <div className="form-check">
              <input type="checkbox" className="form-check-input"
                value={ this.state.proContextData.proMode }
                onChange={ this.toggleProMode } />
              <label className="form-check-label">Pro Mode</label>
            </div>
          </div>
        </div>

        <div className="row">
          <div className="col-6">
            <GeneralList list={ this.state.names } theme="primary" />
          </div>
          <div className="col-6">
            <ProModeContext.Provider value={ this.state.proContextData }>
              <SortedList list={ this.state.names } />
            </ProModeContext.Provider>
          </div>
        </div>
      </div>
    )
  }
}
```

컨텍스트 소비자에게 App 컴포넌트의 모든 상태 데이터를 노출하지 않기 위해 proMode 프로퍼티를 갖는 proContextData 상태 객체를 만들었다. 컨텍스트를 적용하려면 또 다른 커스텀 HTML 엘리먼트를 사용해야 하는데, 먼저 컨텍스트 이름(여기선 ProModeContext)을, 그다음엔 마침표를, 마지막으로 Provider를 적었다.

```
...
<ProModeContext.Provider value={ this.state.proContextData }>
  <SortedList list={ this.state.names } />
</ProModeContext.Provider>
...
```

value 프로퍼티는 리스트 14-28에서 정의했던 기본값을 덮어쓸 데이터, 즉 `proContextData` 상태 객체를 컨텍스트에 제공한다.

> **🛑 팁**
>
> 리스트 14-28과 같이 내부의 상태 프로퍼티를 갱신하려면, 함수를 받는 setState 메서드를 사용하면 된다. setState의 자세한 사용 방법은 11장을 참고하기 바란다.

`ProModeContext.Provider`의 시작과 끝 태그 사이에 정의된 컴포넌트는 `ProModeContext.Consumer` 엘리먼트를 사용해 상태 데이터에 직접 접근할 수 있다. 이는 그림 14-13과 같이 App 컴포넌트의 `proMode` 상태 데이터 프로퍼티를 `ActionButton` 컴포넌트가 직접 사용할 수 있다는 뜻이다. `SortedList` 컴포넌트를 거치지 않고도 말이다.

▲ 그림 14-13 컨텍스트를 사용한 상태 데이터 프로퍼티의 전달

컨텍스트 데이터 변경

컨텍스트 안의 데이터는 읽기 전용이지만, 함수 prop을 컨텍스트 객체에 포함시켜 상태 데이터를 갱신할 수 있다. 이제 `ProModeContext`에 리스트 14-31과 같이 컨텍스트 공급업체가 value 프로퍼티를 사용하지 않고 콘텐츠를 적용할 때 사용될 수 있는 임시 역할의 함수를 추가하자.

리스트 14-31 src/ProModeContext.js: 함수 추가

```
import React from "react";

export const ProModeContext = React.createContext({
```

```
  proMode: false,
  toggleProMode: () => {}
})
```

이 함수는 빈 함수이며 오직 소비자로부터 기본 데이터 객체를 받았을 경우의 에러를 방지한다. 이제 컨텍스트의 데이터 값 변경을 테스트하기 위해, Pro Mode의 토글에 사용될 체크박스를 렌더링하는 컴포넌트 하나를 만들자. src 폴더에 ProModeToggle.js라는 파일을 만들어 리스트 14–32와 같은 컴포넌트를 정의한다.

리스트 14–32 src/ProModeToggle.js

```
import React, { Component } from "react";
import { ProModeContext } from "./ProModeContext";

export class ProModeToggle extends Component {

  render() {
    return <ProModeContext.Consumer>
            { contextData => (
              <div className="form-check">
                <input type="checkbox" className="form-check-input"
                  value={ contextData.proMode }
                  onChange={ contextData.toggleProMode } />
                <label className="form-check-label">
                  { this.props.label }
                </label>
              </div>
              )
            }
          </ProModeContext.Consumer>
  }
}
```

이 컴포넌트는 컨텍스트 소비자로서 proMode 프로퍼티를 사용해 체크박스의 값을 설정하고, 그 값이 바뀌면 toggleProMode 함수를 호출한다. 또한 이 컴포넌트는 label 엘리먼트의 콘텐츠를 설정하기 위한 prop 하나를 사용하는데, 이는 단지 컨텍스트를 소비하는 컴포넌트가 여전히 부모로부터 props도 받을 수 있다는 점을 보여주기 위해서다. 이제 App 컴포넌트가 ProModeToggle 컴포넌트를 사용하고 컨텍스트에 함수를 제공하도록 리스트 14-33과 같이 변경하자.

> **⚠ 주의**
>
> 컨텍스트 제공자의 render 메서드 안에 컨텍스트를 만들고 싶은 유혹에서 벗어나기 바란다. 그렇게 하면 내부에 포함시키는 상태 객체를 만들 필요도 없고, 상태 프로퍼티에 메서드를 할당할 필요도 없으므로 좋아 보인다. 그러나 매번 render 메서드 안에서 새 객체를 생성하는 일은 컨텍스트에 대한 리액트의 변경 처리 기능을 해치며, 불필요한 추가 업데이트를 유발할 수 있다.

리스트 14-33 src/App.js: 컨텍스트 사용 확장

```
import React, { Component } from 'react';
import { GeneralList } from './GeneralList';
import { SortedList } from "./SortedList";
import { ProModeContext } from "./ProModeContext";
import { ProModeToggle } from "./ProModeToggle";

export default class App extends Component {

  constructor(props) {
    super(props);
    this.state = {
      names: ["Zoe", "Bob", "Alice", "Dora", "Joe"],
      cities: ["London", "New York", "Paris", "Milan", "Boston"],
      //proMode: false
      proContextData: {
        proMode: false,
        toggleProMode: this.toggleProMode
      }
    }
  }

  toggleProMode = () => {
    this.setState(state => state.proContextData.proMode
      = !state.proContextData.proMode);
```

```
    }

    render() {
      return (
        <div className="container-fluid">
          <ProModeContext.Provider value={ this.state.proContextData }>
            <div className="row">
              <div className="col-12 text-center p-2">
                <ProModeToggle label="Pro Mode" />
              </div>
            </div>
            <div className="row">
              <div className="col-6">
                <GeneralList list={ this.state.names } theme="primary" />
              </div>
              <div className="col-6">
                <SortedList list={ this.state.names } />
              </div>
            </div>
          </ProModeContext.Provider>
        </div>
      )
    }
  }
```

객체에 상태 데이터와 함수 모두를 제공하기 위해 toggleProMode 메서드가 값인 프로퍼티
하나를 추가했다. 그렇게 함으로써 컨텍스트 소비자가 상태 데이터 프로퍼티의 값을 변
경할 수 있게 했으며, 업데이트를 일으킬 수 있게 했다. 또한 ProModeContext.Provider 엘
리먼트를 끌어올림으로써 ProModeToggle과 SortedList 컴포넌트 모두 범위 안에 포함되게
했다. 그러나 이는 value 속성에 동일한 객체가 사용될 때 선택할 수 있는 사항이며, 실제
로는 각 자식 컴포넌트에 각자의 컨텍스트를 줄 수도 있다. 그와 같은 방법은 각기 다른
컴포넌트들을 그룹화해 여러 컨텍스트 인스턴스, 즉 다중 컨텍스트를 사용해야 하는 경
우에 유용하다. 그럼 App 컴포넌트가 다중 컨텍스트를 사용하도록 리스트 14-34와 같이
변경하자.

```
import React, { Component } from 'react';
//import { GeneralList } from './GeneralList';
import { SortedList } from "./SortedList";
import { ProModeContext } from "./ProModeContext";
import { ProModeToggle } from "./ProModeToggle";

export default class App extends Component {

  constructor(props) {
    super(props);
    this.state = {
      names: ["Zoe", "Bob", "Alice", "Dora", "Joe"],
      cities: ["London", "New York", "Paris", "Milan", "Boston"],
      proContextData: {
        proMode: false,
        toggleProMode: this.toggleProMode
      },
      superProContextData: {
        proMode: false,
        toggleProMode: this.toggleSuperMode
      }
    }
  }

  toggleProMode = () => {
    this.setState(state => state.proContextData.proMode
      = !state.proContextData.proMode);
  }

  toggleSuperMode = () => {
    this.setState(state => state.superProContextData.proMode
      = !state.superProContextData.proMode);
  }

  render() {
    return (
      <div className="container-fluid">
```

```
      <div className="row">
        <div className="col-6 text-center p-2">
          <ProModeContext.Provider value={ this.state.proContextData }>
            <ProModeToggle label="Pro Mode" />
          </ProModeContext.Provider>
        </div>
        <div className="col-6 text-center p-2">
          <ProModeContext.Provider value={ this.state.superProContextData }>
            <ProModeToggle label="Super Pro Mode" />
          </ProModeContext.Provider>
        </div>
      </div>
      <div className="row">
        <div className="col-6">
          <ProModeContext.Provider value={ this.state.proContextData }>
            <SortedList list={ this.state.names } />
          </ProModeContext.Provider>
        </div>
        <div className="col-6">
          <ProModeContext.Provider value={ this.state.superProContextData }>
            <SortedList list={ this.state.cities } />
          </ProModeContext.Provider>
        </div>
      </div>
    </div>
  )
  }
}
```

이제 App 컴포넌트는 그림 14-14와 같이 각기 다른 컨텍스트로 두 개의 Pro Mode를 관리할 수 있게 됐다. 각 컨텍스트는 자신만의 데이터 객체를 가지며, 리액트는 각 컨텍스트의 제공자와 소비자를 파악할 것이다.

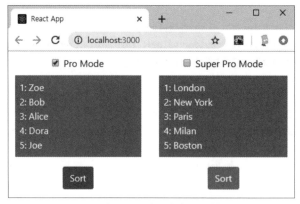

▲ 그림 14-14 다중 컨텍스트 사용

컨텍스트 API 사용

리액트는 렌더링 prop 함수 방식보다 더 쉽게 컨텍스트에 접근할 수 있는 또 다른 수단을 제공한다. 그럼 ProModeToggle 컴포넌트를 리스트 14-35와 같이 변경하자.

리스트 14-35 src/ProModeToggle.js: 컨텍스트 API 사용

```
import React, { Component } from "react";
import { ProModeContext } from "./ProModeContext";

export class ProModeToggle extends Component {
  static contextType = ProModeContext;

  render() {
    return (
      <div className="form-check">
        <input type="checkbox" className="form-check-input"
          value={ this.context.proMode }
          onChange={ this.context.toggleProMode } />
        <label className="form-check-label">
          { this.props.label }
        </label>
      </div>
    )
  }
}
```

contextType이라는 static 프로퍼티에 컨텍스트를 할당함으로써 컴포넌트 전반에서 this.context로 접근이 가능해졌다. 이는 리액트에 비교적 최근에 추가된 기능으로, 특히 컴포넌트가 하나의 컨텍스트를 사용할 때 쉽게 사용할 수 있다.

훅을 사용한 컨텍스트 소비

userContext 훅은 함수형 컴포넌트를 위해 앞 예제의 contextType 프로퍼티에 상응하는 결과를 제공한다. 그럼 리스트 14-36과 같이 ProModeToggle 컴포넌트를 useContext 훅에 의존하는 함수형 컴포넌트로 만들자.

리스트 14-36 src/ProModeToggle.js: 훅 사용

```
import React, { useContext } from "react";
import { ProModeContext } from "./ProModeContext";

export function ProModeToggle(props) {

  const context = useContext(ProModeContext);

  return (
    <div className="form-check">
      <input type="checkbox" className="form-check-input"
        value={ context.proMode }
        onChange={ context.toggleProMode } />
      <label className="form-check-label">
        { props.label }
      </label>
    </div>
  )
}
```

보다시피 useContext 훅은 컨텍스트 객체를 리턴하며, 이를 통해 프로퍼티나 함수에 접근할 수 있다.

에러 경계

컴포넌트의 렌더링 메서드나 생명주기 메서드에서 에러가 발생하면, 에러는 애플리케이션의 최상부에 도달할 때까지 컴포넌트 계층도를 따라 전파되며, 그 시점에서 애플리케이션의 모든 컴포넌트는 언마운트된 상태가 된다. 이는 어떤 에러든 사실상 애플리케이션을 종료시킬 수 있다는 뜻으로, 결코 이상적이지 않다. 더구나 애플리케이션이 복구할 수 있는 에러인 경우엔 특히 그렇다. 기본 에러 처리 방식을 알아보기 위해 버튼을 두 번 클릭하면 에러가 발생하도록 ActionButton 컴포넌트를 리스트 14-37과 같이 변경하자.

리스트 14-37 src/ActionButton.js: 에러 발생시키기

```
import React, { Component } from "react";
import { ProModeContext } from "./ProModeContext";

export class ActionButton extends Component {

  constructor(props) {
    super(props);
    this.state = {
      clickCount: 0
    }
  }

  handleClick = () => {
    this.setState({ clickCount: this.state.clickCount + 1});
    this.props.callback();
  }

  render() {
    return (
      <ProModeContext.Consumer>
        { contextData => {
          if (this.state.clickCount > 1) {
            throw new Error("Click Counter Error");
          }
          return <button
```

```
                    className={ this.getClasses(contextData.proMode)}
                    disabled={ !contextData.proMode }
                    onClick={ this.handleClick }>
                            { this.props.text }
                </button>
            }}
        </ProModeContext.Consumer>
    )
}

getClasses(proMode) {
    let col = proMode ? this.props.theme : "danger";
    return `btn btn-${col} m-2`;
}
}
```

기본 동작을 알아보기 위해 체크박스 하나를 클릭하고 Sort 버튼을 클릭하자. 목록이 정렬될 것이다. 그다음에 Sort 버튼을 한 번 더 클릭하면 에러가 발생하고 그림 14-15와 같은 화면을 보게 될 것이다. 물론 8장에서 설명했듯 이 메시지는 개발 단계에서만 나타나며, 배포된 애플리케이션에선 나타나지 않는다. 이제 오른쪽 위의 닫기 아이콘(X)을 클릭하면 애플리케이션의 모든 컴포넌트가 언마운트돼 빈 화면만을 보게 될 것이다.

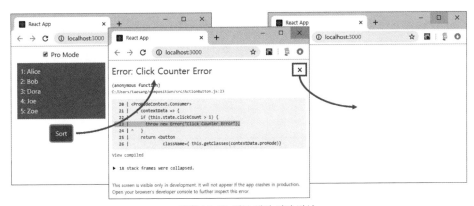

▲ 그림 14-15 기본 에러 처리 방식

자바스크립트 콘솔에선 다음과 같이 에러에 관한 스택 추적 내용을 볼 수 있을 것이다.

```
...
Uncaught Error: Click Counter Error
    at ActionButton.js:23
    at updateContextConsumer (react-dom.development.js:19064)
    at beginWork$1 (react-dom.development.js:19422)
    at HTMLUnknownElement.callCallback (react-dom.development.js:363)
...
```

에러 경계 컴포넌트

클래스 기반의 컴포넌트는 componentDidCatch라는 생명주기 메서드를 구현할 수 있는데, 이 메서드는 자식 컴포넌트가 에러를 던지면 호출된다. 리액트에선 이른바 **에러 경계**error boundary라는 컴포넌트에 에러 처리를 위임할 수 있다. 이 컴포넌트는 던져진 에러를 가로 채 애플리케이션이 계속 진행되게 하거나, 문제의 본질을 나타내는 메시지를 사용자에게 보여줄 수 있다. src 폴더에 ErrorBoundary.js라는 파일을 만들어 리스트 14-38과 같이 에러 경계 컴포넌트를 정의하자.

> **⚠ 주의**
>
> 에러 경계는 오직 생명주기 메서드 안에서 던져진 에러에만 적용되며, 이벤트 핸들러 안에서 던져진 에러에는 응답하지 않는다. 비동기식 HTTP 요청에 있어서도 에러 경계가 사용될 수 없으며, 3부에서 보겠지만 그 대신 try/catch를 사용해야 한다.

리스트 14-38 src/ErrorBoundary.js

```
import React, { Component } from "react";

export class ErrorBoundary extends Component {

  constructor(props) {
    super(props);
    this.state = {
```

```
          errorThrown: false
      }
  }

  componentDidCatch = (error, info) => this.setState({ errorThrown: true});

  render() {
    return (
      <React.Fragment>
        { this.state.errorThrown &&
          <h3 className="bg-danger text-white text-center m-2 p-2">
            Error Detected
          </h3>
        }
        { this.props.children }
      </React.Fragment>
    )
  }
}
```

componentDidCatch 메서드는 문제의 컴포넌트가 던진 에러 객체를 받는다. 또한 로깅에 유용하게 쓸 수 있는, 컴포넌트의 스택 추적 내용이 담긴 추가 정보 객체도 받는다.

에러 경계 컴포넌트가 사용될 때 리액트는 componentDidCatch 메서드를 호출하고 그다음엔 render 메서드를 호출한다. 에러 경계 컴포넌트가 렌더링한 콘텐츠 역시 13장에서 설명했듯 컴포넌트의 마운트 단계에서 처리되며, 모든 컴포넌트의 인스턴스가 새로 생성된다. 이런 순서를 통해 에러 경계 컴포넌트는 문제를 회피할 수 있는 콘텐츠 렌더링을 하거나, 애플리케이션의 상태를 변경해 에러가 다시 발생하지 않게 할 수 있는 기회를 갖는다. 이 예제에선 동일한 콘텐츠를 다시 렌더링하되, 에러가 발생했음을 알리는 메시지를 포함시키는 방법을 사용하려 한다. 이는 애플리케이션의 범위 밖의 문제, 예컨대 웹 서비스로부터 데이터가 오지 않는 등의 원인으로 에러가 발생하는 경우에 유용한 접근법이다. 에러 경계 컴포넌트는 리스트 14-39와 같이 컨테이너 컴포넌트로서 적용할 수 있다.

```
import React, { Component } from "react";
import { GeneralList } from "./GeneralList";
import { ActionButton } from "./ActionButton";
import { ErrorBoundary } from "./ErrorBoundary";

export class SortedList extends Component {

  constructor(props) {
    super(props);
    this.state = {
      sort: false
    }
  }

  getList() {
    return this.state.sort
      ? [...this.props.list].sort() : this.props.list;
  }

  toggleSort = () => {
    this.setState({ sort : !this.state.sort });
  }

  render() {
    return (
      <div>
        <ErrorBoundary>
          <GeneralList list={ this.getList() } theme="info" />
          <div className="text-center m-2">
            <ActionButton theme="primary" text="Sort"
              proMode={ this.props.proMode }
              callback={this.toggleSort} />
          </div>
        </ErrorBoundary>
      </div>
    )
  }
}
```

에러 경계 컴포넌트는 자신이 포함하는 모든 컴포넌트와 그 모든 자손에서 던진 어떤 에러라도 처리할 것이다. 그 효과를 확인하기 위해 Sort 버튼을 두 번 클릭해 에러 메시지를 본 후 닫기 버튼을 클릭해보자. 그림 14-16과 같은 모습을 볼 수 있을 것이다.

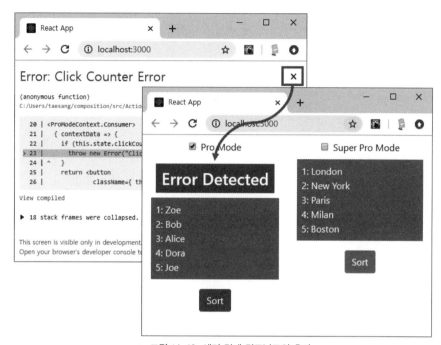

▲ 그림 14-16 에러 경계 컴포넌트의 효과

정리

14장에선 컨테이너, HOC, 렌더링 prop을 포함해 애플리케이션을 컴포지션하는 여러 방법들을 알아봤다. 또한 prop 스레딩을 피하고 컨텍스트를 사용해 전역 데이터를 전달하는 방법과 마지막으로 에러 경계 컴포넌트를 사용해 생명주기 메서드에서 에러를 처리하는 방법까지 배웠다. 15장에선 폼form 작업과 관련해 리액트가 제공하는 사항들을 설명한다.

15장

폼과 데이터 검증

폼^{form}은 애플리케이션이 사용자로부터 데이터를 수집할 수 있게 한다. 15장에선 값을 설정하기 위해 상태 프로퍼티를 사용하거나 사용자의 행위에 응답하려고 이벤트 핸들러를 사용하는 등의 리액트로 폼 엘리먼트를 다루는 방법을 설명한다. 또한 각기 다른 유형의 엘리먼트들을 다루는 방법 그리고 사용자가 폼에 제출한 데이터를 검증^{validation}함으로써 애플리케이션에 사용할 수 있게 하는 방법도 알아본다. 표 15-1에서 폼과 데이터 검증의 맥락을 정리했다.

표 15-1 폼과 데이터 검증의 맥락 잡기

질문	답변
그게 무엇인가?	폼은 애플리케이션이 사용자로부터 데이터를 받을 수 있게 하는 기본 메커니즘이다. 검증은 데이터를 검사함으로써 애플리케이션에 사용할 수 있음을 보장하는 과정이다.
왜 유용한가?	대부분의 애플리케이션은 이메일 주소나 결제 정보, 또는 배송 주소 등 어느 정도 사용자로부터의 데이터를 필요로 한다. 폼은 사용자가 자유 형식의 텍스트를 입력하거나 정해진 사항을 선택해 데이터를 입력할 수 있게 한다. 검증은 데이터가 애플리케이션이 처리할 수 있는 형태인지 보장한다.

(이어짐)

질문	답변
어떻게 사용하는가?	제어할 수 있는 폼 엘리먼트를 알아볼 것이다. 값 설정은 value나 checked prop으로 할 수 있으며, 사용자의 편집이나 선택은 변경 이벤트를 처리함으로써 가능하다. 이는 검증 기능에도 사용될 것이다.
문제점이나 제약사항이 있는가?	리액트와 표준 HTML 폼 엘리먼트 사이에 존재하는 각기 다른 폼 엘리먼트의 동작과 편차로 인한 사용법의 차이가 있다.
대체재가 있는가?	애플리케이션이 폼 엘리먼트만을 사용해야 하는 것은 아니다. 일부 애플리케이션의 경우 리액트가 엘리먼트의 데이터에 관여하지 않는, 즉 리액트가 제어하지 않는 폼 엘리먼트가 더 적합할 수 있다. 이는 16장에서 설명할 것이다.

표 15-2에서 15장의 내용을 요약했다.

표 15-2 15장 요약

과제	해법	리스트 번호
컴포넌트에 폼 엘리먼트 추가하기	컴포넌트가 렌더링하는 콘텐츠에 엘리먼트를 추가하면 된다. value prop을 사용해 엘리먼트의 초깃값을 설정할 수 있으며, onChange prop을 사용해 변경사항에 대한 응답을 할 수 있다.	1~10, 12, 13
체크박스의 상태 판단하기	변경 이벤트를 다룰 때 target 엘리먼트의 checked 프로퍼티를 조사한다.	11
폼 데이터 검증하기	검증 규칙을 정의하고, 사용자가 필드를 편집하거나 변경 이벤트를 발생시킬 때 그 검증 규칙을 적용한다.	14~25

준비 작업

15장에서 필요한 예제 프로젝트를 만들기 위해 명령 프롬프트에서 적당한 위치로 이동해 리스트 15-1과 같은 명령을 실행하자.

> ⚙ 팁
>
> 이 책의 모든 예제 파일은 http://www.acornpub.co.kr/book/pro-react16에서 다운로드할 수 있다.

리스트 15-1 프로젝트 생성

```
npx create-react-app forms
```

이제 생성된 forms 폴더 안으로 들어가 리스트 15-2와 같이 명령을 실행해 부트스트랩 CSS 프레임워크와 validator 패키지를 설치하자(validator 패키지는 '폼 데이터 검증' 절에서 사용할 예정이다).

리스트 15-2 부트스트랩과 validator 패키지 설치

```
cd forms
npm install bootstrap@4.1.2
npm install validator@10.7.1
```

애플리케이션에 부트스트랩 CSS 스타일시트를 포함시키려면 src 폴더 안의 index.js에 리스트 15-3과 같이 구문을 추가하면 된다.

리스트 15-3 src/index.js: 부트스트랩 추가

```
import React from 'react';
import ReactDOM from 'react-dom';
import './index.css';
import App from './App';
import * as serviceWorker from './serviceWorker';
import 'bootstrap/dist/css/bootstrap.css';

ReactDOM.render(<App />, document.getElementById('root'));

// 앱이 오프라인에서 더 빠르게 작동되기 원한다면 아래의 unregister()를 register()로 바꾸면 된다.
// 그러나 주의사항이 있으므로 다음 페이지를 참고하기 바란다.
// https://facebook.github.io/create-react-app/docs/making-a-progressive-web-app
serviceWorker.unregister();
```

예제 컴포넌트 작성

src 폴더에 Editor.js라는 파일을 만들어 리스트 15-4와 같은 콘텐츠를 추가하자.

```
import React, { Component } from "react";

export class Editor extends Component {

  render() {
    return <div className="h5 bg-info text-white p-2">
             Form Will Go Here
           </div>
  }
}
```

이 컴포넌트는 사용자에게 폼을 보여주기 위해 사용할 것이나. 그러나 냥상은 임시 메시
지를 렌더링하게 했다. 그다음엔 src 폴더에 Display.js라는 파일을 만들고 리스트 15-5
와 같은 콘텐츠를 추가하자.

리스트 15-5 src/Display.js

```
import React, { Component } from "react";

export class Display extends Component {

  formatValue = (data) => Array.isArray(data)
    ? data.join(", ") : data.toString();

  render() {
    let keys = Object.keys(this.props.data);
    if (keys.length === 0) {
      return <div className="h5 bg-secondary p-2 text-white">
               No Data
             </div>
    } else {
      return <div className="container-fluid bg-secondary p-2">
               { keys.map(key =>
                 <div key={key} className="row h5 text-white">
                   <div className="col">{ key }:</div>
                   <div className="col">
                     { this.formatValue(this.props.data[key]) }
                   </div>
                 </div>
```

```
            )}
          </div>
      }
    }
  }
```

이 컴포넌트는 data prop을 받아 그 프로퍼티들과 값들을 그리드에 열거한다. 이제 마지막으로 App.js 파일의 콘텐츠를 리스트 15–6과 같이 변경하자.

리스트 15–6 src/App.js

```
import React, { Component } from "react";
import { Editor } from "./Editor";
import { Display } from "./Display";

export default class App extends Component {

  constructor(props) {
    super(props);
    this.state = {
      formData: {}
    }
  }

  submitData = (newData) => {
    this.setState({ formData: newData});
  }

  render() {
    return <div className="container-fluid">
            <div className="row p-2">
              <div className="col-6">
                <Editor submit={ this.submitData } />
              </div>
              <div className="col-6">
                <Display data={ this.state.formData } />
              </div>
            </div>
          </div>
  }
}
```

개발 도구 실행

이제 개발 도구를 시작하기 위해 명령 프롬프트에서 forms 폴더로 이동해 리스트 15-7
의 명령을 실행하자.

리스트 15-7 개발 도구 실행

```
npm start
```

잠시 동안의 초기 컴파일 과정이 끝나면 새 브라우저 창이 열리고, 그림 15-1과 같이
http://localhost:3000 URL의 콘텐츠가 보일 것이다.

▲ 그림 15-1 실행된 예제 애플리케이션

폼 엘리먼트 사용

폼 엘리먼트를 사용하는 가장 간단한 방법은 이 책의 1부부터 해왔듯 상태와 이벤트 등
을 사용해 리액트의 영역 안에 구현하는 것이다. 그 결과물이 이른바 **제어 컴포넌트**
controlled component인데, 이는 지금까지 여러 예제를 통해 이미 익숙할 것이다. 그럼 리스
트 15-8과 같이 그 콘텐츠를 리액트가 관리하는 input 엘리먼트를 Editor 컴포넌트에 추
가하자.

> **⚡ 팁**
>
> **비제어 컴포넌트**(uncontrolled component)도 있는데, 이는 16장에서 설명한다.

리스트 15-8 src/Editor.js: 폼 엘리먼트 추가

```
import React, { Component } from "react";

export class Editor extends Component {

  constructor(props) {
    super(props);
    this.state = {
      name: ""
    }
  }

  updateFormValue = (event) => {
    this.setState({ [event.target.name]: event.target.value },
      () => this.props.submit(this.state));
  }

  render() {
    return <div className="h5 bg-info text-white p-2">
            <div className="form-group">
              <label>Name</label>
              <input className="form-control"
                name="name"
                value={ this.state.name }
                onChange={ this.updateFormValue } />
            </div>
          </div>
  }
}
```

input 엘리먼트의 value 속성은 name 상태 프로퍼티로 설정하며, 그 값이 변경되면 onChange prop에 지정된 updateFormValue 메서드를 사용해 처리한다. 대부분의 폼은 복수의 필드를 필요로 한다. 따라서 각 필드를 위한 서로 다른 이벤트 핸들러를 정의하기보다는, 하나의 메서드를 사용하고 해당 폼 엘리먼트가 자신과 관련된 상태 값을 나타낼 수 있게 하는 방법이 낫다. 이 예제에선 name prop을 사용해 상태 프로퍼티의 이름을 지정했으며, 이를 이벤트 핸들러가 받은 이벤트로부터 읽히게 했다.

```
...
updateFormValue = (event) => {
  this.setState({ [event.target.name]: event.target.value },
    () => this.props.submit(this.state));
}
...
```

대괄호([와]) 안의 콘텐츠는 상태 갱신을 위한 프로퍼티 이름을 얻기 위해 평가된다. 이
는 setState 메서드에서 event.target 객체의 name 프로퍼티를 사용할 수 있게 한다. 나중
에 보겠지만 폼 엘리먼트의 모든 타입을 이와 동일한 방식으로 처리하지는 않는다. 그러
나 이 접근법은 한 컴포넌트 안의 이벤트 핸들러 개수를 줄여준다는 장점이 있다

setState 메서드가 제공하는 콜백 옵션을 사용함으로써 상태 데이터가 갱신된 다음에
submit 함수 prop을 호출하게 했다는 점에 주목하기 바란다. 이로써 폼 데이터가 부모 컴
포넌트에 전달된다. 따라서 Editor 컴포넌트의 어떤 상태 데이터 변경이라도 App 컴포넌
트에 보내지며 이를 Display 컴포넌트가 보여주게 되는데, 그 결과 그림 15-2와 같이
input 엘리먼트에 입력하는 내용이 콘텐츠에 즉시 반영된다. 지금은 마치 상태 데이터를
불필요하게 중복 사용하는 것으로 보이지만, 이렇게 함으로써 나중에 데이터 검증 기능
을 구현할 때 좀 더 쉽게 할 수 있다.

▲ 그림 15-2 제어 컴포넌트 사용

select 엘리먼트

일단 기본 구조가 갖춰지면 제어 컴포넌트에 폼 엘리먼트를 추가하는 일은 쉽다. 그럼 리스트 15-9와 같이 Editor 컴포넌트에 두 개의 select 엘리먼트를 추가하자.

리스트 15-9 src/Editor.js: select 엘리먼트 추가

```
import React, { Component } from "react";

export class Editor extends Component {

  constructor(props) {
    super(props);
    this.state = {
      name: "Bob",
      flavor: "Vanilla",
      toppings: ["Strawberries"]
    }

    this.flavors = ["Chocolate", "Double Chocolate",
                    "Triple Chocolate", "Vanilla"];
    this.toppings = ["Sprinkles", "Fudge Sauce",
                     "Strawberries", "Maple Syrup"]
  }

  updateFormValue = (event) => {
    this.setState({ [event.target.name]: event.target.value },
      () => this.props.submit(this.state));
  }

  updateFormValueOptions = (event) => {
    let options = [...event.target.options]
      .filter(o => o.selected).map(o => o.value);
    this.setState({ [event.target.name]: options },
      () => this.props.submit(this.state));
  }

  render() {
    return <div className="h5 bg-info text-white p-2">
            <div className="form-group">
              <label>Name</label>
```

```
            <input className="form-control"
              name="name"
              value={ this.state.name }
              onChange={ this.updateFormValue } />
          </div>
          <div className="form-group">
            <label>Ice Cream Flavors</label>
            <select className="form-control"
              name="flavor" value={ this.state.flavor }
              onChange={ this.updateFormValue } >
              { this.flavors.map(flavor =>
                <option value={ flavor } key={ flavor }>
                  { flavor }
                </option>
              )}
            </select>
          </div>
          <div className="form-group">
            <label>Ice Cream Toppings</label>
            <select className="form-control" multiple={true}
              name="toppings" value={ this.state.toppings }
              onChange={ this.updateFormValueOptions }>
              { this.toppings.map(top =>
                <option value={ top } key={ top }>
                  { top }
                </option>
              )}
            </select>
          </div>
        </div>
      }
  }
```

복수의 값을 보여주는 엘리먼트의 경우 신중을 기해야 하지만, 그럼에도 불구하고 select
엘리먼트는 다루기 어렵지 않다. 기본적으로 select 엘리먼트에선 사용자가 선택한 값이
value 프로퍼티에 설정되고, 그 선택 행위는 onChange 프로퍼티를 통해 처리된다. select
엘리먼트가 보여주는 option 엘리먼트는 보통의 HTML 엘리먼트로 작성되거나 프로그래
밍으로 생성될 수 있는데, 어느 경우든 반드시 key 프로퍼티가 있어야 한다.

```
...
<select className="form-control" name="flavor" value={ this.state.flavor }
  onChange={ this.updateFormValue } >
  { this.flavors.map(flavor =>
    <option value={ flavor } key={ flavor }>{ flavor }</option>
  )}
</select>
...
```

사용자가 선택한 하나의 엘리먼트를 보여주는 select 엘리먼트의 변경사항 역시 input 엘리먼트를 위해 정의했던 updateFormValue 메서드를 사용해 처리할 수 있다. 선택된 값을 event.target.value 프로퍼티를 통해 접근할 수 있기 때문이다.

복수의 아이템을 보여주는 select 엘리먼트

복수 선택이 가능한 select 엘리먼트의 경우 약간의 작업이 필요하다. 우선 엘리먼트를 정의할 때 multiple prop에 표현식과 함께 true를 설정해야 한다.

```
...
<select className="form-control" multiple={true} name="toppings"
  value={ this.state.toppings } onChange={ this.updateFormValueOptions }>
...
```

multiple prop에 어떤 문자열 값을 지정하든 무조건 multiple 속성을 적용한다는 의미가 된다. 즉, 설사 "false"를 지정하더라도 그와 관계없이 multiple 속성이 적용된다. 지금처럼 문자열 값 대신 표현식을 사용하는 이유는 그런 흔한 실수를 막기 위해서다. 이제 사용자의 복수 선택을 처리하려면 변경 이벤트를 처리하는 또 다른 핸들러가 필요하다.

```
...
updateFormValueOptions = (event) => {
  let options = [...event.target.options]
    .filter(o => o.selected).map(o => o.value);
  this.setState({ [event.target.name]: options },
    () => this.props.submit(this.state));
}
...
```

사용자가 선택한 아이템들은 event.target.options 프로퍼티를 통해 접근할 수 있으며, selected 프로퍼티의 값이 true인 아이템이 선별된다. filter 메서드를 사용해 아이템을 선별하고 map 메서드를 사용해 value 프로퍼티를 가져오는데, 그 결과 선택된 각 option 엘리먼트의 value 속성 값들이 포함된 배열인 options가 만들어진다. 두 select 엘리먼트는 그림 15-3과 같이 보일 것이다. 또한 사용자가 뭔가 선택을 해야 비로소 Display 컴포넌트가 그 데이터를 보여줄 것이다.

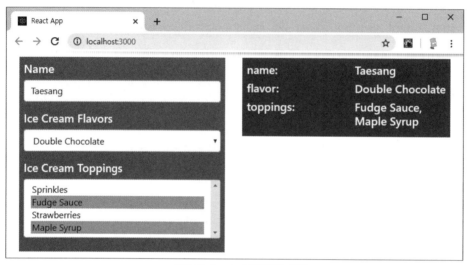

▲ 그림 15-3 select 엘리먼트 사용

라디오 버튼

라디오 버튼으로 작업하는 과정은 텍스트 input 엘리먼트의 경우와 비슷하다. 즉, 리스트 15-10과 같이 대상 엘리먼트의 value 프로퍼티를 통해 사용자가 선택한 값에 접근이 가능하다.

리스트 15-10 src/Editor.js: 라디오 버튼 사용

```
import React, { Component } from "react";

export class Editor extends Component {
```

```
constructor(props) {
  super(props);
  this.state = {
    name: "Bob",
    flavor: "Vanilla"
  }

  this.flavors = ["Chocolate", "Double Chocolate",
                  "Triple Chocolate", "Vanilla"];
  this.toppings = ["Sprinkles", "Fudge Sauce",
                   "Strawberries", "Maple Syrup"]
}

updateFormValue = (event) => {
  this.setState({ [event.target.name]: event.target.value },
    () => this.props.submit(this.state));
}

render() {
  return <div className="h5 bg-info text-white p-2">
          <div className="form-group">
            <label>Name</label>
            <input className="form-control"
              name="name"
              value={ this.state.name }
              onChange={ this.updateFormValue } />
          </div>

          <div className="form-group">
            <label>Ice Cream Flavors</label>
            { this.flavors.map(flavor =>
              <div className="form-check" key={ flavor }>
                <input className="form-check-input"
                  type="radio" name="flavor"
                  value={ flavor }
                  checked={ this.state.flavor === flavor }
                  onChange={ this.updateFormValue } />
                <label className="form-check-label">
                  { flavor }
                </label>
              </div>
```

```
            )}
        </div>
      </div>
    }
}
```

라디오 버튼은 사용자가 목록에서 하나의 값만을 선택할 수 있게 한다. 아이템의 값은 라디오 버튼의 value 프로퍼티에 의해 지정되며, checked 프로퍼티는 엘리먼트가 정확히 선택됐는지를 나타낸다. 그림 15-4를 보자.

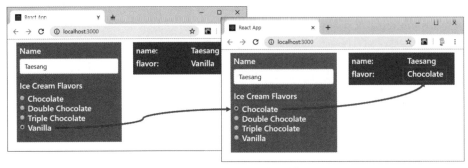

▲ 그림 15-4 라디오 버튼 사용

체크박스

체크박스의 작업 방식은 라디오 버튼과 다른데, 모든 대상 엘리먼트의 checked 프로퍼티를 읽어 체크박스의 체크 여부를 확인해야 하기 때문이다. 그럼 Editor 컴포넌트를 리스트 15-11과 같이 바꿔보자.

리스트 15-11 src/Editor.js: 체크박스 사용

```
import React, { Component } from "react";

export class Editor extends Component {

  constructor(props) {
    super(props);
    this.state = {
```

```
      name: "Bob",
      flavor: "Vanilla",
      twoScoops: false
  }

    this.flavors = ["Chocolate", "Double Chocolate",
                    "Triple Chocolate", "Vanilla"];
    this.toppings = ["Sprinkles", "Fudge Sauce",
                     "Strawberries", "Maple Syrup"]
  }

  updateFormValue = (event) => {
    this.setState({ [event.target.name]: event.target.value },
      () => this.props.submit(this.state));
  }

  updateFormValueCheck = (event) => {
    this.setState({ [event.target.name]: event.target.checked },
      () => this.props.submit(this.state));
  }

  render() {
    return <div className="h5 bg-info text-white p-2">
            <div className="form-group">
              <label>Name</label>
              <input className="form-control"
                name="name"
                value={ this.state.name }
                onChange={ this.updateFormValue } />
            </div>

            <div className="form-group">
              <label>Ice Cream Flavors</label>
              { this.flavors.map(flavor =>
                <div className="form-check" key={ flavor }>
                  <input className="form-check-input"
                    type="radio" name="flavor"
                    value={ flavor }
                    checked={ this.state.flavor === flavor }
                    onChange={ this.updateFormValue } />
                  <label className="form-check-label">
```

```
            { flavor }
          </label>
        </div>
      )}
    </div>

    <div className="form-group">
      <div className="form-check">
        <input className="form-check-input"
          type="checkbox" name="twoScoops"
          checked={ this.state.twoScoops }
          onChange={ this.updateFormValueCheck } />
        <label className="form-check-label">Two Scoops</label>
      </div>
    </div>
  </div>
  }
}
```

checked 프로퍼티는 화면에서 체크박스에 체크 표시가 돼야 하는지 지정하며, 또한 사용
자가 체크박스에 체크를 하거나 해제하는 변경 이벤트를 처리할 때 사용된다. 그림 15-5
와 같이 말이다.

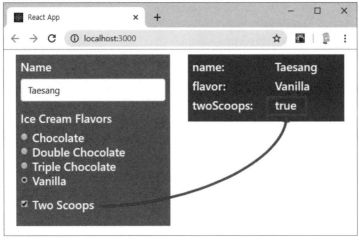

▲ 그림 15-5 체크박스 사용

체크박스를 사용한 배열 채우기

체크박스는 사용자가 선택한 아이템으로 배열을 채우는 데 사용될 수 있으며, 이는 복수 선택이 가능한 select 엘리먼트의 경우보다 더 친숙하다. 그럼 Editor 컴포넌트를 리스트 15-12와 같이 변경하자.

리스트 15-12 src/Editor.js: 복수의 체크박스 사용

```
import React, { Component } from "react";

export class Editor extends Component {

  constructor(props) {
    super(props);
    this.state = {
      name: "Bob",
      flavor: "Vanilla",
      toppings: ["Strawberries"]
    }

    this.flavors = ["Chocolate", "Double Chocolate",
                    "Triple Chocolate", "Vanilla"];
    this.toppings = ["Sprinkles", "Fudge Sauce",
                     "Strawberries", "Maple Syrup"]
  }

  updateFormValue = (event) => {
    this.setState({ [event.target.name]: event.target.value },
      () => this.props.submit(this.state));
  }

  updateFormValueCheck = (event) => {
    event.persist();
    this.setState(state => {
      if (event.target.checked) {
        state.toppings.push(event.target.name);
      } else {
        let index = state.toppings.indexOf(event.target.name);
        state.toppings.splice(index, 1);
      }
```

```
      }, () => this.props.submit(this.state));
  }

  render() {
    return <div className="h5 bg-info text-white p-2">
              <div className="form-group">
                <label>Name</label>
                <input className="form-control"
                  name="name"
                  value={ this.state.name }
                  onChange={ this.updateFormValue } />
              </div>

              <div className="form-group">
                <label>Ice Cream Toppings</label>
                { this.toppings.map(top =>
                  <div className="form-check" key={ top }>
                    <input className="form-check-input"
                      type="checkbox" name={ top }
                      value={ this.state[top] }
                      checked={ this.state.toppings.indexOf(top) > -1 }
                      onChange={ this.updateFormValueCheck } />
                    <label className="form-check-label">{ top }</label>
                  </div>
                )}
              </div>
           </div>
  }
}
```

각 엘리먼트는 동일한 방식으로 생성된다. 그러나 updateFormValueCheck 메서드는 이번엔
오직 사용자가 선택한 값들만 포함되도록 toppings 배열의 콘텐츠를 관리한다. 체크박스
의 체크가 해제될 때 배열로부터 해당 값을 제거하는 작업과 체크박스에 체크가 될 때 배
열에 해당 값을 추가하는 작업엔 표준 자바스크립트의 방식이 사용됐다. 이 코드의 결과
는 그림 15-6과 같다.

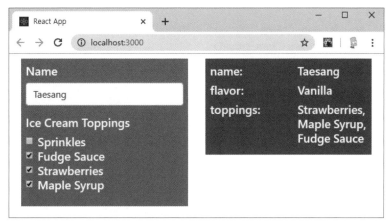

▲ 그림 15-6 체크박스를 사용한 배열 채우기

텍스트 영역

평범한 HTML과는 달리 텍스트 영역, 즉 textarea 엘리먼트의 콘텐츠는 value 프로퍼티를 사용해 읽거나 쓸 수 있다. 이번엔 Editor 컴포넌트에 textarea 엘리먼트를 추가하고, 텍스트 편집 처리를 위해 onChange 핸들러를 변경하자. 리스트 15-13과 같이 말이다.

리스트 15-13 src/Editor.js: 텍스트 영역 추가

```
import React, { Component } from "react";

export class Editor extends Component {

  constructor(props) {
    super(props);
      this.state = {
      name: "Bob",
      order: ""
    }
  }

  updateFormValue = (event) => {
    this.setState({ [event.target.name]: event.target.value },
      () => this.props.submit(this.state));
  }
```

```
  render() {
  return <div className="h5 bg-info text-white p-2">
          <div className="form-group">
            <label>Name</label>
            <input className="form-control"
              name="name"
              value={ this.state.name }
              onChange={ this.updateFormValue } />
          </div>

          <div className="form-group">
            <label>Order</label>
            <textarea className="form-control" name="order"
              value={ this.state.order }
              onChange={ this.updateFormValue } />
          </div>
        </div>
  }
}
```

텍스트 영역 값의 변경에 대해선 텍스트 input 엘리먼트를 위해 정의했던 동일한 메서드
를 사용했다. 이 코드의 결과는 그림 15-7과 같다.

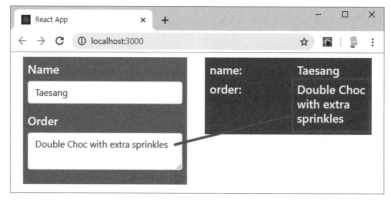

▲ 그림 15-7 텍스트 영역 사용

폼 데이터 검증

사용자는 아무렇게나 폼 필드를 채울 수 있다. 그게 실수든, 아니면 대충 입력하고 빨리 넘어가려는 의도이든 말이다. 데이터 검증은 사용자가 제공한 데이터를 검사해 애플리케이션이 사용할 수 있는 데이터인지 확인하는 과정이다. 이제부터 리액트 애플리케이션에서의 폼 검증 방법을 설명하겠다.

폼 사용의 최소화

사용자가 불량 데이터를 입력하는 이유 중 하나는 사용자는 결과의 가치에 관심이 없기 때문이다. 이는 사용자에게 중요한 일이 사소한 무언가에 의해 방해될 때 발생할 수 있다. 예컨대, 아티클을 읽으려 하면 계정을 생성하라는 강제적인 프롬프트가 나타나거나, 또는 사용자가 자주 수행하는 업무의 시작마다 그런 프롬프트가 나타나는 경우다.

사용자가 폼을 가치 있게 생각하지 않는 한, 데이터 검증은 도움이 되지 않는다. 그들은 단순히 불량 데이터를 넘길 것이며, 그걸 검증한다 해도 여전히 불량 데이터인 것은 변함이 없기 때문이다. 만약 강제적인 프롬프트를 통해 수집한 이메일 주소의 많은 수가 a@a.com이라는 사실을 발견했다면, 이는 사용자들이 매주 발송되는 뉴스레터에 별 관심이 없다는 뜻이다.

폼은 가급적 아껴 사용해야 하며, 예컨대 배송 주소 입력과 같이 사용자가 가치 있게 여기는 작업에만 사용해야 한다. 그 밖의 경우라면 사용자의 작업 흐름을 방해하지 않고 매번 사용자를 짜증 나게 하지 않는 대안을 찾아 데이터를 얻어야 한다.

폼 검증에 있어 검증의 각기 다른 부분들이 HTML과 컴포넌트의 복잡한 계층도에 분포될 수 있다. 따라서 각기 다른 부분을 연결하기 위해 prop 스레딩을 하기보다는 컨텍스트를 사용하는 방법이 낫다(컨텍스트는 14장에서 설명했다). 그럼 src 폴더에 ValidationContext.js라는 파일을 만들어 리스트 15-14와 같은 콘텐츠를 작성하자.

🌐 참고

이 절의 예제들은 리스트 15-2에서 설치했던 validator 패키지에 의존한다. 만약 그 부분을 건너뛰었다면, 다음 예제를 진행하기 전에 리스트 15-2의 방법으로 validator 패키지를 설치하기 바란다.

```
import React from "react";

export const ValidationContext = React.createContext({
  getMessagesForField: (field) => []
})
```

여기선 각 폼 엘리먼트를 위한 검증 이슈들을 배열에 저장한다. 또한 각 이슈에 관한 메
시지를 해당 엘리먼트와 나란히 보여줄 것이다. 컨텍스트는 특정 필드를 위한 검증 메시
지를 리턴하는 함수에 접근할 수 있게 한다.

검증 규칙 정의

그다음엔 src 폴더에 validation.js라는 파일을 만들어 리스트 15-15와 같은 코드를 추
가하자. 이는 앞서 설치했던 validator 패키지를 사용해 폼 데이터를 검증하는 코드다.

리스트 15-15 src/validation.js

```
import validator from "validator";

export function ValidateData(data, rules) {
  let errors = {};
  Object.keys(data).forEach(field => {
    if (rules.hasOwnProperty(field)) {
      let fielderrors = [];
      let val = data[field];
      if (rules[field].required && validator.isEmpty(val)) {
        fielderrors.push("Value required");
      }
      if (!validator.isEmpty(data[field])) {
        if (rules[field].minlength
          && !validator.isLength(val, rules[field].minlength)) {
          fielderrors.push(`Enter at least ${rules[field].minlength}`
            + " characters");
        }
        if (rules[field].alpha && !validator.isAlpha(val)) {
```

```
            fielderrors.push("Enter only letters");
        }
        if (rules[field].email && !validator.isEmail(val)) {
            fielderrors.push("Enter a valid email address");
        }
    }
    if (fielderrors.length > 0) {
        errors[field] = fielderrors;
    }
    }
})
    return errors;
}
```

ValidateData 함수는 폼 값들을 프로퍼티로 갖는 객체 하나와, 값에 적용할 검증 규칙들을 지정하는 객체 하나를 받는다. validator 패키지는 광범위한 검사를 할 수 있는 메서드를 제공한다. 그러나 이 예제에선 네 가지 검증에만 초점을 맞출 것이다. 요컨대 사용자가 값을 제공했는지, 최소 길이를 지켰는지, 올바른 형식의 이메일 주소인지, 알파벳 문자만을 사용했는지를 검증할 것이다. 이 예제에서 사용할, validator 패키지가 제공하는 메서드는 표 15-3에 요약했다. validator 패키지가 제공하는 전체 기능은 https://www.npmjs.com/package/validator를 참고하기 바란다.

표 15-3 validator 패키지 메서드

메서드	설명
isEmpty	값이 빈 문자열이면 true를 리턴한다.
isLength	값이 최소한의 길이를 초과하면 true를 리턴한다.
isAlpha	값이 알파벳 문자만 포함하면 true를 리턴한다.
isEmail	값이 올바른 형식의 이메일 주소라면 true를 리턴한다.
isEqual	두 값이 동일하다면 true를 리턴한다.

컨테이너 컴포넌트 제작

검증 컴포넌트를 제작하기 위해 src 폴더에 FormValidator.js라는 파일을 만들어 리스트 15-16과 같은 컴포넌트를 정의하자.

리스트 15-16 src/FormValidator.js

```
import React, { Component } from "react";
import { ValidateData } from "./validation";
import { ValidationContext } from "./ValidationContext";

export class FormValidator extends Component {

  constructor(props) {
    super(props);
    this.state = {
      errors: {},
      dirty: {},
      formSubmitted: false,
      getMessagesForField: this.getMessagesForField
    }
  }

  static getDerivedStateFromProps(props, state) {
    return {
      errors: ValidateData(props.data, props.rules)
    };
  }

  get formValid() {
    return Object.keys(this.state.errors).length === 0;
  }

  handleChange = (ev) => {
    let name = ev.target.name;
    this.setState(state => state.dirty[name] = true);
  }

  handleClick = (ev) => {
    this.setState({ formSubmitted: true }, () => {
```

```
      if (this.formValid) {
        this.props.submit(this.props.data)
      }
    });
  }

  getButtonClasses() {
    return this.state.formSubmitted && !this.formValid
      ? "btn-danger" : "btn-primary";
  }

  getMessagesForField = (field) => {
    return (this.state.formSubmitted || this.state.dirty[field]) ?
      this.state.errors[field] || [] : []
  }

  render() {
    return <React.Fragment>
            <ValidationContext.Provider value={ this.state }>
              <div onChange={ this.handleChange }>
                { this.props.children }
              </div>
            </ValidationContext.Provider>

            <div className="text-center">
              <button className={ `btn ${ this.getButtonClasses() }`}
                onClick={ this.handleClick }
                disabled={ this.state.formSubmitted && !this.formValid } >
                Submit
              </button>
            </div>
          </React.Fragment>
  }
}
```

검증 작업은 getDerivedStateFromProps라는 생명주기 메서드에서 수행되는데, 이 메서드
는 컴포넌트가 받은 prop을 기준으로 상태를 변경할 수 있는 기회를 준다. 컴포넌트는
검증받을 폼 데이터를 포함하는 data prop과 검증 규칙이 정의된 rules prop을 받고, 이

둘을 리스트 15-15에서 정의했던 ValidateData 함수에 전달한다. ValidateData 함수의 결과는 state.errors 프로퍼티에 할당되는데, 이는 검증 이슈를 갖는 각 폼 필드를 위한 프로퍼티와 사용자에게 보여야 하는 메시지들의 배열을 포함하는 객체다.

폼 검증은 사용자가 필드를 편집하거나 폼 제출을 시도하기 전까지는 시작되면 안 된다. 12장에서 설명했듯 개별 편집 행위는 변경 이벤트를 리스닝해 폼 엘리먼트가 버블 단계를 거쳐 처리되는 일이기 때문이다.

```
...
<div onChange={ this.handleChange }>
  { this.props.children }
</div>
...
```

handleChange 메서드는 변경 이벤트의 대상 엘리먼트의 name prop 값을 dirty 상태 객체에 추가한다(폼 검증에 있어서 사용자가 편집을 시작하기 전까지의 엘리먼트를 **프리스틴**pristine 상태, 편집을 시작한 후를 **더티**dirty 상태라고 한다). 컴포넌트는 버튼이 클릭됐을 때 formSubmitted 상태 프로퍼티를 변경하는 핸들러와 함께 button 엘리먼트를 사용자에게 보여준다. 만약 폼이 유효하지 않은 상황에서 버튼이 클릭되면, 문제가 해결될 때까지 버튼은 사용이 불가능해지고 색상이 바뀜으로써 데이터가 처리될 수 없음을 보여준다.

```
...
<button className={ `btn ${ this.getButtonClasses() }`}
  onClick={ this.handleClick }
  disabled={ this.state.formSubmitted && !this.formValid } >
  Submit
</button>
...
```

만약 검증 결과에 문제가 없다면 handleClick 메서드는 검증된 데이터를 인자로 해서 submit이라는 함수 prop을 호출한다.

검증 메시지 표시

폼 엘리먼트와 함께 검증 메시지를 보여주기 위해 src 폴더에 ValidationMessage.js라는
파일을 만들어 리스트 15-17과 같은 컴포넌트를 정의하자.

리스트 15-17 src/ValidationMessage.js

```
import React, { Component } from "react";
import { ValidationContext } from "./ValidationContext";

export class ValidationMessage extends Component {
  static contextType = ValidationContext;

  render() {
    return this.context.getMessagesForField(this.props.field).map(err =>
      <div className="small bg-danger text-white mt-1 p-1"
        key={ err } >
        { err }
      </div>
    )
  }
}
```

이 컴포넌트는 FormValidator 컴포넌트가 제공한 컨텍스트를 사용해 field prop에서 지
정한 이름의 폼 필드를 위한 검증 메시지를 얻는다. 이 컴포넌트는 폼 엘리먼트의 검증
이슈에 대한 어떤 내막도, 폼의 전반적인 유효성에 대한 어떤 지식도 알지 못한다. 단지
메시지를 요청하고 보여줄 뿐이다. 물론 보여줄 메시지가 없을 경우엔 콘텐츠를 렌더링
하지 않는다.

폼 검증 적용

마지막 단계는 리스트 15-18과 같이 폼에 검증 기능을 적용하는 것이다. FormValidator
컴포넌트는 반드시 폼 필드의 조상이어야 하는데, 그래야 버블 단계를 통해 변경 이벤트
를 받을 수 있기 때문이다. 또한 ValidationMessage 컴포넌트의 조상이기도 해야 하는데,
그래야 공유된 컨텍스트를 통해 검증 메시지에 접근할 수 있기 때문이다.

```
import React, { Component } from "react";
import { FormValidator } from "./FormValidator";
import { ValidationMessage } from "./ValidationMessage";

export class Editor extends Component {

  constructor(props) {
    super(props);
    this.state = {
      name: "",
      email: "",
      order: ""
    }
    this.rules = {
      name: { required: true, minlength: 3, alpha: true },
      email: { required: true, email: true },
      order: { required: true }
    }
  }

  updateFormValue = (event) => {
    this.setState({ [event.target.name]: event.target.value });
  }

  render() {
    return <div className="h5 bg-info text-white p-2">
             <FormValidator data={ this.state } rules={ this.rules }
               submit={ this.props.submit }>
               <div className="form-group">
                 <label>Name</label>
                 <input className="form-control"
                   name="name"
                   value={ this.state.name }
                   onChange={ this.updateFormValue } />
                 <ValidationMessage field="name" />
               </div>

               <div className="form-group">
                 <label>Email</label>
                 <input className="form-control"
                   name="email"
                   value={ this.state.email }
```

```
              onChange={ this.updateFormValue } />
            <ValidationMessage field="email" />
          </div>

          <div className="form-group">
            <label>Order</label>
            <textarea className="form-control"
              name="order"
              value={ this.state.order }
              onChange={ this.updateFormValue } />
            <ValidationMessage field="order" />
          </div>
        </FormValidator>
      </div>
    }
  }
```

검증 컴포넌트의 적용 외에도 이메일 필드를 추가했으며, 또한 데이터가 자동으로 전송
되지 않도록 updateFormValue 메서드도 변경했다. 이 코드의 결과는 그림 15-8과 같다.
필드를 입력하거나 버튼을 클릭하기 전엔 어떤 검증 메시지도 나타나지 않는다. 또한 입
력한 데이터가 모든 검증 요구사항을 충족시키기 전엔 데이터를 전송하지 못한다.

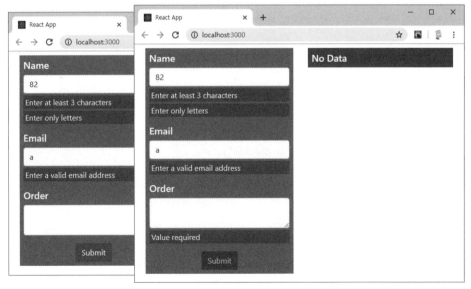

▲ 그림 15-8 폼 데이터 검증

그 밖의 엘리먼트와 데이터 타입의 검증

검증 기능은 input과 textarea 엘리먼트를 직접 다루지 않는다는 점에 주목하기 바란다. 그 대신 상태와 이벤트라는 표준 기능을 이용해 데이터를 리액트의 통제 범위로 가져옴으로써 검증이 가능하며, 또한 컴포넌트가 데이터의 출처를 몰라도 데이터를 다룰 수 있게 한다. 이는 기본 검증 기능이 갖춰지면 각기 다른 폼 엘리먼트 타입과 각기 다른 데이터 타입에도 적용할 수 있다는 뜻이다. 각 프로젝트는 각자만의 검증 요구사항이 있다. 그러나 이 절의 예제에서는 가장 흔히 사용되는 몇 가지 방법을 사용해봄으로써 향후 자신의 필요에 따라 활용할 수 있게 하겠다.

체크박스의 체크 여부

흔한 검증 요구사항 중 하나는 사용자가 이용 약관에 체크했는지 여부를 검사하는 일이다. 그럼 체크박스의 체크 여부를 검증할 수 있도록 validation.js를 리스트 15-19와 같이 변경하자.

리스트 15-19 src/validation.js: 검증 항목 추가

```
import validator from "validator";

export function ValidateData(data, rules) {
  let errors = {};
  Object.keys(data).forEach(field => {
    if (rules.hasOwnProperty(field)) {
      let fielderrors = [];
      let val = data[field];
      if (rules[field].true) {
        if (!val) {
          fielderrors.push("Must be checked");
        }
      } else {
        if (rules[field].required && validator.isEmpty(val)) {
          fielderrors.push("Value required");
        }
        if (!validator.isEmpty(data[field])) {
          if (rules[field].minlength
```

```
            && !validator.isLength(val, rules[field].minlength)) {
          fielderrors.push(`Enter at least ${rules[field].minlength}`
            + " characters");
        }
        if (rules[field].alpha && !validator.isAlpha(val)) {
          fielderrors.push("Enter only letters");
        }
        if (rules[field].email && !validator.isEmail(val)) {
          fielderrors.push("Enter a valid email address");
        }
      }
    }
    if (fielderrors.length > 0) {
      errors[field] = fielderrors;
    }
  }
})
  return errors;
}
```

우리가 사용하는 validator 패키지는 오직 문자열 값을 대상으로 하므로, 불리언 값에 대한 검증을 요구하면 에러를 보고한다. 이 문제를 해결하기 위해 다른 검증 규칙과 조합되지 않는 특별한 경우로서의 새 검증 항목을 만들어보자. 그럼 Editor 컴포넌트에서 기존의 폼 엘리먼트 일부를 제거하고, 체크박스 하나와 체크 여부를 확인하는 검증 규칙 하나를 추가하자. 리스트 15-20과 같이 말이다.

리스트 15-20 src/Editor.js: 체크박스 검증 추가

```
import React, { Component } from "react";
import { FormValidator } from "./FormValidator";
import { ValidationMessage } from "./ValidationMessage";

export class Editor extends Component {

  constructor(props) {
    super(props);
    this.state = {
      name: "",
```

```
      terms: false
    }
    this.rules = {
      name: { required: true, minlength: 3, alpha: true },
      terms: { true: true}
    }
  }

  updateFormValue = (event) => {
    this.setState({ [event.target.name]: event.target.value });
  }

  updateFormValueCheck = (event) => {
    this.setState({ [event.target.name]: event.target.checked });
  }

  render() {
    return <div className="h5 bg-info text-white p-2">
             <FormValidator data={ this.state } rules={ this.rules }
               submit={ this.props.submit }>
               <div className="form-group">
                 <label>Name</label>
                 <input className="form-control"
                   name="name"
                   value={ this.state.name }
                   onChange={ this.updateFormValue } />
                 <ValidationMessage field="name" />
               </div>

               <div className="form-group">
                 <div className="form-check">
                   <input className="form-check-input"
                     type="checkbox" name="terms"
                     checked={ this.state.terms }
                     onChange={ this.updateFormValueCheck } />
                   <label className="form-check-label">
                     Agree to terms
                   </label>
                 </div>
                 <ValidationMessage field="terms" />
               </div>
```

```
            </FormValidator>
          </div>
      }
  }
```

이제 그림 15-9와 같이 반드시 체크를 해야 제출할 수 있는 체크박스를 볼 수 있을 것이다.

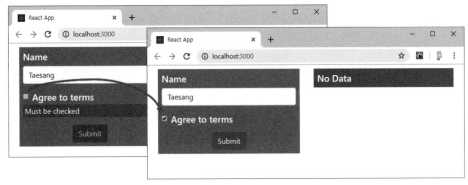

▲ 그림 15-9 체크박스 검증

값 일치 여부

어떤 값들은 두 번 입력을 받아 확인을 해야 하는 경우가 있다. 예컨대, 계정 생성 시의 패스워드나 이메일 주소 등이 그렇다. 그럼 리스트 15-21과 같이 두 값이 동일한지 확인하는 검증 규칙을 validation.js에 추가하자.

리스트 15-21 src/validation.js: 검증 항목 추가

```
import validator from "validator";

export function ValidateData(data, rules) {
  let errors = {};
  Object.keys(data).forEach(field => {
    if (rules.hasOwnProperty(field)) {
      let fielderrors = [];
      let val = data[field];
      if (rules[field].true) {
```

```
            if (!val) {
              fielderrors.push("Must be checked");
            }
        } else {
            if (rules[field].required && validator.isEmpty(val)) {
              fielderrors.push("Value required");
            }
            if (!validator.isEmpty(data[field])) {
              if (rules[field].minlength
                  && !validator.isLength(val, rules[field].minlength)) {
                fielderrors.push(`Enter at least ${rules[field].minlength}`
                  + " characters");
              }
              if (rules[field].alpha && !validator.isAlpha(val)) {
                fielderrors.push("Enter only letters");
              }
              if (rules[field].email && !validator.isEmail(val)) {
                fielderrors.push("Enter a valid email address");
              }
              if (rules[field].equals
                  && !validator.equals(val, data[rules[field].equals])) {
                fielderrors.push("Values don't match");
              }
            }
        }
        if (fielderrors.length > 0) {
          errors[field] = fielderrors;
        }
      }
    })
    return errors;
  }
```

이제 리스트 15-22와 같이 Editor 컴포넌트에 두 개의 input 엘리먼트를 추가하고 사용
자가 두 필드에 동일한 값을 입력했는지 검증할 수 있게 하자.

리스트 15-22 src/Editor.js: 값 일치 검증 추가

```
import React, { Component } from "react";
import { FormValidator } from "./FormValidator";
```

```jsx
import { ValidationMessage } from "./ValidationMessage";

export class Editor extends Component {

  constructor(props) {
    super(props);
    this.state = {
      name: "",
      email: "",
      emailConfirm: ""
    }
    this.rules = {
      name: { required: true, minlength: 3, alpha: true },
      email: { required: true, email: true, equals: "emailConfirm"},
      emailConfirm: { required: true, email: true, equals: "email"}
    }
  }

  updateFormValue = (event) => {
    this.setState({ [event.target.name]: event.target.value });
  }

  render() {
    return <div className="h5 bg-info text-white p-2">
             <FormValidator data={ this.state } rules={ this.rules }
               submit={ this.props.submit }>
               <div className="form-group">
                 <label>Name</label>
                 <input className="form-control"
                   name="name"
                   value={ this.state.name }
                   onChange={ this.updateFormValue } />
                 <ValidationMessage field="name" />
               </div>

               <div className="form-group">
                 <label>Email</label>
                 <input className="form-control"
                   name="email"
                   value={ this.state.email }
                   onChange={ this.updateFormValue } />
```

```
                    <ValidationMessage field="email" />
                  </div>

                  <div className="form-group">
                    <label>Confirm Email</label>
                    <input className="form-control"
                      name="emailConfirm"
                      value={ this.state.emailConfirm }
                      onChange={ this.updateFormValue } />
                    <ValidationMessage field="emailConfirm" />
                  </div>
                </FormValidator>
              </div>
          }
        }
```

이제 그림 15-10과 같이 email과 emailConfirm 필드의 콘텐츠가 동일해야만 유효한 폼을
볼 수 있을 것이다.

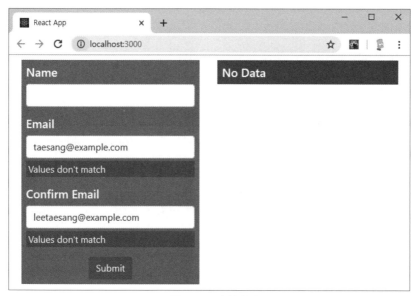

▲ 그림 15-10 값 일치 검증

폼에 특정적인 검증

사용자가 선택한 사항들의 조합이 일관돼야 하는 경우에는 개별 값만 검증을 수행할 수 없다. 이런 종류의 검증은 사용자가 정상 데이터를 입력하고 제출한 다음에야 가능하며, 그 시점에서 애플리케이션은 데이터를 처리하기 전에 최종 검사를 수행해야 한다.

개별 필드에 대한 검증은 여러 폼에서도 동일한 코드를 사용할 수 있지만, 여러 값의 조합에 대한 검증은 주로 하나의 폼에 특정적인 코드를 사용하게 된다. 폼에 특정적인 코드와 일반 코드가 섞이지 않게 하기 위해 src 폴더에 wholeFormValidation.js라는 파일을 만들어 리스트 15-23과 같이 검증 함수를 정의하자.

리스트 15-23 src/wholeFormValidation.js

```
export function ValidateForm(data) {
  let errors = [];
  if (!data.email.endsWith("@example.com")) {
    errors.push("Only example.com users allowed");
  }
  if (!data.email.toLowerCase().startsWith(data.name.toLowerCase())) {
    errors.push("Email address must start with name");
  }
  if (data.name.toLowerCase() === "joe") {
    errors.push("Go away, Joe")
  }
  return errors;
}
```

ValidateForm 함수는 폼 데이터를 받아 이메일 주소가 @example.com으로 끝나는지, email 값이 name 값으로 시작하는지, name 프로퍼티의 값이 joe가 아닌지 확인한다. 이제 FormValidator 컴포넌트를 리스트 15-24와 같이 폼 검증 함수를 prop으로서 받아 사용하게 하자.

```javascript
import React, { Component } from "react";
import { ValidateData } from "./validation";
import { ValidationContext } from "./ValidationContext";

export class FormValidator extends Component {

  constructor(props) {
    super(props);
    this.state = {
      errors: {},
      dirty: {},
      formSubmitted: false,
      getMessagesForField: this.getMessagesForField
    }
  }

  static getDerivedStateFromProps(props, state) {
    state.errors = ValidateData(props.data, props.rules);
    if (state.formSubmitted && Object.keys(state.errors).length === 0) {
      let formErrors = props.validateForm(props.data);
      if (formErrors.length > 0) {
        state.errors.form = formErrors;
      }
    }
    return state;
  }

  get formValid() {
    return Object.keys(this.state.errors).length === 0;
  }

  handleChange = (ev) => {
    let name = ev.target.name;
    this.setState(state => state.dirty[name] = true);
  }

  handleClick = (ev) => {
    this.setState({ formSubmitted: true }, () => {
```

```
    if (this.formValid) {
      let formErrors = this.props.validateForm(this.props.data);
      if (formErrors.length === 0) {
        this.props.submit(this.props.data)
      }
    }
  });
}

getButtonClasses() {
  return this.state.formSubmitted && !this.formValid
    ? "btn-danger" : "btn-primary";
}

getMessagesForField = (field) => {
  return (this.state.formSubmitted || this.state.dirty[field]) ?
    this.state.errors[field] || [] : []
}

render() {
  return <React.Fragment>
          <ValidationContext.Provider value={ this.state }>
            <div onChange={ this.handleChange }>
              { this.props.children }
            </div>
          </ValidationContext.Provider>

          <div className="text-center">
            <button className={ `btn ${ this.getButtonClasses() }`}
              onClick={ this.handleClick }
              disabled={ this.state.formSubmitted && !this.formValid } >
              Submit
            </button>
          </div>
        </React.Fragment>
  }
}
```

이 코드는 사용자가 Submit 버튼을 누르면 전체 폼에 대한 검증을 시작한다. 그럼 Editor 컴포넌트가 FormValidator에게 전체 폼 검증 기능을 제공하고, 폼에 특정적인 에러를 보여주는 새 ValidationMessage 컴포넌트를 정의하도록 리스트 15-25와 같이 작성하자.

리스트 15-25 src/Editor.js: 전체 폼 기능 추가

```
import React, { Component } from "react";
import { FormValidator } from "./FormValidator";
import { ValidationMessage } from "./ValidationMessage";
import { ValidateForm } from "./wholeFormValidation";

export class Editor extends Component {

  constructor(props) {
    super(props);
    this.state = {
      name: "",
      email: "",
      emailConfirm: ""
    }
    this.rules = {
      name: { required: true, minlength: 3, alpha: true },
      email: { required: true, email: true, equals: "emailConfirm"},
      emailConfirm: { required: true, email: true, equals: "email"}
    }
  }

  updateFormValue = (event) => {
    this.setState({ [event.target.name]: event.target.value });
  }

  render() {
    return <div className="h5 bg-info text-white p-2">
             <FormValidator data={ this.state } rules={ this.rules }
               submit={ this.props.submit }
               validateForm={ ValidateForm }>

               <ValidationMessage field="form" />
```

```
            <div className="form-group">
              <label>Name</label>
              <input className="form-control"
                name="name"
                value={ this.state.name }
                onChange={ this.updateFormValue } />
              <ValidationMessage field="name" />
            </div>

            <div className="form-group">
              <label>Email</label>
              <input className="form-control"
                name="email"
                value={ this.state.email }
                onChange={ this.updateFormValue } />
              <ValidationMessage field="email" />
            </div>

            <div className="form-group">
              <label>Confirm Email</label>
              <input className="form-control"
                name="emailConfirm"
                value={ this.state.emailConfirm }
                onChange={ this.updateFormValue } />
              <ValidationMessage field="emailConfirm" />
            </div>
          </FormValidator>
        </div>
    }
}
```

제출된 데이터가 리스트 15-23에서 검사하고 있는 조건을 만족시키지 못한다면, 그림 15-11과 같이 검증 메시지를 추가로 보게 될 것이다.

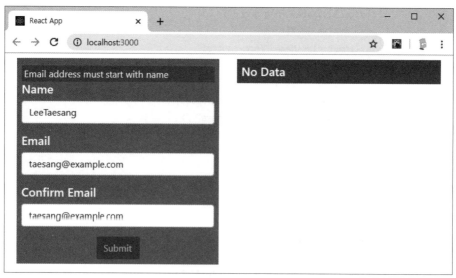

▲ 그림 15-11 전체 폼 검증

정리

15장에선 제어 컴포넌트로서의 폼 엘리먼트를 다뤘다. 폼 엘리먼트의 콘텐츠는 상태 프로퍼티에 의해 관리되며, 그 편집 작업은 이벤트 핸들러에 의해 처리된다. 또한 폼 엘리먼트의 여러 유형과 폼 데이터의 검증 방법도 알아봤다. 제어 컴포넌트는 리액트가 지원하는 유형 중 하나일 뿐이며, 다음 16장에서 ref를 소개하고 비제어 컴포넌트의 사용법을 설명할 것이다.

16장

ref와 포털

보통의 상황에서 컴포넌트는 DOM 안의 엘리먼트와 직접 상호작용할 수 없다. 그 대신 props와 이벤트 핸들러를 통해 상호작용을 하며, 이는 콘텐츠에 대한 지식 없이도 컴포넌트들의 협업을 가능하게 한다.

그러나 컴포넌트가 DOM 안의 엘리먼트와 상호작용을 해야 하는 상황도 있다. 리액트는 이를 위해 두 가지 기능을 제공한다. 하나는 **ref**(reference의 약자)로서, 컴포넌트가 렌더링한 HTML 엘리먼트가 DOM에 추가된 후에도 접근을 가능하게 한다. 또 하나는 **포털**portal 이라는 기능이며, 이는 애플리케이션 콘텐츠의 외부에서 HTML 엘리먼트에 접근할 수 있게 한다.

이들 기능은 주의해서 사용해야 하는데, 왜냐하면 컴포넌트의 독립성을 약화시킴으로써 개발, 테스트, 유지 관리를 어렵게 만들기 때문이다. 즉, '토끼 굴rabbit holing'과 같이 하나의 문제를 해결함으로써 또 다른 문제가 생기고, 그 문제를 해결함으로써 또 다른 문제가 생기는 과정이 반복될 수 있다. 따라서 이들 기능을 무분별하게 사용한다면 리액트가 제공하는 핵심 기능을 중복해서 만들게 되는 안 좋은 결과를 낳을 수 있다. 그럼 ref와 포털의 맥락을 정리한 표 16-1을 보자.

표 16-1 ref와 포털의 맥락 잡기

질문	답변
그게 무엇인가?	ref는 컴포넌트에 의해 이미 렌더링된 DOM 안의 엘리먼트로의 참조다. 포털은 애플리케이션 콘텐츠의 외부에서 콘텐츠를 렌더링할 수 있게 한다.
왜 유용한가?	엘리먼트에 포커스를 주는 일과 같이 DOM에 직접 접근하지 않으면 쉽게 처리할 수 없는 HTML 엘리먼트의 일부 특징들이 있다. 또한 다른 프레임워크나 라이브러리에 접근하는 경우에도 유용하다.
어떻게 사용하는가?	ref는 특별한 속성인 ref를 사용해 만들 수 있으며, 또한 React.createRef 메서드나 콜백 함수를 통해 만들 수도 있다.
문제점이나 제약사항이 있는가?	ref와 포털은 남용되기 쉽다. 이들은 컴포넌트의 독립성을 해칠 수 있으며, 리액트가 이미 제공하는 기능을 중복해 구현하게 할 가능성이 높다.
대체재가 있는가?	ref와 포털은 고급 기능으로서, 대부분의 프로젝트에서 필요로 하지 않는다.

표 16-2에선 16장의 내용을 요약했다.

표 16-2 16장 요약

과제	해법	리스트 번호
컴포넌트를 위해 생성된 HTML 엘리먼트 객체에 접근하기	ref를 사용한다.	1~9, 11, 12, 18, 19
상태 데이터와 이벤트 핸들러 없이 폼 엘리먼트를 사용하기	비제어 폼 컴포넌트를 사용한다.	10, 13~15
업데이트 단계에서의 데이터 손실 방지하기	getSnapshotBeforeUpdate 메서드를 사용한다.	16, 17
자식 컴포넌트의 콘텐츠에 접근하기	ref prop이나 ref 포워딩을 사용한다.	20~23
콘텐츠를 특정 DOM 엘리먼트에 주입하기	포털을 사용한다.	24~26

준비 작업

16장에서 필요한 예제 프로젝트를 만들기 위해 명령 프롬프트에서 적당한 위치로 이동해 리스트 16-1과 같은 명령을 실행하자.

리스트 16-1 프로젝트 생성

```
npx create-react-app refs
```

이제 생성된 refs 폴더 안으로 들어가 리스트 16-2와 같이 명령을 실행해 부트스트랩 CSS 프레임워크를 설치하자.

리스트 16-2 부트스트랩 CSS 프레임워크 설치

```
cd refs
npm install bootstrap@4.1.2
```

16장에선 제이쿼리[jQuery]를 사용하는 예제를 만들 것이다. 리스트 16-3과 같이 명령을 실행해 프로젝트에 제이쿼리 패키지를 추가하자.

리스트 16-3 제이쿼리 설치

```
npm install jquery@3.3.1
```

애플리케이션에 부트스트랩 CSS 스타일시트를 포함시키려면 src 폴더 안의 index.js에 리스트 16-4와 같이 구문을 추가하면 된다.

리스트 16-4 src/index.js: 부트스트랩 추가

```
import React from 'react';
import ReactDOM from 'react-dom';
import './index.css';
import App from './App';
import * as serviceWorker from './serviceWorker';
import 'bootstrap/dist/css/bootstrap.css';

ReactDOM.render(<App />, document.getElementById('root'));
```

```
// 앱이 오프라인에서 더 빠르게 작동되기 원한다면 아래의 unregister()를 register()로 바꾸면 된다.
// 그러나 주의사항이 있으므로 다음 페이지를 참고하기 바란다.
// https://facebook.github.io/create-react-app/docs/making-a-progressive-web-app
serviceWorker.unregister();
```

이제 src 폴더에 Editor.js라는 파일을 만들어 리스트 16-5와 같은 코드를 작성하자.

리스트 16-5 src/Editor.js

```
import React, { Component } from "react";

export class Editor extends Component {

  constructor(props) {
    super(props);
    this.state = {
      name: "",
      category: "",
      price: ""
    }
  }

  handleChange = (event) => {
    event.persist();
    this.setState(state => state[event.target.name] = event.target.value);
  }

  handleAdd = () => {
    this.props.callback(this.state);
    this.setState({ name: "", category:"", price:""});
  }

  render() {
    return <React.Fragment>
            <div className="form-group p-2">
              <label>Name</label>
              <input className="form-control" name="name"
                value={ this.state.name } onChange={ this.handleChange }
                autoFocus={ true } />
            </div>
            <div className="form-group p-2">
              <label>Category</label>
```

```
          <input className="form-control" name="category"
            value={ this.state.category } onChange={ this.handleChange } />
        </div>
        <div className="form-group p-2">
          <label>Price</label>
          <input className="form-control" name="price"
            value={ this.state.price } onChange={ this.handleChange } />
        </div>
        <div className="text-center">
          <button className="btn btn-primary" onClick={ this.handleAdd }>
            Add
          </button>
        </div>
      </React.Fragment>
    }
  }
```

Editor 컴포넌트는 일련의 input 엘리먼트를 렌더링한다. 각 input 엘리먼트의 값은 상태 데이터 프로퍼티를 사용해 설정되며, 변경 이벤트는 handleChange 메서드에 의해 처리된다. 또한 button 엘리먼트 하나가 있는데, 이 버튼의 클릭 이벤트는 handleAdd 메서드를 호출하고 이는 다시 상태 데이터를 사용하는 함수 prop을 호출한다.

그다음엔 src 폴더에 ProductTable.js라는 파일을 만들어 리스트 16-6과 같은 코드를 작성하자.

리스트 16-6 src/ProductTable.js

```
import React, { Component } from "react";

export class ProductTable extends Component {

  render() {
    return <table className="table table-sm table-striped">
            <thead><tr><th>Name</th><th>Category</th><th>Price</th></tr></thead>
            <tbody>
              {
                this.props.products.map(p =>
                  <tr key={ p.name }>
                    <td>{ p.name }</td>
                    <td>{ p.category }</td>
```

```
                    <td>${ Number(p.price).toFixed(2) }</td>
                </tr>
              )
            }
          </tbody>
        </table>
    }
}
```

ProductTable 컴포넌트는 products prop으로 받는 각 객체를 위한 로우를 포함하는 테이블 하나를 렌더링한다. 이제 App.js 파일의 콘텐츠를 리스트 16-7과 같은 코드로 변경하자.

리스트 16-7 src/App.js

```
import React, { Component } from "react";
import { Editor } from "./Editor"
import { ProductTable } from "./ProductTable";

export default class App extends Component {

  constructor(props) {
    super(props);
    this.state = {
      products: []
    }
  }

  addProduct = (product) => {
    if (this.state.products.indexOf(product.name) === -1) {
      this.setState({ products: [...this.state.products, product ]});
    }
  }

  render() {
    return <div>
            <Editor callback={ this.addProduct } />
            <h6 className="bg-secondary text-white m-2 p-2">Products</h6>
            <div className="m-2">
              {
                this.state.products.length === 0
```

```
                    ? <div className="text-center">No Products</div>
                    : <ProductTable products={ this.state.products } />
            }
        </div>
    </div>
}
}
```

이제 개발 도구를 시작하기 위해 명령 프롬프트에서 refs 폴더로 이동해 리스트 16-8의 명령을 실행하자.

리스트 16-8 개발 도구 실행

```
npm start
```

잠시 동안의 초기 컴파일 과정이 끝나면 새 브라우저 창이 열리고, 그림 16-1과 같이 http://localhost:3000 URL의 콘텐츠가 보일 것이다. 폼을 채우고 **Add** 버튼을 클릭하면 테이블 안의 새로운 항목을 볼 수 있을 것이다.

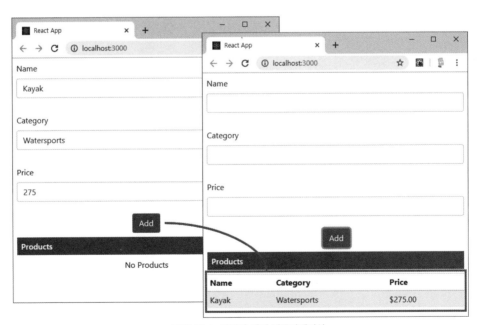

▲ **그림 16-1** 실행된 예제 애플리케이션

ref 생성

ref는 컴포넌트가 특정 HTML 엘리먼트의 기능을 사용하기 위해 DOM에 접근하고자 할 때 사용된다. props를 통해 사용할 수 없는 HTML 기능들이 존재한다. 그중 하나는 엘리먼트가 포커스를 얻었는지 여부를 확인하는 일이다. 콘텐츠가 처음 렌더링될 때 어떤 엘리먼트에 포커스를 주고 싶다면 autoFocus 속성을 사용하면 된다. 그러나 사용자가 버튼을 클릭하면 포커스가 버튼으로 이동될 것이다. 이는 input 엘리먼트를 클릭하거나 Tab 키를 사용해 input 엘리먼트에 다시 포커스를 주지 않는 한, 새로운 아이템을 만들기 위한 타이핑을 즉시 시작할 수 없다는 뜻이다.

ref를 사용하면 Add 버튼을 클릭해 이벤트가 발생할 때, DOM에 접근해 input 엘리먼트에 대해 focus 메서드를 호출할 수 있다. 그럼 Editor 컴포넌트를 리스트 16-9와 같이 변경하자.

성급한 ref 사용은 금물

웹 개발자가 DOM 접근을 기대하는 것은 자연스러운 일이며, 따라서 ref가 리액트 개발을 더 쉽게 해줄 것으로 보일 수 있다. 특히 앵귤러 같은 프레임워크에서 리액트로 넘어왔다면 말이다.

ref에 열광하면 리액트가 수행해야 할 콘텐츠 처리 기능을 컴포넌트가 중복해서 직접 수행하게 만들기 십상이다. ref를 과도하게 사용하는 컴포넌트는 관리가 힘들며 특정 브라우저 기능으로의 의존성을 높일 수 있고, 따라서 각기 다른 플랫폼에서 실행하기 곤란해질 수 있다.

따라서 ref는 오직 최후의 수단으로 사용해야 하며, 상태와 props를 사용해 동일한 결과를 얻을 수 있는지 늘 고민하기 바란다.

리스트 16-9 src/Editor.js: ref 사용

```
import React, { Component } from "react";

export class Editor extends Component {
```

```
constructor(props) {
  super(props);
  this.state = {
    name: "",
    category: "",
    price: ""
  }
  this.nameRef = React.createRef();
}

handleChange = (event) => {
  event.persist();
  this.setState(state => state[event.target.name] = event.target.value);
}

handleAdd = () => {
  this.props.callback(this.state);
  this.setState({ name: "", category:"", price:""},
    () => this.nameRef.current.focus());
}

render() {
  return <React.Fragment>
          <div className="form-group p-2">
            <label>Name</label>
            <input className="form-control" name="name"
              value={ this.state.name } onChange={ this.handleChange }
              autoFocus={ true } ref={ this.nameRef } />
          </div>
          <div className="form-group p-2">
            <label>Category</label>
            <input className="form-control" name="category"
              value={ this.state.category } onChange={ this.handleChange } />
          </div>
          <div className="form-group p-2">
            <label>Price</label>
            <input className="form-control" name="price"
              value={ this.state.price } onChange={ this.handleChange } />
          </div>
          <div className="text-center">
            <button className="btn btn-primary" onClick={ this.handleAdd }>
```

```
                Add
              </button>
            </div>
          </React.Fragment>
      }
    }
```

ref를 React.createRef 메서드를 사용해 만들었으며, 이를 생성자 안에서 함으로써 그 결과를 컴포넌트 전체에서 사용할 수 있게 했다. ref는 ref라는 특별한 prop, 해당 엘리먼트를 위한 ref를 선택하는 표현식을 사용해 엘리먼트에 연결된다.

```
...
<input className="form-control" name="name"
  value={ this.state.name } onChange={ this.handleChange }
  autoFocus={ true } ref={ this.nameRef } />
...
```

createRef 메서드가 리턴한 ref 객체는 current라고 하는 프로퍼티 하나를 정의하고 있는데, 이 프로퍼티는 DOM 안의 엘리먼트를 대변하는 HTMLElement라는 객체를 리턴한다. 여기선 handleAdd 메서드 안에서 current 프로퍼티를 사용해 상태 데이터 갱신이 완료되면 focus 메서드를 호출하게 했다.

```
...
this.setState({ name: "", category:"", price:""},
  () => this.nameRef.current.focus());
...
```

이제 Add 버튼으로 촉발된 갱신 작업이 완료되면 name이라는 input 엘리먼트가 다시 포커스를 가짐으로써, 그림 16-2와 같이 사용자가 input 엘리먼트를 일부러 클릭하지 않아도 다음 상품에 대한 정보를 즉시 입력할 수 있게 됐다.

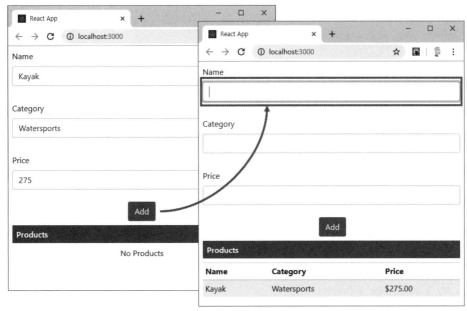

▲ 그림 16-2 ref의 사용

비제어 폼 컴포넌트

지금의 예제는 15장에서 배웠던 제어 컴포넌트로 폼을 다루고 있다. 이는 리액트가 각 폼 엘리먼트의 콘텐츠에 대한 책임을 지며 값 저장은 상태 데이터 프로퍼티로, 값 변경은 이벤트 핸들러로 처리한다.

폼 엘리먼트에는 이미 값 저장과 변경 처리를 할 수 있는 능력이 있다. 그러나 제어 컴포넌트에선 사용되지 않는다. 이와는 달리 비제어 컴포넌트로서 폼을 다루는 기법이 있다. 이 경우 폼 엘리먼트에 대한 접근에 ref가 사용되며, 브라우저가 엘리먼트의 값 관리와 변경 처리의 책임을 진다. 이제 input 엘리먼트를 관리하기 위해 사용했던 상태 데이터를 제거하고, Editor 컴포넌트를 ref를 사용하는 **비제어 폼 컴포넌트**uncontrolled form component로 만들기 위해 Editor.js를 리스트 16-10과 같이 변경하자.

```javascript
import React, { Component } from "react";

export class Editor extends Component {

  constructor(props) {
    super(props);
    // this.state = {
    // name: "",
    // category: "",
    // price: ""
    // }
    this.nameRef = React.createRef();
    this.categoryRef = React.createRef();
    this.priceRef = React.createRef();
  }

  // handleChange = (event) => {
  //   event.persist();
  //   this.setState(state => state[event.target.name] = event.target.value);
  // }

  handleAdd = () => {
    this.props.callback({
      name: this.nameRef.current.value,
      category: this.categoryRef.current.value,
      price: this.priceRef.current.value
    });
    this.nameRef.current.value = "";
    this.categoryRef.current.value = "";
    this.priceRef.current.value = "";
    this.nameRef.current.focus();
  }

  render() {
    return <React.Fragment>
            <div className="form-group p-2">
              <label>Name</label>
              <input className="form-control" name="name"
                autoFocus={ true } ref={ this.nameRef } />
            </div>
            <div className="form-group p-2">
```

```
        <label>Category</label>
        <input className="form-control" name="category"
          ref={ this.categoryRef } />
      </div>
      <div className="form-group p-2">
        <label>Price</label>
        <input className="form-control" name="price" ref={ this.priceRef } />
      </div>
      <div className="text-center">
        <button className="btn btn-primary" onClick={ this.handleAdd }>
          Add
        </button>
      </div>
    </React.Fragment>
  }
}
```

사용자가 Add 버튼을 클릭하기 전까지는 input 엘리먼트의 값이 반드시 필요한 건 아니다. 버튼이 클릭되면 호출되는 handleAdd 메서드에선 각 input 엘리먼트의 ref를 사용해 value 프로퍼티를 읽는다. 이 코드의 결과는 이전의 예제와 동일하다. 그러나 내부적으로 리액트는 더 이상 엘리먼트의 값을 관리하거나 변경 이벤트에 응답할 책임을 갖지 않는다.

> ┤ **비제어 컴포넌트의 초깃값 설정** ├
>
> 리액트는 비제어 컴포넌트에 대한 어떤 책임도 지지 않는다. 그러나 비제어 컴포넌트를 위해 여전히 초깃값을 제공할 수는 있으며, 그다음엔 브라우저가 관리의 책임을 진다. 초깃값을 설정하려면 defaultValue나 defaultChecked 속성을 사용하면 된다. 다만 지정한 값은 오직 엘리먼트가 최초로 렌더링될 때만 사용되며, 값이 변경되더라도 리액트에 의한 어떠한 갱신 작업도 일어나지 않는다는 점을 유념하기 바란다.

콜백 함수를 사용한 ref 생성

앞의 예제는 폼 엘리먼트에서 ref를 사용하는 방법을 보여줬다. 그러나 그 결과는 이전의 제어 컴포넌트의 경우와 다르지 않았다. 이제 ref를 만드는 또 다른 기법을 사용해 좀 더 간결한 컴포넌트를 만들어보자. 리스트 16-11에서와 같이, 이른바 **콜백 ref**^{callback ref}라는
방법이다.

리스트 16-11 src/Editor.js: 콜백 ref 사용

```
import React, { Component } from "react";

export class Editor extends Component {

  constructor(props) {
    super(props);
    this.formElements = {
      name: { },
      category: { },
      price: { }
    }
  }

  setElement = (element) => {
    if (element !== null) {
      this.formElements[element.name].element = element;
    }
  }

  handleAdd = () => {
    let data = {};
    Object.values(this.formElements)
      .forEach(v => {
        data[v.element.name] = v.element.value;
        v.element.value = "";
      });

    this.props.callback(data);
    this.formElements.name.element.focus();
  }

  render() {
    return <React.Fragment>
            <div className="form-group p-2">
              <label>Name</label>
              <input className="form-control" name="name"
```

```
                    autoFocus={ true } ref={ this.setElement } />
                  </div>
                  <div className="form-group p-2">
                    <label>Category</label>
                    <input className="form-control" name="category"
                      ref={ this.setElement } />
                  </div>
                  <div className="form-group p-2">
                    <label>Price</label>
                    <input className="form-control" name="price"
                      ref={ this.setElement } />
                  </div>
                  <div className="text-center">
                    <button className="btn btn-primary" onClick={ this.handleAdd }>
                      Add
                    </button>
                  </div>
                </React.Fragment>
        }
    }
```

각 input 엘리먼트의 ref 프로퍼티 값으로 콘텐츠가 렌더링될 때 호출되는 메서드가 지정됐다. 이 메서드는 ref 객체의 current 프로퍼티가 아닌, HTMLElement 객체를 직접 받는다. 이 예제에선 setElement 메서드가 엘리먼트를 받아 name 값을 사용해 formElements 객체에 추가함으로써 엘리먼트를 구분할 수 있게 했다.

setElement 메서드는 엘리먼트가 언마운트됐다면 null을 인자로 받으며 호출된다. 따라서 이 예제에선 엘리먼트 제거에 따른 별도의 정리를 할 필요 없이, 단지 setElement 메서드에서 null 값 여부만 확인하면 된다.

```
...
setElement = (element) => {
  if (element !== null) {
    this.formElements[element.name].element = element;
  }
}
...
```

ref를 위한 함수가 마련됐으면 프로그래밍으로 폼을 생성하는 일은 쉽다. ref를 만들어 각 엘리먼트에 개별적으로 할당할 필요가 없기 때문이다. 그럼 Editor 컴포넌트를 리스트 16-12와 같이 수정하자.

리스트 16-12 src/Editor.js: 프로그래밍으로 폼 생성

```
import React, { Component } from "react";

export class Editor extends Component {

  constructor(props) {
    super(props);
    this.formElements = {
      name: { label: "Name", name: "name" },
      category: { label: "Category", name: "category" },
      price: { label: "Price", name: "price" }
    }
  }

  setElement = (element) => {
    if (element !== null) {
      this.formElements[element.name].element = element;
    }
  }

  handleAdd = () => {
    let data = {};
    Object.values(this.formElements)
      .forEach(v => {
        data[v.element.name] = v.element.value;
        v.element.value = "";
      });

    this.props.callback(data);
    this.formElements.name.element.focus();
  }

  render() {
    return <React.Fragment>
            {
              Object.values(this.formElements).map(elem =>
                <div className="form-group p-2" key={ elem.name }>
                  <label>{ elem.label }</label>
                  <input className="form-control"
```

```
                name={ elem.name }
                autoFocus={ elem.name === "name" }
                ref={ this.setElement } />
          </div>)
      }
      <div className="text-center">
        <button className="btn btn-primary" onClick={ this.handleAdd }>
          Add
        </button>
      </div>
    </React.Fragment>
  }
}
```

input 엘리먼트는 formElements 객체의 프로퍼티들을 사용해 만들 수 있다. 각 프로퍼티는 render 메서드가 엘리먼트를 설정할 때 사용되는 label과 name 프로퍼티를 포함해 객체에 할당된다.

이로써 폼을 정의하고 관리하는 코드가 훨씬 간결해졌다. 코드의 결과는 그림 16-3과 같이 변함이 없는 채로 말이다.

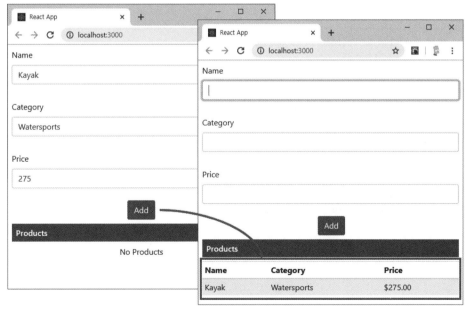

▲ 그림 16-3 프로그래밍으로 폼 생성

비제어 폼 컴포넌트의 검증

폼 엘리먼트엔 HTML 제약 검증 API^{HTML Constraint Validation API}의 검증 기능이 내장돼 있다. 이 검증 API는 다음과 같은 식의 객체를 사용해 엘리먼트의 검증 상태를 기술한다.

```
...
{
  valueMissing: true, tooShort: false, rangeUnderflow: false
}
...
```

반드시 값을 가져야 한다고 지정된 엘리먼트가 값이 없다면 valueMissing 프로퍼티는 true를 리턴한다. 엘리먼트의 값 길이가 검증 규칙에 의해 지정된 문자의 수보다 적다면 tooShort 프로퍼티는 true를 리턴한다. 마지막으로, 지정된 최솟값보다 엘리먼트의 숫자 값이 더 작다면 rangeUnderflow 프로퍼티는 true를 리턴한다.

이와 같은 유형의 검증 객체를 처리하기 위해 src 폴더에 ValidationMessages.js라는 파일을 만들어 리스트 16-13과 같은 함수를 정의하자.

리스트 16-13 src/ValidationMessages.js

```
export function GetValidationMessages(elem) {
  let errors = [];
  if (!elem.checkValidity()) {
    if (elem.validity.valueMissing) {
      errors.push("Value required");
    }
    if (elem.validity.tooShort) {
      errors.push("Value is too short");
    }
    if (elem.validity.rangeUnderflow) {
      errors.push("Value is too small");
    }
  }
  return errors;
}
```

GetValidationMessages 함수는 HTML 엘리먼트 객체를 받아 checkValidity 메서드를 호출함으로써 브라우저에게 데이터 검증을 요청한다. checkValidity 메서드는 엘리먼트의 값이 유효하다면 true를, 그렇지 않다면 false를 리턴한다. 만약 엘리먼트의 값이 유효하지 않다면 엘리먼트의 validity 프로퍼티를 확인해, valueMissing, tooShort, rangeUnderflow 프로퍼티 중에 true가 있다면 사용자에게 보여줄 메시지를 에러의 배열에 추가할 수 있다.

> **☢ 팁**
>
> HTML 검증 기능은 이 책의 예제보다 훨씬 범위가 넓으며, 더 많은 수의 validity 프로퍼티가 포함돼 있다. https://developer.mozilla.org/en-US/docs/Web/Guide/HTML/HTML5/Constraint_validation 에서 자세한 내용을 참고하기 바란다.

그다음엔 src 폴더에 ValidationDisplay.js라는 파일을 만들어 리스트 16-14와 같이 개별 엘리먼트를 위한 검증 메시지를 보여주는 컴포넌트를 정의하자.

리스트 16-14 src/ValidationDisplay.js

```
import React, { Component } from "react";

export class ValidationDisplay extends Component {

  render() {
    return this.props.errors
      ? this.props.errors.map(err =>
        <div className="small bg-danger text-white mt-1 p-1"
          key={ err } >
          { err }
        </div>)
      : null
  }
}
```

이 컴포넌트는 에러 메시지의 배열을 받아 화면에 보여준다. 만약 에러 메시지가 전혀 없다면 null을 리턴함으로써 보여줄 콘텐츠가 없음을 나타낸다. 이제 검증 속성들을 폼 엘리먼트에 적용하고 폼 데이터가 사용되기 전에 검증이 수행되도록 Editor 컴포넌트를 리스트 16-15와 같이 변경하자.

리스트 16-15 src/Editor.js: 검증 적용

```
import React, { Component } from "react";
import { ValidationDisplay } from "./ValidationDisplay";
import { GetValidationMessages } from "./ValidationMessages";

export class Editor extends Component {

  constructor(props) {
    super(props),
    this.formElements = {
      name: { label: "Name", name: "name",
        validation: { required: true, minLength: 3 }},
      category: { label: "Category", name:"category",
        validation: { required: true, minLength: 5 }},
      price: { label: "Price", name: "price",
        validation: { type: "number", required: true, min: 5 }}
    }
    this.state = {
      errors: {}
    }
  }

  setElement = (element) => {
    if (element !== null) {
      this.formElements[element.name].element = element;
    }
  }

  handleAdd = () => {
    if (this.validateFormElements()) {
      let data = {};
      Object.values(this.formElements)
        .forEach(v => {
          data[v.element.name] = v.element.value;
          v.element.value = "";
        });
```

```
      this.props.callback(data);
      this.formElements.name.element.focus();
  }
}

validateFormElement = (name) => {
  let errors = GetValidationMessages(this.formElements[name].element);
  this.setState(state => state.errors[name] = errors);
  return errors.length === 0;
}

validateFormElements = () => {
  let valid = true;
  Object.keys(this.formElements).forEach(name => {
    if (!this.validateFormElement(name)) {
      valid = false;
    }
  })
  return valid;
}

render() {
  return <React.Fragment>
         {
            Object.values(this.formElements).map(elem =>
              <div className="form-group p-2" key={ elem.name }>
                <label>{ elem.label }</label>
                <input className="form-control"
                  name={ elem.name }
                  autoFocus={ elem.name === "name" }
                  ref={ this.setElement }
                  onChange={ () => this.validateFormElement(elem.name) }
                  { ...elem.validation} />
                <ValidationDisplay
                  errors={ this.state.errors[elem.name] } />
              </div>)
         }
         <div className="text-center">
           <button className="btn btn-primary" onClick={ this.handleAdd }>
             Add
           </button>
```

```
            </div>
        </React.Fragment>
    }
}
```

여기선 객체 안의 각 엘리먼트를 위한 검증 속성들을 추가했다.

```
...
name: { label: "Name", name: "name", validation: { required: true, minLength: 3 }},
...
```

required 속성은 값이 필수로 있어야 한다는 뜻이며, minLength 속성은 값이 적어도 문자세 개 이상이어야 한다는 뜻이다. 이들 속성은 render 메서드가 input 엘리먼트를 생성할때 적용된다.

```
...
<input className="form-control" name={ elem.name }
    autoFocus={ elem.name === "name" } ref={ this.setElement }
    onChange={ () => this.validateFormElement(elem.name) }
    { ...elem.validation} />
...
```

여기선 15장에서 배웠던 프리스틴/더티 엘리먼트에 신경 쓸 필요가 없다. checkValidity 메서드가 호출되기 전까지는 검증이 수행되지 않기 때문이다. checkValidity 메서드는 변경 이벤트에 대한 응답으로서 호출되며, 변경 이벤트는 onChange 이벤트 prop과 validateFormElement 메서드를 사용해 처리될 것이다. 따라서 엘리먼트에 대한 검증은 그림 16-4와 같이 사용자가 타이핑을 해야 비로소 시작된다.

사용자가 **Add** 버튼을 클릭하면 handleAdd 메서드는 validateFormElements 메서드를 호출한다. validateFormElements 메서드는 모든 엘리먼트를 검증하며, 그림 16-5와 같이 문제가 해결되지 않는 한 폼 데이터가 사용되지 못하게 한다. 입력에 따른 효과는 즉시 나타나는데, 각 편집 행위마다 엘리먼트의 값이 다시 검증되기 때문이다.

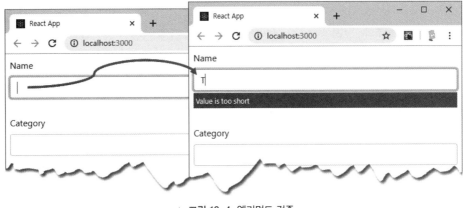

▲ 그림 16-4 엘리먼트 검증

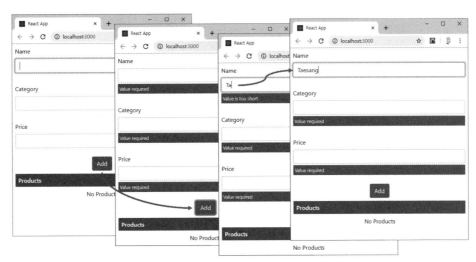

▲ 그림 16-5 모든 엘리먼트 검증

ref와 생명주기

ref는 리액트가 컴포넌트의 render 메서드를 호출하기 전까지 값을 할당받지 못한다. createRef 메서드를 사용하는 경우라면 컴포넌트가 자신의 콘텐츠를 렌더링하기 전까지 current 프로퍼티는 값을 할당받지 못한다. 마찬가지로 콜백 ref 역시 컴포넌트의 렌더링 전까지 자신의 메서드를 호출하지 못한다.

ref의 할당은 컴포넌트 생명주기에 있어서 후반에 일어날 것이다. ref는 DOM 엘리먼트에 접근하게 해준다. 그러나 DOM 엘리먼트는 렌더링 단계 이전엔 생성되지 않는다. 즉, 리액트는 render 메서드가 호출되기 전까지는 ref가 참조할 엘리먼트를 만들지 않는다는 뜻이다. 따라서 ref와 연결된 엘리먼트는 오직 componentDidMount와 componentDidUpdate 메서드에서 접근이 가능하다. 이 생명주기 메서드들은 렌더링이 완료되고 DOM 엘리먼트가 생성되거나 갱신된 후에 사용되기 때문이다.

ref를 사용하는 결과 중 하나는, 리액트가 DOM의 엘리먼트를 교체하는 경우 컴포넌트가 컨텍스트를 보존하기 위해 상태에 의존할 수 없다는 점이다. 리액트는 DOM 변경을 최소화하려고 노력하겠지만, 그럼에도 애플리케이션의 일생에 걸쳐 사용되는 엘리먼트에 의존하면 안 된다. 13장에서 언급했듯 컴포넌트가 렌더링하는 최상위 엘리먼트를 변경하면, 리액트는 DOM에서 그 엘리먼트를 교체할 것이다. 리스트 16-16을 보자.

리스트 16-16 src/Editor.js: 최상위 엘리먼트 교체

```
import React, { Component } from "react";
import { ValidationDisplay } from "./ValidationDisplay";
import { GetValidationMessages } from "./ValidationMessages";

export class Editor extends Component {

  constructor(props) {
    super(props);
    this.formElements = {
      name: { label: "Name", name: "name",
        validation: { required: true, minLength: 3 }},
      category: { label: "Category", name:"category",
        validation: { required: true, minLength: 5 }},
      price: { label: "Price", name: "price",
        validation: { type: "number", required: true, min: 5 }}
    }
    this.state = {
      errors: {},
      wrapContent: false
    }
  }
```

```
setElement = (element) => {
  if (element !== null) {
    this.formElements[element.name].element = element;
  }
}

handleAdd = () => {
  if (this.validateFormElements()) {
    let data = {};
    Object.values(this.formElements)
      .forEach(v => {
        data[v.element.name] = v.element.value;
        v.element.value = "";
      });
    this.props.callback(data);
    this.formElements.name.element.focus();
  }
}

validateFormElement = (name) => {
  let errors = GetValidationMessages(this.formElements[name].element);
  this.setState(state => state.errors[name] = errors);
  return errors.length === 0;
}

validateFormElements = () => {
  let valid = true;
  Object.keys(this.formElements).forEach(name => {
    if (!this.validateFormElement(name)) {
      valid = false;
    }
  })
  return valid;
}

toggleWrap = () => {
  this.setState(state => state.wrapContent = !state.wrapContent);
}

wrapContent(content) {
  return this.state.wrapContent
```

```
      ? <div className="bg-secondary p-2">
          <div className="bg-light">{ content }</div>
        </div>
      : content;
  }

  render() {
    return this.wrapContent(
      <React.Fragment>
        <div className="form-group text-center p-2">
          <div className="form-check">
            <input className="form-check-input"
              type="checkbox"
              checked={ this.state.wrapContent }
              onChange={ this.toggleWrap } />
            <label className="form-check-label">Wrap Content</label>
          </div>
        </div>
        {
          Object.values(this.formElements).map(elem =>
            <div className="form-group p-2" key={ elem.name }>
              <label>{ elem.label }</label>
              <input className="form-control"
                name={ elem.name }
                autoFocus={ elem.name === "name" }
                ref={ this.setElement }
                onChange={ () => this.validateFormElement(elem.name) }
                { ...elem.validation} />
              <ValidationDisplay
                errors={ this.state.errors[elem.name] } />
            </div>)
        }
        <div className="text-center">
          <button className="btn btn-primary" onClick={ this.handleAdd }>
            Add
          </button>
        </div>
      </React.Fragment>)
  }
}
```

여기선 체크박스를 통해 설정되는 wrapContent라는 상태 프로퍼티를 추가했다. 이 프로퍼티는 컴포넌트가 렌더링하는 콘텐츠를 래핑하며, 따라서 리액트가 DOM 안의 기존 엘리먼트를 새 엘리먼트로 교체하게 한다. 그 효과를 보기 위해 Name 필드에 텍스트를 입력하고 Wrap Content 체크박스에 체크하자. 그림 16-6과 같이 최상위 엘리먼트가 교체됨으로써 입력했던 내용이 초기화되는 모습을 볼 수 있을 것이다.

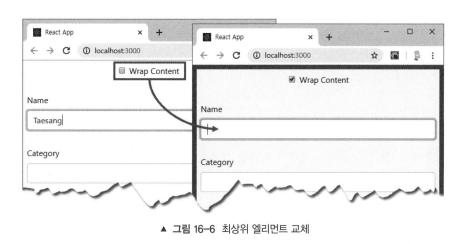

▲ 그림 16-6 최상위 엘리먼트 교체

보다시피 input 엘리먼트에 입력됐던 텍스트는 사라진다. 게다가 사용자에게 더욱 혼란을 주는 점은, 탐지된 모든 검증 에러가 컴포넌트 상태 데이터의 일부이므로 입력했던 값이 사라졌음에도 불구하고 에러 메시지는 새 input 엘리먼트와 나란히 나타날 것이라는 점이다.

이 문제를 해결하기 위해 상태 유지 컴포넌트엔 getSnapshotBeforeUpdate라는 생명주기 메서드가 있다. 이 메서드는 그림 16-7과 같이 업데이트 단계에서 render 메서드 다음에, componentDidUpdate 메서드 전에 호출된다.

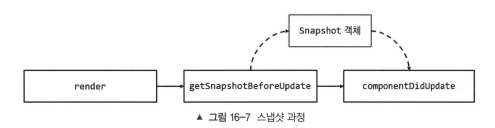

▲ 그림 16-7 스냅샷 과정

이 getSnapshotBeforeUpdate 메서드는 DOM 갱신 이전의 현재 콘텐츠를 조사해 커스텀 스냅샷 객체를 생성한다. DOM 갱신이 완료되면 componentDidUpdate 메서드가 스냅샷 객체를 받으며 호출된다. 따라서 컴포넌트는 현재 DOM에 존재하는 엘리먼트를 다룰 수 있게 된다.

> **⚫ 주의**
>
> 조상의 콘텐츠가 변경됨에 따라 컴포넌트가 언마운트되고 다시 생성된 경우엔 스냅샷으로 컨텍스트를 보존하지 못한다. 그런 상황이라면 componentWillUnmount 메서드를 사용해 ref에 접근할 수 있으며, 15장에서 배웠듯 데이터를 컨텍스트를 통해 보관할 수 있다.

이제 Editor 컴포넌트가 DOM 갱신 전의 input 엘리먼트에 입력된 값을 확보하고 DOM 갱신 후에 그 값을 복원하는, 이른바 스냅샷 기능을 사용하도록 리스트 16-17과 같이 변경하자.

리스트 16-17 src/Editor.js: 스냅샷 사용

```
import React, { Component } from "react";
import { ValidationDisplay } from "./ValidationDisplay";
import { GetValidationMessages } from "./ValidationMessages";

export class Editor extends Component {

  constructor(props) {
    super(props);
    this.formElements = {
      name: { label: "Name", name: "name",
        validation: { required: true, minLength: 3 }},
      category: { label: "Category", name:"category",
        validation: { required: true, minLength: 5 }},
      price: { label: "Price", name: "price",
        validation: { type: "number", required: true, min: 5 }}
    }
    this.state = {
      errors: {},
      wrapContent: false
```

```
    }
  }

  // 편의상 다른 메서드들은 생략함

  getSnapshotBeforeUpdate(props, state) {
    return Object.values(this.formElements).map(item =>
      {return { name: [item.name], value: item.element.value }})
  }

  componentDidUpdate(oldProps, oldState, snapshot) {
    snapshot.forEach(item => {
      let element = this.formElements[item.name].element
      if (element.value !== item.value) {
        element.value = item.value;
      }
    });
  }
}
```

getSnapshotBeforeUpdate 메서드는 DOM 갱신 전의 props와 상태 객체를 받고, DOM 갱신 후에 componentDidUpdate 메서드에 전달될 객체를 리턴한다. 이 예제에선 props나 상태 객체에 접근할 필요가 없는데, 보존하고자 하는 데이터가 input 엘리먼트 안에 담겨 있기 때문이다. 리액트는 스냅샷 객체에 대한 특별한 형식을 강제하지 않으며, getSnapshotBeforeUpdate 메서드는 쓸모만 있다면 어떤 형식의 데이터라도 리턴할 수 있다. 이 예제에서 getSnapshotBeforeUpdate 메서드는 name과 value 프로퍼티를 포함한 객체의 배열을 리턴한다.

일단 갱신 작업이 끝나면 리액트는 componentDidUpdate 메서드를 호출하는데, 이때 이전 props와 이전 상태 데이터를 포함한 스냅샷을 인자로 전달한다. 이 예제에선 객체의 배열을 처리하고 input 엘리먼트의 값을 설정했다. 그 결과 그림 16-8과 같이 체크박스를 체크해도 input 엘리먼트에 있던 데이터가 보존됨을 알 수 있다.

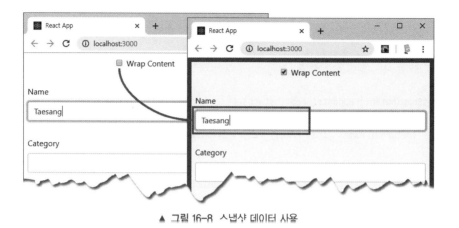

▲ 그림 16-8 스냅샷 데이터 사용

getSnapshotBeforeUpdate와 componentDidUpdate 메서드는 업데이트 단계에서 항상 호출된다. 심지어 리액트가 DOM 안의 엘리먼트를 교체할 때도 말이다. 이 점이 DOM 갱신이 완료된 후의 엘리먼트 값이 스냅샷의 값과 다를 때만 스냅샷이 적용되게 한 이유다.

> **ref의 토끼 굴 문제**
>
> 앞의 예제에서 HTML 제약 검증 API를 사용함으로써 의도하지 않은 결과 하나가 생겼다. 오직 사용자가 텍스트 필드를 편집하는 경우에만 검증이 수행되며, 프로그래밍으로 값을 설정하는 경우엔 그렇지 않다는 점이다. 따라서 새로 생성된 input 엘리먼트의 값을 스냅샷 데이터로 설정하는 경우 검증을 건너뛴다. 이전에 검증을 실패했던 데이터라 할지라도 말이다. 결과적으로 사용자가 Name이나 Category 필드에 불량 데이터를 입력하고 Wrap Content 체크박스에 체크한 뒤, Add 버튼을 누르면 검증 과정을 우회할 수 있게 된다.
>
> 이는 간단한 방법으로 해결할 수 있는 문제다. 그러나 근본적인 이슈는 DOM에 직접 접근하기 위해 ref를 사용하는 일이 연속적인 작은 문제들을 만들고, 각각을 해결하기 위해 약간의 코드가 계속 추가돼야 한다는 점이다. 그런 식의 해결은 또 다른 이슈를 낳을 수 있으며, 따라서 다시 추가 작업을 필요로 하게 된다. 그 결과 복잡한 컴포넌트로 구성된 허약한 애플리케이션이 만들어진다.
>
> DOM에 대한 직접적인 작업이 반드시 필요한 프로젝트가 있을 수 있다. 또한 이미 DOM에 있는 데이터와 기능을 중복해서 만들 필요가 없다는 이점도 있다. 그러나 ref는 꼭 필요한 경우에만 사용하기 바란다. ref가 해결해주는 것만큼이나 많은 다른 문제들이 생기기 때문이다.

다른 라이브러리나 프레임워크를 위한 ref

서서히 리액트로 전환해가는 프로젝트에 있어서 어떤 컴포넌트는 다른 라이브러리나 프레임워크로 작성된 기존 기능과 상호 작동이 필요할 수 있다. 가장 흔한 예가 제이쿼리다. 제이쿼리는 리액트나 앵귤러 같은 프레임워크 이전 세대에서 웹 애플리케이션 개발에 있어 가장 유명했던 라이브러리이며, 지금도 작은 프로젝트에선 여전히 널리 사용되고 있다. 예컨대 만약 제이쿼리로 만들었던 기능이 많다면, 이를 ref를 사용해 컴포넌트가 렌더링하는 HTML 엘리먼트에 적용할 수 있다. 이를 직접 실습하기 위해 제이쿼리를 사용해 폼 엘리먼트를 찾아 부트스트랩 스타일을 적용하는 코드를 만들자. 그럼 src 폴더 안에 jQueryColorizer.js라는 파일을 만들어 리스트 16-18과 같은 코드를 작성한다.

> **⚙ 참고**
>
> 이 예제는 리스트 16-3에서 설치했던 제이쿼리 패키지를 필요로 한다. 만약 그 부분을 건너뛰었다면, 다음 예제를 진행하기 전에 리스트 16-3의 방법으로 제이쿼리 패키지를 설치하기 바란다.

리스트 16-18 src/jQueryColorizer.js

```
var $ = require('jquery');

export function ColorInvalidElements(rootElement) {
  $(rootElement)
    .find("input:invalid").addClass("border-danger")
    .removeClass("border-success")
    .end()
    .find("input:valid").removeClass("border-danger")
    .addClass("border-success");
}
```

이 제이쿼리 구문은 invalid라는 가상 클래스[pseudo class]가 할당된 모든 input 엘리먼트를 찾아 border-danger 클래스를 추가하며, 또한 valid 가상 클래스인 모든 input 엘리먼트에는 border-success 클래스를 추가한다. valid와 invalid는 엘리먼트의 검증 상태를 나타내는, HTML 제약 검증 API가 사용하는 가상 클래스다. 이제 ref를 사용해 제이쿼리 함수를 호출할 수 있게 App 컴포넌트를 리스트 16-19와 같이 변경하자.

> **프레임워크의 혼용**
>
> 다른 프레임워크와 통합하기 위해 ref를 사용하는 일은 쉽지 않으며, 또한 문제를 발생시키기 쉽다. 다른 목적으로 ref를 사용할 때와 마찬가지로 주의를 기울여야 하며, 과연 리액트로 다시 작성하지 못하는 기능인지 고민해야 한다. 기존의 코드를 사용함으로써 시간을 절약한다고 생각할 수도 있다. 그러나 내 경험상 그 절약된 시간은 연속되는 작은 문제들을 해결하는 데 고스란히 쓰인다. 각 프레임워크는 서로 다른 방식으로 작동하기 때문이다.
>
> 리액트에서 다른 라이브러리나 프레임워크도 함께 사용해야 한다면, 그 프레임워크가 DOM에 접근하는 방식에 깊이 관심을 가져야 한다. 리액트와 다른 프레임워크가 스스로 만든 콘텐츠를 완벽히 제어할 것으로 여겨선 안 된다. 엘리먼트의 추가, 제거, 변경이 프레임워크 개발자가 예상하지 못한 방식이라면 엉뚱한 결과가 나올 수 있기 때문이다.

리스트 16-19 src/App.js: 제이쿼리 함수 호출

```
import React, { Component } from "react";
import { Editor } from "./Editor"
import { ProductTable } from "./ProductTable";
import { ColorInvalidElements } from "./jQueryColorizer";

export default class App extends Component {

  constructor(props) {
    super(props);
    this.state = {
      products: []
    }
    this.editorRef = React.createRef();
  }

  addProduct = (product) => {
    if (this.state.products.indexOf(product.name) === -1) {
```

```
        this.setState({ products: [...this.state.products, product ]});
    }
}

colorFields = () => {
    ColorInvalidElements(this.editorRef.current);
}

render() {
    return <div>
            <div className="text-center m-2">
                <button className="btn btn-primary" onClick={ this.colorFields }>
                    jQuery
                </button>
            </div>
            <div ref={ this.editorRef} >
                <Editor callback={ this.addProduct } />
            </div>
            <h6 className="bg-secondary text-white m-2 p-2">Products</h6>
                <div className="m-2">
                    {
                        this.state.products.length === 0
                            ? <div className="text-center">No Products</div>
                            : <ProductTable products={ this.state.products } />
                    }
                </div>
            </div>
    }
}
```

jQuery라는 버튼을 클릭하면 colorFields 메서드가 호출되는데, 이 메서드는 ref를 사용해 제이쿼리 함수에 HTML 엘리먼트를 제공한다. 그다음엔 제이쿼리 함수가 검증 상태에 따라 input 엘리먼트에 테두리를 적용할 것이다. 그림 16-9와 같이 말이다(지면으로는 테두리 색을 구분하기 힘들 것이다. 이 예제는 직접 브라우저에서 실행해 확인해보는 방법이 최선이다).

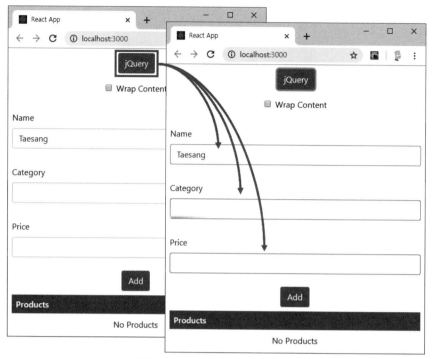

▲ 그림 16-9 ref를 통한 제이쿼리 함수 사용

---

ref로 컴포넌트 접근

리스트 16-19에선 Editor 엘리먼트를 div 엘리먼트로 감쌌다. 리액트가 DOM 안의 콘텐츠를 렌더링할 때 Editor 엘리먼트는 HTML 문서의 일부가 될 수 없으며, div 엘리먼트를 추가함으로써 제이쿼리가 애플리케이션 콘텐츠에 접근할 수 있게 된다.

ref는 컴포넌트에도 사용할 수 있다. 만약 ref prop을 Editor 엘리먼트에 적용했다면, App 컴포넌트의 콘텐츠가 렌더링될 때 리액트가 만든 Editor 객체에 ref의 current 프로퍼티 값이 할당될 것이다.

ref를 사용해 컴포넌트의 상태 데이터와 메서드에 접근할 수도 있다. 또한 자식의 메서드를 호출하기 위해 ref를 사용하고 싶을 수도 있다. 다른 언어에서 관습적으로 객체를 사용하는 방식과 매우 닮은 개발 경험을 주기 때문이다.

그러나 ref를 통해 컴포넌트를 다루는 것은 나쁜 관행이다. 그렇게 하면 결국 리액트의 작동 원리에 반하는, 매우 강하게 결합되는 컴포넌트들을 만들게 되기 때문이다. ref를 사용하지 않는 경우 처음엔 상태 데이터, props, 이벤트 기능 등이 부자연스럽게 보일 수 있을 것이다. 그러나 쉽게 익숙해질 수 있으며, 결과적으로 리액트의 모든 이점을 취하면서도 쉬운 작성, 테스트, 유지 관리가 가능한 애플리케이션을 만들 수 있다.

자식 컴포넌트의 콘텐츠에 접근

ref는 리액트가 특별히 취급하는 prop이다. 이는 자식 컴포넌트가 렌더링하는 DOM 엘리먼트에 대한 ref를 사용할 때 주의가 필요하다는 뜻이다. 가장 쉬운 접근법은 ref 객체나 콜백 함수를 ref가 아닌 다른 이름을 사용하는 것이다. 그러면 리액트는 그 ref를 여느 prop과 마찬가지로 전달할 것이다. 이를 확인하고자 src 폴더에 FormField.js라는 파일을 만들어 리스트 16-20과 같은 컴포넌트를 정의하자.

> **참고**
>
> 자식 컴포넌트의 콘텐츠에 접근하는 일은 신중을 기해야 한다. 작성과 테스트가 힘든, 강하게 결합된 컴포넌트들이 만들어지기 때문이다. 가능하다면 컴포넌트들 사이의 통신에는 prop을 사용하기 바란다.

리스트 16-20 src/FormField.js

```js
import React, { Component } from "react";

export class FormField extends Component {

  constructor(props) {
    super(props);
    this.state = {
      fieldValue: ""
    }
```

```
    }

    handleChange = (ev) => {
      this.setState({ fieldValue: ev.target.value});
    }

    render() {
      return <div className="form-group">
                <label>{ this.props.label }</label>
                <input className="form-control" value={ this.state.fieldValue }
                  onChange={ this.handleChange } ref={ this.props.fieldRef } />
             </div>
    }
}
```

이 컴포넌트는 제어 가능한 input 엘리먼트를 렌더링하며, fieldRef라는 prop을 사용해 부모로부터 받은 ref를 엘리먼트에 연계한다. 이제 FormField 컴포넌트를 사용해 ref를 제공하도록 리스트 16-21과 같이 App 컴포넌트의 콘텐츠를 변경하자.

리스트 16-21 src/App.js: 콘텐츠 교체

```
import React, { Component } from "react";
import { FormField } from "./FormField";

export default class App extends Component {

  constructor(props) {
    super(props);
    this.fieldRef = React.createRef();
  }

  handleClick = () => {
    this.fieldRef.current.focus();
  }

  render() {
    return <div className="m-2">
              <FormField label="Name" fieldRef={ this.fieldRef } />
              <div className="text-center m-2">
```

```
            <button className="btn btn-primary" onClick={ this.handleClick }>
                Focus
            </button>
        </div>
    </div>
    }
}
```

App 컴포넌트는 ref를 만들어 fieldRef prop을 사용해 FormField 컴포넌트에 전달한다. 그다음엔 input 엘리먼트에 ref가 적용될 것이다. 이제 화면에서 App 컴포넌트가 렌더링한 Focus 버튼을 클릭하면, 그림 16-10과 같이 자식 컴포넌트가 렌더링하는 input 엘리먼트에 포커스가 갈 것이다.

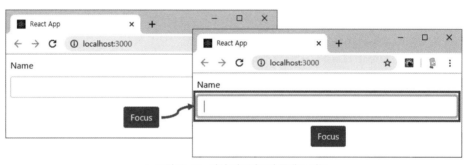

▲ 그림 16-10 자식 컴포넌트의 콘텐츠 접근

ref 포워딩

리액트는 자식에게 ref를 전달하는 또 다른 방법을 제공한다. 이른바 **ref 포워딩**^{ref forwarding}이라고 하는데, 일반적인 prop 대신 ref를 사용할 수 있게 하는 방법이다. 이를 확인하기 위해 FormField 컴포넌트가 ref 포워딩을 사용하도록 FormField.js 파일을 리스트 16-22와 같이 변경하자.

리스트 16-22 src/FormField.js: ref 포워딩 사용

```
import React, { Component } from "react";

export const ForwardFormField = React.forwardRef((props, ref) =>
```

```
    <FormField { ...props } fieldRef={ ref } />
)

export class FormField extends Component {

  constructor(props) {
    super(props);
    this.state = {
      fieldValue: ""
    }
  }

  handleChange = (ev) => {
    this.setState({ fieldValue: ev.target.value});
  }

  render() {
    return <div className="form-group">
          <label>{ this.props.label }</label>
          <input className="form-control" value={ this.state.fieldValue }
            onChange={ this.handleChange } ref={ this.props.fieldRef } />
          </div>
  }
}
```

React.forwardRef 메서드는 props와 ref 값을 받아 콘텐츠를 렌더링하는 함수에 전달된다. 여기선 받은 ref 값을 fieldRef prop에 넘겼는데, fieldRef는 FormField 컴포넌트가 사용할 prop의 이름이다. 또한 forwardRef 메서드의 결과는 ForwardFormField라는 이름으로 내보내기를 했다. 이제 App 컴포넌트에서 ForwardFormField를 사용하도록 리스트 16-23과 같이 수정하자.

리스트 16-23 src/App.js: ref 포워딩 사용

```
import React, { Component } from "react";
import { ForwardFormField } from "./FormField";

export default class App extends Component {

  constructor(props) {
```

```
    super(props);
    this.fieldRef = React.createRef();
}

handleClick = () => {
    this.fieldRef.current.focus();
}

render() {
    return <div className="m-2">
            <ForwardFormField label="Name" ref={ this.fieldRef } />
            <div className="text-center m-2">
                <button className="btn btn-primary" onClick={ this.handleClick }>
                    Focus
                </button>
            </div>
        </div>
    }
}
```

이 예제는 그림 16-10에서 봤던 동일한 결과를 가져온다. 다만, 이제 App 컴포넌트는 자식 컴포넌트 내부에서 처리되는 ref에 대해 특별히 알 필요가 없다는 점이 달라졌다.

포털

포털은 컴포넌트가 부모 콘텐츠의 일부로서가 아닌, 특정 DOM 엘리먼트 안에서 자신의 콘텐츠를 렌더링할 수 있게 한다. 이는 통상적인 리액트의 컴포넌트 모델을 벗어나는 일이다. 그러나 대상 엘리먼트가 애플리케이션의 외부에서 생성되고 관리돼야 하므로, 다른 컴포넌트 안에 콘텐츠를 렌더링할 때 포털을 사용할 수는 없다. 결론적으로 포털은 사용자에게 보여줄 대화상자나 모달 경고창을 만드는 경우, 또는 리액트를 다른 프레임워크나 라이브러리가 만든 콘텐츠에 통합하는 경우 등 제한된 상황에서만 유용한 기능이다. 이제 예제 애플리케이션이 렌더링하는 콘텐츠의 외부에 DOM 엘리먼트가 위치하도록 index.html 파일을 리스트 16-24와 같이 작성하자.

```html
<!DOCTYPE html>
<html lang="en">

<head>
  <meta charset="utf-8">
  <meta name="viewport" content="width=device-width, initial-scale=1, shrink-to-
fit=no">
  <meta name="theme-color" content="#000000">
  <link rel="manifest" href="%PUBLIC_URL%/manifest.json">
  <link rel="shortcut icon" href="%PUBLIC_URL%/favicon.ico">
  <title>React App</title>
</head>

<body>
  <noscript>
    You need to enable JavaScript to run this app.
  </noscript>

  <div class="container">
    <div class="row">
      <div class="col">
        <div id="root"></div>
      </div>
      <div class="col">
        <div id="portal" class="m-2">
          <h6 class="bg-info text-white text-center p-2">
            This is the portal target
          </h6>
        </div>
      </div>
    </div>
  </div>
</body>
</html>
```

새로 추가한 엘리먼트들에 부트스트랩 CSS의 그리드 관련 클래스들을 지정함으로써 그림 16-11과 같이 포털의 대상이 되는 엘리먼트가 애플리케이션이 렌더링하는 콘텐츠와 나란히 보이게 했다.

▲ 그림 16-11 HTML 문서에 엘리먼트 추가

이제 src 폴더에 PortalWrapper.js라는 파일을 만들어 리스트 16-25와 같은 컴포넌트를 정의하자. 이는 DOM에서 대상 엘리먼트를 찾아 포털을 만들 때 사용된다.

리스트 16-25 src/PortalWrapper.js

```
import React, { Component } from "react";
import ReactDOM from "react-dom";

export class PortalWrapper extends Component {

  constructor(props) {
    super(props);
    this.portalElement = document.getElementById("portal");
  }

  render() {
    return ReactDOM.createPortal(
      <div className="border p-3">{ this.props.children }</div>
      , this.portalElement);
  }
}
```

PortalWrapper 컴포넌트는 props.children 프로퍼티를 사용해 컨테이너를 생성하며, 렌더링할 콘텐츠와 대상 DOM 엘리먼트를 인자로 하는 ReactDOM.createPortal 메서드를 사용해 콘텐츠를 리턴한다. 또한 DOM API의 getElementById 메서드를 사용해 리스트 16-24에서 HTML 파일에 추가했던 대상 엘리먼트를 찾는다. 이제 포털을 사용할 수 있도록 App 컴포넌트를 리스트 16-26과 같이 변경하자.

ref를 사용하는 엘리먼트의 경우 포털을 사용해 콘텐츠를 렌더링할 수 없다. 포털은 렌더링 단계에서 사용되는데, ref는 렌더링이 완료되기 전까지는 엘리먼트에 할당되지 못하기 때문이다. 즉, `ReactDOM.createPortal` 메서드를 위한 생명주기에서 너무 일찍 ref를 통해 엘리먼트에 접근하는 일은 불가능하다. 애플리케이션의 각기 다른 부분에 있는 컴포넌트들을 조화시키려면 14장에서 설명했던 컨텍스트를 사용하거나, 또는 3부에서 설명할 패키지들 중 하나를 사용하기 바란다.

리스트 18-28 src/App.js. 포털 사용

```
import React, { Component } from "react";
import { ForwardFormField } from "./FormField";
import { PortalWrapper } from "./PortalWrapper";

export default class App extends Component {

  constructor(props) {
    super(props);
    this.fieldRef = React.createRef();
    this.portalFieldRef = React.createRef();
  }

  focusLocal = () => {
    this.fieldRef.current.focus();
  }

  focusPortal = () => {
    this.portalFieldRef.current.focus();
  }

  render() {
  return <div>
          <PortalWrapper>
            <ForwardFormField label="Name" ref={ this.portalFieldRef } />
          </PortalWrapper>
          <ForwardFormField label="Name" ref={ this.fieldRef } />
```

```
            <div className="text-center m-2">
              <button className="btn btn-primary m-1"
                onClick={ this.focusLocal }>
                Focus Local
              </button>
              <button className="btn btn-primary m-1"
                onClick={ this.focusPortal }>
                Focus Portal
              </button>
            </div>
          </div>
      }
  }
```

여기선 새 컴포넌트를 ForwardFormField를 위한 컨테이너로 적용하기 위해 PortalWrapper
엘리먼트를 사용했다. 포털이 보여주는 콘텐츠는 마치 App 컴포넌트 콘텐츠의 일부처럼
취급된다. 즉, 포털의 콘텐츠가 애플리케이션의 외부에서 렌더링됨에도 이벤트 버블과
ref 할당 등이 가능하다. App 컴포넌트는 포털이 사용되는지 알지 못하며, Focus Local과
Focus Portal 버튼은 각자의 ForwardFormField 컴포넌트가 보여주는 input 엘리먼트에 포
커스를 주기 위해 동일한 ref 기법을 사용한다. 그림 16-12와 같이 말이다.

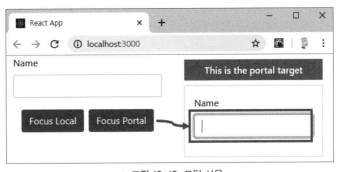

▲ 그림 16-12 포털 사용

정리

16장에선 DOM과 직접 작업할 수 있는 리액트의 기능을 설명했다. 우선 컴포넌트가 렌더링하는 콘텐츠에 ref를 사용해 접근할 수 있는 방법과 그렇게 함으로써 비제어 폼 엘리먼트를 만들 수 있는 방법을 설명했다. 또한 애플리케이션의 컴포넌트 계층도 밖에서 콘텐츠 렌더링을 가능하게 하는 포털에 대해서도 알아봤다. ref와 포털은 매우 값진 기능이지만 통상적인 리액트 개발 모델을 저해한다는 점과 강한 결합을 갖는 컴포넌트들을 양산한다는 점에서 주의해야 한다. 다음 17장에선 리액트 컴포넌트에 대한 유닛 테스트 수행 방법을 살펴본다.

17장

유닛 테스트

17장에선 리액트 컴포넌트를 테스트하는 방법을 보여줄 것이다. 우선 테스트를 쉽게 할수 있는 패키지를 소개하고, 이를 사용해 독립적으로 컴포넌트를 테스트하는 방법과 자식 컴포넌트와의 상호작용을 테스트하는 방법을 설명할 것이다. 표 17-1에서 리액트 유닛 테스트의 맥락을 정리했다.

표 17-1 유닛 테스트의 맥락 잡기

질문	답변
그게 무엇인가?	리액트 컴포넌트는 애플리케이션의 다른 부분과의 상호작용을 분리해서 조사할 수 있는, 유닛 테스트에 대한 특별한 지원을 필요로 한다.
왜 유용한가?	독립된 유닛 테스트는 애플리케이션의 다른 부분으로부터 영향을 받지 않고 컴포넌트의 기본 로직을 테스트할 수 있게 한다.
어떻게 사용하는가?	Create React App을 통해 생성된 프로젝트엔 기본적인 테스트 도구가 포함되며, 이를 보강하기 위한 별도의 패키지를 사용할 수 있다.
문제점이나 제약사항이 있는가?	효과적인 유닛 테스트가 쉽지만은 않다. 유닛 테스트를 쉽게 작성하고 실행할 수 있는 지점을 얻기 위해 시간과 노력을 들여야 하며, 테스트를 위한 대상을 올바로 분리할 수 있어야 한다.
대체재가 있는가?	유닛 테스트는 필수가 아니며, 모든 프로젝트에서 채택해야 할 필요는 없다.

유닛 테스트는 논쟁의 여지가 많은 주제다. 17장에선 유닛 테스트의 필요성이 있다는 가정하에, 테스트 도구의 설정 방법과 리액트 애플리케이션으로의 적용 방법을 보여줄 것이다. 그러나 유닛 테스트 자체의 개념은 설명하지 않을 것이며, 유닛 테스트의 가치에 회의적인 독자들을 설득하려고도 하지 않을 것이다. 유닛 테스트의 개념을 소개하는 좋은 글이 있으니, 원한다면 'https://en.wikipedia.org/wiki/Unit_testing'이나 'https://ko.wikipedia.org/wiki/유닛_테스트'를 참고하기 바란다.

나는 유닛 테스트를 선호하며 프로젝트에서 늘 수행한다. 그러나 모든 테스트를 다 하지는 않으며 항상 일관되게 하지도 않는다. 주로 작성하기 어렵거나 배포할 때 버그의 원인이 될 것 같은 기능과 함수의 유닛 테스트에 중점을 둔다. 그런 상황에서 유닛 테스트는 프로그램을 가장 잘 구현하는 방법에 대한 생각의 구조에 도움이 된다. 테스트가 필요한 대상에 대해 생각을 하는 것만으로도 잠재적 문제와 관련된 아이디어를 내는 데에 도움이 되며, 따라서 실제 버그나 결함을 다루기 전에 그런 시간을 갖는 것이다.

유닛 테스트는 도구이지 종교가 아니다. 또한 필요한 테스트의 양은 본인만 알 수 있다. 만약 본인에게 유닛 테스트가 유용하지 않거나 더 좋은 방법론이 있다면, 유행이라는 이유로 유닛 테스트를 할 필요는 없다(그러나 다른 방법론도 없고 테스트도 전혀 하지 않는다면, 결국 버그는 사용자가 찾게 될 것이며 이는 결코 바람직하지 않다).

표 17-2에선 17장의 내용을 요약했다.

표 17-2 17장 요약

과제	해법	리스트 번호
리액트 컴포넌트에 대해 유닛 테스트 수행하기	제스트(Jest, 또는 그 밖의 테스트 프레임워크)를 엔자임(Enzyme)과 함께 사용한다.	9~11
컴포넌트를 단독으로 테스트하기	얕은 렌더링을 사용해 테스트한다.	12
컴포넌트를 자손들과 함께 테스트하기	전체 렌더링을 사용해 테스트한다.	13
컴포넌트의 행위를 테스트하기	props, 상태, 메서드, 이벤트에 적용할 수 있는 엔자임의 기능들을 사용해 테스트한다.	14~17

준비 작업

17장에서 필요한 예제 프로젝트를 만들기 위해 명령 프롬프트에서 적당한 위치로 이동해 리스트 17-1과 같은 명령을 실행하자.

 팁

이 책의 모든 예제 파일은 http://www.acornpub.co.kr/book/pro-react16에서 다운로드할 수 있다.

리스트 17-1 프로젝트 생성

```
npx create-react-app testapp
```

이제 생성된 testapp 폴더 안으로 들어가 리스트 17-2와 같이 명령을 실행해 부트스트랩 CSS 프레임워크를 설치하자.

리스트 17-2 부트스트랩 CSS 프레임워크 설치

```
cd testapp
npm install bootstrap@4.1.2
```

애플리케이션에 부트스트랩 CSS 스타일시트를 포함시키려면 src 폴더 안의 index.js에 리스트 17-3과 같이 구문을 추가하면 된다.

리스트 17-3 src/index.js: 부트스트랩 추가

```
import React from 'react';
import ReactDOM from 'react-dom';
import './index.css';
import App from './App';
import * as serviceWorker from './serviceWorker';
import 'bootstrap/dist/css/bootstrap.css';

ReactDOM.render(<App />, document.getElementById('root'));

// 앱이 오프라인에서 더 빠르게 작동되기 원한다면 아래의 unregister()를 register()로 바꾸면 된다.
```

```
// 그러나 주의사항이 있으므로 다음 페이지를 참고하기 바란다.
// https://facebook.github.io/create-react-app/docs/making-a-progressive-web-app
serviceWorker.unregister();
```

Create React App은 프로젝트를 생성할 때 기본적인 테스트 도구를 포함시킨다. 그러나 더 쉽게 사용할 수 있는 테스트 패키지도 있다. 그럼 프로젝트에 필요한 테스트 패키지를 설치하기 위해 명령 프롬프트에서 리스트 17-4와 같은 명령을 실행하자.

리스트 17-4 추가 패키지 설치

```
npm install --save-dev enzyme@3.8.0
npm install --save-dev enzyme-adapter-react-16@1.7.1
```

표 17-3은 프로젝트에 추가된 패키지의 설명이다.

표 17-3 유닛 테스트 패키지

패키지	설명
enzyme	엔자임은 에어비앤비(Airbnb)에서 만든 테스트 패키지로, 렌더링된 콘텐츠를 검사하고 그 props와 상태를 확인함으로써 컴포넌트를 쉽게 테스트할 수 있게 한다.
enzyme-adapter-react-16	엔자임을 사용하려면 리액트의 특정 버전을 위한 어댑터가 있어야 한다. 이 패키지는 이 책에서 사용하는 리액트의 버전에 맞는 어댑터다.

컴포넌트 작성

리액트 애플리케이션의 유닛 테스트 실습을 위한 간단한 컴포넌트를 만들자. 이제 src 폴더에 Result.js라는 파일을 만들어 리스트 17-5와 같은 컴포넌트를 정의한다.

리스트 17-5 src/Result.js

```
import React from "react";

export const Result = (props) => {
  return <div className="bg-light text-dark border border-dark p-2 ">
        { props.result || 0 }
```

```
      </div>
  }
```

Result는 간단한 함수형 컴포넌트로서, result prop을 통해 받은 어떤 계산 결과를 보여
준다. 그다음엔 src 폴더에 ValueInput.js라는 파일을 만들어 리스트 17-6과 같이 컴포
넌트를 정의하자.

리스트 17-6 src/ValueInput.js

```
import React, { Component } from "react";

export class ValueInput extends Component {

  constructor(props) {
    super(props);
    this.state = {
      fieldValue: 0
    }
  }

  handleChange = (ev) => {
    this.setState({ fieldValue: ev.target.value },
      () => this.props.changeCallback(this.props.id, this.state.fieldValue));
  }

  render() {
    return <div className="form-group p-2">
            <label>Value #{this.props.id}</label>
            <input className="form-control"
              value={ this.state.fieldValue}
              onChange={ this.handleChange } />
          </div>
  }
}
```

ValueInput은 input 엘리먼트를 렌더링하고 변경사항이 있을 때 콜백 함수를 호출하는 상
태 유지 컴포넌트다. 이제 임시 콘텐츠를 제거하고 새 컴포넌트를 사용할 수 있도록 App
컴포넌트를 리스트 17-7과 같이 변경하자.

```
import React, { Component } from "react";
import { ValueInput } from "./ValueInput";
import { Result } from "./Result";

export default class App extends Component {

  constructor(props) {
    super(props);
    this.state = {
      title: this.props.title || "Simple Addition" ,
      fieldValues: [],
      total: 0
    }
  }

  updateFieldValue = (id, value) => {
    this.setState(state => {
      state.fieldValues[id] = Number(value);
      return state;
    });
  }

  updateTotal = () => {
    this.setState(state => ({
      total: state.fieldValues.reduce((total, val) => total += val, 0)
    }))
  }

  render() {
    return <div className="m-2">
            <h5 className="bg-primary text-white text-center p-2">
              { this.state.title }
            </h5>
            <Result result={ this.state.total } />
            <ValueInput id="1" changeCallback={ this.updateFieldValue } />
            <ValueInput id="2" changeCallback={ this.updateFieldValue } />
            <ValueInput id="3" changeCallback={ this.updateFieldValue } />
            <div className="text-center">
              <button className="btn btn-primary" onClick={ this.updateTotal}>
                Total
              </button>
            </div>
```

```
        </div>
    }
}
```

이 App은 세 개의 ValueInput 컴포넌트를 생성하며 사용자의 입력 값들을 fieldValues라는 상태 배열에 저장하도록 설정한다. 버튼에는 클릭 이벤트가 발생하면 updateTotal 메서드를 호출하도록 설정됐는데, 이 메서드는 ValueInput 컴포넌트로부터 값들을 합산해 Result 컴포넌트가 보여주는 상태 데이터 값을 갱신한다.

예제 애플리케이션 실행

이제 개발 도구를 시작하기 위해 명령 프롬프트에서 testapp 폴더로 이동해 리스트 17-8의 명령을 실행하자.

리스트 17-8 개발 도구 실행

```
npm start
```

브라우저 창이 열리면 그림 17-1과 같은 예제 애플리케이션이 나타날 것이다. 각 필드에 숫자를 입력하고 Total 버튼을 클릭해 결과를 확인해보자.

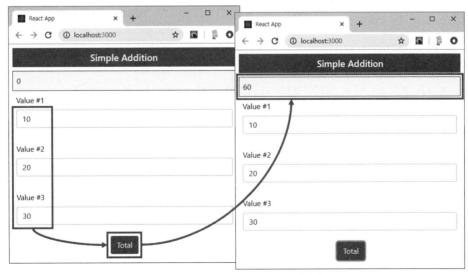

▲ 그림 17-1 실행된 예제 애플리케이션

간단한 유닛 테스트

Create React App으로 만든 프로젝트에는 유닛 테스트를 실행하고 그 결과를 보고하는, 제스트^{Jest}라는 테스트 도구가 포함된다. 또한 프로젝트 설정 과정의 일환으로 App.test. js라는 파일이 생성되는데, 그 내용은 다음과 같다.

```
import React from 'react';
import ReactDOM from 'react-dom';
import App from './App';

it('renders without crashing', () => {
  const div = document.createElement( div );
  ReactDOM.render(<App />, div);
  ReactDOM.unmountComponentAtNode(div);
});
```

이는 기초적인 유닛 테스트이며, it 함수를 캡슐화한다. 함수의 첫 번째 인자는 테스트에 대한 설명이다. 두 번째 인자는 어떤 작업을 수행하는 함수로서, 테스트 자체에 해당한다. 여기선 App 컴포넌트를 div 엘리먼트 안에서 렌더링한 후 언마운트를 한다. 이제 유닛 테스트를 수행하기 위해 새로운 명령 프롬프트에서 testapp 폴더로 이동해 리스트 17-9의 명령을 실행하자(이 테스트 도구는 개발 도구와 함께 실행될 수 있게 설계됐다).

리스트 17-9 유닛 테스트 실행

```
npm run test
```

이 명령은 프로젝트에서 정의된 모든 테스트를 찾아 실행한다. 지금은 하나의 테스트만 존재하며, 다음과 같은 결과를 볼 수 있을 것이다.

```
...
PASS  src/App.test.js
  √ renders without crashing (25ms)

Test Suites: 1 passed, 1 total
Tests:       1 passed, 1 total
```

```
Snapshots:    0 total
Time:         2.586s
Ran all test suites.

Watch Usage
 › Press f to run only failed tests.
 › Press o to only run tests related to changed files.
 › Press q to quit watch mode.
 › Press p to filter by a filename regex pattern.
 › Press t to filter by a test name regex pattern.
 › Press Enter to trigger a test run.
...
```

테스트가 실행된 다음엔 테스트 도구는 감시 모드에 들어간다. 이후에 파일이 변경되면 다시 테스트가 실행돼 그 결과를 보여주게 된다. 그럼 유닛 테스트의 결과를 실패로 만들어보기 위해 App 컴포넌트의 render 메서드에 리스트 17-10과 같이 구문 하나를 추가하자.

리스트 17-10 src/App.js: 유닛 테스트 실패 만들기

```
...
render() {
  throw new Error("something went wrong");
  return <div className="m-2">
          <h5 className="bg-primary text-white text-center p-2">
            { this.state.title }
          </h5>
          <Result result={ this.state.total } />
          <ValueInput id="1" changeCallback={ this.updateFieldValue } />
          <ValueInput id="2" changeCallback={ this.updateFieldValue } />
          <ValueInput id="3" changeCallback={ this.updateFieldValue } />
          <div className="text-center">
            <button className="btn btn-primary" onClick={ this.updateTotal}>
              Total
            </button>
          </div>
        </div>
}
...
```

render 메서드가 호출되면 에러가 던져질 것이며, 이는 유닛 테스트에서 감시하는 동작이다. 코드를 저장하면 유닛 테스트가 다시 수행되는데, 이번에는 테스트가 실패돼 다음과 같이 문제점의 자세한 내용이 보일 것이다.

```
...
FAIL  src/App.test.js
  × renders without crashing (40ms)

  ● renders without crashing

    something went wrong

      28 |
      29 |   render() {
    > 30 |     throw new Error("something went wrong");
         |           ^
      31 |     return <div className="m-2">
      32 |             <h5 className="bg-primary text-white text-center p-2">
      33 |               { this.state.title }
...
```

컴포넌트가 던진 에러는 유닛 테스트 안의 it 함수로 버블링돼 테스트 실패로 취급된다. 이제 애플리케이션을 정상 상태로 복구하기 위해 리스트 17-11과 같이 App 컴포넌트의 throw 구문에 주석 처리를 하자.

리스트 17-11 src/App.js: throw 구문 제거

```
...
render() {
  //throw new Error("something went wrong");
  return <div className="m-2">
          <h5 className="bg-primary text-white text-center p-2">
            { this.state.title }
          </h5>
          <Result result={ this.state.total } />
          <ValueInput id="1" changeCallback={ this.updateFieldValue } />
          <ValueInput id="2" changeCallback={ this.updateFieldValue } />
```

```
        <ValueInput id="3" changeCallback={ this.updateFieldValue } />
        <div className="text-center">
          <button className="btn btn-primary" onClick={ this.updateTotal}>
            Total
          </button>
        </div>
      </div>
  }
  ...
```

이 코드를 저장하면 테스트가 다시 수행되며, 이번엔 성공하게 될 것이다.

얕은 렌더링을 사용한 컴포넌트 테스트

얕은 렌더링^{shallow rendering}은 컴포넌트를 자식으로부터 격리해 테스트할 수 있게 한다. 이는 콘텐츠의 상호작용에 의한 영향 없이 컴포넌트의 기본 기능을 테스트할 수 있는 효과적인 기법이다. 그럼 얕은 렌더링을 사용해 App 컴포넌트를 테스트해보자. src 폴더에 appContent.test.js라는 파일을 만들어 리스트 17-12와 같은 코드를 작성한다.

> **팁**
>
> 제스트는 test.js나 spec.js로 끝나는 이름의 파일, 또는 __tests__라는 이름(tests의 앞뒤에 밑줄 문자가 두 개씩 추가된 이름)의 폴더 안에 있는 모든 파일에서 테스트를 식별한다.

리스트 17-12 src/appContent.test.js

```
import React from "react";
import Adapter from 'enzyme-adapter-react-16';
import Enzyme, { shallow } from "enzyme";
import App from "./App";
import { ValueInput } from "./ValueInput";

Enzyme.configure({ adapter: new Adapter() });
```

```
it("Renders three ValueInputs", () => {
  const wrapper = shallow(<App />);
  const valCount = wrapper.find(ValueInput).length;
  expect(valCount).toBe(3)
});
```

이게 17장에서의 실질적인 첫 유닛 테스트이므로, 지금부터 각 부분을 설명하고 어떻게 조합되는지 보여줄 것이다.

첫 번째 구문은 엔자임 패키지를 설정하고, 적합한 버전의 리액트에 맞는 엔자임 어댑터를 적용한다.

```
...
Enzyme.configure({ adapter: new Adapter() });
...
```

Enzyme.configure 메서드엔 설정 객체 하나가 전달되며, 거기엔 어댑터 패키지의 콘텐츠가 할당된 adapter 프로퍼티가 포함된다. 리액트의 버전에 따른 어댑터 목록은 https://airbnb.io/enzyme을 참고하기 바란다.

다음 단계는 유닛 테스트를 정의하는 것이다. it 메서드를 사용하기 위해 따로 가져오기를 할 필요가 없는데, it 메서드는 제스트 패키지에 의해 전역으로 정의돼 있기 때문이다.

```
...
it("Renders three ValueInputs", () => {
...
```

첫 번째 인자로는 이 테스트가 하고자 하는 바의 의미 있는 설명이 들어가야 한다. 여기선 App이 세 개의 ValueInput 컴포넌트를 렌더링했는지 확인하고자 하는 테스트임을 나타낸다.

그다음엔 엔자임 패키지로부터 가져온 shallow 함수를 사용하는 구문이다.

```
...
const wrapper = shallow(<App />);
...
```

shallow 함수는 컴포넌트 엘리먼트를 받는다. 컴포넌트는 인스턴스화된 다음, 13장에서 설명한 생명주기에 들어가며, 그 콘텐츠가 렌더링된다. 그러나 얕은 렌더링에선 자식 컴포넌트가 렌더링에서 배제되며, 그 엘리먼트들은 App 컴포넌트의 출력 결과에 그대로 남아 있게 된다. 즉, 다음 결과와 같이 App 컴포넌트의 props와 상태 데이터는 콘텐츠 렌더링이 사용되나, 자식 컴포넌트는 처리되지 않는다는 말이다.

```
...
<div className="m-2">
  <h5 className="bg-primary text-white text-center p-2">
    Simple Addition
  </h5>
  <Result result={0} />
  <ValueInput id="1" changeCallback={[Function]} />
  <ValueInput id="2" changeCallback={[Function]} />
  <ValueInput id="3" changeCallback={[Function]} />
  <div className="text-center">
    <button className="btn btn-primary" onClick={[Function]}>
      Total
    </button>
  </div>
</div>
...
```

결과물은 테스트를 위해 조사될 수 있는 래퍼 객체가 보여준다. 엔자임 패키지는 DOM으로부터 렌더링된 콘텐츠를 조사할 때 사용할 수 있는, 제이쿼리 DOM 조작[jQuery DOM manipulation] API를 모델로 한 메서드들을 제공한다. 그중에 유용한 메서드들을 표 17-4에서 정리했으며, 전체 설명은 https://airbnb.io/enzyme을 참고하기 바란다.

표 17-4 컴포넌트 콘텐츠 조사를 위한 유용한 엔자임 메서드

메서드	설명
find(selector)	CSS 셀렉터에 부합하는, 즉 엘리먼트 타입, 속성, 클래스가 일치하는 모든 엘리먼트를 찾는다.
findWhere(predicate)	지정된 서술 함수(predicate)에 부합하는 모든 엘리먼트를 찾는다.
first(selector)	셀렉터에 부합하는 첫 번째 엘리먼트를 리턴한다. 셀렉터를 생략하면 무조건 첫 번째 엘리먼트가 리턴된다.
children()	현재 엘리먼트의 자식을 포함하는 새 래퍼 객체를 만든다.
hasClass(class)	현재 엘리먼트가 지정된 클래스에 해당한다면 true를 리턴한다.
text()	현재 엘리먼트의 텍스트 콘텐츠를 리턴한다.
html()	얕은 렌더링이 아닌, 전체 렌더링을 한 컴포넌트 콘텐츠를 리턴한다. 즉, 모든 자식 컴포넌트도 처리된다.
debug()	얕은 렌더링을 한 컴포넌트 콘텐츠를 리턴한다.

이들 메서드는 컴포넌트가 렌더링한 콘텐츠를 탐색하고 조사하기 위해 사용된다. 리스트 17-12의 테스트는 find 메서드를 사용해 App 컴포넌트가 렌더링하는 모든 ValueInput 엘리먼트를 찾고, 찾은 엘리먼트의 개수를 length 프로퍼티로 알아낸다.

```
...
const valCount = wrapper.find(ValueInput).length;
...
```

테스트의 마지막 작업은 예상 결과와 실제 결과를 비교하는 일이다. 이는 제스트의 expect라는 전역 함수를 사용해 가능하다.

```
...
expect(valCount).toBe(3)
...
```

테스트 결과는 expect 함수에 전달되며, 그에 대해 toBe라는 비교자[matcher] 메서드가 호출된다. 제스트는 다양한 비교자 메서드를 제공하는데, 그중 유용한 비교자들을 표

17-5에서 정리했다. 전체 목록과 설명은 https://jestjs.io/docs/en/expect를 참고하기 바란다.

표 17-5 유용한 비교자 메서드

메서드	설명
toBe(value)	결과가 지정한 값과 같은지 확인한다. 두 비교 대상이 객체일 필요는 없다.
toEqual(object)	결과가 지정한 값과 같은지 확인한다. 두 비교 대상이 동일한 객체 유형이어야 한다.
toMatch(regexp)	결과가 지정한 정규식(regular expression)에 부합하는지 확인한다.
toBeDefined()	결과가 정의돼 있는지 확인한다.
toBeUndefined()	결과가 아직 정의돼 있지 않은지 확인한다.
toBeNull()	결과가 null인지 확인한다.
toBeTruthy()	결과가 참 계열(truthy)인지, 즉 true로 간주될 수 있는지 확인한다.
toBeFalsy()	결과가 거짓 계열(falsy)인지, 즉 false로 간주될 수 있는지 확인한다.
toContain(substrig)	결과가 지정한 문자열을 포함하고 있는지 확인한다.
toBeLessThan(value)	결과가 지정한 값보다 작은지 확인한다.
toBeGreaterThan(value)	결과가 지정한 값보다 큰지 확인한다.

제스트는 어떤 테스트가 실패했는지 추적해, 프로젝트의 모든 테스트 실행이 완료되면 그 결과를 보고한다. 리스트 17-12에서의 비교자(toBe)는 App이 렌더링한 콘텐츠에 세 개의 ValueInput 컴포넌트가 존재하는지 확인한다.

리스트 17-12의 파일을 저장하면 제스트가 즉시 실행되며, 다음과 같은 결과를 출력할 것이다.

```
...
 PASS  src/App.test.js
 PASS  src/appContent.test.js

Test Suites: 2 passed, 2 total
Tests:       2 passed, 2 total
Snapshots:   0 total
Time:        5.144s
```

```
Ran all test suites.

Watch Usage: Press w to show more.
...
```

지금 이 프로젝트엔 두 개의 테스트가 존재하며, 둘 모두 실행됐다. 모든 테스트가 자동으로 실행되게 놔둘 수도 있으며, 아니면 W 키를 누르면 나오는 사용법을 참고해 다른 옵션으로 테스트를 할 수도 있다.

전체 렌더링을 사용한 컴포넌트 테스트

전체 렌더링^{full rendering}은 모든 자손 컴포넌트를 처리한다. 자손 컴포넌트 엘리먼트는 렌더링된 콘텐츠 안에 포함되는데, 이는 App 컴포넌트가 전체 렌더링을 하면 다음과 같은 콘텐츠를 만든다는 뜻이다.

```
...
<App>
  <div className="m-2">
    <h5 className="bg-primary text-white text-center p-2">
      Simple Addition
    </h5>
    <Result result={0}>
      <div className="bg-light text-dark border border-dark p-2 ">0</div>
    </Result>
    <ValueInput id="1" changeCallback={[Function]}>
      <div className="form-group p-2">
        <label>Value #1</label>
        <input className="form-control" value={0} onChange={[Function]} />
      </div>
    </ValueInput>
    <ValueInput id="2" changeCallback={[Function]}>
      <div className="form-group p-2">
        <label>Value #2</label>
        <input className="form-control" value={0} onChange={[Function]} />
      </div>
```

```
      </ValueInput>
      <ValueInput id="3" changeCallback={[Function]}>
        <div className="form-group p-2">
          <label>Value #3</label>
          <input className="form-control" value={0} onChange={[Function]} />
        </div>
      </ValueInput>
      <div className="text-center">
        <button className="btn btn-primary" onClick={[Function]}>Total</button>
      </div>
    </div>
  </App>
  ...
```

이제 전체 렌더링을 할 수 있게 appContent.test.js 파일을 리스트 17–13과 같이 mount
메서드를 사용하는 코드로 변경하자.

리스트 17–13 src/appContent.test.js: 전체 렌더링

```
import React from "react";
import Adapter from 'enzyme-adapter-react-16';
import Enzyme, { shallow, mount } from "enzyme";
import App from "./App";
import { ValueInput } from "./ValueInput";

Enzyme.configure({ adapter: new Adapter() });

it("Renders three ValueInputs", () => {
  const wrapper = shallow(<App />);
  const valCount = wrapper.find(ValueInput).length;
  expect(valCount).toBe(3)
});

it("Fully renders three inputs", () => {
  const wrapper = mount(<App title="tester" />);
  const count = wrapper.find("input.form-control").length
  expect(count).toBe(3);
});

it("Shallow renders zero inputs", () => {
```

```
  const wrapper = shallow(<App />);
  const count = wrapper.find("input.form-control").length
  expect(count).toBe(0);
})
```

새로 추가한 첫 번째 테스트는 엔자임의 mount 함수를 사용해 App과 그 자손들을 모두 렌더링한다. mount가 리턴하는 래퍼 객체는 표 17-5에서 설명했던 비교자 메서드들을 지원한다. mount 함수에 대한 자세한 설명은 https://airbnb.io/enzyme/docs/api/mount.html에서 확인할 수 있다. 여기선 find 메서드를 사용해 form-control 클래스가 할당된 input 엘리먼트를 찾고, expect 함수를 사용해 세 개의 엘리먼트임을 확인한다. 새로 추가한 두 번째 테스트는 얕은 렌더링을 사용해 input 엘리먼트를 찾으며, 콘텐츠 안에 그런 엘리먼트가 존재하지 않음을 확인한다.

파일을 저장하면 테스트가 수행되고, 다음과 같은 결과를 출력할 것이다.

```
...
 PASS  src/App.test.js
 PASS  src/appContent.test.js

Test Suites: 2 passed, 2 total
Tests:       4 passed, 4 total
Snapshots:   0 total
Time:        5.924s
Ran all test suites.

Watch Usage: Press w to show more.
...
```

props, 상태, 메서드, 이벤트를 사용한 테스트

컴포넌트가 렌더링한 콘텐츠는 사용자의 입력이나 갱신의 응답으로서 변경될 수 있다. 이와 같은 컴포넌트 행위의 테스트를 지원하기 위해 엔자임은 표 17-6과 같은 메서드들을 제공한다.

표 17-6 행위 테스트를 위한 엔자임 메서드

메서드	설명
instance()	컴포넌트 객체를 리턴한다.
prop(key)	지정한 prop의 값을 리턴한다.
props()	컴포넌트의 모든 prop을 리턴한다.
setProps(props)	지정한 새 props를 기존의 props에 병합한다.
state(key)	지정한 상태 값을 얻는다. 아무런 값도 지정하지 않았다면 컴포넌트의 모든 상태 데이터가 리턴된다.
setState(state)	컴포넌트의 상태 데이터를 변경하고 컴포넌트가 다시 렌더링되게 한다.
simulate(event, args)	지정한 이벤트를 컴포넌트에 부착한다.
update()	컴포넌트를 강제로 다시 렌더링되게 한다.

가장 간단한 행위 테스트는 컴포넌트가 props를 반영하는지 확인하는 테스트다. 이제 src 폴더에 appBehavior.test.js라는 파일을 만들어 리스트 17-14와 같이 테스트를 정의하자.

리스트 17-14 src/appBehavior.test.js

```
import React from "react";
import Adapter from 'enzyme-adapter-react-16';
import Enzyme, { shallow } from "enzyme";
import App from "./App";

Enzyme.configure({ adapter: new Adapter() });

it("uses title prop", () => {

  const titleVal = "test title"
  const wrapper = shallow(<App title={ titleVal } />);

  const firstTitle = wrapper.find("h5").text();
  const stateValue = wrapper.state("title");

  expect(firstTitle).toBe(titleVal);
  expect(stateValue).toBe(titleVal);
});
```

App 컴포넌트가 shallow 메서드에 전달될 때 title prop이 함께 설정된다. 그다음엔 h5 엘리먼트를 찾아 그 텍스트 콘텐츠를 얻고, title prop의 값을 읽는다. h5 엘리먼트의 콘텐츠와 state 프로퍼티가 모두 title prop의 값과 동일해야 이 테스트는 통과된다.

메서드 테스트

instance 메서드는 컴포넌트 객체를 얻기 위해 사용되며, 그다음엔 그 객체의 메서드를 호출할 수 있다. 리스트 17-15에선 updateFieldValue와 updateTotal 메서드를 호출해 컴포넌트의 상태 데이터를 확인하는 테스트를 추가했다.

리스트 17-15 src/appBehavior.test.js: 메서드 테스트

```
import React from "react";
import Adapter from 'enzyme-adapter-react-16';
import Enzyme, { shallow } from "enzyme";
import App from "./App";

Enzyme.configure({ adapter: new Adapter() });

it("uses title prop", () => {

  const titleVal = "test title"
  const wrapper = shallow(<App title={ titleVal } />);

  const firstTitle = wrapper.find("h5").text();
  const stateValue = wrapper.state("title");

  expect(firstTitle).toBe(titleVal);
  expect(stateValue).toBe(titleVal);
});

it("updates state data", () => {
  const wrapper = shallow(<App />);
  const values = [10, 20, 30];

  values.forEach((val, index) =>
    wrapper.instance().updateFieldValue(index + 1, val));
  wrapper.instance().updateTotal();
```

```
  expect(wrapper.state("total"))
    .toBe(values.reduce((total, val) => total + val), 0);
});
```

새로 추가한 테스트는 App 컴포넌트에 대해 얕은 렌더링을 수행하며, 그다음엔 updateFieldValue 메서드를 갱신 이전 값들의 배열과 함께 호출한다. 그다음엔 updateTotal 메서드를 호출한다. 마지막엔 state 메서드로 total 상태 프로퍼티의 값을 가져와, updateFieldValue 메서드에 전달했던 값들의 합계와 비교한다.

이벤트 테스트

simulate 메서드는 컴포넌트의 이벤트 핸들러에게 이벤트를 전달할 때 사용된다. 이런 유형의 테스트는 신중해야 하는데, 컴포넌트의 이벤트 처리 능력보다는 리액트의 이벤트 전달 능력만을 테스트하고 끝내기 십상이기 때문이다. 따라서 대부분의 경우엔 이벤트의 응답으로 실행될 메서드를 직접 호출하는 방법이 더 낫다. 이제 리스트 17-16과 같이 App 컴포넌트가 렌더링한 button 엘리먼트를 찾아 클릭 이벤트를 촉발해 total이 계산되게 하는 테스트를 추가하자.

리스트 17-16 src/appBehavior.test.js: 이벤트 테스트

```
import React from "react";
import Adapter from 'enzyme-adapter-react-16';
import Enzyme, { shallow } from "enzyme";
import App from "./App";

Enzyme.configure({ adapter: new Adapter() });

it("uses title prop", () => {

  const titleVal = "test title"
  const wrapper = shallow(<App title={ titleVal } />);

  const firstTitle = wrapper.find("h5").text();
  const stateValue = wrapper.state("title");

  expect(firstTitle).toBe(titleVal);
```

```
    expect(stateValue).toBe(titleVal);
  });

  it("updates state data", () => {
    const wrapper = shallow(<App />);
    const values = [10, 20, 30];

    values.forEach((val, index) =>
      wrapper.instance().updateFieldValue(index + 1, val));
    wrapper.instance().updateTotal();

    expect(wrapper.state("total"))
      .toBe(values.reduce((total, val) => total + val), 0);
  });

  it("updates total when button is clicked", () => {
    const wrapper = shallow(<App />);
    const button = wrapper.find("button").first();

    const values = [10, 20, 30];
    values.forEach((val, index) =>
      wrapper.instance().updateFieldValue(index + 1, val));

    button.simulate("click")

    expect(wrapper.state("total"))
      .toBe(values.reduce((total, val) => total + val), 0);
  })
```

새로 추가한 테스트는 클릭 이벤트를 시뮬레이션함으로써 컴포넌트의 updateTotal 메서드가 호출되게 한다. 그다음엔 이벤트가 처리됐는지 확인하기 위해 total 상태 프로퍼티를 읽는다.

컴포넌트 상호작용 테스트

컴포넌트가 렌더링한 콘텐츠의 탐색 기능은 표 17-6에서 설명한 메서드들과 조합이 가능하며, 이를 이용해 컴포넌트 사이의 상호작용을 테스트할 수 있다. 그럼 appBehavior. test.js 파일을 리스트 17-17과 같이 변경하자.

```
import React from "react";
import Adapter from 'enzyme-adapter-react-16';
import Enzyme, { shallow, mount } from "enzyme";
import App from "./App";
import { ValueInput } from "./ValueInput";

Enzyme.configure({ adapter: new Adapter() });

it("uses title prop", () => {

  const titleVal = "test title"
  const wrapper = shallow(<App title={ titleVal } />);

  const firstTitle = wrapper.find("h5").text();
  const stateValue = wrapper.state("title");

  expect(firstTitle).toBe(titleVal);
  expect(stateValue).toBe(titleVal);
});

it("updates state data", () => {
  const wrapper = shallow(<App />);
  const values = [10, 20, 30];

  values.forEach((val, index) =>
    wrapper.instance().updateFieldValue(index + 1, val));
  wrapper.instance().updateTotal();

  expect(wrapper.state("total"))
    .toBe(values.reduce((total, val) => total + val), 0);
});

it("updates total when button is clicked", () => {
  const wrapper = shallow(<App />);
  const button = wrapper.find("button").first();

  const values = [10, 20, 30];
  values.forEach((val, index) =>
    wrapper.instance().updateFieldValue(index + 1, val));

  button.simulate("click")
```

```
    expect(wrapper.state("total"))
      .toBe(values.reduce((total, val) => total + val), 0);
})

it("child function prop updates state", () => {
  const wrapper = mount(<App />);
  const valInput = wrapper.find(ValueInput).first();
  const inputElem = valInput.find("input").first();

  inputElem.simulate("change", { target: { value: "100"}});
  wrapper.instance().updateTotal();

  expect(valInput.state("fieldValue")).toBe("100");
  expect(wrapper.state("total")).toBe(100),
})
```

새로 추가한 테스트는 첫 번째 ValueInput이 렌더링한 input 엘리먼트를 찾아 변경 이벤트를 촉발하는데, 이때 컴포넌트 핸들러에 공급할 값을 인자로 전달한다. 그다음엔 instance 메서드를 사용해 App 컴포넌트의 updateTotal 메서드를 호출하며, 마지막엔 state 메서드를 사용해 App과 ValueInput 컴포넌트가 제대로 갱신됐는지 확인한다.

정리

17장에선 리액트 컴포넌트의 유닛 테스트를 수행하는 방법을 보여줬다. 먼저 제스트를 사용해 테스트하는 방법과 엔자임 패키지가 제공하는 얕은 렌더링과 전체 렌더링 기능을 사용해 테스트하는 방법을 설명했다. 또한 테스트에 있어서 컴포넌트가 렌더링한 콘텐츠를 확인하는 방법, 그 컴포넌트의 메서드를 호출하는 방법, 상태를 확인하는 방법, props를 다루는 방법도 설명했다. 그런 방법들을 활용해 컴포넌트를 단독으로 테스트하거나 자손 컴포넌트와 함께 테스트가 가능했다. 다음 3부에선 리액트의 핵심 기능을 보강해 온전한 웹 애플리케이션을 만드는 방법을 설명한다.

3부

리액트
애플리케이션
완성하기

18장

온전한 애플리케이션 제작

리액트는 사용자에게 HTML 콘텐츠를 보여주기 위한 훌륭한 기능들을 제공하며, 온전한 웹 애플리케이션 개발을 위한 각종 기능들을 서드파티 패키지를 통해 지원한다. 리액트와 함께 사용할 수 있는 수많은 패키지들이 있는데, 3부에선 그중 가장 널리 사용되고 흔히 필요해질 패키지들을 소개한다. 모두 오픈소스이자 무료로 사용할 수 있는 것들이며, 개중엔 유상 기술지원을 선택할 수 있는 것도 있다.

18장에선 2부에서 설명했던 방법만을 사용해 예제 애플리케이션을 구현한다. 18장 다음부턴 서드파티 패키지를 소개하고 그 기능의 사용법과 문제 해결 방법을 설명할 것이다. 표 18-1에선 3부에서 다룰 패키지들을 간단히 정리했다.

표 18-1 3부에서 사용할 패키지

패키지	설명
리덕스(Redux)	애플리케이션 컴포넌트의 외부에서 데이터를 관리하게 하는 데이터 스토어를 제공한다. 19장과 20장에서 사용할 것이다.
리액트 리덕스(React Redux)	props를 통해 리액트 컴포넌트를 리덕스 데이터 스토어에 연결해줌으로써, prop 스레딩을 하지 않아도 데이터에 직접 접근할 수 있게 한다. 이 역시 19장과 20장에서 사용한다.

(이어짐)

패키지	설명
리액트 라우터(React Router)	브라우저의 URL을 기반으로 사용자에게 컴포넌트를 보여줄 수 있게, 리액트 애플리케이션을 위한 URL 라우팅 기능을 제공한다.
엑시오스(axios)	비동기 HTTP 요청을 만들 수 있는 일관된 API를 제공한다. 이 패키지는 RESTful 웹 서비스를 이용할 23장과 그래프QL 서비스를 이용할 25장에서 사용할 것이다.
아폴로-부스트(apollo-boost)	아폴로는 전통적인 RESTful 웹 서비스보다 더 유연한 그래프QL 서비스 이용을 위한 클라이언트다. 그래프QL을 이용할 25장에선 리액트 애플리케이션에 더욱 적합한 아폴로의 부스트 버전을 사용할 것이다.
리액트 아폴로(React Apollo)	리액트 컴포넌트를 그래프QL 쿼리와 뮤테이션에 연결해줌으로써, props를 통해 그래프QL 서비스를 이용할 수 있게 한다.

이들 패키지가 마음에 들지 않아도 좋다. 각 패키지에 대응하는 믿을 만한 대체재가 얼마든지 있으며, 그에 대해선 각 장에서 제안할 예정이기 때문이다. 만약 이 책에서 다루지 않지만 관심이 있는 패키지가 있다면 adam@adam-freeman.com으로 메일을 주기 바란다. 장담할 수는 없지만 많은 요청이 있는 패키지에 대해선 이 책의 다음 판에 포함시키려 노력할 것이다. 또는 이 책의 깃허브 저장소에 해당 내용을 게시할 수도 있다.

프로젝트 생성

이제 새 명령 프롬프트에서 적당한 위치로 이동해 리스트 18-1과 같은 명령을 실행하자.

> **팁**
>
> 이 책의 모든 예제 파일은 http://www.acornpub.co.kr/book/pro-react16에서 다운로드할 수 있다.

리스트 18-1 프로젝트 생성

```
npx create-react-app productapp
```

그다음엔 productapp 폴더 안으로 들어가 리스트 18-2와 같이 명령을 실행해 부트스트랩 CSS 프레임워크를 설치하자.

리스트 18-2 부트스트랩 CSS 프레임워크 설치

```
cd productapp
npm install bootstrap@4.1.2
```

애플리케이션에 부트스트랩 CSS 스타일시트를 포함시키려면 src 폴더 안의 index.js에 리스트 18-3과 같이 구문을 추가하면 된다.

리스트 18-3 src/index.js: 부트스트랩 추가

```
import React from 'react';
import ReactDOM from 'react-dom';
import './index.css';
import App from './App';
import * as serviceWorker from './serviceWorker';
import 'bootstrap/dist/css/bootstrap.css';

ReactDOM.render(<App />, document.getElementById('root'));

// 앱이 오프라인에서 더 빠르게 작동되기 원한다면 아래의 unregister()를 register()로 바꾸면 된다.
// 그러나 주의사항이 있으므로 다음 페이지를 참고하기 바란다.
// https://facebook.github.io/create-react-app/docs/making-a-progressive-web-app
serviceWorker.unregister();
```

개발 도구 실행

이제 명령 프롬프트에서 리스트 18-4의 명령을 실행해 개발 도구를 시작하자.

리스트 18-4 개발 도구 실행

```
npm start
```

잠시 동안의 초기 컴파일 과정이 끝나면 새 브라우저 창이 열리고, 그림 18-1과 같이 http://localhost:3000 URL의 임시 콘텐츠가 보일 것이다.

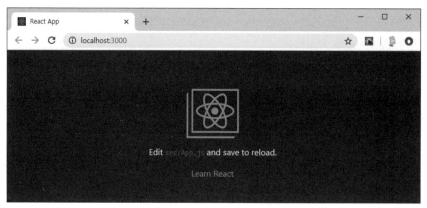

▲ 그림 18-1 실행된 예제 애플리케이션

예제 애플리케이션 작성

18장의 애플리케이션은 단순하지만, 리액트가 제공하는 기능만을 사용한 전형적인 프로젝트를 대표할 수 있다. 이 애플리케이션은 상품과 공급업체라는 두 가지 데이터 유형에 대해 생성create, 읽기read, 갱신update, 삭제delete, 즉 CRUD 기능을 사용자에게 제공하며, 두 데이터 사이를 토글할 수 있게 한다. 그림 18-2는 18장을 진행하면 완성되는 애플리케이션의 모습이다.

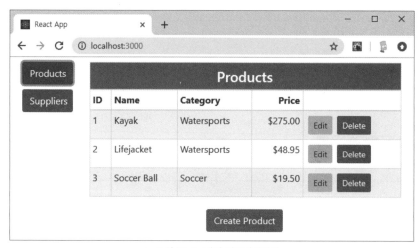

▲ 그림 18-2 예제 애플리케이션

18장의 예제 애플리케이션은 다소 부자연스러울 것이다. 여기서의 목적은 리액트의 핵심 기능이 여전히 강력하긴 하지만, 그것만으로 복잡한 웹 애플리케이션을 만들기엔 부족하다는 점을 보여주는 것이다. 18장에선 일단 애플리케이션을 완성하고, 다음 장부터는 애플리케이션이 갖고 있는 각 문제점을 도구와 패키지를 사용해 해결하는 방법을 설명할 것이다.

상품 관련 개발

우선 애플리케이션의 기능 구현부터 시작하기 위해 src 폴더에 ProductTableRow.js라는 파일을 만들어 리스트 18-5와 같은 컴포넌트를 정의하자.

리스트 18-5 src/ProductTableRow.js

```
import React, { Component } from "react";

export class ProductTableRow extends Component {

  render() {
    let p = this.props.product;
    return <tr>
            <td>{ p.id }</td>
            <td>{ p.name }</td>
            <td>{ p.category}</td>
            <td className="text-right">${ Number(p.price).toFixed(2) }</td>
            <td>
              <button className="btn btn-sm btn-warning m-1"
                onClick={ () => this.props.editCallback(p) }>
                Edit
              </button>
              <button className="btn btn-sm btn-danger m-1"
                onClick={ () => this.props.deleteCallback(p) }>
                Delete
              </button>
            </td>
          </tr>
  }
}
```

이 컴포넌트는 한 테이블 안에 하나의 로우를 렌더링한다. 여기엔 id, name, category, price 프로퍼티에 해당하는 컬럼들이 있으며, 각 프로퍼티의 값은 product라는 prop 객체로부터 얻는다. 또한 Edit와 Delete라는 버튼을 보여주는 컬럼이 하나 더 있는데, 이 버튼들은 product prop을 인자로 전달하며 editCallback과 deleteCallback이라는 함수 prop을 호출한다.

상품 테이블 생성

이제 src 폴더에 ProductTable.js라는 파일을 만들어 리스트 18-6과 같은 컴포넌트를 정의하자.

리스트 18-6 src/ProductTable.js

```
import React, { Component } from "react";
import { ProductTableRow } from "./ProductTableRow";

export class ProductTable extends Component {

    render() {
        return <table className="table table-sm table-striped table-bordered">
                <thead>
                  <tr>
                    <th colSpan="5"
                      className="bg-primary text-white text-center h4 p-2">
                      Products
                    </th>
                  </tr>
                  <tr>
                    <th>ID</th><th>Name</th><th>Category</th>
                    <th className="text-right">Price</th>
                    <th></th>
                  </tr>
                </thead>
                <tbody>
                  {
                    this.props.products.map(p =>
                      <ProductTableRow product={ p }
                        key={ p.id }
```

```
                    editCallback={ this.props.editCallback }
                    deleteCallback={ this.props.deleteCallback } />)
            }
          </tbody>
        </table>
    }
}
```

이 컴포넌트는 products라는 배열 prop의 각 객체를 위해 ProductTableRow 컴포넌트로 채워질 테이블 하나를 렌더링한다. 또한 editCallback과 deleteCallback 함수 prop을 ProductTableRow 인스턴스에 전달한다.

상품 편집기 생성

사용자가 상품을 편집하거나 새 상품에 대한 평가를 할 수 있게 하자. src 폴더에 ProductEditor.js라는 파일을 만들어 리스트 18-7과 같은 코드를 작성한다.

리스트 18-7 src/ProductEditor.js

```
import React, { Component } from "react";

export class ProductEditor extends Component {

  constructor(props) {
   super(props);
    this.state = {
      formData: {
        id: props.product.id || "",
        name: props.product.name || "",
        category: props.product.category || "",
        price: props.product.price || ""
      }
    }
  }

  handleChange = (ev) => {
    ev.persist();
    this.setState(state => state.formData[ev.target.name] = ev.target.value);
```

```
    }

    handleClick = () => {
      this.props.saveCallback(this.state.formData);
    }

    render() {
      return <div className="m-2">
              <div className="form-group">
                <label>ID</label>
                <input className="form-control" name="id"
                  disabled
                  value={ this.state.formData.id }
                  onChange={ this.handleChange } />
              </div>
              <div className="form-group">
                <label>Name</label>
                <input className="form-control" name="name"
                  value={ this.state.formData.name }
                  onChange={ this.handleChange } />
              </div>
              <div className="form-group">
                <label>Category</label>
                <input className="form-control" name="category"
                  value={ this.state.formData.category }
                  onChange={ this.handleChange } />
              </div>
              <div className="form-group">
                <label>Price</label>
                <input className="form-control" name="price"
                  value={ this.state.formData.price }
                  onChange={ this.handleChange } />
              </div>
              <div className="text-center">
                <button className="btn btn-primary m-1" onClick={ this.handleClick }>
                  Save
                </button>
                <button className="btn btn-secondary"
                  onClick={ this.props.cancelCallback }>
                  Cancel
                </button>
```

```
          </div>
        </div>
    }
}
```

ProductEditor 컴포넌트는 사용자가 객체의 프로퍼티를 편집할 수 있게 하는 필드들을 제공한다. 각 필드의 초깃값은 product prop에서 가져오며, 또한 상태 데이터를 채우는 데 사용된다. Save 버튼이 클릭되면 saveCallback이라는 함수 prop이 호출되며, 저장돼야 할 상태 데이터가 전달된다. 또한 Cancel 버튼이 클릭되면 cancelCallback이라는 콜백 함수가 호출된다.

상품 화면 컴포넌트 생성

그다음엔 상품 테이블과 상품 편집기 사이를 전환하는 컴포넌트가 필요하다. 그럼 src 폴더에 ProductDisplay.js라는 파일을 만들어 리스트 18-8과 같은 컴포넌트를 정의하자.

리스트 18-8 src/ProductDisplay.js

```
import React, { Component } from "react";
import { ProductTable } from "./ProductTable";
import { ProductEditor } from "./ProductEditor";

export class ProductDisplay extends Component {

  constructor(props) {
    super(props);
    this.state = {
      showEditor: false,
      selectedProduct: null
    }
  }

  startEditing = (product) => {
    this.setState({ showEditor: true, selectedProduct: product })
  }

  createProduct = () => {
    this.setState({ showEditor: true, selectedProduct: {} })
```

```
      }

  cancelEditing = () => {
    this.setState({ showEditor: false, selectedProduct: null })
  }

  saveProduct = (product) => {
    this.props.saveCallback(product);
    this.setState({ showEditor: false, selectedProduct: null })
  }

  render() {
    if (this.state.showEditor) {
      return <ProductEditor
                key={ this.state.selectedProduct.id || -1 }
                product={ this.state.selectedProduct }
                saveCallback={ this.saveProduct }
                cancelCallback={ this.cancelEditing } />
    } else {
      return <div className="m-2">
                <ProductTable products={ this.props.products }
                  editCallback={ this.startEditing }
                  deleteCallback={ this.props.deleteCallback } />
                <div className="text-center">
                  <button className="btn btn-primary m-1"
                    onClick={ this.createProduct }>
                    Create Product
                  </button>
                </div>
             </div>
    }
  }
}
```

이 컴포넌트는 데이터 테이블이나 편집기 중 어떤 것을 보여줘야 하는지, 만약 편집기의
경우라면 사용자가 수정하고자 하는 상품이 어느 것인지 결정하기 위한 상태 데이터를
정의한다. 또한 ProductEditor와 ProductTable 컴포넌트에 자신의 기능에 더해 함수 prop
을 전달한다.

공급업체 관련 개발

공급업체 데이터를 다루는 부분은 앞의 상품 데이터의 경우와 비슷한 패턴을 따른다. 그럼 src 폴더에 SupplierTableRow.js라는 파일을 만들어 리스트 18-9와 같은 컴포넌트를 정의하자.

리스트 18-9 src/SupplierTableRow.js

```
import React, { Component } from "react";

export class SupplierTableRow extends Component {

  render() {
    let s = this.props.supplier;
    return <tr>
            <td>{ s.id }</td>
            <td>{ s.name }</td>
            <td>{ s.city}</td>
            <td>{ s.products.join(", ") }</td>
            <td>
              <button className="btn btn-sm btn-warning m-1"
                onClick={ () => this.props.editCallback(s) }>
                Edit
              </button>
              <button className="btn btn-sm btn-danger m-1"
                onClick={ () => this.props.deleteCallback(s) }>
                Delete
              </button>
            </td>
          </tr>
  }
}
```

이 컴포넌트는 supplier라는 prop 객체의 id, name, city, products 프로퍼티와 함께 하나의 테이블 로우를 렌더링한다. 또한 함수 prop을 호출하는 Edit와 Delete 버튼도 렌더링한다.

공급업체 테이블 생성

사용자에게 공급업체 테이블을 보여주기 위해 src 폴더에 SupplierTable.js라는 파일을
만들어 리스트 18-10과 같은 코드를 작성하자.

리스트 18-10 src/SupplierTable.js

```
import React, { Component } from "react";
import { SupplierTableRow } from "./SupplierTableRow";

export class SupplierTable extends Component {

    render() {
        return <table className="table table-sm table-striped table-bordered">
                <thead>
                  <tr>
                    <th>ID</th><th>Name</th><th>City</th>
                    <th>Products</th><th></th>
                  </tr>
                </thead>
                <tbody>
                  {
                    this.props.suppliers.map(s =>
                      <SupplierTableRow supplier={ s }
                        key={ s.id }
                        editCallback={ this.props.editCallback }
                        deleteCallback={ this.props.deleteCallback } />)
                  }
                </tbody>
            </table>
    }
}
```

이 컴포넌트는 suppliers prop 배열 안의 각 객체를 SupplierTableRow에 매핑한 테이블
하나를 렌더링한다. 또한 부모 컴포넌트로부터 받은 props를 콜백 함수에 전달한다.

공급업체 편집기 생성

공급업체를 위한 편집기를 만들기 위해 src 폴더에 SupplierEditor.js라는 파일을 만들어 리스트 18-11과 같은 컴포넌트를 정의하자.

리스트 18-11 src/SupplierEditor.js

```
import React, { Component } from "react";

export class SupplierEditor extends Component {

  constructor(props) {
    super(props);
    this.state = {
      formData: {
        id: props.supplier.id || "",
        name: props.supplier.name || "",
        city: props.supplier.city || "",
        products: props.supplier.products || [],
      }
    }
  }

  handleChange = (ev) => {
    ev.persist();
    this.setState(state =>
      state.formData[ev.target.name] =
        ev.target.name === "products"
          ? ev.target.value.split(",") : ev.target.value);
  }

  handleClick = () => {
    this.props.saveCallback(
      {
        ...this.state.formData,
        products: this.state.formData.products.map(val => Number(val))
      });
  }

  render() {
    return <div className="m-2">
```

```jsx
            <div className="form-group">
              <label>ID</label>
              <input className="form-control" name="id"
                disabled
                value={ this.state.formData.id }
                onChange={ this.handleChange } />
            </div>

            <div className="form-group">
              <label>Name</label>
              <input className="form-control" name="name"
                value={ this.state.formData.name }
                onChange={ this.handleChange } />
            </div>

            <div className="form-group">
              <label>City</label>
              <input className="form-control" name="city"
                value={ this.state.formData.city }
                onChange={ this.handleChange } />
            </div>

            <div className="form-group">
              <label>Products</label>
              <input className="form-control" name="products"
                value={ this.state.formData.products }
                onChange={ this.handleChange } />
            </div>

            <div className="text-center">
              <button className="btn btn-primary m-1" onClick={ this.handleClick }>
                Save
              </button>
              <button className="btn btn-secondary"
                onClick={ this.props.cancelCallback }>
                Cancel
              </button>
            </div>
          </div>
      }
    }
```

공급업체 화면 컴포넌트 생성

이제 공급업체 테이블이나 편집기 중 하나만 보일 수 있게 공급업체 데이터를 다루는 부분을 관리해야 한다. 그럼 src 폴더에 SupplierDisplay.js라는 파일을 만들어 리스트 18-12와 같은 컴포넌트를 정의하자.

리스트 18-12 src/SupplierDisplay.js

```
import React, { Component } from "react";
import { SupplierEditor } from "./SupplierEditor";
import { SupplierTable } from "./SupplierTable";

export class SupplierDisplay extends Component {

  constructor(props) {
    super(props);
    this.state = {
      showEditor: false,
      selected: null
    }
  }

  startEditing = (supplier) => {
    this.setState({ showEditor: true, selected: supplier })
  }

  createSupplier = () => {
    this.setState({ showEditor: true, selected: {} })
  }

  cancelEditing = () => {
    this.setState({ showEditor: false, selected: null })
  }

  saveSupplier= (supplier) => {
    this.props.saveCallback(supplier);
    this.setState({ showEditor: false, selected: null })
  }

  render() {
```

```
    if (this.state.showEditor) {
      return <SupplierEditor
              key={ this.state.selected.id || -1 }
              supplier={ this.state.selected }
              saveCallback={ this.saveSupplier }
              cancelCallback={ this.cancelEditing } />
    } else {
      return <div className="m-2">
              <SupplierTable suppliers={ this.props.suppliers }
                editCallback={ this.startEditing }
                deleteCallback={ this.props.deleteCallback }
              />
              <div className="text-center">
                <button className="btn btn-primary m-1"
                  onClick={ this.createSupplier }>
                  Create Supplier
                </button>
              </div>
            </div>
    }
  }
}
```

SupplierDisplay 컴포넌트는 편집기와 테이블 중 어떤 컴포넌트를 보여줘야 할지 결정하기 위한 자신만의 상태 데이터를 갖는다.

애플리케이션 완성하기

사용자가 상품이나 공급업체 기능을 선택할 수 있도록, src 폴더에 Selector.js라는 파일을 만들어 리스트 18-13과 같은 코드를 작성하자.

리스트 18-13 src/Selector.js

```
import React, { Component } from "react";

export class Selector extends Component {

  constructor(props) {
```

```
      super(props);
      this.state = {
        selection: React.Children.toArray(props.children)[0].props.name
      }
    }

  setSelection = (ev) => {
    ev.persist();
    this.setState({ selection: ev.target.name});
  }

  render() {
    return <div className="container-fluid">
            <div className="row">
              <div className="col-2">
                { React.Children.map(this.props.children, c =>
                  <button
                    name={ c.props.name }
                    onClick={ this.setSelection }
                    className={`btn btn-block m-2
                      ${this.state.selection === c.props.name
                        ? "btn-primary active": "btn-secondary"}`}>
                    { c.props.name }
                  </button>
                )}
              </div>
              <div className="col">
                {
                  React.Children.toArray(this.props.children)
                    .filter(c => c.props.name === this.state.selection)
                }
              </div>
            </div>
          </div>
  }
}
```

Selector는 각 자식 컴포넌트를 위한 버튼을 렌더링하고 사용자가 선택한 콘텐츠만 보여
주는 컨테이너 컴포넌트다. 이제 애플리케이션이 보여줄 데이터를 공급하고 그 데이터

작업을 할 콜백 함수를 구현하기 위해, src 폴더에 ProductsAndSuppliers.js라는 파일을 만들어 리스트 18-14와 같은 컴포넌트를 정의하자.

리스트 18-14 src/ProductsAndSuppliers.js

```
import React, { Component } from 'react';
import { Selector } from './Selector';
import { ProductDisplay } from './ProductDisplay';
import { SupplierDisplay } from './SupplierDisplay';

export default class ProductsAndSuppliers extends Component {

  constructor(props) {
    super(props);
    this.state = {
      products: [
        { id: 1, name: "Kayak",
          category: "Watersports", price: 275 },
        { id: 2, name: "Lifejacket",
          category: "Watersports", price: 48.95 },
        { id: 3, name: "Soccer Ball", category: "Soccer", price: 19.50 }
      ],
      suppliers: [
        { id: 1, name: "Surf Dudes", city: "San Jose", products: [1, 2] },
        { id: 2, name: "Field Supplies", city: "New York", products: [3] },
      ]
    }
    this.idCounter = 100;
  }

  saveData = (collection, item) => {
    if (item.id === "") {
      item.id = this.idCounter++;
      this.setState(state => state[collection]
        = state[collection].concat(item));
    } else {
      this.setState(state => state[collection]
        = state[collection].map(stored =>
          stored.id === item.id ? item: stored))
    }
```

```
    }

    deleteData = (collection, item) => {
      this.setState(state => state[collection]
        = state[collection].filter(stored => stored.id !== item.id));
    }

    render() {
      return <div>
              <Selector>
                <ProductDisplay
                  name="Products"
                  products={ this.state.products }
                  saveCallback={ p => this.saveData("products", p) }
                  deleteCallback={ p => this.deleteData("products", p) } />
                <SupplierDisplay
                  name="Suppliers"
                  suppliers={ this.state.suppliers }
                  saveCallback={ s => this.saveData("suppliers", s) }
                  deleteCallback={ s => this.deleteData("suppliers", s) } />
              </Selector>
            </div>
    }
  }
```

이 컴포넌트는 product와 suppliers 상태 프로퍼티를 정의하고, 각 데이터 카테고리에서 객체를 삭제하거나 저장하는 메서드를 정의한다. 또한 Selector를 렌더링하며 그 자식으로서 각 카테고리 컴포넌트를 제공한다.

마지막 단계는 지금까지 정의한 커스텀 컴포넌트들을 사용자에게 보여줄 수 있도록 리스트 18-15와 같이 App 컴포넌트의 콘텐츠를 변경하는 것이다.

리스트 18-15 src/App.js: 컴포넌트 추가

```
import React, { Component } from "react";
import ProductsAndSuppliers from "./ProductsAndSuppliers";

export default class App extends Component {
```

```
  render() {
    return <ProductsAndSuppliers/>
  }
}
```

App 컴포넌트의 변경사항을 저장하면 브라우저는 완성된 예제 애플리케이션을 보여줄 것
이다. 애플리케이션이 제대로 동작하는지 확인하기 위해 Suppliers 버튼을 클릭하고,
Create Supplier 버튼을 클릭한 뒤, 폼을 채워보기 바란다. 그다음에 Save 버튼을 클릭하
면 그림 18-3과 같이 새로운 항목이 보여야 한다.

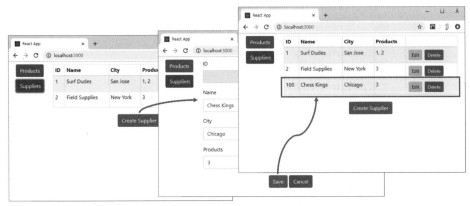

▲ 그림 18-3 예제 애플리케이션 테스트

예제 애플리케이션의 한계

이 예제 애플리케이션은 리액트 컴포넌트를 조합해 애플리케이션을 완성하는 방법을 보
여준다. 그러나 동시에 리액트가 제공하는 기능의 한계도 보여준다.

예제 애플리케이션의 가장 큰 한계는 App 컴포넌트에 하드코딩한, 정적으로 정의한 데이
터를 사용한다는 사실이다. 애플리케이션을 실행할 때마다 항상 동일한 데이터가 보이
며, 화면을 다시 로딩하면 변경한 내용이 사라진다.

최근 브라우저들은 일정량의 데이터를 로컬에 저장할 수 있게 하지만, 그래도 웹 애플리케이션의 외부에 데이터를 유지하는 가장 흔한 방법은 웹 서비스를 이용하는 것이다. 그러나 리액트는 웹 서비스로 작업할 수 있는 기능을 내장하고 있지 않다. 그 대신 선택할 수 있는 몇 가지가 있는데, 간단한 웹 서비스의 경우 23장에서 설명할 것이며 좀 더 복잡한 데이터를 다뤄야 하는 경우는 24장과 25장에서 설명할 것이다.

또 하나의 한계는 상태 데이터가 무조건 애플리케이션의 최상단까지 올라간다는 점이다. 2부에서 설명했듯 상태 데이터는 컴포넌트들을 협업시킬 때 사용되며, 동일한 데이터로의 접근이 필요한 공통의 조상 컴포넌트까지 끌어 올려진다.

예제 애플리케이션은 그와 같은 접근법의 부정적인 면을 보여준다. 예컨대, 상품과 공급업체 배열 같은 중요한 데이터는 애플리케이션의 최상위까지 밀어 올려진다. 컴포넌트가 언마운트되면 리액트는 그 컴포넌트와 상태 데이터를 제거한다. 이는 예제 애플리케이션의 Selector 아래에 있는 어떤 컴포넌트도 애플리케이션 데이터를 저장하기에 적합하지 않다는 뜻이다. 결과적으로 모든 데이터와 조작 메서드를 App 컴포넌트에 정의할 수밖에 없었다. 이 문제를 일부러 부각시키기 위해 채택한 애플리케이션 구조이지만, 좀 더 근본적인 문제가 있다. 컴포넌트의 상태 데이터는 사용자에게 보여주는 콘텐츠를 관리할 때 필요한 데이터를 추적하기에 완벽하다. 예컨대, 데이터 테이블과 편집기 중 어느 것을 보여줘야 할지 결정하는 일과 같이 말이다. 그러나 상태 데이터는 애플리케이션 자체의 목적과 관련된 데이터, 이른바 **도메인 데이터**domain data(또는 모델 데이터model data)의 관리에는 적합하지 않다.

모델 데이터가 최상위 컴포넌트까지 끌려 올라가는 일을 방지하는 가장 좋은 방법은 모델 데이터를 별도의 데이터 스토어에 저장하는 것이다. 리액트 컴포넌트가 데이터를 관리하지 않고도 보여줄 수 있게 말이다. 데이터 스토어와 관련된 내용은 19장과 20장에서 설명할 것이다.

애플리케이션은 사용자가 특정 결과를 얻기 위한 작업들을 특정 순서로 진행시키는 데도 제약이 있다. 기업에서의 실무를 지원하게 설계된 많은 애플리케이션에 있어서 사용자는 여러 업무들의 작은 묶음을 수행해야 하며, 가급적 쉽게 실행하기를 원한다. 단지 특정 엘리먼트의 클릭에 응답하는 정도의 이 예제 애플리케이션과는 다르게 말이다. 21장과 22장에선 사용자가 특정 기능으로 직접 내비게이션할 수 있는 URL 라우팅에 관해 설명할 것이다.

정리

18장에선 3부를 거치면서 개선해나갈 예제 애플리케이션을 제작했다. 다음 19장에선 App 컴포넌트에서 모델 데이터를 제거하고, 필요한 부분에 직접 분배하게 하는 데이터 스토어를 소개한다.

19장

리덕스 데이터 스토어

데이터 스토어^{data store}는 애플리케이션 데이터를 리액트 컴포넌트 계층도의 외부로 이동시킨다. 데이터 스토어를 사용한다는 말은 데이터가 최상위 컴포넌트까지 올라가지 않으며, 데이터 접근을 위해 prop 스레딩을 사용할 필요가 없다는 뜻이다. 결과적으로 애플리케이션은 더욱 자연스러운 구조를 갖게 되며, 리액트 컴포넌트는 콘텐츠를 렌더링해 사용자에게 보여준다는 본연의 역할에 충실하게 된다.

그러나 데이터 스토어는 복잡할 수 있으며 직관에 어긋나는 절차를 애플리케이션에 도입할 수 있다. 19장에선 리액트 프로젝트를 위한 데이터 스토어 중 가장 인기 있는 리덕스^{Redux}를 소개하고, 데이터 스토어를 만들어 애플리케이션에 통합하는 방법을 보여줄 것이다. 20장에선 리덕스를 좀 더 깊이 있게 사용하는 방법과 고급 기능을 설명할 것이다. 표 19-1에서 리덕스 데이터 스토어의 맥락을 정리했다.

표 19-1 리덕스 데이터 스토어의 맥락 잡기

질문	답변
그게 무엇인가?	데이터 스토어는 애플리케이션 데이터를 컴포넌트 계층도의 외부로 이동시킨다. 이는 데이터가 계층도를 따라 올려진 다음 prop 스레딩으로 자손들이 사용할 수 있게 할 필요가 없다는 뜻이다.
왜 유용한가?	데이터 스토어는 프로젝트 안의 컴포넌트들을 간결하게 만들며, 애플리케이션의 개발과 테스트를 더 쉽게 해준다.
어떻게 사용하는가?	데이터는 컴포넌트가 직접 접근할 수 있는, 애플리케이션의 전용 공간으로 이동된다. 리덕스의 경우엔 컴포넌트가 props를 통해 데이터 스토어에 연결되는데, 이로써 리액트의 본질적인 이점을 얻을 수 있다. 단, 처음엔 매핑 과정 자체가 어색할 수 있으며, 세심한 주의가 필요하다.
문제점이나 제약사항이 있는가?	데이터 스토어는 복잡할 수 있으며, 종종 직관에 어긋나는 작업을 수반한다. 리덕스를 포함한 몇몇 데이터 스토어 패키지는 어떤 개발자에겐 제약사항을 느끼게 하는 특별한 방법으로 데이터를 다루기 때문이다.
대체재가 있는가?	모든 애플리케이션에 데이터 스토어가 필요한 것은 아니다. 데이터 양이 적은 경우라면 컴포넌트의 상태 데이터를 사용하는 방법으로도 충분할 수 있으며, 기본적인 데이터 관리는 14장에서 설명한 리액트 컨텍스트 API를 사용해도 된다.

표 19-2에선 19장의 내용을 요약했다.

표 19-2 19장 요약

과제	해법	리스트 번호
데이터 스토어 만들기	초기 데이터, 액션 타입, 액션 생성자, 리듀서를 정의한다.	3~8, 13~21
리액트 애플리케이션에 데이터 스토어 추가하기	리액트 리덕스 패키지가 제공하는 Provider 컴포넌트를 사용한다.	9
리액트 컴포넌트에서 데이터 스토어 사용하기	컴포넌트의 props를 데이터 스토어의 데이터와 액션 생성자에 매핑하기 위해 connect 함수를 사용한다.	10, 12
복수의 액션을 디스패치하기	데이터 스토어 액션을 컴포넌트의 함수 prop에 매핑할 때 dispatch 함수를 직접 사용한다.	22

준비 작업

19장에선 18장에서 만든 **productapp** 프로젝트를 계속 사용한다. 그럼 명령 프롬프트에서 productapp 폴더로 들어가 리스트 19-1과 같은 명령을 실행하자.

> **😊 팁**
>
> 이 책의 모든 예제 파일은 http://www.acornpub.co.kr/book/pro-react16에서 다운로드할 수 있다.

리스트 19-1 패키지 설치

```
npm install redux@4.0.1
npm install react-redux@6.0.0
```

표 19-3에서 방금 추가한 패키지들을 간단히 소개했다.

표 19-3 프로젝트에 추가한 패키지

패키지	설명
redux	리덕스 데이터 스토어 기능을 포함하는 핵심 패키지
react-redux	리액트에서 리덕스를 사용하기 위한 통합 기능을 포함하는 패키지

패키지가 설치됐으면 개발 도구를 시작하기 위해 명령 프롬프트에서 리스트 19-2의 명령을 실행하자.

리스트 19-2 개발 도구 실행

```
npm start
```

애플리케이션이 컴파일되면 개발 HTTP 서버가 구동되고 그림 19-1과 같은 콘텐츠가 나타날 것이다.

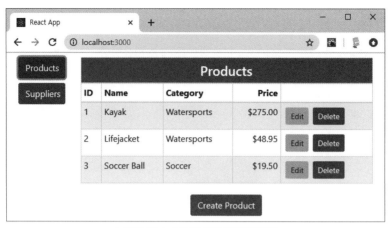

▲ 그림 19-1 실행된 예제 애플리케이션

데이터 스토어 생성

리액트도 그렇지만 리덕스도 데이터와 데이터 변경을 위한 특정한 흐름을 내세운다. 또한 처음엔 리덕스의 여러 부분들이 서로 맞물리는 원리를 이해하는 일이 쉽지 않다. 혼란을 야기할 수 있는 리덕스의 두 가지 특징이 있기 때문이다.

첫째로, 리덕스에서의 변경 작업은 스토어에 있는 데이터에 직접 적용되지 않는다. 설사 데이터가 보통의 자바스크립트 객체로 표현됐다 하더라도 말이다. 그 대신 리덕스는 페이로드payload(실질 데이터)를 받아 스토어의 데이터를 갱신하는 함수에 의존한다. 이는 리액트 컴포넌트에서 상태 데이터를 갱신할 때 setState 메서드를 사용해야 하는 것과 비슷하다.

두 번째 혼란의 지점은 용어다. 리덕스 데이터 스토어엔 여러 부분들이 있는데, 대부분의 이름들이 직관적으로 그 역할을 설명하지 못한다. 표 19-4에선 앞으로 데이터 스토어를 만들고 애플리케이션에 통합하는 과정을 거치면서 마주치게 될 용어들을 간단히 정리했다.

표 19-4 주요 리덕스 용어

용어	설명
액션(action)	스토어의 데이터를 변경할 작업을 기술한다. 리덕스는 데이터의 직접 변경을 허용하지 않으며, 반드시 액션을 사용해야 한다.
액션 타입(action type)	액션은 파라미터를 갖는 평범한 자바스크립트 객체이며, 그 파라미터가 바로 액션 타입이다. 액션 타입은 액션이 올바로 식별되고 처리되게 한다.
액션 생성자 (action creator)	액션을 생성하는 함수다. 액션 생성자는 리액트 컴포넌트에 함수 props로 나타남으로써, 액션 생성자 함수의 호출은 곧 데이터 스토어에 변경이 일어남을 의미한다.
리듀서(reducer)	액션을 받아 데이터 스토어에 변경사항을 처리하는 함수다. 데이터 스토어에 적용할 작업은 액션에서 지정하지만, 실제 그 작업을 수행하는 자바스크립트 코드는 리듀서에 있다.
셀렉터(selector)	컴포넌트가 데이터 스토어로부터의 데이터에 접근할 수 있게 한다. 셀렉터는 리액트 컴포넌트에 데이터 props로 나타난다.

┤ 데이터 스토어의 대안 ├

리덕스는 가장 유명하며 대부분의 프로젝트에서 채택되지만, 리액트에서 사용할 수 있는 유일한 데이터 스토어 패키지는 아니다. 만약 리덕스의 작동 방식이 마음에 들지 않는다면, 훌륭한 대안으로서 MobX(https://github.com/mobxjs/mobx)가 있다. MobX는 리액트와 잘 어울리며, 직접적인 상태 변경도 허용한다. 가장 큰 단점이 있다면 데코레이터decorator를 사용한다는 점이다. 데코레이터는 앵귤러 등을 포함해 널리 사용되는 개념임에도 불구하고 처음엔 어색할 수 있으며 아직 자바스크립트 표준 명세에 포함되지 않았다.

24장과 25장에선 그래프QL을 소개하며 이를 사용해 데이터를 취득하는 방법을 설명할 것이다. 혹시 리액트 개발자가 되려는 생각이 확고하다면 데이터 관리를 위해 릴레이Relay (https://relay.dev)도 고려해볼 수 있다. 릴레이는 오직 그래프QL과 함께 사용되므로 모든 프로젝트에 적합하진 않지만, 흥미로운 기능들이 있으며 리액트와 잘 통합된다.

데이터 타입 정의

예제 애플리케이션은 상품과 공급업체라는 두 유형의 데이터에 적용된 동일한 기능을 갖고 있다. 이런 상황에선 데이터 스토어를 관리하는 코드를 복제해 각기 다른 객체 집합에 동일한 작업을 수행하게 함으로써 데이터 스토어의 생성이 어렵고 이해하기도 어려운 결과를 가져오며, 하나의 데이터 유형을 위한 코드를 복사해 잘못 적용함으로써 에러의 가능성이 포함되기 쉽다.

이는 앞으로 데이터 스토어를 가급적 공통 코드로 통합하면서 해결될 사항이다. 처음 할 일은 데이터 스토어 전반에 존재하는 데이터의 각기 다른 유형을 일관되게 식별하기 위해 상수를 정의하는 것이다. 그럼 src 폴더 안에 store라는 폴더를 만들고 dataTypes.js라는 파일을 만들어 리스트 19-3과 같은 구문들을 작성하자.

리스트 19-3 src/store/dataTypes.js

```
export const PRODUCTS = "products";
export const SUPPLIERS = "suppliers";
```

초기 데이터 정의

나중에 웹 서비스로부터 데이터를 가져오는 방법을 설명할 테지만, 지금은 정적으로 정의한 데이터를 계속 사용하자. 그럼 데이터 스토어의 초기 콘텐츠를 정의하기 위해 store 폴더에 initialData.js라는 파일을 만들어 리스트 19-4와 같은 코드를 작성하자.

> 📎 **참고**
>
> 앞으로 예제 애플리케이션에 기능을 추가할 때마다 각 기능의 분리를 위해 데이터 스토어에 새로운 섹션을 추가해나갈 것이다. 또한 사용자에게 보여줄 상품과 공급업체 데이터를 컴포넌트들의 조합에 사용되는 내부 데이터와 구분하기 위해 전자를 모델 데이터, 후자를 상태 데이터라 부를 것이다.

리스트 19-4 src/store/initialData.js

```
import { PRODUCTS, SUPPLIERS } from "./dataTypes";

export const initialData = {
  [PRODUCTS]: [
    { id: 1, name: "Trail Shoes", category: "Running", price: 100 },
```

```
    { id: 2, name: "Thermal Hat", category: "Running", price: 12 },
    { id: 3, name: "Heated Gloves", category: "Running", price: 82.50 }],
  [SUPPLIERS]: [
    { id: 1, name: "Zoom Shoes", city: "London", products: [1] },
    { id: 2, name: "Cosy Gear", city: "New York", products: [2, 3] }],
}
```

보다시피 평범한 자바스크립트 객체로 데이터 스토어의 초기 상태를 정의했다. 리덕스의 특징 중 하나는 리덕스의 많은 기능을 순수 자바스크립트로 사용할 수 있다는 점이다. 또한 데이터를 명확하게 구분해 사용하기 위해 PRODUCTS와 SUPPLIERS라는 배열에 각자의 객체들을 나열했다.

액션 타입 정의

다음 단계는 스토어 안의 데이터에 수행할 작업을 기술하는 것, 즉 액션을 만드는 것이다. 복잡한 애플리케이션에선 많은 수의 액션들이 존재할 것이며 그들을 식별하기 위해 상숫값을 사용하는 방법이 도움이 될 것이다. 그럼 store 폴더에 modelActionTypes.js라는 파일을 만들어 리스트 19-5와 같은 콘텐츠를 작성하자.

리스트 19-5 src/store/modelActionTypes.js

```
export const STORE = "STORE";
export const UPDATE = "UPDATE";
export const DELETE = "DELETE";
```

예제 애플리케이션에 기능을 부여하기 위해 세 개의 이벤트를 정의했다. 하나는 데이터 스토어에 객체를 추가하는 STORE, 다른 하나는 기존 객체를 갱신하는 UPDATE, 나머지 하나는 객체를 삭제하는 DELETE다.

액션 타입에 할당하는 값은 유일하기만 하다면 크게 중요하지 않다. 가장 간단한 방법은 지금처럼 각 액션 타입에 그 이름과 동일한 문자열 값을 할당하는 것이다.

액션 생성자 정의

액션은 데이터의 변경 요청을 위해 애플리케이션에서 데이터 스토어로 전달되는 객체다. 하나의 액션은 작업을 지정하는 액션 타입과 그 작업에 필요한 데이터를 제공하는 페이로드를 포함한다. 또한 액션은 작업을 기술하기 위해 필요한 프로퍼티들의 조합을 정의할 수 있는 평범한 자바스크립트 객체다. 보통은 관례적으로 이벤트 타입을 나타내는 type이라는 프로퍼티를 정의하고, 여기에 액션을 위한 dataType과 payload 프로퍼티를 추가로 정의한다.

액션은 **액션 생성자**^action creator^에 의해 생성되는데, 액션 생성자란 애플리케이션으로부터 데이터를 받고 데이터 스토어의 변경사항을 기술한 액션을 리턴하는 함수를 말한다. 그럼 액션 생성자를 정의하기 위해 store 폴더에 modelActionCreators.js라는 파일을 만들어 리스트 19-6과 같은 코드를 작성하자.

리스트 19-6 src/store/modelActionCreators.js

```
import { PRODUCTS, SUPPLIERS } from "./dataTypes"
import { STORE, UPDATE, DELETE } from "./modelActionTypes";

let idCounter = 100;

export const saveProduct = (product) => {
  return createSaveEvent(PRODUCTS, product);
}

export const saveSupplier = (supplier) => {
  return createSaveEvent(SUPPLIERS, supplier);
}

const createSaveEvent = (dataType, payload) => {
  if (!payload.id) {
    return {
      type: STORE,
      dataType: dataType,
      payload: { ...payload, id: idCounter++ }
    }
  } else {
```

```
      return {
        type: UPDATE,
        dataType: dataType,
        payload: payload
      }
    }
  }
}

export const deleteProduct = (product) => ({
  type: DELETE,
  dataType: PRODUCTS,
  payload: product.id
})

export const deleteSupplier = (supplier) => ({
  type: DELETE,
  dataType: SUPPLIERS,
  payload: supplier.id
})
```

여기선 모두 네 개의 액션 생성자를 정의했다. saveProduct와 saveSupplier 함수는 객체 파라미터를 받아 createSaveEvent로 전달한다. createSaveEvent는 id 프로퍼티 값을 조사해 STORE 액션과 UPDATE 액션 중 하나를 결정한다. deleteProduct와 deleteSupplier 함수는 좀 더 간단한데, 삭제될 객체의 id 프로퍼티 값을 페이로드로 갖는 DELETE 액션을 생성한다.

리듀서 정의

리듀서reducer는 액션을 데이터 스토어에 적용하는 자바스크립트 함수다. 달리 말하면 액션은 변경 유형을 기술하고, 리듀서는 그 변경을 일으키는 로직을 갖는다. 이제 store 폴더에 modelReducer.js라는 파일을 만들어 리스트 19-7과 같은 코드를 작성하자.

리스트 19-7 src/store/modelReducer.js

```
import { STORE, UPDATE, DELETE } from "./modelActionTypes";
import { initialData } from "./initialData";
```

```
export default function(storeData, action) {
  switch (action.type) {
    case STORE:
      return {
        ...storeData,
        [action.dataType]:
          storeData[action.dataType].concat([action.payload])
      }
    case UPDATE:
      return {
        ...storeData,
        [action.dataType]: storeData[action.dataType].map(p =>
          p.id === action.payload.id ? action.payload : p)
      }
    case DELETE:
      return {
        ...storeData,
        [action.dataType]: storeData[action.dataType]
          .filter(p => p.id !== action.payload)
      }
    default:
      return storeData || initialData;
  }
}
```

리듀서는 데이터 스토어로부터 현재의 데이터를 받으며, 또한 액션을 파라미터로 받는다. 그다음엔 액션을 확인해 데이터 스토어의 기존 데이터를 대체할 새로운 데이터 객체를 만든다.

여기엔 지켜야 할 두 가지 규칙이 있다. 첫째로, 리듀서는 반드시 새로운 객체를 만들어야 하며, 파라미터로 받은 객체를 리턴하면 안 된다. 그 객체의 어떤 변경사항이라도 리덕스가 무시할 것이기 때문이다. 둘째로, 스토어 안의 데이터는 리듀서가 만든 객체로 대체되므로, 액션에 의해 변경된 프로퍼티뿐만 아니라 다른 기존 프로퍼티도 복사해야 된다는 점이 중요하다. 가장 쉬운 방법은 다음과 같이 스프레드 연산자를 사용해 프로퍼티를 복사하는 것이다.

```
...
case STORE:
  return {
    ...store,
    [action.dataType]: store[action.dataType].concat([action.payload])
  }
...
```

이렇게 하면 모든 프로퍼티가 새 객체에 복사되며, 그다음엔 액션에 의해 변경된 데이터
가 기존 데이터를 대체한다.

리듀서의 중요한 또 다른 측면은 초기 데이터를 가져오기 위해 데이터 스토어가 생성될
때도 호출된다는 사실이다. 이는 다음과 같이 switch 문의 default 절을 사용해 다룰 수
있다.

```
...
default:
  return storeData || initialData;
...
```

만약 리듀서 함수가 undefined를 리턴하면 리덕스는 에러를 발생시킬 것이다. 따라서 유
용한 결과를 리턴하게 하는 일이 중요한데, 이를 위해 여기선 리스트 19–4에서 정의했던
initialData 객체를 사용했다.

> ┤ **리듀서의 코드 중복 방지** ├
>
> 대부분의 데이터는 공통적인 핵심 작업 집합을 필요로 한다. 예제 애플리케이션의 상품
> 데이터와 공급업체 데이터가 모두 저장, 갱신, 삭제 작업을 필요로 했듯 말이다. 이는 비
> 슷한 액션 타입, 액션 생성자, 리듀서 코드와 함께 데이터 스토어를 정의하면서 결국 중복
> 된 코드를 만들게 한다. 지금 예제에선 작업을 적용할 데이터 타입을 지정하는 프로퍼티
> 를 액션에 포함시키고, 그다음엔 자바스크립트의 프로퍼티 접근자property accessor 기능을
> 사용해 리듀서의 적절한 데이터 스토어 프로퍼티를 선택하게 했다.

```
...
case STORE:
  return {
    ...store,
    [action.dataType]: storeData[action.dataType].concat([action.payload])
  }
...
```

새 데이터 스토어 객체가 생성되면 자바스크립트는 action.dataType 프로퍼티를 평가하고 그 값을 사용해 새 프로퍼티를 정의한다. 또한 리스트 19-5에서 정의했던 값들을 사용해 이전 데이터 스토어의 프로퍼티에 접근함으로써 dataType의 값이 PRODUCTS이면 상품 데이터를, SUPPLIERS이면 공급업체 데이터를 선택한다. 실제 프로젝트에서 이와 같은 기법을 반드시 사용할 필요는 없지만, 코드를 간결하게 관리하는 데는 도움이 될 것이다.

데이터 스토어 생성

리덕스는 데이터 스토어를 생성하고 사용될 준비를 해주는 createStore라는 함수를 제공한다. 이제 store 폴더에서 index.js라는 파일을 만들어 리스트 19-8과 같은 코드를 추가하자.

> **🔥 팁**
>
> 파일 이름을 반드시 index.js로 할 필요는 없다. 그러나 이렇게 하면 파일 이름 없이 폴더 이름만으로 데이터 스토어를 가져올 수 있다는 장점이 있다. 이는 리스트 19-9에서 확인하게 될 것이다.

리스트 19-8 src/store/index.js

```
import { createStore } from "redux";
import modelReducer from "./modelReducer";

export default createStore(modelReducer);

export { saveProduct, saveSupplier, deleteProduct, deleteSupplier }
  from "./modelActionCreators";
```

index.js 파일에서 기본 내보내기를 사용하면 리듀서 함수를 인자로 받는 createStore를 호출하는 결과가 된다. 또한 액션 생성자들도 내보내기를 함으로써 하나의 import 구문으로도 애플리케이션의 어디에서든 데이터 스토어의 기능에 접근할 수 있게 했다. 이로써 데이터 스토어의 사용이 좀 더 쉬워졌다.

데이터 스토어 사용

아직은 앞서 만든 액션, 액션 생성자, 리듀서를 애플리케이션에 통합하지 않았으며, 애플리케이션 컴포넌트와 데이터 스토어 사이의 어떤 연결도 없는 상태다. 그럼 지금부터 애플리케이션 데이터를 관리하고 있는 상태 데이터와 메서드를 데이터 스토어로 대체하는 방법을 알아보자.

최상위 컴포넌트에 데이터 스토어 적용

리액트 리덕스 패키지엔 데이터 스토어에 접근하게 하는 리액트 컨테이너 컴포넌트가 포함돼 있다. Provider라고 하는 이 컴포넌트를 컴포넌트 계층도의 최상위에 적용하면 애플리케이션 전체에서 데이터 스토어를 사용할 수 있게 된다. 그럼 리스트 19-8에서 만들었던 index.js로부터 데이터 스토어를 가져오고 Provider 컴포넌트를 사용해 데이터 스토어를 컴포넌트에 적용하도록, App.js 파일을 리스트 19-9와 같이 변경하자.

리스트 19-9 src/App.js: 데이터 스토어 적용

```
import React, { Component } from "react";
import ProductsAndSuppliers from "./ProductsAndSuppliers";
import { Provider } from "react-redux";
import dataStore from "./store";

export default class App extends Component {

  render() {
    return (
      <Provider store={ dataStore }>
        <ProductsAndSuppliers/>
```

```
      </Provider>
    )
  }
}
```

Provider 컴포넌트엔 데이터 스토어를 지정하는 store라는 prop이 있으며, 여기에 import 구문에서 명명한 dataStore를 할당했다.

상품 데이터 연결

다음 단계는 데이터를 필요로 하는 컴포넌트에 데이터 스토어 그리고 그에 대해 작업하는 액션 생성자를 연결하는 것이다. 여기선 리스트 19-10과 같이 리액트 리덕스 패키지가 제공하는 기능을 사용해 ProductDisplay를 데이터 스토어에 연결하는 직접적인 접근법을 사용하자.

리스트 19-10 src/ProductDisplay.js: 데이터 스토어 연결

```
import React, { Component } from "react";
import { ProductTable } from "./ProductTable"
import { ProductEditor } from "./ProductEditor";
import { connect } from "react-redux";
import { saveProduct, deleteProduct } from "./store"

const mapStateToProps = (storeData) => ({
  products: storeData.products
})

const mapDispatchToProps = {
  saveCallback: saveProduct,
  deleteCallback: deleteProduct
}

const connectFunction = connect(mapStateToProps, mapDispatchToProps);

export const ProductDisplay = connectFunction(
  class extends Component {

    constructor(props) {
```

```
    super(props);
    this.state = {
      showEditor: false,
      selectedProduct: null
    }
  }

  startEditing = (product) => {
    this.setState({ showEditor: true, selectedProduct: product })
  }

  createProduct = () => {
    this.setState({ showEditor: true, selectedProduct: {} })
  }

  cancelEditing = () => {
    this.setState({ showEditor: false, selectedProduct: null })
  }

  saveProduct = (product) => {
    this.props.saveCallback(product);
    this.setState({ showEditor: false, selectedProduct: null })
  }

  render() {
    if (this.state.showEditor) {
      return <ProductEditor
              key={ this.state.selectedProduct.id || -1 }
              product={ this.state.selectedProduct }
              saveCallback={ this.saveProduct }
              cancelCallback={ this.cancelEditing } />
    } else {
      return <div className="m-2">
              <ProductTable products={ this.props.products }
                editCallback={ this.startEditing }
                deleteCallback={ this.props.deleteCallback } />
              <div className="text-center">
                <button className="btn btn-primary m-1"
                  onClick={ this.createProduct }>
                  Create Product
                </button>
              </div>
            </div>
```

```
      }
    }
  }
)
```

우선 데이터 스토어를 받고 컴포넌트와 스토어를 연결해줄 props를 선택하는 함수를 정의했다.

```
...
const mapStateToProps = (storeData) => ({
  products: storeData.products
})
...
```

mapStateToProps라는 관례적인 이름의 이 함수는 컴포넌트의 prop 이름과 스토어의 데이터를 매핑하는 객체 하나를 리턴한다. 이와 같은 매핑 함수를 **셀렉터**selector라고 한다. 컴포넌트 prop에 매핑될 데이터를 선택select하기 때문에 붙여진 이름이다. 이 코드에선 셀렉터가 스토어의 products 배열을 컴포넌트의 products prop에 매핑하고 있다.

그다음엔 컴포넌트에 필요한 함수 prop을 데이터 스토어의 액션 생성자에 매핑했다.

```
...
const mapDispatchToProps = {
  saveCallback: saveProduct,
  deleteCallback: deleteProduct
}
...
```

리액트 리덕스 패키지는 액션 생성자를 함수 prop에 연결하는 여러 방법을 지원한다. 그러나 여기선 prop 이름을 액션 생성자 함수에 매핑하는 객체를 생성하는, 가장 간단한 방법을 사용했다. 컴포넌트가 데이터 스토어에 연결되면 리듀서가 자동으로 호출될 수 있도록 액션 생성자도 연결된다. 이 코드에선 saveProduct와 deleteProduct 액션 생성자를 saveCallback과 deleteCallback이라는 이름의 함수 prop에 매핑했다.

일단 데이터와 함수 prop을 위한 매핑이 정의되면, 그다음엔 리액트 리덕스 패키지가 제공하는 connect 함수에 전달된다.

```
...
const connectFunction = connect(mapStateToProps, mapDispatchToProps);
...
```

connect 함수는 부모 컴포넌트가 제공한 props가 병합된, 데이터 스토어에 연결된 props를 전달하는 HOC를 생성한다.

> **💢 팁**
>
> HOC(higher-order component)는 14장에서 설명했다.

마지막으로, 다음과 같이 connect가 리턴한 함수에 컴포넌트를 전달했다.

```
...
export const ProductDisplay = connectFunction(class extends Component {
...
```

결과적으로 데이터 스토어에 연결된 props를 갖는 컴포넌트가 완성됐다. 리스트 19-10의 코드를 저장하면 그림 19-2와 같이 애플리케이션이 리스트 19-4에서 정의했던 데이터를 보여줄 것이다.

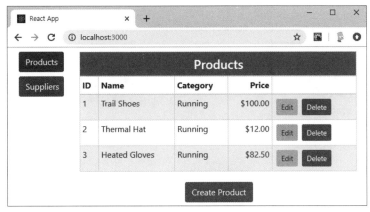

▲ 그림 19-2 데이터 스토어를 사용한 상품 데이터

데이터 스토어가 제공하는 props가 부모 컴포넌트로부터의 props를 대체했으므로, ProductDisplay 컴포넌트는 상품 생성, 편집, 삭제 등의 모든 작업을 데이터 스토어의 데이터에 하게 됐다.

공급업체 데이터 연결

공급업체 데이터의 연결도 동일한 과정을 거친다. 리스트 19-11에서도 SupplierDisplay 컴포넌트가 데이터 스토어에 연결될 수 있도록 connect 메서드를 사용했다.

리스트 19-11 src/SupplierDisplay.js: 데이터 스토어 연결

```
import React, { Component } from "react";
import { SupplierEditor } from "./SupplierEditor";
import { SupplierTable } from "./SupplierTable";
import { connect } from "react-redux";
import { saveSupplier, deleteSupplier} from "./store";

const mapStateToProps = (storeData) => ({
  suppliers: storeData.suppliers
})

const mapDispatchToProps = {
  saveCallback: saveSupplier,
  deleteCallback: deleteSupplier
}

const connectFunction = connect(mapStateToProps, mapDispatchToProps);

export const SupplierDisplay = connectFunction(
  class extends Component {

    constructor(props) {
      super(props);
      this.state = {
        showEditor: false,
        selected: null
      }
    }
```

```
startEditing = (supplier) => {
  this.setState({ showEditor: true, selected: supplier })
}

createSupplier = () => {
  this.setState({ showEditor: true, selected: {} })
}

cancelEditing = () => {
  this.setState({ showEditor: false, selected: null })
}

saveSupplier= (supplier) => {
  this.props.saveCallback(supplier);
  this.setState({ showEditor: false, selected: null })
}

render() {
  if (this.state.showEditor) {
    return <SupplierEditor
             key={ this.state.selected.id || -1 }
             supplier={ this.state.selected }
             saveCallback={ this.saveSupplier }
             cancelCallback={ this.cancelEditing } />
  } else {
    return <div className="m-2">
             <SupplierTable suppliers={ this.props.suppliers }
               editCallback={ this.startEditing }
               deleteCallback={ this.props.deleteCallback }
             />
             <div className="text-center">
               <button className="btn btn-primary m-1"
                 onClick={ this.createSupplier }>
                 Create Supplier
               </button>
             </div>
           </div>
  }
}
```
}
)

결과적으로 그림 19-3과 같이 데이터 스토어에 연결된 props를 갖는 SupplierDisplay 컴포넌트가 완성됐다.

▲ 그림 19-3 데이터 스토어를 사용한 공급업체 데이터

데이터 스토어를 사용하면서 상품 데이터와 공급업체 데이터를 제공하고 관리하던 ProductsAndSuppliers 컴포넌트는 불필요해졌다. 따라서 리스트 19-12와 같이 Selector, ProductDisplay, SupplierDisplay 컴포넌트를 직접 보여줄 수 있도록 App 컴포넌트를 수정 하자.

리스트 19-12 src/App.js: 콘텐츠 직접 보여주기

```
import React, { Component } from "react";
//import ProductsAndSuppliers from "./ProductsAndSuppliers";
import { Provider } from "react-redux";
import dataStore from "./store";
import { Selector } from "./Selector";
import { ProductDisplay } from "./ProductDisplay";
import { SupplierDisplay } from "./SupplierDisplay";

export default class App extends Component {

  render() {
    return (
      <Provider store={ dataStore }>
        <Selector>
          <ProductDisplay name="Products" />
          <SupplierDisplay name="Suppliers" />
```

```
        </Selector>
      </Provider>
    )
  }
}
```

여기선 ProductDisplay와 SupplierDisplay 컴포넌트가 데이터와 메서드에 접근할 수 있게 했던 props를 제공하지 않았다는 점에 주목하기 바란다. 이는 컴포넌트를 데이터 스토어에 연결하는 connect 메서드가 담당하기 때문이다.

데이터 스토어 확장

데이터 스토어는 사용자에게 보여주는 데이터만을 위한 것이 아니다. 데이터 스토어는 컴포넌트들을 조합하고 관리할 때 사용되는 상태 데이터도 저장할 수 있다. 상태 데이터를 포함하게 데이터 스토어를 확장하면 컴포넌트가 상태 데이터에 직접 연결할 수 있게 된다. 이는 기존엔 불가능한 일이었는데, 사용자에게 보여줄 콘텐츠를 선택할 때 사용되는 상태 데이터를 ProductDisplay와 SupplierDisplay가 관리하고 있기 때문이다.

다음 절부터 상태 데이터와 관리 코드를 데이터 스토어로 이동시켜 애플리케이션을 한층 더 간결하게 만드는 작업을 할 것이다.

스토어에 상태 데이터 추가

이제 상태 데이터를 모델 데이터와 분리해 관리하기 위해 스토어의 일부 구조를 변경하자. 데이터 스토어를 채울 초기 데이터를 잘 구분지어 보여주는 구조를 사용할 것이다. 이는 데이터가 형성된 모습을 이해하는 데 도움이 되기 때문일 뿐, 리덕스가 필수로 요구하는 사항은 아니다.

스토어의 데이터 구조를 만들기 위해 리스트 19-13과 같이 initialData.js의 기존 데이터를 modelData라는 프로퍼티 안으로 이동시키고 stateData를 추가하자.

```
import { PRODUCTS, SUPPLIERS } from "./dataTypes";

export const initialData = {
  modelData: {
    [PRODUCTS]: [
      { id: 1, name: "Trail Shoes", category: "Running", price: 100 },
      { id: 2, name: "Thermal Hat", category: "Running", price: 12 },
      { id: 3, name: "Heated Gloves", category: "Running", price: 82.50 }],
    [SUPPLIERS]: [
      { id: 1, name: "Zoom Shoes", city: "London", products: [1] },
      { id: 2, name: "Cosy Gear", city: "New York", products: [2, 3] }],
  },
  stateData: {
    editing: false,
    selectedId: -1,
    selectedType: PRODUCTS
  }
}
```

우리의 목적은 ProductDisplay와 SupplierDisplay 컴포넌트 안의 상태 데이터와 로직을
데이터 스토어로 옮기는 것이다. 이들 컴포넌트는 사용자의 선택에 따라 데이터 테이블
과 편집기 중 하나를 렌더링했다. 따라서 스토어에도 그런 정보를 제공하기 위해
editing, selectedId, selectedType이라는 프로퍼티들을 stateData 절에 정의했다.

액션 타입과 액션 생성자 정의

그다음은 스토어의 상태 데이터를 위한 액션을 정의할 차례다. 이전에 데이터 스토어를
구성할 땐 액션 타입과 액션 생성자를 각기 다른 파일에 정의했었다. 그러나 이는 필수가
아니며 그 둘을 함께 정의해도 된다. 그럼 상태 데이터를 위한 액션을 스토어의 나머지와
분리하기 위해 store 폴더에 stateActions.js라는 파일을 만들어 리스트 19-14와 같이
액션 타입과 액션 생성자를 정의하자.

```
import { PRODUCTS, SUPPLIERS } from "./dataTypes";

export const STATE_START_EDITING = "state_start_editing";
export const STATE_END_EDITING = "state_end_editing";
export const STATE_START_CREATING = "state_start_creating";

export const startEditingProduct = (product) => ({
  type: STATE_START_EDITING,
  dataType: PRODUCTS,
  payload: product
})

export const startEditingSupplier = (supplier) => ({
  type: STATE_START_EDITING,
  dataType: SUPPLIERS,
  payload: supplier
})

export const endEditing = () => ({
  type: STATE_END_EDITING
})

export const startCreatingProduct = () => ({
  type: STATE_START_CREATING, dataType: PRODUCTS
})

export const startCreatingSupplier = () => ({
  type: STATE_START_CREATING, dataType: SUPPLIERS
})
```

이 액션 생성자들은 ProductDisplay와 SupplierDisplay 컴포넌트가 정의했던 메서드들에 대응하며, 사용자가 객체를 편집, 취소, 생성할 수 있게 한다.

리듀서 정의

액션에 대한 응답으로 데이터 스토어를 갱신하기 위해 리듀서가 필요하다. 기존 리듀서에 코드를 추가하기보다는 상태 데이터를 다루는 별도의 함수로 정의하는 편이 낫다. 그럼 store 폴더에 stateReducer.js라는 파일을 만들어 리스트 19-15와 같은 코드를 작성하자.

리스트 19-15 src/store/stateReducer.js

```
import { STATE_START_EDITING, STATE_END_EDITING, STATE_START_CREATING }
  from "./stateActions";
import { initialData } from "./initialData";

export default function(storeData, action) {
  switch(action.type) {
    case STATE_START_EDITING:
    case STATE_START_CREATING:
      return {
        ...storeData,
        editing: true,
        selectedId: action.type === STATE_START_EDITING
          ? action.payload.id : -1,
        selectedType: action.dataType
      }
    case STATE_END_EDITING:
      return {
        ...storeData,
        editing: false
      }
    default:
      return storeData || initialData.stateData;
  }
}
```

상태 데이터를 위한 리듀서는 사용자가 편집하거나 생성하는 대상을 추적하는데, 이는 기존의 컴포넌트에서 했던 접근법과 같다. 비록 모델 데이터의 두 타입 모두를 위한 편집기 조정을 위해 하나의 프로퍼티 집합을 사용할 예정이지만 말이다.

스토어에 상태 데이터 기능 통합

리덕스는 데이터 스토어의 각 섹션을 담당하는 리듀서들을 조합해 사용할 수 있게 하는 combineReducers라는 함수를 제공한다. 그럼 index.js 파일을 리스트 19-16과 같이 모델

데이터와 상태 데이터를 위한 리듀서들을 조합하는 combineReducers 함수를 사용하도록
변경하자.

리스트 19-16 src/store/index.js: 데이터 스토어 설정

```
import { createStore, combineReducers } from "redux";
import modelReducer from "./modelReducer";
import stateReducer from "./stateReducer";

export default createStore(combineReducers(
  {
    modelData: modelReducer,
    stateData: stateReducer
  }));

export { saveProduct, saveSupplier, deleteProduct, deleteSupplier }
  from "./modelActionCreators";
```

combineReducers 함수의 인자는 데이터 스토어의 각 섹션의 이름과 각 데이터를 관리하는
리듀서를 프로퍼티로 갖는 하나의 객체다. 여기선 데이터 스토어의 modelData 섹션을 책
임지는 원래의 리듀서, stateData 섹션을 책임지기 위해 리스트 19-15에서 정의했던 리
듀서를 사용했다. 조합된 리듀서는 데이터 스토어를 생성하기 위한 createStore 함수로
전달된다.

> **ⓒ 참고**
>
> 각 리듀서는 데이터 스토어의 서로 분리된 부분을 담당하지만, 새 데이터 스토어 객체가 리턴될 때
> 까지 각 리듀서에게 액션이 전달된다. 즉, 새 데이터 스토어 객체가 리턴된다는 것은 모든 액션이 처
> 리됐음을 의미한다.

데이터 스토어의 구조 변경에 따라 모델 데이터를 위한 리듀서가 리턴하는 초기 상태도
변경해야 한다. 그럼 modelReducer.js를 리스트 19-17과 같이 변경하자.

```js
import { STORE, UPDATE, DELETE } from "./modelActionTypes";
import { initialData } from "./initialData";

export default function(storeData, action) {
  switch (action.type) {
    case STORE:
      return {
        ...storeData,
        [action.dataType]:
          storeData[action.dataType].concat([action.payload])
      }
    case UPDATE:
      return {
        ...storeData,
        [action.dataType]: storeData[action.dataType].map(p =>
          p.id === action.payload.id ? action.payload : p)
      }
    case DELETE:
      return {
        ...storeData,
        [action.dataType]: storeData[action.dataType]
          .filter(p => p.id !== action.payload)
      }
    default:
      return storeData || initialData.modelData;
  }
}
```

combineReducers 함수가 사용되는 경우 각 리듀서는 자신이 담당하는 스토어 데이터만 제
공받으며, 나머지 데이터와 다른 리듀서에 대해선 알지 못한다. 이는 오직 초기 데이터
변경 작업만 필요할 뿐, 액션을 적용하기 위해 새 데이터 구조 전체를 검토할 필요가 없
다는 뜻이다.

컴포넌트와 상태 데이터 연결

데이터 스토어에 상태 데이터가 저장됐으므로 이제 컴포넌트와 연결할 차례다. 각 컴포
넌트를 수정하기보다는 별도의 커넥터 컴포넌트를 정의해 데이터 스토어의 기능과 컴포

넌트 props를 매핑하게 할 것이다. 그럼 store 폴더에 EditorConnector.js라는 파일을 만들어 리스트 19-18과 같은 코드를 작성하자.

┤ 프리젠터 패턴과 커넥터 패턴 ├

데이터 스토어를 사용할 때의 일반적인 접근법은 두 개의 컴포넌트 유형을 사용하는 것이다. 프리젠터^{presenter} 컴포넌트는 콘텐츠를 렌더링하고 사용자의 입력에 응답하는 책임을 진다. 프리젠터는 데이터 스토어에 직접 연결되지 않은 데이터와 함수 props를 받는다. 커넥터^{connector} 컴포넌트는 혼란스럽겠지만 바로 **컨테이너 컴포넌트**^{container component}를 말하며, 데이터 스토어에 연결하고 프리젠터 컴포넌트에 props를 제공한다. 19장에선 일반적인 접근법을 택했으나, 리액트와 리덕스 세계의 많은 부분이 그러하듯 구현 방법은 다양할 수 있으며 가장 좋은 접근법에 대한 의견도 분분하다.

리스트 19-18 src/store/EditorConnector.js

```javascript
import { connect } from "react-redux";
import { endEditing } from "./stateActions";
import { saveProduct, saveSupplier } from "./modelActionCreators";
import { PRODUCTS, SUPPLIERS } from "./dataTypes";

export const EditorConnector = (dataType, presentationComponent) => {

  const mapStateToProps = (storeData) => ({
    editing: storeData.stateData.editing
      && storeData.stateData.selectedType === dataType,
    product: (storeData.modelData[PRODUCTS]
      .find(p => p.id === storeData.stateData.selectedId)) || {},
    supplier:(storeData.modelData[SUPPLIERS]
      .find(s => s.id === storeData.stateData.selectedId)) || {}
  })

  const mapDispatchToProps = {
    cancelCallback: endEditing,
    saveCallback: dataType === PRODUCTS ? saveProduct : saveSupplier
  }

  return connect(mapStateToProps, mapDispatchToProps)(presentationComponent);
}
```

EditorConnector는 ProductEditor와 SupplierEditor 컴포넌트에 필요한 프리젠터 컴포넌트를 props와 함께 제공하는 HOC다. 이는 이들 컴포넌트 각자가 connect 함수를 사용할 필요 없이, 동일한 코드를 사용해 데이터 스토어에 연결할 수 있다는 뜻이다. 두 종류 모두를 지원하기 위해 HOC 함수는 데이터를 선택할 때 사용되는 데이터 타입과 props에 매핑될 액션 생성자를 받는다.

> **💢 팁**
>
> combineReducers 함수에 의한 데이터 스토어의 분할은 데이터 선택에 아무런 영향을 주지 못한다. 따라서 전체 스토어로부터 데이터를 선택하는 일이 가능하다.

이제 테이블 컴포넌트를 보여주는 컴포넌트에도 동일한 기능을 제공하기 위해 store 폴더에 TableConnector.js라는 파일을 만들어 리스트 19-19와 같은 HOC를 정의하자.

리스트 19-19 src/store/TableConnector.js

```
import { connect } from "react-redux";
import { startEditingProduct, startEditingSupplier } from "./stateActions";
import { deleteProduct, deleteSupplier } from "./modelActionCreators";
import { PRODUCTS, SUPPLIERS } from "./dataTypes";

export const TableConnector = (dataType, presentationComponent) => {

  const mapStateToProps = (storeData) => ({
    products: storeData.modelData[PRODUCTS],
    suppliers: storeData.modelData[SUPPLIERS]
  })

  const mapDispatchToProps = {
    editCallback: dataType === PRODUCTS
      ? startEditingProduct : startEditingSupplier,
    deleteCallback: dataType === PRODUCTS ? deleteProduct : deleteSupplier
  }

  return connect(mapStateToProps, mapDispatchToProps)(presentationComponent);
}
```

커텍터 컴포넌트 적용

커넥터 컴포넌트가 있으면 ProductDisplay와 SupplierDisplay 컴포넌트에서 상태 데이터와 메서드를 제거할 수 있다. 리스트 19–20은 간략화된 ProductDisplay 컴포넌트다.

리스트 19–20 src/ProductDisplay.js: 커넥터 컴포넌트 사용

```
import React, { Component } from "react";
import { ProductTable } from "./ProductTable"
import { ProductEditor } from "./ProductEditor";
import { connect } from "react-redux";
//import { saveProduct, deleteProduct } from "./store"
import { EditorConnector } from "./store/EditorConnector";
import { PRODUCTS } from "./store/dataTypes";
import { TableConnector } from "./store/TableConnector";
import { startCreatingProduct } from "./store/stateActions";

const ConnectedEditor = EditorConnector(PRODUCTS, ProductEditor);
const ConnectedTable = TableConnector(PRODUCTS, ProductTable);

const mapStateToProps = (storeData) => ({
  editing: storeData.stateData.editing,
  selected: storeData.modelData.products
    .find(item => item.id === storeData.stateData.selectedId) || {}
})

const mapDispatchToProps = {
  createProduct: startCreatingProduct,
}

const connectFunction = connect(mapStateToProps, mapDispatchToProps);

export const ProductDisplay = connectFunction(
  class extends Component {

    // constructor(props) {
    //   super(props);
    //   this.state = {
    //     showEditor: false,
    //     selectedProduct: null
    //   }
```

```
//   }

// startEditing = (product) => {
//    this.setState({ showEditor: true, selectedProduct: product })
// }

// createProduct = () => {
//    this.setState({ showEditor: true, selectedProduct: {} })
// }

// cancelEditing = () => {
//    this.setState({ showEditor: false, selectedProduct: null })
// }

// saveProduct = (product) => {
//    this.props.saveCallback(product);
//    this.setState({ showEditor: false, selectedProduct: null })
// }

render() {
  if (this.props.editing) {
    return <ConnectedEditor key={ this.props.selected.id || -1 } />
    // return <ProductEditor
    //          key={ this.state.selectedProduct.id || -1 }
    //          product={ this.state.selectedProduct }
    //          saveCallback={ this.saveProduct }
    //          cancelCallback={ this.cancelEditing } />
  } else {
    return <div className="m-2">
             <ConnectedTable />
             {/* <ProductTable products={ this.props.products }
                 editCallback={ this.startEditing }
                 deleteCallback={ this.props.deleteCallback } /> */}
             <div className="text-center">
               <button className="btn btn-primary m-1"
                 onClick={ this.props.createProduct }>
                 Create Product
               </button>
             </div>
           </div>
  }
```

```
        }
    }
)
```

주석 처리된 라인의 수만 봐도 기존의 `ProductDisplay` 컴포넌트가 자식에게 데이터와 함수 prop을 제공하는 일에 얼마나 열심이었는지 알 수 있다. 그 모든 것은 이제 데이터 스토어와 커넥터 컴포넌트가 담당하게 됐다. 더 이상 상태 데이터를 관리할 필요가 없으므로, `render` 메서드를 제외한 모든 메서드를 제거했다. 그러나 데이터 스토어로의 연결은 여전히 필요한데, 어느 자식 컴포넌트를 보여줄지 알아야 하며 편집기 컴포넌트를 위한 키를 생성해야 하기 때문이다.

리스트 19-21은 간략화된 `SupplierDisplay` 컴포넌트다. 이번엔 필요 없는 코드에 주석 처리를 하는 대신, 아예 삭제했다.

리스트 19-21 src/SupplierDisplay.js: 커넥터 컴포넌트 사용

```
import React, { Component } from "react";
import { SupplierEditor } from "./SupplierEditor";
import { SupplierTable } from "./SupplierTable";
import { connect } from "react-redux";
import { startCreatingSupplier } from "./store/stateActions";
import { SUPPLIERS } from "./store/dataTypes";
import { EditorConnector } from "./store/EditorConnector";
import { TableConnector } from "./store/TableConnector";

const ConnectedEditor = EditorConnector(SUPPLIERS, SupplierEditor);
const ConnectedTable = TableConnector(SUPPLIERS, SupplierTable);

const mapStateToProps = (storeData) => ({
  editing: storeData.stateData.editing,
  selected: storeData.modelData.suppliers
    .find(item => item.id === storeData.stateData.selectedId) || {}
})

const mapDispatchToProps = {
  createSupplier: startCreatingSupplier
}
```

```
const connectFunction = connect(mapStateToProps, mapDispatchToProps);

export const SupplierDisplay = connectFunction(
  class extends Component {

    render() {
      if (this.props.editing) {
        return <ConnectedEditor key={ this.props.selected.id || -1 } />
      } else {
        return <div className="m-2">
                 <ConnectedTable />
                 <div className="text-center">
                   <button className="btn btn-primary m-1"
                     onClick={ this.props.createSupplier }>
                     Create Supplier
                   </button>
                 </div>
               </div>
      }
    }
  }
)
```

| 컴포넌트의 과도한 단순화 |

데이터 스토어를 컴포넌트 계층도 안에 넣으면서 상품과 공급업체를 위한 컴포넌트들 사이의 차이가 줄고 집중화됐다. 이 시점에서 두 데이터 타입을 모두 다루며 데이터 스토어와 함께 작동하는 하나의 컴포넌트를 만들어 ProductDisplay와 SupplierDisplay 컴포넌트를 대체할 수도 있다. 그러나 실전에선 통합을 사용한 애플리케이션의 간결화가 더 이상 일어나지 않으며 오히려 복잡성이 드러나기 시작하는 시점이 올 수 있다. 데이터 스토어에 대한 작업 경험을 바탕으로 자신이 편하게 여길 수 있는 데이터 스토어의 의존 수준과 컴포넌트의 코드 중복 정도를 찾기 바란다. 리액트와 리덕스의 다른 개발 작업과 마찬가지로 이 역시 개인의 선호가 있는 부분이며, 가장 적합한 접근법을 찾기 전까지 시험해볼 가치가 있다.

복수의 액션 디스패치

예제 애플리케이션이 데이터 스토어를 사용하는 방식에 있어서 문제점이 하나 존재한다. 객체를 새로 생성하거나 기존 객체를 편집할 때, Save 버튼을 클릭하면 데이터 스토어는 갱신되지만 사용자가 보고 있는 컴포넌트는 바뀌지 않는다는 점이다. 그다음에 반드시 Cancel 버튼을 클릭해야 갱신된 데이터를 볼 수 있다. 그림 19-4와 같이 말이다.

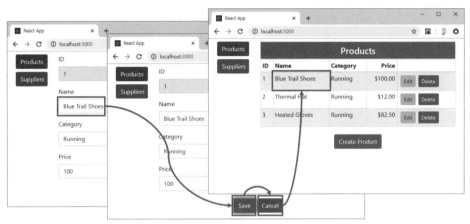

▲ 그림 19-4 상품 편집

문제는 액션 생성자와 props를 매핑하는 connect 함수가 기본적으로 하나의 액션 생성자만 허용한다는 점이다. 그러나 이 예제의 문제를 해결하려면 두 개의 액션 생성자가 동작해야 한다. 하나는 모델 데이터를 갱신하기 위한 saveProduct나 saveSupplier이며, 또 하나는 편집이 완료돼 사용자에게 테이블을 보여줘야 함을 알리는 endEditing이다.

그렇다고 두 작업을 모두 수행하는 새로운 하나의 액션 생성자를 정의할 수도 없다. 각 액션은 각 하나의 리듀서가 처리하며, 각 리듀서는 스토어 안에 분리돼 있는 부분을 각자 담당하기 때문이다. 이는 하나의 액션이 모델 데이터나 상태 데이터의 변경을 이끌 수 있으나, 둘 모두를 그렇게 할 수는 없다는 뜻이다.

다행히 connect 함수는 props를 액션 생성자에 매핑하는 또 다른 유연한 방법을 제공한다. connect 함수의 mapDispatchToProps 인자가 객체일 경우, connect 함수는 각 액션 생성자를 dispatch 메서드로 래핑한다. dispatch 메서드는 액션 생성자가 리턴한 액션을 리듀서로 전달하는 역할을 한다. 예컨대, 액션 생성자를 매핑하는 다음과 같은 객체가 있다.

```
...
const mapDispatchToProps = {
  createSupplier: startCreatingSupplier
}
...
```

이 객체를 다음과 같이 변형할 수 있다.

```
...
const mapDispatchToProps = {
  createSupplier: payload => dispatch(startCreatingSupplier(payload))
}
...
```

액션 생성자가 호출돼 얻어진 객체는 dispatch 함수로 전달돼 리듀서에 의해 처리된다. 그럼 객체 하나를 정의해 connect 함수가 각 액션 생성자를 래핑하게 하는 대신, dispatch를 인자로 받는 함수를 정의하고 액션 생성과 디스패치(액션의 전달)를 명시적으로 처리하는 props를 만들자. 리스트 19-22와 같이 말이다.

리스트 19-22 src/EditorConnector.js: 액션 디스패치

```
import { connect } from "react-redux";
import { endEditing } from "./stateActions";
import { saveProduct, saveSupplier } from "./modelActionCreators";
import { PRODUCTS, SUPPLIERS } from "./dataTypes";

export const EditorConnector = (dataType, presentationComponent) => {

  const mapStateToProps = (storeData) => ({
    editing: storeData.stateData.editing
      && storeData.stateData.selectedType === dataType,
    product: (storeData.modelData[PRODUCTS]
      .find(p => p.id === storeData.stateData.selectedId)) || {},
    supplier:(storeData.modelData[SUPPLIERS]
```

```
        .find(s => s.id === storeData.stateData.selectedId)) || {}
    })

    const mapDispatchToProps = dispatch => ({
        cancelCallback: () => dispatch(endEditing()),
        saveCallback: (data) => {
            dispatch((dataType === PRODUCTS ? saveProduct: saveSupplier)(data));
            dispatch(endEditing());
        }
    });

    return connect(mapStateToProps, mapDispatchToProps)(presentationComponent);
}
```

액션을 디스패치하는 함수엔 매핑된 각각의 prop을 위한 값이 필요하며, 단순히 액션 생성자를 호출하거나 saveCallback prop처럼 복수의 액션을 생성하고 디스패치하도록 구현할 수 있다. 결과적으로 이 코드는 편집기 컴포넌트가 렌더링하는 Save 버튼이 함수 prop을 호출해 모델 데이터와 상태 데이터를 갱신하는 액션을 디스패치하게 된다. 그림 19-5에서 볼 수 있듯 말이다.

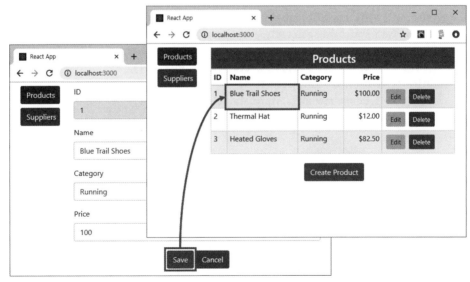

▲ 그림 19-5 복수의 액션 디스패치

참조의 필요성

이미 알고 있듯, 사용자가 선택한 객체를 추적하기 위해선 다음과 같은 ID와 데이터 타입의 조합을 사용했다.

```
...
stateData: {
  editing: false,
  selectedId: -1,
  selectedType: PRODUCTS
}
...
```

테이블 컴포넌트는 편집 과정을 시작하는 액션 생성자에게 위의 객체를 온전히 전달한다. 그렇다면 객체 자체를 저장하지 않고 굳이 ID의 참조만을 유지하는 것이 의문스러울 수 있다. 특히 이 방법은 편집기 컴포넌트를 위한 객체를 얻는 작업이 추가로 필요한데도 말이다.

```
...
const mapStateToProps = (storeData) => ({
  editing: storeData.stateData.editing
    && storeData.stateData.selectedType === dataType,
  product: (storeData.modelData[PRODUCTS]
    .find(p => p.id === storeData.stateData.selectedId)) || {},
  supplier:(storeData.modelData[SUPPLIERS]
    .find(s => s.id === storeData.stateData.selectedId)) || {}
})
...
```

이와 같이 우회적으로 보이는 방법을 사용하는 이유는 데이터 스토어가 애플리케이션의 중요한 데이터의 원천이며, 데이터를 컴포넌트에 연결하는 셀렉터에 의해 변경될 위험을 없애기 위해서다. 이를 시험하기 위해 리스트 19-23과 같이 TableConnector 컴포넌트에서 공급업체 데이터를 위한 셀렉터를 변경하자.

```
import { connect } from "react-redux";
import { startEditingProduct, startEditingSupplier } from "./stateActions";
import { deleteProduct, deleteSupplier } from "./modelActionCreators";
import { PRODUCTS, SUPPLIERS } from "./dataTypes";

export const TableConnector = (dataType, presentationComponent) => {

  const mapStateToProps = (storeData) => ({
    products: storeData.modelData[PRODUCTS],
    suppliers: storeData.modelData[SUPPLIERS].map(supp => ({
      ...supp,
      products: supp.products.map(id =>
        storeData.modelData[PRODUCTS].find(p => p.id === Number(id)) || id)
          .map(val => val.name || val)
    }))
  })

  const mapDispatchToProps = {
    editCallback: dataType === PRODUCTS
      ? startEditingProduct : startEditingSupplier,
    deleteCallback: dataType === PRODUCTS ? deleteProduct : deleteSupplier
  }

  return connect(mapStateToProps, mapDispatchToProps)(presentationComponent);
}
```

이 새로운 셀렉터는 각 공급업체 객체의 products 프로퍼티를 해당 상품의 id가 아닌 이름으로 대체하기 위해 공급업체 데이터와 상품 데이터를 일치시킨다. 그림 19-6과 같은 결과를 확인하자.

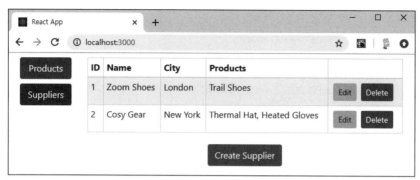

▲ 그림 19-6 셀렉터에서 데이터 교체

셀렉터에서의 데이터 변형은 데이터의 동일한 뷰가 필요할 때마다 일관성을 보장한다. 그러나 이는 컴포넌트가 더 이상 데이터 스토어의 원래 데이터로 작업하지 못한다는 뜻이다. 결과적으로 다른 컴포넌트의 행동을 유발하기 위해 받은 데이터에 의존하는 일은 문제를 일으킬 수 있으며, 그런 이유로 사용자가 편집을 위해 선택한 객체를 추적하기 위해 ID 값을 사용했던 것이다.

정리

19장에선 예제 애플리케이션에서 리덕스 데이터 스토어를 만들고 컴포넌트를 연결했다. 액션, 액션 생성자, 리듀서, 셀렉터를 정의하는 방법과 데이터 스토어의 기능들이 props 로서 컴포넌트에서 사용되는 방법을 알아봤다. 다음 20장에선 리덕스가 API를 통해 제공하는 고급 기능을 설명한다.

20장

데이터 스토어 API

19장에선 리덕스와 리액트 리덕스 패키지를 사용해 데이터 스토어를 만들고 예제 애플리케이션에 연결하는 방법을 알아봤다. 20장에선 두 패키지가 제공하는 API를 사용해 데이터 스토어에 직접 접근하고 컴포넌트와 데이터 사이의 연결을 관리하는 고급 기법을 설명한다. 표 20-1에서 데이터 스토어 API의 이해를 돕는 맥락을 정리했다.

표 20-1 데이터 스토어 API의 맥락 잡기

질문	답변
그게 무엇인가?	리덕스와 리액트 리덕스 패키지는 모두 19장에서 설명했던 기본 기능을 넘어서는 고급 기능을 위한 API를 지원한다.
왜 유용한가?	이들 API는 데이터 스토어의 작동 원리와, 컴포넌트가 데이터 스토어에 연결되는 원리를 탐구하기에 유용하다. 또한 이들 API를 사용해 데이터 스토어에 기능을 추가하고 애플리케이션을 미세 조정할 수 있다.
어떻게 사용하는가?	리덕스 API는 데이터 스토어 객체에 직접 사용한다. 리액트 리덕스 API는 connect 함수를 사용하거나 또는 좀 더 유연한 connectAdvanced 함수를 사용해 컴포넌트를 데이터 스토어에 연결할 때 사용한다.
문제점이나 제약사항이 있는가?	원하는 목적을 달성하려면 API를 사용할 때엔 세심한 주의가 필요하다. 데이터 스토어의 변경에 응답하지 않거나, 너무 자주 갱신되는 애플리케이션을 만들기 십상이기 때문이다.
대체재가 있는가?	이들 API를 반드시 사용할 필요는 없으며, 대부분의 프로젝트에선 19장에서 설명했던 기본 기능만으로 데이터 스토어를 효과적으로 사용할 수 있다.

표 20-2에선 20장의 내용을 요약했다.

표 20-2 20장 요약

과제	해법	리스트 번호
리덕스 데이터 스토어 API의 접근	createStore 메서드가 리턴한 데이터 스토어 객체에 정의된 메서드를 사용한다.	2~4
데이터 스토어의 변경사항 감시	subscribe 메서드를 사용한다.	5
액션 디스패치	dispatch 메서드를 사용한다.	6
커스텀 커넥터 제작	컴포넌트의 props를 데이터 스토어에 매핑한다.	7~8
데이터 스토어에 기능 추가	리듀서 개선자를 만든다.	9~11
리듀서에 전달되기 전의 액션 처리	미들웨어 함수를 만든다.	12~16
데이터 스토어 API 확장하기	개선자 함수를 만든다.	17~19
컴포넌트의 props를 통합해 데이터 스토어에 매핑	connect 함수의 옵션 인자를 사용한다.	20~24

준비 작업

20장에선 18장에서 만들어 19장에서 수정한 productapp 프로젝트를 계속 사용한다. 그럼 명령 프롬프트에서 productapp 폴더로 들어가 개발 도구를 시작하기 위해 리스트 20-1 과 같은 명령을 실행하자.

> **☆ 팁**
>
> 이 책의 모든 예제 파일은 http://www.acornpub.co.kr/book/pro-react16에서 다운로드할 수 있다.

리스트 20-1 개발 도구 실행

```
npm start
```

개발 도구가 실행되면 새 브라우저 창이 열리고 그림 20-1과 같은 콘텐츠가 보일 것이다.

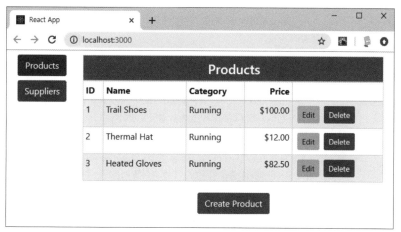

▲ 그림 20-1 실행된 예제 애플리케이션

리덕스 데이터 스토어 API

대부분의 리액트 애플리케이션에 있어 리덕스 데이터 스토어로의 접근은 데이터 스토어 기능을 props에 매핑해주는 리액트 리덕스 패키지가 중재한다. 이는 리덕스를 사용하는 가장 편한 방법이지만, 데이터 스토어의 기능에 직접 접근하게 해주는 완전한 API도 존재한다. 먼저 스토어에 있는 데이터에 접근하는 기능을 시작으로 데이터 스토어 API를 알아보자.

19장에선 리덕스의 createStore 함수를 사용해 새 데이터 스토어를 만들어 리액트 리덕스 패키지의 Provider 컴포넌트에 prop으로 전달했었다. 그런데 createStore 함수가 리턴하는 객체는 표 20-3에서 정리한 4개의 메서드를 통해 직접 사용할 수도 있다.

표 20-3 데이터 스토어 메서드

메서드	설명
getState()	데이터 스토어의 데이터를 리턴한다. '데이터 스토어 상태 취득' 절에서 설명할 것이다.
subscribe(listener)	데이터 스토어에 변경이 일어날 때마다 호출될 함수를 등록한다. '데이터 스토어의 변경 감시' 절에서 설명할 것이다.
dispatch(action)	액션 생성자가 생성시킨 액션을 받아 데이터 스토어에 전달해 리듀서에 의해 처리되게 한다. '액션 디스패치' 절에서 설명할 것이다.
replaceReducer(next)	액션을 처리하기 위해 데이터 스토어가 사용하는 리듀서를 교체한다. 이 메서드는 대부분의 프로젝트에선 그다지 유용하지 않으므로, 데이터 스토어의 동작 변경에 더 유용한 메커니즘을 제공하는 미들웨어를 사용하는 편이 낫다.

데이터 스토어 상태 취득

getState 메서드는 데이터 스토어 안의 데이터를 리턴함으로써 스토어의 콘텐츠를 읽을 수 있게 한다. 이를 사용해보기 위해 store 폴더에 StoreAccess.js라는 파일을 만들어 리스트 20-2와 같은 컴포넌트를 정의하자.

리스트 20-2 src/store/StoreAccess.js

```
import React, { Component } from "react";

export class StoreAccess extends Component {

  render() {
    return <div className="bg-info">
            <pre className="text-white">
              { JSON.stringify(this.props.store.getState(), null, 2) }
            </pre>
          </div>
  }
}
```

컴포넌트는 데이터 스토어 객체를 prop으로 받아 getState 메서드를 호출하며, 메서드는 스토어를 위한 데이터 객체를 리턴한다. 리턴된 데이터를 포맷하기 위해 JSON.stringify

메서드를 사용했는데, 메서드는 자바스크립트를 JSON으로 직렬화한 결과를 포맷함으로써 쉽게 읽힐 수 있게 한다. 그럼 새 컴포넌트가 애플리케이션에서 보일 수 있도록 App.js 파일을 리스트 20-3과 같이 변경하자.

리스트 20-3 src/App.js: 데이터 스토어의 콘텐츠 보여주기

```
import React, { Component } from "react";
import { Provider } from "react-redux";
import dataStore from "./store";
import { Selector } from "./Selector";
import { ProductDisplay } from "./ProductDisplay";
import { SupplierDisplay } from "./SupplierDisplay";
import { StoreAccess } from "./store/StoreAccess";

export default class App extends Component {

  render() {
    return <div className="container-fluid">
            <div className="row">
              <div className="col-3">
                <StoreAccess store={ dataStore } />
              </div>
              <div className="col">
                <Provider store={ dataStore }>
                  <Selector>
                    <ProductDisplay name="Products" />
                    <SupplierDisplay name="Suppliers" />
                  </Selector>
                </Provider>
              </div>
            </div>
          </div>
  }
}
```

스토어에 많은 데이터가 있을 수 있으므로, 그림 20-2와 같이 애플리케이션 안에 별도로 JSON 텍스트가 보이게 했다. 화면에 모든 텍스트가 보이지 않아도 신경 쓸 필요 없다. 곧 특정 데이터 서브셋으로 초점을 좁힐 예정이기 때문이다.

▲ 그림 20-2 데이터 스토어의 콘텐츠

getState 메서드를 통해 얻어진 데이터를 확인하면 modelData와 stateData 프로퍼티를 포함하는 모든 콘텐츠를 볼 수 있을 것이다. 리듀서에 적용된 분할은 getState 메서드가 리턴한 데이터에 아무런 영향을 주지 못하며, 데이터 스토어의 모든 데이터에 접근할 수 있다.

특정 데이터로 초점 좁히기

데이터 스토어 콘텐츠의 추적을 용이하게 하기 위해 getState 메서드가 리턴한 데이터의 서브셋에 초점을 맞춰보자. 그렇게 함으로써 리덕스의 다른 기능을 쉽게 사용해볼 수 있을 것이다. 그럼 첫 번째 상품 객체와 상태 데이터만 보이도록 StoreAccess 컴포넌트를 리스트 20-4와 같이 변경하자.

리스트 20-4 src/store/StoreAccess.js: 특정 데이터 보여주기

```
import React, { Component } from "react";

export class StoreAccess extends Component {

  constructor(props) {
    super(props);
    this.selectors = {
      product: (storeState) => storeState.modelData.products[0],
      state: (storeState) => storeState.stateData
```

```
    }
  }

  render() {
    return <div className="bg-info">
            <pre className="text-white">
              { JSON.stringify(this.selectData(), null, 2) }
            </pre>
          </div>
  }

  selectData() {
    let storeState = this.props.store.getState();
    return Object.entries(this.selectors).map(([k, v]) => [k, v(storeState)])
      .reduce((result, [k, v]) => ({ ...result, [k]: v }), {});
  }
}
```

먼저 selectors 객체를 정의했는데, 프로퍼티는 스토어로부터 데이터를 선택하는 함수를 값으로 갖는다. selectData 메서드는 getState 메서드를 사용해 데이터 스토어로부터 데이터를 가져오며, 각 셀렉터 함수를 호출해 컴포넌트가 렌더링할 데이터를 만든다. entries, map, reduce 메서드를 사용해 객체를 만드는데, 프로퍼티 이름은 selectors prop 이름과 동일하며 각 셀렉터 함수를 호출함으로써 만들어진 값이 포함된다.

변경된 코드는 그림 20-3과 같이 스토어의 특정 데이터 부분을 선택해 보여준다.

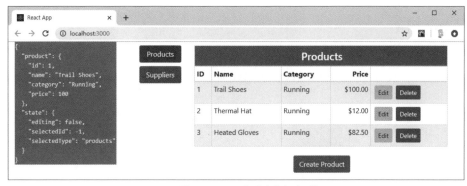

▲ 그림 20-3 스토어 데이터의 서브셋

데이터 스토어의 변경 감시

getState 메서드가 리턴한 객체는 곧 스토어 데이터의 스냅샷이며, 스토어가 변경될 때 자동으로 갱신되지 않는다. 평상시 리액트의 변경 탐지 기능은 스토어에 대해 작동하지 못하는데, 이는 데이터 스토어가 컴포넌트 상태 데이터의 일부가 아니기 때문이다. 결론 적으로 스토어 데이터의 변경은 리액트의 업데이트 단계를 촉발하지 못한다.

리덕스는 데이터 스토어에 변경이 일어났을 때 알림을 받을 수 있게 하는, subscribe라는 구독 메서드를 제공한다. 이를 이용하면 getState 메서드를 다시 호출해 새로운 데이터 스냅샷을 얻을 수 있다. 그럼 subscribe 메서드를 사용해 컴포넌트가 항상 최신의 데이터 를 보여줄 수 있도록 StoreAccess 컴포넌트를 리스트 20-5와 같이 변경하자.

리스트 20-5 src/store/StoreAccess.js: 변경 알림 구독하기

```
import React, { Component } from "react";

export class StoreAccess extends Component {

  constructor(props) {
    super(props);
    this.selectors = {
      product: (storeState) => storeState.modelData.products[0],
      state: (storeState) => storeState.stateData
    }
    this.state = this.selectData();
  }

  render() {
    return <div className="bg-info">
             <pre className="text-white">
               { JSON.stringify(this.state, null, 2) }
             </pre>
           </div>
  }

  selectData() {
    let storeState = this.props.store.getState();
    return Object.entries(this.selectors).map(([k, v]) => [k, v(storeState)])
```

```
      .reduce((result, [k, v]) => ({ ...result, [k]: v }), {});
  }

  handleDataStoreChange() {
    let newData = this.selectData();
    Object.keys(this.selectors)
      .filter(key => this.state[key] !== newData[key])
      .forEach(key => this.setState({ [key]: newData[key]}));
  }

  componentDidMount() {
    this.unsubscriber =
      this.props.store.subscribe(() => this.handleDataStoreChange());
  }

  componentWillUnmount() {
    this.unsubscriber();
  }
}
```

여기선 componentDidMount 메서드 안에서 알림을 구독했다. subscribe 메서드는 구독을 취소할 때 사용할 수 있는 함수를 리턴하며, 이를 componentWillUnmount 메서드 안에서 호출하게 했다.

subscribe 메서드의 인자는 데이터 스토어에 변경이 일어나면 호출될 함수다. 인자가 없는 이 함수는 단지 변경이 일어났으므로 getState 메서드를 사용해 데이터 스토어의 새 콘텐츠를 가져올 수 있다는 신호일 뿐이다.

리덕스 자체가 변경된 데이터의 정보를 제공하지는 않는다. 따라서 어떤 데이터가 변경 됐는지 확인하기 위해 셀렉터 함수로 얻은 데이터를 조사하는 handleStoreChange 메서드를 정의했다. 이 메서드에선 보이는 데이터를 추적하기 위해 상태 데이터를 사용했으며, 갱신을 유발하기 위해 setState 메서드를 사용했다. 컴포넌트가 보여주는 데이터에 변경이 일어났을 때만 상태 변경을 수행하는 것이 중요하다. 그렇지 않으면 데이터 스토어에 변경이 일어날 때마다 매번 갱신 작업이 수행될 테니 말이다.

제대로 작동하는지 보기 위해 Trail Shoes 상품의 **Edit** 버튼을 클릭하고, **Name** 필드의 값을 변경한 다음 **Save** 버튼을 눌러보자. 이 과정을 거치면서 그림 20-4와 같이 **StoreAccess** 컴포넌트가 보여주는 데이터가 데이터 스토어의 변경사항을 반영하는지 확인하기 바란다.

▲ 그림 20-4 데이터 스토어로부터 변경 알림 받기

액션 디스패치

액션은 dispatch 메서드를 사용해 디스패치(전달)할 수 있다. 이는 19장에서 복수의 액션을 디스패치할 때 리액트 리덕스 패키지가 제공하는 dispatch를 사용했었으므로 이미 알고 있는 사항이다.

19장에서 설명했듯 액션은 액션 생성자를 통해 생성된다. 그럼 액션 객체를 얻기 위해 액션 생성자를 사용하는 StoreAccess 컴포넌트에 버튼을 추가하고 dispatch 메서드를 사용해 액션을 데이터 스토어에 전달하도록 리스트 20-6과 같이 변경하자.

```jsx
import React, { Component } from "react";
import { startCreatingProduct } from "./stateActions";

export class StoreAccess extends Component {

  constructor(props) {
    super(props);
    this.selectors = {
      product: (storeState) => storeState.modelData.products[0],
      state: (storeState) => storeState.stateData
    }
    this.state = this.selectData();
  }

  render() {
    return <React.Fragment>
            <div className="text-center">
              <button className="btn btn-primary m-1"
                onClick={ this.dispatchAction }>
                Dispatch Action
              </button>
            </div>
            <div className="bg-info">
              <pre className="text-white">
                { JSON.stringify(this.state, null, 2) }
              </pre>
            </div>
          </React.Fragment>
  }

  dispatchAction = () => {
    this.props.store.dispatch(startCreatingProduct())
  }

  selectData() {
    let storeState = this.props.store.getState();
    return Object.entries(this.selectors).map(([k, v]) => [k, v(storeState)])
      .reduce((result, [k, v]) => ({ ...result, [k]: v}), {});
  }
```

```
handleDataStoreChange() {
  let newData = this.selectData();
  Object.keys(this.selectors)
    .filter(key => this.state[key] !== newData[key])
    .forEach(key => this.setState({ [key]: newData[key]}));
}

componentDidMount() {
  this.unsubscriber =
    this.props.store.subscribe(() => this.handleDataStoreChange());
}

componentWillUnmount() {
  this.unsubscriber();
}
}
```

이 버튼은 클릭 이벤트가 발생하면 dispatchAction 메서드를 호출하며, 이 메서드는 startCreatingProduct라는 액션 생성자를 호출한 결과를 데이터 스토어의 dispatch 메서 드에 전달한다. 결과적으로 버튼을 클릭하면 그림 20-5와 같이 화면에 편집기가 보이게 된다.

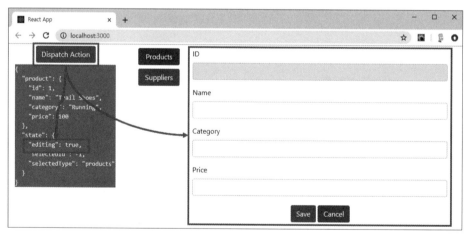

▲ 그림 20-5 액션 디스패치

커넥터 컴포넌트 제작

스토어로부터 현재 데이터를 가져오고, 변경 알림을 받으며, 액션을 디스패치할 수 있는 능력은 기초적인 커넥터 컴포넌트의 기능을 충족시키는데, 이는 리액트 리덕스 패키지와 기본적으로 거의 동등하다. 그럼 리덕스 API를 통해 컴포넌트의 데이터 스토어 연결을 용이하게 하기 위해 store 폴더에 CustomConnector.js라는 파일을 만들어 리스트 20-7 과 같은 코드를 작성하자.

> **🛈 주의**
>
> 실제 프로젝트에선 커스텀 커넥터를 사용하지 않기를 권장한다. 리액트 리덕스 패키지는 철저히 테스트된 추가 기능을 제공하기 때문이다. 여기선 고급 기능을 만드는 방법을 보여주는 좋은 예제로서 리액트의 핵심 기능과 리덕스의 데이터 스토어 API를 조합해보는 것이다.

리스트 20-7 src/store/CustomConnector.js

```
import React, { Component } from "react";

export const CustomConnectorContext = React.createContext();

export class CustomConnectorProvider extends Component {

  render() {
    return <CustomConnectorContext.Provider value={ this.props.dataStore }>
           { this.props.children }
         </CustomConnectorContext.Provider>
  }
}

export class CustomConnector extends React.Component {
  static contextType = CustomConnectorContext;

  constructor(props, context) {
    super(props, context);
    this.state = this.selectData();
    this.functionProps = Object.entries(this.props.dispatchers)
      .map(([k, v]) => [k, (...args) => this.context.dispatch(v(...args))])
```

```
      .reduce((result, [k, v]) => ({...result, [k]: v}), {})
  }

  render() {
    return React.Children.map(this.props.children, c =>
      React.cloneElement(c, { ...this.state, ...this.functionProps }))
  }

  selectData() {
    let storeState = this.context.getState();
    return Object.entries(this.props.selectors).map(([k, v]) =>
      [k, v(storeState)])
      .reduce((result, [k, v]) => ({ ...result, [k]: v}), {});
  }

  handleDataStoreChange() {
    let newData = this.selectData();
    Object.keys(this.props.selectors)
      .filter(key => this.state[key] !== newData[key])
      .forEach(key => this.setState({ [key]: newData[key]}));
  }

  componentDidMount() {
    this.unsubscriber =
      this.context.subscribe(() => this.handleDataStoreChange());
  }

  componentWillUnmount() {
    this.unsubscriber();
  }
}
```

컨텍스트 API를 사용해 CustomConnectorProvider 컴포넌트에서 데이터 스토어를 사용할
수 있게 했으며, 셀렉터와 액션 생성자를 받는 CustomConnector 컴포넌트를 만들었다. 셀
렉터는 컴포넌트의 상태를 설정해 변경사항이 감지되고 처리될 수 있게 하며, 액션 생성
자는 dispatch 메서드에 래핑돼 자식 컴포넌트에서 함수 prop으로 호출될 수 있게 했다.
그럼 이 커스텀 커넥터를 사용하기 위해 App 컴포넌트를 리스트 20-8과 같이 변경하자.

```javascript
import React, { Component } from "react";
import { Provider } from "react-redux";
import dataStore, { deleteProduct } from "./store";
import { Selector } from "./Selector";
import { ProductDisplay } from "./ProductDisplay";
import { SupplierDisplay } from "./SupplierDisplay";
import { StoreAccess } from "./store/StoreAccess";
import { CustomConnector, CustomConnectorProvider } from "./store/CustomConnector";
import { startEditingProduct } from "./store/stateActions";
import { ProductTable } from "./ProductTable";

const selectors = {
  products: (store) => store.modelData.products
}

const dispatchers = {
  editCallback: startEditingProduct,
  deleteCallback: deleteProduct
}

export default class App extends Component {

  render() {
    return <div className="container-fluid">
            <div className="row">
              <div className="col-3">
                <StoreAccess store={ dataStore } />
              </div>
              <div className="col">
                <Provider store={ dataStore }>
                  <Selector>
                    <ProductDisplay name="Products" />
                    <SupplierDisplay name="Suppliers" />
                  </Selector>
                </Provider>
              </div>
            </div>
            <div className="row">
              <div className="col">
                <CustomConnectorProvider dataStore={ dataStore }>
```

```
                <CustomConnector selectors={ selectors }
                    dispatchers={ dispatchers }>
                    <ProductTable/>
                </CustomConnector>
            </CustomConnectorProvider>
        </div>
      </div>
    </div>
  }
}
```

기존의 애플리케이션 콘텐츠를 대체하기보다는 부트스트랩 그리드 레이아우에 로우 하나를 추가했다. 여기에 리스트 20-8에서 정의했던 컴포넌트를 사용해 데이터 스토어에 연결된 ProductTable 컴포넌트가 보이게 했다. 또한 CustomConnectorProvider 컴포넌트의 자식으로 정의한 CustomConnector 컴포넌트는 ProductTable 컴포넌트에 셀렉터와 액션 생성자를 공급한다. 이제 이 애플리케이션은 그림 20-6과 같이 데이터의 변경사항을 반영하는 두 개의 상품 테이블을 보여주게 됐다.

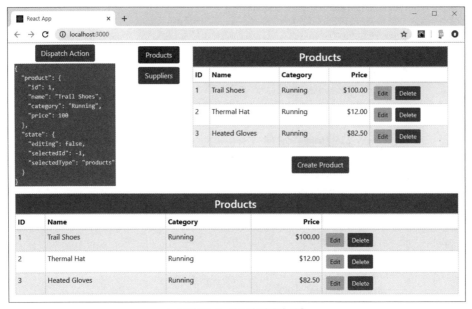

▲ 그림 20-6 커스텀 커넥터 사용

리듀서 개선

19장에서 설명했듯 리듀서는 액션을 처리해 데이터 스토어를 갱신하는 함수다. 그런 하나 이상의 리듀서를 받아 데이터 스토어에 추가 기능을 부여하는 함수를 **리듀서 개선자** reducer enhancer라고 한다.

리덕스는 리듀서 개선자에 대해 특별한 의식을 하지 않는다. 보통의 리듀서와 마찬가지로 결과가 보이며, 동일한 방식으로 createStore 메서드에 전달되기 때문이다. store 폴더에 있는 index.js 파일에서 볼 수 있듯 말이다.

```
...
export default createStore(combineReducers(
  {
    modelData: modelReducer,
    stateData: stateReducer
  }));
...
```

19장에서 모델 데이터와 상태 데이터를 분리하기 위해 사용했던 combineReducers 함수는 사실 리덕스가 제공하는 리듀서 개선자다.

리듀서 개선자는 처리되기 전의 액션을 받기 때문에 유용하다. 이는 리듀서 개선자가 액션을 변경하거나 거부, 또는 특별한 방법으로 처리할 수 있다는 뜻이다. 예컨대 combineReducers 함수는 복수의 리듀서를 사용할 수 있게 액션을 처리한다.

그럼 리듀서 개선자를 사용해보기 위해 store 폴더에 customReducerEnhancer.js라는 파일을 만들어 리스트 20-9와 같은 코드를 작성하자.

리스트 20-9 src/store/customReducerEnhancer.js

```
import { initialData } from "./initialData";

export const STORE_RESET = "store_clear";

export const resetStore = () => ({ type: STORE_RESET });
```

```
export function customReducerEnhancer(originalReducer) {

  let intialState = null;

  return (storeData, action) => {
    if (action.type === STORE_RESET && initialData != null) {
      return intialState;
    } else {
      const result = originalReducer(storeData, action);
      if (intialState == null) {
        intialState = result;
      }
      return result;
    }
  }
}
```

customReducerEnhancer 함수는 하나의 리듀서를 인자로 받으며, 데이터 스토어가 사용할 수 있는 새 리듀서 함수를 리턴한다. 개선자 함수는 리듀서에 전달된 첫 번째 액션을 통해 획득한 데이터 스토어의 초기 상태를 기록한다. 새 액션 타입인 STORE_RESET은 개선자 함수가 데이터 스토어의 초기 상태를 리턴해 데이터 스토어를 초기화하게 한다. 또한 데이터 스토어 초기화를 구현하기 위해 resetStore라는 액션 생성자 함수를 정의했다. 이제 리듀서 개선자를 데이터 스토어에 적용하기 위해 index.js 파일을 리스트 20-10과 같이 변경하자.

리스트 20-10 src/store/index.js: 리듀서 개선자 적용

```
import { createStore, combineReducers } from "redux";
import modelReducer from "./modelReducer";
import stateReducer from "./stateReducer";
import { customReducerEnhancer } from "./customReducerEnhancer";

const enhancedReducer = customReducerEnhancer(
  combineReducers(
    {
      modelData: modelReducer,
      stateData: stateReducer
```

```
      })
    );


export default createStore(enhancedReducer);

export { saveProduct, saveSupplier, deleteProduct, deleteSupplier }
  from "./modelActionCreators";
```

리듀서는 조합해 사용될 수 있다. 여기선 combineReducers 함수가 만든 리듀서를 custom
ReducerEnhancer 함수의 인자로 사용했다. 이제 사용자가 버튼을 클릭하면 resetStore 액
션 생성자를 사용해 액션이 생성되도록 StoreAccess 컴포넌트를 리스트 20-11과 같이
변경하자.

리스트 20-11 src/store/StoreAccess.js: 액션 변경

```
import React, { Component } from "react";
//import { startCreatingProduct } from "./stateActions";
import { resetStore } from "./customReducerEnhancer";

export class StoreAccess extends Component {

  constructor(props) {
    super(props);
    this.selectors = {
      product: (storeState) => storeState.modelData.products[0],
      state: (storeState) => storeState.stateData
    }
    this.state = this.selectData();
  }

  render() {
    return <React.Fragment>
            <div className="text-center">
              <button className="btn btn-primary m-1"
                onClick={ this.dispatchAction }>
                Dispatch Action
              </button>
```

```
        </div>
        <div className="bg-info">
          <pre className="text-white">
            { JSON.stringify(this.state, null, 2) }
          </pre>
        </div>
      </React.Fragment>
  }

  dispatchAction = () => {
    this.props.store.dispatch(resetStore())
  }

  // 편의상 다른 메서드들은 생략함
}
```

Dispatch Action 버튼을 클릭하면 애플리케이션의 상태 데이터와 모델 데이터가 초기화
된다. 그 결과, 그림 20-7에서 볼 수 있듯 이전에 변경했던 내용은 사라진다.

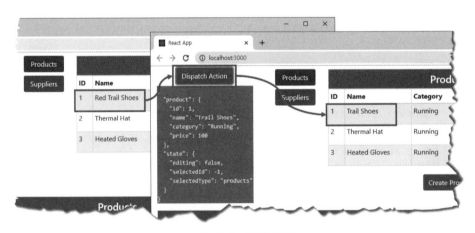

▲ 그림 20-7 데이터 초기화

데이터 스토어 미들웨어

리덕스는 데이터 스토어 **미들웨어**^{middleware}를 지원한다. 미들웨어는 dispatch 메서드와 리듀서의 사이에서 액션을 받음으로써 액션을 가로채 변형하거나 다른 어떤 방식으로 처리하는 함수다. 미들웨어를 사용하는 가장 흔한 경우는 액션에 비동기 작업을 추가하거나, 액션을 함수에 래핑하여 조건적으로 디스패치되게 하는 경우다.

> **⦿ 참고**
>
> 커스텀 코드를 작성하는 대신 반드시 고려해야 할, 일반적인 프로젝트의 요구사항을 충족시키는 여러 미들웨어 패키지들이 있다. redux-promise 패키지(https://github.com/redux-utilities/redux-promise)는 비동기 작업을 지원하며, Redux Thunk 패키지(https://github.com/reduxjs/redux-thunk)는 함수를 리턴하는 액션 생성자를 지원한다. 다만 이들 중 이 책의 예제에 사용하기 적합한 패키지는 없었다.

그럼 미들웨어를 사용해보기 위해 store 폴더에 multiActionMiddleware.js라는 파일을 만들어 리스트 20-12와 같은 코드를 작성하자.

리스트 20-12 src/store/multiActionMiddleware.js

```
export function multiActions({dispatch, getState}) {
  return function receiveNext(next) {
    return function processAction(action) {
      if (Array.isArray(action)) {
        action.forEach(a => next(a));
      } else {
        next(action);
      }
    }
  }
}
```

미들웨어는 다른 함수를 리턴하는 함수들의 집합으로 표현된다. 리스트 20-12에선 이해를 돕기 위해 function 키워드를 사용했다. 가장 바깥의 multiActions 함수는 미들웨어가 데이터 스토어에 등록될 때 호출되며, 다음과 같이 데이터 스토어의 dispatch와 getState 메서드를 받는다.

```
...
export function multiActions({dispatch, getState}) {
...
```

이는 미들웨어가 액션을 디스패치할 수 있고 데이터 스토어의 현재 데이터를 가져올 수 있게 한다. 데이터 스토어는 여러 미들웨어 컴포넌트를 사용할 수 있다. 액션은 하나의 미들웨어에서 다른 미들웨어로 전달될 수 있고 최종적으로 데이터 스토어의 dispatch 메서드로 전달될 수 있다. multiActions 함수의 역할은 미들웨어의 사슬이 조립되면 호출되는, 다음 미들웨어 컴포넌트를 제공하는 함수를 리턴하는 일이다.

```
...
export function multiActions({dispatch, getState}) {
  return function receiveNext(next) {
...
```

미들웨어 컴포넌트는 보통은 액션을 처리하고, next 함수를 호출해 액션을 다음 컴포넌트에 전달하는 일을 한다.

receiveNext 함수는 액션이 데이터 스토어에 디스패치되면 호출되는, 가장 안쪽의 함수인 processAction을 리턴한다.

```
...
export function multiActions({dispatch, getState}) {
  return function receiveNext(next) {
    return function processAction(action) {
...
```

이 함수는 다음 미들웨어 컴포넌트로 전달되기 전의 액션 객체를 변경하거나 교체할 수 있다. 또한 바깥 함수로부터 받은 dispatch 메서드를 호출함으로써 미들웨어 사슬을 단축하거나, 아무 일도 하지 않을 수 있다(이 경우 액션은 데이터 스토어에 의해 처리되지 않는다).

리스트 20-12에서 정의한 미들웨어 컴포넌트는 액션이 배열인지 확인하고, 만약 그렇다면 배열 안의 각 객체를 다음 미들웨어에 전달한다.

리스트 20-12와 같이 함수를 중첩해 정의하면 미들웨어 컴포넌트가 정의되는 원리를 이해하기는 쉽다. 그러나 관례적으로는 리스트 20-13과 같이 화살표 함수를 사용한다.

리스트 20-13 src/store/multiActionMiddleware.js: 화살표 함수 사용

```
export const multiActions = ({dispatch, getState}) => next => action => {
  if (Array.isArray(action)) {
    action.forEach(a => next(a));
  } else {
    next(action);
  }
}
```

이는 리스트 20-12와 기능적으로 동일하지만 좀 더 간결하게 표현됐다. 리덕스는 데이터 스토어와 함께 사용하는 미들웨어 사슬을 생성할 때 사용할 수 있는 applyMiddleware라는 함수를 제공한다. 그럼 리스트 20-14와 같이 applyMiddleware 함수를 사용해 애플리케이션에 새 미들웨어 컴포넌트를 추가하자.

리스트 20-14 src/store/index.js: 미들웨어 등록

```
import { createStore, combineReducers, applyMiddleware } from "redux";
import modelReducer from "./modelReducer";
import stateReducer from "./stateReducer";
import { customReducerEnhancer } from "./customReducerEnhancer";
import { multiActions } from "./multiActionMiddleware";

const enhancedReducer = customReducerEnhancer(
  combineReducers(
    {
      modelData: modelReducer,
      stateData: stateReducer
    })
);

export default createStore(enhancedReducer, applyMiddleware(multiActions));
```

```
export { saveProduct, saveSupplier, deleteProduct, deleteSupplier }
  from "./modelActionCreators";
```

리덕스의 `applyMiddleware` 함수는 미들웨어 함수를 인자로 받으며, 결과는 `createStore` 함수의 인자로서 전달된다.

> **💥 팁**
>
> applyMiddleware 함수엔 복수의 미들웨어 함수를 각 인자로 전달할 수 있으며, 함수들은 전달된 순서대로 사슬을 이루게 된다.

데이터 스토어가 액션의 배열을 처리할 수 있으므로, 이제 좀 더 복잡한 결과를 만들며 커넥터 컴포넌트를 간결히 표현할 수 있는 액션 생성자를 정의할 수 있게 됐다. 그럼 store 폴더에 multiActionCreators.js라는 파일을 만들어 리스트 20-15와 같이 액션 생성자를 정의하자.

리스트 20-15 src/store/multiActionCreators.js

```
import { PRODUCTS } from "./dataTypes";
import { saveProduct, saveSupplier } from "./modelActionCreators";
import { endEditing } from "./stateActions";

export const saveAndEndEditing = (data, dataType) =>
  [dataType === PRODUCTS ? saveProduct(data) : saveSupplier(data), endEditing()];
```

이와 같은 액션 생성자를 반드시 별도의 파일에 작성해야 하는 것은 아니다. 지금 이 생성자는 모델 데이터와 상태 데이터에 영향을 주는 액션들을 함께 다루므로 별도 파일로 분리했다. `saveAndEndEditing` 액션은 데이터 객체와 데이터 타입을 받아 이를 사용해 액션의 배열을 만든다. 액션의 배열은 미들웨어에 전달돼 순서대로 디스패치될 것이다. 이제 `EditorConnector` 컴포넌트가 `dispatch` 메서드를 사용해 복수의 이벤트를 전달할 수 있도록 리스트 20-16과 같이 변경하자.

리스트 20-16 src/store/EditorConnector.js: 복수의 액션 디스패치

```javascript
import { connect } from "react-redux";
import { endEditing } from "./stateActions";
//import { saveProduct, saveSupplier } from "./modelActionCreators";
import { PRODUCTS, SUPPLIERS } from "./dataTypes";
import { saveAndEndEditing } from "./multiActionCreators";

export const EditorConnector = (dataType, presentationComponent) => {

  const mapStateToProps = (storeData) => ({
    editing: storeData.stateData.editing
      && storeData.stateData.selectedType === dataType,
    product: (storeData.modelData[PRODUCTS]
      .find(p => p.id === storeData.stateData.selectedId)) || {},
    supplier:(storeData.modelData[SUPPLIERS]
      .find(s => s.id === storeData.stateData.selectedId)) || {}
  })

  const mapDispatchToProps = {
    cancelCallback: endEditing,
    saveCallback: (data) => saveAndEndEditing(data, dataType)
  }

  return connect(mapStateToProps, mapDispatchToProps)(presentationComponent);
}
```

애플리케이션의 작동에는 변한 점이 없으나, 코드는 더욱 간결하고 이해하기 쉬워졌다.

데이터 스토어 개선

대부분의 프로젝트에선 데이터 스토어의 작동을 수정할 필요가 없을 것이며, 만약 그렇다 하더라도 지금까지 설명한 미들웨어의 기능만으로 충분할 것이다. 그러나 미들웨어가더 충분한 유연성을 제공하지 않는다고 판단된다면, 선택할 수 있는 또 다른 방법이 있다. 바로 **개선자 함수**enhancer function인데, 이는 데이터 스토어 객체를 생성하는 책임을 지며 표준 메서드의 래퍼나 새 메서드를 제공하는 함수다.

앞서 사용했던 applyMiddleware 함수가 바로 개선자 함수의 예다. 이 함수는 데이터 스토어의 dispatch 메서드를 대체해, 리듀서로 전달되기 전에 액션을 미들웨어 사슬에 유통시킨다.

개선자 함수를 사용해보기 위해 액션을 비동기식으로 디스패치하는 새 메서드를 데이터 스토어에 추가하자. 먼저 store 폴더에 asyncEnhancer.js라는 파일을 만들어 리스트 20-17과 같은 코드를 작성한다.

리스트 20-17 src/store/asyncEnhancer.js

```
export function asyncEnhancer(delay) {
  return function(createStoreFunction) {
    return function(...args) {
      const store = createStoreFunction(...args);
      return {
        ...store,
        dispatchAsync: (action) => new Promise((resolve, reject) => {
          setTimeout(() => {
            store.dispatch(action);
            resolve();
          }, delay);
        })
      };
    }
  }
}
```

개선자 함수는 비동기식으로 액션을 디스패치하며, 액션이 디스패치된 다음에 생기는 Promise를 리턴한다. 현재는 예제 애플리케이션에서 필요한 비동기식 작업이 없다. 따라서 마치 백그라운드 작업이 있는 것처럼 액션이 디스패치되기 전에 지연 시간을 넣었다.

이는 중첩된 함수 집합을 필요로 하는 또 다른 리덕스의 특징이다. 여기선 각 함수의 설명을 쉽게 하기 위해 function 키워드를 사용했다. 바깥에서 두 번째 함수는 개선자가 데이터 스토어에 적용될 때 호출되며, 개선자의 동작을 설정할 인자를 받을 기회를 제공한다. 가장 바깥의 함수는 액션이 디스패치되기 전까지 지연될 시간의 길이를 받는다.

```
...
export function asyncEnhancer(delay) {
...
```

복잡하게 들릴지 모르겠지만, asyncEnhancer 함수는 createStore 함수를 받는 하나의 함수를 리턴한다. 이 문장에 **함수**function라는 단어가 너무 많지만, 직관적인 이해와 분석에는 도움이 될 것이다.

개선자에 완전한 제어권을 주기 위해 리덕스는 createStore 함수를 커스텀 함수로 대체하는 일을 허락한다. 그러나 대부분의 리듀서는 단지 표준 데이터 스토어에 기능을 추가하는 정도만 필요하므로, 리덕스는 여전히 createStore 함수를 제공한다.

```
...
export function asyncEnhancer(delay) {
  return function(createStoreFunction) {
...
```

개선자가 적용되면 이 함수가 호출되며 결과는 표준 createStore 함수를 대체할 것이다. 이는 모든 일이 이뤄지는 곳인 가장 안쪽의 함수로 우리를 안내한다.

```
...
return function(...args) {
  const store = createStoreFunction(...args);
  return {
    ...store,
    dispatchAsync: (action) => new Promise((resolve, reject) => {

      // 편의상 다른 구문들은 생략함

    })
  };
}
...
```

데이터 스토어가 생성되면 리덕스는 개선자가 제공한 함수를 호출하며 그 결과를 데이터 스토어 객체로 사용한다. 따라서 모든 추가 기능이 애플리케이션의 나머지 부분에서 사용될 수 있음이 보장된다. 이 예제에서 개선자는 표준 createStore 함수를 사용하며 그 결과에 dispatchAsync 메서드를 추가한다. 이 메서드는 액션을 받고, 지연 시간 후에 그 액션을 디스패치한다. function 키워드를 사용함으로써 중첩된 함수들 사이의 관계를 이해하기 쉬웠지만, 리스트 20-18과 같이 보통은 개선자를 화살표 함수를 사용해 표현한다. 기능은 동일하지만 코드가 좀 더 간결해지기 때문이다.

리스트 20-18 src/store/asyncEnhancer.js: 화살표 함수 사용

```
export const asyncEnhancer = delay => createStoreFunction => (...args) => {
  const store = createStoreFunction(...args);
  return {
    ...store,
    dispatchAsync: (action) => new Promise((resolve, reject) => {
      setTimeout(() => {
        store.dispatch(action);
        resolve();
      }, delay);
    })
  };
}
```

개선자 적용

표준 createStore 함수는 오직 하나의 개선자 함수만 받을 수 있는데, 우리는 이미 applyMiddleware 개선자를 사용하고 있다. 다행히 리듀서 함수는 조합이 가능하므로, 하나의 개선자의 결과를 다른 리듀서로 전달할 수 있다. 리덕스는 함수의 조합을 쉽게 처리해주는 compose라는 함수를 제공한다. 이제 리스트 20-19와 같이 compose 함수를 사용해 새 개선자를 데이터 스토어에 추가하자.

리스트 20-19 src/store/index.js: 개선자 추가

```
import { createStore, combineReducers, applyMiddleware, compose } from "redux";
import modelReducer from "./modelReducer";
import stateReducer from "./stateReducer";
import { customReducerEnhancer } from "./customReducerEnhancer";
import { multiActions } from "./multiActionMiddleware";
```

```
import { asyncEnhancer } from "./asyncEnhancer";

const enhancedReducer = customReducerEnhancer(
  combineReducers(
    {
      modelData: modelReducer,
      stateData: stateReducer
    })
);

export default createStore(enhancedReducer,
  compose(applyMiddleware(multiActions), asyncEnhancer(2000)));

export { saveProduct, saveSupplier, deleteProduct, deleteSupplier }
  from "./modelActionCreators";
```

compose 함수의 결과는 createStore로 전달되며, 미들웨어와 dispatchAsync 메서드가 추가되면서 두 개선자 모두 데이터 스토어에 적용된다. 그럼 리스트 20-20과 같이 StoreAccess 컴포넌트가 액션을 디스패치할 때 개선된 데이터 스토어 메서드를 사용하게 하고, 백그라운드 작업이 완료되기 전까지 button 엘리먼트가 사용되지 못하게 변경하자.

리스트 20-20 src/store/StoreAccess.js: 개선된 데이터 스토어 사용

```
import React, { Component } from "react";
import { resetStore } from "./customReducerEnhancer";

export class StoreAccess extends Component {

  constructor(props) {
    super(props);
    this.selectors = {
      product: (storeState) => storeState.modelData.products[0],
      state: (storeState) => storeState.stateData
    }
    this.state = this.selectData();
    this.buttonRef = React.createRef();
  }

  render() {
```

```
    return <React.Fragment>
      <div className="text-center">
        <button className="btn btn-primary m-1" ref={ this.buttonRef }
          onClick={ this.dispatchAction }>
          Dispatch Action
        </button>
      </div>
      <div className="bg-info">
        <pre className="text-white">
          { JSON.stringify(this.state, null, 2) }
        </pre>
      </div>
    </React.Fragment>
  }

  dispatchAction = () => {
    this.buttonRef.current.disabled = true;
    this.props.store.dispatchAsync(resetStore())
      .then(data => this.buttonRef.current.disabled = false);
  }
  // 편의상 다른 메서드들은 생략함
}
```

이제 버튼을 클릭하면 2초 후에 액션이 디스패치될 것이다. 컴포넌트는 액션이 디스패치
되면 Promise를 받으며, button 엘리먼트가 다시 사용될 수 있는 상태로 바뀔 것이다. 그
림 20-8과 같이 말이다.

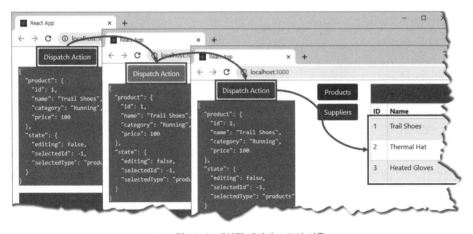

▲ 그림 20-8 개선된 데이터 스토어 사용

리액트 리덕스 API

앞 절에선 리덕스 API를 직접 사용해 컴포넌트를 데이터 스토어에 연결하며 작업했다. 그러나 많은 프로젝트에선 19장에서 설명한 리액트 리덕스 패키지를 사용하는 방법이 더 간단하고 쉽다. 지금부터는 컴포넌트가 데이터 스토어에 연결되는 방법을 설정할 수 있는, 리액트 리덕스 패키지가 제공하는 고급 옵션을 설명한다.

고급 연결 기능

connect 함수는 대개 두 개의 인자를 사용하는데, 하나는 데이터 props를 선택하며 다른 하나는 함수 props를 선택한다. 다음과 같은 TableConnector 컴포넌트의 구문처럼 말이다.

```
...
return connect(mapStateToProps, mapDispatchToProps)(presentationComponent);
...
```

그런데 사실 connect 함수는 고급 기능을 지원하기 위해 추가 인자를 허용하며, 또 다른 방식으로 표현된 인자를 사용할 수 있다. 이 절에선 이미 알고 있는 인자를 위한 옵션을 설명하며, 새로운 인자와 사용법도 소개할 것이다.

데이터 props 매핑

connect 함수의 첫 번째 인자는 컴포넌트의 데이터 props를 위해 스토어로부터 데이터를 선택하는 함수다. 대개 셀렉터는 함수로 정의되는데, 이 함수는 스토어의 getState 메서드로부터 값을 받으며 prop 이름에 해당하는 프로퍼티를 갖는 객체를 리턴한다. 셀렉터 함수는 데이터 스토어에 변경이 있을 때 호출되며, connect 함수가 만든 HOC는 13장에서 설명했던 shouldComponentUpdate 생명주기 메서드를 사용해 커넥트 컴포넌트의 갱신에 변경된 값이 필요한지 여부를 확인한다.

데이터 값의 선택은 유연한 작업이며, 단지 데이터 스토어 프로퍼티를 props에 매핑하는 것만이 전부가 아니다. 예컨대, TableConnector 컴포넌트에선 스토어의 다른 부분에서 가져온 데이터 값을 매핑하기 위해 셀렉터 함수를 사용했다.

```
...
const mapStateToProps = (storeData) => ({
  products: storeData.modelData[PRODUCTS],
  suppliers: storeData.modelData[SUPPLIERS].map(supp => ({
    ...supp,
    products: supp.products.map(id =>
      storeData.modelData[PRODUCTS].find(p => p.id === Number(id)) || id)
        .map(val => val.name || val)
  }))
})
...
```

셀렉터 함수를 커넥터 컴포넌트를 위해 부모가 제공한 props를 받기 위한 두 번째 인자로 사용할 수도 있다. 이는 데이터 선택에 컴포넌트의 props를 사용할 수 있게 하며, 컴포넌트의 props뿐만 아니라 데이터 스토어에 변화가 있을 때 셀렉터 함수가 다시 평가됨을 보장한다. 리스트 20-21은 추가 인자를 사용하도록 변경한 TableConnector 컴포넌트다.

리스트 20-21 src/store/TableConnector.js: 추가 셀렉터 인자 사용

```
import { connect } from "react-redux";
import { startEditingProduct, startEditingSupplier } from "./stateActions";
import { deleteProduct, deleteSupplier } from "./modelActionCreators";
import { PRODUCTS, SUPPLIERS } from "./dataTypes";

export const TableConnector = (dataType, presentationComponent) => {

  const mapStateToProps = (storeData, ownProps) => {
    if (!ownProps.needSuppliers) {
      return { products: storeData.modelData[PRODUCTS] };
    } else {
      return {
        suppliers: storeData.modelData[SUPPLIERS].map(supp => ({
          ...supp,
          products: supp.products.map(id =>
            storeData.modelData[PRODUCTS]
              .find(p => p.id === Number(id)) || id)
              .map(val => val.name || val)
        }))
      }
    }
```

```
      }
    }

    const mapDispatchToProps = {
      editCallback: dataType === PRODUCTS
        ? startEditingProduct : startEditingSupplier,
      deleteCallback: dataType === PRODUCTS ? deleteProduct : deleteSupplier
    }

    return connect(mapStateToProps, mapDispatchToProps)(presentationComponent);
}
```

복수의 컴포넌트에 적용될 커넥터를 제작할 때 한 가지 문제는 너무 많은 데이터가 선택되다는 점이다. 이는 데이터 스토어의 변경이 하나의 컴포넌트만이 사용하는 prop에 영향을 줄 때 불필요한 갱신 작업을 유발한다. TableConnector 컴포넌트는 상품 데이터와 공급업체 데이터 모두를 위한 커넥터다. 그러나 오직 공급업체 데이터만 suppliers prop이 데이터 스토어에 매핑되기를 요구한다. 상품 테이블의 관점에선 이는 suppliers prop의 연산이 낭비일 뿐만 아니라 화면에 보이지 않는 데이터가 변경돼도 갱신 작업이 일어나는 셈이다.

관례적인 이름인 ownProps 인자는 커넥터 컴포넌트의 각 인스턴스가 표준 리액트 prop 기능을 통해 커스터마이징될 수 있게 한다. 리스트 20-21에선 ownProps 인자를 사용해 커넥터 컴포넌트에 적용된 needSuppliers prop의 값을 기준으로 어떤 props가 데이터 스토어에 매핑될지 결정한다. needSuppliers의 값이 true라면 suppliers prop이 데이터 스토어에 매핑되며, 그렇지 않다면 products prop이 매핑된다.

리스트 20-22에선 SupplierDisplay 컴포넌트가 렌더링하는 ConnectedTable 컴포넌트에 needSuppliers prop을 추가함으로써 프레젠테이션 컴포넌트가 필요로 하는 데이터가 매핑되게 했다. 이에 반해 ProductDisplay 컴포넌트가 렌더링하는 ConnectedTable 컴포넌트의 경우 needSuppliers prop이 필요하지 않으며 스토어로부터 공급업체 데이터를 받지 않는다.

```
...
export const SupplierDisplay = connectFunction(
  class extends Component {

    render() {
      if (this.props.editing) {
        return <ConnectedEditor key={ this.props.selected.id || -1 } />
      } else {
        return <div className="m-2">
                 <ConnectedTable needSuppliers={ true } />
                 <div className="text-center">
                   <button className="btn btn-primary m-1"
                     onClick={ this.props.createSupplier }>
                     Create Supplier
                   </button>
                 </div>
               </div>
      }
    }
  }
})
...
```

애플리케이션의 동작에 바뀐 점은 없으나, 내부적으로 ConnectedTable 컴포넌트에 의해
데이터 스토어에 연결된 각 프레젠테이션 컴포넌트는 각기 다른 props를 사용하게 됐다.

> **성급한 최적화의 위험**
>
> 성능 문제가 나타나지 않는 한, 업데이트 작업의 최적화를 너무 걱정하지 말기 바란다. 대
> 부분의 최적화는 프로젝트에 복잡도를 더하며, 최적화하지 않은 코드로 인한 성능의 불이
> 익이 인식할 수 있는 정도가 아니거나 걱정할 문제가 아닐 수도 있다. 존재하지 않을 수도
> 있는 문제를 해결하기 위해 최적화의 수렁에 빠지기보다는, 가능한 한 분명하고 간결한
> 코드를 작성하는 접근법이 더 낫다. 원하지 않는 동작을 하는 부분이 나타나면 그때 최적
> 화를 하면 된다.

함수 props 매핑

19장에서 설명했듯 connect 함수의 두 번째 인자는 함수 props를 매핑하는 객체나 함수다. 객체인 경우엔 객체의 각 프로퍼티 값들이 액션 생성자 함수로 간주돼 자동으로 dispatch 메서드에 래핑되며 함수 prop에 매핑된다. 함수인 경우엔 그 함수는 dispatch 메서드에 전달돼 함수 prop 매핑에 사용된다.

> 💡 **팁**
>
> connect 함수의 두 번째 인자를 생략할 수도 있다. 이 경우 dispatch 메서드가 dispatch라는 이름의 prop에 매핑되며, 컴포넌트가 직접 액션을 만들어 디스패치할 수 있게 한다.

앞 절에서 봤듯, 함수를 지정하는 경우엔 커넥터 컴포넌트의 props를 받을지도 선택할 수 있다. 이는 컴포넌트가 부모로부터 데이터 스토어에 매핑된 함수 props의 집합에 대한 지시를 받을 수 있게 한다. 그럼 리스트 20-23과 같이 mapDispatchToProps 함수에 함수 props를 설정하는 함수를 사용하고 컴포넌트의 props를 받는 두 번째 인자를 정의하자.

리스트 20-23 src/store/TableConnector.js: props 사용

```
import { connect } from "react-redux";
import { startEditingProduct, startEditingSupplier } from "./stateActions";
import { deleteProduct, deleteSupplier } from "./modelActionCreators";
import { PRODUCTS, SUPPLIERS } from "./dataTypes";

export const TableConnector = (dataType, presentationComponent) => {

  const mapStateToProps = (storeData, ownProps) => {
    if (!ownProps.needSuppliers) {
      return { products: storeData.modelData[PRODUCTS] };
    } else {
      return {
        suppliers: storeData.modelData[SUPPLIERS].map(supp => ({
          ...supp,
          products: supp.products.map(id =>
            storeData.modelData[PRODUCTS]
              .find(p => p.id === Number(id)) || id)
```

```
        .map(val => val.name || val)
      }))
    }
  }
}

const mapDispatchToProps = (dispatch, ownProps) => {
  if (!ownProps.needSuppliers) {
    return {
      editCallback: (...args) => dispatch(startEditingProduct(...args)),
      deleteCallback: (...args) => dispatch(deleteProduct(...args))
    }
  } else {
    return {
      editCallback: (...args) => dispatch(startEditingSupplier(...args)),
      deleteCallback: (...args) => dispatch(deleteSupplier(...args))
    }
  }
}

  return connect(mapStateToProps, mapDispatchToProps)(presentationComponent);
}
```

props 병합

connect 함수는 프레젠테이션 컴포넌트에 전달되기 전의 props를 조합하기 위해 사용할 수 있는 세 번째 인자를 받을 수 있다. mergeProps라고 하는 이 인자는 데이터 props, 함수 props, 컴포넌트 props를 받으며, 이들을 조합한 하나의 객체를 리턴한다. 리턴된 객체는 프레젠테이션 컴포넌트를 위한 props로서 사용된다.

기본적으로 props 조합은 부모로부터 받은 props로 시작해 데이터 props와 함수 props가 조합된다. 이는 부모로부터 받은 prop이 같은 이름의 매핑된 데이터 prop으로 대체되며, 매핑된 함수 prop이 같은 이름이라면 두 prop 모두 다시 대체된다는 뜻이다. mergeProps 함수는 이와 같이 이름 충돌이 있을 때 우선순위를 조정할 뿐만 아니라, 부모로부터 props로 받은 값을 사용해 디스패치될 수 있게 액션을 바인딩한다. 리스트

20-24는 mergeProps 인자를 사용해 명시적으로 props를 병합하는 방법을 보여준다.

리스트 20-24 src/store/EditorConnector.js: props 병합

```javascript
import { connect } from "react-redux";
import { endEditing } from "./stateActions";
import { PRODUCTS, SUPPLIERS } from "./dataTypes";
import { saveAndEndEditing } from "./multiActionCreators";

export const EditorConnector = (dataType, presentationComponent) => {

  const mapStateToProps = (storeData) => ({
    editing: storeData.stateData.editing
      && storeData.stateData.selectedType === dataType,
    product: (storeData.modelData[PRODUCTS]
      .find(p => p.id === storeData.stateData.selectedId)) || {},
    supplier:(storeData.modelData[SUPPLIERS]
      .find(s => s.id === storeData.stateData.selectedId)) || {}
  })

  const mapDispatchToProps = {
    cancelCallback: endEditing,
    saveCallback: (data) => saveAndEndEditing(data, dataType)
  }

  const mergeProps = (dataProps, functionProps, ownProps) =>
    ({ ...dataProps, ...functionProps, ...ownProps })

  return connect(mapStateToProps, mapDispatchToProps,
  mergeProps)(presentationComponent);
}
```

여기서 mergeProps 함수는 각 prop 객체로부터의 프로퍼티들을 조합한다. 프로퍼티들은 정해진 순서대로 객체로부터 복사되는데, 이는 ownProps를 마지막에 복사한다는 뜻이며, 또한 동일한 이름의 props가 존재할 때 부모로부터 받은 props가 사용될 것이라는 뜻이다.

연결 옵션 설정

connect 함수의 마지막 인자는 관례적으로 options라는 이름을 갖는, 데이터 스토어의 연결을 설정할 때 사용되는 객체다. options 객체는 표 20-4와 같은 프로퍼티들과 함께 정의될 수 있다.

표 20-4 options 객체의 프로퍼티

프로퍼티	설명
pure	기본적으로 커넥터 컴포넌트는 오직 자신의 props가 변경되거나, 데이터 스토어로부터 선택된 값들 중 하나가 변경될 때 갱신된다. 이는 connect 함수가 만드는 HOC가 prop이나 데이터의 변경이 없다면 컴포넌트가 갱신되지 않게 한다. 이 프로퍼티를 false로 설정하면 커넥터 컴포넌트는 다른 데이터에도 의존하게 되며, HOC는 갱신을 방지하려는 시도를 하지 않는다. 기본값은 true다.
areStatePropsEqual	pure 프로퍼티가 true일 때, 갱신 작업의 최소화를 위해 mapStateToProps 값의 기본 등치 비교를 대체하는 함수다.
areOwnPropsEqual	pure 프로퍼티가 true일 때, 갱신 작업의 최소화를 위해 mapDispatchToProps 값의 기본 등치 비교를 대체하는 함수다.
areMergedPropsEqual	pure 프로퍼티가 true일 때, 갱신 작업의 최소화를 위해 mergeProps 값의 기본 등치 비교를 대체하는 함수다.
areStatesEqual	pure 프로퍼티가 true일 때, 갱신 작업의 최소화를 위해 전체 컴포넌트의 기본 등치 비교를 대체하는 함수다.

정리

20장에선 리덕스와 리액트 리덕스 패키지가 제공하는 API와 그 사용법을 설명했다. 구체적으로 리덕스 API를 사용해 컴포넌트를 데이터 스토어에 직접 연결하는 방법, 데이터 스토어와 리듀서를 개선하는 방법, 미들웨어 컴포넌트를 정의하는 방법을 알아봤다. 또한 컴포넌트의 데이터 스토어 연결을 관리하는 리액트 리덕스 패키지를 사용할 때 고급 옵션을 적용하는 방법도 알아봤다. 21장에선 예제 애플리케이션에 URL 라우팅을 도입한다.

21장

URL 라우팅

지금까지는 사용자에게 보여줄 콘텐츠의 선택을 애플리케이션의 상태 데이터를 통해 제어했다. 어떤 상태 데이터는 상품 데이터와 공급업체 데이터 사이의 선택을 관리하는 Selector 컴포넌트 같은 단일한 컴포넌트에 특정적이다. 리덕스 데이터 스토어 안에 있는 다른 데이터도 있는데, 이는 컴포넌트가 데이터 테이블과 편집기 컴포넌트 중 하나를 결정하거나 컴포넌트 콘텐츠를 채울 데이터를 얻기 위해 사용된다.

21장에선 다른 접근법을 사용해 애플리케이션을 구조화한다. 바로 **URL 라우팅**URL Routing 이라고 하는, 브라우저의 URL을 기반으로 콘텐츠를 선택하는 기술을 적용할 것이다. 구체적으로는 이벤트 핸들러가 리덕스 액션을 디스패치하게 하는 버튼 엘리먼트 대신, 새 URL로 내비게이션하고 사용자가 선택한 콘텐츠를 보여주는 앵커anchor 엘리먼트를 사용할 것이다. 특히 복잡한 애플리케이션에선 URL 라우팅을 사용해 프로젝트 구조화, 기능 확장, 기능 관리를 손쉽게 할 수 있다. 표 21-1에서 URL 라우팅의 맥락을 정리했다.

표 21-1 URL 라우팅의 맥락 잡기

질문	답변
그게 무엇인가?	URL 라우팅은 브라우저의 현재 URL을 사용해 사용자에게 보여줄 콘텐츠를 선택한다.
왜 유용한가?	URL 라우팅은 상태 데이터의 공유 없이 애플리케이션 구성을 가능하게 한다. 상태가 URL 내부로 인코딩되기 때문이다. 또한 애플리케이션의 구조도 변경하기 쉬워진다.
어떻게 사용하는가?	내비게이션 엘리먼트는 새로운 HTTP 요청을 만들 필요 없이 브라우저의 URL을 변경할 수 있게 렌더링된다.
문제점이나 제약사항이 있는가?	사용자가 내비게이션하는 모든 URL이 올바르게 처리되고 적합한 콘텐츠를 보여주도록 철저한 테스트가 필요하다.
대체재가 있는가?	URL 라우팅은 선택사항일 뿐이며, 이전에 공부했듯 애플리케이션과 그 데이터를 구성하는 다른 방법들이 있다.

표 21-2에선 21장의 내용을 요약했다.

표 21-2 21장 요약

과제	해법	리스트 번호
내비게이션 엘리먼트의 생성	Link 컴포넌트를 사용한다.	4, 13
내비게이션에 대한 응답	Route 컴포넌트를 사용한나.	5, 6
특정 URL의 매칭	Route 컴포넌트의 exact prop을 사용한다.	7
여러 URL의 매칭	Route 컴포넌트의 path prop에 URL들의 배열을 지정하거나 정규식을 사용한다.	8, 9
단일 Route 선택	Switch 컴포넌트를 사용한다.	10
기본 Route 정의	Redirect 컴포넌트를 사용한다.	11, 12
활성화된 Route 표시	NavLink 컴포넌트를 사용한다.	14, 15
URL의 Route 표현에 사용되는 메커니즘의 선택	적합한 라우터 컴포넌트를 사용한다.	16

준비 작업

21장에선 18장에서 시작해 20장까지 수정한 productapp 프로젝트를 계속 사용한다. 그럼 명령 프롬프트에서 productapp 폴더로 들어가 패키지를 추가하기 위해 리스트 21-1과 같은 명령을 실행하자. 리액트 라우터^{React Router} 패키지는 여러 애플리케이션 유형을 지원하는데, 리스트 21-1에서 설치하는 패키지는 웹 애플리케이션을 위한 리액트 라우터다.

> **⑤ 팁**
>
> 이 책의 모든 예제 파일은 http://www.acornpub.co.kr/book/pro-react16에서 다운로드할 수 있다.

리스트 21-1 프로젝트에 패키지 추가

```
npm install react-router-dom@4.3.1
```

사용자에게 보여줄 콘텐츠를 간결하게 하기 위해 App 컴포넌트를 리스트 21-2와 같이 변경하자.

리스트 21-2 src/App.js: 콘텐츠 간결화

```
import React, { Component } from "react";
import { Provider } from "react-redux";
import dataStore from "./store";
import { Selector } from "./Selector";
import { ProductDisplay } from "./ProductDisplay";
import { SupplierDisplay } from "./SupplierDisplay";

export default class App extends Component {

  render() {
    return <Provider store={ dataStore }>
          <Selector>
            <ProductDisplay name="Products" />
            <SupplierDisplay name="Suppliers" />
          </Selector>
```

```
        </Provider>
    }
}
```

변경된 코드를 저장한 다음, 개발 도구를 시작하기 위해 명령 프롬프트에서 리스트 21-3과 같은 명령을 실행하자.

리스트 21-3 개발 도구 실행

```
npm start
```

프로젝트가 컴파일되면 개발 HTTP 서버가 시작된다. 또한 새 브라우저 창이 열리고 그림 21-1과 같은 애플리케이션이 나타날 것이다.

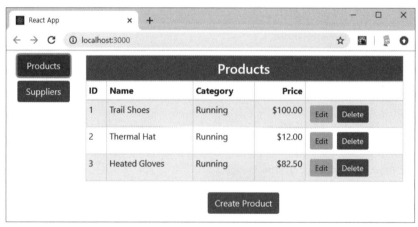

▲ 그림 21-1 실행된 예제 애플리케이션

URL 라우팅 시작하기

먼저 Selector 컴포넌트에 URL 라우팅을 사용함으로써 사용자가 상품과 공급업체 중 선택한 사항을 추적하기 위한 상태 데이터가 더 이상 필요하지 않게 만들자.

URL 라우팅을 적용하려면 두 단계가 필요하다. 첫 번째 단계는 사용자가 애플리케이션의 다른 부분으로 이동할 수 있게 하는 링크를 만드는 것이다. 두 번째 단계는 사용자가 이동한 URL에서 보여줄 콘텐츠를 선택하는 것이다. 이 두 작업은 리액트 라우터 패키지가 제공하는 컴포넌트들을 사용해 가능하다. 그럼 Selector 컴포넌트를 리스트 21-4와 같이 변경하자.

리스트 21-4 src/Selector.js: URL 라우팅 추가

```
import React, { Component } from "react";
import { BrowserRouter as Router, Link, Route } from "react-router-dom";
import { ProductDisplay } from "./ProductDisplay";
import { SupplierDisplay } from "./SupplierDisplay";

export class Selector extends Component {

  // constructor(props) {
  //   super(props);
  //   this.state = {
  //     selection: React.Children.toArray(props.children)[0].props.name
  //   }
  // }

  // setSelection = (ev) => {
  //   ev.persist();
  //   this.setState({ selection: ev.target.name});
  // }

  render() {
    return <Router>
            <div className="container-fluid">
              <div className="row">
                <div className="col-2">
                  <div><Link to="/products">Products</Link></div>
                  <div><Link to="/suppliers">Suppliers</Link></div>
                </div>
                <div className="col">
                  <Route path="/products" component={ ProductDisplay } />
                  <Route path="/suppliers" component={ SupplierDisplay} />
```

```
                    </div>
                </div>
            </div>
        </Router>
    }
}
```

여기서 사용한 컴포넌트들은 기본적인 라우팅 설정에 필요하다. 일단 Router 컴포넌트는 URL 라우팅 기능을 사용할 수 있게 한다. 내비게이션을 위한 URL을 사용하는 다른 방법들도 있는데, 각 방법에 필요한 리액트 라우터 컴포넌트는 '라우터 선택' 절에서 설명할 것이다. 예컨대, BrowserRouter처럼 특정 라우터를 가져올 때의 핵심은 Router라는 이름을 할당해 라우팅 기능이 필요한 콘텐츠의 컨테이너로 사용하는 것이다.

┤ **다른 라우팅 패키지** ├

리액트 라우터는 대부분의 애플리케이션에서 시작하기 좋은, 리액트 프로젝트에 가장 널리 사용되는 라우팅 패키지다. 물론 다른 라우팅 패키지도 있다. 그러나 그 패키지들이 모두 리액트에 적합한 것은 아니며, 불안하게 적용되는 경우도 있다.

만약 리액트 라우터를 사용하기 싫다면, 가장 나은 대체 패키지로 백본JS[Backbone.js](https://backbonejs.org)가 있다. 백본JS는 어떤 자바스크립트 애플리케이션에서든 사용할 수 있는 라우팅 기능을 제공하며, 리액트와도 잘 어울린다.

Link 컴포넌트

Link 컴포넌트는 사용자가 새 URL로 내비게이션하기 위해 클릭할 수 있는 엘리먼트를 렌더링한다.

```
...
<div><Link to="/products">Products</Link></div>
...
```

내비게이션 URL은 to prop을 사용해 지정한다. 따라서 이 Link는 /products라는 URL로 내비게이션한다. 내비게이션 URL은 애플리케이션의 시작 URL에 상대적인 경로로 지정되는데, 개발 단계에서 이 예제의 시작 URL은 http://localhost:3000이다. 따라서 Link 컴포넌트의 to prop에 /products를 지정했다는 것은 http://localhost:3000/products로 내비게이션하는 엘리먼트를 렌더링하라는 뜻이다. 이런 상대 URL은 애플리케이션이 배포돼 공개 URL을 갖게 되더라도 여전히 작동한다.

Route 컴포넌트

리스트 21-4에 추가된 마지막 컴포넌트인 Route는 브라우저가 특정 URL에 내비게이션을 마칠 때까지 기다렸다가 콘텐츠를 보여준다.

```
...
<Route path="/products" component={ ProductDisplay } />
...
```

Route 컴포넌트는 브라우저가 /products URL로 내비게이션할 때까지 기다렸다가, 그다음에 ProductDisplay 컴포넌트를 보여준다. /products가 아닌 다른 URL에 대해서는 어떤 콘텐츠도 렌더링하지 않는다.

그림 21-2에서 볼 수 있듯 리스트 21-4의 결과가 시각적으로 인상 깊지는 않지만, URL 라우팅의 본질은 보여준다. 브라우저가 보여주는 애플리케이션의 시작 URL인 http://localhost:3000의 화면에는 아무 콘텐츠도 없다. 여기서 Products나 Suppliers 링크를 클릭하면 브라우저는 http://localhost:3000/products나 http://localhost:3000/suppliers로 내비게이션을 해 ProductDisplay나 SupplierDisplay 컴포넌트를 보여주게 된다.

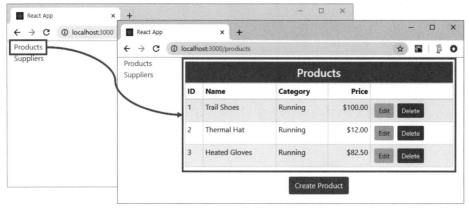

▲ 그림 21-2 내비게이션 엘리먼트 추가

Link 컴포넌트가 만든 내비게이션 엘리먼트를 오른쪽 클릭해 나타나는 팝업 메뉴에서 Inspect검사를 선택하면, 다음과 같이 렌더링된 HTML을 볼 수 있을 것이다.

```
...
<div><a href="/products">Products</a></div>
<div><a href="/suppliers">Suppliers</a></div>
...
```

Link 컴포넌트는 앵커 엘리먼트(a 태그를 갖는 엘리먼트)를 생성하도록 렌더링됐으며, prop의 값은 앵커 엘리먼트의 href 속성을 위한 URL로 변환됐다. 사용자가 앵커 엘리먼트를 클릭하면 브라우저는 새 URL로 내비게이션하며 해당 Route 컴포넌트가 자신의 콘텐츠를 보여주게 된다. 만약 Route 컴포넌트가 지정되지 않은 URL로 내비게이션할 경우 아무런 콘텐츠도 보이지 않는다. 이게 링크를 클릭하기 전의 최초 화면에 아무런 콘텐츠가 없었던 이유다.

> **🤚 주의**
>
> 내비게이션을 위한 앵커 엘리먼트를 직접 만들지 말기 바란다. 그렇게 하면 브라우저가 서버에 HTTP 요청을 보내고 애플리케이션이 다시 로딩되기 때문이다. Link 컴포넌트가 렌더링하는 앵커 엘리먼트엔 새로운 HTTP 요청을 발생시키지 않고 HTML5 히스토리 API(HTML5 History API)를 사용해 URL을 변경하는 이벤트 핸들러가 장착돼 있다.

내비게이션에 대한 응답

Route 컴포넌트는 브라우저가 특정 URL로 내비게이션할 때까지 기다렸다가 내비게이션이 끝나면 컴포넌트를 화면에 보여준다는, 애플리케이션의 라우팅 전략의 구현에 사용된다. URL과 컴포넌트 사이의 매핑은 실제 애플리케이션에선 복잡한 작업일 수 있으며, Route 컴포넌트가 URL을 매칭하거나 콘텐츠를 선택하는 등의 작업은 표 21-3의 props를 사용해 설정할 수 있다.

표 21-3 Route 컴포넌트의 props

prop	설명
path	컴포넌트가 기대하는 URL이나 URL들을 지정할 때 사용된다.
exact	이 prop이 true라면 정확히 path prop과 동일한 URL만 연결된다. 'props로 매칭 제한' 절에서 설명한다.
sensitive	이 prop이 true라면 대소문자를 구분해 URL을 매칭한다.
strict	이 prop이 true라면 슬래시(/)로 끝나는 path 값은 슬래시로 끝나는 URL만 매칭한다.
component	path prop이 브라우저의 현재 URL과 일치할 때 보여줘야 할 컴포넌트를 지정한다.
render	path prop이 브라우저의 현재 URL과 일치할 때 보여줘야 할 콘텐츠를 리턴하는 함수를 지정한다.
children	path prop이 브라우저의 현재 URL과 일치하지 않을 때조차도 항상 렌더링을 수행하는 함수를 지정한다. 이는 자손 컴포넌트나 URL 변경에 관계없는 컴포넌트의 콘텐츠를 보여줘야 할 때 유용하며, 22장에서 자세히 설명한다.

컴포넌트와 콘텐츠 선택

component prop엔 현재 URL이 path prop과 일치할 때 보여줄 단일 컴포넌트를 지정한다. 즉, 다음과 같이 component prop 값에 컴포넌트 이름을 직접 지정한다.

```
...
<Route path="/products" component={ ProductDisplay } />
...
```

component prop의 값이 함수여선 안 된다. 그렇게 하면 애플리케이션이 갱신될 때마다 컴포넌트의 새 인스턴스가 생성될 것이기 때문이다.

render prop

component prop의 장점은 단순함에 있으며, props를 필요로 하지 않고 모든 콘텐츠를 렌더링하는 독립적인 컴포넌트에 잘 어울린다. 그러나 Route 컴포넌트는 좀 더 복잡하고 props를 필요로 하는 콘텐츠를 위해 render라는 prop도 제공한다. 그럼 Selector 컴포넌트를 리스트 21-5와 같이 render prop을 사용하도록 변경하자.

리스트 21-5 src/Selector.js: render prop 사용

```
import React, { Component } from "react";
import { BrowserRouter as Router, Link, Route } from "react-router-dom";
import { ProductDisplay } from "./ProductDisplay";
import { SupplierDisplay } from "./SupplierDisplay";

export class Selector extends Component {

  render() {
    return <Router>
            <div className="container-fluid">
              <div className="row">
                <div className="col-2">
                  <div><Link to="/products">Products</Link></div>
                  <div><Link to="/suppliers">Suppliers</Link></div>
                </div>
                <div className="col">
                  <Route path="/products" render={ (routeProps) =>
                    <ProductDisplay myProp="myValue" /> } />
                  <Route path="/suppliers" render={ (routeProps) =>
                    <React.Fragment>
                      <h4 className="bg-info text-center text-white p-2">
                        Suppliers
                      </h4>
                      <SupplierDisplay />
                    </React.Fragment>
                  } />
```

```
                </div>
              </div>
            </div>
          </Router>
    }
}
```

render prop에 전달된 함수의 결과는 Route 컴포넌트에 의해 보여야 한다. 여기선 ProductDisplay 컴포넌트를 전달했으며, 더 큰 콘텐츠 조각(React.Fragment) 안에 SupplierDisplay 컴포넌트를 포함시켰다. 코드의 결과는 그림 21-3과 같다.

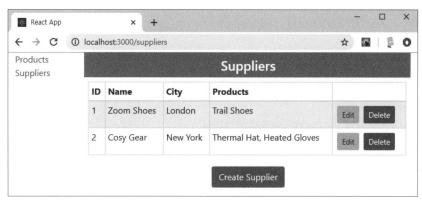

▲ 그림 21-3 Route 컴포넌트의 render prop 사용

> **⚙ 팁**
>
> render prop에 전달되는 함수는 라우팅 시스템의 상태 정보를 제공하는 객체를 받는다. 이는 22장에서 설명할 것이다.

URL 매칭

URL 라우팅에 있어 어려운 측면 중 하나는 URL과 Route 컴포넌트가 올바로 매칭됨을 보장하는 일이다. Route 컴포넌트는 매칭될 URL의 범위를 확장하거나 좁힐 수 있는 여러 기능을 제공하는데, 지금부터 그 기능들을 알아보자.

세그먼트로 URL 매칭

URL을 매칭하는 가장 단순한 방법은 Route 컴포넌트의 path prop에 하나 이상의 URL 조각, 즉 세그먼트^{segment}를 부여하는 것이다. 이렇게 하면 지정된 세그먼트로 시작하는 모든 URL이 매칭된다. 리스트 21-6과 같이 이 방법을 사용해보자.

리스트 21-6 src/Selector.js: URL 매칭

```
import React, { Component } from "react";
import { BrowserRouter as Router, Link, Route } from "react-router-dom";
//import { ProductDisplay } from "./ProductDisplay";
//import { SupplierDisplay } from "./SupplierDisplay";

export class Selector extends Component {

  renderMessage = (msg) => <h5 className="bg-info text-white m-2 p-2">{ msg }</h5>

  render() {
    return <Router>
            <div className="container-fluid">
              <div className="row">
                <div className="col-2">
                  <div><Link to="/data/one">Link #1</Link></div>
                  <div><Link to="/data/two">Link #2</Link></div>
                  <div><Link to="/people/bob">Bob</Link></div>
                </div>
                <div className="col">
                  <Route path="/data"
                    render={ () => this.renderMessage("Route #1") } />
                  <Route path="/data/two"
                    render={ () => this.renderMessage("Route #2") } />
                </div>
              </div>
            </div>
          </Router>
  }
}
```

여기선 ProductDisplay와 SupplierDisplay 컴포넌트를 renderMessage가 만든 콘텐츠로 대체했다. 또한 /data/one, /data/two, /people/bob이라는 URL을 대상으로 하는 세 개의 Link 컴포넌트를 만들었다.

첫 번째 Route 컴포넌트는 path prop에 /data를 지정했다. 이는 첫 번째 세그먼트가 data인 모든 URL을 매칭할 것이다. 따라서 /data/one과 /data/two URL은 해당되나, /people/bob은 해당되지 않는다. 두 번째 Route 컴포넌트는 path prop에 /data/two를 지정했다. 따라서 오직 /data/two URL만 매칭될 것이다. 각 Route 컴포넌트는 독립적으로 자신의 path prop을 평가할 것이며, 그림 21-4와 같이 내비게이션 링크를 클릭하면 매칭되는 URL을 확인할 수 있다.

▲ 그림 21-4 Route 컴포넌트와 URL 매칭

보다시피 /data/one URL은 두 Route 컴포넌트에, /data/two URL은 하나의 Route 컴포넌트에, /people/bob URL은 어떤 Route 컴포넌트에도 매칭되지 않음을 알 수 있다.

props로 매칭 제한

세그먼트를 사용한 Route 컴포넌트의 기본 방식은 과도한 매칭을 발생시켜, 원하지 않는 컴포넌트와 URL이 매칭될 수도 있다. 예컨대 /data와 /data/one을 구분해 전자의 경우 데이터 목록을, 후자의 경우 특정 객체의 상세 내용을 보여주고 싶을 수 있다. 이는 기본 매칭 방식으로 해결하기 힘들다. /data URL은 첫 번째 세그먼트가 /data인 모든 URL을 매칭할 것이기 때문이다.

URL의 범위를 제한하는 방법으로 Route 컴포넌트는 exact, strict, sensitive라는 세 개의 prop을 추가로 제공한다. 이 중 가장 유용한 exact는 path prop의 값이 정확히 일치하는 경우에만 URL을 매칭한다. 예컨대, /data/one URL은 /data path와 매칭되지 않는다. Selector 컴포넌트를 리스트 21-7과 같이 변경한 다음 확인해보자.

리스트 21-7 src/Selector.js: 정확한 매칭

```
import React, { Component } from "react";
import { BrowserRouter as Router, Link, Route } from "react-router-dom";

export class Selector extends Component {

  renderMessage = (msg) => <h5 className="bg-info text-white m-2 p-2">{ msg }</h5>

  render() {
    return <Router>
            <div className="container-fluid">
              <div className="row">
                <div className="col-2">
                  <div><Link to="/data">Data</Link></div>
                  <div><Link to="/data/one">Link #1</Link></div>
                  <div><Link to="/data/two">Link #2</Link></div>
                  <div><Link to="/people/bob">Bob</Link></div>
                </div>
                <div className="col">
                  <Route path="/data" exact={ true }
                    render={ () => this.renderMessage("Route #1") } />
                  <Route path="/data/two"
                    render={ () => this.renderMessage("Route #2") } />
                </div>
              </div>
            </div>
          </Router>
  }
}
```

exact prop을 설정하면 해당 Route 컴포넌트만 영향을 받는다. 여기선 exact prop이 첫 번째 Route 컴포넌트가 /data/one과 /data/two URL에 매칭되지 않게 하는 역할을 했다. 그림 21-5와 같이 말이다.

▲ 그림 21-5 정확한 매칭

strict prop을 true로 설정하면 끝에 슬래시(/)로 끝나는 URL까지 엄격하게 제한한다. 예컨대, /data/ path는 /data/ URL과는 매칭되나 /data URL과는 매칭되지 않는다. 그러나 strict prop은 추가 세그먼트를 허용하는데, 예컨대 /data/ path는 /data/one URL과 매칭된다.

sensitive prop은 대소문자 구분을 할 때 사용된다. 이 prop을 true로 설정하면 path prop과 URL의 대소문자가 일치하는 경우에만 매칭된다. 예컨대, /data path는 /Data URL과 매칭되지 않는다.

path에 복수의 URL 지정

Route 컴포넌트의 path prop엔 URL의 배열도 지정할 수 있다. 그 경우 매칭되는 모든 URL에 대해 콘텐츠가 보이게 된다. 이는 동일한 구조가 아닌 URL에 동일한 콘텐츠로 응답해야 하는 경우에 유용하다. /data/list와 /people/list에 동일한 컴포넌트를 보여줘야 하는 경우처럼 말이다. 또한 정확히 매칭돼야 하는 URL들이 특정 수만큼 존재하는 경우에도 유용하다. /data/one과 /data/two는 매칭돼야 하지만 /data로 시작하는 그 밖의 URL들은 매칭되지 않게 해야 하는 경우처럼 말이다. 그럼 리스트 21-8과 같이 복수의 URL을 지정하는 코드를 작성해보자.

> **참고**
>
> 이 글을 쓰는 시점에선 Route 컴포넌트가 예상하는 prop 타입에 불일치가 존재했다. 따라서 자바스크립트 콘솔에 배열 사용에 관한 경고 메시지가 출력되겠지만 무시하기 바란다. 컴포넌트가 예상하는 props의 데이터 타입을 지정하는 자세한 방법은 10장과 11장을 참고하기 바란다.

```
import React, { Component } from "react";
import { BrowserRouter as Router, Link, Route } from "react-router-dom";

export class Selector extends Component {

  renderMessage = (msg) => <h5 className="bg-info text-white m-2 p-2">{ msg }</h5>

  render() {
    return <Router>
            <div className="container-fluid">
              <div className="row">
                <div className="col-2">
                  <div><Link to="/data">Data</Link></div>
                  <div><Link to="/data/one">Link #1</Link></div>
                  <div><Link to="/data/two">Link #2</Link></div>
                  <div><Link to="/people/bob">Bob</Link></div>
                </div>
                <div className="col">
                  <Route path={["/data/one", "/people/bob" ] } exact={ true }
                    render={ () => this.renderMessage("Route #1") } />
                  <Route path={["/data", "/people" ] }
                    render={ () => this.renderMessage("Route #2") } />
                </div>
              </div>
            </div>
          </Router>
  }
}
```

path 배열은 중괄호로 표현한다. 첫 번째 Route 컴포넌트의 path 프로퍼티엔 /data/one 과 /people/bob을 갖는 배열을 지정했다. 두 번째 Route 컴포넌트의 경우 좀 더 넓게 매 칭되도록 지정했는데, 첫 번째 세그먼트가 data나 people인 모든 URL이 매칭될 것이다. 그럼 그림 21-6과 같이 각 링크를 클릭하면서 결과를 확인하자.

▲ 그림 21-6 경로 배열 지정

정규식으로 URL 매칭

모든 URL의 조합을 개별 세그먼트로 표현하기는 힘들다. 그래서 Route 컴포넌트는 좀 더 복잡한 URL 매칭을 위해 path prop에 정규식 사용을 허용한다. 리스트 21-9는 Route의 path prop에 정규식을 사용한 코드다.

> **정규식의 명료성과 간결성**
>
> 대부분의 프로그래머들은 정규식을 가급적 짧게 표현하는 경향이 있다. 그 결과, 해독하기 어려우며 변경할 때 깨지기 쉬운 라우팅 설정이 만들어진다. URL 매칭 방법을 결정할 때엔 표현을 단순하게 하고 여러 URL의 경우엔 path 배열을 사용하기 바란다. 이해하기 어려운 정규식을 사용하지 않고도 URL 매칭이 될 수 있게 말이다.

리스트 21-9 src/Selector.js: 정규식 사용

```
import React, { Component } from "react";
import { BrowserRouter as Router, Link, Route } from "react-router-dom";

export class Selector extends Component {

  renderMessage = (msg) => <h5 className="bg-info text-white m-2 p-2">{ msg }</h5>

  render() {
    return <Router>
            <div className="container-fluid">
              <div className="row">
                <div className="col-2">
```

```
            <div><Link to="/data">Data</Link></div>
            <div><Link to="/data/one">Link #1</Link></div>
            <div><Link to="/data/two">Link #2</Link></div>
            <div><Link to="/data/three">Link #3</Link></div>
            <div><Link to="/people/bob">Bob</Link></div>
            <div><Link to="/people/alice">Alice</Link></div>
          </div>
          <div className="col">
            <Route path={["/data/(one|three)", "/people/b*" ] }
              render={ () => this.renderMessage("Route #1") } />
          </div>
        </div>
      </div>
    </Router>
  }
}
```

path 배열의 첫 번째 아이템은 첫 번째 세그먼트가 data이고 두 번째 세그먼트가 one이거나 three인 URL을 매칭한다. 두 번째 아이템은 첫 번째 세그먼트가 people이고 두 번째 세그먼트가 b로 시작하는 URL을 매칭한다. 그 결과 이 Route 컴포넌트는 /data/one, /data/three, people/bob인 URL을 매칭하며, /data/two와 /people/alice인 URL은 매칭하지 않는다.

> **⊚ 참고**
>
> URL 매칭에 사용할 수 있는 정규식의 전체 범위는 https://github.com/pillarjs/path-to-regexp에서 확인할 수 있다.

단일 Route 매칭

Route 컴포넌트는 독립적으로 각자의 path prop을 평가한다. 이는 유용하지만 이상적이진 않다. 특히 현재 URL을 기준으로 하나의 컴포넌트만을 보여주는 경우에는 말이다. 그런 상황을 위해 리액트 라우터 패키지는 Switch 컴포넌트를 제공한다. Switch는 복수의 Route 컴포넌트를 감싸고 순서대로 질의해, 현재 URL에 부합하는 첫 번째 Route가 렌더링하는 콘텐츠만 보여준다. 리스트 21-10은 Switch 컴포넌트를 사용한 코드다.

리스트 21-10 src/Selector.js: Switch 컴포넌트 사용

```
import React, { Component } from "react";
import { BrowserRouter as Router, Link, Route, Switch } from "react-router-dom";
import { ProductDisplay } from "./ProductDisplay";
import { SupplierDisplay } from "./SupplierDisplay";

export class Selector extends Component {

  renderMessage = (msg) => <h5 className="bg-info text-white m-2 p-2">{ msg }</h5>

  render() {
    return <Router>
            <div className="container-fluid">
              <div className="row">
                <div className="col-2">
                  <div><Link to="/">Default URL</Link></div>
                  <div><Link to="/products">Products</Link></div>
                  <div><Link to="/suppliers">Suppliers</Link></div>
                </div>
                <div className="col">
                  <Switch>
                    <Route path="/products" component={ ProductDisplay} />
                    <Route path="/suppliers" component={ SupplierDisplay } />
                    <Route render={ () =>
                      this.renderMessage("Fallback Route")} />
                  </Switch>
                </div>
              </div>
            </div>
          </Router>
  }
}
```

Switch 컴포넌트는 자식 컴포넌트를 순서대로 확인한다. 이는 가장 처음으로 특정할 수 있는 URL을 가진 Route 컴포넌트가 선택된다는 뜻이다. path prop이 없는 Route 컴포넌트는 어느 URL이든 매칭되므로 이전에 선택된 Route가 없다면 마지막에 기본으로 선택

된다. 마치 자바스크립트 switch 구문에서의 default 절과 같은 용도다.

여기선 /products URL을 ProductDisplay 컴포넌트에, /suppliers URL을 SupplierDisplay 컴포넌트에 결부시켰다. 그 외의 URL은 모두 그림 21-7과 같이 renderMessage 메서드가 렌더링하는 메시지가 나타나게 한다.

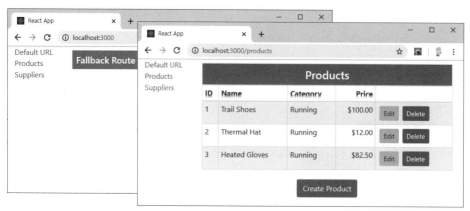

▲ 그림 21-7 Switch 컴포넌트 사용

Switch 컴포넌트를 사용하면 사용자가 내비게이션 링크를 클릭하기 전에 애플리케이션 첫 화면의 콘텐츠를 렌더링할 수 있다. 그러나 이는 기본 화면의 콘텐츠를 선택하는 방법 중 하나일 뿐이며, 좀 더 우아한 방법은 다음 절에서 설명할 Redirect 컴포넌트를 사용하는 것이다.

리다이렉션 사용

어떤 애플리케이션에선 별도의 기본 Route를 사용하는 방법이 의미가 없을 수도 있다. 그런 경우엔 Redirect 컴포넌트를 사용해 Route 컴포넌트가 처리하는 URL로 자동 내비게이션하는 방법을 사용할 수 있다. 리스트 21-11에선 기존의 기본 Route 대신 /products URL로 리다이렉션하는 방법을 사용했다.

```
import React, { Component } from "react";
import { BrowserRouter as Router, Link, Route, Switch, Redirect }
  from "react-router-dom";
import { ProductDisplay } from "./ProductDisplay";
import { SupplierDisplay } from "./SupplierDisplay";

export class Selector extends Component {

  renderMessage = (msg) => <h5 className="bg-info text-white m-2 p-2">{ msg }</h5>

  render() {
    return <Router>
            <div className="container-fluid">
              <div className="row">
                <div className="col-2">
                  <div><Link to="/">Default URL</Link></div>
                  <div><Link to="/products">Products</Link></div>
                  <div><Link to="/suppliers">Suppliers</Link></div>
                </div>
                <div className="col">
                  <Switch>
                    <Route path="/products" component={ ProductDisplay} />
                    <Route path="/suppliers" component={ SupplierDisplay } />
                    <Redirect to="/products" />
                  </Switch>
                </div>
              </div>
            </div>
          </Router>
  }
}
```

to prop엔 Redirect 컴포넌트가 내비게이션할 URL을 지정한다. 현재 URL에 부합하는 Route 컴포넌트가 있다면 Redirect 컴포넌트는 사용되지 않는다. 그러나 Switch 컴포넌트가 매칭할 Route를 발견하지 못하고 Redirect 컴포넌트에 도달한다면, /products로의 리다이렉션이 수행될 것이다.

선별적 리다이렉션

Redirect 컴포넌트에 그냥 to prop을 사용하는 방법이 가장 일반적이지만, 표 21-4와 같이 리다이렉션을 선별적으로 수행할 수 있는 다른 prop들도 추가로 존재한다.

표 21-4 Redirect 컴포넌트의 props

prop	설명
to	브라우저가 리다이렉션이 될 위치를 지정한다.
from	현재 URL이 지정된 경로와 일치하는 경우에만 리다이렉션이 수행되도록 제한한다.
exact	이 prop이 true이면 현재 URL이 from prop과 완전히 일치하는 경우에만 리다이렉션을 수행한다. 마치 Route 컴포넌트의 exact prop과 같은 역할이다.
strict	이 prop이 true이면 현재 URL이 슬래시(/)로 끝나고 path 역시 슬래시로 끝나는 경우에만 리다이렉션을 수행한다. 마치 Route 컴포넌트의 strict prop과 같은 역할이다.
push	이 prop이 true이면 리다이렉션은 대상 화면으로 이동시키므로 브라우저에 히스토리 하나가 추가된다. false라면 리다이렉션은 현재 화면을 대상 화면으로 대체한다.

선별적 리다이렉션은 Route가 더 이상 처리하지 않는 URL을 지원해야 하는 경우에 유용한 방법이다. 그럼 선별적 리다이렉션을 시험하기 위해 Selector 컴포넌트를 리스트 21-12와 같이 변경하자(path 배열을 사용해도 동일한 효과를 얻을 수 있다. 그러나 22장에서 설명하겠지만 path 배열의 경우 URL 파라미터를 매칭할 때 문제를 야기할 수 있다).

리스트 21-12 src/Selector.js: 선별적 URL 리다이렉션

```
import React, { Component } from "react";
import { BrowserRouter as Router, Link, Route, Switch, Redirect }
  from "react-router-dom";
import { ProductDisplay } from "./ProductDisplay";
import { SupplierDisplay } from "./SupplierDisplay";

export class Selector extends Component {

  renderMessage = (msg) => <h5 className="bg-info text-white m-2 p-2">{ msg }</h5>

  render() {
    return <Router>
            <div className="container-fluid">
```

```
            <div className="row">
              <div className="col-2">
                <div><Link to="/">Default URL</Link></div>
                <div><Link to="/products">Products</Link></div>
                <div><Link to="/suppliers">Suppliers</Link></div>
                <div><Link to="/old/data">Old Link</Link></div>
              </div>
              <div className="col">
                <Switch>
                  <Route path="/products" component={ ProductDisplay} />
                  <Route path="/suppliers" component={ SupplierDisplay } />
                  <Redirect from="/old/data" to="/suppliers" />
                  <Redirect to="/products" />
                </Switch>
              </div>
            </div>
          </Router>
      }
    }
```

새로 추가한 Redirect는 /old/data URL을 /suppliers로 리다이렉션한다. 선별적 리다이렉션은 기본 리다이렉션(to prop만 사용한 Redirect)이 수행되기 전에 위치해야 한다. 그렇지 않으면 Switch는 기본 리다이렉션을 먼저 수행함으로써 선별적 리다이렉션에 해당하는 Redirect까지 도달하지 않을 것이기 때문이다.

내비게이션 링크 렌더링

Link 컴포넌트는 새 URL로 내비게이션할 수 있는 엘리먼트를 생성하는 책임을 진다. 이는 애플리케이션이 다시 로딩되지 않아도 브라우저의 URL을 변경할 수 있는 이벤트 핸들러와 함께 앵커 엘리먼트를 렌더링함으로써 이뤄진다. Link 컴포넌트의 동작을 설정할 수 있는 prop도 있는데, 이를 표 21-5에서 정리했다.

표 21-5 Link 컴포넌트의 prop

prop	설명
to	링크를 클릭하면 이동될 위치를 지정한다.
replace	내비게이션 링크를 클릭했을 때 현재의 위치를 브라우저 히스토리에 추가할지 여부를 지정한다. 이로써 브라우저의 '뒤로 가기' 버튼의 사용 가능 여부도 결정된다. 기본값은 false다.
innerRef	현재 HTML 엘리먼트의 ref에 접근할 때 사용된다. ref의 자세한 내용은 16장에서 설명했다.

Link 컴포넌트는 모든 prop의 내용을 앵커 엘리먼트에 반영할 것이다. 대개 Link에 주로 사용되는 prop은 내비게이션 링크에 스타일을 추가하기 위한 className이다. 그럼 className prop을 사용하도록 Link 컴포넌트를 리스트 21-13과 같이 변경하자.

리스트 21-13 src/Selector.js: 클래스 적용

```
import React, { Component } from "react";
import { BrowserRouter as Router, Link, Route, Switch, Redirect }
  from "react-router-dom";
import { ProductDisplay } from "./ProductDisplay";
import { SupplierDisplay } from "./SupplierDisplay";

export class Selector extends Component {

  renderMessage = (msg) => <h5 className="bg-info text-white m-2 p-2">{ msg }</h5>

  render() {
    return <Router>
            <div className="container-fluid">
              <div className="row">
                <div className="col-2">
                  <Link className="m-2 btn btn-block btn-primary"
                    to="/">Default URL</Link>
                  <Link className="m-2 btn btn-block btn-primary"
                    to="/products">Products</Link>
                  <Link className="m-2 btn btn-block btn-primary"
                    to="/suppliers">Suppliers</Link>
                  <Link className="m-2 btn btn-block btn-primary"
                    to="/old/data">Old Link</Link>
                </div>
```

```
            <div className="col">
              <Switch>
                <Route path="/products" component={ ProductDisplay} />
                <Route path="/suppliers" component={ SupplierDisplay } />
                <Redirect from="/old/data" to="/suppliers" />
                <Redirect to="/products" />
              </Switch>
            </div>
          </div>
        </div>
      </Router>
    }
}
```

부트스트랩 CSS 프레임워크는 앵커 엘리먼트를 버튼 스타일로 만들 수 있다. 리스트 21-13에서 적용한 클래스는 사용 가능한 가로 공간을 채워주며, 내비게이션 링크를 세로로 쌓기 위한 div 엘리먼트를 사용하지 않아도 되는 버튼 스타일이다. 그림 21-8과 같이 말이다.

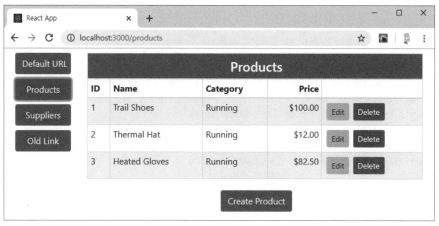

▲ 그림 21-8 내비게이션 링크에 클래스 적용

활성화된 링크 표시

NavLink 컴포넌트는 기본 Link 기능을 기반으로 하지만, to prop의 값이 현재 URL과 일치할 때 앵커 엘리먼트에 클래스나 스타일을 추가해준다. 표 21-6은 NavLink 컴포넌트가 제공하는 prop인데, 이는 표 21-5에 더 추가되는 내용만 설명한 것이다. 리스트 21-14는 active 클래스를 적용하는 NavLink 컴포넌트를 사용한 Selector 컴포넌트다.

표 21-6 NavLink 컴포넌트의 prop

prop	설명
activeClassName	활성화된 링크의 앵커 엘리먼트에 추가할 클래스를 지정한다.
activeStyle	활성화된 링크의 앵커 엘리먼트에 추가할 스타일을 지정한다. 스타일은 스타일 이름을 프로퍼티로 갖는 자바스크립트 객체다.
exact	'URL 매칭' 절에서 설명했듯, true이면 정확한 매칭이 수행된다.
strict	'URL 매칭' 절에서 설명했듯, true이면 엄격한 매칭이 수행된다.
isActive	링크가 활성화됐는지 판단하는 커스텀 함수를 지정할 때 사용된다. 그 함수는 match와 location이라는 인자를 받는데, 자세한 설명은 22장에서 할 예정이다. 기본 동작은 현재 URL과 to prop의 비교다.

리스트 21-14 src/Selector.js: NavLink 컴포넌트 사용

```
import React, { Component } from "react";
import { BrowserRouter as Router, NavLink, Route, Switch, Redirect }
  from "react-router-dom";
import { ProductDisplay } from "./ProductDisplay";
import { SupplierDisplay } from "./SupplierDisplay";

export class Selector extends Component {

  renderMessage = (msg) => <h5 className="bg-info text-white m-2 p-2">{ msg }</h5>

  render() {
    return <Router>
            <div className="container-fluid">
              <div className="row">
                <div className="col-2">
                  <NavLink className="m-2 btn btn-block btn-primary"
                    activeClassName="active"
```

```
          to="/">Default URL</NavLink>
        <NavLink className="m-2 btn btn-block btn-primary"
          activeClassName="active"
          to="/products">Products</NavLink>
        <NavLink className="m-2 btn btn-block btn-primary"
          activeClassName="active"
          to="/suppliers">Suppliers</NavLink>
        <NavLink className="m-2 btn btn-block btn-primary"
          activeClassName="active"
          to="/old/data">Old Link</NavLink>
      </div>
      <div className="col">
        <Switch>
          <Route path="/products" component={ ProductDisplay} />
          <Route path="/suppliers" component={ SupplierDisplay } />
          <Redirect from="/old/data" to="/suppliers" />
          <Redirect to="/products" />
        </Switch>
      </div>
    </div>
   </div>
  </Router>
 }
}
```

브라우저의 URL이 컴포넌트의 to prop 값과 일치하면 앵커 엘리먼트에 active 클래스가
추가된다. 이로써 사용자는 그림 21-9와 같이 현재 화면의 링크를 알아볼 수 있게 된다.

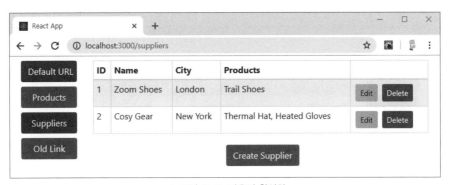

▲ 그림 21-9 라우팅 활성화

그런데 Default URL 버튼은 어느 화면에서든 항상 강조돼 있다. NavLink 컴포넌트는 Route
의 URL 매칭에 의존하며, 따라서 값이 슬래시(/)인 to prop의 경우 모든 URL과 매칭되
기 때문이다. 표 21–6에서 언급했듯 exact와 strict prop은 Route의 경우와 동일한 목적
을 갖는다. 그럼 이 문제를 해결하기 위해 리스트 21–15와 같이 exact prop을 사용해 제
한된 매칭이 되게 하자.

리스트 21–15 src/Selector.js: NavLink의 제한된 URL 매칭

```
...
<div className="col-2">
  <NavLink className="m-2 btn btn-block btn-primary"
    activeClassName="active" exact={ true }
    to="/">Default URL</NavLink>
  <NavLink className="m-2 btn btn-block btn-primary"
    activeClassName="active"
    to="/products">Products</NavLink>
  <NavLink className="m-2 btn btn-block btn-primary"
    activeClassName="active"
    to="/suppliers">Suppliers</NavLink>
  <NavLink className="m-2 btn btn-block btn-primary"
    activeClassName="active"
    to="/old/data">Old Link</NavLink>
</div>
...
```

이제 그림 21–10과 같이 Default URL의 NavLink는 더 이상 강조되지 않는다.

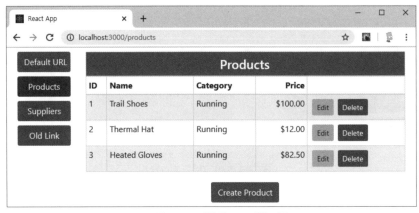

▲ 그림 21–10 제한된 URL 매칭 사용

라우터 선택

URL 라우팅은 서버에 HTTP 요청을 보내지 않고 내비게이션을 수행하기 위해 브라우저의 URL을 조작하는 일이 필요하다. 웹 애플리케이션의 핵심 라우팅 기능은 BrowserRouter나 HashRouter 컴포넌트가 제공한다. 이들 컴포넌트를 가져올 때도 다음과 같이 관례적으로 Router라는 이름을 부여한다.

```
...
import { BrowserRouter as Router, Link, Switch, Route, Redirect }
  from "react-router-dom";
...
```

BrowserRouter는 HTML5 히스토리 API를 사용한다. 이 API는 라우팅을 위해 이 예제에서 봤던 http://localhost:3000/products 같은 형식의 정상적인 URL을 제공한다. 또한 BrowserRouter 컴포넌트는 작동 방법을 설정할 수 있는 prop을 제공한다. 표 21-7에서 그 prop을 정리했으며, 대부분의 경우 기본값을 사용하는 것이 무난하다.

표 21-7 BrowserRouter 컴포넌트의 prop

prop	설명
basename	예컨대, http://localhost:3000/myapp과 같이 애플리케이션이 URL의 루트에 있지 않을 경우에 사용된다.
getUserConfirmation	Prompt 컴포넌트로 내비게이션에 대한 사용자 확정을 받기 위해 사용될 함수를 지정한다. 자세한 내용은 22장에서 설명한다.

(이어짐)

prop	설명
forceRefresh	이 prop의 값이 true라면 HTTP 요청을 서버에 전송함으로써 내비게이션이 수행될 때 완전히 다시 로딩되게 한다. 이는 클라이언트 측 애플리케이션이 무거워짐을 의미하며, 따라서 브라우저가 히스토리 API를 사용할 수 없을 때 테스트 용도로만 사용해야 한다.
keyLength	각 내비게이션마다 고유의 키가 주어지는데, 이 prop은 키의 길이를 지정할 때 사용된다. 기본값은 6글자다. 키는 각 내비게이션 위치를 식별하기 위한 location 객체에 통합되는데, 자세한 내용은 22장에서 설명한다.
history	커스텀 history 객체를 사용할 수 있게 하며, 이 역시 22장에서 설명한다.

HashRouter 컴포넌트

히스토리 API를 지원하지 않는 오래된 브라우저에선 내비게이션의 세부 위치가 URL 끝의 해시(#) 문자 다음에 추가된다. 끝에 추가된 문자열을 URL 조각 식별자^{fragment identifier}라고 한다. HashRouter 컴포넌트는 조각 식별자를 사용하는 라우팅, 즉 해시 라우팅을 지원한다. 그럼 HashRouter를 사용하도록 Selector 컴포넌트를 리스트 21-16과 같이 변경하자.

리스트 21-16 src/Selector.js: HashRouter 컴포넌트 사용

```
import React, { Component } from "react";
import { HashRouter as Router, NavLink, Route, Switch, Redirect }
  from "react-router-dom";
import { ProductDisplay } from "./ProductDisplay";
import { SupplierDisplay } from "./SupplierDisplay";

export class Selector extends Component {

  // 편의상 다른 메서드들은 생략함
}
```

라우팅 컴포넌트를 가져올 때 as 키워드를 사용했으므로 오직 import 구문만 변경하면 된다. 파일을 저장하고 브라우저에서 http://localhost:3000을 방문하면 그림 21-11과 같이 URL의 형식이 변경됨을 알 수 있다.

▲ 그림 21-11 해시 라우팅 사용

보다시피 라우팅을 위한 URL의 일부분, 즉 조각 식별자가 해시 문자 다음에 위치한다.
URL 라우팅은 여전히 동일하게 작동한다. 다만 BrowserRouter 컴포넌트의 경우보다 URL
자체는 약간 부자연스러워 보인다. HashRouter 컴포넌트는 표 21-8에서 정리한 prop을
사용해 설정할 수 있다.

표 21-8 HashRouter 컴포넌트의 prop

prop	설명
basename	http://localhost:3000/myapp과 같이 애플리케이션이 URL의 루트에 있지 않을 경우에 사용된다.
getUserConfirmation	Prompt 컴포넌트로 내비게이션에 대한 사용자 확정을 받기 위해 사용될 함수를 지정한다. 자세한 내용은 22장에서 설명한다.
hashType	URL의 인코딩 스타일을 지정한다. 값이 slash이면 그림 21-11에서 봤던 URL 스타일이 적용된다. noslash이면 해시 뒤의 슬래시(/)가 생략된다. 마지막으로 hashbang이면 #!/products와 같이 해시 다음에 느낌표가 추가된다.

정리

21장에선 리액트 애플리케이션에 URL 라우팅 기능을 추가해주는 리액트 라우터 패키지의 사용법을 공부했다. 상태 데이터를 URL로 옮김으로써 애플리케이션을 간결하게 만드는 방법을 설명했다. 또한 Link와 Route 컴포넌트를 사용해 내비게이션 엘리먼트를 생성하고 URL 변경에 응답하는 방법도 알아봤다. 22장에선 고급 URL 라우팅을 설명한다.

고급 URL 라우팅

22장에선 리액트 라우터 패키지를 이용한 고급 URL 라우팅 기법을 설명한다. 구체적으로 라우팅 처리 과정에 관여하는 컴포넌트의 제작, 프로그래밍을 통한 내비게이션, 프로그래밍을 통한 라우트(경로) 생성, 데이터 스토어에 연결된 컴포넌트에서의 URL 라우팅 방법을 설명한다. 표 22–1에서 고급 URL 라우팅의 맥락을 정리했다.

표 22–1 고급 URL 라우팅의 맥락 잡기

질문	답변
그게 무엇인가?	고급 URL 기능은 프로그래밍의 방식으로 URL 라우팅 체계에 접근할 수 있게 한다.
왜 유용한가?	컴포넌트가 라우팅 체계와 현재 활성화된 라우트를 인식할 수 있다.
어떻게 사용하는가?	고급 라우팅 기능은 props를 통해 사용할 수 있다.
문제점이나 제약사항이 있는가?	고급 라우팅 기능을 컴포넌트에 제대로 통합하기 위해 주의를 기울여야 한다.
대체재가 있는가?	고급 라우팅 기능은 선택사항이다. 21장에서 설명한 표준 기능을 사용해도 되고, 아예 URL 라우팅을 사용하지 않아도 된다.

표 22-2에선 22장의 내용을 요약했다.

표 22-2 22장 요약

과제	해법	리스트 번호
라우팅 체계의 상세 내용 얻기	Route 컴포넌트가 제공하는 props를 사용하거나, withRouter라는 HOC를 사용한다.	3, 4, 10~12, 19~23
현재 내비게이션 위치에 관한 상세 내용 얻기	location prop을 사용한다.	5
현재 라우트로부터 URL 세그먼트 얻기	URL에 파라미터를 추가한다.	6~9
프로그래밍 방식의 내비게이션	history prop에 정의된 메서드를 사용한다.	13, 14
내비게이션하기 전에 프롬프트 띄우기	Prompt 컴포넌트를 사용한다.	15~17

준비 작업

22장에선 21장까지 수정한 productapp 프로젝트를 계속 사용한다. 먼저 22장의 준비를 위해 예제 애플리케이션이 사용하는 라우터를 HashRouter에서 다시 BrowserRouter로 변경해 내비게이션에 HTML5 히스토리 API가 사용되게 하자. 또한 NavLink와 Router 컴포넌트를 간결하게 만들자. 그렇게 하기 위해 Selector 컴포넌트를 리스트 22-1과 같이 변경한다.

> **🐝 팁**
>
> 이 책의 모든 예제 파일은 http://www.acornpub.co.kr/book/pro-react16에서 다운로드할 수 있다.

리스트 22-1 src/Selector.js: 라우터와 Route 변경

```
import React, { Component } from "react";
import { BrowserRouter as Router, NavLink, Route, Switch, Redirect }
  from "react-router-dom";
```

```
import { ProductDisplay } from "./ProductDisplay";
import { SupplierDisplay } from "./SupplierDisplay";

export class Selector extends Component {

  render() {
    return <Router>
            <div className="container-fluid">
              <div className="row">
                <div className="col-2">
                  <NavLink className="m-2 btn btn-block btn-primary"
                    activeClassName="active"
                    to="/products">Products</NavLink>
                  <NavLink className="m-2 btn btn-block btn-primary"
                    activeClassName="active"
                    to="/suppliers">Suppliers</NavLink>
                </div>
                <div className="col">
                  <Switch>
                    <Route path="/products" component={ ProductDisplay} />
                    <Route path="/suppliers" component={ SupplierDisplay } />
                    <Redirect to="/products" />
                  </Switch>
                </div>
              </div>
            </div>
          </Router>
  }
}
```

개발 도구를 시작하기 위해 명령 프롬프트에서 productapp 폴더로 이동해 리스트 22-2
의 명령을 실행하자.

리스트 22-2 개발 도구 실행

```
npm start
```

애플리케이션이 컴파일되면 개발 HTTP 서버가 시작된다. 또한 새 브라우저 창이 열리고
그림 22-1과 같은 콘텐츠가 나타날 것이다.

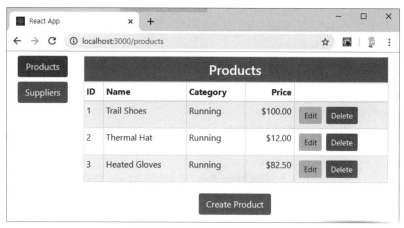

▲ 그림 22-1 실행된 예제 애플리케이션

라우팅 인식 컴포넌트

Route는 현재 라우트를 설명하는 컨텍스트 데이터와 내비게이션에 사용할 수 있는 API의 접근권을 제공함으로써, 컴포넌트가 현재 위치를 인식하고 라우팅에 참여할 수 있게 한다. component prop이 사용될 경우 Route는 그 데이터와 API를 match, location, history 라는 이름의 props로서 컴포넌트에 전달한다. render prop이 사용될 때는 render 함수가 match, location, history 프로퍼티를 갖는 객체를 받는데, 그 프로퍼티들의 값은 render props로 사용되는 객체들과 동일하다. 표 22-3에서 match, location, history prop을 정리했다.

표 22-3 Route 컴포넌트가 제공하는 prop

prop	설명
match	Route 컴포넌트가 브라우저의 현재 URL과 매칭하는 방법에 관한 정보를 제공한다.
location	현재의 위치를 나타내며, 문자열로 표현된 URL을 대신해 내비게이션에 사용될 수 있다.
history	내비게이션에 사용하는 API를 제공한다. '프로그래밍 방식의 내비게이션' 절에서 설명한다.

match prop

match prop은 부모 Route가 현재 URL과 매칭하는 방법에 관한 상세 정보를 제공한다. 21장에서 봤듯 하나의 Route는 여러 URL과 매칭할 수 있으며, 라우팅 인식 컴포넌트는 현재 URL의 자세한 내용이 필요할 수 있다. 이는 표 22-4에 정리한 프로퍼티들을 통해 가능하다.

표 22-4 match prop의 프로퍼티

프로퍼티	설명
url	Route와 매칭된 URL을 리턴한다.
path	URL 매칭에 사용된 path 값을 리턴한다.
params	URL의 세그먼트가 변수에 매핑되게 하는 라우트 파라미터들을 리턴한다. 이는 'URL 파라미터 사용' 절에서 설명한다.
isExact	라우트 경로가 URL과 정확히 일치하면 true를 리턴한다.

이와 같은 라우팅 props를 사용하기 위해 src 폴더 안에 routing이라는 폴더를 만들고 RouteInfo.js라는 파일을 만들어 리스트 22-3과 같이 match prop의 프로퍼티 값들을 보여주는 컴포넌트를 정의하자.

리스트 22-3 src/routing/RouteInfo.js

```
import React, { Component } from "react";

export class RouteInfo extends Component {

  renderTable(title, prop, propertyNames) {
    return <React.Fragment>
            <tr><th colSpan="2" className="text-center">{ title }</th></tr>
            { propertyNames.map(p =>
              <tr key={p }>
                <td>{ p }</td>
                <td>{ JSON.stringify(prop[p]) }</td>
              </tr>)
            }
          </React.Fragment>
  }
```

```
  render() {
    return <div className="bg-info m-2 p-2">
            <h4 className="text-white text-center">Route Info</h4>
            <table className="table table-sm table-striped bg-light">
              <tbody>
                { this.renderTable("Match", this.props.match,
                  ["url", "path", "params", "isExact"] )}
              </tbody>
            </table>
          </div>
  }
}
```

RouteInfo 컴포넌트는 match prop의 url, path, params, isExact 프로퍼티를 테이블 안에
서 보여주며, 추후 다른 라우팅 props로부터의 상세 정보를 추가하기 쉽게 해준다. 프로
퍼티들은 모두 직렬화했는데, 그 값들이 글자 그대로 사용되면 문제를 일으키는 객체와
불리언의 혼합체들이기 때문이다. 이제 리스트 22-4와 같이 RouteInfo 컴포넌트를 보여
주는 Route와 내비게이션 링크를 Selector 컴포넌트에 추가하자.

리스트 22-4 src/Selector.js: Route 추가

```
import React, { Component } from "react";
import { BrowserRouter as Router, NavLink, Route, Switch, Redirect }
  from "react-router-dom";
import { ProductDisplay } from "./ProductDisplay";
import { SupplierDisplay } from "./SupplierDisplay";
import { RouteInfo } from "./routing/RouteInfo";

export class Selector extends Component {

  render() {
    return <Router>
            <div className="container-fluid">
              <div className="row">
                <div className="col-2">
                  <NavLink className="m-2 btn btn-block btn-primary"
                    activeClassName="active"
                    to="/products">Products</NavLink>
                  <NavLink className="m-2 btn btn-block btn-primary"
```

```
                    activeClassName="active"
                    to="/suppliers">Suppliers</NavLink>
                  <NavLink className="m-2 btn btn-block btn-primary"
                    activeClassName="active" to="/info">Route Info</NavLink>
                </div>
                <div className="col">
                  <Switch>
                    <Route path="/products" component={ ProductDisplay} />
                    <Route path="/suppliers" component={ SupplierDisplay } />
                    <Route path="/info" component={ RouteInfo } />
                    <Redirect to="/products" />
                  </Switch>
                </div>
              </div>
            </div>
          </Router>
        }
      }
```

이제 파일을 저장하고 Route Info 링크를 클릭하면 그림 22-2와 같이 match prop의 상세
정보를 볼 수 있을 것이다. 보다시피 Route 컴포넌트의 path prop 값인 /info가 새
NavLink 컴포넌트의 URL의 값인 /info와 매칭됐음을 알 수 있다. match prop이 제공하는
정보는 고급 라우팅 기능에 더 유용한데, 특히 'URL 파라미터 사용' 절에서 설명할 URL
파라미터를 사용할 때 그렇다.

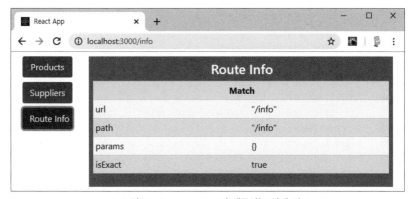

▲ 그림 22-2 match prop이 제공하는 상세 정보

location prop

location 객체는 내비게이션 위치를 나타낼 때 사용된다. prop으로서의 location 객체는 현재 위치를 기술하며, 표 22-5와 같은 프로퍼티들을 갖는다.

표 22-5 location prop의 프로퍼티

프로퍼티	설명
key	위치를 식별할 수 있는 키를 리턴한다.
pathname	위치의 경로를 리턴한다.
search	위치 URL의 쿼리 스트링(query string, ? 문자 다음의 파라미터)을 리턴한다.
hash	위치 URL의 URL 조각(# 문자 다음의 URL)을 리턴한다.
state	임의의 데이터를 위치에 연결할 때 사용된다.

location prop의 프로퍼티들은 match prop의 프로퍼티들과 일부 중복된다. 그러나 Link, NavLink, Redirect 컴포넌트의 to prop의 값을 문자열로 지정하는 대신 location 객체를 유지하면서 위치를 참조한다는 아이디어가 다르다. 리스트 22-5에선 RouteInfo가 보여주는 데이터에 location prop을 추가하고, Link 엘리먼트의 내비게이션 대상에 location 객체를 사용하게 했다.

리스트 22-5 src/routing/RouteInfo.js: location prop 사용

```
import React, { Component } from "react";
import { Link } from "react-router-dom";

export class RouteInfo extends Component {

  renderTable(title, prop, propertyNames) {
    return <React.Fragment>
            <tr><th colSpan="2" className="text-center">{ title }</th></tr>
            { propertyNames.map(p =>
              <tr key={p }>
                <td>{ p }</td>
                <td>{ JSON.stringify(prop[p]) }</td>
              </tr>)
            }
          </React.Fragment>
```

```
      }

  render() {
    return <div className="bg-info m-2 p-2">
             <h4 className="text-white text-center">Route Info</h4>
             <table className="table table-sm table-striped bg-light">
               <tbody>
                 { this.renderTable("Match", this.props.match,
                   ["url", "path", "params", "isExact"] )}
                 { this.renderTable("Location", this.props.location,
                   ["key", "pathname", "search", "hash", "state"] )}
               </tbody>
             </table>
             <div className="text-center m-2 bg-light">
               <Link className="btn btn-primary m-2"
                 to={ this.props.location }>Location</Link>
             </div>
           </div>
  }
}
```

이제 그림 22-3과 같이 location prop의 상세 정보와 새로운 Link 컴포넌트를 볼 수 있다.

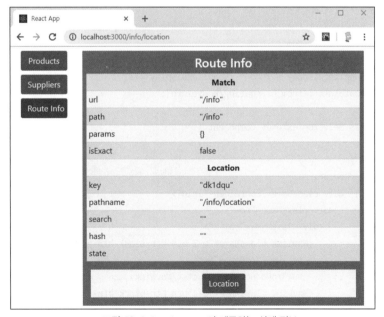

▲ 그림 22-3 location prop이 제공하는 상세 정보

오직 현재 위치로만 내비게이션을 하는 지금 상황에서 Link 컴포넌트의 **to** prop의 값으로 location prop을 사용하는 방법이 특별히 유용해 보이지 않을 것이다. 그러나 앞으로 알게 되겠지만 컴포넌트는 복수의 라우트에 응답할 수 있으며, 시간이 지나면서 여러 위치들을 받을 수도 있다. 그런 경우엔 URL을 문자열로 표현할 때보다 location 객체를 사용하는 방법이 훨씬 유용하며 편리하다.

URL 파라미터 사용

URL 라우팅 체계를 인식하는 컴포넌트는 종종 자신의 동작을 현재 URL에 적응시킬 필요가 있다. 리액트 라우터 패키지는 URL 파라미터[URL parameter]를 지원한다. URL 파라미터는 컴포넌트가 읽을 수 있는 변수에 URL 세그먼트 콘텐츠를 할당함으로써, URL을 파싱하거나 그 구조를 파악하지 않아도 현재의 위치에 응답할 수 있게 한다. 리스트 22-6에선 Route의 path에 URL 파라미터를 포함시키고 Link 컴포넌트가 이를 대상으로 삼게 했다.

리스트 22-6 src/Selector.js: URL 파라미터 정의

```
import React, { Component } from "react";
import { BrowserRouter as Router, NavLink, Route, Switch, Redirect }
  from "react-router-dom";
import { ProductDisplay } from "./ProductDisplay";
import { SupplierDisplay } from "./SupplierDisplay";
import { RouteInfo } from "./routing/RouteInfo";

export class Selector extends Component {

  render() {
    return <Router>
            <div className="container-fluid">
              <div className="row">
                <div className="col-2">
                  <NavLink className="m-2 btn btn-block btn-primary"
                    activeClassName="active"
                    to="/products">Products</NavLink>
                  <NavLink className="m-2 btn btn-block btn-primary"
```

```
          activeClassName="active"
          to="/suppliers">Suppliers</NavLink>
        <NavLink className="m-2 btn btn-block btn-primary"
          activeClassName="active"
          to="/info/match">Match</NavLink>
        <NavLink className="m-2 btn btn-block btn-primary"
          activeClassName="active"
          to="/info/location">Location</NavLink>
      </div>
      <div className="col">
        <Switch>
          <Route path="/products" component={ ProductDisplay } />
          <Route path="/suppliers" component={ SupplierDisplay } />
          <Route path="/info/:datatype" component={ RouteInfo } />
          <Redirect to="/products" />
        </Switch>
      </div>
    </div>
  </Router>
}
}
```

URL 파라미터는 콜론(:)으로 시작하는, path prop의 세그먼트로서 지정된다. 이 예제에선 Route의 path prop에 datatype이라는 URL 파라미터를 포함시켰다.

```
...
<Route path="/info/:datatype" component={ RouteInfo } />
...
```

Route가 URL 매칭을 하면 URL의 두 번째 세그먼트 값이 datatype이라는 URL 파라미터에 할당되며, 이는 다시 match prop의 params 프로퍼티를 통해 RouteInfo 컴포넌트에 전달될 것이다. 이제 화면에서 내비게이션 링크를 클릭하면 그림 22-4와 같이 각기 다른 params의 값을 볼 수 있을 것이다.

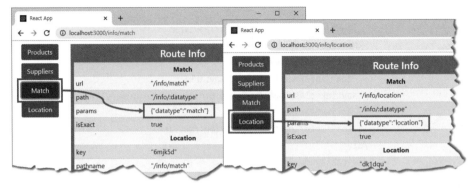

▲ 그림 22-4 match prop을 통해 URL 파라미터 받기

URL이 /info/match라면 datatype 파라미터의 값은 match다. 마찬가지로 URL이 /info/
location이라면 datatype 파라미터의 값은 location이다. 리스트 22-7은 사용자에게 보
여줄 컨텍스트 데이터를 datatype prop을 사용해 선택하는 RouteInfo 컴포넌트다.

리스트 22-7 src/routing/RouteInfo.js: URL 파라미터 prop 사용

```
import React, { Component } from "react";
import { Link } from "react-router-dom";

export class RouteInfo extends Component {

  renderTable(title, prop, propertyNames) {
    return <React.Fragment>
             <tr><th colSpan="2" className="text-center">{ title }</th></tr>
             { propertyNames.map(p =>
               <tr key={p }>
                 <td>{ p }</td>
                 <td>{ JSON.stringify(prop[p]) }</td>
               </tr>)
             }
           </React.Fragment>
  }

  render() {
    return <div className="bg-info m-2 p-2">
             <h4 className="text-white text-center">Route Info</h4>
```

```
<table className="table table-sm table-striped bg-light">
  <tbody>
    { this.props.match.params.datatype ==="match"
      && this.renderTable("Match", this.props.match,
        ["url", "path", "params", "isExact"] )}
    { this.props.match.params.datatype === "location"
      && this.renderTable("Location", this.props.location,
        ["key", "pathname", "search", "hash", "state"] )}
  </tbody>
</table>
<div className="text-center m-2 bg-light">
  <Link className="btn btn-primary m-2"
    to={ this.props.location }>Location</Link>
</div>
</div>
  }
}
```

컴포넌트는 라우팅 props의 일부로서 URL 파라미터를 받아 다른 prop과 마찬가지로 사용한다. 리스트 22-7에선 URL 파라미터인 datatype의 값이 match나 location 객체를 보여주는 인라인 표현식으로 사용돼 그림 22-5와 같은 결과를 보여준다.

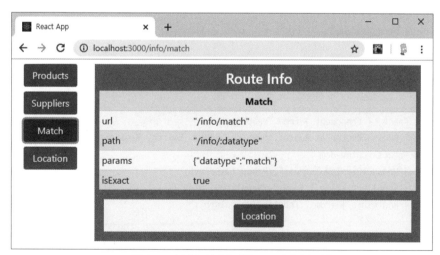

▲ 그림 22-5 콘텐츠 선택에 따른 URL 파라미터 사용

선택적 URL 파라미터

앞서 URL 파라미터를 사용함으로써 /info URL은 더 이상 Route 컴포넌트에 의해 매칭되
지 않게 됐다. 이는 또 다른 Route를 추가해 해결할 수도 있지만, 좀 더 세련된 방법은 선
택적 파라미터를 사용하는 것이다. 선택적 파라미터는 일치하는 세그먼트가 없는 URL이
라도 경로에 매칭될 수 있게 한다. 리스드 22-8에선 /info URL로 내비게이션하는
NavLink를 추가하고 Route 컴포넌트의 path를 수정해 datatype을 선택적 파라미터로 만들
었다.

리스트 22-8 src/Selector.js: 선택적 URL 파라미터 사용

```
import React, { Component } from "react";
import { BrowserRouter as Router, NavLink, Route, Switch, Redirect }
  from "react-router-dom";
import { ProductDisplay } from "./ProductDisplay";
import { SupplierDisplay } from "./SupplierDisplay";
import { RouteInfo } from "./routing/RouteInfo";

export class Selector extends Component {

  render() {
```

```
    return <Router>
        <div className="container-fluid">
          <div className="row">
            <div className="col-2">
              <NavLink className="m-2 btn btn-block btn-primary"
                activeClassName="active"
                to="/products">Products</NavLink>
              <NavLink className="m-2 btn btn-block btn-primary"
                activeClassName="active"
                to="/suppliers">Suppliers</NavLink>
              <NavLink className="m-2 btn btn-block btn-primary"
                activeClassName="active"
                to="/info/match">Match</NavLink>
              <NavLink className="m-2 btn btn-block btn-primary"
                activeClassName="active"
                to="/info/location">Location</NavLink>
              <NavLink className="m-2 btn btn-block btn-primary"
                activeClassName="active" to="/info">All Info</NavLink>
            </div>
            <div className="col">
              <Switch>
                <Route path="/products" component={ ProductDisplay} />
                <Route path="/suppliers" component={ SupplierDisplay } />
                <Route path="/info/:datatype?" component={ RouteInfo } />
                <Redirect to="/products" />
              </Switch>
            </div>
          </div>
        </div>
      </Router>
  }
}
```

선택적 URL 파라미터는 파라미터 이름 뒤에 물음표(?)와 함께 표현한다. 따라서
datatype?은 일치하는 세그먼트가 URL에 없을 경우 datatype이라는 이름이 부여되는 선
택적 파라미터다. 그렇다 하더라도 경로는 여전히 매칭되지만 datatype의 값은 없다. 리
스트 22-9는 datatype 값이 없을 경우 match와 location 객체의 상세 정보를 모두 보여주
도록 수정한 RouteInfo 컴포넌트다.

리스트 22-9 src/routing/RouteInfo.js: 선택적 URL 파라미터 처리

```jsx
import React, { Component } from "react";
import { Link } from "react-router-dom";

export class RouteInfo extends Component {

  renderTable(title, prop, propertyNames) {
    return <React.Fragment>
            <tr><th colSpan="2" className="text-center">{ title }</th></tr>
            { propertyNames.map(p =>
              <tr key={p }>
                <td>{ p }</td>
                <td>{ JSON.stringify(prop[p]) }</td>
              </tr>)
            }
          </React.Fragment>
  }

  render() {
    return <div className="bg-info m-2 p-2">
            <h4 className="text-white text-center">Route Info</h4>
            <table className="table table-sm table-striped bg-light">
              <tbody>
                { (this.props.match.params.datatype === undefined ||
                    this.props.match.params.datatype ==="match")
                  && this.renderTable("Match", this.props.match,
                    ["url", "path", "params", "isExact"] )}
                { (this.props.match.params.datatype === undefined ||
                    this.props.match.params.datatype === "location")
                  && this.renderTable("Location", this.props.location,
                    ["key", "pathname", "search", "hash", "state"] )}
              </tbody>
            </table>
```

```
            <div className="text-center m-2 bg-light">
                <Link className="btn btn-primary m-2"
                    to={ this.props.location }>Location</Link>
            </div>
        </div>
    }
}
```

일치하는 URL 세그먼트가 없을 경우 datatype의 값은 undefined가 된다. 여기선 선택적
URL 파라미터를 사용해 Route 컴포넌트를 추가로 사용하지 않아도 넓은 범위의 URL에
응답할 수 있게 했다.

다른 컴포넌트에서 라우팅 데이터 접근

Route는 화면에 보여줄 컴포넌트에 props를 추가할 수 있지만, 컴포넌트의 자손을 포함
한 그 외의 컴포넌트에게 props를 직접 제공하지는 못한다. 리액트 라우터 패키지는
prop 스레딩을 방지하기 위해 자손 컴포넌트가 라우팅 데이터에 접근할 수 있는 두 가지
방법을 제공한다. 지금부터 이에 대해 알아보자.

라우팅 데이터의 직접 접근

라우팅 데이터에 접근하는 가장 직접적인 방법은 render 메서드 안에서 Route를 사용하
는 것이다. 이를 실습하기 위해 src/routing 폴더 안에 ToggleLink.js라는 파일을 만들
어 리스트 22-10과 같이 컴포넌트를 정의하자.

> 🐝 팁
>
> 1부의 SportsStore 애플리케이션에서 활성화된 라우트를 강조하기 위해 사용했던 컴포넌트와 동일
> 하다.

```
import React, { Component } from "react";
import { Route, Link } from "react-router-dom";

export class ToggleLink extends Component {

  render() {
    return <Route path={ this.props.to } exact={ this.props.exact }
            children={ routeProps => {

                const baseClasses = this.props.className || "m-2 btn btn-block";
                const activeClass = this.props.activeClass || "btn-primary";
                const inActiveClass = this.props.inActiveClass || "btn-secondary"

                const combinedClasses =
                  `${baseClasses} ${routeProps.match ? activeClass : inActiveClass}`

                return <Link to={ this.props.to } className={ combinedClasses }>
                        { this.props.children }
                       </Link>
            }} />
  }
}
```

Route 컴포넌트의 children prop은 현재 URL과 관계없이 콘텐츠 렌더링에 사용되며, 라우팅 컨텍스트 데이터를 받는 함수에 할당된다. path prop은 관심의 대상인 URL의 표시에 사용되며, 현재 URL이 path와 매칭되면 children 함수에 전달된 routeProps 객체는 표22-4에서 설명했던 프로퍼티들을 정의한 match 객체를 포함한다.

ToggleLink 컴포넌트는 NavLink 컴포넌트와 부트스트랩 CSS 프레임워크 사이에서 발생하는 사소한 허점 하나를 해결해준다. NavLink는 경로가 일치할 때 앵커 엘리먼트에 클래스를 추가하고, 나머지 시간에는 클래스를 제거함으로써 작동한다. 이는 CSS 스타일시트에 정의된 클래스의 순서로 인해 일부 부트스트랩 클래스와의 조합에 있어서 문제를 야기한다. 예컨대, btn-primary 같은 일부 클래스는 btn-secondary 같은 연관된 클래스가 제거되기 전까지는 효과를 내지 못한다.

ToggleLink 컴포넌트는 match 객체가 존재할 땐 활성화 클래스를, 그렇지 않을 땐 비활성화 클래스를 추가함으로써 이 문제를 해결한다.

```
...
const combinedClasses =
  `${baseClasses} ${routeProps.match ? activeClass : inActiveClass}`
...
```

Link는 여전히 내비게이션 엘리먼트를 생성하며 그 클릭에 응답하지만, ToggleLink 컴포넌트에 의해 스타일이 적용돼 부트스트랩 CSS 클래스를 자유롭게 쓸 수 있게 한다. 리스트 22-11에선 Selector 컴포넌트의 각 NavLink를 ToggleLink로 대체했다.

리스트 22-11 src/Selector.js: 내비게이션 컴포넌트 대체

```
import React, { Component } from "react";
import { BrowserRouter as Router, Route, Switch, Redirect }
  from "react-router-dom";
import { ProductDisplay } from "./ProductDisplay";
import { SupplierDisplay } from "./SupplierDisplay";
import { RouteInfo } from "./routing/RouteInfo";
import { ToggleLink } from "./routing/ToggleLink";

export class Selector extends Component {

  render() {
    return <Router>
            <div className="container-fluid">
              <div className="row">
                <div className="col-2">
                  <ToggleLink to="/products">Products</ToggleLink>
                  <ToggleLink to="/suppliers">Suppliers</ToggleLink>
                  <ToggleLink to="/info/match">Match</ToggleLink>
                  <ToggleLink to="/info/location">Location</ToggleLink>
                  <ToggleLink to="/info" exact={ true }>All Info</ToggleLink>
                </div>
                <div className="col">
                  <Switch>
                    <Route path="/products" component={ ProductDisplay} />
                    <Route path="/suppliers" component={ SupplierDisplay } />
```

```
                    <Route path="/info/:datatype?" component={ RouteInfo } />
                    <Redirect to="/products" />
                </Switch>
            </div>
        </div>
    </div>
</Router>
        }
    }
```

여기선 리스트 22-10에서 지정한 기본 클래스를 사용했다. 활성화된 내비게이션 버튼엔
btn-primary 클래스가 추가되고 그렇지 않은 버튼엔 btn-secondary 클래스가 추가돼, 그
림 22-6과 같은 결과를 볼 수 있다.

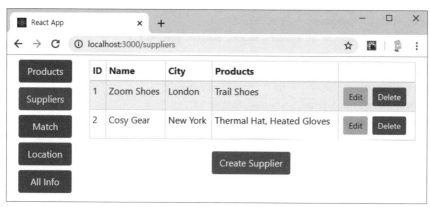

▲ 그림 22-6 라우팅 데이터의 직접 접근

HOC를 사용한 라우팅 데이터 집근

withRouter 함수는 Route를 직접 사용하지 않고 라우팅 체계에 접근할 수 있게 하는
(withRouter 자신은 내부적으로 Route를 사용하지만) HOC다. withRouter에 컴포넌트가 전달되
면 마치 component prop을 사용해 Route에 의해 직접 렌더링된 것처럼 match, location,
history 객체를 props로서 받는다. 이는 Route를 렌더링하는 컴포넌트의 작성을 대신할
수 있는 편리한 방법이다. 리스트 22-12에선 withRouter 함수를 사용해 RouteInfo 컴포

넌트가 Route의 외부에서 사용되게 했다.

리스트 22-12 src/Selector.js: withRouter HOC 사용

```
import React, { Component } from "react";
import { BrowserRouter as Router, Route, Switch, Redirect, withRouter }
  from "react-router-dom";
import { ProductDisplay } from "./ProductDisplay";
import { SupplierDisplay } from "./SupplierDisplay";
import { RouteInfo } from "./routing/RouteInfo";
import { ToggleLink } from "./routing/ToggleLink";

const RouteInfoHOC = withRouter(RouteInfo)

export class Selector extends Component {

  render() {
    return <Router>
            <div className="container-fluid">
              <div className="row">
                <div className="col-2">
                  <ToggleLink to="/products">Products</ToggleLink>
                  <ToggleLink to="/suppliers">Suppliers</ToggleLink>
                  <ToggleLink to="/info/match">Match</ToggleLink>
                  <ToggleLink to="/info/location">Location</ToggleLink>
                  <ToggleLink to="/info" exact={ true }>All Info</ToggleLink>
                </div>
                <div className="col">
                  <RouteInfoHOC />
                  <Switch>
                    <Route path="/products" component={ ProductDisplay} />
                    <Route path="/suppliers" component={ SupplierDisplay } />
                    <Route path="/info/:datatype?" component={ RouteInfo } />
                    <Redirect to="/products" />
                  </Switch>
                </div>
              </div>
            </div>
          </Router>
  }
}
```

withRouter 함수는 Route가 보여줄 필요가 없는 경우에도 RouteInfo 컴포넌트에 데이터를 제공한다. 그 결과 match와 location 객체의 상세 정보는 그림 22-7과 같이 늘 보이게 된다.

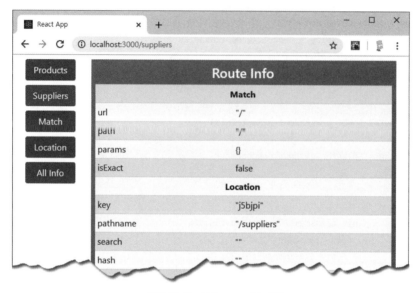

▲ 그림 22-7 withRouter HOC 사용

withRouter 함수는 경로의 매칭을 지원하지 않는다. 이는 match 객체가 별로 쓸모가 없다는 뜻이다. 반면에 location 객체는 애플리케이션의 현재 위치에 관한 상세 정보를 제공하며, history 객체는 다음 절에서 설명할 프로그래밍 방식의 내비게이션에 사용된다.

프로그래밍 방식의 내비게이션

모든 내비게이션에 Link나 NavLink 컴포넌트를 사용해야 하는 것은 아니다. 특히 애플리케이션이 어떤 이벤트의 응답으로 내부 작업을 수행한 다음에 내비게이션을 해야 하는 경우엔 더욱 그렇다. history 객체는 프로그래밍 방식으로 라우팅 체계에 접근할 수 있는 API를 제공하는데, 이에 사용되는 메서드들은 표 22-6에 정리했다. history 객체는 애플리케이션이 HTML5 히스토리 API나 URL 조각을 사용하는지에 관계없이 일관된 인터페이스를 제공한다.

표 22-6 history 객체의 메서드

메서드	설명
push(path)	지정된 경로로 내비게이션을 하며, 브라우저의 히스토리에 항목을 추가한다. location. state 프로퍼티를 통해 사용할 수 있는 상태 프로퍼티를 추가로 전달할 수 있다.
replace(path)	지정된 경로로 내비게이션을 하며, 브라우저의 히스토리에 항목을 추가하지 않고 현재의 위치를 대체한다. location.state 프로퍼티를 통해 사용할 수 있는 상태 프로퍼티를 추가로 전달할 수 있다.
goBack()	브라우저 히스토리에 있어서의 이전 위치로 내비게이션한다.
goForward()	브라우저 히스토리에 있어서의 다음 위치로 내비게이션한다.
go(n)	현재 위치를 기준으로 브라우저 히스토리에 있어서 n번째 위치로 내비게이션한다. n이 양수이면 앞으로, 음수이면 뒤로 이동한다.
block(prompt)	Prompt 컴포넌트로 사용자 확정을 받기 전까지 내비게이션을 중지한다. '내비게이션의 사용자 확정' 절에서 설명한다.

그럼 이벤트 핸들러가 프로그래밍 방식으로 내비게이션을 하는 버튼으로 기존의 Link를 대체하도록 ToggleLink 컴포넌트를 리스트 22-13과 같이 변경하자.

리스트 22-13 src/routing/ToggleLink.js: 프로그래밍 방식의 내비게이션

```
import React, { Component } from "react";
import { Route } from "react-router-dom";

export class ToggleLink extends Component {

  handleClick = (history) => {
    history.push(this.props.to);
  }

  render() {
    return <Route path={ this.props.to } exact={ this.props.exact }
            children={ routeProps => {
                const baseClasses = this.props.className || "m-2 btn btn-block";
                const activeClass = this.props.activeClass || "btn-primary";
                const inActiveClass = this.props.inActiveClass || "btn-secondary"
```

```
          const combinedClasses =
            `${baseClasses} ${routeProps.match ? activeClass : inActiveClass}`

          return <button className={ combinedClasses }
                    onClick={ () => this.handleClick(routeProps.history) }>
                    {this.props.children}
                 </button>
        }} />
    }
  }
```

onClick 핸들러는 Route 컴포넌트로부터 받은 history 객체를 handleClick 메서드에 전달
한다. handleClick 메서드는 push 메서드를 사용해 to prop에 지정된 위치로 내비게이션
이 되게 한다. 원래의 Link 컴포넌트가 렌더링했던 앵커 엘리먼트 역시 버튼 스타일이었
기 때문에, 지금 이 코드의 결과는 이전과 다르게 보이지 않을 것이다. 그러나 ToggleLink
컴포넌트는 이제 내비게이션을 직접 처리하게 됐다.

컴포넌트를 사용한 프로그래밍 방식의 내비게이션

history 객체를 사용하지 않는 다른 방법은 내비게이션을 수행하는 컴포넌트를 렌더링하
는 것이다. 리스트 22–14에선 버튼 엘리먼트가 클릭되면 상태 데이터를 갱신해 Redirect
가 렌더링되도록 ToggleLink 컴포넌트를 변경했다.

리스트 22–14 src/routing/ToggleLink.js: 컴포넌트를 사용한 내비게이션

```
import React, { Component } from "react";
import { Route, Redirect } from "react-router-dom";

export class ToggleLink extends Component {

  constructor(props) {
    super(props);
    this.state = {
      doRedirect: false
    }.
  }
```

```
handleClick = () => {
  this.setState({ doRedirect: true },
    () => this.setState({ doRedirect: false }));
}

render() {
  return <Route path={ this.props.to } exact={ this.props.exact }
           children={ routeProps => {

             const baseClasses = this.props.className || "m-2 btn btn-block";
             const activeClass = this.props.activeClass || "btn-primary";
             const inActiveClass = this.props.inActiveClass || "btn-secondary"

             const combinedClasses =
               `${baseClasses} ${routeProps.match ? activeClass : inActiveClass}`

             return <React.Fragment>
               { this.state.doRedirect && <Redirect to={ this.props.to } /> }
               <button className={ combinedClasses } onClick={ this.handleClick }>
                 {this.props.children}
               </button>
             </React.Fragment>
           }} />
  }
}
```

버튼이 클릭되면 doRedirect 프로퍼티의 값이 true로 바뀌며, 이는 Redirect 컴포넌트의
렌더링을 야기한다. 그다음엔 doRedirect 프로퍼티는 자동으로 다시 false로 돌아감으로
써 컴포넌트의 정상 콘텐츠가 다시 렌더링되게 한다. 이 코드 역시 결과는 이전과 다르지
않다. 어떤 내비게이션 방법을 사용할지는 개인의 스타일과 선호도에 따라 선택하기 바
란다.

내비게이션의 사용자 확정

Prompt를 렌더링함으로써 내비게이션을 일시 정지할 수 있다. Prompt는 사용자의 확정이
나 취소를 받는 절차로서, 실수로 폼 데이터를 잃는 상황을 방지하기 위해 자주 사용된
다. 표 22-7에서 Prompt 컴포넌트가 지원하는 prop을 정리했다.

표 22-7 Prompt 컴포넌트의 prop

prop	설명
message	사용자에게 보여줄 메시지를 정의한다. 문자열로 직접 표현해도 되며, 또는 location 객체를 받고 문자열을 리턴하는 함수로 표현해도 된다.
when	값이 true일 때 사용자에게 확정을 요구하는 대화상자, 즉 프롬프트를 띄운다. 조건에 따라 내비게이션을 일시 정지할 수 있다는 뜻이다.

오직 하나의 Prompt만 사용되며 렌더링되는 위치는 상관이 없다. 사용자에게 내비게이션 확정을 요구하는 시점, 즉 애플리케이션이 다른 위치로 변경하려고 하기 전까지 Prompt 가 하는 일은 없기 때문이다.

> ⓧ 팁
>
> Prompt는 단 하나만 필요하며, ToggleLink와 같이 내비게이션을 수행하는 컴포넌트 안에 추가로 Prompt 인스턴스를 렌더링하면 안 된다. 그렇지 않으면 자바스크립트 콘솔에서 경고 메시지를 받게 될 것이다.

리스트 22-15 src/Selector.js: 사용자 확정 받기

```
import React, { Component } from "react";
import { BrowserRouter as Router, Route, Switch, Redirect, withRouter, Prompt }
  from "react-router-dom";
import { ProductDisplay } from "./ProductDisplay";
import { SupplierDisplay } from "./SupplierDisplay";
import { RouteInfo } from "./routing/RouteInfo";
import { ToggleLink } from "./routing/ToggleLink";

const RouteInfoHOC = withRouter(RouteInfo)

export class Selector extends Component {

  render() {
    return <Router>
            <div className="container-fluid">
              <div className="row">
                <div className="col-2">
```

```
              <ToggleLink to="/products">Products</ToggleLink>
              <ToggleLink to="/suppliers">Suppliers</ToggleLink>
              <ToggleLink to="/info/match">Match</ToggleLink>
              <ToggleLink to="/info/location">Location</ToggleLink>
              <ToggleLink to="/info" exact={ true }>All Info</ToggleLink>
            </div>
            <div className="col">
              <Prompt message={ loc =>
                `Do you want to navigate to ${loc.pathname}`} />
              <RouteInfoHOC />
              <Switch>
                <Route path="/products" component={ ProductDisplay} />
                <Route path="/suppliers" component={ SupplierDisplay } />
                <Route path="/info/:datatype?" component={ RouteInfo } />
                <Redirect to="/products" />
              </Switch>
            </div>
          </div>
        </div>
      </Router>
    }
  }
```

Prompt의 효과를 보기 위해 ToggleLink 컴포넌트가 렌더링한 버튼 하나를 클릭하자. 그러
면 그림 22-8과 같이 내비게이션 확정을 요구하는 프롬프트를 볼 수 있을 것이다.

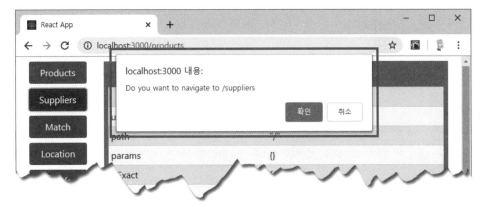

▲ 그림 22-8 내비게이션 확정 프롬프트

커스텀 내비게이션 프롬프트

BrowserRouter와 HashRouter 컴포넌트는 기본 프롬프트를 커스텀 함수로 대체할 때 사용할 수 있는 getUserConfirmation prop을 제공한다. 그럼 프롬프트를 애플리케이션 콘텐츠와 함께 인라인으로 보여주기 위해 src/routing 폴더에서 CustomPrompt.js라는 파일을 만들어 리스트 22-16과 같은 컴포넌트를 정의하자.

리스트 22-16 src/routing/CustomPrompt.js

```
import React, { Component } from "react";

export class CustomPrompt extends Component {

    render() {
        if (this.props.show) {
            return <div className="alert alert-warning m-2 text-center">
                    <h4 className="alert-heading">Navigation Warning</h4>
                    { this.props.message }
                    <div className="p-1">
                        <button className="btn btn-primary m-1"
                            onClick={ () => this.props.callback(true) }>
                            Yes
                        </button>
                        <button className="btn btn-secondary m-1"
                            onClick={ () => this.props.callback(false )}>
                            No
                        </button>
                    </div>
                </div>
        }
        return null;
    }
}
```

CustomPrompt 컴포넌트는 메시지뿐만 아니라, 내비게이션을 진행하거나 중단할 콜백 함수를 호출하는 Yes와 No 버튼을 사용자에게 보여준다. 리스트 22-17에선 확정 절차의 관리를 위해 필요한 상태 데이터와 함께 CustomPrompt를 Selector 컴포넌트에 적용했다.

```
import React, { Component } from "react";
import { BrowserRouter as Router, Route, Switch, Redirect, withRouter, Prompt }
  from "react-router-dom";
import { ProductDisplay } from "./ProductDisplay";
import { SupplierDisplay } from "./SupplierDisplay";
import { RouteInfo } from "./routing/RouteInfo";
import { ToggleLink } from "./routing/ToggleLink";
import { CustomPrompt } from "./routing/CustomPrompt";

const RouteInfoHOC = withRouter(RouteInfo)

export class Selector extends Component {

  constructor(props) {
    super(props);
    this.state = {
      showPrompt: false,
      message: "",
      callback: () => {}
    }
  }

  customGetUserConfirmation = (message, navCallback) => {
    this.setState({
      showPrompt: true, message: message,
      callback: (allow) => { navCallback(allow);
        this.setState({ showPrompt: false}) }
    });
  }

  render() {
    return <Router getUserConfirmation={ this.customGetUserConfirmation }>
            <div className="container-fluid">
              <div className="row">
                <div className="col-2">
                  <ToggleLink to="/products">Products</ToggleLink>
                  <ToggleLink to="/suppliers">Suppliers</ToggleLink>
                  <ToggleLink to="/info/match">Match</ToggleLink>
                  <ToggleLink to="/info/location">Location</ToggleLink>
                  <ToggleLink to="/info" exact={ true }>All Info</ToggleLink>
                </div>
                <div className="col">
```

```
            <CustomPrompt show={ this.state.showPrompt }
              message={ this.state.message }
              callback={ this.state.callback } />
            <Prompt message={ loc =>
              `Do you want to navigate to ${loc.pathname}?`} />
            <RouteInfoHOC />
            <Switch>
              <Route path="/products" component={ ProductDisplay} />
              <Route path="/suppliers" component={ SupplierDisplay } />
              <Route path="/info/:datatype?" component={ RouteInfo } />
              <Redirect to="/products" />
            </Switch>
          </div>
        </div>
      </div>
    </Router>
  }
}
```

BrowserRouter와 HashRouter가 지원하는 getUserConfirmation prop엔 사용자에게 보여줄
메시지와 사용자의 결정으로 호출될 콜백을 받는 함수가 할당된다. 콜백의 값이 true라
면 내비게이션이 진행되며, false라면 내비게이션이 중단된다. 리스트 22-17에선
getUserConfirmation prop이 customGetUserConfirmation 메서드를 호출하며, 이 메서드는
CustomPrompt의 props에 사용되는 상태 데이터를 갱신한다. 그 결과 그림 22-9와 같은
프롬프트가 사용자에게 보인다.

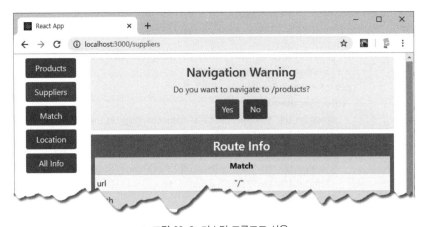

▲ 그림 22-9 커스텀 프롬프트 사용

프로그래밍 방식의 라우트 생성

Selector 컴포넌트는 ToggleLink와 Route 컴포넌트를 사용해 애플리케이션이 지원하는 URL과 관련 콘텐츠 사이를 연결한다. 그러나 이는 URL 라우팅을 적용하기 전의 애플리케이션 작동 방식은 아니었다. 대신 다음과 같이 App 컴포넌트는 Selector를 컨테이너로 취급하며 자식 콘텐츠를 제공했었다.

```
import React, { Component } from "react";
import { Provider } from "react-redux";
import dataStore from "./store";
import { Selector } from "./Selector";
import { ProductDisplay } from "./ProductDisplay";
import { SupplierDisplay } from "./SupplierDisplay";

export default class App extends Component {

  render() {
    return <Provider store={ dataStore }>
            <Selector>
              <ProductDisplay name="Products" />
              <SupplierDisplay name="Suppliers" />
            </Selector>
          </Provider>
  }
}
```

자식에 관한 하드코딩된 지식 없이 서비스를 제공하는 컨테이너 컴포넌트를 사용하는 일은 리액트 개발에 있어서 중요하다. 또한 리액트 라우터를 사용할 때도 쉽게 적용할 수 있는 방법인데, 라우터는 컴포넌트를 사용해 정의되고 처리되기 때문이다. 리스트 22-18에선 Selector 컴포넌트에서 정의한 라우트를 제거하고 children prop으로부터 라우트를 생성하게 했다.

```javascript
import React, { Component } from "react";
import { BrowserRouter as Router, Route, Switch, Redirect, Prompt }
  from "react-router-dom";
// import { ProductDisplay } from "./ProductDisplay";
// import { SupplierDisplay } from "./SupplierDisplay";
//import { RouteInfo } from "./routing/RouteInfo";
import { ToggleLink } from "./routing/ToggleLink";
import { CustomPrompt } from "./routing/CustomPrompt";

//const RouteInfoHOC = withRouter(RouteInfo)

export class Selector extends Component {

  constructor(props) {
    super(props);
    this.state = {
      showPrompt: false,
      message: "",
      callback: () => {}
    }
  }

  customGetUserConfirmation = (message, navCallback) => {
    this.setState({
      showPrompt: true, message: message,
      callback: (allow) => { navCallback(allow);
        this.setState({ showPrompt: false}) }
    });
  }

  render() {

    const routes = React.Children.map(this.props.children, child => ({
      component: child,
      name: child.props.name,
      url: `/${child.props.name.toLowerCase()}`
    }));

    return <Router getUserConfirmation={ this.customGetUserConfirmation }>
            <div className="container-fluid">
              <div className="row">
```

```
            <div className="col-2">
              { routes.map(r => <ToggleLink key={ r.url } to={ r.url }>
                                  { r.name }
                                </ToggleLink>)}
            </div>
            <div className="col">
              <CustomPrompt show={ this.state.showPrompt }
                message={ this.state.message }
                callback={ this.state.callback } />
              <Prompt message={ loc =>
                `Do you want to navigate to ${loc.pathname}?`} />
              <Switch>
                { routes.map( r => <Route key={ r.url } path={ r.url }
                  render={ () => r.component } />)}
                <Redirect to={ routes[0].url } />
              </Switch>
            </div>
          </div>
        </div>
      </Router>
    }
}
```

Selector는 자식을 사용해 URL과 컴포넌트 사이를 매핑하며, Redirect 컴포넌트로 보강한 Route와 ToggleLink 컴포넌트를 생성한다. 결과는 그림 22-10과 같다.

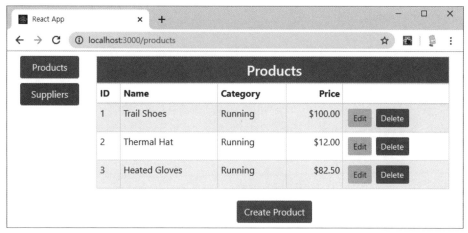

▲ 그림 22-10 프로그래밍 방식으로 라우트 생성

데이터 스토어 컴포넌트와 함께 라우팅 사용

예제 애플리케이션의 라우팅 채택을 완성하기 위해, 데이터 스토어의 외부 컴포넌트를 위해 남아 있던 상태 데이터를 이동시키고 표 22-8의 URL들을 사용해 관리하는 작업을 해보자.

표 22-8 예제 애플리케이션의 URL

URL	설명
/products/table	상품 테이블을 보여줄 URL이다.
/products/create	새로운 상품을 추가할 수 있는 편집기를 보여줄 URL이다.
/products/edit/4	기존 상품을 수정할 수 있는 편집기를 보여줄 URL이며, 마지막 URL 세그먼트는 변경 횟수를 나타낸다.
/suppliers/table	공급업체 테이블을 보여줄 URL이다.
/suppliers/create	새로운 공급업체를 추가할 수 있는 편집기를 보여줄 URL이다.
/suppliers/edit/4	기존 공급업체를 수정할 수 있는 편집기를 보여줄 URL이며, 마지막 URL 세그먼트는 변경 횟수를 나타낸다.

애플리케이션이 필요로 하는 URL은 다음과 같이 URL 파라미터를 사용해 하나의 경로로 다룰 수 있다.

```
...
/:datatype/:mode?/:id?
...
```

다음 절부터 데이터 스토어는 오직 모델 데이터를 위해 사용되게 하고, 사용자에게 어떤 콘텐츠를 보여줘야 할지를 URL로 표현하도록 컴포넌트들을 변경할 것이다(이런 식의 명확한 분리는 하나의 접근법일 뿐이다. 상태 데이터의 일부는 데이터 스토어에서 다루고 나머지는 URL을 통해 다루는 방법이 적절하다면 그런 온건 노선을 취해도 된다. 리액트 개발에 있어서 많은 부분이 그렇듯, 절대적으로 옳은 접근법이란 없다).

디스플레이 컴포넌트 교체

ProductDisplay와 SupplierDisplay 컴포넌트는 특정 데이터 타입의 테이블과 편집기 중 어느 것을 보여줘야 할지 결정하는 책임을 졌다. 예제 애플리케이션에 기능들이 추가됨에 따라 이들 컴포넌트 사이의 차이점은 점점 사라졌으며, URL 라우팅을 도입함으로써 하나의 컴포넌트로 데이터 타입에 대한 콘텐츠 선택을 쉽게 처리할 수 있게 됐다. 그럼 src/routing 폴더에 RoutedDisplay.js라는 파일을 추가하고 리스트 22-19와 같은 컴포넌트를 정의하자.

리스트 22-19 src/routing/RoutedDisplay.js

```
import React, { Component } from "react";
import { ProductTable } from "../ProductTable"
import { ProductEditor } from "../ProductEditor";
import { EditorConnector } from "../store/EditorConnector";
import { PRODUCTS } from "../store/dataTypes";
import { TableConnector } from "../store/TableConnector";
import { Link } from "react-router-dom";
import { SupplierEditor } from "../SupplierEditor";
import { SupplierTable } from "../SupplierTable";

export const RoutedDisplay = (dataType) => {

  const ConnectedEditor = EditorConnector(dataType, dataType === PRODUCTS
    ? ProductEditor: SupplierEditor);
  const ConnectedTable = TableConnector(dataType, dataType === PRODUCTS
    ? ProductTable : SupplierTable);

  return class extends Component {
    render() {
      const modeParam = this.props.match.params.mode;
      if (modeParam === "edit" || modeParam === "create") {
        return <ConnectedEditor key={ this.props.match.params.id || -1 } />
      } else {
        return <div className="m-2">
                <ConnectedTable />
                <div className="text-center">
                  <Link to={`/${dataType}/create`}
```

```
                    className="btn btn-primary m-1">
                    Create
                </Link>
            </div>
        </div>
      }
    }
  }
}
```

이 컴포넌트는 ProductDisplay나 SupplierDisplay 컴포넌트와 동일한 역할을 하는데, 다만 데이터 타입을 인자로 받아 EditorConnector나 TableConnector 컴포넌트를 생성한다.

편집기 컴포넌트 수정

EditorConnector는 리덕스 데이터 스토어에 연결되는 ProductEditor나 SupplierEditor를 생성하는 책임을 진다. 리스트 22-20에선 데이터 스토어와의 연결은 유지한 채 라우팅 데이터를 받는 컴포넌트를 withRouter 함수를 사용해 생성하게 했다.

리스트 22-20 src/EditorConnector.js: 라우팅 사용

```
import { connect } from "react-redux";
//import { endEditing } from "./stateActions";
import { PRODUCTS, SUPPLIERS } from "./dataTypes";
import { saveAndEndEditing } from "./multiActionCreators";
import { withRouter } from "react-router-dom";

export const EditorConnector = (dataType, presentationComponent) => {

  const mapStateToProps = (storeData, ownProps) => {
    const mode = ownProps.match.params.mode;
    const id = Number(ownProps.match.params.id);
    return {
      editing: mode === "edit" || mode === "create",
      product: (storeData.modelData[PRODUCTS].find(p => p.id === id)) || {},
      supplier:(storeData.modelData[SUPPLIERS].find(s => s.id === id)) || {}
    }
```

```
    }

    const mapDispatchToProps = {
      //cancelCallback: endEditing,
      saveCallback: (data) => saveAndEndEditing(data, dataType)
    }

    const mergeProps = (dataProps, functionProps, ownProps) => {
      let routedDispatchers = {
        cancelCallback: () => ownProps.history.push(`/${dataType}`),
        saveCallback: (data) => {
          functionProps.saveCallback(data);
          ownProps.history.push(`/${dataType}`);
        }
      }
      return Object.assign({}, dataProps, routedDispatchers, ownProps);
    }

    return withRouter(connect(mapStateToProps,
      mapDispatchToProps, mergeProps)(presentationComponent));
}
```

이 컴포넌트는 이제 사용자의 객체 생성이나 편집 여부를 판단할 때 더 이상 데이터 스토어를 사용하지 않고, 그 대신 id 값과 함께 URL로부터 정보를 얻게 됐다.

> **⑭ 팁**
>
> 문자열로 표현되는 id 파라미터를 Number를 사용해 파싱했음에 주목하기 바란다. 객체를 찾기 위한 id 값이 숫자형이기 때문이다.

여기선 20장에서 했듯 props를 병합해 데이터 스토어 액션 생성자를 감싸는 래퍼를 만들었다. 따라서 데이터는 스토어에 저장되고 내비게이션을 위해 history 객체가 사용되게 했다. 취소하는 액션은 더 이상 필요하지 않다. 현재 위치에서 벗어나는 내비게이션으로 직접 처리할 수 있기 때문이다.

테이블 컴포넌트 수정

테이블을 데이터 스토어에 연결하는 컴포넌트 역시 편집기 컴포넌트와 마찬가지 방식으로 리스트 22-21과 같이 수정하자.

리스트 22-21 src/store/TableConnector.js: 라우팅 사용

```
import { connect } from "react-redux";
//import { startEditingProduct, startEditingSupplier } from "./stateActions";
import { deleteProduct, deleteSupplier } from "./modelActionCreators";
import { PRODUCTS, SUPPLIERS } from "./dataTypes";
import { withRouter } from "react-router-dom";

export const TableConnector = (dataType, presentationComponent) => {

  const mapStateToProps = (storeData, ownProps) => {
    if (dataType === PRODUCTS) {
      return { products: storeData.modelData[PRODUCTS] };
    } else {
      return {
        suppliers: storeData.modelData[SUPPLIERS].map(supp => ({
          ...supp,
          products: supp.products.map(id =>
            storeData.modelData[PRODUCTS]
            .find(p => p.id === Number(id)) || id)
            .map(val => val.name || val)
        }))
      }
```

```
      }
    }

    const mapDispatchToProps = (dispatch, ownProps) => {
      if (dataType === PRODUCTS) {
        return {
        //editCallback: (...args) => dispatch(startEditingProduct(...args)),
        deleteCallback: (...args) => dispatch(deleteProduct(...args))
        }
      } else {
        return {
          //editCallback: (...args) => dispatch(startEditingSupplier(...args)),
          deleteCallback: (...args) => dispatch(deleteSupplier(...args))
        }
      }
    }

    const mergeProps = (dataProps, functionProps, ownProps) => {
      let routedDispatchers = {
        editCallback: (target) => {
          ownProps.history.push(`/${dataType}/edit/${target.id}`);
        },
        deleteCallback: functionProps.deleteCallback
      }
      return Object.assign({}, dataProps, routedDispatchers, ownProps);
    }

    return withRouter(connect(mapStateToProps,
      mapDispatchToProps, mergeProps)(presentationComponent));
}
```

여기서도 withRouter와 connect 함수를 사용해 라우팅 데이터와 데이터 스토어에 접근하는 컴포넌트를 생성한다. 편집 기능은 데이터 타입과 id 값을 나타내는 URL로 내비게이션함으로써 처리하며, 삭제 기능은 내비게이션이 아닌 데이터 스토어에 의해 온전히 처리된다.

라우팅 설정의 마무리

마지막으로 표 22-8에서 설명한 URL을 지원하는 라우팅 설정을 적용할 차례다. 리스트 22-22는 render 함수 안에서 RoutedDisplay를 적용하도록 변경한 Selector 컴포넌트다(편의를 위해 내비게이션 프롬프트를 보여주는 컴포넌트는 삭제했다).

리스트 22-22 src/Selector.js: 라우팅 설정 변경

```jsx
import React, { Component } from "react";
import { BrowserRouter as Router, Route, Switch, Redirect }
  from "react-router-dom";
import { ToggleLink } from "./routing/ToggleLink";
//import { CustomPrompt } from "./routing/CustomPrompt";
import { RoutedDisplay } from "./routing/RoutedDisplay";

export class Selector extends Component {

  render() {

    const routes = React.Children.map(this.props.children, child => ({
      component: child,
      name: child.props.name,
      url: `/${child.props.name.toLowerCase()}`,
      datatype: child.props.datatype
    }));

    return <Router getUserConfirmation={ this.customGetUserConfirmation }>
            <div className="container-fluid">
              <div className="row">
                <div className="col-2">
                  { routes.map(r => <ToggleLink key={ r.url } to={ r.url }>
                                    { r.name }
                                    </ToggleLink>)}
                </div>
                <div className="col">
                  <Switch>
                    { routes.map(r =>
                      <Route key={ r.url }
                        path={ `/:datatype(${r.datatype})/:mode?/:id?` }
                        component={ RoutedDisplay(r.datatype)} />
                    )}
```

```
                    <Redirect to={ routes[0].url } />
                </Switch>
              </div>
            </div>
          </div>
        </Router>
    }
  }
```

부모가 제공한 자식 컴포넌트는 더 이상 사용되지 않으며, 오직 Selector가 Route 컴포넌
트를 설정하기 위해 필요한 prop 값들을 제공하기 위해 존재한다. 리스트 22-23에선 이
제 App 컴포넌트가 데이터에 특화된 컴포넌트를 직접 사용하는 대신 커스텀 HTML 엘리
먼트를 사용하도록 변경했다.

리스트 22-23 src/App.js: 라우팅 설정 마무리

```
import React, { Component } from "react";
import { Provider } from "react-redux";
import dataStore from "./store";
import { Selector } from "./Selector";
// import { ProductDisplay } from "./ProductDisplay";
// import { SupplierDisplay } from "./SupplierDisplay";
import { PRODUCTS, SUPPLIERS } from "./store/dataTypes";

export default class App extends Component {

  render() {
    return <Provider store={ dataStore }>
             <Selector>
               <data name="Products" datatype={ PRODUCTS } />
               <data name="Suppliers" datatype ={ SUPPLIERS } />
             </Selector>
           </Provider>
  }
}
```

이제 컴포넌트들 사이의 조율을 위해 더 이상 데이터 스토어를 사용하지 않으며 완전히
URL을 통해 처리하는 애플리케이션이 완성됐다. 결과는 그림 22-11과 같다.

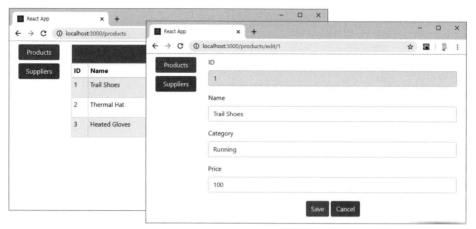

▲ 그림 22-11 컴포넌트 조율에 URL 라우팅 사용

정리

22장에선 리액트 라우터 패키지가 제공하는 고급 기능의 사용법을 알아봤다. 라우팅 체
계를 인식하는 컴포넌트를 만드는 방법, URL 파라미터를 사용해 현재 경로에서 데이터
에 쉽게 접근하는 방법, 프로그래밍 방식으로 라우팅 기능을 구현하는 방법을 설명했다.
또한 컴포넌트가 라우팅 체계에 참여하고 리덕스에 연결해 상태 데이터는 URL을 통해
처리되고, 애플리케이션의 모델 데이터는 데이터 스토어에 의해 관리되게 하는 방법도
알아봤다. 23장에선 RESTful 웹 서비스를 소비하는 방법을 설명한다.

RESTful 웹 서비스

23장에선 데이터 저장소 대신 웹 서비스를 만들어 애플리케이션 데이터를 관리해본다. 애플리케이션은 웹 서비스로 HTTP 요청을 보내고 데이터를 받아 변경사항을 반영한다. 먼저 컴포넌트에서 직접 웹 서비스를 소비하는 방법부터 알아보고, 그다음엔 웹 서비스를 데이터 스토어와 함께 사용하는 방법을 살펴볼 것이다. 24장에선 웹 서비스를 다루는 또 다른 방법인 그래프QL을 설명할 것이다. 표 23-1에서 웹 서비스의 맥락을 정리했다.

표 23-1 웹 서비스의 맥락 잡기

질문	답변
그게 무엇인가?	웹 서비스는 HTTP 요청으로 데이터 조회, 저장, 변경, 삭제를 가능하게 하는 데이터 저장소다.
왜 유용한가?	웹 서비스는 브라우저에서 사용할 수 있는 기능과 잘 맞으며, 로컬 저장소를 사용할 때의 이슈를 피할 수 있다.
어떻게 사용하는가?	웹 서비스를 구현하는 방법은 여러 가지다. 그러나 대개는 수행해야 하는 작업을 식별하는 요청 메서드와 작업의 대상 데이터를 식별하는 요청 URL을 포함하는 HTTP 요청을 전송하는 방법을 사용한다.
문제점이나 제약사항이 있는가?	모든 웹 서비스가 일관되게 구현되지 않는 한, 각 웹 서비스마다 조금씩 다른 요청을 필요로 한다. 컴포넌트 안에서 웹 서비스를 소비할 때는 컴포넌트 업데이트 작업이 일어날 때마다 요청을 전송하지 않도록 유의해야 한다.

(이어짐)

질문	답변
대체재가 있는가?	현대의 웹 브라우저는 로컬 저장소 옵션을 지원하며, 이는 어떤 상황에선 웹 서비스의 대체재가 될 수 있다. 그러나 로컬 저장소의 가장 큰 단점은 각 클라이언트마다 자신의 데이터를 가지므로 중앙 저장소를 사용함으로써 얻을 수 있는 이점을 포기해야 한다는 점이다.

표 23-2에선 23장의 내용을 요약했다.

표 23-2 23장 요약

과제	해법	리스트 번호
웹 서비스로부터 네이터 얻기	HTTP 요청을 생성하는 데이터 소스를 만들고 setState 메서드를 호출하는 콜백을 사용해 애플리케이션에 데이터를 공급한다.	1~11
추가 데이터 작업 수행	HTTP 메서드와 URL의 각기 다른 조합을 전송하도록 데이터 소스를 확장한다. 또한 컴포넌트 이벤트에 반응해 요청을 전송하게 한다.	12~15
에러 처리	try/catch 블록을 사용해 에러를 잡아 컴포넌트에 전달함으로써 사용자에게 경고 메시지를 보여주게 한다.	16~19
데이터 스토어와 함께 웹 서비스 소비하기	데이터 스토어 액션을 가로채 웹 서비스에 요청을 전송하는 미들웨어를 사용한다. 요청이 완료되면 액션을 데이터 스토어에 넘겨 데이터가 갱신될 수 있게 한다.	20~24

준비 작업

23장에선 22장까지 수정한 productapp 프로젝트를 계속 사용한다. 준비 작업으로서 먼저 애플리케이션이 사용할 추가 패키지를 설치하고 웹 서비스를 생성해보자.

> 💡 **팁**
>
> 이 책의 모든 예제 파일은 http://www.acornpub.co.kr/book/pro-react16에서 다운로드할 수 있다.

프로젝트에 패키지 추가

명령 프롬프트에서 productapp 폴더로 들어가 패키지를 추가하기 위해 리스트 23-1과 같은 명령을 실행하자.

리스트 23-1 프로젝트에 추가 패키지 설치

```
npm install json-server@0.14.0 --save-dev
npm install npm-run-all@4.1.3 --save-dev
npm install axios@0.18.0
```

표 23-3에서 방금 추가한 패키지들을 간략히 소개했다.

표 23-3 프로젝트에 추가한 패키지

패키지	설명
JSON 서버	애플리케이션이 데이터를 질의할 수 있는 웹 서비스를 제공한다. save-dev 옵션과 함께 설치했는데, 이 패키지는 개발 단계에서만 필요하며 애플리케이션의 일부가 아니기 때문이다.
npm-run-all	복수의 명령들이 병렬로 실행되게 한다. 따라서 웹 서비스와 개발 서버를 동시에 구동할 수 있다. save-dev 옵션과 함께 설치했는데, 이 패키지는 개발 단계에서만 필요하며 애플리케이션의 일부가 아니기 때문이다.
엑시오스(axios)	애플리케이션이 웹 서비스로의 HTTP 요청을 만들기 위해 사용한다.

웹 서비스 준비

JSON 서버 패키지에 데이터를 공급하기 위해 productapp 폴더에서 restData.js라는 파일을 만들어 리스트 23-2와 같은 코드를 추가하자.

리스트 23-2 restData.js

```
module.exports = function () {
  var data = {
    products: [
      { id: 1, name: "Kayak", category: "Watersports", price: 275 },
      { id: 2, name: "Lifejacket", category: "Watersports", price: 48.95 },
      { id: 3, name: "Soccer Ball", category: "Soccer", price: 19.50 },
```

```
        { id: 4, name: "Corner Flags", category: "Soccer", price: 34.95 },
        { id: 5, name: "Stadium", category: "Soccer", price: 79500 },
        { id: 6, name: "Thinking Cap", category: "Chess", price: 16 },
        { id: 7, name: "Unsteady Chair", category: "Chess", price: 29.95 },
        { id: 8, name: "Human Chess Board", category: "Chess", price: 75 },
        { id: 9, name: "Bling Bling King", category: "Chess", price: 1200 }
    ],
    suppliers: [
        { id: 1, name: "Surf Dudes", city: "San Jose", products: [1, 2] },
        { id: 2, name: "Goal Oriented", city: "Seattle", products: [3, 4, 5] },
        { id: 3, name: "Bored Games", city: "New York", products: [6, 7, 8, 9] },
    ]
  }
  return data
}
```

JSON 서버 패키지는 JSON 파일이나 자바스크립트 파일과 함께 작동할 수 있다. JSON 파일을 사용하는 경우 클라이언트의 요청에 의한 변경사항을 반영하기 위해 콘텐츠가 수정된다. 이 예제에선 자바스크립트 파일을 사용하는데, 이 경우 프로그래밍 방식으로 데이터를 수정할 수 있으며 프로세스를 다시 시작하면 원래의 데이터로 돌아가게 된다. 이는 실제 프로젝트보다는 예제 애플리케이션에 유용한 방식이다. 이미 알고 있는 상태로 쉽게 돌아갈 수 있으며, 애플리케이션이 여전히 영구 데이터에 접근할 수 있기 때문이다.

그럼 /api로 시작하는 URL로의 요청에 응답할 수 있게 JSON 서버 패키지를 설정하자. productapp 폴더에 api.routes.json이라는 파일을 만들어 리스트 23-3과 같은 콘텐츠를 추가한다.

리스트 23-3 api.routes.json

```
{ "/api/*": "/$1" }
```

그다음엔 개발 웹 서버와 웹 서비스가 동시에 구동될 수 있도록 productapp 폴더에 있는 package.json 파일을 리스트 23-4와 같이 변경하자.

```
...
"scripts": {
  "start": "npm-run-all --parallel reactstart json",
  "build": "react-scripts build",
  "test": "react-scripts test",
  "eject": "react-scripts eject",
  "reactstart": "react-scripts start",
  "json": "json-server --p 3500 -r api.routes.json restData.js"
},
...
```

보다시피 package.json 파일의 scripts 절에서 npm-run-all 패키지를 사용함으로써 개발 웹 서버와 JSON 서버가 npm start로 실행될 수 있게 했다.

컴포넌트와 라우트 추가

단독으로 웹 서비스를 소비하는 방법부터 먼저 알아보고, 그다음에 데이터 스토어의 데이터를 사용하는 방법을 알아볼 것이다. 애플리케이션에 있는 기존 컴포넌트들은 이미 데이터 스토어에 연결돼 있으므로, 그렇지 않은 컴포넌트를 사용해 시험해보기 위해 src 폴더에 IsolatedTable.js라는 파일을 만들어 리스트 23-5와 같은 컴포넌트를 정의하자.

리스트 23-5 src/IsolatedTable.js

```
import React, { Component } from "react";

export class IsolatedTable extends Component {

  render() {
    return <table className="table table-sm table-striped table-bordered">
             <thead>
               <tr><th colSpan="5"
                   className="bg-info text-white text-center h4 p-2">
                   (Isolated) Products
               </th></tr>
               <tr>
```

```
              <th>ID</th><th>Name</th><th>Category</th>
              <th className="text-right">Price</th>
              <th></th>
            </tr>
          </thead>
          <tbody>
            <tr><td colSpan="5" className="text-center p-2">No Data</td></tr>
          </tbody>
        </table>
    }
  }
```

현재 이 컴포넌트는 빈 임시 테이블을 렌더링한다. 이 컴포넌트를 애플리케이션에 통합하기 위해 리스트 23-6과 같이 Selector 컴포넌트에 새 Route와 그에 대응하는 내비게이션 링크를 추가하자.

리스트 23-6 src/Selector.js: Route 추가

```
import React, { Component } from "react";
import { BrowserRouter as Router, Route, Switch, Redirect }
  from "react-router-dom";
import { ToggleLink } from "./routing/ToggleLink";
import { RoutedDisplay } from "./routing/RoutedDisplay";
import { IsolatedTable } from "./IsolatedTable";

export class Selector extends Component {

  render() {

    const routes = React.Children.map(this.props.children, child => ({
      component: child,
      name: child.props.name,
      url: `/${child.props.name.toLowerCase()}`,
      datatype: child.props.datatype
    }));

    return <Router getUserConfirmation={ this.customGetUserConfirmation }>
            <div className="container-fluid">
              <div className="row">
```

```
        <div className="col-2">
          <ToggleLink to="/isolated">Isolated Data</ToggleLink>
          { routes.map(r => <ToggleLink key={ r.url } to={ r.url }>
                                { r.name }
                            </ToggleLink>)}
        </div>
        <div className="col">
          <Switch>
            <Route path="/isolated" component={ IsolatedTable } />
            { routes.map(r =>
              <Route key={ r.url }
                path={ `/:datatype(${r.datatype})/:mode?/:id?`}
                component={ RoutedDisplay(r.datatype)} />
            )}
            <Redirect to={ routes[0].url } />
          </Switch>
        </div>
      </div>
    </div>
  </Router>
  }
}
```

웹 서비스와 예제 애플리케이션 실행

개발 도구와 웹 서비스를 시작하기 위해 명령 프롬프트에서 리스트 23-7의 명령을 실행
하자.

리스트 23-7 개발 도구 실행

```
npm start
```

잠시 동안의 초기 컴파일 과정이 끝나면 새 브라우저 창이 열리고, 그림 23-1과 같이
http://localhost:3000 URL의 콘텐츠가 보일 것이다.

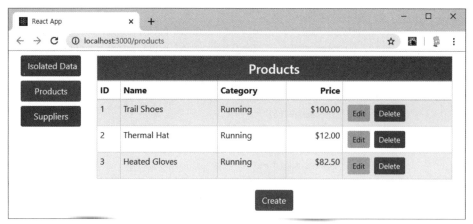

▲ 그림 23-1 실행된 예제 애플리케이션

이제 다시 새 브라우저 창을 열고 http://localhost:3500/api/products/2로 내비게이션하자. 서버는 다음과 같은 데이터로 응답할 것이다. 이는 그림 23-2에서도 확인할 수 있다.

```
...
{ "id": 2, "name": "Lifejacket", "category": "Watersports", "price": 48.95 }
...
```

▲ 그림 23-2 웹 서비스 테스트

이로써 23장에선 두 개의 HTTP 서버가 구동된다. 리액트 개발 서버는 3000번 포트로의 요청을 리스닝하며, 애플리케이션을 사용자에게 보여주기 위해 필요한 자바스크립트와 CSS 파일과 함께 HTML 문서를 서비스한다. RESTful 웹 서비스는 3500번 포트로의 요청을 리스닝하며 데이터로 응답한다. 데이터는 JSON 형식으로 표현되므로 자바스크립트 애플리케이션으로 쉽게 처리할 수 있으며, 사용자에게는 그대로 보이면 안 된다.

RESTful 웹 서비스의 이해

애플리케이션 데이터를 전달하고 저장하는 가장 일반적인 접근법은 REST^{Representational} ^{State Transfer} 패턴을 사용해 데이터 웹 서비스를 만드는 것이다. REST에는 자세한 표준 명세가 없다. 그 때문에 각기 다른 많은 접근법이 RESTful이라는 현수막 아래에 들어가게 됐다. 그러나 웹 애플리케이션 개발에 유용한 통상적인 일부 개념들은 있다.

RESTful 웹 서비스의 핵심 전제는 HTTP의 특징을 포용함으로써 요청 메서드는 서버가 수행해야 할 작업을, 요청 URL은 그 작업이 적용될 하나 이상의 데이터 객체를 지정하게 하는 데 있다.

예를 들어, 다음은 예제 애플리케이션 안의 특정 상품을 참조하는 URL이다.

http://localhost:3500/api/products/2

URL의 첫 번째 세그먼트인 api는 데이터를 위한 요청임을 관례적으로 나타낸다. 그다음 세그먼트인 products는 작업이 적용될 대상 객체의 집합을 나타내며, 하나의 서버가 여러 서비스를 각자의 데이터와 함께 제공되게 한다. 마지막 세그먼트인 2는 products 집합 안의 개별 객체를 선택하게 한다. 이 예제에서 id 프로퍼티는 객체를 식별하는 유일한 값을 가지며, URL에 사용되면 Lifejacket 객체를 특정할 수 있게 된다.

HTTP 메서드는 특정 객체에 어떤 작업이 수행돼야 하는지를 RESTful 서버에 요청하기 위해 사용된다. 앞서 RESTful 서버를 테스트했던 경우를 예로 들자면, 브라우저가 HTTP GET 요청을 보내면 서버는 이를 특정 객체를 가져와 클라이언트에 전송하라는 명령으로 해석한다.

표 23-4에선 흔히 사용되는 HTTP 메서드와 URL의 조합과, 그 조합이 RESTful 서버에 전달되면 일어나는 일을 설명했다.

표 23-4 흔한 HTTP 메서드와 RESTful 웹 서비스로의 효과

메서드	URL	설명
GET	/api/products	products 집합의 모든 객체를 가져온다.
GET	/api/products/2	products 집합에서 id가 2인 객체를 가져온다.
POST	/api/products	products 집합에 새 객체를 추가한다. 요청의 본문에는 새 객체를 위한 JSON 형식의 데이터가 포함될 것이다.
PUT	/api/products/2	products 집합에서 id가 2인 객체를 새 객체로 대체한다. 요청의 본문에는 새 객체를 위한 JSON 형식의 데이터가 포함될 것이나.
PATCH	/api/products/2	products 집합에서 id가 2인 객체의 프로퍼티를 갱신한다. 요청의 본문에는 갱신할 프로퍼티와 그 값이 JSON 형식의 데이터로 포함될 것이다.
DELETE	/api/products/2	products 집합에서 id가 2인 객체를 삭제한다.

사용하는 프레임워크와 개발 팀의 선호에 따라 웹 서비스가 구현되는 방식에 상당한 차이가 발생한다. 따라서 웹 서비스가 HTTP 메서드를 사용하는 방법과 URL과 요청 본문에 필요한 내용을 확정하는 일이 중요하다.

웹 서비스의 흔한 변형으로는 본문에 id 값을 포함하는 어떤 요청도 수락하지 않는, 즉 id를 서버의 데이터 스토어에서 생성함으로써 유일성을 보장하는 웹 서비스가 있다. 또한 모든 HTTP 메서드를 지원하지 않는, 예컨대 PATCH 요청은 무시하고 오직 PUT 요청을 통한 갱신만을 허락하는 웹 서비스도 있다.

> **팁**
>
> 편집기 컴포넌트에서 사용자가 id 프로퍼티 값을 제공하지 못한다는 점을 이미 봤다. 이는 웹 서비스가 id 값을 자동으로 생성해 유일성을 보장하기 위함이다.

웹 서비스 소비하기

이제부터 웹 서비스를 소비하는 데 필요한 단계들을 차근차근 진행할 것이다. 먼저 애플리케이션이 사용자에게 보여줄 초기 데이터를 요청하는 방법을 알아보고, 그다음엔 객체를 저장하거나 갱신하는 기능을 추가해보자.

데이터 소스 컴포넌트 제작

엑시오스를 사용해 웹 서비스를 소비하는 코드와 그 코드를 사용하는 컴포넌트를 분리해 관리하는 것은 좋은 방법이다. 그렇게 함으로써 테스트를 좀 더 쉽게 할 수 있고 애플리케이션의 어느 곳에서나 사용하기 쉬워지기 때문이다. 그럼 src/webservice 폴더를 만들고 RestDataSource.js라는 파일을 만들어 리스트 23-8과 같은 코드를 작성하자.

리스트 23-8 src/webservice/RestDataSource.js

```
import Axios from "axios";

export class RestDataSource {

  constructor(base_url) {
    this.BASE_URL = base_url;
  }

  GetData(callback) {
    this.SendRequest("get", this.BASE_URL, callback);
  }

  SendRequest(method, url, callback) {
    Axios.request({
      method: method,
      url: url
    }).then(response => callback(response.data));
  }
}
```

RestDataSource 클래스에선 웹 서비스를 위한 기본 URL을 받는 생성자를 정의했고, 또한 SendRequest를 호출하는 GetData 메서드도 정의했다.

엑시오스로부터 HTTP 관련 기능을 가져오면서 그 이름을 Axios로 지정했다. SendRequest 메서드는 Axios.request를 통해 HTTP 요청을 전송하는데, request 메서드에 method와 url이라는 프로퍼티를 갖는 설정 객체를 지정해 요청의 상세 내용을 포함시켰다.

엑시오스는 get, post, put 메서드 등 각기 다른 유형의 HTTP 요청을 전송할 수 있는 개별 메서드들을 제공한다. 하지만 리스트 23-8과 같은 방법을 사용하면 모든 요청 유형에 영향을 주는 기능을 쉽게 적용할 수 있는데, 이는 23장 후반부에서 에러 처리를 다루면서 더 잘 알게 될 것이다.

자바스크립트로 만드는 HTTP 요청은 비동기식이다. request 메서드는 요청의 최종 결과를 나타내는 Promise 객체를 리턴한다(Promise 객체의 사용 방법은 4장을 참고하기 바란다). 리스트 23-8에선 요청이 완료된 다음에 콜백 함수를 제공하기 위해 then 메서드를 사용했다. 콜백 함수는 표 23-5의 프로퍼티들을 사용해 응답을 기술하는 객체에 전달된다.

표 23-5 엑시오스의 응답 프로퍼티

프로퍼티	설명
status	200이나 404 같은 HTTP 응답 상태 코드를 리턴한다.
statusText	OK나 Not Found 같이 상태 코드에 맞는 설명 텍스트를 리턴한다.
headers	HTTP 응답 헤더에 대응하는 프로퍼티들을 갖는 객체를 리턴한다.
data	HTTP 응답에서의 페이로드(본문 데이터)를 리턴한다.
config	요청을 만들 때 사용했던 설정 옵션을 포함한 객체를 리턴한다.
request	요청을 만들 때 사용했던 XMLHttpRequest 객체를 리턴하는데, 이는 브라우저가 제공하는 API에 직접 접근하고자 할 때 유용하다.

엑시오스는 JSON 형식의 데이터를 자바스크립트 객체로 자동 변환하며, 이를 응답의 data 프로퍼티를 통해 제공한다. 리스트 23-9는 4장에서 설명했던 async와 await 키워드를 사용한 프로미스 코드로 간결하게 만든 RestDataSource 클래스다.

리스트 23-9 src/webservice/RestDataSource.js: async와 await 사용

```
import Axios from "axios";

export class RestDataSource {

  constructor(base_url) {
    this.BASE_URL = base_url;
  }
```

```
    GetData(callback) {
      this.SendRequest("get", this.BASE_URL, callback);
    }

    async SendRequest(method, url, callback) {
      let response = await Axios.request({
        method: method,
        url: url
      });
      callback(response.data);
    }
  }
```

더 나아가 리스트 23–10과 같이 SendRequest 메서드 안의 구문들을 조합해 더욱 간결하
게 만들 수 있다.

리스트 23–10 src/webservice/RestDataSource.js: 구문 조합

```
import Axios from "axios";

export class RestDataSource {

  constructor(base_url) {
    this.BASE_URL = base_url;
  }

  GetData(callback) {
    this.SendRequest("get", this.BASE_URL, callback);
  }

  async SendRequest(method, url, callback) {
    callback((await Axios.request({
      method: method,
      url: url
    })).data);
  }
}
```

이 접근법은 코드를 매우 간결하게 만들지만, 다만 괄호들의 위치에는 주의를 기울여야 한다. await 키워드는 SendRequest 메서드가 리턴하는 객체에 적용되며, data는 그 객체로부터 읽어오는 프로퍼티다. 괄호의 위치가 잘못되면 HTTP 요청을 보냈으나 응답이 무시되는 등의 상황을 겪기 십상이다.

컴포넌트에서 데이터 가져오기

다음 단계는 컴포넌트 안에서 데이터를 가져와 사용자에게 보일 수 있게 하는 것이다. 리스트 23-11에선 데이터 소스를 생성하고 웹 서비스로부터 가져온 요청 데이터를 사용할 수 있도록 IsolatedTable 컴포넌트를 수정했다.

> **ⓒ 참고**
>
> 컴포넌트 이름에 포함된 **isolated**(격리된)라는 단어는 이 컴포넌트가 다른 컴포넌트와 데이터를 공유하지 않고 웹 서비스 데이터를 직접 사용한다는 의미로 넣었다. 이와 달리 '데이터 스토어와 함께 웹 서비스 소비하기' 절에선 컴포넌트들이 데이터 스토어를 통해 데이터를 공유하는 방법을 설명한다.

리스트 23-11 src/IsolatedTable.js: 데이터 가져오기

```
import React, { Component } from "react";
import { RestDataSource } from "./webservice/RestDataSource";

export class IsolatedTable extends Component {

  constructor(props) {
    super(props);
    this.state = {
      products: []
    }
    this.dataSource = new RestDataSource("http://localhost:3500/api/products")
  }

  render() {
    return <table className="table table-sm table-striped table-bordered">
```

```
      <thead>
        <tr><th colSpan="5"
            className="bg-info text-white text-center h4 p-2">
            (Isolated) Products
          </th></tr>
        <tr>
          <th>ID</th><th>Name</th><th>Category</th>
          <th className="text-right">Price</th>
          <th></th>
        </tr>
      </thead>
      <tbody>
        {
          this.state.products.map(p => <tr key={ p.id }>
            <td>{ p.id }</td><td>{ p.name }</td><td>{p.category}</td>
            <td className="text-right">
              ${ Number(p.price).toFixed(2)}
            </td><td/>
          </tr>)
        }
      </tbody>
    </table>
  }

  componentDidMount() {
    this.dataSource.GetData(data => this.setState({products: data}));
  }
}
```

여기선 componentDidMount 메서드 안에서 데이터를 요청하는데, 그렇게 함으로써 컴포넌트가 콘텐츠를 렌더링한 후에 HTTP 요청이 전송됨을 보장한다. GetData 메서드에 제공된 콜백 함수는 컴포넌트의 상태를 갱신함으로써 업데이트 단계를 시작하고 사용자에게 데이터가 보이게 한다.

render 메서드 안에서 데이터를 요청하면 안 된다. 13장에서 설명했듯 컴포넌트의 render 메서드는 빈번히 호출될 수 있으므로, 만약 render 메서드 안에서 요청 작업을 시작한다면 엄청난 수의 HTTP 요청이 생성될 것이다. 이는 리액트가 수행해야 하는 업데이트 작업의 횟수를 증가시킨다.

componentDidMount 메서드를 사용할 때조차도 언마운트되거나 다시 마운트된 컴포넌트로부터 요청을 만드는 일에 주의를 기울여야 한다. 이 예제의 IsolatedTable 컴포넌트의 경우 /isolated URL일 때 라우팅 시스템에 의해 마운트되며, 다른 위치로 이동될 때 언마운트된다. 컴포넌트가 마운트될 때마다 애플리케이션이 필요로 하지 않을 수도 있는 새 데이터를 웹 서비스에게 요청하게 될 수 있다. 불필요한 데이터 요청을 하지 않으려면 데이터를 언마운트되지 않을 컴포넌트로 끌어올려 컨텍스트에 저장하거나(14장 참고), 또는 '데이터 스토어와 함께 웹 서비스 소비하기' 절에서 설명하듯 데이터 스토어에 통합하면 된다.

이제 Isolated Data 버튼을 클릭하면 웹 서비스로부터 가져온 데이터가 그림 23-3과 같이 보일 것이다.

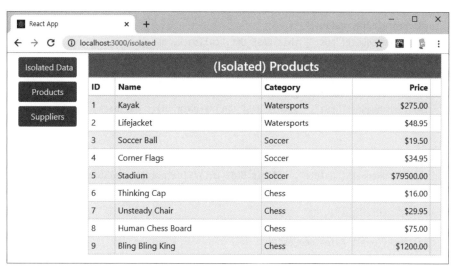

▲ 그림 23-3 웹 서비스로부터 데이터 가져오기

데이터의 저장, 갱신, 삭제

데이터를 저장하고 갱신하며 삭제하는 작업을 구현하기 위해, 엑시오스를 사용해 각기 다른 HTTP 메서드로 웹 서비스에 요청을 보낼 수 있도록 데이터 소스 클래스를 리스트 23-12와 같이 변경하자.

리스트 23-12 src/webservice/RestDataSource.js: 메서드 추가

```
import Axios from "axios";

export class RestDataSource {

  constructor(base_url) {
    this.BASE_URL = base_url;
  }

  GetData(callback) {
    this.SendRequest("get", this.BASE_URL, callback);
  }

  async GetOne(id, callback) {
    this.SendRequest("get", `${this.BASE_URL}/${id}`, callback);
  }

  async Store(data, callback) {
    this.SendRequest("post", this.BASE_URL, callback, data)
  }

  async Update(data, callback) {
    this.SendRequest("put", `${this.BASE_URL}/${data.id}`, callback, data);
  }

  async Delete(data, callback) {
    this.SendRequest("delete", `${this.BASE_URL}/${data.id}`, callback, data);
  }

  async SendRequest(method, url, callback, data) {
    callback((await Axios.request({
      method: method,
      url: url,
```

```
        data: data
    })).data);
  }
}
```

Axios.request 메서드에 전달된 설정 객체는 data 프로퍼티를 사용해 요청 페이로드를 지정한다. 이는 애플리케이션이 데이터를 자바스크립트 객체로 제공해도 되게 하며, 엑시오스가 자동으로 그 객체를 직렬화할 수 있게 한다.

데이터 소스의 메서드들을 구현할 때 웹 서비스가 구현된 방식을 수용하기 위해 어느 정도의 조정이 필요하다는 사실을 알 수 있을 것이다. 예컨대 이 예제에서의 웹 서비스는 POST 요청으로 받은 객체에 자동으로 유일한 id 값을 부여하고, 응답에 완전한 객체를 포함시킨다. Store 메서드는 data 프로퍼티를 사용해 HTTP 응답으로부터 완전한 객체를 얻어 콜백 메서드 호출에 사용한다. 이렇게 함으로써 애플리케이션이 받은 객체가 웹 서비스에 이미 저장돼 있던 객체처럼 사용할 수 있게 한다. 모든 웹 서비스가 이런 방식을 사용하지는 않는다. 필요에 따라 애플리케이션에서 유일한 식별자를 부여하게 할 수도 있으며, 완전한 객체 대신 식별자만을 응답에 포함시키게 할 수도 있다.

객체를 수정하려면, 즉 데이터를 갱신하려면 다음과 같이 객체를 식별할 수 있는 URL과 함께 PUT 요청을 전송하면 된다.

```
...
this.SendRequest("put", `${this.BASE_URL}/${data.id}`, callback, data);
...
```

웹 서비스는 갱신된 완전한 객체를 리턴하며, 이는 콜백 함수 호출에 사용된다. 반복하지만 모든 웹 서비스가 완전한 객체를 리턴할 필요는 없다. 다만 그렇게 하는 것이 웹 서비스에 의해 적용된 어떤 변경사항도 클라이언트에 반영됨을 보장하는 가장 일반적인 접근법일 뿐이다.

데이터 생성, 편집, 삭제를 위한 애플리케이션의 지원

이제 데이터의 생성과 편집을 지원하기 위해 src 폴더에 IsolatedEditor.js라는 파일을 만들어 리스트 23-13과 같은 컴포넌트를 정의하자.

리스트 23-13 src/IsolatedEditor.js

```
import React, { Component } from "react";
import { RestDataSource } from "./webservice/RestDataSource";
import { ProductEditor } from "./ProductEditor";

export class IsolatedEditor extends Component {

  constructor(props) {
    super(props);
    this.state = {
      dataItem: {}
    };
    this.dataSource = this.props.dataSource
      || new RestDataSource("http://localhost:3500/api/products");
  }

  save = (data) => {
    const callback = () => this.props.history.push("/isolated");
    if (data.id === "") {
      this.dataSource.Store(data, callback);
    } else {
      this.dataSource.Update(data, callback);
    }
  }

  cancel = () => this.props.history.push("/isolated");

  render() {
    return <ProductEditor key={ this.state.dataItem.id }
             product={ this.state.dataItem } saveCallback={ this.save }
             cancelCallback={ this.cancel } />
  }

  componentDidMount() {
    if (this.props.match.params.mode === "edit") {
```

```
        this.dataSource.GetOne(this.props.match.params.id,
          data => this.setState({ dataItem: data}));
      }
    }
  }
```

리액트는 기존 객체를 새로운 방법으로 쉽게 사용하게 해준다. IsolatedEditor 컴포넌트
는 기존의 ProductEditor와 그 props를 사용해 웹 서비스 데이터 소스로부터의 데이터와
콜백을 제공한다. 사용자가 편집할 객체를 선택하면 GetOne 메서드를 사용해 단일 객체
의 상세 내용을 요청하게 되며, 변경된 내용은 Store나 Update 메서드를 통해 다시 웹 서
비스로 전송된다. 리스트 23-14는 새로운 URL로 내비게이션함으로써 객체를 생성하거
나 편집할 수 있게 수정한 IsolatedTable 컴포넌트다. 또한 새로 추가한 Delete 버튼의 이
벤트 핸들러는 데이터 소스의 Delete 메서드를 호출하며, 웹 서비스에 DELETE 요청을
전송하게 한다.

리스트 23-14 src/IsolatedTable.js: 데이터 작업 추가

```
import React, { Component } from "react";
import { RestDataSource } from "./webservice/RestDataSource";
import { Link } from "react-router-dom";

export class IsolatedTable extends Component {

  constructor(props) {
    super(props);
    this.state = {
      products: []
    }
    this.dataSource = new RestDataSource("http://localhost:3500/api/products")
  }

  deleteProduct(product) {
    this.dataSource.Delete(product,
      () => this.setState({products: this.state.products.filter(p =>
        p.id !== product.id)}));
  }
```

```
render() {
  return <table className="table table-sm table-striped table-bordered">
      <thead>
        <tr><th colSpan="5"
          className="bg-info text-white text-center h4 p-2">
          (Isolated) Products
        </th></tr>
        <tr>
          <th>ID</th><th>Name</th><th>Category</th>
          <th className="text-right">Price</th>
          <th></th>
        </tr>
      </thead>
      <tbody>
        {
          this.state.products.map(p => <tr key={ p.id }>
            <td>{ p.id }</td><td>{ p.name }</td><td>{p.category}</td>
            <td className="text-right">
              ${ Number(p.price).toFixed(2)}
            </td>
            <td>
              <Link className="btn btn-sm btn-warning mx-2"
                to={`/isolated/edit/${p.id}`}>
                Edit
              </Link>
              <button className="btn btn-sm btn-danger mx-2"
                onClick={ () => this.deleteProduct(p)}>
                Delete
              </button>
            </td>
          </tr>)
        }
      </tbody>
      <tfoot>
        <tr className="text-center">
          <td colSpan="5">
            <Link to="/isolated/create"
              className="btn btn-info">Create</Link>
          </td>
        </tr>
      </tfoot>
```

```
                    </table>
    }

    componentDidMount() {
        this.dataSource.GetData(data => this.setState({products: data}));
    }
}
```

마지막으로, /isolated/edit와 /isolated/create URL이 IsolatedEditor 컴포넌트를 선택
할 수 있게 Selector 컴포넌트의 라우팅 체계를 변경할 차례다. 또한 /isolated URL의 경
우 정확히 매칭돼야만 하게 함으로써 IsolatedTable 컴포넌트가 다른 URL과 매칭되지 않
게 해야 한다. 리스트 23-15는 그런 내용을 반영한 Selector 컴포넌트다.

리스트 23-15 src/Selector.js: Route 추가

```
import React, { Component } from "react";
import { BrowserRouter as Router, Route, Switch, Redirect }
    from "react-router-dom";
import { ToggleLink } from "./routing/ToggleLink";
import { RoutedDisplay } from "./routing/RoutedDisplay";
import { IsolatedTable } from "./IsolatedTable";
import { IsolatedEditor } from "./IsolatedEditor";

export class Selector extends Component {

    render() {

        const routes = React.Children.map(this.props.children, child => ({
            component: child,
            name: child.props.name,
            url: `/${child.props.name.toLowerCase()}`,
            datatype: child.props.datatype
        }));

        return <Router getUserConfirmation={ this.customGetUserConfirmation }>
                    <div className="container-fluid">
                        <div className="row">
                            <div className="col-2">
                                <ToggleLink to="/isolated">Isolated Data</ToggleLink>
```

```
            { routes.map(r => <ToggleLink key={ r.url } to={ r.url }>
              { r.name }
            </ToggleLink>)}
        </div>
        <div className="col">
          <Switch>
            <Route path="/isolated" component={ IsolatedTable }
              exact={ true } />
            <Route path="/isolated/:mode/:id?"
              component={ IsolatedEditor } />
            { routes.map(r =>
              <Route key={ r.url }
                path={ `/:datatype(${r.datatype})/:mode?/:id?` }
                component={ RoutedDisplay(r.datatype)} />
            )}
            <Redirect to={ routes[0].url } />
          </Switch>
        </div>
      </div>
    </Router>
  }
}
```

이제 IsolatedTable 컴포넌트는 그림 23-4와 같이 Create, Edit, Delete 버튼을 화면에 보여준다. Create와 Edit 버튼은 사용자에게 편집기 컴포넌트를 보여주며, 그다음엔 사용자가 변경한 내용을 POST나 PUT 요청을 사용해 웹 서비스를 갱신할 것이다. Delete 버튼은 대상 객체를 삭제하며, 이는 웹 서비스에 DELETE 요청을 보냄으로써 가능하다.

> **◉ 참고**
>
> 애플리케이션에서의 변경사항은 웹 서비스에 저장된다. 이는 브라우저를 다시 로딩해도 변경사항을 여전히 볼 수 있다는 뜻이다. 23장 초반부에서는 개발 서버를 재시동하면 웹 서비스에 공급할 데이터를 초기화하도록 JSON 서버 패키지를 설정했다. 개발 서버를 재시동해도 초기화되지 않도록 데이터의 영속성을 보장하는 방법은 8장의 SportsStore 애플리케이션을 참고하기 바란다.

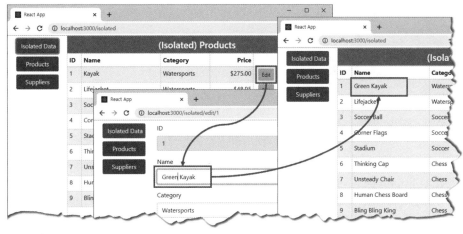

▲ 그림 23-4 웹 서비스 소비하기

에러 처리

모든 HTTP 요청이 성공할 것이라고 추측하는 건 비현실적인 낙관론이다. 연결 문제나 서버 에러 같이 HTTP 요청이 실패할 수 있는 원인들이 얼마든지 존재한다. 14장에서 설명했던 에러 경계는 HTTP 요청 같은 비동기 작업에서 발생하는 문제를 해결하지 못하므로, 그와 다른 접근법이 필요하다. 리스트 23-16에선 try/catch 키워드를 사용해 문제가 발생하면 에러 처리 함수를 호출할 수 있도록 데이터 소스 클래스를 변경했다.

리스트 23-16 src/webservice/RestDataSource.js: 에러 처리

```
import Axios from "axios";

export class RestDataSource {

  constructor(base_url, errorCallback) {
    this.BASE_URL = base_url;
    this.handleError = errorCallback;
  }

  GetData(callback) {
    this.SendRequest("get", this.BASE_URL, callback);
  }

  async GetOne(id, callback) {
```

```
      this.SendRequest("get", `${this.BASE_URL}/${id}`, callback);
  }

  async Store(data, callback) {
    this.SendRequest("post", this.BASE_URL, callback, data)
  }

  async Update(data, callback) {
    this.SendRequest("put", `${this.BASE_URL}/${data.id}`, callback, data);
  }

  async Delete(data, callback) {
    this.SendRequest("delete", `${this.BASE_URL}/${data.id}`, callback, data);
  }

  async SendRequest(method, url, callback, data) {
    try {
      callback((await Axios.request({
        method: method,
        url: url,
        data: data
      })).data);
    } catch(err) {
      this.handleError("Operation Failed: Network Error");
    }
  }
}
```

이미 모든 요청이 SendRequest 메서드를 거치도록 통합돼 있으므로, 하나의 try/catch 블록만을 사용해도 전체 요청 유형에 적용된다는 이점이 있다. catch 블록은 발생된 에러를 받으며, 생성자에서 인자로 받은 콜백 함수를 호출한다.

│ 사용자에게 에러 메시지 보이기 │

엑시오스 패키지는 뭔가 잘못된 상황이 되면 응답으로부터의 상태 코드와 웹 서비스가 제공하는 모든 상세 텍스트를 포함해 자세한 에러 내용을 사용자에게 보여준다. 그러나 대부분의 애플리케이션의 경우, 문제를 이해하지도 못하고 조치할 수도 없는 일반 사용자에게 그런 상세한 내용을 보여주는 일은 의미가 없다. 따라서 사용자에겐 일반적인 에러 메시지를 보여주고, 자세한 에러 내용은 서버 로그에 남게 하는 방법을 권장한다.

그럼 에러를 받고 사용자에게 보여주기 위해 src/webservice 폴더에 RequestError.js라는 파일을 만들어 리스트 23-17과 같은 컴포넌트를 정의하자.

리스트 23-17 src/webservice/RequestError.js

```jsx
import React, { Component } from "react";
import { Link } from "react-router-dom";

export class RequestError extends Component {

  render() {
    return <div>
             <h5 className="bg-danger text-center text-white m-2 p-3">
               { this.props.match.params.message }
             </h5>
             <div className="text-center">
               <Link to="/" className="btn btn-secondary">OK</Link>
             </div>
           </div>
  }
}
```

이 컴포넌트는 URL 파라미터로부터 얻은 메시지를 화면에 보여주는 역할을 한다. 리스트 23-18에선 /error URL에 해당하는 RequestError 컴포넌트를 보여주기 위해 Selector 컴포넌트에 새 Route를 추가했다.

리스트 23-18 src/Selector.js: Route 추가

```jsx
import React, { Component } from "react";
import { BrowserRouter as Router, Route, Switch, Redirect }
  from "react-router-dom";
import { ToggleLink } from "./routing/ToggleLink";
import { RoutedDisplay } from "./routing/RoutedDisplay";
import { IsolatedTable } from "./IsolatedTable";
import { IsolatedEditor } from "./IsolatedEditor";
import { RequestError } from "./webservice/RequestError";

export class Selector extends Component {

  render() {
```

```
const routes = React.Children.map(this.props.children, child => ({
  component: child,
  name: child.props.name,
  url: `/${child.props.name.toLowerCase()}`,
  datatype: child.props.datatype
}));

return <Router getUserConfirmation={ this.customGetUserConfirmation }>
        <div className="container-fluid">
          <div className="row">
            <div className="col-2">
              <ToggleLink to="/isolated">Isolated Data</ToggleLink>
              { routes.map(r => <ToggleLink key={ r.url } to={ r.url }>
                { r.name }
                </ToggleLink>)}
            </div>
            <div className="col">
              <Switch>
                <Route path="/isolated" component={ IsolatedTable }
                  exact={ true } />
                <Route path="/isolated/:mode/:id?"
                  component={ IsolatedEditor } />
                <Route path="/error/:message"
                  component={ RequestError } />
                { routes.map(r =>
                  <Route key={ r.url }
                    path={ `/:datatype(${r.datatype})/:mode?/:id?` }
                    component={ RoutedDisplay(r.datatype)} />
                )}
                <Redirect to={ routes[0].url } />
              </Switch>
            </div>
          </div>
        </div>
      </Router>
  }
}
```

리스트 23–19에선 문제가 발생했을 때 /error URL로 내비게이션할 수 있는 콜백 함수를 데이터 소스에 추가했으며, 항상 '404 – Not Found' 에러를 발생시키는 URL을 호출함으로써 에러를 만드는 버튼 하나를 추가했다.

```
import React, { Component } from "react";
import { RestDataSource } from "./webservice/RestDataSource";
import { Link } from "react-router-dom";

export class IsolatedTable extends Component {

  constructor(props) {
    super(props);
    this.state = {
      products: []
    }
    this.dataSource = new RestDataSource("http://localhost:3500/api/products",
      (err) => this.props.history.push(`/error/${err}`));
  }

  deleteProduct(product) {
    this.dataSource.Delete(product,
      () => this.setState({products: this.state.products.filter(p =>
        p.id !== product.id)}));
  }

  render() {
    return <table className="table table-sm table-striped table-bordered">
            <thead>
              <tr><th colSpan="5"
                className="bg-info text-white text-center h4 p-2">
                (Isolated) Products
              </th></tr>
              <tr>
                <th>ID</th><th>Name</th><th>Category</th>
                <th className="text-right">Price</th>
                <th></th>
              </tr>
            </thead>
            <tbody>
              {
                this.state.products.map(p => <tr key={ p.id }>
                  <td>{ p.id }</td><td>{ p.name }</td><td>{p.category}</td>
                  <td className="text-right">
```

```
                    ${ Number(p.price).toFixed(2)}
                  </td>
                  <td>
                    <Link className="btn btn-sm btn-warning mx-2"
                      to={`/isolated/edit/${p.id}`}>
                      Edit
                    </Link>
                    <button className="btn btn-sm btn-danger mx-2"
                      onClick={ () => this.deleteProduct(p)}>
                      Delete
                    </button>
                  </td>
                </tr>)
            }
          </tbody>
          <tfoot>
            <tr className="text-center">
              <td colSpan="5">
                <Link to="/isolated/create"
                  className="btn btn-info">Create</Link>
                <button className="btn btn-danger mx-2"
                  onClick={ () => this.dataSource.GetOne("err")}>
                  Error
                </button>
              </td>
            </tr>
          </tfoot>
        </table>
    }

  componentDidMount() {
    this.dataSource.GetData(data => this.setState({products: data}));
  }
}
```

IsolatedTable이 렌더링한 **Error** 버튼을 클릭하면 웹 서비스로부터 에러 응답을 받게 될
요청을 전송한다. 이는 에러 메시지를 보여주는 URL로 내비게이션하게 만들어 그림
23–5와 같은 결과를 보게 될 것이다.

▲ 그림 23-5 에러 메시지 보여주기

교차 출처 요청 만들기

브라우저는 기본적으로 비동기 HTTP 요청을 하는 자바스크립트 코드가 동일한 출처에 있는 문서만 요청해야 한다는 보안 정책을 준수한다. 이른바 동일 출처 정책$^{\text{same-origin}}$ ^{policy}이라고 하는 이 정책은 사이트 간 스크립팅$^{\text{XSS, cross-site scripting}}$의 위험을 줄이려는 의도로 만들어졌다. XSS는 브라우저가 악성 코드를 실행하게 하는 방법인데, 자세한 설명은 https://en.wikipedia.org/wiki/Cross-site_scripting을 참고하기 바란다. 웹 애플리케이션 개발자에 있어 동일 출처 정책은 웹 서비스를 사용하는 경우에 걸림돌이 될 수 있다. 웹 서비스는 종종 애플리케이션의 자바스크립트 코드가 속해 있는 곳의 외부에 존재하기 때문이다. 두 URL의 프로토콜, 호스트, 포트가 같아야 동일 출처로 인정되며, 그중 하나라도 다르면 동일 출처가 아니다. 23장의 예제에서 사용한 RESTful 웹 서비스 역시 메인 애플리케이션과 동일 출처가 아니다. 각기 다른 번호의 TCP 포트를 사용하고 있기 때문이다.

다른 출처에 요청을 보낼 수 있는 방법이 바로 교차 출처 자원 공유$^{\text{CORS, Cross-Origin}}$ $^{\text{Resource Sharing}}$라는 규약이다. CORS를 사용하면 브라우저는 비동기 HTTP 요청에 헤더를 포함시켜 서버가 자바스크립트 코드의 출처를 알 수 있게 한다. 서버는 브라우저에게 요청의 수락 여부를 담은 헤더를 응답에 포함시킨다. CORS에 관한 내용은 이 책의 범위를 벗어나므로 개괄적인 내용은 https://en.wikipedia.org/wiki/Cross-site_scripting에서, CORS의 표준 규약은 https://www.w3.org/TR/cors에서 확인하기 바란다.

이 책의 예제에선 CORS가 자동으로 적용됐다. JSON 서버 패키지는 CORS를 지원하는 RESTful 웹 서비스를 제공하며, 어떤 출처의 요청이라도 수락할 수 있기 때문이다. 또한 HTTP 요청을 만들 때 사용하는 엑시오스 패키지 역시 자동으로 CORS를 적용한다. 실제 프로젝트에선 하나의 출처를 통해 모든 요청을 처리하는 플랫폼을 선택하거나, 또는 CORS를 설정해 서버가 애플리케이션의 데이터 요청을 모두 받을 수 있게 해야 할 것이다.

데이터 스토어와 함께 웹 서비스 소비하기

지금까지 만들었던 컴포넌트들은 각자 독립적이며 URL 라우팅 체계를 통해 함께 작동했다. 그렇게 하면 쉽고 단순하다는 장점이 있다. 그러나 사용자가 애플리케이션을 내비게이션함에 따라 동일한 데이터를 반복적으로 웹 서비스에 요청해야 하며, 각 컴포넌트가 마운트될 때마다 각자 HTTP 요청을 전송해야 한다는 단점이 있다. 그 대신 데이터 스토어를 이용한다면 컴포넌트들 사이에 데이터를 공유할 수 있게 된다.

신규 미들웨어 제작

우리에겐 이미 객체를 받아 그 데이터를 갱신할 수 있는 액션이 있다. 따라서 그런 기존의 액션을 가로채 웹 서비스에 HTTP 요청을 보낼 수 있는 새로운 리덕스 미들웨어를 만드는 접근법을 채택할 것이다. 그럼 src/webservice 폴더에 RestMiddleware.js라는 파일을 만들어 리스트 23-20과 같은 콘텐츠를 작성하자.

리스트 23-20 src/webservice/RestMiddleware.js

```
import { STORE, UPDATE, DELETE} from "../store/modelActionTypes";
import { RestDataSource } from "./RestDataSource";
import { PRODUCTS, SUPPLIERS } from "../store/dataTypes";

export const GET_DATA = "rest_get_data";

export const getData = (dataType) => {
  return {
    type: GET_DATA,
    dataType: dataType
  }
}

export const createRestMiddleware = (productsURL, suppliersURL) => {

  const dataSources = {
    [PRODUCTS]: new RestDataSource(productsURL, () => {}),
    [SUPPLIERS]: new RestDataSource(suppliersURL, () => {})
  }
```

```
      return ({dispatch, getState}) => next => action => {
        switch (action.type) {
          case GET_DATA:
            if (getState().modelData[action.dataType].length === 0) {
              dataSources[action.dataType].GetData((data) =>
                data.forEach(item => next({ type: STORE,
                  dataType: action.dataType, payload: item})));
            }
            break;
          case STORE:
            action.payload.id = null;
            dataSources[action.dataType].Store(action.payload, data =>
              next({ ...action, payload: data }))
            break;
          case UPDATE:
            dataSources[action.dataType].Update(action.payload, data =>
              next({ ...action, payload: data }))
            break;
          case DELETE:
            dataSources[action.dataType].Delete({id: action.payload },
              () => next(action));
            break;
          default:
            next(action);
        }
      }
    }
  }
```

웹 서비스로 데이터를 요청할 액션 하나가 새로 필요한데, 이전에는 데이터 스토어가 자동으로 데이터를 초기화했었기 때문이다. 리스트 23-20에선 액션 타입이 GET_DATA인 액션을 생성하는, getData라는 액션 생성자를 정의했다.

createRestMiddleware 함수는 상품과 공급업체 데이터를 위한 데이터 소스를 받는다. 또한 이 함수는 웹 서비스로 요청을 전송하고 결과를 받아 추가 액션을 디스패치하는 GET_DATA 액션과, 데이터 스토어의 기존 기능을 사용하는 STORE, UPDATE, DELETE 액션을 취급하는 미들웨어를 리턴한다.

데이터 스토어에 미들웨어 추가

리스트 23-21에선 데이터 스토어에 새 미들웨어를 추가했다. 20장에서 언급했듯 미들웨어 컴포넌트는 스토어에 추가된 순서대로 적용된다.

리스트 23-21 src/store/index.js: 미들웨어 추가

```
import { createStore, combineReducers, applyMiddleware, compose } from "redux";
import modelReducer from "./modelReducer";
import stateReducer from "./stateReducer";
import { customReducerEnhancer } from "./customReducerEnhancer";
import { multiActions } from "./multiActionMiddleware";
import { asyncEnhancer } from "./asyncEnhancer";
import { createRestMiddleware } from "../webservice/RestMiddleware";

const enhancedReducer = customReducerEnhancer(
  combineReducers(
    {
      modelData: modelReducer,
      stateData: stateReducer
    })
);

  const restMiddleware = createRestMiddleware(
    "http://localhost:3500/api/products",
    "http://localhost:3500/api/suppliers");

  export default createStore(enhancedReducer,
    compose(applyMiddleware(multiActions),
      applyMiddleware(restMiddleware),
      asyncEnhancer(2000)));

  export { saveProduct, saveSupplier, deleteProduct, deleteSupplier }
    from "./modelActionCreators";
```

애플리케이션의 기존 컴포넌트가 데이터 스토어를 사용하는 방법을 고려할 때 미들웨어의 순서가 중요하다. 20장에서 만들었던 multiActions 미들웨어는 액션의 배열이 디스패치되게 하므로 반드시 처음에 와야 한다. 그렇지 않으면 새 미들웨어가 액션을 제대로 처리하지 못할 테니 말이다.

애플리케이션 완성

이제 필요할 때 자동으로 데이터를 요청하게 하기 위해 src 폴더에 DataGetter.js라는 파일을 만들어 리스트 23-22와 같은 HOC를 정의하자.

리스트 23-22 src/DataGetter.js

```
import React, { Component } from "react";
import { PRODUCTS, SUPPLIERS } from "./store/dataTypes";

export const DataGetter = (dataType, WrappedComponent) => {

  return class extends Component {
    render() {
      return <WrappedComponent { ...this.props } />
    }

    componentDidMount() {
      this.props.getData(PRODUCTS);
      if (dataType === SUPPLIERS) {
        this.props.getData(SUPPLIERS);
      }
    }
  }
}
```

이 컴포넌트는 마운트된 후에 데이터를 요청하며, 사용자에게 상품 이름을 포함한 데이터를 제대로 보여주기 위해 공급업체 데이터에 상품 데이터가 보완돼야 한다는 점을 안다. 리스트 23-23에선 애플리케이션이 구동될 때 데이터가 요청될 수 있게 TableConnector 컴포넌트에 새 HOC를 추가했다.

리스트 23-23 src/store/TableConnector.js: 액션 디스패치

```
import { connect } from "react-redux";
//import { startEditingProduct, startEditingSupplier } from "./stateActions";
import { deleteProduct, deleteSupplier } from "./modelActionCreators";
import { PRODUCTS, SUPPLIERS } from "./dataTypes";
import { withRouter } from "react-router-dom";
import { getData } from "../webservice/RestMiddleware";
import { DataGetter } from "../DataGetter";
```

```
export const TableConnector = (dataType, presentationComponent) => {

  const mapStateToProps = (storeData, ownProps) => {
    if (dataType === PRODUCTS) {
      return { products: storeData.modelData[PRODUCTS] };
    } else {
      return {
        suppliers: storeData.modelData[SUPPLIERS].map(supp => ({
          ...supp,
          products: supp.products.map(id =>
            storeData.modelData[PRODUCTS]
              .find(p => p.id === Number(id)) || id)
              .map(val => val.name || val)
        }))
      }
    }
  }

  const mapDispatchToProps = (dispatch, ownProps) => {
    return {
      getData: (type) => dispatch(getData(type)),
      deleteCallback: dataType === PRODUCTS
        ? (...args) => dispatch(deleteProduct(...args))
        : (...args) => dispatch(deleteSupplier(...args))
    }
  }

  const mergeProps = (dataProps, functionProps, ownProps) => {
    let routedDispatchers = {
      editCallback: (target) => {
        ownProps.history.push(`/${dataType}/edit/${target.id}`);
      },
      deleteCallback: functionProps.deleteCallback,
      getData: functionProps.getData
    }
    return Object.assign({}, dataProps, routedDispatchers, ownProps);
  }

  return withRouter(connect(mapStateToProps,
    mapDispatchToProps, mergeProps)(DataGetter(dataType,
      presentationComponent)));
}
```

마지막으로 리스트 23-24와 같이 데이터 스토어에 초기 데이터를 공급하기 위해 사용됐던 정적 콘텐츠를 제거하자.

리스트 23-24 src/store/initialData.js: 정적 데이터 제거

```javascript
import { PRODUCTS, SUPPLIERS } from "./dataTypes";

export const initialData = {
  modelData: {
    [PRODUCTS]: [],
    [SUPPLIERS]: []
  },
  stateData: {
    editing: false,
    selectedId: -1,
    selectedType: PRODUCTS
  }
}
```

이로써 상품과 공급업체의 초기 데이터는 웹 서비스로부터 가져오게 됐으며, 어떤 변경 사항이라도 웹 서비스를 갱신할 수 있게 됐다. 결과는 그림 23-6과 같다.

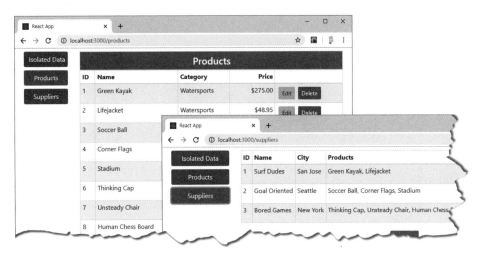

▲ 그림 23-6 데이터 스토어와 함께 웹 서비스 사용

정리

23장에선 웹 서비스를 소개하고, 이를 사용해 사용자에게 보여줄 데이터 취득하는 방법과 데이터를 저장, 변경, 삭제하는 방법을 알아봤다. 23장에선 비록 엑시오스를 사용했으나 다른 라이브러리도 얼마든지 선택할 수 있다. 또한 리액트 애플리케이션에서의 웹 서비스 이용은 상대적으로 쉬운 일이다. 24장에선 RESTful 웹 서비스 대신 사용할 수 있는 좀 더 유연한 대체재인 그래프QL을 소개한다.

24장

그래프QL의 이해

그래프QL은 23장에서 사용했던 것과 같은 전통적인 RESTful 웹 서비스보다 유연한 대안을 제공하는, API를 생성하고 소비하는 통합 시스템이다. 24장에선 그래프QL 서비스를 정의하고 질의를 수행하는 방법을 설명한다. 그다음 25장에선 리액트 애플리케이션에서 그래프QL API를 사용하는 또 다른 방법을 설명할 것이다. 표 24-1에서 그래프QL의 맥락을 정리했다.

표 24-1 그래프QL의 맥락 잡기

질문	답변
그게 무엇인가?	그래프QL은 API로서 제공될 수 있는 쿼리 언어다.
왜 유용한가?	그래프QL은 데이터에 접근할 수 있는 유연한 방법을 클라이언트에게 제공하며, 클라이언트가 필요로 하는 데이터만을 받을 수 있게 한다. 또한 서버 측의 변경 없이도 새 쿼리를 작성할 수 있게 한다.
어떻게 사용하는가?	서버에선 스키마를 정의하고 리졸버 함수를 사용해 구현한다. 클라이언트는 그래프QL 언어를 사용해 쿼리를 전송하거나 변경을 요청한다.
문제점이나 제약사항이 있는가?	그래프QL은 다소 복잡하며, 유용한 스키마를 작성하기 위해 약간의 기술이 필요하다.
대체재가 있는가?	23장에서 설명했던 RESTful 웹 서비스를 사용할 수 있다.

표 24-2에선 24장의 내용을 요약했다.

표 24-2 24장 요약

과제	해법	리스트 번호
그래프QL 서비스 정의	쿼리와 뮤테이션을 정의하고 리졸버를 구현한다.	3, 4, 8~10, 20, 21
그래프QL 서비스 질의	쿼리의 이름을 지정하고, 결과로 받을 필드들을 지정한다.	7, 11, 27, 28
결과의 필터링	쿼리 인자를 사용한다.	12~19
데이터의 변경	뮤테이션을 정의하고 갱신할 필드들을 지정한다.	22~24
쿼리에 파라미터 적용	쿼리 변수를 사용한다.	25, 26
여러 쿼리에서 동일한 필드 집합 사용	쿼리 프래그먼트를 사용한다.	29

준비 작업

24장에선 23장까지 사용한 productapp 프로젝트를 계속 사용한다. 그럼 추가 패키지를
설치하기 위해 명령 프롬프트에서 productapp 폴더로 이동해 리스트 24-1과 같은 명령
을 실행하자.

```
npm install --save-dev graphql@14.0.2
npm install --save-dev express@4.16.4
npm install --save-dev express-graphql@0.7.1
npm install --save-dev graphql-import@0.7.1
npm install --save-dev cors@2.8.5
```

표 24-3에서 방금 추가한 패키지들을 간략히 소개했다.

표 24-3 프로젝트에 추가한 패키지

패키지	설명
그래프QL(GraphQL)	그래프QL의 참조 구현체가 포함돼 있다.
익스프레스(Express)	확장성 있는 HTTP 서버를 제공하며, 24장에선 그래프QL 서버의 근간으로 사용된다.
그래프QL HTTP 서버 (express-graphql)	익스프레스 패키지를 사용해 HTTP를 통한 그래프QL 서비스를 제공한다.
graphql-import	그래프QL 스키마를 여러 파일에서 정의할 수 있게 하며, 파일을 직접 읽는 경우보다 더 쉽게 스키마를 가져올 수 있게 한다.
CORS	그래프QL HTTP 서버에서 CORS를 가능하게 한다.

패키지 설치가 끝났으면 개발 도구를 시작하기 위해 명령 프롬프트에서 리스트 24-2의 명령을 실행하자. 23장에서 정의한 RESTful 웹 서비스 역시 함께 구동될 것이다.

리스트 24-2 개발 도구 실행

```
npm start
```

잠시 동안의 초기 컴파일 과정이 끝나면 새 브라우저 창이 열리고, 그림 24-1과 같이 http://localhost:3000 URL의 콘텐츠가 보일 것이다.

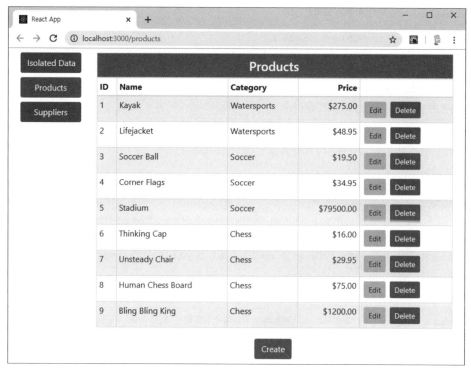

▲ 그림 24-1 실행된 예제 애플리케이션

그래프QL의 이해

RESTful 웹 서비스는 처음 시작하기엔 용이하나, 클라이언트의 요구사항이 진화하고 서비스를 사용하는 클라이언트 애플리케이션의 수가 증가함에 따라 유연성이 점점 떨어진다.

하나의 애플리케이션만을 위한 변경은 이뤄질 수 없다. 다른 애플리케이션에 문제를 야기할 수 있기 때문이다. 또한 작업 내용을 되돌려야 하므로 클라이언트 애플리케이션의 배포 날짜에 변경사항이 반영되지 않는다. 게다가 인프라 개발 팀은 각 기능 요구들을 조정하기 위해 애를 써야 할 것이다. 서드파티 웹 서비스에 의존한다면 어떤 변경도 요청할 수 있는 여지가 없을 수도 있다. 그런 식의 요청을 하는 수십 또는 수백의 개발자 중 한 명에 불과할 테니 말이다.

그 결과 애플리케이션과 웹 서비스는 잘 어울리지 못하게 된다. 클라이언트는 필요한 데이터를 얻기 위해 종종 복수의 요청을 웹 서비스에 보내며, 받은 데이터를 유용한 형태로 병합한다. 클라이언트는 각기 다른 REST 요청으로부터 리턴된 객체들이 서로 어떻게 관련이 있는지 알아야 하며, 결과적으로 사용하지 않을 데이터도 요청하게 되는 경우가 종종 생긴다.

RESTful 웹 서비스의 근본적인 문제는 웹 서비스가 제공하는 데이터와 그 방식이 고정돼 있다는 점이며, 이는 곧 클라이언트 애플리케이션이 변경되면 이슈가 될 수 있다. 그래프QL은 클라이언트가 필요한 데이터와 표현 방식을 통제할 수 있게 함으로써 문제를 해결한다. 그 결과 클라이언트 애플리케이션은 새로운 방식으로 데이터를 사용하는 기능을 추가할 수 있으면서도 서버 측의 변경은 최소화할 수 있게 된다.

> **그래프QL의 약점**
>
> 그래프QL이 모든 상황에 적합한 것은 아니다. 그래프QL은 복잡하며, 많은 사람이 REST 만큼이나 잘 알지는 못한다. 따라서 경험이 풍부한 개발자나 검증된 도구와 라이브러리를 찾기 어렵다. 또한 그래프QL은 클라이언트 애플리케이션이 수행할 수 있었던 작업을 서버로 전가함으로써, 데이터 센터의 비용을 증가시키고 그래프QL을 지원하는 백엔드 서버의 사용 권한도 필요하게 만든다.
>
> 그래프QL은 고려할 가치가 있는 유용한 기술이다. 특히 배포된 후에도 계속해서 개발이 필요한 애플리케이션이거나 다양한 클라이언트 애플리케이션을 지원해야 하는 상황이라면 더욱 그렇다. 그러나 RESTful 웹 서비스가 더 이상 요구사항을 충족시키지 못하는 지경에 이르기 전에는 GraphQL에 무작정 뛰어들지 말기 바란다.

그래프QL 서버 제작

여기선 23장의 웹 서비스의 경우와 동일한 데이터를 제공하는 커스텀 그래프QL 서버를 만들 것이다. 그래프QL 서비스를 만드는 과정이 항상 필요하지는 않다. 특히 서드파티 API를 사용하는 경우엔 더욱 그렇다. 그러나 서버에서 일어나는 일을 이해하면 그래프QL의 작동 원리를 간파하는 데 도움이 될 것이다. 다음 절부터 클라이언트가 만드는 요청의 유형을 기술하는 과정을 설명하고 그런 요청을 다루기 위한 코드를 작성해볼 것이다.

> **다른 그래프QL 서버**
>
> 24상에선 간난한 그래프QL 서버를 만들기 위해 그래프QL의 침조 구현체를 시용한다. 이는 그래프QL의 작동 원리를 파악하기엔 좋지만, 실제 데이터 작업을 위한 방안으로는 부족할 수 있다.
>
> 소규모의 간단한 프로젝트라면 Lowdb(https://github.com/typicode/lowdb)나 몽고 DB^{MongoDB}(https://www.mongodb.com)가 적합할 수 있다.
>
> 좀 더 복잡한 프로젝트라면 아폴로 서버(https://github.com/apollographql/apollo-server)가 가장 일반적인 선택이다. 그 밖에도 기존 RESTful 웹 서비스의 프론트엔드로서 그래프QL을 사용하는 등 다양한 방식의 데이터 통합 옵션을 제공하는 오픈소스나 상용 제품이 존재한다.

스키마 작성

그래프QL은 스키마를 통해 요청을 기술하는데, 이는 그래프QL 스키마 언어^{GraphQL} $^{schema\ language}$로 작성된다. 그럼 src/graphql 폴더에 schema.graphql이라는 파일을 만들어 리스트 24-3과 같은 콘텐츠를 추가하자.

리스트 24-3 src/graphql/schema.graphql

```
type product {
  id: ID!,
  name: String!,
  category: String!
```

```
    price: Float!
  }

type supplier {
  id: ID!,
  name: String!,
  city: String!,
  products: [ID]
}

type Query {
  products: [product],
  suppliers: [supplier]
}
```

이 스키마에선 product와 supplier라는 두 개의 커스텀 유형을 정의했다. 두 유형은 그래프QL 서버가 지원하는 쿼리의 결과로 사용될 것이다. 각 결과 유형은 다음과 같은 식의 필드 집합을 포함한다.

```
...
category: String!
...
```

여기서 필드 이름은 category이며 타입은 String이다. 그래프QL은 표 24-4와 같은 일련의 내장된 타입들을 제공한다. 필드 타입 다음의 느낌표(!)는 반드시 값이 있어야 한다는 뜻이다. 또한 필드는 다음과 같이 값의 배열을 리턴할 수도 있다.

```
...
products: [ID]
...
```

표 24-4 그래프QL 내장 타입

타입	설명
ID	유일한 식별자를 나타낸다.
String	문자열을 나타낸다.
Int	부호가 있는 정수를 나타낸다.
Float	부동소수점 값을 나타낸다.
Boolean	true 또는 false 값을 나타낸다.

대괄호는 supplier 유형의 products 필드가 ID 값의 배열임을 나타낸다.

> **💡 팁**
>
> 지금은 그래프QL의 체계에 겁먹지 말기 바란다. 서버의 각기 다른 부분들이 함께 잘 맞아 사용되는 모습을 보면 이해되기 시작할 것이다.

그래프QL은 내장 타입뿐만 아니라 Query라는 유형도 지원한다. Query는 서버가 지원할 쿼리를 정의할 때 사용된다. 리스트 24-3의 스키마에선 다음과 같은 두 개의 쿼리를 정의했다.

```
...
type Query {
  products: [product],
  suppliers: [supplier]
}
...
```

첫 번째 구문에선 product 객체들의 배열을 리턴할 products라는 쿼리를 정의했다. 마찬가지로 두 번째 구문에선 supplier 객체들의 배열을 리턴할 suppliers라는 쿼리를 정의했다.

리졸버 제작

다음 단계는 리스트 24-3에서 정의한 products와 suppliers 쿼리를 구현하는 함수, 즉 리졸버^{resolver}를 만드는 것이다. src/graphql 폴더에 resolvers.js라는 파일을 만들어 리스트 24-4와 같은 코드를 작성하자.

리스트 24-4 src/graphql/resolvers.js

```
var data = require("../../restData")();

module.exports = {

  products: () => data.products,
  suppliers: () => data.suppliers
}
```

각 리졸버는 각 쿼리에 대응하는 이름을 가진 함수이며, 스키마로 선언했던 형태의 데이터를 리턴한다. products와 suppliers 리졸버는 restData.js 파일로부터 로딩한 데이터를 사용한다.

> **참고**
>
> 그래프QL 서버는 노드(Node.js)에 의해 실행되는데, 노드는 자바스크립트 모듈을 지원하지 않는다. 이는 import와 export 키워드를 사용할 수 없다는 뜻이다. 그 대신 require라는 함수를 사용해 파일 의존성을 선언할 수 있으며, module.exports를 사용해 자바스크립트 파일 외부의 코드나 데이터를 사용할 수 있다.

서버 제작

마지막 단계는 스키마와 리졸버를 처리하는 코드와 그래프QL 서버를 만드는 것이다. 그럼 productapp 폴더에 graphqlServer.js라는 파일을 만들어 리스트 24-5와 같은 코드를 추가하자.

리스트 24-5 graphqlServer.js

```
var { buildSchema } = require("graphql");
var { importSchema } = require("graphql-import");
var express = require("express");
```

```
var graphqlHTTP = require("express-graphql")
var cors = require("cors")
var schema = importSchema("./src/graphql/schema.graphql");
var resolvers = require("./src/graphql/resolvers");

var app = express();

app.use(cors());
app.use("/graphql", graphqlHTTP({
  schema: buildSchema(schema),
  rootValue: resolvers,
  graphiql: true,
}));
app.listen(3600, () => console.log("GraphQL Server Running on Port 3600"));
```

그래프QL 패키지는 스키마 문자열을 읽어 사용 준비를 하는 buildSchema라는 함수를 제공한다. 스키마 파일의 콘텐츠는 graphql-import 패키지에 의해 가져오게 되고 buildSchema 함수에 전달된다. 그래프QL HTTP 서버(express-graphql) 패키지는 그래프QL을 익스프레스 서버에 통합하며, 여기선 3600번 포트로 익스프레스 서버를 리스닝하게 했다.

이제 그래프QL 서버를 구동하기 위해 명령 프롬프트를 열고 productapp 폴더로 이동해 리스트 24-6의 명령을 실행하자(그래프QL 서버는 스키마나 리졸버가 변경돼도 자동으로 재시작되지 않으므로 수동으로 재시작해야 한다. 이게 RESTful 웹 서비스의 경우와는 달리 그래프QL 서버를 npm start 명령에 통합하지 않은 이유다).

리스트 24-6 GraphQL 서버 실행

```
node graphqlServer.js
```

그래프QL 서버는 GraphiQL('그래피컬'로 읽는다)이라는, 브라우저 기반의 그래프QL 도구를 제공한다. 그래프QL이 제대로 작동한다면, 새 브라우저에서 http://localhost:3600/graphql을 방문해 그림 24-2와 같은 도구를 확인할 수 있다.

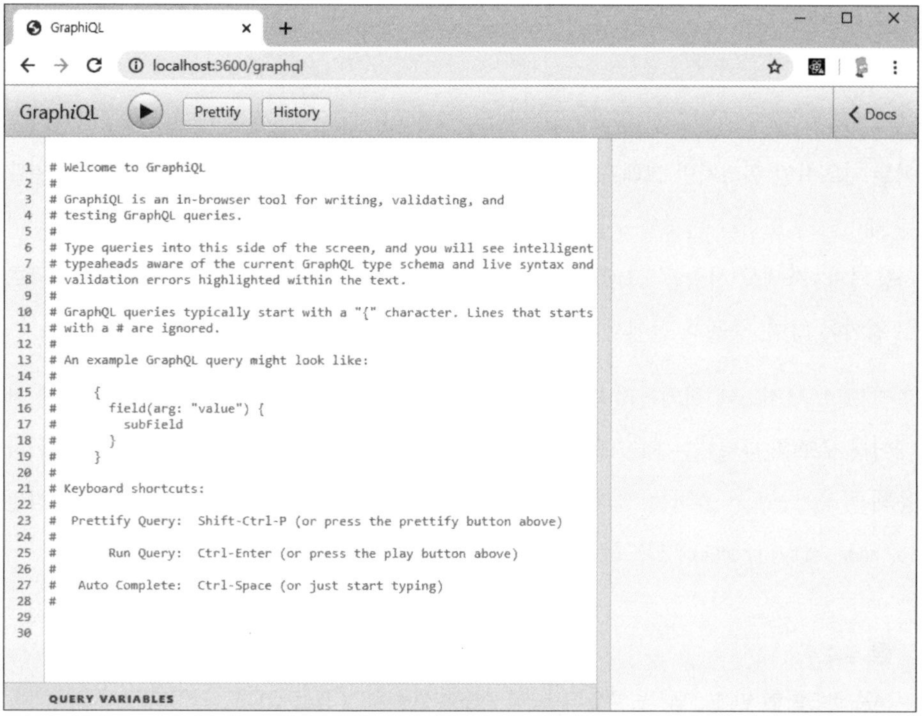

▲ 그림 24-2 GraphiQL 브라우저

그래프QL 쿼리 작성

GraphiQL은 그래프QL을 애플리케이션에 통합하기 전에 쉽게 쿼리를 수행해볼 수 있게 한다. 예를 들어, supplier 객체를 모두 조회하고 싶다면 GraphiQL 창의 왼쪽 패널에 리스트 24-7과 같은 쿼리를 입력하면 된다.

리스트 24-7 공급업체 데이터 조회

```
query {
  suppliers {
    id,
    name,
    city,
```

```
    products
  }
}
```

이는 기초적인 쿼리지만 그래프QL 쿼리가 작동하는 방법을 크게 드러낸다. query 키워드
는 데이터의 조회와 변경을 구분하는 데 사용된다. 데이터의 변경에는 **뮤테이션**^{mutation}이
사용되며, 자세한 사항은 '그래프QL 뮤테이션' 절에서 설명한다. 쿼리의 내용은 중괄호
로 감싸야 하며, 중괄호 안에서 쿼리의 이름(여기선 suppliers)을 지정한다.

그래프QL 서비스에 질의하려면 조회하려는 데이터 필드를 지정해야 한다. 항상 동일한
데이터 구조를 나타내는 RESTful 웹 서비스와는 달리 그래프QL은 또 다른 중괄호를 사
용해 클라이언트가 원하는 결과를 지정할 수 있게 한다. 예컨대, 리스트 24-7의 쿼리는
id, name, city, products 필드를 선택한다.

> 🎐 **참고**
>
> 모든 필드를 한 번에 선택하는 와일드카드와 같은 방법은 없다. 모든 필드를 조회하려면 반드시 쿼
> 리 안에 모두 포함시켜야 한다.

Execute Query 버튼(▶)을 클릭하면 그래프QL 서버에 쿼리가 전송돼 다음과 같은 결과가
리턴될 것이다.

```
{
  "data": {
    "suppliers": [
      {
        "id": "1",
        "name": "Surf Dudes",
        "city": "San Jose",
        "products": [
          "1",
          "2"
        ]
      },
```

```
    {
      "id": "2",
      "name": "Goal Oriented",
      "city": "Seattle",
      "products": [
        "3",
        "4",
        "5"
      ]
    },
    {
      "id": "3",
      "name": "Bored Games",
      "city": "New York",
      "products": [
        "6",
        "7",
        "8",
        "9"
      ]
    }
  ]
}
}
```

이는 RESTful 웹 서비스에서 크게 벗어나지 않아 보인다. 그러나 이와 같은 기초적인 쿼리를 사용해도 클라이언트는 필요한 필드들을 원하는 순서대로 선택할 수 있다.

연관 데이터 질의

이제 그래프QL 서비스를 사용해 상품과 공급업체 데이터를 얻을 수 있게 됐으며, 이는 예제 애플리케이션 데이터 테이블의 기본 요구를 충족시킨다. 그러나 그래프QL의 강력한 기능 중 하나는 연관 데이터를 쉽게 질의할 수 있다는 점이다. 즉, 하나의 쿼리가 여러 유형들이 포함된 결과를 리턴할 수 있다는 뜻이다. 예컨대, 리스트 24-8에선 supplier 데이터 유형을 위한 products 필드를 변경했다.

리스트 24-8 src/graphql/schema.graphql: 데이터 필드 변경

```
type product {
  id: ID!,
  name: String!,
  category: String!
```

```
      price: Float!
   }

   type supplier {
      id: ID!,
      name: String!,
      city: String!,
      products: [product]
   }

   type Query {
      products: [product],
      suppliers: [supplier]
   }
```

products 필드는 이제 ID 값들의 배열 대신 product 객체들의 배열을 리턴한다. 이를 지원하기 위해 리스트 24-9와 같이 리졸버에서 각 supplier와 product 객체 사이의 관계를 다시 정립하자.

리스트 24-9 src/graphql/resolvers.js: 연관 데이터 연결

```
var data = require("../../restData")();
module.exports = {

   products: () => data.products,

   suppliers: () => data.suppliers.map(s => ({
      ...s, products: () => s.products.map(id =>
         data.products.find(p => p.id === Number(id)))
   }))
}
```

이로써 각 supplier 객체가 products 프로퍼티를 갖도록 데이터가 처리된다. products 프로퍼티는 연관된 데이터를 찾아주는 함수이며, 클라이언트가 이 데이터 필드를 요청할 때만 호출됨으로써 서버가 요청받지 않는 데이터를 가져오는 작업은 하지 않음을 보장한다.

이제 Control+C로 그래프QL 서버를 종료한 다음, 리스트 24-10의 명령으로 다시 구동하자.

```
node graphqlServer.js
```

브라우저에서 http://localhost:3600/graphql 페이지를 열고 GraphiQL 창의 왼쪽 패널에 리스트 24-11의 쿼리를 입력하자.

리스트 24-11 연관 데이터 질의

```
query {
  suppliers {
    id,
    name,
    city,
    products {
      name
    }
  }
}
```

supplier 같은 복잡한 유형을 리턴하는 경우엔 반드시 쿼리에서 필요한 필드들을 선택해야 한다. 리스트 24-11에선 각 supplier 객체의 id, name, city와, 연관된 각 product 객체의 name 필드를 선택했다. 이제 Execute Query 버튼을 클릭하면 다음과 같은 결과를 볼 수 있을 것이다.

```
{
  "data": {
    "suppliers": [
      {
        "id": "1",
        "name": "Surf Dudes",
        "city": "San Jose",
        "products": [
          {
            "name": "Kayak"
          },
          {
            "name": "Lifejacket"
```

```json
        }
      ]
    },
    {
      "id": "2",
      "name": "Goal Oriented",
      "city": "Seattle",
      "products": [
        {
          "name": "Soccer Ball"
        },
        {
          "name": "Corner Flags"
        },
        {
          "name": "Stadium"
        }
      ]
    },
    {
      "id": "3",
      "name": "Bored Games",
      "city": "New York",
      "products": [
        {
          "name": "Thinking Cap"
        },
        {
          "name": "Unsteady Chair"
        },
        {
          "name": "Human Chess Board"
        },
        {
          "name": "Bling Bling King"
        }
      ]
    }
  ]
}
}
```

필요한 supplier 객체와 그와 연관된 product 데이터를 위한 필드들을 클라이언트가 지정했다는 점이 중요하다. 즉, 애플리케이션이 실제로 필요로 하는 데이터만 가져온다는 뜻이다.

> **⊛ 참고**
>
> 그래프QL은 일반 쿼리에 더해 구독 쿼리도 지원한다. **구독**(subscription)은 서버에서 데이터 변경이 일어날 때마다 클라이언트가 갱신되게 하는 기능인데, 많이 사용되지 않으며 일관된 지원을 기대하기 어려우므로 이 책에선 설명하지 않는다.

인자를 사용한 쿼리

현재 그래프QL 서버가 제공하는 쿼리에선 사용자가 원하는 필드를 선택할 수 있지만 객체를 선택할 수는 없다. 즉, 개별 객체에 대한 요청을 만들 수 없다는 말이다. 다행히 그래프QL은 클라이언트가 요청을 커스터마이징할 수 있게 인자의 사용을 지원한다. 리스트 24-12는 인자를 사용한 쿼리다.

리스트 24-12 src/graphql/schema.graphql: 인자 사용

```
type product {
  id: ID!,
  name: String!,
  category: String!
  price: Float!
}

type supplier {
  id: ID!,
  name: String!,
  city: String!,
  products: [product]
}

type Query {
  products: [product],
  product(id: ID!): product,
```

```
    suppliers: [supplier]
    supplier(id: ID!): supplier
}
```

인자는 쿼리 이름 다음의 소괄호 안에 정의하며, 각 인자엔 이름과 유형이 할당된다. 리스트 24-12에선 product와 supplier라는 쿼리를 추가했으며, 각 쿼리에 id라는 이름의 인자를 할당했다. id의 유형은 ID이며, 그다음의 느낌표는 값이 필수로 있어야 함을 나타낸다. 이제 리스트 24-13과 같이 id 값으로 데이터 객체를 선택하는 쿼리를 사용하는 리졸버를 추가하자.

리스트 24-13 src/graphql/resolvers.js: 리졸버 추가

```
var data = require("../../restData")();

module.exports = {

    products: () => data.products,

    product: (args) => data.products.find(p => p.id === parseInt(args.id)),

    suppliers: () => data.suppliers.map(s => ({
        ...s, products: () => s.products.map(id =>
            data.products.find(p => p.id === Number(id)))
    })),

    supplier: (args) => {
        const result = data.suppliers.find(s => s.id === parseInt(args.id));
        if (result) {
            return {
                ...result,
                products: () => result.products.map(id =>
                    data.products.find(p => p.id === Number(id)))
            }
        }
    }
}
```

새로 추가한 리졸버 함수는 쿼리의 인자와 대응하는 프로퍼티를 갖는 객체를 받으며, 쿼리에 지정된 id 값을 받기 위해 args.id 프로퍼티를 읽는다. 이 코드에서 args를 빼면 리스트 24-14와 같이 좀 더 간결하게 바꿀 수 있다.

> **🔰 팁**
>
> 비교를 위해 id 인자를 변환할 때 parseInt 함수가 사용됨에 주목하기 바란다. 그렇지 않고 ID 값과 자바스크립트 숫자 값을 일치 연산자(===)로 직접 비교하면 false를 리턴할 것이다.

리스트 24-14 src/graphql/resolvers.js: 인자 객체 제거

```javascript
var data = require("../../restData")();

module.exports = {

  products: () => data.products,

  product: ({id}) => data.products.find(p => p.id === parseInt(id)),

  suppliers: () => data.suppliers.map(s => ({
    ...s, products: () => s.products.map(id =>
      data.products.find(p => p.id === Number(id)))
  })),

  supplier: ({id}) => {
    const result = data.suppliers.find(s => s.id === parseInt(id));
    if (result) {
      return {
        ...result,
        products: () => result.products.map(id =>
          data.products.find(p => p.id === Number(id)))
      }
    }
  }
}
```

이제 그래프QL 서버를 재시작하고 GraphiQL 창의 왼쪽 패널에 리스트 24-15의 쿼리를 입력하자.

리스트 24-15 인자를 사용한 쿼리

```
query {
  supplier(id: 1) {
    id,
    name,
    city,
    products {
      name
    }
  }
}
```

이 쿼리는 id 값이 1인 supplier 객체에 대해 id, name, city 필드와 연관 상품의 name 필드를 요청함으로써 다음과 같은 결과를 리턴할 것이다.

```
{
  "data": {
    "supplier": {
      "id": "1",
      "name": "Surf Dudes",
      "city": "San Jose",
      "products": [
        {
          "name": "Kayak"
        },
        {
          "name": "Lifejacket"
        }
      ]
    }
  }
}
```

필드에 인자 추가

개별 필드에도 인자를 정의할 수 있는데, 그렇게 함으로써 클라이언트는 좀 더 구체적으로 필요한 데이터를 얻을 수 있다. 리스트 24-16에선 supplier 유형을 위한 스키마 정의 부분에 인자를 추가해 상품 객체를 이름으로 필터링할 수 있게 했다.

리스트 24-16 src/graphql/schema.graphql: 필드 인자 추가

```
type product {
id: ID!,
  name: String!,
  category: String!
  price: Float!
}

type supplier {
  id: ID!,
  name: String!,
  city: String!,
  products(nameFilter: String = ""): [product]
}

type Query {
  products: [product],
  product(id: ID!): product,
  suppliers: [supplier]
  supplier(id: ID!): supplier
}
```

여기선 nameFilter 인자를 받을 수 있게 products 필드를 다시 정의했다. 느낌표가 없으므로 인자의 값은 선택사항이라는 뜻이며, 값이 없을 경우 기본값인 빈 문자열이 사용될 것이다. 리스트 24-17에선 인자를 사용할 수 있게 구현한 코드다.

리스트 24-17 src/graphql/resolvers.js: 필드 인자 구현

```
var data = require("../../restData")();

const mapIdsToProducts = (supplier, nameFilter) =>
  supplier.products.map(id => data.products.find(p => p.id === Number(id)))
```

```
        .filter(p => p.name.toLowerCase().includes(nameFilter.toLowerCase())));

module.exports = {

  products: () => data.products,

  product: ({id}) => data.products
    .find(p => p.id === parseInt(id)),

  suppliers: () => data.suppliers.map(s => ({
    ...s, products: ({nameFilter}) => mapIdsToProducts(s, nameFilter)
  })),

  supplier: ({id}) => {
    const result = data.suppliers.find(s => s.id === parseInt(id));
    if (result) {
      return {
        ...result,
        products: ({ nameFilter }) => mapIdsToProducts(result, nameFilter)
      }
    }
  }
}
```

필드 인자를 지원하기 위해 supplier 객체의 products 프로퍼티가 파라미터를 받게 했다.
또한 nameFilter 값을 사용해 이름으로 연관 product 객체를 필터링하게 했다. 이제 쿼리
에서 필드 인자가 어떻게 사용되는지 보기 위해 그래프QL 서버를 재시작하고 GraphiQL
창에 리스트 24-18의 쿼리를 입력하자.

리스트 24-18 필드 인자를 사용한 쿼리

```
query {
  supplier(id: 1) {
    id,
    name,
    city,
    products(nameFilter: "ak") {
      name
    }
```

```
      }
  }
```

Execute Query 버튼을 클릭하면 다음과 같은 결과가 나타날 것이다. 이는 name 필드 값에
ak가 포함된 product 객체만 선택됐음을 보여준다.

```
{
  "data": {
    "supplier": {
      "id": "1",
      "name": "Surf Dudes",
      "city": "San Jose",
      "products": [
        {
          "name": "Kayak"
        }
      ]
    }
  }
}
```

> **ⓘ 주의**
>
> 필드 인자를 받기 위한 메서드들은 요청마다 호출되므로 서버에 상당한 부담을 줄 수도 있다. 그
> 런 경우라면 fast-memoize(https://github.com/caiogondim/fast-memoize.js) 같은 메모이제이션
> (memoization) 패키지 사용을 고려해보기 바란다.

필드 인자는 유형에 적용되는 것이지 특정 쿼리에 적용되는 것이 아니므로, 상품 데이터
를 포함하는 공급업체 데이터에 대한 어떤 쿼리에도 필터가 사용된다. 이를 확인하기 위
해 GraphiQL에 리스트 24-19의 쿼리를 입력해보자.

리스트 24-19 필드 인자를 사용하는 또 다른 쿼리

```
query {
  suppliers {
    id,
```

```
      name,
      city,
      products(nameFilter: "g") {
        name
      }
    }
  }
}
```

Execute Query 버튼을 클릭하면 다음과 같이 각 supplier 객체의 연관 상품 데이터가 필터링된 결과를 볼 수 있다.

```
{
  "data": {
    "suppliers": [
      {
        "id": "1",
        "name": "Surf Dudes",
        "city": "San Jose",
        "products": []
      },
      {
        "id": "2",
        "name": "Goal Oriented",
        "city": "Seattle",
        "products": [
          {
            "name": "Corner Flags"
          }
        ]
      },
      {
        "id": "3",
        "name": "Bored Games",
        "city": "New York",
        "products": [
          {
            "name": "Thinking Cap"
          },
          {
            "name": "Bling Bling King"
          }
```

```
          }
        ]
      }
    ]
  }
}
```

그래프QL 뮤테이션

뮤테이션을 사용하면 그래프QL 서버가 데이터를 변경할 수 있다. 뮤테이션은 mutation
이라는 특별한 유형을 사용해 스키마에 추가되며, 리스트 24-20과 같이 두 가지 접근법
을 사용할 수 있다.

리스트 24-20 src/graphql/schema.graphql: 뮤테이션 정의

```
type product {
  id: ID!,
  name: String!,
  category: String!
  price: Float!
}

type supplier {
  id: ID!,
  name: String!,
  city: String!,
  products(nameFilter: String = ""): [product]
}

type Query {
  products: [product],
  product(id: ID!): product,
  suppliers: [supplier]
  supplier(id: ID!): supplier
}

input productInput {
```

```
    id: ID, name: String!, category: String!, price: Int!
}

type Mutation {
  storeProduct(product: productInput): product
  storeSupplier(id: ID, name: String!, city: String!, products: [Int]): supplier
}
```

첫 번째 뮤테이션인 storeProduct는 전용 입력 유형을 사용해, 변경할 값을 클라이언트가 제공할 수 있게 한다. 입력 유형은 input 키워드로 정의하며 다른 보통의 유형과 동일한 기능을 지원한다. 여기선 선택 필드인 id와 필수 필드인 name, category, price를 갖는 productInput이라는 입력 유형을 정의했다. 스키마에 정의된 기존의 product 유형과 많이 겹치는데, 이는 일반적인 접근법이다. 뮤테이션의 인자로 일반 유형을 사용할 수 없기 때문이다.

storeSupplier 뮤테이션은 input 유형을 사용하지 않는 쉬운 접근법을 채택했는데, 바로 클라이언트가 데이터 객체의 상세 내용을 표현할 수 있게 하는 복수의 인자를 정의하는 방법이다. 이는 기본적인 뮤테이션에 있어선 효과적이지만, 복잡한 뮤테이션일수록 다루기 불편해진다. 두 뮤테이션은 모두 생성되거나 갱신된 객체의 신뢰할 수 있는 뷰를 클라이언트에 제공된다. 리스트 24-21에선 리졸버에 뮤테이션을 구현했다.

리스트 24-21 src/graphql/resolvers.js: 뮤테이션 구현

```
var data = require("../../restData")();

const mapIdsToProducts = (supplier, nameFilter) =>
  supplier.products.map(id => data.products.find(p => p.id === Number(id)))
    .filter(p => p.name.toLowerCase().includes(nameFilter.toLowerCase()));

let nextId = 100;

module.exports = {

  products: () => data.products,
```

```
product: ({id}) => data.products
  .find(p => p.id === parseInt(id)),

suppliers: () => data.suppliers.map(s => ({
  ...s, products: ({nameFilter}) => mapIdsToProducts(s, nameFilter)
})),

supplier: ({id}) => {
  const result = data.suppliers.find(s => s.id === parseInt(id));
  if (result) {
    return {
      ...result,
      products: ([ nameFilter ]) => mapIdsToProducts(result, nameFilter)
    }
  }
},

storeProduct({product}) {
  if (product.id == null) {
    product.id = nextId++;
    data.products.push(product);
  } else {
    product = { ...product, id: Number(product.id)};
    data.products = data.products
      .map(p => p.id === product.id ? product : p);
  }
  return product;
},

storeSupplier(args) {
  const supp = { ...args, id: Number(args.id)};
  if (args.id == null) {
    supp.id = nextId++;
    data.suppliers.push(supp)
  } else {
    data.suppliers = data.suppliers.map(s => s.id === supp.id ? supp: s);
  }
  let result = data.suppliers.find(s => s.id === supp.id);
  if (result) {
    return {
      ...result,
```

```
      products: ({ nameFilter }) => mapIdsToProducts(result, nameFilter)
    }
  }
 }
}
```

이들 뮤테이션은 쿼리와 마찬가지로 인자를 받는 함수로 구현됐으며, ID 필드를 사용해 기존 객체의 갱신인지 새 객체의 저장인지 확인하고 쿼리에 사용될 데이터를 갱신한다. 그럼 storeProduct 뮤테이션을 사용해 상품을 갱신하기 위해 그래프QL 서버를 재시작하고 GraphiQL 창에 리스트 24-22의 뮤테이션을 입력하자.

리스트 24-22 storeProduct 뮤테이션 사용

```
mutation {
  storeProduct(product: {
    id: 1,
    name: "Green Kayak",
    category: "Watersports",
    price: 290
  }) {
    id, name, category, price
  }
}
```

뮤테이션은 mutation 키워드를 사용해 수행되며, 이는 이전의 query 키워드를 사용하는 방식과 유사하다. 그다음엔 뮤테이션의 이름(여기선 storeProduct)을 지정하고, 여기에 id, name, category, price를 제공하는 product 인자를 사용했다. 그다음엔 결과로 받고자 하는 필드들을 지정하는데, 여기선 상품에 정의된 모든 필드를 선택했다.

이제 Execute Query 버튼을 클릭하면 다음과 같은 결과를 보게 될 것이다.

```
{
  "data": {
    "storeProduct": {
      "id": "1",
      "name": "Green Kayak",
```

```
      "category": "Watersports",
      "price": 290
    }
  }
}
```

뮤테이션의 효과는 GraphiQL에 리스트 24-23의 쿼리를 실행해 확실히 확인할 수 있다.

리스트 24-23 상품 데이터 쿼리

```
query {
  product(id: 1) {
    id, name, category, price
  }
}
```

이 쿼리를 실행하면 다음과 같이 뮤테이션으로 인해 변경된 결과를 볼 수 있다.

```
{
  "data": {
    "product": {
      "id": "1",
      "name": "Green Kayak",
      "category": "Watersports",
      "price": 290
    }
  }
}
```

input 유형을 사용하지 않는 뮤테이션의 경우도 마찬가지다. 리스트 24-24와 같은 뮤테이션도 실행해보자.

리스트 24-24 input 유형이 아닌 뮤테이션 사용

```
mutation {
  storeSupplier(
    name: "AcmeCo",
    city: "Chicago",
```

```
      products: [1, 3]
  ){ id, name, city, products {
      name
    }
  }
}
```

이를 실행하면 새 공급업체가 생성되며, 다음과 같은 결과를 보게 될 것이다.

```
{
  "data": {
    "storeSupplier": {
      "id": "100",
      "name": "AcmeCo",
      "city": "Chicago",
      "products": [
        {
          "name": "Green Kayak"
        },
        {
          "name": "Soccer Ball"
        }
      ]
    }
  }
}
```

뮤테이션은 공급업체와 상품 사이의 관계를 표현하기 위해 product 필드의 id 값들을 사용했지만, 결과엔 상품 이름들이 포함됐음을 주목하기 바란다.

그 밖의 그래프QL 기능

24장을 마무리하기 위해 이전에 설명했던 기능과 함께 사용할 수 있는 유용한 기능을 설명할 것이다. 지금부터 설명하는 기능은 모두 선택사항이지만, 그래프QL 서비스 관련 작업을 좀 더 쉽게 만들어줄 것이다.

요청 변수

변수를 사용하면 한 번 정의한 요청을 사용할 때마다 인자를 통해 커스터마이징할 수 있다. 클라이언트가 매번 동적으로 요청 데이터를 생성하고 직렬화할 필요 없이 말이다. 리스트 24-25는 product 쿼리에 인자로 사용할 변수를 정의한 예다.

리스트 24-25 변수를 사용한 쿼리

```
query ($id: ID!) {
  product(id: $id) {
    id, name, category, price
  }
}
```

변수는 쿼리나 뮤테이션에 적용할 수 있으며, 달러 기호($)로 시작하는 이름과 유형으로 정의된다. 리스트 24-25의 쿼리에선 타입이 필수 ID인 id라는 변수를 정의했다. 이 변수는 쿼리 안에서 $id로 사용되며 product 쿼리의 인자로 전달된다.

먼저 GraphiQL 창의 왼쪽 패널에 리스트 24-25의 쿼리를 입력하고, 패널 아래에 있는 **QUERY VARIABLES** 패널을 위로 확장해 리스트 24-26의 코드를 입력하자.

리스트 24-26 변숫값 지정

```
{
  "id": 2
}
```

보다시피 여기선 id 변수에 2라는 값을 할당했다. 이제 Execute Query 버튼을 클릭하면 쿼리와 변수가 그래프QL 서버로 전될돼 그림 24-3과 같이 id가 2인 product 객체가 조회될 것이다.

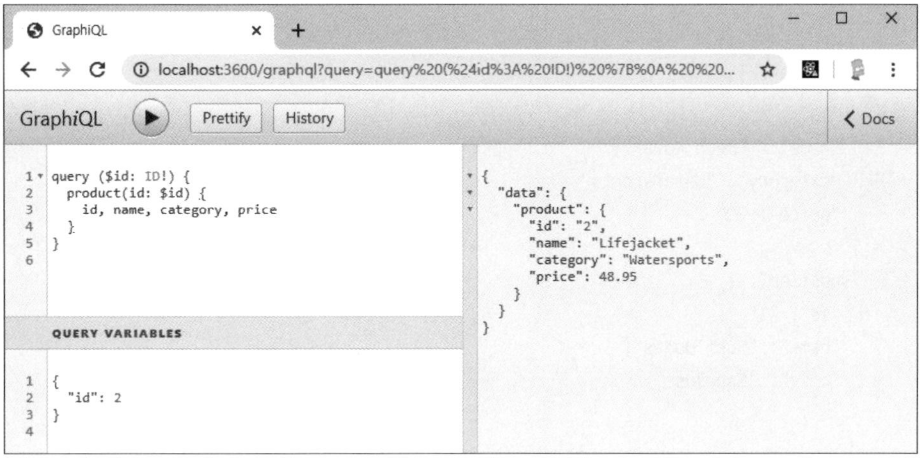

▲ 그림 24-3 요청 변수 사용

이와 같이 변수를 사용하면 클라이언트 개발을 더욱 쉽게 할 수 있다.

다중 요청

하나의 작업에 여러 요청이나 뮤테이션을 포함시킬 수 있다. GraphiQL 창에 리스트 24-27과 같은 쿼리를 입력해보자.

리스트 24-27 다중 쿼리

```
query {
  product(id: 1) {
    id, name, category, price
  },
  supplier(id: 1) {
    id, name, city
  }
}
```

각 쿼리는 query 키워드 다음의 중괄호 안에 쉼표(,)로 구분해 작성된다. 이제 Execute Query 버튼을 클릭하면 다음과 같이 두 쿼리의 결과가 포함된 하나의 응답을 볼 수 있을 것이다.

```
{
  "data": {
    "product": {
      "id": "1",
      "name": "Green Kayak",
      "category": "Watersports",
      "price": 290
    },
    "supplier": {
      "id": "1",
      "name": "Surf Dudes",
      "city": "San Jose"
    ]
  }
}
```

보다시피 product와 supplier 쿼리의 결과가 쉽게 구분되도록 응답 안에 각 쿼리의 이름
이 사용됐다. 그러나 동일한 쿼리를 여러 번 사용하는 경우엔 이름도 동일할 것이므로 구
분이 어려울 수 있다. 따라서 그래프QL은 결과에 적용할 수 있는 별명 기능을 제공한다.
그럼 24-28의 쿼리를 GraphiQL에 입력해보자.

리스트 24-28 별명 사용

```
query {
  first: product(id: 1) {
    id, name, category, price
  },
  second: product(id: 2) {
    id, name, category, price
  }
}
```

별명은 쿼리 앞에 표시하며 별명의 뒤엔 콜론(:)이 온다. 리스트 24-28은 first와 second
라는 별명을 붙인 두 개의 product 쿼리다. 이제 Execute Query 버튼을 클릭하면 쿼리 결
과에 이들 별명이 사용된 모습을 볼 수 있다.

```
{
  "data": {
    "first": {
      "id": "1",
      "name": "Green Kayak",
      "category": "Watersports",
      "price": 290
    },
    "second": {
      "id": "2",
      "name": "Lifejacket",
      "category": "Watersports",
      "price": 48.95
    }
  }
}
```

쿼리 프래그먼트

각 쿼리마다 필드들을 선택하는 일은 클라이언트 코드의 중복을 가져올 수 있다. 예컨대 리스트 24-28에선 first와 second 쿼리 모두 id, name, category, price 필드를 선택했다. 다행히 그래프QL의 프래그먼트^{fragment} 기능을 사용하면 필드 선택을 별도로 정의해, 여러 요청에서 사용되게 할 수 있다. 리스트 24-29에선 프래그먼트 하나를 정의하고 두 요청에서 이를 사용했다.

리스트 24-29 쿼리 프래그먼트 사용

```
fragment coreFields on product {
  id, name, category
}

query {
  first: product(id: 1) {
    ...coreFields,
    price
  },
  second: product(id: 2) {
    ...coreFields
```

```
      }
   }
```

프래그먼트는 fragment와 on이라는 키워드를 사용해 정의하며, 하나의 스키마 유형에만 적용할 수 있다. 리스트 24-29에선 coreFields라는 프래그먼트를 product 유형을 위해 정의했다. 프래그먼트를 사용할 때엔 전개 연산자(...)가 허용되며, 또한 다른 필드와 함께 사용할 수 있다. 이제 Execute Query 버튼을 클릭하면 다음과 같은 결과를 보게 될 것이다.

```
{
  "data": {
    "first": {
      "id": "1",
      "name": "Green Kayak",
      "category": "Watersports",
      "price": 290
    },
    "second": {
      "id": "2",
      "name": "Lifejacket",
      "category": "Watersports"
    }
  }
}
```

정리

24장에선 그래프QL을 소개했다. 먼저 스키마와 리졸버의 역할을 설명했으며, 정적 데이터를 위한 간단한 그래프QL 서비스를 구축해봤다. 또한 그래프QL 서비스로부터 데이터를 가져오는 쿼리와, 데이터를 변경하는 뮤테이션을 정의하는 방법을 알아봤다. 24장의 모든 예제는 GraphiQL 도구를 사용해 테스트했지만, 25장에선 리액트 애플리케이션에서 그래프QL을 소비하는 방법을 설명할 것이다.

25장

그래프QL 소비하기

마지막 25장에선 리액트 애플리케이션에서 그래프QL을 소비하는 방법을 설명한다. 먼저 HTTP 요청을 직접 사용하는 방법을 알아보고, 그래프QL에 데이터 스토어를 통합하는 방법과 전용 그래프QL 클라이언트의 사용법도 설명할 것이다.

준비 작업

25장에선 24장까지 사용한 productapp 프로젝트와 그에 포함된 그래프QL 서비스를 계속 사용한다. 지금부터 25장에 필요한 준비 작업을 시작하자.

패키지 추가

25장의 후반부에서 그래프QL 데이터를 직접 받는 컴포넌트를 제작할 예정인데, 이를 위해 필요한 패키지가 있다. 추가 패키지를 설치하기 위해 명령 프롬프트에서 productapp 폴더로 이동해 리스트 25-1과 같은 명령을 실행하자.

리스트 25-1 프로젝트에 추가 패키지 설치

```
npm install apollo-boost@0.1.22
npm install react-apollo@2.3.2
```

표 25-1에서 방금 추가한 패키지들을 간략히 소개했다.

표 25-1 프로젝트에 추가한 패키지

패키지	설명
아폴로 부스트(Apollo Boost)	대부분의 프로젝트에 적합하게 설정된 아폴로 그래프QL 클라이언트를 제공한다.
리액트 아폴로(React Apollo)	리액트에 아폴로 클라이언트를 통합할 수 있게 한다.

그래프QL 서버를 위한 데이터 변경

24장에선 RESTful 웹 서비스와 그래프QL의 접근법 차이에 초점을 맞추기 위해 그전의 웹 서비스에서 사용했던 동일한 데이터를 사용해 GraphiQL로 테스트했다. 이번 25장에선 예제 애플리케이션이 RESTful 웹 서비스가 아닌 그래프QL를 사용하게 만들 것이다. 먼저 productapp 폴더에 graphqlData.js라는 파일을 만들어 리스트 25-2와 같은 콘텐츠를 추가하자.

리스트 25-2 graphqlData.js

```
module.exports = function () {
  var data = {
    products: [
      { id: 1, name: "Trail Shoes", category: "Running", price: 120 },
      { id: 2, name: "Heated Gloves", category: "Running", price: 20.95 },
      { id: 3, name: "Padded Shorts", category: "Cycling", price: 19.50 },
      { id: 4, name: "Puncture Kit", category: "Cycling", price: 34.95 },
```

```
      { id: 5, name: "Mirror Goggles", category: "Swimming", price: 79500 },
    ],
    suppliers: [
      { id: 1, name: "Just Running", city: "Houston", products: [1, 2] },
      { id: 2, name: "Miles and Smiles", city: "Paris", products: [3, 4] },
      { id: 3, name: "Deep Dive", city: "New York", products: [5] },
    ]
  }
  return data
}
```

스키마와 리졸버 갱신

리스트 25-3에선 25장에서 필요한 기능을 위해 그래프QL 스키마에 데이터 삭제를 위한
뮤테이션을 정의했다. 또한 기존의 입력 유형은 제거함으로써 storeProduct와
storeSupplier 뮤테이션이 일관성을 갖게 만들었다.

리스트 25-3 src/graphql/schema.graphql: 뮤테이션 갱신

```
type product {
  id: ID!,
  name: String!,
  category: String!
  price: Float!
}

type supplier {
  id: ID!,
  name: String!,
  city: String!,
  products(nameFilter: String = ""): [product]
}

type Query {
  products: [product],
  product(id: ID!): product,
  suppliers: [supplier]
  supplier(id: ID!): supplier
```

```
}

type Mutation {
  storeProduct(id: ID, name: String!, category: String!, price: Float!): product
  storeSupplier(id: ID, name: String!, city: String!, products: [Int]): supplier
  deleteProduct(id: ID!): ID
  deleteSupplier(id: ID!): ID
}
```

리스트 25-4에선 deleteProduct와 deleteSupplier 뮤테이션을 위한 새 리졸버를 정의하고, 앞서 입력 유형을 제거했으므로 이를 반영하도록 storeProduct 리졸버를 변경했다.

리스트 25-4 src/graphql/resolvers.js: 리졸버 추가 및 변경

```
var data = require("../../graphqlData")();

const mapIdsToProducts = (supplier, nameFilter) =>
  supplier.products.map(id => data.products.find(p => p.id === Number(id)))
    .filter(p => p.name.toLowerCase().includes(nameFilter.toLowerCase()));

let nextId = 100;

module.exports = {

  products: () => data.products,

  product: ({id}) => data.products
    .find(p => p.id === parseInt(id)),

  suppliers: () => data.suppliers.map(s => ({
    ...s, products: ({nameFilter}) => mapIdsToProducts(s, nameFilter)
  })),

  supplier: ({id}) => {
    const result = data.suppliers.find(s => s.id === parseInt(id));
    if (result) {
      return {
        ...result,
        products: ({ nameFilter }) => mapIdsToProducts(result, nameFilter)
      }
```

```
    }
  },

  storeProduct(args) {
    const product = { ...args, id: Number(args.id)};
    if (args.id == null || product.id === 0) {
      product.id = nextId++;
      data.products.push(product);
    } else {
      data.products = data.products
        .map(p => p.id === product.id ? product : p);
    }
    return product;
  },

  storeSupplier(args) {
    const supp = { ...args, id: Number(args.id)};
    if (args.id == null) {
      supp.id = nextId++;
      data.suppliers.push(supp)
    } else {
      data.suppliers = data.suppliers.map(s => s.id === supp.id ? supp: s);
    }
    let result = data.suppliers.find(s => s.id === supp.id);
    if (result) {
      return {
        ...result,
        products: ({ nameFilter }) => mapIdsToProducts(result, nameFilter)
      }
    }
  },

  deleteProduct({id}) {
    id = Number(id);
    data.products = data.products.filter(p => p.id !== id);
    data.suppliers = data.suppliers.map(s => {
      s.products = s.products.filter(p => p !== id);
      return s;
    })
    return id;
  },
```

```
deleteSupplier({id}) {
    data.suppliers = data.suppliers.filter(s => s.id !== Number(id));
    return id;
}
```

새로 추가한 리졸버들은 데이터 배열로부터 아이템을 삭제하고, 스키마에서 사용된 ID
유형에 대응하는 id 파라미터 값을 리턴한다. 상품이 삭제되면 그 상품에 대한 공급업체
의 모든 참조 역시 삭제됨으로써, 공급업체 데이터 질의에 문제가 발생하지 않게 했다.

storeProduct 함수의 경우 id 값이 0인 요청도 id 값이 없는 것처럼 다룰 수 있게 변경했
다. 이는 폼 데이터를 다룰 때 유용한 기법인데, 새로운 객체와 변경된 객체를 구분하기
위해 id 프로퍼티를 없앨 필요 없이 모든 폼 데이터가 서버에 전송되게 하기 때문이다.

그래프QL 서버에 개발 도구 통합

24장에선 리액트 개발 도구를 사용하지 않고 그래프QL 서버를 직접 구동했었다. 25장에
선 그래프QL 서버도 개발 HTTP 서버나 RESTful 웹 서비스처럼 자동으로 구동되게 할
것이다. 그럼 npm start 명령으로 그래프QL 서버도 구동될 수 있도록 리스트 25-5와 같
이 package.json 파일의 scripts 절을 변경하자.

리스트 25-5 package.json: 프로젝트 구동 설정하기

```
...
"scripts": {
    "start": "npm-run-all --parallel reactstart json graphql",
    "build": "react-scripts build",
    "test": "react-scripts test",
    "eject": "react-scripts eject",
    "reactstart": "react-scripts start",
    "json": "json-server --p 3500 -r api.routes.json restData.js",
    "graphql": "node graphqlServer.js"
},
...
```

이제 예제 애플리케이션을 구동하기 위해 명령 프롬프트에서 productapp 폴더로 이동
해 리스트 25-6과 같은 명령을 실행하자.

리스트 25-6 개발 도구 실행

```
npm start
```

이로써 개발 HTTP 서버, RESTful 웹 서비스, 그래프QL 서버가 모두 실행될 것이며, 브
라우저 창에선 그림 25-1과 같은 콘텐츠가 나타날 것이다.

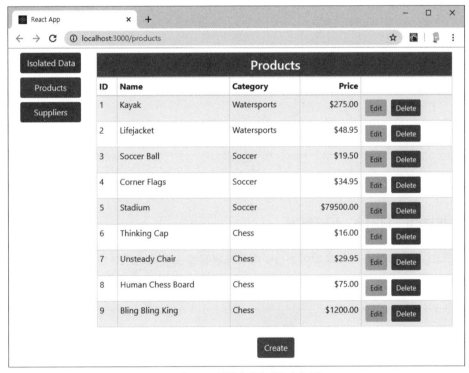

▲ **그림 25-1** 실행된 예제 애플리케이션

이번엔 그래프QL 서버가 제대로 구동됐는지 확인하기 위해 새 브라우저로 http://
localhost:3600/graphql을 열고, GraphiQL의 왼쪽 패널에 리스트 25-7과 같은 쿼리
를 입력하자.

```
query {
  product(id: 1) {
    id, name, category, price
  }
}
```

Execute Query 버튼을 클릭하면 다음과 같은 결과가 나와야 한다.

```
{
  "data": {
    "product": {
      "id": "1",
      "name": "Trail Shoes",
      "category": "Running",
      "price": 120
    }
  }
}
```

그래프QL 서비스 소비하기

그래프QL의 쿼리는 다음과 같이 JSON 형식의 본문을 포함해 HTTP POST 요청으로 서버에 전송된다.

```
...
{"query":"query { product(id: 1) { id, name, category, price }", "variables": null }
...
```

응답 역시 다음과 같은 JSON 형식의 결과로 리턴된다.

```
...
{"data":{"product":{"id":"1","name":"Trail Shoes","category":"Running","price":120}}}
...
```

HTTP를 사용한다는 점과 요청과 응답의 구조 덕분에 그래프QL도 23장의 RESTful 웹 서비스의 경우처럼 리액트 애플리케이션에 쉽게 통합할 수 있다.

쿼리와 뮤테이션 정의

그래프QL을 소비하기 위한 시작점은 서버에 전송될 쿼리와 뮤테이션을 정의하는 일이다. 그럼 src/graphql 폴더에 queries.js라는 파일을 만들어 리스트 25-8과 같은 코드를 작성하자.

리스트 25-8 src/graphql/queries.js

```
export const products = {
  getAll: {
    name: "products",
    graphql: `query {
              products { id, name, category, price}
            }`
  },
  getOne: {
    name: "product",
    graphql: `query ($id: ID!) {
              product(id: $id) {
                id, name, category, price
              }
            }`
  }
}

export const suppliers = {
  getAll: {
    name: "suppliers",
    graphql: `query {
              suppliers { id, name, city, products { id, name }}
            }`
  },
  getOne: {
    name: "supplier",
    graphql: `query($id: ID!) {
```

```
          supplier(id: $id) {
            id, name, city, products { id, name }
          }
        }`
    }
  }
```

각 쿼리는 그래프QL의 표현 방식으로 정의됐으며, 애플리케이션이 응답으로부터 데이터를 꺼낼 때 사용할 이름이 부여됐다. 또한 이 쿼리들은 24장에서 설명한 변수 기능에 의존한다. 이제 src/graphql 폴더에 mutaions.js라는 파일을 만들어 리스트 25-9와 같은 뮤테이션들을 정의하자.

> **👊 팁**
>
> 쿼리와 뮤테이션은 둘 다 문자열이므로 그 둘을 분리하는 것이 필수는 아니다. 그러나 그래프QL을 많이 사용하는 애플리케이션의 경우 쿼리와 뮤테이션을 분리하는 편이 관리에 더 도움이 된다.

리스트 25-9 src/graphql/mutations.js

```
export const products = {
  store: {
    name: "storeProduct",
    graphql: `mutation ($id: ID, $name: String!,
             $category: String!, $price: Float!) {

             storeProduct(id : $id, name: $name,
               category: $category, price: $price) {
               id, name, category, price
             }
           }`
  },
  delete: {
    name: "deleteProduct",
    graphql: `mutation ($id: ID!) { deleteProduct(id: $id) }`
  }
}
```

```
export const suppliers = {
  store: {
    name: "storeSupplier",
    graphql: `mutation ($id: ID, $name: String!,
                $city: String!, $products: [Int]) {

                storeSupplier(id : $id, name: $name,
                  city: $city, products: $products) {
                  id, name, city, products { name }
                }
            }`
  },
  delete: {
    name: "deleteSupplier",
    graphql: `mutation ($id: ID!) { deleteSupplier(id: $id) }`
  }
}
```

여기선 상품과 공급업체를 저장하고 삭제하는 각 뮤테이션들을 정의했다. 또한 앞서 정의한 쿼리들과 동일한 패턴을 따르기 위해 각 뮤테이션의 이름을 name 프로퍼티에 지정했다.

데이터 소스 정의

25장에선 동일한 쿼리와 뮤테이션을 각기 다른 방법으로 사용해볼 것이며, 전반적으로 RESTful 웹 서비스의 경우와 동일한 작업 패턴을 따르면서 애플리케이션의 다른 부분의 데이터를 처리하는 자세한 사항은 생략할 것이다. 그래프QL을 사용해 데이터 작업을 수행할 데이터 소스를 제공하기 위해 src/graphql 폴더에 GraphQLDataSource.js라는 파일을 만들어 리스트 25-10과 같은 클래스를 정의하자.

리스트 25-10 src/graphql/GraphQLDataSource.js

```
import Axios from "axios";
import * as allQueries from "./queries";
import * as allMutations from "./mutations";
```

```
export class GraphQLDataSource {

  constructor(dataType, errorCallback) {
    this.GRAPHQL_URL = "http://localhost:3600/graphql";
    this.queries = allQueries[dataType];
    this.mutations = allMutations[dataType];
    this.handleError = errorCallback;
  }

  GetData(callback) {
    this.SendRequest(callback, this.queries.getAll);
  }

  GetOne(id, callback) {
    this.SendRequest(callback, this.queries.getOne, { id });
  }

  Store(data, callback) {
    this.SendRequest(callback, this.mutations.store, { ...data });
  }

  Update(data, callback) {
    this.Store(data, callback);
  }

  Delete(data, callback) {
    this.SendRequest(callback, this.mutations.delete, { id: data.id });
  }

  async SendRequest(callback, query, data) {
    try {
      let payload = {
        query: query.graphql,
        variables: data == null ? null : { ...data }
      }
      callback((await Axios.post(this.GRAPHQL_URL,
        payload)).data.data[query.name]);
    } catch(err) {
      this.handleError("Operation Failed: Network Error");
    }
  }
}
```

여기선 RESTful 웹 서비스와의 차이를 알아보기 위해 일부러 23장의 RestDataSource와 동일한 메서드들을 정의했다. 특정 데이터 타입을 위한 데이터 소스를 설정하기 위해 생성자에선 쿼리와 뮤테이션을 선택할 때 사용될 데이터 타입 문자열을 받았다. 요청엔 query와 variables 객체가 포함되며, 결과엔 수행된 쿼리나 뮤테이션의 이름이 포함된다. 이름은 다음과 같이 name 프로퍼티의 값을 사용해 응답으로부터 가져온 것이다.

```
...
callback((await Axios.post(this.GRAPHQL_URL, payload)).data.data[query.name]);
...
```

격리된 컴포넌트 설정

23장의 RestDataSource와 동일한 API를 사용하면 컴포넌트가 사용하는 데이터 소스만 교체하면 되므로 그래프QL의 데이터를 애플리케이션에 통합하는 일이 쉬워진다. 리스트 25-11에선 IsolatedTable 컴포넌트가 사용하는 데이터 소스를 변경했다.

리스트 25-11 src/IsolatedTable.js: 데이터 소스 변경

```
import React, { Component } from "react";
//import { RestDataSource } from "./webservice/RestDataSource";
import { Link } from "react-router-dom";
import { GraphQLDataSource } from "./graphql/GraphQLDataSource";
import { PRODUCTS } from "./store/dataTypes";

export class IsolatedTable extends Component {

  constructor(props) {
    super(props);
    this.state = {
      products: []
    }
    this.dataSource = new GraphQLDataSource(PRODUCTS,
      (err) => this.props.history.push(`/error/${err}`));
  }
```

```
    // 편의상 다른 메서드들은 생략함
}
```

마찬가지 방식으로 리스트 25-12에선 IsolatedEditor 컴포넌트를 변경했다.

리스트 25-12 src/IsolatedEditor.js: 데이터 소스 변경

```
import React, { Component } from "react";
//import { RestDataSource } from "./webservice/RestDataSource";
import { ProductEditor } from "./ProductEditor";
import { GraphQLDataSource } from "./graphql/GraphQLDataSource";
import { PRODUCTS } from "./store/dataTypes";

export class IsolatedEditor extends Component {

  constructor(props) {
    super(props);
    this.state = {
      dataItem: {}
    };
    this.dataSource = new GraphQLDataSource(PRODUCTS,
      (err) => this.props.history.push(`/error/${err}`));
  }

  save = (data) => {
    data = { ...data, price: Number(data.price)}
    const callback = () => this.props.history.push("/isolated");
    if (data.id === "") {
      this.dataSource.Store(data, callback);
    } else {
      this.dataSource.Update(data, callback);
    }
  }

  cancel = () => this.props.history.push("/isolated");

  render() {
    return <ProductEditor key={ this.state.dataItem.id }
              product={ this.state.dataItem } saveCallback={ this.save }
              cancelCallback={ this.cancel } />
```

```
  }

  componentDidMount() {
    if (this.props.match.params.mode === "edit") {
      this.dataSource.GetOne(this.props.match.params.id,
        data => this.setState({ dataItem: data}));
    }
  }
}
```

price 프로퍼티의 값을 서버에 보내기 전에 Number로 변환했음을 주목하기 바란다. 그래 프QL 서버는 스키마에 정의된 데이터 타입을 대조해 데이터를 확인하는데, price는 Float 타입으로 정의돼 있으므로 문자열 값은 거부될 것이다.

IsolatedTable과 IsolatedEditor 컴포넌트를 저장하면 애플리케이션이 갱신될 것이다. 이 제 Isolated Data 버튼을 클릭하면 그림 25-2와 같이 그래프QL 서버로부터 가져온 데이 터를 볼 수 있을 것이다.

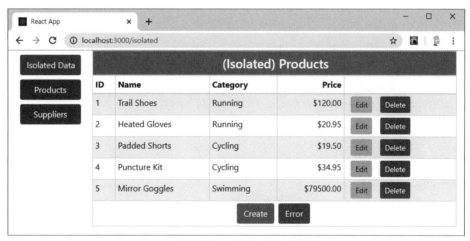

▲ 그림 25-2 그래프QL 데이터 사용

데이터 스토어와 함께 그래프QL 사용

그래프QL을 데이터 스토어와 함께 사용하는 방법은 RESTful 데이터를 사용했던 23장의 경우와 흡사하다. 즉, 미들웨어를 사용해 액션을 가로채고 서버로의 요청을 촉발하는 방법이다. 그럼 src/graphql 폴더에 GraphQLMiddleware.js라는 파일을 만들어 리스트 25-13과 같은 리덕스 미들웨어를 정의하자.

리스트 25-13 src/graphql/GraphQLMiddleware.js

```
import { STORE, UPDATE, DELETE} from "../store/modelActionTypes";
import { PRODUCTS, SUPPLIERS } from "../store/dataTypes";
import { GraphQLDataSource } from "./GraphQLDataSource";

export const GET_DATA = "qraphql_get_data";

export const getData = (dataType) => {
  return {
    type: GET_DATA,
    dataType: dataType
  }
}

export const createGraphQLMiddleware = () => {

  const dataSources = {
    [PRODUCTS]: new GraphQLDataSource(PRODUCTS, () => {}),
    [SUPPLIERS]: new GraphQLDataSource(SUPPLIERS, () => {})
  }

  return ({dispatch, getState}) => next => action => {
    switch (action.type) {
      case GET_DATA:
        if (getState().modelData[action.dataType].length === 0) {
          dataSources[action.dataType].GetData((data) =>
            data.forEach(item => next({ type: STORE,
              dataType: action.dataType, payload: item})));
        }
        break;
      case STORE:
        action.payload.id = null;
```

```
            dataSources[action.dataType].Store(action.payload, data =>
              next({ ...action, payload: data }))
            break;
          case UPDATE:
            dataSources[action.dataType].Update(action.payload, data =>
              next({ ...action, payload: data }))
            break;
          case DELETE:
            dataSources[action.dataType].Delete({id: action.payload },
              () => next(action));
            break;
          default:
            next(action);
        }
      }
    }
  }
```

이 미들웨어는 애플리케이션의 다른 부분에 의해 디스패치된 액션을 가로채고 데이터 소스 클래스를 사용해 그래프QL 서버로 쿼리나 뮤테이션을 전송하는 역할을 한다. 리스트 25-14에선 REST 버전의 미들웨어를 그래프QL 미들웨어로 대체했다.

리스트 25-14 src/store/index.js: 그래프QL 미들웨어 사용

```
import { createStore, combineReducers, applyMiddleware, compose } from "redux";
import modelReducer from "./modelReducer";
import stateReducer from "./stateReducer";
import { customReducerEnhancer } from "./customReducerEnhancer";
import { multiActions } from "./multiActionMiddleware";
import { asyncEnhancer } from "./asyncEnhancer";
//import { createRestMiddleware } from "../webservice/RestMiddleware";
import { createGraphQLMiddleware } from "../graphql/GraphQLMiddleware";

const enhancedReducer = customReducerEnhancer(
  combineReducers(
    {
      modelData: modelReducer,
      stateData: stateReducer
    })
);
```

```
// const restMiddleware = createRestMiddleware(
//   "http://localhost:3500/api/products",
//   "http://localhost:3500/api/suppliers");

export default createStore(enhancedReducer,
  compose(applyMiddleware(multiActions),
    applyMiddleware(createGraphQLMiddleware()),
    asyncEnhancer(2000)));

export { saveProduct, saveSupplier, deleteProduct, deleteSupplier }
  from "./modelActionCreators";
```

그래프QL 데이터 형식 조정

공급업체 데이터를 위한 그래프QL 쿼리가 리턴하는 데이터엔 연관 상품 데이터가 포함
돼 있다. 이는 상품 데이터를 위한 별도의 요청이 필요 없으며, 연관 데이터를 보여주는
컴포넌트가 새 형식에 맞게 조정돼야 한다는 뜻이다. 리스트 25-15에선 애플리케이션이
공급업체 데이터를 요청할 때 상품 데이터도 자동으로 조회되는 일이 중단되게 했다.

리스트 25-15 src/DataGetter.js: 연관 데이터 질의 중단

```
import React, { Component } from "react";
//import { PRODUCTS, SUPPLIERS } from "./store/dataTypes";

export const DataGetter = (dataType, WrappedComponent) => {

  return class extends Component {
    render() {
      return <WrappedComponent { ...this.props } />
    }

    componentDidMount() {
      // this.props.getData(PRODUCTS);
      // if (dataType === SUPPLIERS) {
      //   this.props.getData(SUPPLIERS);
      // }
      this.props.getData(dataType);
```

```
      }
    }
  }
```

리스트 25–16에선 TableConnector 컴포넌트에서 공급업체 데이터에 연관 상품의 이름을
통합하는 코드를 주석 처리했다. 상품 정보는 이제 그래프QL 서버로부터 직접 가져오게
될 것이기 때문이다. 또한 TableConnector는 데이터 요청도 촉발한다.

리스트 25–16 src/store/TableConnector.js: 데이터 처리 부분 제거

```
import { connect } from "react-redux";
//import { startEditingProduct, startEditingSupplier } from "./stateActions";
import { deleteProduct, deleteSupplier } from "./modelActionCreators";
import { PRODUCTS, SUPPLIERS } from "./dataTypes";
import { withRouter } from "react-router-dom";
//import { getData } from "../webservice/RestMiddleware";
import { getData } from "../graphql/GraphQLMiddleware";
import { DataGetter } from "../DataGetter";

export const TableConnector = (dataType, presentationComponent) => {

  const mapStateToProps = (storeData, ownProps) => {
    if (dataType === PRODUCTS) {
      return { products: storeData.modelData[PRODUCTS] };
    } else {
      return { suppliers: storeData.modelData[SUPPLIERS] };
        // suppliers: storeData.modelData[SUPPLIERS].map(supp => ({
        //   ...supp,
        //   products: supp.products.map(id =>
        //     storeData.modelData[PRODUCTS]
        //     .find(p => p.id === Number(id)) || id)
        //     .map(val => val.name || val)
        // }))
    }
  }

  const mapDispatchToProps = (dispatch, ownProps) => {
    return {
      getData: (type) => dispatch(getData(type)),
```

```
        deleteCallback: dataType === PRODUCTS
          ? (...args) => dispatch(deleteProduct(...args))
          : (...args) => dispatch(deleteSupplier(...args))
      }
    }

    const mergeProps = (dataProps, functionProps, ownProps) => {
      let routedDispatchers = {
        editCallback: (target) => {
          ownProps.history.push(`/${dataType}/edit/${target.id}`);
        },
        deleteCallback: functionProps.deleteCallback,
        getData: functionProps.getData
      }
      return Object.assign({}, dataProps, routedDispatchers, ownProps);
    }

    return withRouter(connect(mapStateToProps,
      mapDispatchToProps, mergeProps)(DataGetter(dataType,
        presentationComponent)));
}
```

리스트 25-17에선 더 이상 URL 파라미터를 Number로 변환하지 않고도 ID로 객체를 찾을 수 있도록 EditorConnector를 변경했다.

리스트 25-17 src/store/EditorConnector.js: ID 매칭 부분 변경

```
import { connect } from "react-redux";
//import { endEditing } from "./stateActions";
import { PRODUCTS, SUPPLIERS } from "./dataTypes";
import { saveAndEndEditing } from "./multiActionCreators";
import { withRouter } from "react-router-dom";

export const EditorConnector = (dataType, presentationComponent) => {

  const mapStateToProps = (storeData, ownProps) => {
    const mode = ownProps.match.params.mode;
    const id = ownProps.match.params.id;
    return {
      editing: mode === "edit" || mode === "create",
```

```
          product: (storeData.modelData[PRODUCTS].find(p => p.id === id)) || {},
          supplier:(storeData.modelData[SUPPLIERS].find(s => s.id === id)) || {}
      }
  }

  const mapDispatchToProps = {
    //cancelCallback: endEditing,
    saveCallback: (data) => saveAndEndEditing(data, dataType)
  }

  const mergeProps = (dataProps, functionProps, ownProps) => {
    let routedDispatchers = {
      cancelCallback: () => ownProps.history.push(`/${dataType}`),
      saveCallback: (data) => {
        functionProps.saveCallback(data);
        ownProps.history.push(`/${dataType}`);
      }
    }
    return Object.assign({}, dataProps, routedDispatchers, ownProps);
  }

  return withRouter(connect(mapStateToProps,
    mapDispatchToProps, mergeProps)(presentationComponent));
}
```

리스트 25-18에선 상품의 이름을 보여주도록 SupplierTableRow 컴포넌트를 변경했다.

리스트 25-18 src/SupplierTableRow.js: 상품 이름 선택

```
import React, { Component } from "react";

export class SupplierTableRow extends Component {

  render() {
    let s = this.props.supplier;
    return <tr>
            <td>{ s.id }</td>
            <td>{ s.name }</td>
            <td>{ s.city}</td>
            <td>{ s.products != null ?
```

```
          s.products.map(p => p.name).join(", ") : "" }</td>
        <td>
          <button className="btn btn-sm btn-warning m-1"
            onClick={ () => this.props.editCallback(s) }>
            Edit
          </button>
          <button className="btn btn-sm btn-danger m-1"
            onClick={ () => this.props.deleteCallback(s) }>
            Delete
          </button>
        </td>
      </tr>
  }
}
```

리스트 25-19에선 공급업체 데이터를 편집할 때 새 데이터 형식이 적용되게 하고, 연관 상품들의 id 값이 사용자에게 보이게 했다.

리스트 25-19 src/SupplierEditor.js: 상품 ID 선택

```
import React, { Component } from "react";

export class SupplierEditor extends Component {

  constructor(props) {
    super(props);
    this.state = {
      formData: {
        id: props.supplier.id || "",
        name: props.supplier.name || "",
        city: props.supplier.city || "",
        products: props.supplier.products != null
          ? props.supplier.products.map(p => p.id) : [],
      }
    }
  }

  // 편의상 다른 메서드들은 생략함
}
```

마지막으로 리스트 25-20에선 폼 엘리먼트로부터 가져온 price 프로퍼티의 문자열 값을 숫자로 변환함으로써 스키마에서 지정한 Float 타입으로 서버에 전송되게 했다.

리스트 25-20 src/ProductEditor.js: 상품 가격 타입 변환

```
...
handleClick = () => {
  this.props.saveCallback(
    {
      ...this.state.formData,
      price: Number(this.state.formData.price)
    });
}
...
```

이제 이 애플리케이션은 모든 데이터를 그래프QL 서버로부터 가져오고 리덕스 데이터 스토어에 저장할 수 있게 됐다. 그림 25-3은 현재 애플리케이션이 실행된 모습이다.

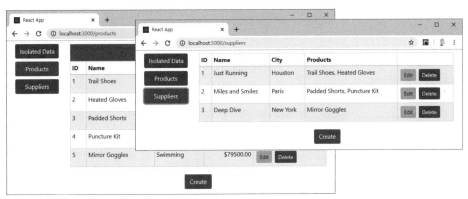

▲ 그림 25-3 데이터 스토어와 함께 그래프QL 사용

> **🐷 팁**
>
> 만약 에러가 발생한다면 npm start로 개발 도구를 다시 시작하기 바란다. 그렇게 함으로써 그래프QL이 사용하는 데이터가 초기화될 것이다.

그래프QL 클라이언트 프레임워크

이전 절에선 그래프QL을 리덕스 데이터 스토어와 함께 사용하는 방법을 알아봤다. RESTful 웹 서비스로 작업하는 경우와 쉽게 비교하기 위해서였다.

그 밖에도 데이터 스토어를 대체하고 그래프GL 데이터를 컴포넌트에 직접 공급하며, 격리된 컴포넌트 사이의 내비게이션으로 발생하는 반복되는 HTTP 요청을 방지해주는 패키지를 사용하는 방법도 있다.

그중 이 절에서 사용할 패키지는 아폴로 클라이언트^{Apollo Client}다. 아폴로 클라이언트는 24장에서 언급한 아폴로 그래프QL 서버의 클라이언트 측 패키지에 해당되지만, 어떤 그래프QL 서버와도 동작할 수 있다. 아폴로 클라이언트에 대한 자세한 사항은 https://www.apollographql.com/docs/react를 참고하기 바란다.

> **⚑ 참고**
>
> 지금부터의 예제는 25장의 초반에 설치한 패키지들에 의존한다.

클라이언트 설정

첫 단계는 그래프QL 요청과 뮤테이션을 전송할 대상을 알 수 있게 클라이언트를 설정하는 것이다. 그럼 리스트 25-21과 같이 App 컴포넌트에 설정 구문들을 추가하자.

리스트 25-21 src/App.js: 아폴로 클라이언트 설정

```
import React, { Component } from "react";
// import { Provider } from "react-redux";
// import dataStore from "./store";
import { Selector } from "./Selector";
// import { PRODUCTS, SUPPLIERS } from "./store/dataTypes";
import ApolloClient from "apollo-boost";
import { ApolloProvider } from "react-apollo";

const client = new ApolloClient({
  uri: "http://localhost:3600/graphql"
```

```
  });

export default class App extends Component {

  render() {
    return <ApolloProvider client={ client }>
             <Selector />
           </ApolloProvider>
  }
}
```

그래프QL 서버와의 관계를 설정하기 위해 `ApolloClient` 객체를 추가했으며, 그 생성자엔 설정 객체를 받게 했다. 또한 설정 객체의 `uri` 프로퍼티엔 그래프QL 요청을 위한 URL을 지정했다. 이 외에도 설정 옵션들이 있지만 기본으로 사용해도 대부분의 프로젝트에 적합할 것이다. 설정 옵션의 설명은 https://www.apollographql.com/docs/react/get-started/#apollo-boost를 참고하기 바란다.

`ApolloProvider` 컴포넌트는 리액트와 그래프QL 기능의 통합에 사용되며, `client` prop엔 `ApolloClient` 객체가 할당된다.

여기선 예제 애플리케이션을 간결하게 하기 위해 `Selector` 컴포넌트 안의 콘텐츠와 데이터 스토어는 제거했다. `Selector`가 보여줄 컴포넌트는 잠시 후에 정의할 것이다.

> **팁**
>
> 예제 애플리케이션에서 리덕스 데이터 스토어를 제거한 이유는 오직 간결함을 위해서다. 실제로는 하나의 애플리케이션에서 아폴로 클라이언트와 리덕스를 함께 사용할 수 있다. 다만 리덕스 데이터 스토어와 아폴로 클라이언트의 데이터 동기화에 신경은 써야 한다.

그래프QL 컴포넌트 제작

다음 단계는 사용자에게 보여줄 콘텐츠와 그래프QL 사이의 다리 역할을 할 컴포넌트를 만드는 것이다. 이는 지금까지 해왔던 접근법이다. 즉, 사용자에게 콘텐츠를 보여주기 위해 리덕스 데이터 스토어나 RESTful 웹 서비스, 또는 그래프QL 클라이언트를 이용하는 컴포넌트를 만드는 방식과 다르지 않다는 뜻이다. 그럼 sql/graphql 폴더에 GraphQLTable.js라는 파일을 만들어 리스트 25-22와 같은 코드를 추가하자.

┌─ **다른 그래프QL 클라이언트** ─┐

이 절에선 쉬운 접근성과 유연성을 가진 아폴로 클라이언트를 선택했지만, 페이스북 Facebook이 제작한 릴레이Relay(https://relay.dev)도 좋은 선택이 될 수 있다. 다만 릴레이는 처음 시작하기에 다소 어려우며, 특정 구조를 갖는 그래프QL 스키마만을 사용할 수 있다.

또한 아폴로 클라이언트나 릴레이에 세부 기능을 더해주는 아드레날린Adrenaline(https://github.com/gyzerok/adrenaline) 같은 패키지도 있다.

리스트 25-22 src/graphql/GraphQLTable.js

```
import React, { Component } from "react";
import { Query } from "react-apollo";
import gql from "graphql-tag";
import * as queries from "./queries";
import { ProductTable } from "../ProductTable";

export const GraphQLTable = () => {

  const getAll = gql(queries.products.getAll.graphql);

  return class extends Component {

    constructor(props) {
      super(props);
      this.editCallback = (item) => this.props.history
        .push(`/products/edit/${item.id}`);
    }

    render() {
      return <Query query={ getAll }>
              {({loading, data, refetch }) => {
```

```
                    if (loading) {
                      return <h5
                        className="bg-info text-white text-center m-2 p-2">
                        Loading...
                      </h5>
                    } else {
                      return <React.Fragment>
                              <ProductTable products={data.products}
                                editCallback= { this.editCallback }
                                deleteCallback={ () => {} } />
                              <div className="text-center">
                                <button className="btn btn-primary"
                                  onClick={ () => refetch() }>
                                  Reload Data
                                </button>
                              </div>
                            </React.Fragment>
                    }
                  }}
              </Query>
          }
        }
    }
```

리스트 25-22의 코드는 많은 내용을 담고 있으므로 컴포넌트의 각 부분을 나누어 알아
보기로 하자. 3부의 다른 패키지들과 마찬가지로 아폴로 클라이언트 역시 HOC에 의존
해 기능을 제공한다. 이 예제에서 GraphQLTable은 ProductTable 컴포넌트에 기능을 제공
한다. 먼저 다음과 같이 데이터를 가져오기 위한 그래프QL 쿼리부터 정의했다.

```
...
const getAll = gql(queries.products.getAll.graphql);
...
```

gql 함수는 문자열 형식의 쿼리를 받아 아폴로 클라이언트가 사용할 수 있게 처리한다.
이 쿼리는 이미 데이터 타입과 함께 정의해놓은 것이다. 또한 다음과 같이 gql 함수를 템
플릿 문자열과 함께 직접 사용하는 방법도 가능하다.

```
...
const getAll = gql`query { products {
  id, name, category, price
}}`
...
```

Query 컴포넌트는 다음과 같이 query prop을 사용해 쿼리가 리턴한 데이터에 접근할 수 있게 한다.

```
...
return <Query query={ getAll }>
...
```

쿼리는 Query 컴포넌트가 렌더링되면 곧바로 서버에 전송되며, 쿼리의 결과를 기술하는 프로퍼티들을 정의한 객체를 통해 기능을 제공하는 렌더링 prop 함수를 사용한다. 그 프로퍼티들 중 유용한 몇 개를 표 25-2에서 정리했다.

표 25-2 렌더링 prop 객체의 프로퍼티들

프로퍼티	설명
data	쿼리의 결과로 만들어진 데이터를 리턴한다.
loading	쿼리가 처리되면 true를 리턴한다.
error	쿼리 에러에 대한 상세 내용을 리턴한다.
variables	쿼리에 사용되는 변수들을 리턴한다.
refetch	쿼리를 재전송할 수 있는 함수를 리턴한다. 여기에 새 변수를 추가하는 일도 가능하다.

리스트 25-22의 쿼리에선 loading, data, refetch 프로퍼티를 사용했다.

```
...
{(({loading, data, refetch}) => {
...
```

컴포넌트가 처음 렌더링되고 그래프QL 서버에 요청이 전송되면, loading의 값은 true가 된다. 요청이 완료되면 컴포넌트가 갱신되면서 loading의 값은 false가 되며, data 프로퍼티를 통해 결과가 제공된다.

Query 컴포넌트가 렌더링되면 쿼리가 실행되지만, 그 결과는 캐싱된다. 이는 다음번에 데이터가 필요할 때 쿼리가 서버에 전송되지는 않는다는 뜻이다. refetch 프로퍼티는 쿼리를 다시 전송하는 함수를 제공한다. 즉, 데이터를 다시 가져옴으로써 컴포넌트를 업데이트한다. refetch 프로퍼티에 할당된 함수는 쿼리를 위한 새 변수를 제공하는 객체를 받는다. 이는 유용한 기능이지만, 다음과 같이 이벤트 핸들러를 사용할 때 함수를 직접 호출하지 않게 해야 한다.

```
...
<button className="btn btn-primary" onClick={ () => refetch() }>
...
```

이와 같이 하지 않고 함수를 직접 호출하면 이벤트 객체는 refetch 함수에 직접 전달되며, 이벤트 객체를 쿼리의 변수로 여기게 돼 에러를 발생시킬 것이다.

그래프QL 컴포넌트 적용

리스트 25-23에선 Selector 컴포넌트가 사용했던 라우팅 컴포넌트를 대체해 GraphQLTable 컴포넌트로 /product URL에 응답할 수 있게 했다.

리스트 25-23 src/Selector.js: 라우팅 설정 변경

```
import React, { Component } from "react";
import { BrowserRouter as Router, Route, Switch, Redirect }
  from "react-router-dom";
import { ToggleLink } from "./routing/ToggleLink";
// import { RoutedDisplay } from "./routing/RoutedDisplay";
// import { IsolatedTable } from "./IsolatedTable";
// import { IsolatedEditor } from "./IsolatedEditor";
// import { RequestError } from "./webservice/RequestError";
import { GraphQLTable } from "./graphql/GraphQLTable";

export class Selector extends Component {

  render() {
```

```
    return <Router>
            <div className="container-fluid">
              <div className="row">
                <div className="col-2">
                  <ToggleLink to="/products">Products</ToggleLink>
                </div>
                <div className="col">
                  <Switch>
                    <Route path="/products" exact={true}
                      component={ GraphQLTable()} />
                    <Redirect to="/products" />
                  </Switch>
                </div>
              </div>
            </div>
          </Router>
  }
}
```

이제 변경사항을 저장하면 그림 25-4와 같이 그래프QL 클라이언트를 사용한 상품 목록을 볼 수 있을 것이다.

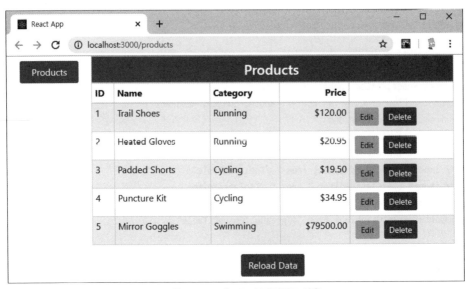

▲ 그림 25-4 그래프QL 클라이언트 사용

뮤테이션 사용

Mutation 컴포넌트는 그래프QL 뮤테이션에 접근하기 위해 사용된다. 리스트 25-24에선
상품이나 공급업체 객체를 삭제하는 뮤테이션을 사용했다.

리스트 25-24 src/graphql/GraphQLTable.js: 뮤테이션 사용

```
import React, { Component } from "react";
import { Query, Mutation } from "react-apollo";
import gql from "graphql-tag";
import * as queries from "./queries";
import { ProductTable } from "../ProductTable";
import * as mutations from "./mutations";

export const GraphQLTable = () => {

  const getAll = gql(queries.products.getAll.graphql);
  const deleteItem = gql(mutations.products.delete.graphql);

  return class extends Component {

    constructor(props) {
      super(props);
      this.editCallback = (item) => this.props.history
        .push(`/products/edit/${item.id}`);
    }

    render() {
      return <Query query={ getAll }>
              {({loading, data, refetch }) => {
                if (loading) {
                  return <h5
                          className="bg-info text-white text-center m-2 p-2">
                          Loading...
```

```
                    </h5>
            } else {
              return <Mutation mutation={ deleteItem }
                  refetchQueries={ () => [{query: getAll}] }>
                  { doDelete =>
                    <React.Fragment>
                      <ProductTable products={data.products}
                        editCallback= { this.editCallback }
                        deleteCallback={ (p) =>
                          doDelete({variables: {id: p.id} }) } />
                      <div className="text-center">
                        <button className="btn btn-primary"
                          onClick={ () => refetch() }>
                          Reload Data
                        </button>
                      </div>
                    </React.Fragment>
                  }
                </Mutation>
              }
            }}
          </Query>
        }
      }
    }
```

Mutation 컴포넌트는 Query 컴포넌트와 흡사한 패턴을 따르며, 뮤테이션으로의 접근권을
제공하기 위해 렌더링 prop 함수에 의존한다. Mutation 컴포넌트를 설정할 때 사용할 수
있는 prop이 있는데, 그중 유용한 prop을 표 25-3에서 정리했다.

표 25-3 유용한 뮤테이션 prop

prop	설명
mutation	서버에 전송될 뮤테이션을 지정한다.
variables	뮤테이션을 위한 변수들을 지정한다. 변수는 뮤테이션이 실행될 때 제공될 수도 있다.
refetchQueries	뮤테이션이 완료됐을 때 수행될 하나 이상의 쿼리를 지정한다.
update	뮤테이션이 완료됐을 때 캐시를 갱신하기 위해 사용할 함수를 지정한다.
onCompleted	뮤테이션이 완료됐을 때 호출될 콜백 함수를 지정한다.

리스트 25-24에선 먼저 gql 함수에 뮤테이션을 전달해 Mutation 컴포넌트의 mutation prop의 값으로 사용되게 했다.

```
...
return <Mutation mutation={ deleteMutation }
  refetchQueries={ () => [{ query: getAll}]}>
...
```

클라이언트의 캐시 데이터는 뮤테이션이 수행되면 종종 예전 데이터로 될 수 있는데, 이를 위해 Mutation 컴포넌트는 캐시 데이터의 동기화 유지에 사용할 수 있는 두 개의 prop을 제공한다. refetchQueries prop에는 뮤테이션의 수행 결과를 받고 각 쿼리가 포함된 객체들의 배열을 리턴하는 함수를 지정한다. 또한 그 객체엔 선택적으로 variables 프로퍼티를 포함시킬 수 있다. 이는 리스트 25-24에서 사용한 방법인데, 다음과 같이 getAll 쿼리의 결과로 캐시 데이터를 갱신하도록 Mutation을 설정했다.

```
...
return <Mutation mutation={ deleteMutation }
  refetchQueries={ () => [{ query: getAll}]}>
...
```

뮤테이션은 렌더링 prop 함수의 인자로서 제공된다.

```
...
return <Mutation mutation={ deleteItem }
  refetchQueries={ () => [{query: getAll}] }>
    { doDelete => {
...
```

뮤테이션을 위한 변수는 Mutation 컴포넌트의 prop이나 함수의 인자로서 제공될 수 있다. 리스트 25-24에선 함수를 사용했는데, 콜백을 통해 삭제될 객체를 받기 때문이다.

```
...
deleteCallback={ (p) => doDelete({variables: {id: p.id} }) }
...
```

이제 그림 25-5와 같이 Delete 버튼을 클릭하면 뮤테이션이 호출되고 서버로 전송돼, 사용자에게 보일 데이터가 갱신될 것이다.

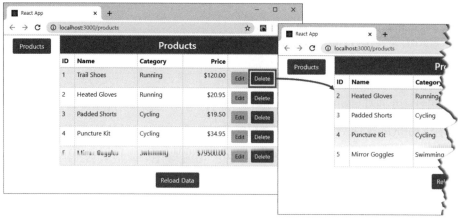

▲ 그림 25-5 뮤테이션 사용

쿼리 없이 캐시 데이터 갱신하기

뮤테이션이 완료된 후에 서버에 다시 질의하는 것은 애플리케이션이 변경의 영향을 알수 없을 때 유용한 방법이다. 그러나 간단한 작업의 경우엔 새 데이터를 질의하는 일이 과잉일 수 있는데, 애플리케이션이 뮤테이션의 효과를 정확히 알고 있어 캐시 데이터에 직접 변경을 가할 수 있기 때문이다. 리스트 25-25에선 아이템이 삭제되면 더 이상 쿼리를 수행하지 않고, 그 대신 캐시 데이터를 갱신하는 함수를 사용하도록 Mutation의 설정을 변경했다.

리스트 25-25 src/graphql/GraphQLTable.js: 캐시 데이터 갱신

```
import React, { Component } from "react";
import { Query, Mutation } from "react-apollo";
import gql from "graphql-tag";
import * as queries from "./queries";
import { ProductTable } from "../ProductTable";
import * as mutations from "./mutations";

export const GraphQLTable = () => {
```

```
      const getAll = gql(queries.products.getAll.graphql);
      const deleteItem = gql(mutations.products.delete.graphql);

      return class extends Component {

        constructor(props) {
          super(props);
          this.editCallback = (item) => this.props.history
            .push(`/products/edit/${item.id}`);
        }

        removeItemFromCache(cache, mutationResult) {
          const deletedId = mutationResult.data[mutations.products.delete.name];
          const data =
            cache.readQuery({ query: getAll })[queries.products.getAll.name];
          cache.writeQuery({
            query: getAll,
            data: { products: data.filter(item => item.id !== deletedId) }
          });
        }

        render() {
          return <Query query={ getAll }>
                  {(({loading, data, refetch }) => {
                    if (loading) {
                      return <h5
                              className="bg-info text-white text-center m-2 p-2">
                              Loading...
                            </h5>
                    } else {
                      return <Mutation mutation={ deleteItem }
                              update={ this.removeItemFromCache }>
                              { doDelete =>
                                <React.Fragment>
                                  <ProductTable products={data.products}
                                    editCallback= { this.editCallback }
                                    deleteCallback={ (p) =>
                                      doDelete({variables: {id: p.id} }) } />
                                  <div className="text-center">
```

```
                      <button className="btn btn-primary"
                        onClick={ () => refetch() }>
                        Reload Data
                      </button>
                    </div>
                  </React.Fragment>
                }
              </Mutation>
            }
          }}
        </Query>
      }
    }
  }
```

Mutation의 update prop에는 뮤테이션이 완료되면 호출될 메서드를 지정했다. 이 메서드
는 아폴로 클라이언트의 캐시 데이터와 뮤테이션의 결과를 받으며, 표 25-4에서 설명하
는 메서드들을 사용해 캐시 데이터를 갱신한다.

표 25-4 아폴로 클라이언트의 캐시 메서드

메서드	설명
readQuery	특정 쿼리와 연관된 캐시로부터 데이터를 읽는다. 캐시에 없는 데이터를 읽으려 하면 에러가 발생하는데, 이는 쿼리가 아직 실행되지 않은 경우에 흔히 발생한다.
writeQuery	특정 쿼리와 연관된 캐시 안의 데이터를 갱신한다.

리스트 25-25의 removeItemFromCache 메서드는 readQuery 메서드를 사용해 products 쿼
리와 연관된 캐시 데이터를 가져오고, 삭제된 아이템은 걸러낸 다음 writeQuery 메서드를
사용해 남은 아이템들을 다시 캐시에 쓴다. readQuery 메서드는 쿼리를 받으며 선택적으
로 variables 프로퍼티를 받을 수 있다. writeQuery 메서드는 쿼리와 데이터를 받으며 선
택적으로 variables 프로퍼티를 받을 수 있다. 이제 Delete 버튼을 클릭하면 뮤테이션이
완료된 다음, 추가 질의 없이 로컬 캐시로부터 해당 객체가 삭제될 것이다.

공급업체 데이터와 편집 기능 추가

기본적인 그래프QL 클라이언트 기능이 갖춰졌으니 이제 GraphQLTable이 상품과 공급업체 데이터를 지원하고 데이터 편집 기능을 도입할 수 있게 하자. 리스트 25-26에선 파라미터로 사용될 데이터 타입을 받고, 쿼리와 뮤테이션을 선택하며, 사용자에게 데이터를 동적으로 보여주도록 GraphQLTable을 변경했다.

리스트 25-26 src/graphql/GraphQLTable.js: 복수의 데이터 타입 지원

```
import React, { Component } from "react";
import { Query, Mutation } from "react-apollo";
import gql from "graphql-tag";
import * as queries from "./queries";
import { ProductTable } from "../ProductTable";
import * as mutations from "./mutations";
import { PRODUCTS, SUPPLIERS } from "../store/dataTypes";
import { SupplierTable } from "../SupplierTable";

export const GraphQLTable = (dataType) => {

  const getAll = gql(queries[dataType].getAll.graphql);
  const deleteItem = gql(mutations[dataType].delete.graphql);

  return class extends Component {

    constructor(props) {
      super(props);
      this.editCallback = (item) => this.props.history
        .push(`/${dataType}/edit/${item.id}`);
    }

    removeItemFromCache = (cache, mutationResult) => {

      const deletedId = mutationResult.data[mutations[dataType].delete.name];
      const data =
        cache.readQuery({ query: getAll })[queries[dataType].getAll.name];
      cache.writeQuery({
        query: getAll,
        data: { [dataType]: data.filter(item => item.id !== deletedId) }
```

```
  });
}

getRefetchQueries() {
  return dataType === PRODUCTS
    ? [{query: gql(queries[SUPPLIERS].getAll.graphql)}] : []
}

render() {
  return <Query query={ getAll }>
          {(({loading, data, refetch }) => {
              if (loading) {
                return <h5
                  className="bg-info text-white text-center m-2 p-2">
                  Loading...
                </h5>
              } else {
                return <Mutation mutation={ deleteItem }
                        update={ this.removeItemFromCache }
                        refetchQueries={ this.getRefetchQueries }>
                          { doDelete =>
                            <React.Fragment>
                              { dataType === PRODUCTS &&
                                <ProductTable products={data.products}
                                  editCallback= { this.editCallback }
                                  deleteCallback={ (p) =>
                                    doDelete({variables: {id: p.id} }) }
                                />
                              }
                              { dataType === SUPPLIERS &&
                                <SupplierTable suppliers={data.suppliers}
                                  editCallback= { this.editCallback }
                                  deleteCallback={ (p) =>
                                    doDelete({variables: {id: p.id} }) }
                                />
                              }
                              <div className="text-center">
                                <button className="btn btn-primary"
                                  onClick={ () => refetch() }>
                                  Reload Data
                                </button>
```

```
                    </div>
                  </React.Fragment>
                }
              </Mutation>
            }
          }}
        </Query>
      }
    }
  }
```

이 예제에선 Mutation에서 update와 refetchQueries prop을 조합해 사용했다. 상품이 삭제돼도 공급업체 데이터가 일관되게 유지돼야 하는데, 캐시에 없는 데이터를 질의하기 위해 readQuery 메서드를 사용하면 에러가 발생하기 때문이다. 따라서 여기선 그래프QL 서버의 리졸버와 로직이 크게 중복되지 않도록, update prop을 사용해 간단히 삭제 처리하고 refetchQueries prop을 사용해 공급업체 데이터를 다시 가져오게 했다.

편집기 컴포넌트 제작

객체 편집 기능을 제공하기 위해 src/graphql 폴더에 GraphQLEditor.js라는 파일을 만들어 리스트 25-27과 같이 컴포넌트를 정의하자.

리스트 25-27 src/graphql/GraphQLEditor.js

```
import React, { Component } from "react";
import gql from "graphql-tag";
import * as queries from "./queries";
import * as mutations from "./mutations";
import { Query, Mutation } from "react-apollo";
import { PRODUCTS } from "../store/dataTypes";
import { ProductEditor } from "../ProductEditor";
import { SupplierEditor } from "../SupplierEditor";

export const GraphQLEditor = () => {

  return class extends Component {

    constructor(props) {
```

```
    super(props);
    this.dataType = this.props.match.params.dataType;
    this.id = this.props.match.params.id;
    this.query = gql(queries[this.dataType].getOne.graphql);
    this.variables = { id: this.id };
    this.mutation = gql(mutations[this.dataType].store.graphql);
    this.navigation = () => props.history.push(`/${this.dataType}`);
  }

  render() {
    return <Query query={ this.query} variables={ this.variables }>
        {
          ({loading, data}) => {
            if (!loading) {
              return <Mutation mutation={ this.mutation }
                      onCompleted={ this.navigation }>
                  { (store) => {
                      if (this.dataType === PRODUCTS) {
                        return <ProductEditor key={ this.id }
                                product={ data.product }
                                saveCallback={ (formData) =>
                                  store({variables: formData})}
                                cancelCallback={ this.navigation } />
                      } else {
                        return <SupplierEditor key={ this.id }
                                supplier={ data.supplier }
                                saveCallback={ (formData =>
                                  store({ variables: formData }))}
                                cancelCallback={ this.navigation } />
                      }
                    }}
                </Mutation>
            } else {
              return null;
            }
          }
        }
      </Query>
  }
}
```

이 컴포넌트는 테이블에 사용했던 동일한 기능 위에 구현됐다. Query는 그래프QL 서버에
데이터를 요청하며 variables prop은 쿼리에 필요한 변수를 공급하기 위해 사용된다.
Mutation은 데이터를 저장하는 역할을 하는데, 뮤테이션이 완료되면 편집기로부터 벗어
나기 위해 onCompleted prop이 사용됐다.

여기에 캐시 데이터를 갱신하는 코드가 없다는 점에 주목하기 바란다. 아폴로 클라이언
트엔 변경된 프로퍼티들을 자동으로 캐시에 넣는 똑똑한 기능이 있다. 이는 편집기 컴포
넌트의 경우 캐시를 갱신하거나 데이터를 다시 질의할 필요 없이 상품이나 공급업체의
변경된 데이터가 자동으로 테이블에 나타날 것이라는 뜻이다.

라우팅 설정 갱신

리스트 25-28에선 예제 애플리케이션이 공급업체 데이터와 새 편집기 컴포넌트를 지원
하도록 라우팅 설정을 변경했다.

리스트 25-28 src/Selector.js: 라우팅 설정 변경

```
import React, { Component } from "react";
import { BrowserRouter as Router, Route, Switch, Redirect }
  from "react-router-dom";
import { ToggleLink } from "./routing/ToggleLink";
import { GraphQLTable } from "./graphql/GraphQLTable";
import { PRODUCTS, SUPPLIERS } from "./store/dataTypes";
import { GraphQLEditor } from "./graphql/GraphQLEditor";

export class Selector extends Component {

  render() {
    return <Router>
            <div className="container-fluid">
              <div className="row">
                <div className="col-2">
                  <ToggleLink to="/products">Products</ToggleLink>
                  <ToggleLink to="/suppliers">Suppliers</ToggleLink>
                </div>
                <div className="col">
                  <Switch>
```

```
        <Route path="/products" exact={true}
          component={ GraphQLTable(PRODUCTS) } />
        <Route path="/suppliers" exact={true}
          component={ GraphQLTable(SUPPLIERS) } />
        <Route path="/:dataType/edit/:id"
          component= { GraphQLEditor() } />
        <Redirect to="/products" />
      </Switch>
    </div>
   </div>
  </div>
 </Router>
  }
 }
```

이제 이 애플리케이션은 그림 25-6과 같이 공급업체 데이터와 편집을 지원할 수 있게
됐다.

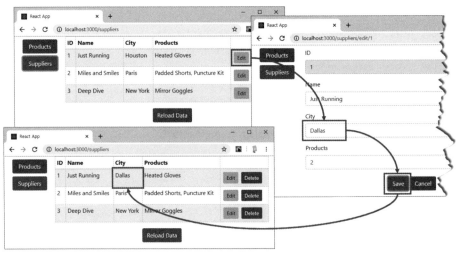

▲ 그림 25-6 공급업체 데이터와 편집 지원

🔧 팁

만약 에러가 발생한다면 npm start로 개발 도구를 다시 시작하기 바란다. 그렇게 함으로써 그래프
QL이 사용하는 데이터가 초기화될 것이다.

정리

25장에선 리액트 애플리케이션에서 그래프QL 서비스를 소비하는 각기 다른 방법들을 보여줬다. 격리된 컴포넌트에서 그래프QL을 사용하는 방법, 데이터 스토어 액션을 가로채고 그래프QL을 사용해 서비스하는 방법, 애플리케이션을 대신해 데이터를 관리하는 그래프QL 클라이언트의 채택 방법 등을 알아봤다.

리액트에 관해 알려줄 수 있는 모든 내용은 여기까지다. 간단한 애플리케이션으로 시작해 프레임워크의 각기 다른 구성 요소들을 생성하고 설정하며 웹 애플리케이션 제작에 적용하는 방법들까지 알아봤다.

앞으로 여러분의 모든 리액트 프로젝트가 성공하기를 바라며, 이 책에서 즐거움을 얻었기를 희망한다.

찾아보기

리액트 16

리액트를 사용한 고급 웹앱 클라이언트 제작

발 행 | 2020년 5월 21일

지은이 | 애덤 프리먼
옮긴이 | 이 태 상

펴낸이 | 권 성 준
편집장 | 황 영 주
편 집 | 이 지 은
디자인 | 박 주 란

에이콘출판주식회사
서울특별시 양천구 국회대로 287 (목동)
전화 02-2653-7600, 팩스 02-2653-0433
www.acornpub.co.kr / editor@acornpub.co.kr

이 도서의 국립중앙도서관 출판시도서목록(CIP)은 서지정보유통지원시스템 홈페이지(http://seoji.nl.go.kr)와
국가자료공동목록시스템(http://www.nl.go.kr/kolisnet)에서 이용하실 수 있습니다.(CIP제어번호: CIP2020019106)

책값은 뒤표지에 있습니다.